Gerhard Neumann
Kafka-Lektüren

Gerhard Neumann

Kafka-Lektüren

De Gruyter

ISBN 978-3-11-048579-0
e-ISBN 978-3-11-028875-9

Library of Congress Cataloging-in-Publication Data
A CIP catalog record for this book has been applied for at the Library of Congress.

Bibliografische Information der Deutschen Nationalbibliothek
Die Deutsche Nationalbibliothek verzeichnet diese Publikation in der Deutschen Nationalbibliografie; detaillierte bibliografische Daten sind im Internet über http://dnb.dnb.de abrufbar.

© 2013 Walter de Gruyter GmbH, Berlin/Boston
Einbandabbildung: akg images
Druck: Hubert & Co. GmbH & Co. KG, Göttingen
∞ Gedruckt auf säurefreiem Papier
Printed in Germany
www.degruyter.com

Vorwort

Das vorliegende Buch ist ein Versuch, Bilanz zu ziehen; Rechenschaft abzulegen über einen inzwischen recht langen Forschungsprozeß, dessen Gegenstand Franz Kafkas Werk ist. Der Band enthält eine Auswahl meiner Abhandlungen über den Prager Autor; Texte, die im Lauf der letzten dreiundvierzig Jahre entstanden sind. Der früheste der hier versammelten Aufsätze – mit dem Titel *Umkehrung und Ablenkung* – ist 1968 erschienen, als die Studenten in Deutschland rebellierten; der jüngste Aufsatz, der in diesem Band abgedruckt ist, *Die Pawlatsche. Kafkas Trauma*, erschien zum ersten Mal 2011. Was die Wiederauflage der – oft an entlegener Stelle publizierten – Aufsätze rechtfertigen könnte, ist der Umstand, daß an dieser Sequenz von Forschungsstationen auch Stadien einer Wissenschaft abgelesen werden können; der Literaturwissenschaft, die für ihren raschen Methodenwechsel berüchtigt ist. Über die Möglichkeit oder Notwendigkeit solcher Wechsel wäre manches zu sagen.

Der Aufsatz *Umkehrung und Ablenkung. Franz Kafkas ‚gleitendes Paradox'* erschien in einem Augenblick, als die ‚immanente Interpretation' im Sinne Emil Staigers und Gerhart Baumanns, noch vor dem Hintergrund der geistesgeschichtlichen Betrachtungsweise eines Max Kommerell oder Walter Rehm, mit dem Aufstand der Studenten zusammentraf. Spuren davon mögen in dem Aufsatz enthalten sein. Entscheidend für meine Hinwendung zu Kafka, dem schon zu dieser Zeit, in den sechziger Jahren, nachhaltig Erforschten, war aber meine Begegnung mit dem an der Universität Berkeley in Kalifornien lehrenden Heinz Politzer, dem Verfasser des Buches *Parable and Paradox (1962)*, das eine wichtige Wende, nicht zuletzt wegen seiner psychoanalytischen Färbung, in der Kafkaforschung herbeigeführt hatte. Seither haben mich die Texte Kafkas nicht wieder losgelassen. Was sich bei mir von Jahrzehnt zu Jahrzehnt wandelte, war die Einstellung zu dem, was ein Text ist und was er sein kann. Das läßt sich an den hier zusammengestellten Abhandlungen unschwer beobachten. Eine Bearbeitung hat nicht stattgefunden.

Dieser Wandlungsprozeß der hermeneutischen Methoden wie des Umgangs mit dem Text ist dabei durch zwei Ereignisse beeinflusst, die in meinem Leben Epoche gemacht haben: die Begegnung mit dem Werk des französischen Literaturwissenschaftlers Roland Barthes und meine Mitarbeit an der Wuppertaler, später Frankfurter Kritischen Kafka-Ausgabe, die mich dann über gut zwanzig Jahre beschäftigen sollte. Roland Barthes ist einer der faszinierendsten Semiologen unserer Kultur, sowohl im theoretischen Feld als auch in der Praxis der Interpretation. Ihm ist es zu verdanken, daß ich zunehmend kulturwissenschaftliche – das heißt vor allem: fächerübergreifende – Themen in meine Arbeit mit Kafka integrierte: die Problematik der Grenze zwischen Mensch und Tier zum Beispiel; die Liebe und die Literatur, das Essen und die Literatur. Und als zweites war da die Editionsarbeit. Zusammen mit Wolf Kittler verbrachte ich über Jahre hinweg viele Wochen in der Bodleiana, der ehrwürdigen Bibliothek in Oxford, um den dort liegenden Kafka-Nachlaß für die Edition auszuwerten. Dieser unvergesslichen Editionsarbeit ist zu danken, was ich die ‚Andacht zum Manuskript' nennen möchte, der Zauber des Blattes, über das die Hand des Autors geglitten; das Zur-Kenntnisnehmen dessen, was mit dem Text geschieht und wie seine publizierte Fassung zustande kommt, bevor er hermeneutischen Akten unterworfen wird.

Dieser gegenstandorientierten wie methodischen Entwicklung entstammen auch die Gesichtspunkte, nach denen die Aufsätze im vorliegenden Band angeordnet sind; und zwar nicht chronologisch, sondern thematisch. Wenn ich mich in der ersten Sektion dem Begriff des Lebens zuwende, so nicht so sehr aus autobiographischem Interesse, als vielmehr aus der Perspektive Kafkas, der dem ‚Leben' und dem Leben-Erzählen von Beginn an bis ans Ende seines Lebens die größte Aufmerksamkeit schenkte. Anfang April 1921 zum Beispiel schreibt er über Max Brods literarische Arbeit: „Liebster Max, wie könnte Dir jetzt die Novelle nicht gelingen, da Du die Ruhe hast um die Spannung zu ertragen und die Spannung um die Ruhe zu ertragen und die Novelle geboren werden muß als ein gutes Kind des Lebens selbst." Und in sein Tagebuch notiert sich Kafka am 18.10. 1921: „Es ist sehr gut denkbar, daß die Herrlichkeit des Lebens um jeden und immer in ihrer ganzen Fülle bereit liegt, aber verhängt, in der Tiefe, unsichtbar, sehr weit." Eine zweite Gruppe von Aufsätzen befasst sich mit dem unerschöpflichen Thema des Schreibens in Kafkas Werk. Hier sind auch die editionstheoretischen Aufsätze mit ihren hermeneutischen Folgerungen angeschlossen. „Der Roman bin ich, meine Geschichten sind ich", schreibt Kafka am 2./3.1.1913 an Felice Bauer, indem er eine Reminiszenz an Flauberts „Madame Bovary, c'est moi" wachruft; und als die Rede davon ist, er *beschäftige* sich in seiner Freizeit mit Literatur und habe literarische Interessen, reagiert er erbost: „Ich habe kein litterarisches Interesse sondern bestehe aus Litteratur, ich bin nichts anderes und kann nichts anderes sein." (Brief an Felice Bauer vom 14.8.1913) Die mit

Anthropologie überschriebene Sektion ist, zusammen mit der ‚Kunst‘ betitelten Abteilung, die umfangreichste: Sie ist getragen von meinem frühen Interesse an kulturgeschichtlichen Fragestellungen, lange bevor diese Thematik in jedermanns Munde war: also Fragen des Rituals, der Genealogie, der Fetischisierung, der Nahrungsaufnahme, der Abgrenzung des Menschen vom Tier, des Schmerzes in der Kultur. Die Abteilung, die den Titel ‚Kunst‘ trägt und eine Art Zentrum des ganzen Bandes bildet, enthält als ersten meinen Aufsatz über Kafkas Denkformen, Umkehrung und Ablenkung im Spiel des gleitenden Paradoxes; eine andere Studie handelt dann über die Anfänge bei Kafka und eine dritte schließlich über die Rolle der Musik in Kafkas Werk. Einen der wichtigsten Aspekte in Kafkas Verhältnis zur Kunst bildet aber der – in seinem Werk beinahe überall aufzufindende – Zusammenhang zwischen Literatur und Architektur: ein noch immer unausgeschöpftes Thema. Und schließlich das Verhältnis Kafkas zu den Medien, wie es die letzte Sektion anschneidet: Es gibt wenige Autoren, die sich so kompetent wie differenziert mit den Erfindungen von Verkehrsmitteln, mit technischen und elektrischen Übertragungsmedien, mit der Funktion der Post unter sozialem und literarischem Aspekt auseinandergesetzt und diese Erkenntnisse auch poetologisch verwertet haben, wie Franz Kafka das tut. Der Aufsatz *Nachrichten vom ‚Pontus‘* geht diesen Zusammenhängen nach.

Mein großer Dank gilt ganz besonders und vor allem Christine Lubkoll. Sie war es, die einen solchen Sammelband meiner Arbeiten vorschlug und auch keine Mühe scheute, mich zu mahnen und das Ganze ins Werk zu setzen. Sie war es auch, die die Verbindung zu Manuela Gerlof und dem de Gruyter Verlag herstellte. Dem Verlag, der dieses Buch machen wollte, gilt mein weiterer und besonderer Dank. Manuela Gerlof hat die Entstehung des Buches mit nie nachlassendem Engagement und großer Kompetenz begleitet. Des weiteren danke ich Frau Susanne Rade, die die umfänglichen Typoskripte mit Aufmerksamkeit las und sorgfältig überwachte; nicht zuletzt bedanke ich mich bei Frau Maria Erge, die für die Herstellung verantwortlich war. Großer Dank gilt auch meinem langjährigen Mitarbeiter Simon Bunke, der mir bei der Beschaffung und beim Scannen der Texte behilflich war und vorzügliche Arbeit geleistet hat.

Mein Dank an Gabriele Brandstetter läßt sich nicht wirklich ausdrücken. Sie hat den Band in seiner Entstehung begleitet, manchen Zweifel zerstreut und den Zögernden ermutigt. Zu den neueren Aufsätzen waren mir ihr Rat und ihre Kreativität kostbar. Ohne sie wäre dieses Buch nicht zustande gekommen. Ihr sei es gewidmet.

Ich danke allen Verlagen, die für diesen Band eine Abdruckerlaubnis in Bezug auf früher bei ihnen publizierte Artikel erteilt haben.

Berlin, im November 2012   Gerhard Neumann

Inhalt

Leben

Franz Kafka: Ein Leben 3

Inszenierung des Anfangs. Zum Problem der sozialen Karriere
in Franz Kafkas „Prozeß"-Roman 24

Die Pawlatsche. Kafkas Trauma 38

Schreiben

Schreibschrein und Strafapparat. Erwägungen zur Topographie
des Schreibens 55

Der verschleppte Prozeß. Literarisches Schaffen zwischen
Schreibstrom und Werkidol 76

Schrift und Druck. Erwägungen zur Edition von Kafkas
Landarzt-Band 99

„Wie eine regelrechte Geburt mit Schmutz und Schleim bedeckt".
Die Vorstellung von der Entbindung des Textes aus dem Körper
in Kafkas Poetologie 124

Anthropologie

Ritual und Theater. Franz Kafkas Bildungsroman *„Der Verschollene"* 159

„Der Blutkreislauf der Familie". Genealogie und Geschichte
bei Franz Kafka 184

Fetischisierung. Zur Ambivalenz semiotischer und
narrativer Strukturen 206

Kafkas Verwandlungen 224

Hungerkünstler und Menschenfresser. Zum Verhältnis von Kunst
und kulturellem Ritual im Werk Franz Kafkas 248

Der Blick des Anderen. Zum Motiv des Hundes und des Affen
in der Literatur 287

Schmerz – Erinnerung – Löschung. Die Aporien kultureller Memoria
in Kafkas Texten 328

Kunst

Umkehrung und Ablenkung. Franz Kafkas „Gleitendes Paradox" . . 355

Hungerkünstler und singende Maus. Franz Kafkas Konzept der
„kleinen Literaturen" 402

Der Zauber des Anfangs und das „Zögern vor der Geburt".
Kafkas Poetologie des „riskantesten Augenblicks" 422

Traum und Gesetz. Franz Kafkas Arbeit am Mythos 444

Kafka und die Musik 457

Anonymität und Heroentum. Zur Inszenierung des modernen
Helden bei Franz Kafka 467

Chinesische Mauer und Schacht von Babel. Franz Kafkas
Architekturen 482

Medialität

Franz Kafka an Hans Mardersteig. Beleuchtung eines Brieftextes .. 507

„Eine höhere Art der Beobachtung". Wahrnehmung und Medialität
in Kafkas Tagebüchern 511

„Nachrichten vom ‚Pontus'". Das Problem der Kunst im Werk Franz
Kafkas 537

Verzeichnis der Erstveröffentlichungen 578

Leben

Franz Kafka: Ein Leben

„Niemand wird lesen, was ich hier schreibe": Dieser Satz findet sich unvermittelt mitten im Erzählfluß von Kafkas unvollendeter, in mehreren Ansätzen konzipierter Geschichte *Der Jäger Gracchus*. Seine prophetische Ahnung hat sich freilich nicht erfüllt. Kafkas Texte sind gelesen worden: von einer kleinen, eingeweihten Elite in Deutschland vor Beginn des Dritten Reiches zunächst, dann, schon vor dem Zweiten Weltkrieg, in Frankreich (ab 1926), in England (ab 1928), in Italien und in den USA; während des Krieges und danach dann ein lawinenhaftes Anschwellen der Rezeption, das Werk Kafkas zur Signatur der Epoche und vielleicht des Jahrhunderts sich verdichtend: „kafkaesk" als die Verfassungsform einer Welt, deren Zeichen Unbehaustheit, existentialistische Verlorenheit, Bürokratie und Folter, Entmenschlichung und Absurdität zu sein schienen; einer unübersehbaren Fülle von Deutungen aller nur denkbaren Ausrichtung unterworfen: religiösen und philosophischen, psychologischen und biographischen, soziologischen wie marxistischen: Kafkas Werk, ein Katalysator kultureller Selbsterfahrung und Selbststilisierung zugleich.

Diese Faszination ist – wenn man sich Kafkas Geschichten vergegenwärtigt – keineswegs verständlich oder gar selbstverständlich: Ihre Themen sind Alltag und Phantastik, unvermittelt und befremdlich ineinander einbrechend. Das intime, literarischer Darstellung kaum fähige Familiengezänk in seiner Trivialität, verschränkt mit der Blindheit und Sinnlosigkeit einer bürokratischen, aller humanen Ordnung baren Welt – und dann, in dieses gebrochene Feld eingesprengt, Tiergeschichten, immer wieder Geschichten von „Verwandlungen", von „Kreuzungen", von im Dunkel der Erde einsam ihren Bau errichtenden, oder aber die Welt der Menschen mit fremden Augen anblickenden Tieren: dem Affen Rotpeter z. B. im *Bericht für eine Akademie* oder der Titelfigur der *Forschungen eines Hundes*.

Die Frage, woher diese halb vor sich hingesprochenen, zum großen Teil der Öffentlichkeit verhehlten Erzählungen und Fragmente ihre Faszination beziehen, hat schlüssig nicht beantwortet werden können: „Die Schrift ist unveränderlich", sagt der Geistliche im *Prozeß*, nachdem Josef K. sich vergeblich an der Deutung der „Parabel" abgearbeitet hat, „und die Meinungen sind oft nur ein Ausdruck der Verzweiflung darüber" („Im Dom").

Es ist unerklärlich geblieben, warum die Leser den seltsamen Geschichten, die Kafka erzählt, Aufmerksamkeit geschenkt haben, solange schon: berührt, geängstigt, bedroht, manchmal aber auch lächelnd oder lachend, wie Kafka lachte, beim Vorlesen des *Prozesses*, „daß er weilchenweise nicht weiterlesen konnte"; und dann: vor Schreck, mit weit aufgerissenen Augen, wie Gregor Samsas Vater vor dem Insekt zurückweichend, in dem er seinen Sohn vermuten mußte. Und doch, immer wieder: einem Zauber erzählter Geschichten erliegend, die aus der Nachahmung des Alltäglichen und der Verwandlungskraft einer fremden, außerweltlichen Phantasie seltsam gemischt erscheinen.

Was zuerst in die Vorstellung, was zuerst in Erinnerung kommt, wenn man darüber nachdenkt, was für Geschichten Kafka eigentlich erzählt, so sind es Geschichten vom Ende. Es ist der Untergang einer Welt, der da erzählt wird, das Verlöschen und Verschwinden des Menschlichen. Aber nicht als apokalyptische Vision, sondern als „kleiner Mythos" (Lyotard) erzählt: einen einzelnen Menschen, in seiner engsten kleinbürgerlichen Lebenswelt, betreffend; so, als ob nur er auf der Welt wäre; aber dann, paradoxerweise, doch so, als ob es alle wären, die mit ihm untergingen, und die Welt aufhörte zu sein.

Da ist z. B. die Geschichte *Vor dem Gesetz:* Ein Mann sitzt da, namenlos, vor dem Eingang des Gesetzes, und wartet darauf, eingelassen zu werden. Er wird alt dabei, seine Wünsche verblassen, der Schritt dorthin, wo ihm sein Platz in der Ordnung, und damit vielleicht sein Name werden könnte, gelingt ihm nicht. Aus eigener Schuld? Aus fremdem Einspruch heraus? Wer weiß. Als er sein Ende nahen fühlt, fragt er den Türhüter, den seiner Fragen müde gewordenen: ‚Alle streben doch nach dem Gesetz […], wie kommt es, daß in den vielen Jahren niemand außer mir Einlaß verlangt hat?' Der Türhüter erkennt, daß der Mann schon am Ende ist, und um sein vergehendes Gehör noch zu erreichen, brüllt er ihn an: ‚Hier konnte niemand sonst Einlaß erhalten, denn dieser Eingang war nur für dich bestimmt. Ich gehe jetzt und schließe ihn.'" (*Der Prozeß*, „Im Dom")

Und da ist noch eine zweite Geschichte: Sie heißt *Ein Traum*. Josef K. macht einen Spaziergang auf den Friedhof; er gewahrt, frisch aufgeworfen, einen Grabhügel, und gleitet, wie von einem Sog angezogen, in seine Nähe; ein Künstler tritt aus dem Gebüsch, setzt einen Bleistift an und beginnt, die Grabschrift auf den Stein zu setzen. Er stockt, als er bei dem Namen des zu Begrabenden anlangt, und blickt Josef K. an:

> Endlich verstand ihn K.; ihn abzubitten war keine Zeit mehr; mit allen Fingern grub er in die Erde, die fast keinen Widerstand leistete; alles schien

vorbereitet; nur zum Schein war eine dünne Erdkruste aufgerichtet; gleich hinter ihr öffnete sich mit abschüssigen Wänden ein großes Loch, in das K., von einer sanften Strömung auf den Rücken gedreht, versank. Während er aber unten, den Kopf im Genick noch aufgerichtet, schon von der undurchdringlichen Tiefe aufgenommen wurde, jagte oben sein Namen mit mächtigen Zieraten über den Stein.
Entzückt von diesem Anblick erwachte er.

Beide Geschichten erzählen vom Ende, sie erzählen vom Verlöschen des Körpers; und beide lenken die Aufmerksamkeit auf den Punkt, wo das andere des Körpers, die Sprache, beginnt: der Schein, der aus der Tür des Gesetzes dringt und von der Schrift zeugt, die es bewahrt; die Goldbuchstaben, die auf dem Grabstein erscheinen und vom Ruhm des Überlebens Rechenschaft geben. Was hier, auf eine dunkle und zwielichtige Weise, zu sprechen scheint, ist die Sprache des Gesetzes und die Sprache der Kunst, die – jede auf ihre rätselhafte Art – den lebendigen Körper auszulöschen und ihn zu überleben drohen. Der Tod der beiden Helden, des Mannes vom Lande, wie Josef K.s, scheint die Schwelle zu sein, die überschritten werden muß; vielleicht sogar die Bedingung für den Eintritt in jene beiden Welten, die Kafkas Schreiben immer wieder zum Vorschein bringt: die Normenwelt des Gesetzes und die Freiheitswelt der Kunst.

Im Sinne solcher Geschichten vom Ende hat man Kafkas Werk nicht nur gelesen, sondern auch immer wieder gedeutet: als Kapitulation des Lebenden vor dem Gesetz, das die Disziplin ist; als Kapitulation des Lebenden vor der Kunst, die die Freiheit sein könnte.

Aber man kann die Geschichten, die Kafka erzählt, auch anders lesen: von der Gegenseite her und wider den Strich; als Anfänge, als schmerzhafte Mythen von der Geburt des Menschen. Sie fangen dort an, wo – in unserer Kultur zumindest – alles Menschenleben überhaupt beginnt: in der Familie; der Liebe, die sie lehrt; dem Haß, den sie erzeugt. Aber noch genauer: sie fangen dort an, wo die stumme Natur zu sprechen beginnt, wo der Körper einen Namen bekommt.

„Kafka" ist ein tschechisches Wort und bedeutet „Dohle". Franz Kafkas Vater, ein Kaufmann und sozialer Aufsteiger aus dem tschechisch-jüdischen Provinzproletariat, gab seinem Namen den Naturkörper des Tiers, das er bedeutet, zurück und machte aus ihm das Markenzeichen seiner Firma, eines Galanteriewarenladens: Er setzte die Dohle als Emblem auf den Briefkopf seines Geschäftspapiers. Kafka, der Sohn, spielte dieses Spiel der „Verwandlung" nach, und zwar dort, wo er sein eigenstes, eigentümlichstes Feld der Selbstfindung vermutete: in der Literatur. Damit aber widerrief er zugleich das väterliche Spiel. Er beschwor den Vaternamen nicht als Garanten geschäftlichen Erfolges, wie dies Hermann Kafka getan hatte; sondern er verwandelte ihn in die Maske, die das Autorspiel der Literatur regiert; ein Buchstabenspiel also, aus der ökonomischen Welt des Besitzes und des Tausches herausgenommen, autonom und befremdlich zugleich. Dieses – halb verborgene, halb offenbare – Erzähl-Spiel mit dem eigenen Namen durchzieht Kafkas ganzes Werk: als ein Spiel, in dem die Fremdheit des lebensweltlichen Ich der Familie und seine Neuerschaffung aus der Kunst sich seltsam überlagern und im Wege stehen.

Da gibt es z. B. die Erzählung *Ein altes Blatt*, die Geschichte von dem fremden Nomadenvolk, das in die Welt der Kultur einbricht und sie zu zerstören droht. Kafka erfindet jene Nomaden, mit denen man nicht sprechen kann: „Unsere Sprache kennen sie nicht, ja sie haben kaum eine eigene. Untereinander verständigen sie sich ähnlich wie Dohlen. Immer wieder hört man diesen Schrei der Dohlen." Da gibt es die Geschichte vom *Jäger Gracchus*, der die limbischen Gewässer befährt, ruhelos, zwischen Leben und Tod, zwischen Diesseits und Jenseits – der *Jäger Gracchus*, dessen Name in ein etymologisches Spiel mit den lateinischen und italienischen Wörtern für „Dohle" (graculus/gracchio) verwickelt ist. Da gibt es, in den frühen *Hochzeitsvorbereitungen auf dem Lande*, eine Figur, die den Namen „Raban" trägt – diesmal ein metonymisches Spiel mit der Vorstellung der „Dohle" und dem Klang des Namens „Kafka": Dohle – Rabe – Raban – Kafka. Und da gibt es die beiden großen Erzählungen *Das Urteil* und *Die Verwandlung*, die durch Buchstabentausch das Namenspiel wiederholen und erweitern. Georg Bendemann, im *Urteil*, wird in Kafkas Tagebuch (am 11. Februar 1913; und in einem Brief an die Verlobte Felice Bauer vom 2. Juni 1913) ausdrücklich auf „Franz Kafka" bezogen: „Georg hat so viel Buchstaben wie Franz. In Bendemann ist ‚mann' nur eine für alle noch unbekannten Möglichkeiten der Geschichte vorgenommene Verstärkung von ‚Bende'. Bende aber hat ebenso viele Buchstaben wie Kafka und der Vokal e wiederholt sich an der gleichen Stelle wie der Vokal a in Kafka."

Gregor Samsa, der Held der *Verwandlung* zuletzt, ist nicht minder deutlich auf den Namen „Kafka" gemünzt: Verschlüsselt und offenbar zugleich werden die Namen Kafka und Samsa durch Gleichklang der Vokale und an gleicher Stelle vollzogenen Konsonantentausch aufeinander bezogen.

Das Spiel, das Vater und Sohn Kafka spielen, ist alt. Es ist das Spiel mit dem Namen, der der Name beider und jedes einzelnen zugleich ist; ein Spiel, das den Ort bezeichnet, wo väterliche Prägung und kindlicher Selbstbegründungswunsch aufeinanderstoßen. Das andere und das Eigene erscheinen unauflöslich verschmolzen und unversöhnlich gespalten zugleich – ein tödlicher Riß, der durch das Selbstgefühl des Kindes geht. Es ist das Spiel von Herkunft und Neubegründung, von Zwang und Freiheit, von genealogischer Prägung und autonomem Schöpfertum; oder, wie Kafka selbst, in den beiden Titeln seiner ersten Erzählungen, es ausdrückt: das Spiel von *Urteil* und *Verwandlung*, von Gesetz und Metamorphose. Denn nicht zufällig heißen jene beiden Erzählungen so, die Kafkas (von ihm selbst so verstandenen) „Durchbruch" bezeichneten: Die eine, *Das Urteil*, erzählt von dem Verdikt des Vaters, das das Leben des Sohnes auslöscht: „Ich verurteile dich jetzt zum Tode des Ertrinkens"; die zweite, *Die Verwandlung*, zeigt den Versuch des Sohnes, sich durch Selbstverwandlung aus der Welt des väterlichen Gesetzes zu lösen, sich aus ihm herauszustehlen. Beide Geschichten enden mit dem Sieg des Vaters und dem Tod des Kindes: dem Tod durch Ertrinken im *Urteil*; dem Verlöschen des menschlichen Selbst im Tierkörper in der *Verwandlung*. Das Spiel mit dem Namen, das Vater und Sohn verbindet, ist Kafkas biographischer und literarischer Kampf um jene Abgrenzung, die das Gesetz der Familie widerrufen und in die Freiheit der Kunst verwandeln könnte; das Sich-Herausschreiben des Kindes, sein Sich-Herausphantasieren aus der vom Vater beherrschten Lebenswelt in die Gegenwelt der Literatur – für die Schreibwelt Kafkas bedeutet dies aber: ein Kampf auf Leben und Tod.

Es ist der Versuch des Sohnes, den Namen, der dem Vater die Unbezweifeltheit des Selbst im ökonomischen Spiel der Gesellschaft sichert und der seinem eigenen Körper vom Vater her eingegraben ist, neu zu erschaffen, und zwar so, als ob er eben entstünde – aus dem schöpferischen Akt der Phantasie.

Eine kleine Geschichte, der Max Brod den Titel *Eine Kreuzung* gegeben hat, scheint diesen Kampf zwischen väterlichem Erbe und Spiel autonomer Phantasie zu erzählen:

> Ich habe ein eigentümliches Tier, halb Kätzchen, halb Lamm. Es ist ein Erbstück aus meines Vaters Besitz. Entwickelt hat es sich aber doch erst in meiner Zeit, früher war es viel mehr Lamm als Kätzchen. Jetzt aber hat es von beiden wohl gleich viel. [...] Ich habe das Tierchen auf dem Schoß und die Kinder der ganzen Nachbarschaft stehen um mich herum.
> Da werden die wunderbarsten Fragen gestellt, die kein Mensch beantworten kann: Warum es nur ein solches Tier gibt, warum gerade ich es habe [...], wie es heißt und so weiter.
> Ich gebe mir keine Mühe zu antworten, sondern begnüge mich ohne weitere Erklärungen damit, das zu zeigen, was ich habe. [...] An mich angeschmiegt, fühlt [das Tier] sich am wohlsten. Es hält zur Familie, die es aufgezogen hat. [...] Einmal als ich [...] in meinen Geschäften und allem, was

> damit zusammenhängt, keinen Ausweg mehr finden konnte [...], da tropften [...] von seinen riesenhaften Barthaaren Tränen. – Waren es meine, waren es seine? [...] Ich habe nicht viel von meinem Vater geerbt, dieses Erbstück aber kann sich sehen lassen. [...] Manchmal springt es auf den Sessel neben mir [...] und hält seine Schnauze an mein Ohr. Es ist, als sagte es mir etwas, und tatsächlich beugt es sich dann vor und blickt mir ins Gesicht, um den Eindruck zu beobachten, den die Mitteilung auf mich gemacht hat. Und um gefällig zu sein, tue ich, als hätte ich etwas verstanden und nicke. [...]
> Vielleicht wäre für dieses Tier das Messer des Fleischers eine Erlösung, die muß ich ihm aber als einem Erbstück versagen.

Das menschliche Selbst als „Kreuzung", als Ineinanderspiel von Prägung und Autonomie, von/Urteil und Verwandlung: Was Kafka hier erzählt, ist das Widerspiel doppelten genealogischen Ursprungs, das in einem zwiespältigen, halb affirmierenden, halb widerständigen Wesen – halb Kätzchen, halb Lamm – sich verdichtet. Gestaltung und Bedrohung des Selbst in einem Emblem, einem Wappentier – vielleicht gar der beiden Familien „Kafka" und „Löwy", der väterlichen und der mütterlichen Linie –, aus Tod und Leben grotesk zusammengefügt: der tierische Körper als Leidensgestalt menschlicher Subjektivität.

Kafkas Inszenierungen des Subjekts – die einen Weg aus der Prägung des Selbst durch den *contrat familial et social* in die ästhetische Selbst-Schöpfung suchen – haben ein Vorbild, das am Anfang der Geschichte der Moderne steht: Goethes Bildungsroman und das in diesem entwickelte Ich-Ideal des 19. Jahrhunderts. Es ist nämlich nicht zu übersehen, daß Kafkas Kunst, die zum Inbegriff der Avantgarde gemacht wurde, ihre Wurzeln im 19. Jahrhundert hat und ihre (expliziten und impliziten) Leitvorstellungen auch dorther bezieht – aus dessen ethischem Ideal der Wahrheit; aus dessen ästhetischem Inbegriff des Reinen und Unveränderlichen: „Zeitweilige Befriedigung kann ich von Arbeiten wie *Landarzt* noch haben, vorausgesetzt, daß mir etwas Derartiges noch gelingt (sehr unwahrscheinlich). Glück aber nur, falls ich die Welt ins Reine, Wahre, Unveränderliche heben kann" (Tagebuch, 25. September 1917); aber auch aus dessen anthropologischen und pädagogischen Aporien.

Die von Goethe erschaffene Gestalt des Wilhelm Meister bezeugt den Glauben an die Erfindung des Selbst aus den Akten der Kunst in unvergleichlicher Weise. Auch Wilhelm Meister (wie Franz Kafka) hat einen Vater, dessen Name – als ein Emblem des Erfolgs – vom „geglückten Selbst" spricht: der „alte Meister" (nomen est omen), ein Herr der Ökonomie, ein bürgerlicher Held. „Meister", der Sohn, verleugnet den Vaternamen. Er will „Wilhelm Schüler", „Wilhelm Geselle" heißen und entwickelt aus dem Puppentheater, das die Großmutter ihm schenkt, sein neues, eigentliches

Selbst in schöpferischer Anverwandlung der dargestellten Figur: des biblischen Davids, des mythischen Glückskinds schlechthin. Wilhelm Meisters Weg führt aus der lebensweltlichen Prägung, die der Vater zu verantworten hat, über die ästhetische Selbstinszenierung, die der Sohn, der Schauspieler „Wilhelm", aus eigener Kraft leistet, ins Leben zurück: Fülle der Phantasie und Kraft der Entsagung scheinen noch in einem – wenn auch prekären – Gleichgewicht gewahrt.

Kafkas Weg dagegen (und der seiner Helden, Karl Roßmanns im *Verschollenen* zumal, der im dubiosen „Theater von Oklahoma", das nicht mehr Ort der Inszenierung des Selbst ist, sondern bloße Subsumptionsmaschine, auch Schauspieler werden möchte) ist ein Prozeß der Entfremdung und Verschiebung; nicht schöpferische Kraft und Autonomie, die dem Glückskind den Weg ins Leben öffnen; sondern ein Namenszauber, in der Literatur veranstaltet, der dem unausweichlich Vorgeprägten nur den Schein von Verwandlung leiht; letztlich doch nur eine Dissimulation der väterlichen Prägung bleibt: „Vielleicht wäre für dieses Tier das Messer des Fleischers eine Erlösung, die muß ich ihm aber als einem Erbstück versagen."

Kafkas Texte erzählen Geschichten vom „Unglücksraben", der „Dohle" Kafka, dem Sohn, dessen Leben unentrinnbar das väterliche Emblem des Kainsmals eingezeichnet bleibt. Goethes wie Kafkas Phantasien von der Einheit und Selbständigkeit des Subjekts – und damit steht Kafka tatsächlich in einer Tradition der großen Erzähler des 19. Jahrhunderts von Stifter zu Dostojewski, von Grillparzer zu Flaubert und von Kleist bis zu Dickens und Fontane – sind Geschichten, die den Anfang erzählen: den Anfang des Kindes, das im Spiel seiner Begabung den Weg in die Welt finden möchte. Es sind Geschichten vom anfänglichen Vertrauen in die schöpferische Kraft des Subjekts, in das Vermögen der Phantasie, das ihm Autonomie und Selbstbewußtsein schenken könnte – aber es sind, was ihren Ausgang angeht, verschiedene Geschichten. Goethe und Kafka bezeichnen Anfang und Ende eines Prozesses, den man als die Geschichte des neuzeitlichen Ich, seines Aufbruchs und seines Scheiterns, bezeichnen könnte: die Dialektik der Moderne, im Spiel zwischen dem 18. und 20. Jahrhundert zum Vorschein gebracht.

Goethe auf der einen Seite: ein euphorischer Aufbruch aus dem unbedingten Vertrauen in die schöpferische Eigentümlichkeit des Kindes geboren; eines Kindes, dem die Kraft zur Inszenierung des Selbst wie naturgeboren zuwächst; die Fähigkeit des Schauspielers, sich – auf der Bühne der Welt – aus der Eigentümlichkeit des bewegten Körpers jenen

Lebensraum zu erschaffen, in dem er sich selbst in der Begegnung mit dem anderen gewahrt.

Franz Kafka auf der andern Seite: ein verzweifelter Kampf gegen die väterliche Setzung, die durch kein Spiel mehr widerrufen werden kann: ob es das des Schauspielers mit dem Körper, wie im *Verschollenen,* ob es das des Schreibers mit dem Text ist: Odradek in der *Sorge des Hausvaters,* jenem Wesen mit einem erfundenen, nicht dechiffrierten Namen, das sich nur kraft seiner Unerkennbarkeit, seiner Verweigerung gegenüber den klassifizierenden Normen der Gesellschaft der Macht des Hausvaters, die in der Definierungskraft seiner Sprache und Nomenklatur beschlossen liegt, zu entziehen vermag. Kafkas Schreiben ist der Kampf gegen eine väterliche Setzung, die durch kein Spiel mehr widerrufen werden kann: weil eine Welt der Archive und Registraturen, der Bürokratien und Justizmaschinerien alle Auswege verschlossen, die Sprachspiele schon vorweg zu Protokoll genommen und in den Text der Diskurse zurückgeschrieben hat. „Geschriebene Küsse", heißt es in einem Brief an Milena (Ende März 1922), „kommen nicht an ihren Ort, sondern werden von den Gespenstern auf dem Wege ausgetrunken". Und so ergeht es dem geschriebenen Wort überhaupt: „Schon das Gesagte ist zu viel, die Luftgeister trinken es gierig ein in ihre unersättlichen Gurgeln" (Oktober 1923). Es ist die medientechnische Welt der Moderne, die die Substanz des Subjekts verzehrt: „Die Menschheit fühlt das und kämpft dagegen, sie hat, um möglichst das Gespenstische zwischen den Menschen auszuschalten, und den natürlichen Verkehr, den Frieden der Seelen zu erreichen, die Eisenbahn, das Auto, den Aeroplan erfunden, aber es hilft nichts mehr, es sind offenbar Erfindungen, die schon im Absturz gemacht werden, die Gegenseite ist soviel ruhiger und stärker, sie hat nach der Post den Telegraphen erfunden, das Telephon, die Funkentelegraphie. Die Geister werden nicht verhungern, aber wir werden zugrundegehn." (Ende März 1922)

Beiden Vorgängen – Goethes Aufbruch und Kafkas Notwehr – liegt aber wohl doch noch ein und dasselbe Muster zugrunde. Man könnte es (mit einem Wort Alice Millers) das „Drama des begabten Kindes" nennen. Dieses Drama erzählt die Geschichte der Entstehung des modernen Subjekts als Geschichte eines Paradoxes: der Koinzidenz von fremder Prägung und autonomer Schöpfung, von Erbe und Neuanfang in jener Urszene, aus der das neuzeitliche Ich hervorgeht. Es ist die gedoppelte Urszene der Prägung durch das Blut, die Sprache, die Pädagogik des Vaters; und der Selbst-Erschaffung aus dem schöpferischen Keim, der im Kind schlummert; Phantasie und Gestaltungskraft, aus der heraus sich ein autonomes Ich selbstbewußt zu behaupten vermag. Erst durch die Erfindung dieses Paradoxes – das seine Wurzeln in der Pädagogik der Aufklärung hat: „Freiheit ist der Zweck des Zwanges", sagt dann noch Friedrich Wilhelm Weber Ende des 19. Jahrhunderts in seinem Epos *Dreizehnlinden* – ist dem Wunder des Kindseins seine ganze Zauberkraft zugewachsen: daß ein Kind nämlich auf unbegreifliche Weise Produkt, Endpunkt einer Geschlechterkette – und zugleich paradiesischer Anfang einer neuen Welt zu sein vermag; Erbe und Keimzelle gleichermaßen, Resultat der Pädagogik und Magier der Schöpfung in einem, Zögling der Disziplin und Wunderkind zugleich. Es ist der Mythos Mozart – oder, mit Chiffren, die Kafka näherstanden: die Mythen „Alexander" und „Napoleon" –, die dies auf einmalige Weise zusammenfassen: die „Amadeus"-Problematik, das von Gott geliebte Wunder- und Glückskind, das faszinierendste Subjektparadigma noch und gerade des 20. Jahrhunderts; Kindheit als der Ort, in dem geprägte Natur, aller Disziplin spottend, auf unbegreifliche Weise in die Freiheit der Kunst, und sogar in die Allmacht politischer Schöpfung umspringt: Kafka war – auf ebenso konsequente wie paradoxe Weise – von beidem affiziert: dem literarischen Ruhm (an Ernst Rowohlt schreibt er von „der Gier, unter Ihren schönen Büchern auch ein Buch zu haben"; 14. August 1912) und der Gewalt, die über andere sich ausüben läßt – Canetti hat Kafka scharfsichtig den „größten Experten der Macht" genannt.

Goethe hat diesen Mythos vom glanzvollen Überleben des Subjekts – wenn nicht erfunden – so doch auf unvergleichliche Weise inszeniert; das 19. Jahrhunderts hat ihn in immer neuen Variationen nachgespielt; das 20. Jahrhundert scheint im Begriff zu sein, ihn zu verabschieden – mit allen Schmerzen, die ihm von Anfang innewohnen; mit allen unverhofften Epiphanien, die solchen Abschieden eigen sind.

Niemand hat diesen Prozeß der Verabschiedung des Zaubers der Anfänge so scharf beobachtet, so unerbittlich nachgezeichnet wie Franz Kafka. Und keiner hat wie er mit der Aporie gleichzeitiger Grandiositätsphantasien und Selbstverkleinerungen reagiert – und zwar, indem er seine Geschichten, die das Ende erzählen, als Geschichten ebenso unermüdlicher wie vergeblicher Anfänge zu gestalten sucht. Im Grund ist es die paradoxe Chiffre des „vergessenen Prometheus", die diesen Gedanken im Werk Kafkas festhält. Goethes „Prometheus", der emphatisch, ganz Kind und ganz Held, zur Selbstzeugung der Menschheit aufruft, durch den von der Menschheit vergessenen, die Anfänge erstickenden *Prometheus* Kafkas widerlegt – das „große Subjekt" nichts als eine allmählich müde sich schließende Wunde, im „unerklärlichen Felsgebirge" sich verlierend:

> Von Prometheus berichten vier Sagen: Nach der ersten wurde er, weil er die Götter an die Menschen verraten hatte, am Kaukasus festgeschmiedet, und die Götter schickten Adler, die von seiner immer wachsenden Leber fraßen.
> Nach der zweiten drückte sich Prometheus im Schmerz vor den zuhackenden Schnäbeln immer tiefer in den Felsen, bis er mit ihm eins wurde.
> Nach der dritten wurde in den Jahrtausenden sein Verrat vergessen, die Götter vergaßen, die Adler, er selbst.
> Nach der vierten wurde man des grundlos Gewordenen müde. Die Götter wurden müde, die Adler wurden müde, die Wunde schloß sich müde.
> Blieb das unerklärliche Felsgebirge. – Die Sage versucht das Unerklärliche zu erklären. Da sie aus einem Wahrheitsgrund kommt, muß sie wieder im Unerklärlichen enden.

Es sind zwei einander widerstrebende Tendenzen, die sich hier offenbaren und die Struktur des Kafkaschen Paradoxes verzeichnen: der Versuch zum einen, eine Geschichte des Verschwindens des Helden aus dem Lebensspiel zu schreiben; demgegenüber aber die verzweifelte Suche nach den Regeln eben dieses Spiels, dessen Verschwinden erzählt wird: das Bedürfnis nach jenen Zeichen, die „eine Beruhigung in dem Wagnis [bedeuten], sich an ein Lebendiges gehängt zu haben" (an Felice Bauer, 15. [16.] November 1912).

Wenn die „Erfindung der Kindheit", wie Ariès in seiner kühnen These vermutet hat, den Beginn der Moderne bezeichnet, so das „Verschwinden der Kindheit", mit der Formel Neil Postmans, deren Ende: Kafkas Werk gestaltet jene Dunkelzonen und Verwerfungen, die auf der Grenze zwischen beiden Konzepten erscheinen: der Entstehung des Subjekts aus der schöpferischen Kraft, die im Kind schlummert; der Verstümmelung und schließlichen Tilgung des Subjekts, weil das „Drama des begabten Kindes" sich nur noch als „Tragödie vom Tod des vergessenen Helden" spielen läßt. Die Entstehung des Subjekts also, die als dessen Verschwinden inszeniert wird: dieses Paradox ist es eigentlich, das das Ende der klassischen Moderne bezeichnet. Es findet seinen Ausdruck in der Kollision zweier unvereinbarer (und doch aneinander geketteter) Themen, denen das Schreiben der Schriftsteller gilt: dem visionären Entwurf von der entmenschten Welt auf der einen Seite; dem unermüdeten Erzählen von Kindheitsgeschichten auf der andern Seite. Es ist die große apokalyptische Vision von der Zwangsstruktur der modernen Massengesellschaft, die durch Bürokratie, Maschinerie und Medien, die durch Verdrängung des Subjekts aus den sich als Machtgeflechte verabsolutierenden Diskursen gekennzeichnet ist; und es sind – demgegenüber – die Versuche, die Geltung der ‚kleinen Mythen' zu bewahrheiten, die darin bestehen, das Leiden der Kindheit in die Freiheit des Ich umzuträumen – im Versuch, Kindheit, in der Schmerz und

Schöpfertum ineinanderwachsen, zum noch immer möglichen Ort von Freiheit und Autonomie zu machen.

Franz Kafka hat diese Situation wie kein anderer durchschaut: Kindheitsgeschichte und Maschinensaal stehen in seinem Werk so unerbittlich und unversöhnlich nebeneinander wie Karl Roßmanns Kindertraum vom Prager Weihnachtsmarkt neben seiner Wahrnehmung des unmenschlichen Telephon- und Telegraphensaals im Geschäft seines amerikanischen Onkels. Karl, soeben in der Neuen Welt eingetroffen, bekommt einen Schreibtisch modernster amerikanischer Machart zu Gesicht und erinnert sich:

> Es war eine neueste Erfindung, erinnerte aber Karl sehr lebhaft an die Krippenspiele die zuhause auf dem Christmarkt den staunenden Kindern gezeigt wurden und auch Karl war oft in seine Winterkleider eingepackt davor gestanden und hatte ununterbrochen die Kurbeldrehung, die ein alter Mann ausführte, mit den Wirkungen im Krippenspiel verglichen, mit dem stockenden Vorwärtskommen der heiligen drei Könige, dem Aufglänzen des Sternes und dem befangenen Leben im heiligen Stall. Und immer war es ihm erschienen, als ob die Mutter die hinter ihm stand nicht genau genug alle Ereignisse verfolge, er hatte sie zu sich hingezogen, bis er sie an seinem Rücken fühlte, und hatte ihr solange mit lauten Ausrufen verborgenere Erscheinungen gezeigt, vielleicht ein Häschen, das vorn im Gras abwechselnd Männchen machte und sich dann wieder zum Lauf bereitete, bis die Mutter ihm den Mund zuhielt und wahrscheinlich in ihre frühere Unachtsamkeit verfiel. (*Der Verschollene*, „Der Onkel")

Und dann, fast unmittelbar danach, wird der nostalgischen Intimität einer „heiligen Familie" eine Medienwelt der zirkulierenden sinnlosen Botschaften gegenübergestellt, in denen das Subjekt versickert. Die Firma des Onkels war

> ein Geschäft, welches in einem Käufe, Lagerungen, Transporte und Verkäufe riesenhaften Umfangs umfaßte und ganz genaue unaufhörliche telephonische und telegraphische Verbindungen mit den Klienten unterhalten mußte. Der Saal der Telegraphen war nicht kleiner, sondern größer als das Telegraphenamt der Vaterstadt, durch das Karl einmal an der Hand eines dort bekannten Mitschülers gegangen war. Im Saal der Telephone gingen wohin man schaute die Türen der Telephonzellen auf und zu und das Läuten war sinnverwirrend. Der Onkel öffnete die nächste dieser Türen und man sah dort im sprühenden elektrischen Licht einen Angestellten gleichgültig gegen jedes Geräusch der Türe, den Kopf eingespannt in ein Stahlband, das ihm die Hörmuscheln an die Ohren drückte. Der rechte Arm lag auf einem Tischchen, als wäre er besonders schwer und nur die Finger, welche den Bleistift hielten, zuckten unmenschlich gleichmäßig und rasch. In den Worten, die er in den Sprechtrichter sagte, war er sehr sparsam und oft sah man sogar, daß er vielleicht gegen den Sprecher etwas einzuwenden hatte, ihn etwas genauer fragen wollte, aber gewisse Worte,

die er hörte zwangen ihn, ehe er seine Absicht ausführen konnte, die Augen zu senken und zu schreiben. Er mußte auch nicht reden, wie der Onkel Karl leise erklärte, denn die gleichen Meldungen, wie sie dieser Mann aufnahm, wurden noch von zwei andern Angestellten gleichzeitig aufgenommen und dann verglichen, so daß Irrtümer möglichst ausgeschlossen waren. (*Der Verschollene*, „Der Onkel")

Das erste Bestreben, die Suche nach der Kindheitsgeschichte, mündet in das Bemühen um ein Zeichen, das dem stummen Körper Sprache verleihen könnte und ihm – gegen die den Mund verschließende mütterliche Hand – den unentfremdeten Namen schenkte: Dies erzählt die Geschichte von der *Sorge des Hausvaters*, dem Sorgenkind „Odradek", das sich kraft seines unverständlichen, undeutbaren Namens gegen die Vaterwelt behauptet. Das zweite Bestreben, das Aufsuchen einer Formel für die unentrinnbaren Zwangsstrukturen der Welt, mündet in die tödliche Phantasie von der Maschine, die dem einzelnen das Gesetz seines eigenen, unveräußerlichen Körpers in den Leib schreibt und ihn eben dadurch tötet – so geschehen in der *Strafkolonie*, wo die Hinrichtungsmaschine des Kommandanten dem Delinquenten die unveräußerliche, nur ihm lesbare Botschaft seiner Eigentümlichkeit, das „individuelle Gesetz der Schuld" in den Körper schreibt.

Beide Geschichten, *Die Sorge des Hausvaters* wie *Die Strafkolonie*, gehören spiegelbildlich zusammen. Das Kind, das sich gegen die Vaterwelt behauptet, und als Zwirnsspule, als befremdlicher Apparat, überlebt, zum einen: „Vergeblich frage ich mich [sagt der besorgte Hausvater am Schluß], was mit ihm geschehen wird. Kann er denn sterben? Alles, was stirbt, hat vorher eine Art Ziel, eine Art Tätigkeit gehabt und daran hat es sich zerrieben; das trifft bei Odradek nicht zu. Sollte er also einstmals etwa noch vor den Füßen meiner Kinder und Kindeskinder mit nachschleifendem Zwirnsfaden die Treppe hinunterkollern? Er schadet ja offenbar niemandem; aber die Vorstellung, daß er mich auch noch überleben sollte, ist mir eine fast schmerzliche."

Und die Strafkolonie sodann, mit ihrer ebenso befremdlichen Maschine, die Erlösung verheißt und zuletzt nur verlöschende Eigentümlichkeit des Subjekts spendet. Der Offizier, der der Hinrichtung beiwohnt, erhofft sich aus dem Anblick des Gesichts des Delinquenten die Erfahrung des verklärten Subjekts: „Nun, und dann kam die sechste Stunde! Es war unmöglich, allen die Bitte, aus der Nähe zuschauen zu dürfen, zu gewähren. [...] ich allerdings durfte kraft meines Berufes immer dabeistehen; oft hockte ich dort, zwei kleine Kinder rechts und links in meinen Armen. Wie nahmen wir alle den Ausdruck der Verklärung von dem gemarterten

Gesicht, wie hielten wir unsere Wangen in den Schein dieser endlich erreichten und schon vergehenden Gerechtigkeit!" Aber diese suggestive Erinnerung des Offiziers erweist sich als Täuschung; denn als er selbst, vom Richter und Henker zum Opfer sich erklärend, unter der Maschine liegt, die ihm das Gesetz in den Leib schreibt, das nur ihm verständliche, nur für ihn bestimmte, heißt es: der Reisende sah „fast gegen Willen das Gesicht der Leiche. Es war, wie es im Leben gewesen war; kein Zeichen der versprochenen Erlösung war zu entdecken; was alle anderen in der Maschine gefunden hatten, der Offizier fand es nicht; die Lippen waren fest zusammengedrückt, die Augen waren offen, hatten den Ausdruck des Lebens, der Blick war ruhig und überzeugt, durch die Stirn ging die Spitze des großen eisernen Stachels."

An der Grenze, wo Maschinensaal und Kindheitsgeschichte aneinanderstoßen, wo Gesetz und Name sich berühren, nistet der Tod. Das ist die Botschaft, die Kafkas Texte übermitteln. Es ist eine Botschaft, die den Krieg des 19. Jahrhunderts um die Einheit des Subjekts mit anderen Mitteln zu Ende führt. Kafkas Texte sind ‚Beschreibungen dieses Kampfes' (um einen Titel seines Frühwerks zu variieren). Es ist ein Kampf, der in der paradoxen Formel der Moderne mündet: daß sie das Schöpferische noch immer als Kern des Subjekts postuliert und zugleich durch die Vorstellung von der maschinenhaften Autonomie der Diskurse widerruft; daß sie mit verzweifelter Hartnäckigkeit versucht, das, was Subjektsein ist, im Wunder der gestaltenden Phantasie zu verankern; und daß sie das Verschwinden des Subjekts in den Diskurs-Maschinen einer Welt konstatiert, die die Kunstakte und deren kreative Eigentümlichkeit, noch bevor sie eigentlich entstehen, in die Normierungs- und Disziplinierungsakte der Lebenswelt zurückfallen läßt.

In neuerer Zeit, ein halbes Jahrhundert nach Kafkas Tod, hat es Versuche gegeben, jenen bösen, paradoxen und unauflöslichen Geschichten von Maschinerie und Schöpfertum, von Strafapparat und Kinderfreiheit, von Normzwang und Spontaneität ihre zerstörerische Kraft wieder zu nehmen: durch die Idee von der „Postmoderne" samt ihren beiden Zauberworten „Ironie" und „Allegorie": Thomas Manns Poetologie, die den Mythos durch Psychologie ins „Humane" umfunktioniert; Umberto Ecos Roman *Der Name der Rose*, der das Zitat zum Weltgesetz erhebt; Paul de Mans „Allegorien des Lesens", die den Text in Sinn und Gegensinn schichten, sprechen davon. Umberto Eco sucht das Kafkasche Dilemma von Prägung und Autonomie – als Paradigma der Ausweglosigkeit, das die Aporien des 19. Jahrhunderts zu Ende denkt – dadurch zu lösen, daß er es erneut als befreiendes Zitierspiel in Szene setzt; daß er dem Wiederholungszwang der dem Subjekt eingeschriebenen Zitate den Schein von Spontaneität und Schöpfertum verleiht; daß er die Lektüre des zwanghaft und unausweichlich Vorgegebenen als Schöpfungsakt erneut instauriert.

Kafka hielt an dem klaffenden und zuletzt tödlichen Widerspruch fest, der zwischen Angstapparat und erschaffender Phantasie, zwischen Disziplin und schöpferischer Freiheit sich unversöhnlich auftut. Die Geschichten, die er erfindet, bezeugen das; es sind gleichsam „Akte" im Drama des begabten Kindes, das einen tödlichen Ausgang nimmt: Es sind Geschichten von der Geburt, Geschichten von der Beziehung, Geschichten von der Verwandlung und Geschichten vom Verschwinden.

Zuerst und ganz offensichtlich sind Kafkas Erzählungen Geschichten von der Geburt. Über sein *Urteil* sagte Kafka: „*Nur so* kann geschrieben werden, nur [...] mit solcher vollständigen Öffnung des Leibes und der Seele" (Tagebuch, 23. September 1912). „Es ist dies notwendig, denn die Geschichte ist wie eine regelrechte Geburt mit Schmutz und Schleim bedeckt aus mir herausgekommen" (Tagebuch, 11. Februar 1913). Das *Urteil* ist eine Geburtsphantasie, so wie die *Verwandlung* deren Umkehrung, ein „Gegenbild des Gebärungsaktes" (an Max Brod, 6. Februar 1919), ist. Und Geburtsphantasien sind vor allem die drei Romane: die Geburt Karl Roßmanns, des „Verschollenen", in die Neue Welt, in die Weite Amerikas: „Die ersten Tage eines Europäers in Amerika seien ja einer Geburt vergleichbar", sagt der Onkel (*Der Verschollene*, „Der Onkel"); die Geburt Josef K.s in die Welt des *Prozesses*, in die Verzweigungen der Macht, wie sie sich im Diskurs der Gerechtigkeit entfalten, als der Held sich – an seinem 30. Geburtstag – verhaftet findet; die Geburt des Landvermessers K. in die Welt von Schloß und Dorf; in das Territorium jener Bürokratie, die Verwaltung und Erotik ununterscheidbar ineinander verflicht.

Sodann aber sind Kafkas Erzählungen Beziehungsgeschichten. Unvergeßlich in ihrer wechselseitigen Bezüglichkeit bleiben *Das Schweigen der Sirenen* und *Eine kaiserliche Botschaft*. Die Beziehung zwischen Mann und Frau in der ersten, die Beziehung zwischen Herr und Knecht in der zweiten Geschichte mythisch vergegenwärtigt: Es ist die Angst, die Mann und Frau, die Herr und Knecht auseinanderhält; es ist der Tod, der sich zwischen sie schiebt und sie trennt. Beziehung – sagen diese beiden Geschichten – ist nur als „Scheinvorgang", nur als unerfüllter Traum denkbar. Odysseus, der sich die Ohren mit Wachs verstopft und sich an den Mast schmieden läßt, die Sirenen, die gar nicht singen: „Vielleicht", heißt es im Text, war Odysseus „so listenreich, [...] ein solcher Fuchs, daß selbst die Schicksalsgöttin nicht in sein Innerstes dringen konnte. Vielleicht hat er, obwohl das mit Menschenverstand nicht mehr zu begreifen ist, wirklich gemerkt, daß die Sirenen schwiegen, und hat ihnen und den Göttern obigen Scheinvorgang nur gewissermaßen als Schild entgegengehalten." Und der Kaiser dann, in der *Kaiserlichen Botschaft*, der dem in die fernste Ferne geflüchteten Untertanen einen Boten schickt, der nie, nie ihn erreichen kann, durch zahllose Höfe des Palastes und durch Jahrtausende von ihm getrennt: „und stürzte er endlich", so heißt es am Schluß, „aus dem äußersten Tor – aber niemals, niemals kann es geschehen – liegt erst die Residenzstadt vor ihm, die Mitte der Welt, hochgeschüttet voll ihres Bodensatzes. Niemand dringt hier durch, und gar mit der Botschaft eines Toten. – Du aber sitzt an Deinem Fenster und erträumst sie Dir, wenn der Abend kommt."

Ein Drittes, vielleicht am häufigsten und vielfältigsten im Werk Kafkas vertreten, sind seine Verwandlungsgeschichten. Beispielhaft ist die Erzählung vom Affen Rotpeter, der, um der Gefangenschaft zu entgehen, sich entschließt, Mensch zu werden: Er beginnt zu sprechen und sucht im exterritorialen Bereich der Varietés eine Halbweltexistenz als Künstler. Es ist der Versuch Kafkas, die Selbsterschaffung des Menschen, die Sozialisation des Kindes, ohne prägende Familie zu phantasieren – im Tier; Autonomie also an jenen Punkt zu projizieren, wo dem Kind, durch den übermächtigen Vater, die Selbstentfaltung verweigert würde, und zwar durch Ausschaltung des Vaters im familielosen Dasein des Tiers; die unschuldige Stummheit des Kindes – gewissermaßen sein Tiersein – als jenen Ort zu bestimmen, aus dem die Sprache der Kunst – gegen alle Vernunft und gegen alle zerstörerische Kraft der Pädagogik – entspringt. Auch hier berührt sich Kafka mit einem Paradigma des 19. Jahrhunderts, dem Glauben an das Schöpferische, das noch aus der tödlichen Sprachverletzung des Kindes durch die Familie, gleichsam wie durch ein Wunder, zu entspringen vermag – Conrad Ferdinand Meyers *Leiden eines Knaben* hat dies ebenso thematisiert wie Stifters *Autobiographisches Fragment* und Flauberts frühe Erzählung *Quidquid volueris*.

Und schließlich dann, in Kafkas letzten Erzählungen, Geschichten, die vom Verschwinden erzählen. Es sind die Künstlernovellen *Ein Hungerkünstler* und *Josefine die Sängerin*. Hier geht es nur noch darum, das Paradox einer Beziehungsstiftung durch Verweigerung im Verschwinden des Körpers zu beglaubigen: Der Hungerkünstler, der im Selbstverzehr des Körpers das letzte, authentische Zeichen seiner selbst zu setzen sucht, nichts nehmend, alles gebend – jenen andern zugedacht, die ihn nicht mehr wahrnehmen; Josefine, die Sängerin, die – in nichts mehr als nur dem Akt der Selbstinszenierung sich von ihren „Volksgenossen" unterscheidend – schließlich im Körper des Volkes der Mäuse aufgeht, „in gesteigerter Erlösung vergessen wie alle ihre Brüder" – alles nehmend, und nichts gebend; den sozialen Traum der andern in ihrem Verschwinden vollendend.

Geburt – Beziehung – Verwandlung – Erlöschen: Der Weg, den Kafkas Geschichten nehmen, ist deutlich genug. Geburten, die sich ereignen, leiten in Situationen von Beziehungslosigkeit und folgenloser Verwandlung hinüber; sie führen zuletzt in einer Art Umkehrung ihrer selbst – einem rückwärts gelesenen Geburtsvorgang – in das Verschwinden des Körpers, in das Vergessen des Namens.

Das Muster von Kafkas Leben ist denkbar unauffällig; nicht das größere Leid, das er erlitten hätte, wird zum Symptom; nur die schärfere Aufmerksamkeit, die er ihm widmet, gibt seinem Leben – das schrittweises Aufzehren der Biographie durch die Schrift ist – weltliterarisches Gewicht: Der Lebensgang als Rechtsprozeß, der Erwerb der Sprache als Verurteilung zur Delinquenz, der „verhörte Held" (Ulf Abraham) als Protagonist des Geschehens, das mit seiner Auslöschung endet – der vergessene Held im Drama des begabten Kindes.

Franz Kafka wird am 3. Juli 1883 als ältestes von sechs Kindern in Prag geboren; er ist ein guter Schüler, er folgt dem Wunsch des Vaters und wird Jurist. Er beginnt zu schreiben schon als Kind. Er schließt Freundschaft mit dem durchaus erfolgreichen Autor Max Brod, der ihn bewundert. Er macht Vergnügungs- und Bildungsreisen, wie andere junge Leute; nach Helgoland und Paris, nach Berlin, Venedig und Verona, nach Lübeck, Wien und Meran; er erweist sich als tüchtiger Beamter, erst in den Assecurazioni Generali, dann in der Arbeiter-Unfall-Versicherung; er steigt von der Aushilfskraft zum Obersekretär auf und wird frühzeitig pensioniert. Er leidet unter dem Beruf, der die Kraft, die zum Schreiben helfen könnte, verzehrt. Er hat Prag – „dieses Mütterchen hat Krallen" (an Oskar Pollak, 20. Dezember 1902); diese „verdammte Stadt" (an Hedwig W., Anfang September 1907); „Ich kann in Prag nicht leben" (an Felice Bauer, 9. August 1915) – erst ein Jahr vor seinem Tod verlassen, um mit der geliebten Frau seiner letzten Monate, Dora Dyamant, in Berlin zu leben. Er stirbt am 3. Juni 1924 an Kehlkopftuberkulose im Sanatorium des Dr. Hoffmann in Kierling bei Klosterneuburg.

Vielleicht ist das Besondere dieses Lebens durch eine doppelte Differenz ausgedrückt: die Differenz zwischen Körper und Schrift und diejenige zwischen Anspruch und Einlösung. Das eine zunächst: „Der Roman bin ich, meine Geschichten sind ich" (an Felice Bauer, 2./3. Januar 1913), „und dieses Schreiben ist mir in einer für jeden Menschen um mich grausamsten […] Weise das Wichtigste auf Erden, wie etwa einem Irrsinnigen sein Wahn […] oder wie einer Frau ihre Schwangerschaft" (an Robert Klopstock, Ende März 1923), „In mir kann ganz gut eine Konzentration auf das Schreiben hin erkannt werden. Als es in meinem Organismus klar geworden war, daß das Schreiben die ergiebigste Richtung meines Wesens sei, drängte sich alles hin und ließ alle Fähigkeiten leer stehn, die sich auf die Freuden des Geschlechtes, des Essens, des Trinkens, des philosophischen Nachdenkens, der Musik zuallererst, richteten. Ich magerte nach allen diesen Richtungen ab." (Tagebuch, 2. Januar 1912.) – Demgegenüber aber bleibt, unversöhnt, eine stille und beharrliche Insistenz auf Erfahrungen der Körperlichkeit: „Mein ganzer Körper warnt mich vor jedem Wort" (an Max Brod, 17. Dezember 1910); so spricht Kafkas lebenslange Neigung zu Vegetarianismus, zu gärtnerischer Betätigung, zur Arbeit als Tischler, die immer wache Aufmerksamkeit für „Körperkünste": Varieté- und Zirkusbesuche, das Interesse für Tanz, für Sport – Reiten, Rudern, Schwimmen –, die Leidenschaft für lebende Bilder, das Kino.

Das andere sodann: Kafka, im Beruf als Versicherungsjurist hoch angesehen, von den literarischen Freunden bewundert, sah sich als Versager, dem „dauerndes Selbstvertrauen" nicht zuwuchs: „Ich habe in der Stadt, in der Familie, dem Beruf, der Gesellschaft, der Liebesbeziehung (setz sie, wenn Du willst, an die erste Stelle), der bestehenden oder zu erstrebenden Volksgemeinschaft, in dem allem habe ich mich nicht bewährt" (an Max Brod, Mitte November 1917).

Zwei Dokumente sind Zeugnisse für die Geburt von Kafkas Literatur, seinem nächtlichen Schreiben, aus dem Geist der Familie: das autobiographische Fragment vom August 1916 („Jeder Mensch ist eigentümlich […]") und der hundertseitige *Brief an den Vater*, der seinen Adressaten nie erreichte. Beide Texte sind Musterbücher der bürgerlichen Pädagogik, sie verzeichnen, wie vielleicht keine andere Niederschrift des 20. Jahrhunderts, alle Merkmale der Identitäts-Aporie des neuzeitlichen Subjekts, die im Schnittpunkt von Erziehung, Familie, Liebe und Schrift entspringt, mit der Formel vom „verhörten Helden" beginnend, im „Unglück des Junggesellen" kulminierend und im Verschwinden des Subjekts sich vollendend. Die Literatur Kafkas ist das Wörtlich-Nehmen der Familienrede, ihrer unlösbaren Verflechtung von Liebe und Haß: „Ich zerreiße Dich wie einen Fisch", pflegte Hermann Kafka zu sagen *(Brief an den Vater)*. Kafka schrieb aus, was hier redet. Es ist, genaugenommen, das Verlernen der Liebe als Form des Überlebens. Nicht die „Freiheit", wie Rotpeter im *Bericht für eine Akademie* sagt, sondern der „Ausweg", den die Schrift weist: Kafkas literarische Texte erzählen keine Liebesgeschichten mehr. Diese sind in die Briefe verlagert, die die Distanz zwischen Leben und Literatur zu vermessen suchen, die Unmöglichkeit von Leben und Literatur zur Sprache bringen:

„Ich kann mit ihr nicht leben und ich kann ohne sie nicht leben", schreibt Kafka über die Verlobte Felice Bauer (an Max Brod, 28. September 1913). Die vielen hundert Briefe, die er an sie richtet, sind Organ dieser Erfahrung; wie schließlich auch die Briefe an Milena Jesenská, die Geliebte der letzten Lebensjahre. Kafkas Briefe inszenieren den Abstand vom Leben, den er braucht, um schreiben zu können; sie inszenieren die Schrift, die den Atem des Lebens einfangen will. Erst Kafkas letzte Liebe, Dora Dyamant, schenkt ihm die Nähe, die die Schrift verlöschen läßt: Er läßt sie seine Texte, die er für mißraten hält, verbrennen; und Briefe sind (ein Zufall?) nicht erhalten.

Letzte Konsequenz jener Kommunikationsaporie, die Kafka immer wieder in Szene setzt, ist das Verlöschen des Subjekts. Ein Brief an Felice Bauer vom 22./23. Januar 1913 entwirft diese Erfahrung in einer ebenso gespenstischen wie prophetischen Vision, einem in seiner Perfektion nicht mehr zu überbietenden Verbundsystem medialer Techniken, das an die Stelle menschlicher Individualitäten tritt: In Musik-, Automaten- und Mutoskop-Salons, in Hotels, sogar in Verkehrsmitteln wie Eisenbahnen, Schiffen, Zeppelinen und Elektrischen sollen Parlographen aufgestellt werden, in die jederzeit diktiert werden kann; als übergreifende öffentliche Institution wird das Reichspostamt gewonnen, das in allen Postämtern Parlographen aufstellt; an diese Sprechstellen werden direkt oder durch Automobildienste Schreibbüros gekoppelt, in denen das Diktierte in Schrift verwandelt und der Post übergeben wird; dieses Diktier- und Schreibsystem wird mit dem schon bestehenden Telephonnetz verknüpft. Diese mediale Kommunikationsphantasie aber verknüpft Kafka nun mit der Liebesgeschichte, die seine eigene ist: Er in Prag, seine Verlobte Felice Bauer in Berlin. Er schreibt: „Übrigens ist die Vorstellung ganz hübsch, daß in Berlin ein Parlograph zum Telephon geht und in Prag ein Grammophon, und diese zwei eine kleine Unterhaltung miteinander führen. Aber Liebste, die Verbindung zwischen Parlograph und Telephon muß unbedingt erfunden werden."

An die Stelle lebendiger Kommunikation tritt die Vernetzung von Medien, an die Stelle liebender Subjekte das körperlose Spiel der Zeichen. Was bleibt, ist das Tier im *Bau*, die Arbeit des einzelnen an der Abdichtung von der Welt, mit der Stirn das Erdreich glättend; und doch ist vielleicht die Geschichte von der unbedingten Einsamkeit des Schreibenden, der sich wie ein Tier in den Schächten der Erde vergräbt, nicht das letzte Wort Kafkas. Etwa zwei Jahre vor seinem Tod schreibt Kafka einen seltsamen Brief. Er ist an den Lektor Hans Mardersteig gerichtet und lautet:

Die Frage meines Schreibens erscheint mir äußerlich sehr einfach: wenn sich meine Verhältnisse und meine Gesundheit [...] so weit bessert, daß ich frei die Nächte durchschreiben, frei die Tage durchschlafen kann, werde ich vielleicht – innerhalb der Schicksalsgrenzen – erträglich Gutes schreiben. Da dies in den letzten fünf Jahren nicht möglich war, habe ich fast nichts geschrieben und auch was ich in allerletzter Zeit bei zarter Gesundheitsbesserung zu schreiben versucht habe, ist [...] jämmerliches Zeug, öde Strickstrumpfarbeit, mechanisch gestückelte, kleinliche Bastelei. Max hat einiges davon gehört; wenn vielleicht in München die Rede darauf kam, hat er dieses mein Urteil gewiß bestätigt, allerdings nur verhältnismäßig, denn alles, was ich ihm vorlese, erzähle ich in den schönen Traum hinein, den er von mir träumt und es wird gleich traumhaft erhöht. Man kann eben zweierlei zugleich sein: eines Freundes guter Traum und das eigene böse Wachsein.

Das Urteil, das der Freund – nicht mehr der Vater – über Kafka fällt, gilt nicht mehr als Vollstreckung, sondern „nur verhältnismäßig"; das Ich, das sich artikuliert, tut dies nicht im Leben, sondern im Schreiben und im Vorlesen; und das Du, das ihm zuhört, gibt kein Verdikt, sondern jenen schönen Traum, der es traumhaft erhöht.

Was Kafka hier mit wenigen Sätzen entwirft, ist vielleicht die seltsamste Utopie, die je geträumt wurde: Das ist keine Philosophie des Ich und keine Philosophie des Du – und es ist auch keine Philosophie des parasitären Mediums, das, als „Drittes", dem Ich sein Du zuspielt. Es ist vielmehr der Gegenmythos zum „vergessenen Prometheus": das Vergessenwerden, das im schönen Traum des andern unverhofft als ein Erwachen erscheint, nicht mehr die Geburt in die Vaterwelt, die die schöpferische Kraft des Kindes erstickt, sondern das gegen alle Vernunft sich behauptende Vertrauen, daß das andere, das brüderliche Du das eigene, verlorene Ich zu erfinden vermöchte – gegen allen Unwert und alles Versagen. Es ist der Traum vom Anfang, der der andere ist: die Geburt – nicht aus der Genealogie, sondern aus der Phantasie des brüderlichen Du; der aus der schöpferischen Einbildungskraft hervorgehende Mensch, unberührt von Macht und Sexualität, wie Kleists Marionette: ein Traum, nach dem zweiten Essen vom Baum der Erkenntnis geträumt.

Was Kafka mit dieser Utopie zur Erscheinung bringt, ist ein Modell menschlicher Beziehung, das Literatur und Biographie gleichermaßen transzendiert: im Hinblick auf eine Beziehung zwischen Menschen die Formen der Macht verabschiedet und Kräfte der Phantasie ins Recht setzt. Vielleicht ist es dieser Punkt, der Kafkas „Werk", das weder „Schreiben" noch „Leben" sein konnte, für die Moderne so rätselhaft, so faszinierend und so unwiderstehlich gemacht hat. Denn die Aufmerksamkeit auf die Literatur entspringt – immer noch und immer wieder – einem alles Leben, alle Kultur durchwaltenden Interesse: dem Interesse nämlich für den Zauber der Anfänge. Es ist die Lust daran, daß – wie Kant sich einmal mit der ihm eigenen Steifheit und Anmut ausdrückt – „etwas ist und nicht vielmehr nichts". Es ist die Frage nach der Rolle der Phantasie im Leben, das heißt aber: nach dem immer wieder sich vollziehenden Anfang der Welt. Kafka ist nicht deshalb der wichtigste Autor des 20. Jahrhunderts, weil er – wie vielleicht kein zweiter – die entfremdete Welt und das entfremdete Ich in ihr beschrieben hätte: die Bürokratie und die Verzweigungen der Macht; den Verlust der Eigentümlichkeit des Ich und die Verarmung der Beziehungen zwischen den Menschen; die entmenschlichende Wirkung von Industrie- und Medienkultur. Er ist der bedeutsamste Autor, weil er nicht aufhört, gegen all dies das Drama des begabten Kindes zu spielen, unermüdlich, minuziös und unerbittlich zugleich: die lebenswichtigen Versuche des Menschen, aus der Kraft der Phantasie sich zu erschaffen und einen Weg in die Lebenswelt zu finden – als Vertrauen in die Phantasie des anderen. Das heißt aber: das Schöpferische als Bedingung menschlicher Beziehung verstehen zu lernen; selbst dort noch, wo es in seinem Scheitern erfahren wird. Und zwar mit der letzten, verzweifelten Wendung: nicht mehr der eigenen Schöpfungskraft vertrauen zu können, sondern sich selbst als erfunden zu träumen: das Selbst, als schöner Traum des anderen.

Ob das eine Umkehrung von Hegels die Theorie des modernen Ichs begründender Geschichte vom Selbst-Bewußtsein (in der *Phänomenologie des Geistes*) ist, vom Spiel auf Leben und Tod, das zwischen Herr und Knecht gespielt wird, ist vielleicht nicht schlüssig zu machen; unbezweifelt bleibt jedoch, daß dies das einzige Interesse ist, das die Literatur beanspruchen kann. Ihr ältester und vielleicht noch ihr jüngster Zweck: daß die aus ihr geborenen Phantasien die Augen des anderen auf sich ziehen, seine Aufmerksamkeit und seine Wünsche, und daß so die Kunst Beziehungen stiftet, die auf dem Weg des Lebens nicht mehr zu erlangen sind. Einmal ist dies schon gedacht worden, in Schmerz und Traum der Welt Brentanos, dem als Grabschrift gedachten Sonett aus dem Roman *Godwi:*

> Sprecht! Wessen bin ich? Wer hat mich besessen?
> Ich lebte nie – war eines Weibes Träumen –
> Und nimmer starb ich. – Sie hat mein vergessen.

Aber Kafka kann diesen Liebestraum nicht träumen. Sein Schreiben steht am Ende der Moderne und ihres „bösen Wachseins": als tödliche Erfahrung, daß Leben nur noch wahrnehmbar ist, wo das Ich sich verdoppelt, in den „schönen Traum des andern" und das „eigene böse Waschsein", das zerstört. Bewußtsein der bösen Einsamkeit und Beziehungstraum – sich berührend im Paradox der Kunst, die ihr eigenes Scheitern zeigt und das Selbst nur noch als erfundenes zu träumen vermag.

Kleist, den Kafka als seinen Blutsverwandten empfand, hat in seinem Erstling, der *Familie Schroffenstein*, als Lebensutopie des zweiten Paradieses sich erträumt, was Kafka nur noch als Schmerz, der die Kunst ist, zu fassen vermochte:

> Zwei Werte hat der Mensch: Den einen
> Lernt man nur kennen aus sich selbst, den andern
> Muß man erfragen.

Inszenierung des Anfangs

Zum Problem der sozialen Karriere in Franz Kafkas „Prozeß"-Roman

> Leoparden brechen in den Tempel ein und saufen die Opferkrüge leer; das wiederholt sich immer wieder; schließlich kann man es vorausberechnen und es wird ein Teil der Ceremonie.[1]

I

Kafkas Texte handeln von Anfängen, die einen freien Aufschwung nehmen wollen und immer wieder in knirschenden Ritualen stecken bleiben. Kafkas Anfänge sind immer wieder neue Versuche des Individuums, eine Lebenskarriere in Gang zu bringen; eine Karriere im Beruf, eine Karriere in der Liebe, die zusammengehören, darauf angelegt, sich ineinander zu verweben. Mit dieser thematischen Konstruktion seiner zu erzählenden Geschichten knüpft Kafka noch einmal an ein Konzept des 19. Jahrhunderts an, das der Herstellung von Individualität in der Gesellschaft dient.[2] Dieses Konzept hat ein literarisches Muster, nämlich den sogenannten Bildungsroman. In ihm wird das Spiel der Herstellung von Individualität gespielt, wie es das 19. Jahrhundert erfunden hat: als doppelte Karriere der ‚Erhebung' – im Beruf wie in der Liebe. Man könnte es auch das Modell ‚Wilhelm Meister' nennen, samt seinen Nachfolgern. Spätestens im 20. Jahrhundert begann sich dieses Muster dann aufzulösen: Der

---

[1] Textbelege nach Franz Kafka, Schriften. Tagebücher. Briefe. Kritische Ausgabe, hrsg. von Jürgen Born, Gerhard Neumann, Malcolm Pasley und Jost Schillemeit, Frankfurt am Main 1983 ff. Hier: Franz Kafka, Nachgelassene Schriften und Fragmente II, hrsg. von Jost Schillemeit, Frankfurt am Main 1992, S. 46. Zitatnachweise künftig unter der Chiffre N II und Seitenzahl im laufenden Text.

[2] Den Begriff der ‚Herstellung von Individualität' beziehe ich von Niklas Luhmann. Vgl. seinen Aufsatz: Niklas Luhmann, Copierte Existenz und Karriere. Zur Herstellung von Individualität. In: Ulrich Beck und Elisabeth Beck-Gernsheim (Hrsg.), Riskante Freiheiten. Individualisierung in modernen Gesellschaften, Frankfurt am Main 1994, S. 191–200.

Erhebung des Helden durch Bildung zum etablierten Bürger stand die Kleinlichkeit und Niedrigkeit der alltäglichen Misere, der ‚Prosa der Verhältnisse', entgegen. Und die angestrebte Erhebung wich in der Darstellung der Lebenskarrieren mehr und mehr dem individuellen und sozialen Verfall. Der Bildungsroman wird nun zum Medium für das kulturelle Konfliktmodell, das aus der Reibung zwischen Erhabenheit und Komik erwächst. Es ist nicht zu übersehen, daß sich Kafka – wie der Amerika-Roman „Der Verschollene" vielleicht am deutlichsten zeigt – in seinen Romanen, und natürlich vor allem in diesem ersten, an jener Tradition orientiert und in ihrem Verfall das ausweglose Konflikt-Modell der Moderne zu bearbeiten sucht.[3] Meine These, vorweggenommen, lautet denn auch, daß Kafka die erhabene (und erhebende) Idee eines glückenden Lebenslaufes[4] hart gegen das bald tragische, bald komische Scheitern in Alltagsritualen stellt – und aus dem Konflikt beider seinen Roman entwickelt, als ein nunmehr versickerndes Projekt der Herstellung von Individualität: und zwar deshalb versickernd, weil es seinen Helden (oder besser gesagt Protagonisten) nicht gelingt, ernst zu nehmendes Lebensritual und komödiantisches Lebenstheater produktiv miteinander zu vermitteln. Zwangsritual und Freiheitstheater gehen in den Romanen Kafkas einen unguten Pakt ein, der mit der Zerstörung oder doch Auslöschung des Helden[5], seinem Verschwinden, endet, und, parallel dazu, mit dem Scheitern des Romanprojekts selbst als Ganzem – dem immer wieder versuchten, schließlich aber ins Leere laufenden Abfassen eines Bildungsromans.

---

[3] Vgl. meinen Aufsatz: Ritual und Theater. Franz Kafkas Bildungsroman „Der Verschollene". In: Philippe Wellnitz (Hrsg.): Franz Kafka. Der Verschollene. Le Disparu/L'Amérique – Écritures d'un nouveau monde? – Strasbourg 1997, S. 51–78. (= Presses Universitaires de Strasbourg). Vgl. im vorliegenden Band S. 159–183.

[4] „Zeitweilige Befriedigung kann ich von Arbeiten wie ‚Landarzt' noch haben, vorausgesetzt daß mir etwas derartiges noch gelingt (sehr unwahrscheinlich) Glück aber nur, falls ich die Welt ins Reine, Wahre, Unveränderliche heben kann." Franz Kafka, Tagebücher, hrsg. von Hans-Gerd Koch, Michael Müller und Malcolm Pasley, Frankfurt am Main 1990, S. 838. Zitatnachweise künftig unter der Chiffre T und Seitenzahl im laufenden Text.

[5] Ich beziehe diesen Begriff von Thomas Bernhard. In seinem Anti-Bildungsroman „Auslöschung" nennt er zu Beginn eine Reihe von Prätexten für sein Buch, in denen solche Auflösung, solcher Zerfall der Protagonisten eine Rolle spielt, „Siebenkäs von Jean Paul, Der Prozeß von Franz Kafka, Amras von Thomas Bernhard" und Goethes „Wahlverwandtschaften". Thomas Bernhard, Auslöschung. Ein Zerfall, Frankfurt am Main 1988, S. 7 f. (= st 1563).

So gesehen wäre Kafkas Werk einer der letzten Ausläufer dieser Bildungsroman-Tradition des 19. Jahrhunderts zu Beginn des 20. – und dokumentierte zugleich Kafkas Kampf um eine neue literarische Kunstform, die den nicht mehr möglichen Roman ersetzen soll, als Weg in die Avantgarde der Prosa-Literatur.[6] Alle drei Romane, die Franz Kafka zu schreiben angefangen hat, suchen solche doppelten Karrieren von Individualität in einem sozialen Umfeld zu verwirklichen, eine Berufs- und eine Liebeskarriere. Dabei hat Kafka schon sehr früh in seinen Aufzeichnungen begonnen, die Struktur eines solchen Lebensmodells herauszupräparieren, in welchem das Rituelle und das Theatrale, die Disziplin und die schöpferische Freiheit zusammenstoßen – und zuletzt auf die Vision einer Dichterkarriere hinauslaufen. Dieses Dilemma zeigt besonders deutlich eine Stelle aus dem Tagebuch vom 3. 10. 1911:

> Beim Diktieren einer größern Anzeige an eine Bezirkshauptmannschaft im Bureau. Im Schluß, der sich aufschwingen sollte, blieb ich stecken und konnte nichts als das Maschinenfräulein Kaiser ansehn, die nach ihrer Gewohnheit besonders lebhaft wurde, ihren Sessel rückte hustete, auf dem Tisch herumtipte und so das ganze Zimmer auf mein Unglück aufmerksam machte. Der gesuchte Einfall bekommt jetzt auch den Wert, daß er sie ruhig machen wird, und läßt sich je wertvoller er wird desto schwerer finden. Endlich habe ich das Wort ,brandmarken' und den zugehörigen Satz, halte alles aber noch im Mund mit einem Ekel und Schamgefühl wie wenn es rohes Fleisch, aus mir geschnittenes Fleisch wäre (solche Mühe hat es mich gekostet). Endlich sage ich es, behalte aber den großen Schrecken, daß zu einer dichterischen Arbeit alles in mir bereit ist und eine solche Arbeit eine himmlische Auflösung und ein wirkliches Lebendigwerden für mich wäre, während ich hier im Bureau um eines so elenden Aktenstückes willen einen solchen Glückes fähigen Körper um ein Stück seines Fleisches berauben muß. (T 54)

Was hier artikuliert wird, ist die Schlüsselfrage der Kafkaschen Poetologie: Wie kann der lebendige Körper eine Sprache hervorbringen, die nicht von den institutionellen Ritualen der Gesellschaft stereotyp geformt oder deformiert wird, sondern sich in freier, spielerischer Eigenkraft entfaltet, als Literatur, als Kunst, als Individuierungs-Theater. Die Wirksamkeit dieses Konzepts von Sprachgewinnung wird, in Bezug auf den Prozeß der Versprachlichung von Welt, im Tagebuchtext unmittelbar vergegenwärtigt: als der Wunsch nach einem selbstverantworteten Theater des Spracherwerbs. Zunächst steht die geschilderte Situation der Sprachfindung im Zeichen

---

[6] Vgl meinen Artikel: Aphorismus – Anekdote – Parabel. Zur Gattungsbestimmung von Kafkas Prosaminiaturen. In: Manfred Engel/Ritchie Robertson (Hrsg.), Kafka und die kleine Prosa der Moderne/ and Short Modernist Prose, Würzburg 2010. (= Oxford Kafka Studies Band I – 2011), S. 49–66.

strenger Ritualisierung: Der höhere Angestellte in der Kanzlei diktiert. Dem Schreibfräulein ist der Sitz an der Maschine zugewiesen. Sie schreibt, was er (nach dem juristischen Code) diktiert. Die Ordnung im Raum ist streng hierarchisch: Sie befördert ein stereotypes Ritual der Produktion von Schriftsätzen. In dieses Ritual sickert aber Emotion ein, spontane Regungen von seiten des Diktierenden wie von seiten der Schreibenden. Dabei ist es zunächst eine Störung, die sich einstellt: Es zeigt sich aber dann, daß diese zugleich einen schöpferischen Keim, ein Inzitament des Poetischen in sich trägt. Das hier von Kafka entworfene Szenario des Anfangs von Artikulation, der Sprachgeburt, macht deutlich: Dem Ritual der Sprachnormierung durch das Gesetz steht die Vision freien, schöpferischen Schreibens von Dichtung gegenüber – nicht institutionelles Ritual also, sondern ein improvisatorisches Schöpfungs-Theater, „himmlische Auflösung" und „Sich-Aufschwingen", „wirkliches Lebendigwerden", wie Kafka sagt. Sprache ist also, für den hier sich seiner selbst Vergewissernden, beides zugleich – und schlechterdings unvermittelbar in ihrer Dualität: Organ der Disziplinierung einerseits – durch vorgegebene Rituale der Sprachbildung und Sprachdressur; Organon befreienden Schöpfertums andererseits – durch Umwidmung des Rituellen in ein Potential kreativer Autonomie.

Diese komplexe Situation, auf die in Kafkas Tagebuch-Aufzeichnung „Beim Diktieren einer größern Anzeige [...] im Büro" aufmerksam gemacht wird, zielt sehr genau auf jenes Krisen-Szenario der Herstellung von Individualität, wie es Ende des 19. Jahrhunderts aus dem Karrieregedanken, der Idee des ökonomischen wie erotischen Lebenslaufs entwickelt wird. Kafka bearbeitet darin die Vorstellung, ob es möglich ist, das Alltagsritual, das in seiner Zwanghaftigkeit immer wieder ins Komische umkippt[7], in die Freiheit eines geglückten Lebens umzuwenden, in „himmlische Auflösung" und „wirkliches Lebendigwerden" „sich aufschwingen" zu lassen, wie Kafka ja wörtlich (mit dem Vokabular der Erfahrung von Erhabenheit) sagt. Es ist also der – von Kafka in seinen Romanen immer wieder unternommene und in seinem Mißlingen gezeigte – Versuch, groteske Komik des Lebensalltags und erhabene Freiheit der großen Kunst miteinander in ein kulturell produktives Verhältnis zu setzen.

Es scheint mir nun nach dem bisher Gesagten, als ob Kafka, bei der Konstruktion der Karriere seiner Protagonisten als ‚Lebensbahn', in einer fortgesetzten Reihe von Experimenten, zwei konkurrierende kulturelle Strategien ins Spiel zu bringen sich bemühte: diejenige der Ritualisierung und die der Theatralisierung, als zwei miteinander streitende Formen der

---

[7] Das ‚Herumtipen' des Schreibmaschinenfräuleins auf dem Tisch z. B.

Krisenbewältigung. Es sind zwei konträre, notwendig aber einander supplierende, Grundmuster der Produktion von Sprache und Handeln, also von sozialem Sinn, in der Kultur. Versuche mithin auch der Einbettung der Lebensdynamik in das Spiel von Zwang und Freiheit, von Disziplin und Improvisation. In der Reibung zwischen beiden Verfahren – und dies wäre die Zuspitzung meiner These – zerbröckeln aber Kafkas Versuche, ein Leben zu erzählen. Die Narrative verlöschen, weil rituelle und theatrale Strategien einander gegenseitig paralysieren. Man könnte auch sagen: Das Erhabene von Lebensgang und Lebensopfer wird unablässig von Elementen des Komischen und des Grotesken unterlaufen – und umgekehrt. Vielleicht ist dieses Kippverhältnis überhaupt das Geheimnis des vielberufenen Kafkaschen ‚Humors‘.

An dieser Stelle möchte ich einige skizzenhafte Bemerkungen zu meinem Verständnis von Ritual und Theater einschieben. Rituale sind stereotype Rede- und Handlungsmuster, in denen Glaube, Ideologie, Legitimation und Macht scharfe soziale Kontur gewinnen.[8] Sie sind Formen sozialer Gewalt – vom Kultischen über das Institutionelle bis zum Alltäglichen des Lebensvollzugs. Sie sind disziplinäre Muster in der Dynamik des Kulturprozesses; sie enthalten eine Strategie der Krisenbewältigung, die im Zeichen des Stereotyps, der Disziplin und der förmlichen Gewalt steht – und bei Kafka immer wieder in die komische Groteske umkippt. Theatralität[9], theatrale Inszenierung, demgegenüber, ist ein dem Ritual widersprechendes Muster der Organisierung sozialer Prozesse. Das Theatralitätsmodell der Lebensorganisation ist geprägt von Phantasie, von Spiel, von Durchbrechung (‚Transgression‘[10]) und Grenzüberschreitung, von freier Improvisation. Theatralität bewährt sich als kreative Orientierung im Reden und Handeln einer Kultur – im Zeichen ästhetischer ‚Erhebung‘, ja Überhöhung oder Auratisierung.

---

[8] Zum Begriff des Rituals und seiner Abgrenzung zum ‚Theater‘ vgl. Michael Ott, Ritualität und Theatralität. In: Gerhard Neumann/Caroline Pross/Gerald Wildgruber (Hrsg.), Szenographien. Theatralität als Kategorie der Literaturwissenschaft, Freiburg im Breisgau 2000, S. 300–342. (= Rombach Wissenschaften, Reihe Litterae, hrsg. von Gerhard Neumann und Günter Schnitzler, Bd. 78) Vgl. ferner Gerhard Neumann, Rituale der Liebe. In: Axel Michaels (Hrsg.), Die neue Kraft der Rituale, Heidelberg 2007, S. 45–65.

[9] Der englische Begriff ‚theatricality‘ ist enger, zielt vor allem auf das Fingierte, ja Lügenhafte solcher Inszenierung.

[10] Gerhard Neumann, Rainer Warning (Hrsg.), Transgressionen. Literatur als Ethnographie, Freiburg im Breisgau 2003. (Rombach Wissenschaften. Reihe Litterae, hrsg. von Gerhard Neumann und Günter Schnitzler, Bd. 98).

II

Im zweiten Teil meiner Überlegungen möchte ich, in einer Art Mikro-Analyse des Anfangs des Prozeß-Romans[11], zu zeigen versuchen, wie Kafka das genannte Konfliktmuster der Herstellung von Individualität zwischen Ritualität und Theatralität aus einem Alltagsritual heraus entwickelt – dem ‚Frühstück‘ nämlich, das Josef K., als er sich verhaftet findet, verweigert wird, was ihn in eine Identitätskrise stürzt, von der er, oder besser sein Selbstgefühl, sich nicht mehr erholt. Er wird am Ende des Romans rituell hingerichtet, wie auf einem Opferstein – aber wiederum in einem Anflug theatraler Atmosphäre; die beiden Henker, die lange nach dem Schauplatz des Opfers suchen, haben das Aussehen von Operntenören. Was sich hier, in den Anfangs-Sequenzen des Prozeß-Romans, abspielt, ist die Paralysierung eines (wenn man es so nennen will) ‚erhabenen‘, an das Lebensopfer gebundenen Lebensgangs durch die groteske Komik alltäglicher Rituale – oder auch umgekehrt: das unverhoffte Umkippen alltäglicher Rituale in ein ‚erhabenes‘, in ein beschädigtes Szenario einer Lebenskrise.

Der Held erwacht am Morgen seines dreißigsten Geburtstags (P 11): Dies ist für unseren Zusammenhang ein zentraler Punkt. Geburtstage sind in ausgezeichneter Weise Rituale der Selbstfindung und Selbstbeglaubigung, aber auch des Selbstzweifels und drohenden Selbstzerfalls. Man denke an Werthers Brief vom 28. August, der von den Worten „Heut ist mein Geburtstag" ausgeht[12] und gleichsam das literarische Paradigma dieser rituellen Situation und ihrer Ambivalenz setzt.[13] Es ist der Augenblick, in dem sich das Geburtstagskind sagt: Ich verändere mich – ich werde älter – ich bin aber immer noch der, der ich war – und ich bleibe es auch![14] Kafka

---

[11] Zitate erfolgen nach der Kritischen Ausgabe: Franz Kafka, Der Proceß, hrsg. von Malcolm Pasley, Frankfurt am Main 1999. Zitatnachweise künftig unter der Chiffre P, Apparatband unter der Chiffre PA, und Seitenzahl im laufenden Text.

[12] Johann Wolfgang Goethe, Sämtliche Werke, Briefe, Tagebücher und Gespräche. Vierzig Bände, hrsg. von Friedmar Apel u. a. Johann Wolfgang Goethe, Die Leiden des jungen Werthers. Die Wahlverwandtschaften. Kleine Prosa. Epen, in Zusammenarbeit mit Christoph Brecht hrsg. von Waltraud Wiethölter, Band 8, Frankfurt am Main 1994, S. 110. Werthers Geburtstagsdatum ist auch das des Autors Goethe.

[13] Vgl. meinen Aufsatz: „Heut ist mein Geburtstag". Liebe und Identität in Goethes Werther. In: Waltraud Wiethölter (Hrsg.), Der junge Goethe. Genese und Konstruktion einer Autorschaft, Tübingen und Basel 2001, S. 117–143.

[14] Es ist das Identitätsmodell, das Erik H. Erikson entwickelt hat: Erik H. Erikson, Identität und Lebenszyklus. Drei Aufsätze, Frankfurt am Main 1973. (= suhrkamp taschenbuch wissenschaft 16).

verfaßt seinen ganzen Roman nach diesem Muster einer sich in jeder Situation oder besser Station der Lebenskarriere wiederholenden Frage nach dem Selbst und seiner Modellierung. Und zwar bis zu dem Zeitpunkt, wo Josef K., am Schluß des Romans, an seinem einunddreißigsten Geburtstag, von den beiden Herren, die ihn abführen, in einem trivialen Ritual ‚wie ein Hund' abgeschlachtet wird.[15]

Josef K. beginnt seinen Geburtstag mit einem Blick aus dem Fenster – auf die alte Frau gegenüber, die ihn ihrerseits aus ihrem Fenster beobachtet: Blicken und Angeblicktwerden setzen sich gewissermaßen als Identifizierungs-Ritual in Szene. Fensterszenen sind ja bei Kafka immer der Ort solchen Anfangs: als Blick auf die Welt aus dem Innen- in den Außenraum, mit dem Ziel der Orientierung in der Welt und zugleich der Gewinnung eines Aufschlusses über sich selbst – Fensterszenen sind in ausgezeichnetem Sinne Orientierungsrituale.[16] Es sei, beispielsweise, im Kafkaschen Zusammenhang, an Georg Bendemann am Anfang der Erzählung „Das Urteil" erinnert. Der ganze Prozeß der Selbsterkundung, der im Gespräch mit seinem Vater in die Verurteilung zum Tode des Ertrinkens mündet, beginnt ja mit einem Blick aus dem Fenster:

> Es war an einem Sonntagvormittag im schönsten Frühjahr. Georg Bendemann, ein junger Kaufmann, saß in seinem Privatzimmer im ersten Stock eines der niedrigen, leichtgebauten Häuser, die entlang des Flusses in einer langen Reihe, fast nur in der Höhe und Färbung unterschieden, sich hinzogen. Er

---

[15] „Aber an K.'s Gurgel legten sich die Hände des einen Herrn, während der andere das Messer ihm ins Herz stieß und zweimal dort drehte. Mit brechenden Augen sah noch K. wie nahe vor seinem Gesicht die Herren Wange an Wange aneinandergelehnt die Entscheidung beobachteten. ‚Wie ein Hund!' sagte er, es war, als sollte die Scham ihn überleben." (P 312).

[16] Berühmte Fensterszenen, in denen der Blick auf Gott und die Welt – und das in diesem Blick sich kreierende Subjekt – gleichsam immer neu erfunden werden, finden sich in Augustinus' „Konfessionen" (vielleicht die Urszene dieser topisch werdenden Situation), in Goethes „Werther" („Kloptock!"), in Tolstois „Krieg und Frieden", in Robert Musils „Vollendung der Liebe" wie im „Mann ohne Eigenschaften" (Kapitel „Die Spitze deiner Brust ist wie ein Mohnblatt"); aber auch schon, auf äußerst subtile Weise, in Stendhals „Chartreuse de Parme". Vgl. hierzu meinen Aufsatz: Landschaft im Fenster. Liebeskonzept und Identität in Robert Musils Novelle „Die Vollendung der Liebe". In: Neue Beiträge zur Germanistik Band 3/Heft 1 (2004), S. 15–31. (= Internationale Ausgabe von „Doitsu Bungaku", Zeitschrift der Japanischen Gesellschaft für Germanistik). Hierzu auch Gerhard Neumann, Die Welt im Fenster. Erkennungsszenen in der Literatur. In: Hofmannsthal Jahrbuch. Zur Europäischen Moderne 18/2010, hrsg. von Gerhard Neumann, Ursula Renner, Günter Schnitzler, Gotthart Wunberg, Freiburg im Breisgau 2010, S. 215–257.

hatte gerade einen Brief an einen sich im Ausland befindenden Jugendfreund beendet, verschloß Ihn in spielerischer Langsamkeit und sah dann, den Ellbogen auf den Schreibtisch gestützt, aus dem Fenster auf den Fluß, die Brücke und die Anhöhen am anderen Ufer mit ihrem schwachen Grün.

Ähnliches gilt auch für Josef K. Franz Kafka war sich bewußt, daß er mit dessen Erwachen am Beginn des Prozeß-Romans die Urszene eines Karriere-Anfangs geschaffen hatte: ein Paradigma. In einer Variante des Textes, die Kafka dann später wieder streicht, legt er sich darüber Rechenschaft ab.[18] Es ist die Szene des ersten Verhörs, das in Fräulein Bürstners Zimmer stattfindet. Als der Aufseher an Josef K. die Frage richtet, ob er durch die Vorgänge des Morgens und das Ritual seiner Verhaftung überrascht worden sei, begründet dieser das so:

> Jemand sagte mir, ich kann mich nicht mehr erinnern, wer es gewesen ist, dass es doch sonderbar sei, dass man, wenn man früh aufwacht, wenigstens im allgemeinen alles unverrückt an der gleichen Stelle findet, wie es am Abend gewesen ist. Man ist doch im Schlaf und im Traum wenigstens scheinbar in einem vom Wachen wesentlich verschiedenen Zustand gewesen und es gehört [...] eine unendliche Geistesgegenwart oder besser Schlagfertigkeit dazu, um mit dem Augenöffnen alles, was da ist, gewissermassen an der gleichen Stelle zu fassen, an der man es am Abend losgelassen hat. Darum sei auch der Augenblick des Erwachens der riskanteste Augenblick im Tag, sei er einmal überstanden, ohne dass man irgendwohin von seinem Platz fortgezogen wurde, so könne man den ganzen Tag über getrost sein [...]. (PA 168)

Es ist dieser riskanteste – in hohem Maße krisenhafte – Augenblick, mit dem Josef K. sich auseinanderzusetzen hat im Moment des morgendlichen Erwachens; ein Augenblick, dem er auf seinem Karriere-Weg nicht ausweichen kann. Dies wird schon mit den ersten beiden Sätzen des Romananfangs deutlich.[19] Es heißt da:

---

[17] Franz Kafka, Schriften. Tagebücher. Briefe. Kritische Ausgabe, hrsg. von Jürgen Born u. a. Franz Kafka, Drucke zu Lebzeiten, hrsg. von Wolf Kittler, Hans-Gerd Koch und Gerhard Neumann, Frankfurt am Main 1994, S. 43.

[18] Die ohnehin in seinem Werk sehr seltenen metareflexiven Passagen werden von Kafka beinahe grundsätzlich wieder aus dem Text herausgestrichen. An dieser Praxis wird bis zu den späten Werken, wie zum Beispiel dem „Bau", konsequent festgehalten. Versuche sind lohnend, Kafkas Texte von Ihren gestrichenen Stellen her zu interpretieren.

[19] Zu diesem Anfang, der Erzählen vor das Gesetz stellt und gleichzeitig das Gesetz vor das Erzählen positioniert, also das eine vor dem anderen ‚erscheinen' läßt, vgl. Derridas wegweisende Studie: Préjugés. Vor dem Gesetz, hrsg. von Peter Engelmann, Wien 1992.

> Jemand mußte Josef K. verleumdet haben, denn ohne daß er etwas Böses getan hätte, wurde er eines Morgens verhaftet. Die Köchin der Frau Grubach, seiner Zimmervermieterin, die ihm jeden Tag gegen acht Uhr früh das Frühstück brachte, kam diesmal nicht. (P 7)

Josef K. erlebt seinen ‚riskantesten' Augenblick in aller Intensität: als ein Gewalt-Ritual in Gestalt der Verhaftung, die ihm beim Erwachen an seinem Geburtstag gewissermaßen ‚übergestülpt' wird. Was ihm üblicherweise beim Augenöffnen Sicherheit gibt, wird nun unverhofft umgestürzt. Er ist ja gewohnt, den Augenblick des Erwachens durch das freundliche Ritual des 8-Uhr-Frühstücks zu stabilisieren. Dieses private Ritual bleibt an diesem Tag aber aus. An seine Stelle tritt die Verhaftung, ein bedrohliches, Angst machendes Ritual der öffentlichen Justiz-Ordnung. Diese Ersetzung des Frühstücks-Rituals durch das Verhaftungs-Ritual irritiert Josef K. zutiefst. „Das war noch niemals geschehn" (P 7), konstatiert er ratlos und versucht, das befremdliche Versäumnis irgendwie gut zu machen – also das Frühstück doch noch stattfinden zu lassen. „Anna soll mir das Frühstück bringen", fordert er von den zwei Männern, die ihn verhaftet haben. Darauf erfolgt „ein kleines Gelächter im Nebenzimmer", wie es im Text heißt, und der Bescheid: „Es ist unmöglich"! (P 7 f.) Nach diesem abermaligen Fehlschlag versucht Josef K. auf andere Weise, die Situation zu retten; nämlich indem er auf das Rechtsritual der Verhaftung mit einem anderen Rechtsritual zu antworten versucht; und zwar, indem er sich gewissermaßen ‚bürokratisch' durch den Paß zu legitimieren vornimmt. Denn es steht ja, schon in diesem ersten Tages-Augenblick, seine Identität und ihre Legitimität auf dem Spiel. Da erweist sich die Tücke des Objekts: Zunächst findet Josef K. nämlich seine Dokumente nicht – als erstes kommt ihm lediglich seine Radfahrlegitimation in die Hand (P 12); dann aber auch sein Geburtsschein: Es ist ja immerhin sein dreißigster Geburtstag, den es zu dokumentieren gilt. Doch alle diese Legitimationspapiere werden zurückgewiesen. „Was kümmern uns denn die?", sagen die Wächter. (P 14) Stattdessen aber sieht K., wie die beiden beginnen, das für ihn vorbereitete Frühstück zu verzehren – also das ‚Gericht', das sein morgendliches Identitäts-Ritual hätte abgeben können, illegal verschlingen und damit als Argument, das die Situation retten könnte, vertilgen. Offenbar tatsächlich illegal: Denn auf seine Beschwerde hin springen die beiden Männer, wie zur Ablenkung, sogleich in ein anderes Register der Argumentation hinüber: das ökonomische nämlich. Sie erklären sich plötzlich bereit, ihm in einem benachbarten Kaffeehaus ein „kleines Frühstück" zu holen – freilich nur, wenn er sie dafür bezahlt. Dieses Angebot lehnt Josef K. aber angesichts des „schmutzigen Nachtkafes" (P 16) von nebenan ab.

Da der Protagonist mit seinen rituellen Sanierungsversuchen der Erwachens-Situation gescheitert ist, sucht er nun das Problem der Selbstbeglaubigung im ‚riskantesten Augenblick' außerhalb der privaten oder institutionellen Ritualität zu lösen – gewissermaßen durch ein Privattheater, das er inszeniert: also einen theatralen, einen anti-rituellen Akt. Er wirft sich aufs Bett, anstatt sich an den Frühstückstisch zu setzen, und beginnt einen Apfel zu verzehren, ein von Kafka manchmal genutzter Hinweis auf den Sündenfall[20], also das Brechen des göttlichen Verbots durch ein Improvisations-Theater.[21]

Wie ernst für Josef K. die Bedrohung seiner Identität durch den Ausfall von deren banaler morgendlich-ritueller Absicherung inzwischen schon geworden ist, erkennt man an dem im Text folgenden Selbstgespräch des Protagonisten, das den Tod ins Spiel bringt:

> Es wunderte K., wenigstens aus dem Gedankengang der Wächter wunderte es ihn, daß sie ihn in das Zimmer getrieben und ihn hier allein gelassen hatten, wo er doch zehnfache Möglichkeit hatte sich umzubringen. Gleichzeitig allerdings fragte er sich, mal aus seinem Gedankengang, was für einen Grund er haben könnte, es zu tun. Etwa weil die zwei nebenan saßen und sein Frühstück abgefangen hatten? (TB 3,16)

In diesem bedrohten Augenblick greift Josef K. abermals auf ein etabliertes Ritual des Alltags, wie es in schwierigen Situationen genutzt wird, zurück. Er geht „zu einem Wandschränkchen", wie es im Text heißt, „in dem er einen guten Schnaps aufbewahrte", und leert gleich zwei Gläschen hintereinander: „ein Gläschen zuerst zum Ersatz des Frühstücks" und „ein zweites Gläschen", das dazu bestimmt ist, „ihm Mut zu machen, das letztere nur aus Vorsicht für den unwahrscheinlichen Fall, daß es nötig sein sollte." (P 17 f.)

---

[20] Man denke an die Kampf-Szene Karls mit Klara im Roman „Der Verschollene" und, in der „Verwandlung", an den Wurf eines Apfels durch den Vater, der im Rücken des in das Insekt verwandelten Gregor Samsa steckenbleibt.

[21] So ist der biblische Sündenfall das erste Improvisations-Theater der Kultur, das dem rituellen Eßverbot im Paradies antwortet. In diesem Sinne einer schöpferischen Antwort auf das Verbot hat schon Kant den Sündenfall aufgefaßt, als produktive Chance der Aufklärung, in seinem Aufsatz: Mutmaßlicher Anfang der Menschengeschichte. In: Immanuel Kant, Werke in sechs Bänden, hrsg. von Wilhelm Weischedel, Darmstadt 1964, Band VI, Schriften zur Anthropologie, Geschichtsphilosophie, Politik und Pädagogik, S. 85–102.

Mit der Ankunft des Aufsehers, der Josef K. verhören soll, tritt das Spiel des Wechsels zwischen aufgezwungenem Ritual und einem von K. in Szene gesetzten Befreiungs-Theater dann in eine neue Phase ein. Zunächst wird das Einkleidungsritual anläßlich des kommenden Verhörs angeordnet. Die Wächter zwingen Josef K. zum Anlegen seines dunklen Festanzugs – was dieser als „lächerliche Ceremonie" abwehrt, aber sich schließlich doch gefallen läßt. („Ceremonie' ist Kafkas Wort für ‚Ritual'.[22]) Das Verhör, das jetzt folgt, und dem der Aufseher Josef K. unterzieht, ist nun aber auf seltsame Weise zwischen Privatheit und Öffentlichkeit angesiedelt. Es findet nämlich ausgerechnet im Schlafzimmer von Fräulein Bürstner, K.'s Zimmernachbarin, statt. Das Nachtkästchen ist als Verhandlungstisch in die Mitte des Zimmers gerückt – aber auf der Fensterklinke hängt eine Bluse, und eine Reihe von Familienphotographien steht auf den Möbeln. Dieses merkwürdige Arrangement der Verhörszene besagt: Ein offizielles Ritual, das Verhör nämlich, findet in einem privaten, ja einem intimen Raum, dem Schlafzimmer, statt. Der zwiespältigen Erfahrung dieser Situation wegen beginnt Josef K. zwischen zwei verschiedenen Einschätzungen der Lage zu schwanken: Einerseits hält er das Ganze für einen Spaß, einen schlechten Scherz seiner Bankkollegen zu seinem Geburtstag, also gewissermaßen für ein geschmackloses Glückwunschtheater; und er ist bereit, bei diesem Theater mitzumachen: „[…] war es eine Komödie, so wollte er mitspielen" (P 12), heißt es da. Andererseits aber fühlt er sich durch eine unbekannte Behörde und ihr Ritual bedroht. „Sind Sie Beamte? Keiner hat eine Uniform […]" (21 f.), konstatiert er verwirrt. Der Aufseher, der das Verhör führt, hat zuletzt nur eine einzige Botschaft für Josef K.: „Sie sind verhaftet […]" (P 22) Gleichzeitig aber erklärt der Aufseher dem noch mehr verwirrten Josef K., er könne ruhig weiter seinem Beruf nachgehen. Getrieben von diesem ‚alltäglichen Heroismus' (wie eine Formulierung Kafkas zur Charakterisierung seiner ‚Helden' lautet, N II 35) zwischen ritualisiertem Zwang und Freiheit des Alltags-Theaters begibt sich K. wie jeden Morgen in seine Bank. Dort tritt wieder die Normalität der alltäglichen Rituale in ihr Recht. Die Kollegen feiern Josef K.'s Geburtstag; er erhält, wie es im Text heißt, „ehrende und freundschaftliche Geburtstagswünsche". (P 30)

Am Abend aus dem Büro nach Hause zurückgekehrt, entschließt sich Josef K., auf seine Zimmernachbarin zu warten, um sich bei ihr für die

---

[22] Vgl. den Aphorismus „Leoparden brechen in den Tempel ein und saufen die Opferkrüge leer; das wiederholt sich immer wieder; schließlich kann man es vorausberechnen und es wird ein Teil der Ceremonie." (N II 46).

Unordnung, die durch das Verhör in ihrem Zimmer verursacht worden war, zu entschuldigen. Sie kommt, um halb zwölf, ausgerechnet aus dem Theater. K. fängt sie im Flur ab und flüstert ihr zu: „Ihr Zimmer ist heute früh, gewissermaßen durch meine Schuld, ein wenig in Unordnung gebracht worden." (P 40) Worauf Fräulein Bürstner sich nun erst für den Fall – die „Gerichtssache" (P 42), wie sie sagt – zu interessieren beginnt und nach Einzelheiten fragt: „Wie war es denn?" Worauf Josef K. lakonisch antwortet: „Schrecklich" (P 43)! „Das ist zu allgemein", wendet Fräulein Bürstner ein. Worauf wiederum er bereitwillig vorschlägt: „Soll ich Ihnen zeigen, wie es gewesen ist?" (P 44) Und als sie bejaht, beginnt Josef K. der aus dem Theater Kommenden seinerseits ein Theaterstück vorzuführen, welches das Verhör-Ritual vom Morgen zum Gegenstand hat. Er rückt das Nachtkästchen wieder in die Mitte des Zimmers, setzt sich wie der Aufseher am Morgen dahinter, in Richter-Position, stellt sich als Angeklagter, der er zugleich ist, davor auf und führt selbst Regie bei dieser Inszenierung – er nimmt alle Positionen des Dramas ein, spricht alle Stimmen. Das heißt aber: Er führt das Verhör-Ritual vom Morgen als mitternächtlich-privates Theaterstück im Schlafzimmer einer Frau noch einmal auf: nicht als ein von einer Institution und ihren Repräsentanten Aufgezwungenes, sondern in selbst verantworteter Freiheit. Auf dem Höhepunkt der Szene schreit er seinen Namen, das Signet seiner Identität, ‚Josef K.', so laut heraus, daß der Zimmernachbar erwacht und an die Wand zu klopfen beginnt. So sehr war K., wie es im Text heißt, „in der Rolle". (P 45)

Das Entscheidende an dieser Szene ist nun aber, daß Josef K. das institutionelle Ritual des Verhörs in ein freies Theater der Improvisation umwandelt, einen angstbesetzten Zwang in ein lustbetontes Spiel der Selbstbeglaubigung wendet. Diese Überblendung des Rituals durch das Theater setzt ambige Erfahrungen frei: das doppelte Gefühl von tragischem Lebensernst und von unfreiwilliger Komik. Aus dieser Verwirrung sucht der Protagonist einen Ausweg. Denn Josef K. beginnt plötzlich, das Rechtfertigungsspiel der juristischen Selbstlegitimation in ein sexuelles Spiel und Liebes-Theater zu verwandeln. Er setzt die Umwidmung der Berufs- in eine Liebeskarriere in Szene. Es heißt da im Text:

> [...] K. [...] lief vor, faßte sie, küßte sie auf den Mund und dann über das ganze Gesicht, wie ein durstiges Tier mit der Zunge über das endlich gefundene Quellwasser hinjagt. Schließlich küßte er sie auf den Hals, wo die Gurgel ist, und dort ließ er die Lippen lange liegen. (P 48)

Die beiden ersten Kapitel des Prozeß-Romans, denen die vorliegenden Überlegungen gegolten haben, bieten ein Musterbeispiel für Kafkas Inszenierung von Anfängen und den Komplikationen, die in ihnen angelegt sind. Die Helden Kafkas suchen ihre Individualität zu gewinnen und zu festigen, indem sie auf die institutionellen Zwangsrituale, die ihnen aufgedrungen werden, mit einem selbstverantworteten Freiheits- und Begehrenstheater antworten, das diese Zwänge neutralisieren soll. So versucht Josef K., das verweigerte Frühstücks-Ritual in ein improvisiertes Theater des Protests gegen die Verhaftung zu verwandeln – indem er sich mit einem Apfel aufs Bett wirft; indem er sich zwei Gläschen Branntwein genehmigt; indem er zuletzt aus den Elementen des Verhörs eine Liebesszene bastelt. Denn so ist es ja: Josef K. verwandelt das Rechtsritual des Verhörs, das ihm aufgezwungen wird, in ein Liebes-Theater, das aus seinen frei flottierenden Wünschen kommt. Er versucht, aus der ihn zerstörenden Berufskarriere in die befreiende Liebeskarriere hinein zu gelangen. Wie das Romanende dann zeigt, mißlingt ihm beides. Durch diese Wechsel-Irritation der Orientierungsstrategien werden konkurrierende Lebensgefühle freigesetzt: das emphatische Lebensgefühl der Freiheit und das Gefühl unwiderstehlicher, erpreßter Komik. Das Kapitel „Im Dom", beinahe der Schluß des Romans, bezeugt das. Josef K. kommt in das Innere der Kirche – da ertönt der Ruf ‚Josef K.' (P 286), ein Ruf, den er selbst auf der nächtlichen Suche nach sich selbst, in der Szene mit Fräulein Bürstner, ausgestoßen hatte und der nun wieder in das rituelle Szenario des Verhörs zurückgenommen wird. Mit dem Gefängniskaplan entspinnt sich dann ein Dialog über die Türhüterlegende, die noch einmal, wie in einem Emblem, den Konflikt zwischen Ritual einerseits und Befreiungstheater andererseits ins Bild setzt. Der Mann vom Lande unterwirft sich widerstandslos dem Warteritual vor dem Gesetz – und er könnte sich doch über die Aussagen des Türhüters hinwegsetzen und einfach, in einem selbstverantworteten Theater der Rebellion, in das Gesetz eintreten, indem er den Türhüter beiseiteschiebt.[23] Stattdessen verdämmert er liegend in Erwartung einer Erlaubnis, die nicht kommt.

Kafka selbst war sich zeitlebens dieses Widerspruchs bewußt, der das Erleben seiner Texte prägte; der den Stil seiner Texte bestimmte: des Widerspruchs zwischen Erhabenheit von Lebensplan und Komik des Alltagsverhaltens, zwischen großer Literatur und kleinteiliger Groteske. In zwei berühmten Bemerkungen gibt er sich Rechenschaft darüber. Einer-

---

[23] Vgl. hierzu Ulf Abraham, Mose „Vor dem Gesetz". Eine unbekannte Vorlage zu Kafkas „Türhüterlegende". In: DVjs LVII (1983), S. 636–650. Abraham schlägt als Prätext für Kafkas Legende eine chassidische Geschichte vor, in der Moses den bewachenden Engel beiseite schiebt und einfach eintritt.

seits beruft er sich auf sein Streben nach hoher Literatur. 1917 heißt es im Tagebuch: „Zeitweilige Befriedigung kann ich von Arbeiten wie ‚Landarzt‘ noch haben, vorausgesetzt daß mir etwas derartiges noch gelingt (sehr unwahrscheinlich) Glück aber nur, falls ich die Welt ins Reine, Wahre, Unveränderliche heben kann." (T 838) Andererseits behauptet er immer wieder die Kleinlichkeit und Niedrigkeit seiner Texte wie etwa in einem Brief an Hans Mardersteig im Jahre 1922, zwei Jahre vor seinem Tod: Was er zu schreiben versucht habe, sei „jämmerliches Zeug, öde Strickstrumpfarbeit, mechanisch gestückelte, kleinliche Bastelei".[24] Kafka selbst konstatiert also den Riß in seinem Werk zwischen Erhabenheit und Komik. Um es mit Leitbegriffen der Ästhetik des 19. Jahrhunderts zu sagen, die für Kafka auf zwiespältige Weise noch wirksam sind: Es ist der Riß zwischen hoher und niedriger Stillage; zwischen dem Sich-Aufschwingen der erzählten Figuren einerseits, deren immer erneutes Sich-ins-Alltägliche-Verstricken andererseits. Und erst der heutige Leser ist es, der gerade in diesem Riß, der Kafkas Helden spaltet und Kafkas Schreiben aufbricht, das Auszeichnende und Moderne seiner Texte gewahrt.

---

[24] Brief an Hans Mardersteig. „Die Zeit", Nr. 31 (29. Juli 1983), S. 33. Vgl. S. 507–510 im vorliegenden Band.

Die Pawlatsche

Kafkas Trauma

> „Sans ses parasites, voleurs,
> chanteurs, mystiques, danseurs, héros,
> poètes, philosophes, gens d'affaires,
> l'humanité serait une société animale; ou
> pas même une société, une espèce; la terre
> serait sans sel."
> *Paul Valéry*

Das Wort „Außenseiter" kommt in Franz Kafkas Texten nicht vor; weder in den Werken noch in den Briefen. Es ist ein junges Wort, eine Lehnprägung nach dem englischen Ausdruck „outsider", einem Fachausdruck nicht zuletzt aus der Welt der Sportwetten. „Außenseiter" ist im deutschen Wortschatz seit etwa 1870 nachweisbar; 1885, also zwei Jahre nach Kafkas Geburt, folgt auf Vorschlag des Deutschen Sprachvereins seine Einbürgerung. Wird man schon mit dem Wort Außenseiter bei Kafka nicht fündig, so glückt es auch mit Schwärmen von Synonymen nicht. Einzelgänger oder Eigenbrötler, Geächteter, Verfemter oder Außenstehender: sie alle finden kein Echo in Kafkas Schriften.

Erst bei dem Ausdruck „Sonderling" stellen sich zwei Belege ein. Davon steht einer in einem Brief an Max Brod aus dem Sanatorium Erlenbach in der Schweiz vom 17. September 1911, in dem Kafka das gesellige Leben im abendlichen Salon schildert, wo „wie im Züricher Münster Damen und Herren getrennt sitzen und bei lärmenden Liedern z. B. beim Sozialistenmarsch das Hörrohr mehr den Herren zugewendet wird, während bei zarten oder besonders genau zu hörenden Stücken die Herren auf die Damenseite gehn". Und Kafka fügt, Max Brods Vermutung vorwegnehmend, hinzu: „Nun meinst Du, bei diesen Unterhaltungen müßte ich nicht dabei sein. Das ist aber nicht wahr." Ich könnte mich, fährt er fort, „gleich nach Tisch empfehlen, als ein ganz besonderer Sonderling, dem man nachschaut, in mein Zimmer hinaufgehn".

Aber Kafka tut gerade dies nicht: Er bleibt im Salon bei den anderen im Grenzland „zwischen Einsamkeit und Gemeinschaft", nimmt seine Rolle als Außenseiter, die der Freund ihm zuschreiben möchte, nicht an. „Dieses Grenzland zwischen Einsamkeit und Gemeinschaft", schreibt Kafka am

29. Oktober 1921 im Tagebuch, „habe ich nur äußerst selten überschritten, ich habe mich darin sogar mehr angesiedelt als in der Einsamkeit selbst." Denn Außenseiter sein heißt: Räume verlassen, Grenzen überschreiten, einsiedlerischer Rückzug.

In dem hundertseitigen *Brief an den Vater*, den der Adressat im übrigen niemals zu lesen bekam, einem Jahrhundertdokument der bürgerlichen Individualgeschichte, hat Kafka sich ein Szenario des Einsamkeitsschocks ins Gedächtnis zurückgerufen, den das Kind in der Nacht erfuhr, gewissermaßen als Urszene seiner Lebensgeschichte und seiner Subjektwerdung. Kafka schreibt: „Direkt erinnere ich mich nur an einen Vorfall aus den ersten Jahren ... Ich winselte einmal in der Nacht immerfort um Wasser, gewiß nicht aus Durst, sondern wahrscheinlich teils um zu ärgern, teils um mich zu unterhalten. Nachdem einige starke Drohungen nicht geholfen hatten, nahmst Du mich aus dem Bett, trugst mich auf die Pawlatsche" – das ist ein verandaartiger Balkon an der Hausfront im Innenhof – „und ließest mich dort allein vor der geschlossenen Tür ein Weilchen im Hemd stehn ... Ich war damals nachher wohl schon folgsam, aber ich hatte einen innern Schaden davon."

Es war Hans Mayer, der, schematisch, zwischen zwei Formen des Außenseiters unterschieden hat, dem intentionalen und dem existentiellen. Die beiden biographischen Episoden, von denen Kafka berichtet, verdeutlichen diese Unterscheidung. Die erste Form wird durch die Briefepisode aus dem Sanatorium in Erlenbach vorgeführt als die bewusst und freiwillig vom Subjekt adoptierte Außenseiterrolle; die im *Brief an den Vater* überlieferte Form dagegen drängt dem Kind diese Rolle gewaltsam in einem Akt der Disziplinierung auf. Beiden Szenen gemeinsam ist ein „displacement", eine Entrückungserfahrung in einen isolierten Raum. Die Struktur dieses Kindheitserlebnisses muss sich in Kafkas Gedächtnis unauslöschlich eingegraben haben. Denn in seinen literarischen Texten spielt er dieses Ereignismuster unermüdlich nach, als die Versetzung des Individuums über eine Grenze hinweg in einen anderen Raum, der es von der Gemeinschaft trennt; als eine imaginäre Desintegration.

Dabei ist es die von Kafka selbst als Prototyp seines Schreibens hoch eingeschätzte Erzählung *Das Urteil*, in der die Geburt dieser Struktur des Kippens der normalen Lebenskarriere in den Status des Außenseiters, also der Verwandlung des braven Familiensohns Georg Bendemann in den vom Vater zum Tode des Ertrinkens Verurteilten, geradezu szenisch, als ein vehementes „displacement", ja als ein rabiater Raumwechsel vor Augen geführt wird. Der Text *Das Urteil* liefert eine Art Paradigma einer normalen Lebenskarriere, die durch äußere Einwirkung eines feindseligen Prinzips bedroht wird und schließlich in eine Außenseiterkarriere mutiert, die mit dem Tod des Probanden endet.

Georg Bendemann, ein erfolgreicher Kaufmann, hat auf seinem Schreibtisch, mit dem Blick durch das Fenster auf Fluss und Brücke, einen Brief verfasst, in dem er einem Freund über seine erfolgreiche ökonomische wie erotische Karriere in der Gesellschaft berichtet. Als er den Brief seinem Vater zur Beurteilung vorlegt, verwickelt ihn dieser in ein eskalierendes Streitgespräch, in dem es zuletzt um Tod und Leben geht. Der Vater siegt. Georg stolpert aus dem Privatzimmer ins Freie und stürzt sich in den Fluss, über dem sich ein weiter Raum öffnet; an der Brücke, über die ein unendlicher Verkehr strömt. Damit hat Kafka die Formel gefunden, nach der Außenseiterkarrieren beobachtet und dargestellt werden können. Die Situation wird zur Matrize fast aller seiner künftigen Erzählungen.

Aus diesem generativen Kern seines künftigen Schreibens, als welcher die erlebte Pawlatschenszene und das nach dieser erfundene *Urteil* erscheinen, wird Kafka denn auch seine zahlreichen folgenden Außenseitergeschichten ableiten. So schon als Vorgriff, auf den ersten Seiten des Tagebuchs, die biographische Erzählskizze vom kleinen Ruinenbewohner: In diesem knappen Text ist es die Grenzerfahrung zwischen bevölkerter Stadtkultur und Erziehung in einsamer Ruinennatur, in der die Außenseiterphantasie Kafkas einsetzt: „gerne und am liebsten wäre ich jener kleine Ruinenbewohner gewesen, abgebrannt von der Sonne, die da zwischen den Trümmern von allen Seiten auf den lauen Epheu mir geschienen hätte".

Zu den frühen Außenseiterstücken gehört dann natürlich der Text *In der Strafkolonie* – die auf die Stempelung zum Außenseiter folgende Hinrichtung – und vor allem der Roman *Der Verschollene*: die Grenzüberschreitung des aus der Familie in Europa verstoßenen Karl Roßmann in das unendliche Amerika; seine Anonymwerdung im fremden Raum. Ihre Vollendung und abschließende Radikalität finden Kafkas Außenseitergeschichten dann aber in den späten Erzählungen: so der Trapezkünstler in *Erstes Leid*, der als Eremit, ja als „Säulenheiliger" auf einem, dann aber, in gesteigertem Eigensinn, von aller Gemeinschaft ausgeschlossen, auf zwei Trapezen lebt; so Josefine die Sängerin, deren Gesang sie zum Außenseiter mitten in der Masse macht, weil sie leiser pfeift als ihre „Volksgenossen" und ihre Koloraturen genau genommen nicht zu hören sind; so schließlich das wühlende Tier in dem Text *Der Bau*, das fernab von allem Lebendigen unterirdisch sein Labyrinth ausbaut und, als sich dann doch fremde, langsam näher kommende Geräusche bemerkbar machen, in tödliche Panik verfällt: „In meinem Erdhaufen kann ich natürlich von allem träumen, auch von Verständigung, trotzdem ich genau weiß, daß es etwas derartiges nicht gibt und daß wir in dem Augenblick, wenn wir einander sehn ... gleich besinnungslos ... Krallen und Zähne gegeneinander auftun werden."

Die Extremform, die zwingende Endform des Außenseitertums, das wird an dieser Passage deutlich, entlässt aus sich den Krieg. Es zeigt sich also, dass Kafka als tragendes Strukturmuster seines künftigen Schreibens die Exterritorialisierung des Außenseiters, das desintegrierende Raumerlebnis, wie es das kindliche Trauma ihm vorgibt, sich zu eigen macht und in zahlreichen Probeläufen durchspielt. Man ist fast versucht, eine Freudsche Formel für das literarische Leben dieses Strukturmusters und seiner experimentellen Durchführung in Anschlag zu bringen: Erinnern, Wiederholen, Durcharbeiten. Außenseiterfiguren, menschliche und tierische, bevölkern Kafkas ganzes Werk.

Wenn man sich mit einem ersten, unbefangenen Blick das Leben Franz Kafkas in Prag – der Stadt, die er erst ganz zuletzt verlassen wird – vergegenwärtigt, so scheint sich eine Charakteristik des Menschen Kafka als Außenseiter eher zu verbieten.[1] Der immer tadellos gekleidete junge Mann führt ein durchaus angepasstes Leben im Sinne der gebildeten bürgerlichen Klasse; ja er ist sehr aufmerksam auf Integration in die Gesellschaft bedacht; also durchaus bemüht, gerade nicht als ein Sonderling, der sich aus der Gesellschaft auf sein Zimmer zurückzieht, zu erscheinen. Da ist vor allem und als erstes ein Netz von Freundschaften, das ihn in der Gesellschaft trägt; ein Teil dieser Freundschaften ist schon in der Schule geschlossen worden und in die Universitätsjahre hinein weitergetragen. Seine Freundschaften sind ihm, wie Kafka wiederholt sich äußert, sein „Fenster zur Welt".

Da ist Max Brod, der treue lebenslange Freund, der ihn bewundert und den Zögernden unermüdlich zum Publizieren seiner Texte drängt. Da ist Oskar Pollak, mit dem er bis in die Universitätsjahre hinein verbunden bleibt. Da ist der sogenannte Louvre-Zirkel, in einem Café gleichen Namens tagend, in dem Kafka regelmäßig verkehrt und der im Zeichen des Philosophen Franz Brentano steht. Da sind die Abende bei der ambitionierten Apothekersgattin Berta Fanta, die einen Salon führt, in dem die gerade aktuellen wissenschaftlichen Themen verhandelt werden: Einsteins Relativitätstheorie, die Psychoanalyse, die Lehre Rudolf Steiners. Auch in die höchsten Kreise der Prager Gesellschaft wird Franz Kafka eingeführt;

---

[1] Für die folgenden Erwägungen war mir Klaus Wagenbachs *Franz Kafka. Biographie seiner Jugend* (Berlin: Wagenbach 2006) eine unschätzbare Hilfe.

und zwar durch seinen Freund Ewald Felix Příbram, dessen Vater Vorsitzender des Vorstands der Arbeiter-Unfall-Versicherungsanstalt des Königreiches Böhmen, dem späteren Arbeitgeber Kafkas, war und der vornehmen Prager Professorenschaft angehörte.

Schon der sechzehnjährige Franz Kafka studiert, zusammen mit dem Freund Oskar Pollak, Darwins Schriften und interessiert sich gleichzeitig, die obligatorische rote Nelke im Knopfloch, für Fragen des Sozialismus. Er besucht Versammlungen der tschechischen Anarchisten. Eine Äußerung über die Bedeutung von Gemeinschaft aus einem Brief an Oskar Pollak vom Dezember 1903 legt Zeugnis ab von dieser Gedankenwelt: „Untereinander sind (die Menschen) durch Seile verbunden, und bös ist es schon, wenn sich um einen die Seile lockern und er ein Stück tiefer sinkt als die andern in den leeren Raum, und gräßlich ist es, wenn die Seile um einen reißen und er jetzt fällt. Darum soll man sich an die andern halten."

Dies alles in Rechnung gestellt, könnte man behaupten: Kafka hat, wie wohl jeder normale Intellektuelle im Prager Bürgertum seiner Zeit, im Grunde lebhaftes Interesse für alle schillernden Erscheinungen dieser virulenten Kultur des beginnenden 20. Jahrhunderts; zum Beispiel für das System der Zimmergymnastik, das „Müllern" (genannt nach seinem dänischen Erfinder, dem Ingenieurleutnant Jens P. Müller); zum Beispiel für die Möbel der Deutschen Werkstätten; zum Beispiel für die moderne Architektur eines Adolf Loos. Kafka richtet seine Aufmerksamkeit auf die Ballets Russes, die in Prag gastieren, träumt wochenlang, wie er dem Tagebuch anvertraut und Felice Bauer mitteilt, von der Tänzerin Eduardowa; so gut wie er die Tätigkeit des Musik- und Rhythmuspädagogen Émile Jaques-Dalcroze in Hellerau zur Kenntnis nimmt. Er fährt mit dem Motorrad seines Onkels, des Landarztes Siegfried Löwy, über die Landstraßen, er lernt reiten, und er berichtet wohl als erster deutscher Schriftsteller über ein Flugmeeting, *Die Aeroplane in Brescia*.

Im Rahmen seines Berufs, der Tätigkeit in der Arbeiter-Unfall-Versicherung, inspiziert er zahlreiche Fabriken und verfasst Abhandlungen über Sicherheit am Arbeitsplatz und über Unfallschutz. Wie dann später bei seinen Vorgesetzten in den Assicurazioni Generali und der Arbeiter-Unfall-Versicherung, Direktor Pavel Eisner und Dr. Robert Marschner, die ihn außerordentlich schätzen und fördern, ist er auch schon bei Mitschülern und Lehrern der Schulen und der Universität sehr beliebt. Im übrigen ist er bei allen Prüfungen erfolgreich.

Im September 1911 geschieht etwas völlig Unerwartetes, das in die normale Karriere eines bürgerlich Gebildeten, die Kafka bislang gelebt hatte, mit aller Macht einbricht. Es ist die Begegnung mit einer Truppe jiddischer Schauspieler aus Lemberg, deren Vorstellungen im Café Savoy am Ziegenplatz Kafka voll Faszination besucht, ohne eine einzige zu versäumen. Es ist die Begegnung mit einem „wilden" Theater und dem Schauspieler Jizchak Löwy, der für die Prager gebildete Gesellschaft den krassen Typus des sozialen Außenseiters verkörperte: ein Ostjude; eine verfremdete Sprache, den jiddischen Jargon, sprechend; der untersten Klasse des Theaters und der Gesellschaft angehörend. Kafka schließt mit Löwy, in dem er sein außenseiterisches Spiegelbild erkennt, Freundschaft; mit Löwy, wie Kafka schreibt, „den ich im Staub bewundern möchte". Löwy seinerseits hat diese Spiegelfunktion bekräftigt: „Sie waren doch der Einziger was war so gutt zu mir", schreibt er später an Kafka, „der einzige was hat zu meiner Seele gesprochen, der einzige was hat mich halbe Wegs verstanden."

Diese Identifikation mit dem Außenseiter, der nun in persona, förmlich als soziales Faktum, anwesend ist, führt zu literarischen Plänen. Kafka drängt Löwy nämlich, seine Erinnerungen an sein Leben in der ostjüdischen Welt aufzuschreiben. Löwy beginnt mit der Arbeit. Kafka verspricht, den Text zu redigieren, wohl weil er darin Züge jenes Bildungsromans zu finden hofft, den er selbst nicht zu Ende zu schreiben vermag. Dabei ist es nur konsequent, dass sich der Hass des Vaters Kafka, eines erfolgreichen Aufsteigers in das bürgerliche Milieu, gegen diesen ostjüdischen Außenseiter richtet, der ihm nun – wie seinem Sohn, nur in umgekehrter Richtung – seine eigene Vergangenheit zurückspiegelt. „Wer sich mit Hunden zu Bett legt", ist die schroffe Reaktion von Hermann Kafka auf den Freund seines Sohnes, „steht mit Wanzen auf."

Die aufrüttelnde Begegnung mit einem sozialen, in gewisser Weise exotischen Außenseiter berührt Kafka zutiefst. Er reagiert mit zwei Äußerungen auf dieses Ereignis: mit der Artikulation einer Literaturtheorie in Form umfangreicher Tagebuchnotizen zum einen und mit dem Entwurf einer Sprachtheorie zum anderen. Das erste Konzept schlägt sich in Notizen zu einer minoritären Literatur nieder, operiert also mit dem Begriff und Problem einer Außenseiterliteratur, wenn man es einmal so ausdrücken will; das zweite Konzept führt zu einer Rede über die jiddische Sprache, die Kafka, gut vorbereitet durch die Lektüre der neuesten Werke über die jiddische Literatur, als Einführung in einen Rezitationsabend Jizchak Löwys vor dem bürgerlichen Prager Publikum hält.

Beide kulturthematischen Konzepte einer Außenseiterliteratur und einer Außenseitersprache erwachsen aus der Begegnung mit dem Phänomen des Außenseitertums der jiddischen Truppe, das für Kafka ästhetische, politische und religiöse Implikationen hat. Mit diesen beiden Entwürfen sucht Kafka die Rollen von kleinen Literaturen und Jargons – also Außenseitersprachen – in den Großkulturen zu bestimmen und aus deren minoritärem Status ihre politische Relevanz abzuleiten. Er prägt den Begriff der „kleinen Literaturen" als „Tagebuchführen einer Nation", „das etwas ganz anderes ist als Geschichtsschreibung", das politisch ist gerade in der Generationenfrage, der „Veredlung und Besprechungsmöglichkeit des Gegensatzes zwischen Vätern und Söhnen".

In seinem Einleitungsvortrag hebt Kafka den „verwirrten Jargon" des Ostjudentums vom Ordnungskonzept der westeuropäischen Verhältnisse ab. Dieser Jargon ist dadurch charakterisiert, dass er, indem er Fremdheit erfahrbar macht, eine widerständige Kraft freisetzt: „Er besteht nur aus Fremdwörtern", sagt Kafka. „Diese ruhen aber nicht in ihm, sondern behalten die Eile und Lebhaftigkeit, mit der sie genommen wurden." Der Jargon ist eine subversive Sprache aus „Neugier und Leichtsinn". „Völkerwanderungen durchlaufen den Jargon von einem Ende bis zum anderen."

Kafka zieht also gewissermaßen die poetologische Bilanz aus seiner Begegnung mit einer für sein Sozialverständnis beispielhaften Außenseiterfigur, dem Schauspieler Jizchak Löwy, und einer Institution, dem Außenseitertheater, das sich aus der jiddischen Literatur speist. Minoritäre Literatur wie minoritäre Sprache entwickeln in Kafkas Augen als Außenseitermedien eine subversive Gewalt, die als politische Kraft den majoritären ästhetischen Diskurs durchbricht. So schlüpft Kafka, wie man sagen könnte, in die Rolle des Anwalts der Außenseiterschaft in der Kultur. Kafka zieht gewissermaßen die kulturgeschichtliche Konsequenz aus dem Erlebnis der Begegnung mit einer Außenseiterkultur.

Die Pawlatschenszene, die Kafka im *Brief an den Vater* überliefert, hat gezeigt, dass es in erster Linie Kafkas Vater ist, der am Anfang der Außenseitererfahrung seines Sohnes steht: dass er also jenes Szenario, das sein Sohn später in literarischen Experimenten verarbeiten wird, als nächtlichen Erziehungsakt gleichsam vorgespielt hat. So kann denn auch Kafka dem Vater gegenüber lakonisch bekräftigen: „Mein Schreiben handelte von Dir". Hermann Kafka ist diejenige Instanz, die mit paranoidem Nachdruck versucht, den Sohn Franz zum Außenseiter zu stempeln. Kafka hat diese Position des Vaters auf doppelte Weise affirmiert: zum einen in der Anerkennung der überwältigenden Körperlichkeit seines Erzeugers; zum anderen im Eingeständnis seiner endgültigen Niederlage im Kampf mit dem Vater. „Ich erinnere mich z. B. daran", schreibt Kafka im *Brief an den Vater*, „wie wir uns öfters zusammen in einer Kabine auszogen. Ich mager, schwach, schmal, Du stark, groß, breit ... ich an Deiner Hand, ein kleines

Gerippe, unsicher bloßfüßig auf den Planken, in Angst vor dem Wasser, unfähig Deine Schwimmbewegungen nachzumachen, die Du mir in guter Absicht, aber tatsächlich zu meiner tiefen Beschämung, immerfort vormachtest". Und dann das Eingeständnis der definitiven Niederlage im Kampf mit dem Vater. Ein später Eintrag im Tagebuch, aus dem Jahr 1921, bekräftigt es noch einmal: „Als kleines Kind bin ich vom Vater besiegt worden und kann nun aus Ehrgeiz den Kampfplatz nicht verlassen."

Kafkas Vater gehört jener Gründerzeitgeneration an, die aus dem Landproletariat und Handwerkermilieu den Weg in die Stadt suchte – mit dem Blick und in der Hoffnung auf die aufblühende Industrie. Immer wieder hatte Hermann Kafka seinen Kindern seinen mühevollen Aufstieg, die Qualen seiner eigenen Kindheit als Symptome seines Integration suchenden Außenseitertums vor Augen gestellt – die Klage als „Erziehungs- und Demütigungsmittel", wie sein Sohn bemerkt; als Anklage, als Schuldzuweisung, wenn man so will. „Schon mit 7 Jahren mußte ich mit dem Karren durch die Dörfer fahren", hält der Vater den Kindern vor. „Wir waren glücklich, wenn wir Erdäpfel hatten", fügt er hinzu. Und er trumpft auf: „Jahrelang hatte ich wegen ungenügender Winterkleidung offene Wunden an den Beinen." Der Tenor von Hermann Kafkas Lamento war und blieb es, zu betonen, wie „übertrieben gut" es seinen Kindern ginge.

„Seit jeher machtest Du mir zum Vorwurf", schreibt Kafka in seinem Vater-Brief, „daß ich dank Deiner Arbeit ohne alle Entbehrungen in Ruhe, Wärme, Fülle lebte." Der Vater habe immer wieder, in bitterem Scherz, geäußert, „daß es uns", den Kindern, „zu gut ging ... Das, was Du Dir erkämpfen mußtest", referiert der Sohn den Vater, „bekamen wir aus Deiner Hand". Es sind Vorwürfe, die dem Sohn, bei jeder Äußerung, wie er bekennt, das „Schuldbewußtsein vergrößern". „Von allen Seiten her kam ich in Deine Schuld", heißt es da lakonisch.

Prägendes rhetorisches Muster in der Strategie des Vaters, die eine Strategie der permanenten Schuldzuweisung ist, bleibt aber die Erzeugung von Macht über den anderen durch „Doppelbindungen", also durch die Artikulation von paradoxen Handlungsaufforderungen.[2] Kafka, der einmal von Elias Canetti als der „größte Experte der Macht" bezeichnet worden ist, hatte diesen Mechanismus der Doppelbindung, die von der Sozialpsychologie erst sehr viel später beschrieben worden ist, scharfsichtig beobachtet und immer wieder angeprangert. „Solche Erzählungen (von des Vaters Leiden) hätten unter anderen Verhältnissen ein ausgezeichnetes

---

[2] Vgl. Paul Watzlawick u. a., *Menschliche Kommunikation. Formen, Störungen, Paradoxien*. Bern: Huber 1969.

Erziehungsmittel sein können, sie hätten zum Überstehen der gleichen Plagen und Entbehrungen, die der Vater durchgemacht hatte, aufmuntern und kräftigen können. Aber das wolltest Du doch gar nicht", wirft der Sohn dem Vater vor. „Während Du also", schreibt Kafka dem Vater und deckt dabei das von diesem benutzte strategische Modell auf, „von einer Seite durch Beispiel, Erzählung und Beschämung dazu locktest, verbotest Du es auf der andern Seite allerstrengstens."

Was Kafka hier als rhetorische Produktion von Macht durch den Vater beschreibt, ist denn auch in der Tat eine klassische Doppelbindung; das Verlocken und gleichzeitige Verbieten, das bei dem Betroffenen zur Handlungslähmung führt; einem inneren Außenseitertum, wenn man es paradox ausdrücken will. In einem anderen Zusammenhang, dem der Verhinderung seiner ins Auge gefassten Ehen durch den Vater, hat Kafka das Funktionieren dieser Strategie noch einmal durch einen Vergleich beschrieben: Die Machtausübung des Vaters, sagt er, sei „wie das Kinderspiel, wo einer die Hand des andern hält und sogar preßt und dabei ruft: ,Also geh doch, geh doch, warum gehst du nicht?'"

Es ist diese väterliche Strategie, die das Schuldbewusstsein des Sohnes fortgesetzt steigert und seine Handlungsfähigkeit lähmt und so, Schritt für Schritt, in ihm ein Trauma befestigt: das des notwendigen Austragens der väterlichen Leiden. Das wird im *Brief an den Vater* in immer neuen Formulierungen bekräftigt. „Faßt Du Dein Urteil über mich zusammen", heißt es gleich zu Beginn, „so ergibt sich, daß Du mir zwar etwas geradezu Unanständiges oder Böses nicht vorwirfst ... aber Kälte, Fremdheit, Undankbarkeit. Und zwar wirfst Du es mir so vor, als wäre es meine Schuld ... während Du nicht die geringste Schuld daran hast". Oder Kafka bekennt: „Ich hatte vor Dir das Selbstvertrauen verloren, dafür ein grenzenloses Schuldbewußtsein eingetauscht." Und er resümiert: „mein Schuldbewußtsein stammt ja eigentlich von Dir und ist auch zu sehr von seiner Einzigartigkeit durchdrungen".

In diesem Spiel von Klage, Vorwurf, Doppelbindung und nachhaltiger Erzeugung von Schuldbewusstsein ist ein psychisches Muster am Werk, das die einzigartige, Außenseitertum erzeugende Beziehung zwischen Kafka Vater und Kafka Sohn bestimmt. Das Funktionieren dieses Musters wird an einer Stelle des *Briefes an den Vater* genauer erläutert. Kafka reflektiert hier über das Verhältnis der Generationen im Hinblick auf die Außenseiterfunktion, also das Herausspringen aus der Genealogie, und auf deren geschichtliche Tradierung; ein Sachverhalt, der ja vielleicht überhaupt das Kardinalthema des *Briefes* – und ein Symptom des 19. Jahrhunderts – ist. Kafka geht von dem Gedanken aus, dass die Kindergeneration nicht nur positiv auf Leben, Forderungen und Verbote der Elterngeneration reagiert, sondern auch, gewissermaßen negativ, auf deren Traumata – im Sinne einer unguten Translatio der Lebenserfahrung also.

„Es gibt eine Meinung", schreibt Kafka, „daß man fürchtet, die Kinder würden einem später das heimzahlen, was man selbst an den eigenen Eltern gesündigt hat." Aus dieser Einsicht entwickelt Kafka eine Idee des Außenseiters, die er als Theorie des gebrochenen Fortschreitens von geschichtlicher Erfahrung auffasst: als Weitergabe unbewältigter Leidens- und Verfehlungskomplexe. Es ist eine Geschichte, die im Zeichen der unaufgelösten Traumata und deren unberechenbarer Verschiebung an die nächste Generation steht. Durch die Verinnerlichung der Erinnerungen des Vaters an sein kindheitliches Außenseitertum produziert Kafka seinerseits ein Trauma, das seine eigene Karriere, obwohl sie im Sinne bürgerlicher Normalität fast makellos ist, zu der eines Außenseiters werden lässt. Aber es ist dieses Szenario, das Kafkas literarische Texte nachspielen.

Das leitende Thema des *Briefes an den Vater* ist die Erzeugung von Schuldbewusstsein im Kind durch die doppelbindende Kommunikationsstrategie des Vaters, die eigentlich eine Strategie zur Erhaltung der väterlichen Macht ist. Der Vater sucht das Kind durch Beschreibung der eigenen Kindheitstraumata zu disziplinieren und zwingt dieses damit, die vermeintliche Schuld gegenüber dem Vater anzuerkennen und zugleich abzutragen; also das väterliche Leiden, die Schuldenlast des Vaters als Trauma in die eigene Psyche zu verlagern. Dasjenige, was sich in der Vätergeneration als Leiden, aber auch als Fehlverhalten akkumuliert, wird so als Trauma, als schwärende Wunde, wie man übersetzen könnte, in die nächste Generation übertragen. Es ist die (unverarbeitete, schuldgesättigte) Verinnerlichung der vom Vater erlebten und erduldeten Geschichte durch die Söhne.

So beschreibt der *Brief an den Vater* die Traumatisierung der Söhnegeneration durch die väterliche Erzeugung von schlechtem Gewissen, Schuldbewusstsein und die damit verbundene Brandmarkung des Sohnes als Außenseiter, als Verweigerer gegenüber dem Familienrudel, dem „heimatlichen Rudel", wie sich Kafka in einem Brief an Felice Bauer vom 19. Oktober 1916 ausdrückt. Es ist die Darstellung eines gebrochenen, durch das ungelöste Trauma gespaltenen Generationenverhältnisses. Mit anderen Worten: Es ist das Misslingen der Verarbeitung von Geschichte in der Folge der Generationen. Die Heraustreibung des Sohnes aus der Familie als Außenseiter ist nur ein Symptom für diesen Bruch in der Geschichte und in der Weitergabe der in ihr gemachten Erfahrungen durch die Generationen.

Kafka hat das Schreiben, das literarische Schreiben, als einzige Form der Befreiung aus dieser doppelbindenden Zange der väterlichen Prägung des Sohnes zum Außenseiter der Familie wie der Gesellschaft aufgefasst. „Richtiger trafst Du mit Deiner Abneigung mein Schreiben", konstatiert Kafka denn auch im *Brief an den Vater*, „und was, Dir unbekannt, damit zusammenhing. Hier war ich tatsächlich ein Stück selbständig von Dir weggekommen". Indem der Sohn – durch die in seinen Texten praktizierten Namensspiele wie Samsa/Kafka, wie die paraphierende Allusion auf den Namen Kafka bei den Protagonisten Karl, Josef K. und K in den Romanen und wie in zahllosen anderen Beispielen – sich aus dem verhassten Vaternamen in den familial unbelasteten Autornamen Kafka hineinschreibt und sich dadurch in eine öffentliche Person verwandelt, so löscht er auch die vom Vater vorgenommene Prägung zum Außenseiter und etabliert sich als Insider des literarischen Universums. Damit ist gesagt, dass Kafka durch seinen Vater zwar in das von diesem betriebene Außenseiterspiel hineingezogen wird, aber diese aufgedrungene Rolle nicht annimmt, sondern nur als literarisches Muster, als Diagramm der kulturellen Dynamik, die er beobachtet, produktiv macht: in einer Reihe von imaginären Proben auf die soziale Desintegration.

Wenn die Begegnung mit dem Vater den Sohn Kafka zum Außenseiter der Familie – und damit zuletzt auch der Gesellschaft – stempelt, so scheint ihn die Begegnung mit dem Außenseiter Jizchak Löwy, in einer Art Befreiungsakt, zu jener Poetologie des Außenseitertums geführt zu haben, die er in seinen Schriften, als Ethnologe seiner eigenen ihn umgebenden Kultur, vielfältig und in verschiedenen Feldern, experimentell durchspielt: beispielsweise im Feld des Ästhetischen, wie im *Hungerkünstler* und in der kleinen Erzählung *Erstes Leid*, aber nicht zuletzt, mit politischer Implikation, auch im Text *Josefine die Sängerin*; so im justitiären Feld, wie in seiner Novelle *Das Urteil* und in dem kleinen Text *Vor dem Gesetz*; so in der Rechtspflege im kolonialen Feld wie in der Erzählung *In der Strafkolonie*; und so schließlich im Feld der Architektur mit der letzten Erzählung, an der Kafka schrieb: *Der Bau*.

Kafkas Schreiben ist der Versuch, aus der Rollenzuschreibung des Außenseiters herauszugelangen und vom Vater „selbständig ein Stück weit wegzukommen", sich aus dessen Machtbereich in die Freiheit zu lösen. Dieser Versuch ist durch zwei einander ergänzende Vorgänge charakterisiert: auf der einen Seite durch die Umwidmung der Außenseiterposition in einen Beobachterposten; auf der anderen Seite durch die Erfindung von Emanzipationskarrieren, von Scheinassimilationen, die nach außen, als maskierte, Anpassung zeigen und nach innen den Status des Außenseiters bewahren. Es gibt einen Text von Kafka, der beide Verfahren, das des Beobachtens und das der Scheinassimilation, in ein und derselben Figur zusammenführt: *Ein Bericht für eine Akademie*, ein Schlüsseltext für Kafkas Projekt des Leben-Erzählens, den er schon zu seinen Lebzeiten zunächst in Bubers Zeitschrift *Der Jude*, sodann aber in dem Band *Ein Landarzt* veröffentlichte.

Dieser Text erzählt die Geschichte jenes Affen Rotpeter, der von einer Hagenbeckschen Expedition in Afrika eingefangen wird und in den Zoologischen Garten verbracht werden soll. Um diesem Schicksal zu entgehen, entschließt sich der Affe, „Mensch zu werden", und verwirklicht diese Absicht in einem performativen Sprechakt, nämlich der Artikulation des Kommunikationsauslösers „Hallo". Durch übermenschliche Anstrengungen des Lernens erreicht er die „Durchschnittsbildung eines Europäers" und kann nun in Freiheit durch Auftritte in Variétés und Akademien überleben – wenn nicht in völliger Freiheit, so doch als einem „Ausweg", in ausgegrenzten Räumen, in Heterotopen der menschlichen Gesellschaft. „Es gibt eine ausgezeichnete deutsche Redensart: sich in die Büsche schlagen", erklärt der arrivierte Affe, „das habe ich getan, ich habe mich in die Büsche geschlagen." Durch seinen Bericht, den er bei einer Akademie der Menschen einreicht, schildert der Affe Rotpeter einen Prozess, der, vor dem darwinistischen Muster, die Menschwerdung als Assimilation eines Außenseiters inszeniert; als den Weg des Tieres, das Mensch werden will, aus der Natur in die Kultur.

Es ist nicht von der Hand zu weisen – namentlich wenn man den ersten Publikationsort berücksichtigt –, dass mit dieser Geschichte auch ein Licht auf die jüdischen Assimilationsbemühungen zu Beginn des 20. Jahrhunderts geworfen wird. Aber der Text greift weiter aus. Denn er diagnostiziert nichts Geringeres als die paradoxe Existenz des Künstlers als eines assimilierten Außenseiters, in der modernen Gesellschaft. Rotpeter verbirgt, wenn man das Gleichnis vor dem Hintergrund des Darwinismus wahrnehmen will, seine Affenwahrheit hinter der Maske des Menschen: Emanzipation als Mimikry. Dieser scheinbar integrierte Außenseiter erweist sich damit zugleich als ideale Figuration jenes Beobachters, wie er seit dem 19. Jahrhundert in der Gestalt des Ethnologen erscheint; als Exponent einer „teilnehmenden" Beobachtung, eines distanzierten Blicks, der doch zugleich an der Dynamik des beobachteten Ereignisses partizipiert. Ist aber nun dieses Umfunktionieren des Außenseiters als eines Scheinassimilierten zum Beobachter nicht das eigentlich Moderne an dieser Figur? Ist es nicht die Definition des Künstlers, wie er sich in der Moderne zwischen Dichtung und Wissenschaft einrichtet, als teilnehmender Beobachter, als maskierter Außenseiter?

In einem späten Brief – vom 5. Juli 1922 an Max Brod – hat Kafka diesen ambivalenten Habitus des modernen Dichters von Distanz und Teilnahme folgendermaßen beschrieben: „Ich sitze hier in der bequemen Haltung des Schriftstellers, bereit zu allem Schönen, und muß untätig zusehn – denn was kann ich anderes als schreiben –, wie mein wirkliches Ich … vom Teufel gezwickt, geprügelt und fast zermahlen wird. Mit welchem Recht erschrecke ich, der ich nicht zuhause war, daß das Haus plötzlich zusammenbricht; weiß ich denn, was dem Zusammenbruch vorhergegangen ist, bin ich nicht ausgewandert und habe das Haus allen bösen Mächten überlassen?"

Der Künstler lebt als Außenseiter im Schein der Assimilation und wird, aufgrund seiner Position zwischen beiden Extremen zum unbestechlichen Beobachter, zum Ethnologen der eigenen Kultur. Ist nicht die Aufgabe der Beobachtung der Beobachtung das eigentliche Ziel der Kunst der Gegenwart? Kafka hat mit seiner Erörterung der Außenseiterfigur den sukzessiven Wandel der Künstlergestalt im Verlauf der entstehenden Moderne in den Mittelpunkt gerückt: den Weg vom einzelgängerischen Genie über den in einer Künstlerelite herausgehobenen Außenseiter bis hin zum Jedermann des bürokratischen Zeitalters, dem generellen Typus des Entfremdeten, dessen Existenz man „kafkaesk" zu nennen sich angewöhnt hat.

Es ist also eine Poetologie des Außenseitertums, die hier, in Kafkas Werk und seinen Experimentanordnungen, entworfen wird: einerseits in ihren Auswirkungen auf die endende Geschichte des Individuums, seiner Gefährdung durch das Fremde, das als Eigenes inkorporiert wird; andererseits in ihrer Funktion in der beginnenden Geschichte der Massen. So wie Kafkas Vater seinen Sohn aus der Normalität in die Rolle des Außenseiters drängt, so kehrt sich das Verhältnis Kafkas zu der ihm folgenden Generation abermals um: Das Prinzip Kafka tritt aus seiner Außenseiterposition heraus und erlangt universelle kulturelle Geltung als Beschreibungsmuster der Masse der Einzelnen in der Kultur. Dies geschieht in einer Welt der zunehmenden Traumatisierung der Geschichtserfahrung, der abgebrochenen Überlieferungen, der Ersetzung des Einzelnen durch die Masse, einer Welt der Angst und des flottierenden Schuldbewusstseins.

Es scheint, als zeige sich in dieser Welt, in der wir leben, in Gestalt der Masse, die sie als fremde und entfremdende beherrscht, das Individuum alternierend bald als Außenseiter, bald als Integrant. Es ist eine Welt verschiedener sozialer Plattformen wie beispielsweise der Internetforen, wo punktuelle Integration mit krassem Ausgeschlossensein wechselt. Es ist eine

Welt der Unübersichtlichkeit, in der Schübe von „displacements" von solchen der Insidererfahrung gekreuzt werden. Es ist eine Migrantengesellschaft, in der beide Rollen von Außenseitertum und Integration nebeneinander gelebt werden – die Einzelnen einander wechselweise befremdlich bis zur Unkenntlichkeit. Es zeigt sich eine vielschichtige Existenzformel, die noch ihrer Entschlüsselung harrt.

Dieser Welt hat man das aus Kafkas Namen gebildete Adjektiv zugesprochen, eine seltene Auszeichnung, wie sie kaum einem Autor zuteil wurde: „kafkaesk". Es ist das Signet der Moderne geworden, wie wir sie verstehen; durch einen Außenseiter wahrgenommen, der sich stets weigerte, ein solcher zu sein.

Schreiben

Schreibschrein und Strafapparat

Erwägungen zur Topographie des Schreibens

> Er hieb den Tisch entzwei und setzte
> sich doppelt zum Schreiben nieder.
> *Elias Canetti*

I

Lesen heißt: sich selber schreiben[1] – diese Umkehrung eines Satzes von Max Frisch spricht vom Dilemma des Philologen, von den unvereinbaren Extremzuständen seines Tuns, von der fröhlichen Einschreibung des Selbst in das kulturelle Gewebe sozialer Selbstvergewisserung so gut wie von der täglichen Fron des Kampfes gegen Selbstbefangenheit und stockende Schrift. Walstatt solcher Kämpfe, der Siege wie der Niederlagen, bleibt allemal der Schreibtisch: bald ein Sprungbrett, aufgerichtet in Verheißung des freien Luftraums autonomer Rede, bald eine letzte Planke, an die der Sinkende, des Rettungsrings der Sprache Beraubte, sich klammert. Worüber sonst als über den Schreibtisch wäre zu schreiben, wenn es gälte, den Philologen, als den Gefeierten, von Schreibtisch zu Schreibtisch, und durch Geschriebenes, zu grüßen?

Das Schreiben als kulturgeschichtlich ausgezeichnete Form der Identifikation begleitet das bürgerliche Subjekt, als ein durch die Fähigkeit des Schreibens und Lesens geradezu definiertes, also eigentlich „philologisches", von Anfang an: mit der kindlichen Befangenheit in parallelen Schnörkeln zuerst, als Vehikel akademischer Selbstvergewisserung in den Konvoluten der Schreib- und Sudelhefte sodann, schließlich als stolzes Register gelehrter Veröffentlichungen. In allen Stadien solcher Fest- und Freischreibung bleibt der Schreibtisch mitgedacht als Zentrum, als Lustort und Zwangsapparat zugleich jenes Territoriums, innerhalb dessen Identi-

---

[1] Max Frisch: *Tagebuch 1946–1949.* – Frankfurt 1950, S. 22; zum weiteren Zusammenhang Jürgen Schröder: *Spiel mit dem Lebenslauf. Das Drama Max Frischs.* In: G. Neumann/J. Schröder/M. Karnick: *Dürrenmatt. Frisch. Weiss. Drei Entwürfe zum Drama der Gegenwart. Mit einem einleitenden Essay von Gerhart Baumann.* – München 1969, S. 61–113.

fikation sich ermöglicht; als Schauplatz jener Phantasien, in denen das Ich, sich selbst fortgesetzt – im Doppelsinn des Wortes – „umschreibend", zu sich selbst zu finden sucht.

II

Es ist kein Zufall, daß Hegel, bei dem Versuch, die Geburt des Bewußtseins im problematischen Feld zwischen sinnlicher Gewißheit und Wahrheit zu inszenieren, diese Selbst-Werdung als Situation am Schreibtisch phantasiert:

> Auf die Frage: *was ist das Jetzt?* antworten wir also zum Beispiel: *das Jetzt ist die Nacht.* Um die Wahrheit dieser sinnlichen Gewißheit zu prüfen, ist ein einfacher Versuch hinreichend. Wir schreiben diese Wahrheit auf; eine Wahrheit kann durch Aufschreiben nicht verlieren; ebensowenig dadurch, daß wir sie aufbewahren. Sehen wir *jetzt, diesen Mittag,* die aufgeschriebene Wahrheit wieder an, so werden wir sagen müssen, daß sie schal geworden ist.[2]

Der Schreibtisch erweist sich als derjenige Ort, an dem das Subjekt seiner problematischen Konstruktion inne wird: der notwendigen Verknüpfung der Selbst-Erfahrung mit der Erfahrung des schlechthin Anderen. „Schrift" scheint den Ort zu bezeichnen, wo die Gewißheit des Ich mit der Ungewißheit des Anderen kollidiert. Die Niederschrift der „Wahrheit" wird also zur Probe aufs Exempel; in ihr offenbart sich der Doppelcharakter der Schrift, feinstes Instrument des Selbstausdrucks und zugleich allgemeinstes, dem mündig werdenden Ich von den anderen zugespieltes, zudiktiertes Organ – eine kulturelle Technik also – zu sein; seismographische Aufzeichnung subtilster Körpererfahrung und vorgeprägte Form zugleich, die sich, im schulischen Ritual des Schrifterwerbs, dem seine noch unmündigen Selbsterfahrungen erprobenden Geist unauslöschlich einbrennt.

Indem die Aufklärung dem Menschen das Recht auf unbedingte Eigentümlichkeit zuspricht und diese als allgemeine Freiheit und Gleichheit definiert, gleichzeitig aber die kulturelle Institution schafft, die beides garantieren soll, die Schulpflicht nämlich, gewinnt der Schreibakt, bislang das Privileg einzelner Ausgezeichneter, paradoxe Züge.[3] In ihm artikulieren

---

2   G. W. F. Hegel: *Werke 3. Phänomenologie des Geistes.* – Frankfurt 1970, S. 84. (Theorie-Werkausgabe).
3   Diese Zusammenhänge hat wohl Rousseau zum ersten Mal paradigmatisch in Szene gesetzt: „Ob die Natur gut oder übel daran getan hat, die Form zu zerbrechen, in der sie mich gestaltete, das wird man nur beurteilen können, nachdem man mich gelesen hat. Die Posaune des Jüngsten Gerichts mag erschallen, wann

sich gleichermaßen mündig gewordene Phantasien des Selbstausdrucks wie die im Schrifterwerb erlernten selbstdisziplinarischen Mechanismen kalligraphischer, orthographischer und rhetorischer Provenienz.

Was Hegel als dilemmatische Situation bürgerlichen Schreibens diagnostiziert, wird in gleicher Weise an der Konstruktion jenes Möbels sichtbar, das als Institut solcher Schreibakte fungiert, des Schreibtisches, wie ihn die unvergleichliche Roentgen-Manufaktur in Neuwied hervorbrachte, in Gestalten des Zylinderbureaus wie des Schreibschranks, in denen sich Zweckmäßigkeit und Phantasie, Organisationspräzision und spielerische Eigentümlichkeit auf letztlich unvereinbare Weise durchkreuzen. Der Schreibort gestaltet sich widersprüchlich – analog zu eben jenen gerade aufbrechenden Widersprüchen des Subjekts – als Instrument zweckvoller Organisation (die semantische Aufspaltung des Wortes „bureau" deutet darauf hin) wie als „kunstvolle Maschine"[4].

III

Es war Goethe, der sich als einer der ersten für die kulturelle Signifikanz eines solchen „meubles" interessierte. 1774 besichtigte er, zusammen mit Lavater, die Roentgensche Manufaktur; 1779 entwarf er eigenhändig für Frau von Stein ein „bureau à cylindre", ein Schreibmöbel im hochklassizistischen Stil der Manufaktur.[5]

Wie so oft bei Goethe, verdichtet sich – oft Jahrzehnte später – gegenständliche Erfahrung unversehens zu symbolischer Prägnanz. In den 1794 und 1795 entstandenen *Unterhaltungen deutscher Ausgewanderten*

---

immer sie will, ich werde vor den höchsten Richter treten, dies Buch in der Hand, und laut werde ich sprechen: ‚Hier ist was ich geschaffen, was ich gedacht, was ich gewesen.'" J.-J. Rousseau: *Bekenntnisse*. Mit einer Einführung von W. Krauss. – Frankfurt 1971, S. 37.

4   Die hier angedeuteten Gedankengänge sind durch die kenntnisreichen Darstellungen von Michael Stürmer angeregt: *Die Roentgen-Manufaktur in Neuwied*. In: Kunst und Antiquitäten 5 (1979) S. 24–36 und 6 (1979) S. 32–45, dort insbesondere S. 42. Vgl. auch Michael Stürmer: *Die Roentgen-Manufaktur: Markt, Technik und Innovation im 18. Jahrhundert*. In: Maltechnik 4 Restauro 85 (1979) S. 237–249 und Thomas Brachert: *Ein Schreibschrank um 1775 von David Roentgen*, ebd. S. 289–314.

5   Der Brief vom 30. November 1779 an Frau von Stein legt hiervon Zeugnis ab. (WA IV, 4, S. 149 f.) Nicht zufällig haben auch Stifter und Kafka sich tischlerisch betätigt.

taucht ein solches Roentgensches „bureau à cylindre" wieder auf[6], und zwar inmitten jener Erörterungen, die, novellistisch begleitet, um die neue, problematische Erfahrung von Subjektivität kreisen, wie die Französische Revolution sie unabweisbar gemacht hat: als eine Doppelerfahrung von gewonnener Selbstverantwortung des Einzelnen und unerbittlicher Normierung Aller im Namen von Freiheit und Gleichheit. Inmitten solcher sich im Gespräch artikulierenden Diffusionen der Bestimmung des „Subjektiven" läßt Goethe einen Roentgenschen Schreibtisch, das „Muster einer vortrefflichen und dauerhaften Tischlerarbeit"[7], mit einem starken Knall reißen. Man forscht nach, man schwankt zwischen magischer und naturwissenschaftlicher Erklärung, zwischen Heranziehung von Okkultismus oder Hygrometer. Die durch einen Ritt Friedrichs zum Nachbargut herbeigeführte Lösung des Rätsels erweist sich freilich als gesteigertes Rätsel: Beim Brand des benachbarten Schlosses der Tante sei ein Pendant zu dem Roentgenschen Schreibtisch, aus gleichem Holzstamm und vom gleichen Künstler hergestellt, im gleichen Augenblick wie das hiesige Zwillingsstück zersprungen: Was in der Wechselrede der kleinen Gesellschaft zum Problem wird, das Geheimnis des Eigentümlichen, des „Individuum ineffabile", seiner Bewahrung und Gefährdung, verwandelt sich unversehens unter der Hand des Erzählers Goethe in ein Postulat: die ebenso wahre wie unauflösliche Verflechtung zweier Individuen (der benachbarten Schwestern), durch ein Instrument ihrer kulturellen Normierung in der Schrift, und das gleichzeitige Umschlagen dieser technischen Norm in identifikatorische Sympathie. Der Schreibtisch erweist sich als „gegenständliches" Original, aus *einem* Stamm und von *einem* Künstler gemacht, seine „Eigentümlichkeit" durch Selbstzerstörung bewahrheitend, zugleich die unverwechselbare Eigentümlichkeit des auf ihm schreibenden Subjekts wiederspiegelnd.

Kein Zufall übrigens, daß wenige Seiten nach dem geschilderten Ereignis die „Neue Melusine" erwähnt wird.[8] Es scheint nämlich, als sei in dieser Vorstellung Goethes Schreibtisch-Phantasie lebendig geblieben; denn mehr als ein Jahrzehnt später, als Goethe *Die neue Melusine*, jenes seit der Kindheit im Inneren getragene Märchen[9], für den Novellenzusammenhang der *Wanderjahre* niederschrieb, verdichtete sich ihm der

---

6   WA I, 18, S. 147 ff.
7   WA a.a.O., S. 148.
8   WA a.a.O., S. 157.
9   Vgl. hierzu die Erwähnung des Märchens in *Dichtung und Wahrheit*, WA I, 27, S. 372 ff.

Schreibtisch erneut zum Symbol problematischer Identifikation zwischen Kultur und Natur, zwischen „normaler" Menschengröße und zwergischem Außenseitertum. Jenes ominöse Kästchen, das der Erzähler des Märchens gewissermaßen als Garant der Unverwechselbarkeit seiner Beziehung zu der verführerischen Fremden in Verwahrung nimmt, wird, im Augenblick von des Barbiers Identitätstausch, seiner Verwandlung in die Gegenwelt der Zwerge, von ihm mit eben jenen „Verwandlungsmöbeln"[10] verglichen, deren Perfektion der Roentgenschen Manufaktur zu verdanken ist.

> Wer einen künstlichen Schreibtisch von Röntgen gesehen hat, wo mit Einem Zug viele Federn und Ressorts in Bewegung kommen, Pult und Schreibzeug, Brief- und Geldfächer sich auf einmal oder kurz nacheinander entwickeln, der wird sich eine Vorstellung machen können, wie sich jener Palast entfaltete, in welchen mich meine süße Begleiterin nunmehr hineinzog.[11]

Es ist offensichtlich, daß Goethe an die Vorstellung des Schreibtisches, die er in den *Unterhaltungen* als „reales" Symbol, in der *Neuen Melusine* als Metapher bemüht, die Schwierigkeiten der Selbstfindung und Selbstverwirklichung unter der Dialektik von Technik und Phantasie, von Öffentlichkeit und Geheimheit, von genereller Norm und individueller Lust zu fassen sucht: „Schreiben ist ein Mißbrauch der Sprache"[12] – Schrift also als ebenso unersetzliches wie untaugliches Organ zur Vermittlung von „Erfahrung" und „Erfindung", als den beiden zusammengehörigen Seiten der Niederschrift jener Geschichte, die die Eigentümlichkeit des Subjekts ausmacht und sich aus der Kindheit und ihren Aporien des Schrifterwerbs als Identitätserwerbs „herschreibt".

IV

Was Goethe noch als „Märchen" zu inszenieren vermag, wird von Adalbert Stifter in die bürgerlichen Grunderfahrungen der Familienkonstellation und der sozialen Arbeit als Rahmen der Selbstfindung des Einzelnen eingebunden. Der berühmte Delphin-Schreibtisch aus dem *Nachsommer*[13] – nicht zufällig zugleich im Realität verbürgenden Besitz des schreibenden Autors – gerät auf ganz andere Weise, als dies bei Goethe geschieht, zum

---

10 Stürmer: Kunst und Antiquitäten 5 (1979) a.a.O., S. 29 b. Dort erfolgen Hinweise auf englische Vorbilder.
11 WA I, 25 I, S. 159.
12 WA I, 27, S. 373.
13 Adalbert Stifter: *Sämtliche Werke VI. Der Nachsommer. 1. Band.* Hg. von Kamill Eben und Franz Hüller. – Hildesheim 1972, S. 89–91; vgl. auch S. XLII f.

Prüfstein der Selbsterfahrung des jungen Drendorf. Der hier noch namenlose „Held" wird von dem Freiherrn von Risach an der noch unerkannten Marmorgestalt vorbei zunächst in den Marmorsaal, dann in das Arbeitszimmer des Hausherrn geführt.

„Das ist gewisser Maßen mein Arbeitszimmer," sagte er, „es hat außer am frühen Morgen nicht viel Sonne, ist daher im Sommer angenehm, ich lese gerne hier oder schreibe oder beschäftige mich sonst mit Dingen, die mir Antheil einflößen".

Ich dachte mit Lebhaftigkeit, ich könnte sagen, mit einer Art Sehnsucht auf meinen Vater, da ich diese Stube betreten hatte. In ihr war nichts mehr von Marmor, sie war, wie unsere gewöhnlichen Stuben: aber sie war mit alterthümlichen Geräthen eingerichtet, wie sie mein Vater hatte und liebte. Allein die Geräthe erschienen mir so schön, daß ich glaubte, nie etwas ihnen Aehnliches gesehen zu haben. Ich unterrichtete meinen Gastfreund von der Eigenschaft meines Vaters und erzählte ihm in Kurzem von den Dingen, welche derselbe besaß. Auch bat ich, die Sachen näher betrachten zu dürfen, um meinem Vater nach meiner Zurückkunft von ihnen erzählen und sie ihm, wenn auch nur nothdürftig, beschreiben zu können. Mein Begleiter willigte sehr gerne in mein Begehren. Es war vor Allem ein Schreibschrein, welcher meine Aufmerksamkeit erregte, weil er nicht nur das größte, sondern wahrscheinlich auch das schönste Stück des Zimmers war. Vier Delphine, welche sich mit dem Untertheil ihrer Häupter auf die Erde stützten und die Leiber in gewundener Stellung empor streckten, trugen den Körper des Schreines auf diesen gewundenen Leibern. Ich glaubte anfangs, die Delphine seien aus Metall gearbeitet, mein Begleiter sagt mir aber, daß sie aus Lindenholz geschnitten und nach mittelalterlicher Art zu dem gelblichgrünlichen Metalle hergerichtet waren, dessen Verfertigung man jetzt nicht mehr zu Wege bringt. Der Körper des Schreines hatte eine allseitig gerundete Arbeit mit sechs Fächern. Ueber ihm befand sich das Mittelstück, das in einer guten Schwingung flach zurück ging und die Klappe enthielt, die geöffnet zum Schreiben diente. Von dem Mittelstücke erhob sich der Aufsatz mit zwölf geschwungenen Fächern und einer Mittelthür. An den Kanten des Aufsatzes und zu beiden Seiten der Mittelthür befanden sich als Säulen vergoldete Gestalten. Die beiden größten zu den Seiten der Thür waren starke Männer, die die Hauptsimse trugen. Ein Schildchen, das sich auf ihrer Brust öffnete, legte die Schlüsselöffnungen dar. Die zwei Gestalten an den vorderen Seitenkanten waren Meerfräulein, die in Uebereinstimmung mit den Tragfischen jedes in zwei Fischenden ausliefen. Die zwei letzten Gestalten an den hintern Seitenkanten waren Mädchen in faltigen Gewändern. Alle Leiber der Fische sowohl als der Säulen erschienen mir sehr natürlich gemacht. Die Fächer hatten vergoldete Knöpfe, an denen sie heraus gezogen werden konnten. Auf der achteckigen Fläche dieser Knöpfe waren Brustbilder geharnischter Männer oder geputzter Frauenzimmer eingegraben. Die Holzbelegung auf dem ganzen Schrein war durchaus eingelegte Arbeit. Ahornlaubwerk in dunkeln Nußholzfeldern, umgeben von geschlungenen Bändern und geflammtem Erlenholze. Die Bänder waren, wie geknitterte Seide, was daher kam, daß sie aus kleinem, fein gestreiftem, vielfarbigem Rosenholze senkrecht auf die Axe eingelegt waren. Die eingelegte Arbeit befand sich nicht bloß, wie es häufig bei derlei Geräthen der Fall ist, auf der Daransicht, sondern auch auf den Seitentheilen und den Friesen der Säulen.

Mein Begleiter stand neben mir, als ich diesem Geräthe meine Aufmerksamkeit widmete, und zeigte mir Manches und erklärte mir auf meine Bitte Dinge, die ich nicht verstand.

Diese Konfrontation des Helden mit dem Schreibzimmer seines künftigen Mentors besitzt zentrale Funktion für die Ökonomie des geschilderten Lebensganges. Die Begegnung mit dem Schreibtisch dient der Selbstverständigung des Helden in doppelter Weise: als Einführung in eine neue Verwirklichungssituation (die Arbeits-, Besitz- und Lebenswelt des Freiherrn), als Vergewisserung über eine schon bestehende, hinter ihm liegende Epoche der Selbsterfahrung (die Arbeits- und Lebenswelt des Vaters). Vater und Mentor erscheinen als Begleiter Heinrichs in jenem Augenblick, wo er aus dem engen Familienkreis in die beschränkte Öffentlichkeit „guter Gesellschaft" hinaustritt; sie erscheinen als Garanten eines Erziehungsprozesses, der aus den Disziplinen des kindlichen Selbsterwerbs in die gebändigte Freiheit der Selbstverantwortung führen soll. Genau auf der Grenze zwischen beiden Bereichen, in der kritischen Situation des Übertritts, läßt Stifter seinen Helden einem Schreibtisch begegnen. Freilich sind die Spuren eigentlicher Schreibarbeit, als Spuren lustvoller oder quälerischer Erschreibung des bedrohten Ich an ihm nicht wahrzunehmen.[14] Vielmehr erscheint er als Kunstgegenstand, als Emblem schon geläuterter, gewissermaßen „freiherrlicher" Identität: nicht als Disziplinierungsinstrument, sondern als schöne Ver-Dinglichung Selbst-beherrschter Menschlichkeit. Nicht die Gefährdung der Phantasie durch das schlechthin Andere einer Gegenwelt findet sich im Schreibschrein repräsentiert, wie diese märchenhaft zwar, aber deutlich genug, in Goethes *Melusine* anklingt, sondern die Bändigung alles Ausschweifenden durch heitere Resignation im Hand-Werklichen, in der Rekonstruktion menschlicher Geschichte als der Geschichte jener Dinge, die die Beziehungen der Menschen regeln. Es ist dabei nur konsequent, daß die Verwandlungsmöglichkeiten des Stifterschen Schreibtisches aufs äußerste begrenzt sind; seine Konstruktion, einem vorindustriellen Zeitalter angehörend, kennt die von Roentgen so hoch entwickelte „Technik des Verwandlungsmöbels", die Goethes Selbstwerdungsphantasien bewegt hatte, noch nicht. Die Vergewisserung über die Machart des Schreibtischs, über die in der Geschichte des

---

14 Stifter: a.a.O., S. 92.

Handwerks verankerten Techniken seiner Herstellung und die Art der verwendeten Materialien, schließlich über die in ihm festgeschriebene „Arbeit" (keineswegs aber über die auf ihm sich abspielenden intimen Schreib-Akte) führt Heinrich zur Selbstvergewisserung in Bezug auf Familie und Gesellschaft, zu einer selbstverantworteten Signatur seines Ich.

Ein kürzlich zutage gekommener Brief Stifters vom 29.12.1852[15] läßt erst in aller Deutlichkeit erkennen, wie bewußt Stifter den Schreibtisch als Emblem der Selbsterfahrung einschätzt: Aus dem (scheinbar so nichtigen) Anlaß eines verloren gegangenen Briefs entwickelt Stifter – gewissermaßen aus dem Schreibakt auf dem real im Besitz des Autors befindlichen, zugleich in der Fiktion des *Nachsommer*-Romans künstlerisch beglaubigten Delphin-Schreibtisch – seine eigene private wie öffentliche Identität, die Implikationen seiner Doppelexistenz als Mensch und Autor, seine Kunst- und Kommunikationstheorie, die abzuwehrenden Gefährdungen durch den Ruhm, als die bürgerliche Selbsterfahrung der „Begierde nach Begierde" im Sinne Hegels, und die Erschreibung jener Serenität, die alle Leidenschaft in der Schönheit der Dinge aufgehoben sein läßt.

V

Kafkas Schreibtisch-Phantasien sind scheinbar weit entfernt von Goethes spielerischen Verwandlungen, von Stifters serener Verdinglichung. In Wirklichkeit aber treiben sie die bei Goethe und Stifter im künstlerischen Akt noch vermittelten Widersprüche nur auf die Spitze, verschärfen sie ins Lebensbedrohliche.

Einen ersten Ansatz, aus dem Schreibtisch als dem „Institut" der Schreibsituation eine Selbstwerdungsphantasie herauszuspinnen, hält das Tagebuch in der Weihnachtsnacht vom 24. zum 25. Dezember fest. Es ist der Versuch einer im Akt des Schreibens zu gewinnenden Selbst-Beurteilung, die zusehends zur Selbst-Verurteilung gerät.

> 24. Dezember. Jetzt habe ich meinen Schreibtisch genauer angeschaut und eingesehn, daß auf ihm nichts Gutes gemacht werden kann. Es liegt hier so vieles herum und bildet eine Unordnung ohne Gleichmäßigkeit und ohne jede Verträglichkeit der ungeordneten Dinge, die sonst jede Unordnung erträglich

---

15 Helmut Bergner: *„Wenn mir nun von edleren und tieferen Menschen ein Zeichen kömmt..." Ein unveröffentlicher Brief Stifters. Franz Glück zum 80. Geburtstag.* In: Adalbert-Stifter-Institut des Landes Oberösterreich. Vierteljahresschrift 28 (1979) Folge 3/4, S. 76–82. Den Hinweis verdanke ich Dieter Borchmeyer.

macht. Sei auf dem grünen Tuch eine Unordnung, wie sie will, das durfte auch im Parterre der alten Theater sein. Daß aber aus den Stehplätzen ... [Fortsetzung am nächsten Tag]

25. Dezember ... aus dem offenen Fach unter dem Tischaufsatz hervor Broschüren alter Zeitungen, Kataloge, Ansichtskarten, Briefe, alle zum Teil zerrissen, zum Teil geöffnet, in Form einer Freitreppe hervorkommen, dieser unwürdige Zustand verdirbt alles. Einzelne verhältnismäßig riesige Dinge des Parterres treten in möglichster Aktivität auf, als wäre es im Theater erlaubt, daß im Zuschauerraum der Kaufmann seine Geschäftsbücher ordnet, der Zimmermann hämmert, der Offizier den Säbel schwenkt, der Geistliche dem Herzen zuredet, der Gelehrte dem Verstand, der Politiker dem Bürgersinn, daß die Liebenden sich nicht zurückhalten usw. Nur auf meinem Schreibtisch steht der Rasierspiegel aufrecht, wie man ihn zum Rasieren braucht, die Kleiderbürste liegt mit ihrer Borstenfläche auf dem Tisch, das Portemonnaie liegt offen für den Fall, daß ich zahlen will, aus dem Schlüsselbund ragt ein Schlüssel fertig zur Arbeit vor und die Krawatte schlingt sich noch teilweise um den ausgezogenen Kragen. Das nächst höhere, durch die kleinen geschlossenen Seitenschubladen schon eingeengte, offene Fach des Aufsatzes ist nichts als eine Rumpelkammer, so, als würde der niedrige Balkon des Zuschauerraumes, im Grunde die sichtbarste Stelle des Theaters, für die gemeinsten Leute reserviert, für alte Lebemänner, bei denen der Schmutz allmählich von innen nach außen kommt, rohe Kerle, welche die Füße über das Balkongeländer hinunterhängen lassen. Familien mit so viel Kindern, daß man nur kurz hinschaut, ohne sie zählen zu können, richten hier den Schmutz armer Kinderstuben ein (es rinnt ja schon ins Parterre), im dunklen Hintergrund sitzen unheilbare Kranke, man sieht sie glücklicherweise nur, wenn man hineinleuchtet usw. In diesem Fach liegen alte Papiere, die ich längst weggeworfen hätte, wenn ich einen Papierkorb hätte, Bleistifte mit abgebrochenen Spitzen, eine leere Zündholzschachtel, ein Briefbeschwerer aus Karlsbad, ein Lineal mit einer Kante, deren Holprigkeit für eine Landstraße zu arg wäre, viele Kragenknöpfe, stumpfe Rasiermessereinlagen (für die ist kein Platz auf der Welt), Krawattenzwicker und noch ein schwerer eiserner Briefbeschwerer. In dem Fach darüber –

Elend, elend und doch gut gemeint. Es ist ja Mitternacht, aber das ist, da ich sehr gut ausgeschlafen bin, nur insoferne Entschuldigung, als ich bei Tag überhaupt nichts geschrieben hätte. Die angezündete Glühlampe, die stille Wohnung, das Dunkel draußen, die letzten Augenblicke des Wachseins, sie geben mir das Recht zu schreiben und sei es auch das Elendeste. Und dieses Recht benutze ich eilig. Das bin ich also.[16]

Das von einer christlichen Gesellschaft gefeierte „Fest der Selbstbesinnung" drängt Kafka – den durch seine Außenseiterrolle für die Rituale der Gegenwelt in besonderer Weise empfindlichen – zur Selbstreflexion: Diese kann nirgendwo anders ihren Anfang nehmen als am Schreibtisch, im Akt

---

16 Franz Kafka: *Tagebücher 1910–1923*. – Frankfurt 1954, S. 32–34. (Franz Kafka/ Gesammelte Werke. Herausgegeben von Max Brod).

des Schreibens, jenem Hegelschen „Jetzt ist die Nacht", mit dem Selbsterfahrung aus der umittelbaren Gegenwart und ihrer Dinglichkeit heraus erwächst. Wenn es gelingt, aus der diffusen Realität eine Schreibordnung herauszugrübeln, so müßte sich damit auch eine Legitimation solcher Rede vom Selbst, als der Rede von der Wahrheit, ergeben. Stifters Brief vom 29. 12.1852 (auch ein Weihnachtsbrief) vergegenwärtigt inszenatorisch den Akt solcher Selbstfindung; Kafkas Verfahren ist dem nicht unähnlich. Auch er verschränkt die „realistische" Darstellung der Situation des Schreibenden mit der aus ihr entwickelten Fiktion spielerischer Sprachproduktion, offenbar in der Erwartung einer identifikatorischen Integration in das „wahre" Selbst: „Realitätsvokabeln" – mit einem Begriff Hermann Brochs – werden in ein phantasiertes Universum umgewälzt: die Welt des Theaters.

Freilich kehrt sich – im Gegensatz zu Stifter – dieser Versuch fiktionaler Objektivierung auf für Kafka überaus charakteristische Weise gegen das schreibende Ich selbst. Nicht ein Welttheater, sondern ein Ich-Theater wird inszeniert; nicht auf der Bühne wird der Schein gleichnishafter Handlungen erzeugt, sondern im Zuschauerraum entwickelt sich trivialstes Leben. Im Zentrum des fiktionalen Geschehens steht nicht die Wahrheit der Welt und des durch sie beglaubigten Ich, sondern nur das „Elend" des Schreibenden selbst, auf der für den Schein des Lebens vorgesehenen Bühne in stummer, verzweifelter Zwiesprache mit dem eigenen Schreibakt. Die Welt, deren es sich in diesem Schreibakt zu vergewissern vermöchte, bleibt trotz phantastischer Deformation auf die Topographie des Schreibtischs beschränkt, in der sich dieselbe kulturelle Dichotomie abzeichnet, die die aporetische Situation des Schreibenden ausmacht: die Dichotomie von Körper und Schrift, von stummem Lebensvollzug („daß die Liebenden sich nicht zurückhalten"; „Schmutz armer Kinderstuben"; „unheilbar Kranke") und totem Buchstabenwerk („Broschüren alter Zeitungen, Kataloge, Ansichtskarten, Briefe, alle zum Teil zerrissen"). Dem schreibenden Autor gelingt es nicht, aus der unmittelbaren Erfahrung seines Gegenüber jenes Theatrum Mundi zu entwickeln, das dem nächtlich bedrohten Ich seine Rolle zu garantieren vermöchte; nicht er selbst erschreibt sich sein Ich – er „wird" von seiner Umwelt „geschrieben". Nicht er selbst schwingt sich zum souveränen Beurteiler einer objektivierten Welt auf, sondern diese gestaltet sich zum Tribunal, das ihm sein Urteil zuspricht: „Das bin ich also". Das Theater wird zum Gerichtshof, der Schreibtisch, anstatt zur Bühne der Welt, zur Zelle des Angeklagten. Das Recht auf Identität, als „Recht zu schreiben" definiert, wird verkürzt auf das Recht, „geschrieben zu werden", sich den Zwängen des Gegenüber auszuliefern, ihrem Diktat, und sei es noch so „elend", zu folgen. Die Selbstgeburt durch autonome Rede mißrät, verkehrt sich in ihr Gegenteil, das Geschriebenwerden des Ich durch die Trivialität einer „écriture automatique".

Im Oktober 1912, etwa zwei Jahre nach diesem Tagebucheintrag, schreibt Kafka an seinem „Abenteuerroman", dem „Verschollenen"; es ist der Versuch, Identitätsfindung als „Weg durch die Welt" zu phantasieren, die Wahrheit des Ich in einem erweiterten „Theatrum Mundi" sich zu erschreiben. Das Gegenüber von Schreibtisch und Theater, im Tagebuch ineinandergedacht, wird hier in kontinentale Dimensionen vergrößert. Der Weg Karls führt vom „amerikanischen Schreibtisch" des Onkels in New York, auf dem die Sprache des Landes, als Organ der Erarbeitung eines neuen Selbst, gelernt werden soll, zum geheimnisvollen „Theater von Oklahoma", von dem Karl (seiner europäischen Identität verlustig und inzwischen unter dem Pseudonym Negro einer zweiten Geburt harrend) seinen wahren Namen erhofft.

> In seinem Zimmer stand ein amerikanischer Schreibtisch bester Sorte, wie sich ihn sein Vater seit Jahren gewünscht und auf den verschiedensten Versteigerungen um einen ihm erreichbaren billigen Preis zu kaufen gesucht hatte, ohne daß es ihm bei seinen kleinen Mitteln jemals gelungen wäre. Natürlich war dieser Tisch mit jenen angeblich amerikanischen Schreibtischen, wie sie sich auf europäischen Versteigerungen herumtreiben, nicht zu vergleichen. Er hatte zum Beispiel in seinem Aufsatz hundert Fächer verschiedenster Größe, und selbst der Präsident der Union hätte für jeden seiner Akten einen passenden Platz gefunden, aber außerdem war an der Seite ein Regulator, und man konnte durch Drehen an einer Kurbel die verschiedensten Umstellungen und Neueinrichtungen der Fächer nach Belieben und Bedarf erreichen. Dünne Seitenwändchen senkten sich langsam und bildeten den Boden neu sich erhebender oder die Decke neu aufsteigender Fächer; schon nach einer Umdrehung hatte der Aufsatz ein ganz anderes Aussehen, und alles ging, je nachdem man die Kurbel drehte, langsam oder unsinnig rasch vor sich. Es war eine neueste Erfindung, erinnerte aber Karl sehr lebhaft an die Krippenspiele, die zu Hause auf dem Christmarkt den staunenden Kindern gezeigt wurden, und auch Karl war oft, in seine Winterkleider eingepackt, davor gestanden und hatte ununterbrochen die Kurbeldrehung, die ein alter Mann ausführte, mit den Wirkungen im Krippenspiel verglichen, mit dem stockenden Vorwärtskommen der Heiligen Drei Könige, dem Aufglänzen des Sternes und dem befangenen Leben im heiligen Stall. Und immer war es ihm erschienen, als ob die Mutter, die hinter ihm stand, nicht genau genug alle Ereignisse verfolgte; er hatte sie zu sich hingezogen, bis er sie an seinem Rücken fühlte, und hatte ihr so lange mit lauten Ausrufen verborgene Erscheinungen gezeigt, vielleicht ein Häschen, das vorn im Gras abwechselnd Männchen machte und sich dann wieder zum Lauf bereitete, bis die Mutter ihm den Mund zuhielt und wahrscheinlich in ihre frühere Unachtsamkeit verfiel. Der Tisch war freilich

nicht dazu gemacht, nur an solche Dinge zu erinnern, aber in der Geschichte der Erfindungen bestand wohl ein ähnlich undeutlicher Zusammenhang wie in Karls Erinnerungen. Der Onkel war zum Unterschied von Karl mit diesem Schreibtisch durchaus nicht einverstanden, nur hatte er eben für Karl einen ordentlichen Schreibtisch kaufen wollen, und solche Schreibtische waren jetzt sämtlich mit dieser Neueinrichtung versehen, deren Vorzug auch darin bestand, bei älteren Schreibtischen ohne große Kosten angebracht werden zu können. Immerhin unterließ der Onkel nicht, Karl zu raten, den Regulator möglichst gar nicht zu verwenden; um die Wirkung des Rates zu verstärken, behauptete der Onkel, die Maschinerie sei sehr empfindlich, leicht zu verderben und die Wiederherstellung sehr kostspielig. Es war nicht schwer einzusehen, daß solche Bemerkungen nur Ausflüchte waren, wenn man sich auch andererseits sagen mußte, daß der Regulator sehr leicht zu fixieren war, was der Onkel jedoch nicht tat.[17]

Kafka bringt den Schreibtisch, als Emblem menschlicher Selbsterfahrung zwischen Körper und Schrift, an eben jenem kritischen Punkt ins Spiel, den auch Stifter für seinen Helden gewählt hatte. Es ist der Augenblick, wo der junge Drendorf aus der Familienwelt, die unter dem Gesetz des Vaters steht, in die Disziplin des „Mentors", der ihm die Welt der Gesellschaft zu öffnen sucht, eintritt. Während aber bei Stifter die Familienwelt als eine eindeutig väterliche erscheint, zeichnet sich in Kafkas Text eine Differenzierung ab. Der Schreibtisch wird dem Vater, das Klavier dagegen der Mutter zugeordnet. Während die Beziehung zum Vater als eine durch das Gesetz der Schrift und ihre kulturelle Implikation der Distanz strukturierte sich bestimmt, erscheint die Beziehung zur Mutter unter dem Zeichen der Musik als eine Welt der Körpererfahrung, der Gebärden und Berührungen („bis die Mutter ihm den Mund zuhielt"). Beide Maschinen, der Schreibtisch wie das Piano, werden von dem Onkel verwaltet. Er ist – nach den mißlungenen Versuchen in der Familie – der gewissermaßen „zweite" Geburtshelfer Karls in der „neuen Welt", deren Identifikationsorgan das Englische ist. Dessen Erlernung freilich läßt die in der Familiensituation vorgeprägte Dichotomie zwischen väterlichem und mütterlichem Prinzip, zwischen sprachlichem und körperlichem Zeichensystem unvermittelt wieder aufbrechen. Ort dieser widersprüchlichen Selbsterfahrung ist der „amerikanische Schreibtisch". Bei Stifter wie bei Kafka fungiert der Schreibtisch als ein Instrument der „Weltordnung", als Institut, auf dem sich mittels der zu erlernenden Schrift die Einbindung des „eigentümli-

---

17 Franz Kafka: *Amerika. Roman.* – Frankfurt 1953, S. 50–52. (Franz Kafka/Gesammelte Werke. Herausgegeben von Max Brod).

chen" Einzelnen[18] in das soziale Universum abspielt: jeder Einzelne zugleich potentieller „Präsident der Union"[19]. Nur daß die für Stifters Welt so problemlose Vermittlung von Einzelnem und Allgemeinem in Kafkas Text nicht mehr gelingt. Und was Goethe noch im Bereich des Märchens zu spielerischer Metamorphose nutzt, die Roentgensche „Technik des Verwandlungsmöbels", wird bei Kafka zur Gefährdung der Identität, zu einem Auseinanderbrechen der Selbsterfahrung durch die Beziehung auf zwei konkurrierende, einander widerstreitende Legitimationssysteme in ihren verschiedenen Ausprägungen: väterliche und mütterliche Welt, Europa und Amerika, heilige Familie und staatliche „Union", Mythos (die Weihnachtsphantasmagorie des Prager Nikolo-Markts) und Technik (die unbegrenzte Welt menschlicher Erfindungen). Auf der einen Seite geht es um die Selbstfindung in einer Welt normierter Schriftlichkeit, vom Vater begehrt, vom Onkel ermöglicht und reguliert, vom Präsidenten garantiert, in der Einschreibungsmaschinerie der Aufnahmebüros des großen Theaters von Oklahoma repräsentiert; auf der andern Seite um die Welt des Körpers, seiner Wünsche und Erfahrungen, von der Beziehung zur Mutter getragen, durch Musik und mythische Gestik gekennzeichnet.

Den entscheidenden Punkt des Zusammenhangs, der Goethes und Stifters Erfahrungen mit dem „Institut" des Schreibtischs[20] ebenso einschließt wie die Entwicklung des Verwandlungsmöbels durch die Roentgensche Manufaktur, bezeichnet Kafkas Reflexion über das Dilemma menschlicher Erfindungen: Mythos wie Technik gehören in ihren Zusammenhang. Beides sind Formen menschlicher Selbstvergewisserung über Ursprung und gesellschaftliches Zusammenleben; beide entwickeln Rituale, in denen der Einzelne sein Selbst als das von den Anderen durch Herkunft und Rede zugleich beglaubigte allererst zu gewinnen vermag. Es zeugt von Kafkas einzigartigem kulturhistorischem Scharfblick, daß er im Schreibakt und dem für diesen entwickelten Möbel den Umschlagplatz

---

18 Der für Kafkas Bestimmung menschlicher Selbsterfahrung zentrale Begriff der „Eigentümlichkeit" findet sich in einem autobiographischen Fragment exemplarisch entwickelt: Franz Kafka: *Hochzeitsvorbereitungen auf dem Lande und andere Prosa aus dem Nachlaß.* – Frankfurt 1966, S. 227–232. (Franz Kafka/Gesammelte Werke. Herausgegeben von Max Brod).
19 Franz Kafka: *Amerika* a.a.O., S. 50.
20 Die Geschichte der Literatur des 19. und 20. Jahrhunderts bietet zahllose Beispiele für die Entfaltung des problematischen Zusammenhangs zwischen Schrift, Schreibakt und Identität des Subjekts; ein verschlungener Weg der Selbstvergewisserung führt von C.F. Meyers *Pseudo-Isidor* über Stifters *Narrenburg* und Gustav Freytags *Verlorene Handschrift* bis hin zu Karl Mays *Weihnacht*.

beider Bereiche, normierender Sozialtechnologie wie schöpferischer Einbildungskraft, phantasiert: Schrift als Kreuzungspunkt technischer wie mythischer Impulse, als derjenige Ort, wo individuelle Körpererfahrung in Disziplin, Sprache der Allgemeinheit in mythische Selbsterfahrung umzuschlagen vermag. Wie sich in der Erfindung des Roentgenschen Möbels das „Bureau" einer normierten Welt mit der Einmaligkeit einer „künstlichen Maschine"[21] kreuzt, so im Akt des Schreibens das Diktat sozialer Norm und das Innovatorische schöpferischer Phantasie.[22]

---

21 Stürmer: Kunst und Antiquitäten 6 (1979) a.a.O., S. 42 b.
22 Das Verhältnis von Mythos und Technik beschäftigte Kafka immer wieder als ein Problem menschlicher Erfindungskraft, und zwar unter dem doppelten Aspekt der Erklärung des Ursprungs und der Regelung sozialer Kommunikation. *Die Sorge des Hausvaters, Blumfeld, ein älterer Junggeselle* und *Eine Kreuzung* sind Beispiele für die Erfindung von „Ursprüngen" *Beim Bau der Chinesischen Mauer*, das „Theater von Oklahoma" und der Telefonsaal im Hotel Occidental solche für die Erfindung von Kommunikationsritualen. Freilich hat Kafka – analog zu der Verwandlung des Schreibtischs als Ort der Phantasie in ein Instrument der Disziplinierung – die emanzipatorischen Möglichkeiten menschlicher Erfindungen zunehmend skeptisch beurteilt – damit aber zugleich auch den Mythen ihre prägende Kraft genommen. *(Prometheus)* Eine Aufzeichnung aus dem Oktavheft H (dem „vierten", aus dem Anfang des Jahres 1918) sucht noch eine Analogie zwischen „Schöpfung" und „Erfindung" zu etablieren, die Hoffnung auf ein mögliches Nachspielen des Mythos durch die Technik zu nähren. „Die Erfindungen eilen uns voraus, wie die Küste dem von seiner Maschine unaufhörlich erschütterten Dampfer immer vorauseilt. Die Erfindungen leisten alles, was geleistet werden kann. Ein Unrecht, etwa zu sagen: Das Flugzeug fliegt nicht so wie der Vogel, oder: Niemals werden wir imstande sein, einen lebendigen Vogel zu schaffen. Gewiß nicht, aber der Fehler liegt im Einwand, so wie wenn vom Dampfer verlangt würde, trotz geraden Kurses immer wieder die erste Station anzufahren. – Ein Vogel kann nicht durch einen ursprünglichen Akt geschaffen werden, denn er ist schon geschaffen, entsteht auf Grund des ersten Schöpfungsaktes immer wieder, und es ist unmöglich, in diese auf Grund eines ursprünglichen unaufhörlichen Willens geschaffene und lebende und weitersprühende Reihe einzubrechen, so wie es in einer Sage heißt, daß zwar das erste Weib aus der Rippe des Mannes geschaffen wurde, daß sich das aber niemals mehr wiederholt hat, sondern daß von da ab die Männer immer die Töchter anderer zum Weib nehmen. – Die Methode und Tendenz der Schöpfung des Vogels – darauf kommt es an – und des Flugzeugs muß aber nicht verschieden sein und die Auslegung der Wilden, welche Gewehrschuß und Donner verwechseln, kann eine begrenzte Wahrheit haben." Franz Kafka: *Hochzeitsvorbereitungen* a.a.O., S. 119 f. Eine spätere Bemerkung aus einem Brief an Milena grenzt die Fragen nach dem menschlichen Usprung und der Möglichkeit kommunikativer Realisation auf die Frage nach der Schrift als identifikatorischem Akt ein und konstatiert – im Sinne einer Dialektik der Aufklärung – die Zug um Zug wechselseitig sich vollziehende Zersetzung mythischer wie technischer Organisation menschlicher Selbstverwirklichung: „Briefe schreiben aber heißt, sich vor den

Was der Amerika-Roman noch als möglichen Entscheidungsspielraum eröffnet, wird von Kafka, abermals zwei Jahre später, in den Raum der Urteils-Welt und ihrer Verurteilungsstrategien zurückgenommen. Die Arbeit am *Prozeß*-Roman (zwischen August 1914 und Januar 1915) und die Fertigstellung der *Strafkolonie* (Oktober 1914) bezeugen dies in aller Deutlichkeit.

Ein Fragment aus dem Umkreis des *Prozeß*-Romans greift das Motiv des Schreibtisches erneut auf; der Qual des nächtlichen Schreibakts in der privaten Sphäre, wie ihn das Tagebuch von 1910 festhält, und dem Aufblitzen einer Alternative zwischen Disziplinierung durch die Schrift und spielerisch-mythischer Befreiung durch sie in der Schreibtischszene in der „neuen Welt" des *Verschollenen* folgt nun die Tortur des Schreiberdaseins im Büro und seinem „Arbeitsapparat".²³

> Der Direktor-Stellvertreter trat gleich ein, blieb dann nahe bei der Tür stehen, putzte, einer neu angenommenen Gewohnheit gemäß, seinen Zwicker und sah zuerst K. und dann, um sich nicht allzu auffallend mit K. zu beschäftigen, auch das ganze Zimmer genauer an. Es war, als benutze er die Gelegenheit, um die Sehkraft seiner Augen zu prüfen. K. widerstand den Blicken, lächelte sogar ein wenig und lud den Direktor-Stellvertreter ein, sich zu setzen. Er selbst warf sich in seinen Lehnstuhl, rückte ihn möglichst nahe zum Direktor-Stellverteter, nahm gleich die nötigen Papiere vom Tisch und begann seinen Bericht. Der Direktor-Stellvertreter schien zunächst kaum zuzuhören. Die Platte von K.s Schreibtisch war von einer niedrigen geschnitzten Balustrade umgeben.

Gespenstern entblößen, worauf sie gierig warten. Geschriebene Küsse kommen nicht an ihren Ort, sondern werden von den Gespenstern auf dem Wege ausgetrunken. Durch diese reichliche Nahrung vermehren sie sich ja so unerhört. Die Menschheit fühlt das und kämpft dagegen; sie hat, um möglichst das Gespenstische zwischen den Menschen auszuschalten und den natürlichen Verkehr, den Frieden der Seelen zu erreichen, die Eisenbahn, das Auto, den Aeroplan erfunden, aber es hilft nichts mehr, es sind offenbar Erfindungen, die schon im Absturz gemacht werden, die Gegenseite ist soviel ruhiger und stärker, sie hat nach der Post den Telegraphen erfunden, das Telephon, die Funktelegraphie. Die Geister werden nicht verhungern, aber wir werden zugrundegehn." Franz Kafka: *Briefe an Milena*. – Frankfurt 1965, S. 259 f. (Franz Kafka/Gesammelte Werke. Herausgegeben von Max Brod) An die Stelle der Ursprünglichkeit und Kommunikabilität des geschaffenen Körpers ist die Erfindung der Schrift, die Technik des Zeichentauschs getreten. Erfindungen, die die Möglichkeit körperlicher Verifikation befördern sollen, werden paralysiert durch solche der Distanzierung der Körper, der gespenstischen Entleerung der Zeichen, der Annullierung ihrer identifikatorischen Kraft.

23 Franz Kafka: *Beschreibung eines Kampfes. Novellen, Skizzen, Aphorismen. Aus dem Nachlaß.* – Frankfurt 1946, S. 131. (Franz Kafka/Gesammelte Werke. Herausgegeben von Max Brod).

Der ganze Schreibtisch war vorzügliche Arbeit und auch die Balustrade saß fest im Holz. Aber der Direktor-Stellvertreter tat, als habe er gerade jetzt dort eine Lockerung bemerkt und versuchte, den Fehler dadurch zu beseitigen, daß er mit dem Zeigefinger auf die Balustrade loshieb. K. wollte daraufhin seinen Bericht unterbrechen, was aber der Direktor-Stellvertreter nicht duldete, da er, wie er erklärte, alles genau höre und auffasse. Während ihm aber K. vorläufig keine sachliche Bemerkung abnötigen konnte, schien die Balustrade besondere Maßregeln zu verlangen, denn der Direktor-Stellvertreter zog jetzt sein Taschenmesser hervor, nahm als Gegenhebel K.s Lineal und versuchte, die Balustrade hochzuheben, wahrscheinlich um sie dann leichter desto tiefer einstoßen zu können. K. hatte in seinen Bericht einen ganz neuartigen Vorschlag aufgenommen, von dem er sich eine besondere Wirkung auf den Direktor-Stellvertreter versprach, und als er jetzt zu diesem Vorschlag gelangte, konnte er gar nicht innehalten, so sehr nahm ihn die eigene Arbeit gefangen oder vielmehr, so sehr freute er sich an dem immer seltener werdenden Bewußtsein, daß er hier in der Bank noch etwas zu bedeuten habe und daß seine Gedanken die Kraft hatten, ihn zu rechtfertigen. Vielleicht war sogar diese Art, sich zu verteidigen, nicht nur in der Bank, sondern auch im Prozeß die beste, viel besser vielleicht als jede andere Verteidigung, die er schon versucht hatte oder plante. In der Eile seiner Rede hatte K. gar nicht Zeit, den Direktor-Stellvertreter ausdrücklich von seiner Arbeit an der Balustrade abzuziehen, nur zwei- oder dreimal strich er während des Vorlesens mit der freien Hand, wie beruhigend, über die Balustrade hin, um damit, fast ohne es selbst genau zu wissen, dem Direktor-Stellvertreter zu zeigen, daß die Balustrade keinen Fehler habe und daß, selbst wenn sich einer vorfinden sollte, augenblicklich das Zuhören wichtiger und auch anständiger sei als alle Verbesserungen. Aber den Direktor-Stellvertreter hatte, wie das bei lebhaften, nur geistig tätigen Menschen oft geschieht, diese handwerksmäßige Arbeit in Eifer gebracht, ein Stück der Balustrade war nun wirklich hochgezogen und es handelte sich jetzt darum, die Säulchen wieder in die zugehörigen Löcher hineinzubringen. Das war schwieriger als alles Bisherige. Der Direktor-Stellvertreter mußte aufstehen und mit beiden Händen versuchen, die Balustrade in die Platte zu drücken. Es wollte aber trotz allem Kraftverbrauch nicht gelingen. K. hatte während des Vorlesens – das er übrigens mit viel freier Rede vermischte – nur undeutlich wahrgenommen, daß der Direktor-Stellvertreter sich erhoben hatte. Obwohl er die Nebenbeschäftigung des Direktor-Stellvertreters kaum jemals ganz aus den Augen verlor, hatte er doch angenommen, daß die Bewegung des Direktor-Stellvertreters doch auch mit seinem Vortrag irgendwie zusammenhing, auch er stand also auf und, den Finger unter eine Zahl gedrückt, reichte er dem Direktor-Stellvertreter ein Papier entgegen. Der Direktor-Stellvertreter aber hatte inzwischen eingesehen, daß der Druck der Hände nicht genügte, und so setzte er sich kurz entschlossen mit seinem ganzen Gewicht auf die Balustrade. Jetzt glückte es allerdings, die Säulchen fuhren knirschend in die Löcher, aber ein Säulchen knickte in der Eile ein und an einer Stelle brach die zarte obere Leiste entzwei. „Schlechtes Holz", sagte der Direktor-Stellvertreter ärgerlich.[24]

Die hier vorgestellte Situation ist die der Disziplinierung durch den Verwalter der normierenden Schrift des Büros. An diesem Schreibtisch gibt es nichts frei Bewegliches mehr. Er wird vielmehr, als Arbeitsplatz des Abhängigen, zum Objekt zerstörerischer Lust des Vorgesetzten; dieser zwingt dem Gerät die eigene Willkür auf, mißhandelt es stellvertretend für denjenigen, der diesem Schreibtisch zugeordnet ist, an ihm seine Schriftsätze herstellt und in der Beurteilung dieser seine Identität zudiktiert bekommt. Im Ritual der Bericht-Erstattung wird K. das Geständnis seiner funktionalen Identität abgepreßt. Wenn Stifter die liebevolle Auseinandersetzung mit der Machart des Schreibtisches noch als einen Akt humaner Selbstdistanzierung zu nutzen weiß, so wird hier zerstörerische Manipulation zu einem Vorgang bedingungsloser Auslöschung der Selbst-Behauptungsversuche des Untergebenen, seiner definitiven „Fixierung" durch den Blick der Macht. Der Leser wohnt einer symbolischen Hinrichtung bei: der Annullierung einer Individualität durch Vollstreckung eines vernichtenden Urteils, freilich noch nicht am Körper des Delinquenten selbst, sondern an seinem Identifikationsobjekt, dem Schreibtisch, und der auf ihm angefertigten Texte.

Was in der Szene mit dem Direktor-Stellvertreter noch „symbolisch" sich vergegenwärtigt, die Hinrichtung eines Menschen durch die Schrift, wird in der *Strafkolonie* buchstäblich vollzogen. Es ist die konsequenteste „Verwandlung" in Kafkas Werk überhaupt; Identität wird nicht mehr am nächtlichen häuslichen Schreibtisch, sie wird auch nicht im hoffnungsvollen Kontext einer neuen Welt und des dort erfundenen „Regulators" vollzogen, sondern durch Aufrichtung des Schreibtischs als Folterinstrument, durch Umwandlung des Schreibers in einen Delinquenten. Die „Eigentümlichkeit", die der Einzelne vergeblich am Schreibtisch sich zu „erschreiben" hoffte, wird nun der Maschine selbst zugeschlagen.[25] Sie erweist sich als Organ jener „écriture automatique", die dem Delinquenten das nur ihm zukommende, nur für ihn – nicht als Schrift, sondern als schmerzhafte Körpererfahrung – lesbare Urteil in den Körper einschreibt. Damit wird in einem letzten verzweifelten Versuch des Einsatzes des ei-

---

24 Franz Kafka: *Der Prozeß. Roman.* – Frankfurt 1946, S. 300–302. (Franz Kafka/ Gesammelte Werke. Herausgegeben von Max Brod).

25 Franz Kafka: *Erzählungen.* – Frankfurt 1967, S. 199. (Franz Kafka/Gesammelte Werke. Herausgegeben von Max Brod).

genen Körpers zur Gewinnung unverwechselbarer Eigentümlichkeit[26] jener erste disziplinarische Akt der Normierung widerrufen, der den kindlichen Selbstwerdungsprozeß bestimmt. Die Schrift der Maschine, erklärt der Offizier, sei natürlich „keine Schönschrift für Schulkinder"[27]. Im Sinne solcher radikalen, mit dem Opfer des eigenen Lebens nicht zu hoch bezahlten „Eigentümlichkeit" ist es denn auch nur konsequent, wenn die Maschine sich im Vorgang der Einschreibung des Urteils in den Körper selbst zerstört.

In der doppelten Lesart der Inschrift („Sei gerecht" – „Ehre deinen Vorgesetzten"[28]) reproduziert sich ein letztes Mal jene Hegelsche Dialektik von Herr und Knecht, die die Wahrheit zugleich als das Allgemeine und Einzelne will, als das Gesetz, das nur dem Einen gilt.[29]

Ein letztes Mal wird so der Schreibtisch zum Emblem eines bedrohten, verzweifelt um seine Eigentümlichkeit kämpfenden Selbst; Kafka kehrt damit zu seiner „Urszene", der Gestaltung der Selbstfindung als Verurteilung durch die Anderen – wie sie das *Urteil* ein für allemal ins Spiel gesetzt hatte – zurück. Mit der Verwandlung des Schreibtisches in den Strafapparat wird in einem desperaten Experiment dasjenige noch einmal inszeniert, was den dilemmatischen Begriff der Subjektivität untergründig seit jeher durch die europäische Literatur begleitet: die Frage nämlich, ob das Leiden des Körpers, durch die normierende Gewalt kultureller Rituale ihm aufgezwungen, noch als letzte, verzweifelte Erfüllung des Wunsches nach Individualität erfahren werden kann.

---

26 Die Kafka-Forschung hat immer wieder Schwierigkeiten mit den christologischen Anspielungen in Kafkas Werk gehabt. Diese Schwierigkeit hebt sich, wenn man Christus – der von der jüdischen Religion nicht als Messias verstanden wird – im neutestamentlichen Sinne als diejenige Gestalt der Geschichte begreift, die durch den Einsatz ihres Körpers die Wahrheit der Schrift (des Alten Testaments) einlöst und legitimiert, also unverwechselbare Eigentümlichkeit der Körpererfahrung (im Todesschmerz) als Garantie des in der Schrift niedergelegten Gesetzes sich ereignen läßt.
27 Kafka: *Erzählungen* a.a.O., S. 211.
28 a.a.O., S. 205 und S. 228.
29 Kafkas Gesetzesparabel vergegenwärtigt das gleiche Dilemma; auch *Ein Traum* ist eine an das Selbstopfer des Körpers geknüpfte Ruhmesphantasie, die Gewinnung und Verewigung des „Namens" als des schlechthin Einzelnen in der Schrift, als dem Allgemeinen, durch das Opfer des Körpers. Weder der Mann vom Lande, noch die beiden Delinquenten in der *Strafkolonie* erlangen auf ihrem Körper die Einschreibungen ihres Namens (als ihres individuellen Urteils), des einzigen Schriftzuges, in dem Körper und Gesetz versöhnbar sind.

Kulturhistorisches Zeugnis dieses im 19. Jahrhundert sich auf unerhörte Weise verschärfenden Dilemmas sind die *Denkwürdigkeiten eines Nervenkranken* des Dresdner Senatspräsidenten Schreber, seit Freud im Kontext psychischer, von Elias Canetti im Kontext sozialer Machtproduktion gewürdigt.[30] Schrebers in seiner Art unvergleichliches Vorstellungssystem, Abbild sozialer Zwänge und Revolte gegen sie zugleich, hat die im Zusammenhang mit dem Schreibakt sich herausbildenden Aporien unter den Chiffren des „Aufschreibesystems" und des „Denkzwangs" alptraumhaft vergegenwärtigt.[31]

VI

Die Arbeit am Schreibtisch wird so im Lauf der Geschichte der Literatur seit der französischen Revolution zum Zentrum einer geradezu mythisch zu nennenden Situation, in der Gewinn oder Verlust des „Subjekts" auf dem Spiel stehen. Körper oder Seele, als mögliche Garanten menschlicher Freiheit, sind die wechselnden Einsätze dieses Schrift-Spiels auf dem Schreibtisch. Mehr und mehr gehen dabei in die Darstellung des Schreibtisches die Bedingungen mit ein, unter denen solche Selbstverwirklichung durch die Schrift sich vollzieht: als Selbstbefreiung durch die Phantasie auf der einen, als Selbstdisziplinierung durch das im Erlernen des Schreibaktes Erfahrene auf der anderen Seite. Diese ambivalenten Selbsterfahrungen werden gestützt durch die in sich widersprüchliche Konstruktion des Möbels als zweckvollem Gebrauchsgegenstand hier, als autonomem Schmuckobjekt und künstlicher Maschine dort. Der Schreibtisch erhält ein öffentliches und ein intimes Gesicht. Die auf ihm produzierte Schrift wird aus zwei entgegengesetzten Welten gespeist: dem Bereich der Innerlichkeit, des Arkanums und der Geheimfächer hier, dem Bereich der allgemeinen Zugänglichkeit, der Zurschaustellung und des geöffneten Rollzylinders dort.[32] Er wird damit zum genauen Ausdruck der

---

30 Daniel Paul Schreber: *Denkwürdigkeiten eines Nervenkranken*. Herausgegeben und eingeleitet von Samuel M. Weber. – Frankfurt/Berlin/Wien 1973 (Ullstein Buch Nr. 2957).
 Sigmund Freud: *Psychoanalytische Bemerkungen über einen autobiographisch beschriebenen Fall von Paranoia (Dementia paranoides)*. In: Sigmund Freud: *Studienausgabe Band VII. Zwang, Paranoia und Perversion*. – Frankfurt 1973, S. 133–203. Elias Canetti: *Masse und Macht*. – Hamburg 1971, S. 500–533.
31 Schreber: Denkwürdigkeiten a.a.O., S. 168 ff. und 240 ff.
32 Poes Kriminalerzählung *The Purloined Letter* macht diese Ambivalenz von Schreibakt und Schreibmöbel auf unvergleichliche Weise zum Ausgangspunkt

Artikulations-Aporien des Subjekts, seiner doppelten Verpflichtung auf freien Selbstausdruck und „vernünftige" Unterwerfung unter die Norm. Ich-Rede gestaltet sich zunehmend als bloß noch erpreßtes Geständnis der Eigentümlichkeit. Wie das Schreibmöbel sich zugleich als technisch und ästhetisch organisiert erweist, so wird es für die auf ihm zu vollziehende Tätigkeit in gegensätzlicher Weise bestimmt: als Phantasie entbindendes Ambiente, als Geburtsort „schöner Literatur" – zugleich aber als Schreib-Maschine, als Hinrichtungsapparat.

Dieser letzte Aspekt ist es eigentlich, der im 20. Jahrhundert die Überhand gewinnt: Sei es in den Selbst-Fixierungen des lateinamerikanischen Autors Ramón Bonavena, der in seinem Roman „Nornoroeste" auf 1211 Seiten die Nord-Nordwest-Ecke seines Schreibtisches beschreibt[33]; sei es in den zwischen Allmacht und Nichtswürdigkeit des Schreibens schwankenden Denkbildern Kafkas, in denen die Überwältigung des Subjekts durch die Schreib-Maschine zur Obsession wird. Mit der Unmöglichkeit, das Leben auf dem Schreibtisch zur Schrift zu erwecken, vollzieht sich unvermerkt die Verwandlung des Körpers selbst in ein Schriftstück, das die Eigentümlichkeit des subjektiven Lebens zu schmerzlicher Gewißheit, die Anonymität des Einzelnen zur Namentlichkeit des Subjekts bringt, dem Körper die Signatur seines Selbst in die Haut brennt. In solcher Tätowierung[34] vergegenwärtigt sich zum letztenmal die fundamentale Ambivalenz der Schrift: Selbstausdruck des Individuums zu sein, von diesem über den Schreibtisch in die Welt der Anderen gelangend; zugleich aber Prägung des Individuums durch die fremde Welt der Anderen zu sein, von diesen herkommend und dem Körper unauslöschlich eingeschrieben; eine Doppelung übrigens, die schon Goethes Mignon-Gestalt auszeichnet, deren Tätowierung das Geheimnis der Identität zugleich bewahrt und preisgibt, Maske und Erkennungsmal in einem ist.[35]

---

einer Diagnose der Dichotomien öffentlicher und privater Interessen. Vgl. hierzu auch Jacques Lacan: *Ecrits*. – Paris 1966, darin: *Le séminaire sur „La Lettre volée"*, S. 11–61.

33 Hierzu Wolfgang Raible: *Literatur und Natur. Beobachtungen zur literarischen Landschaft*. In: Poetica 11 (1979) S. 105–123, insbesondere S. 106. Den Hinweis verdanke ich Volker Schupp.

34 Eine aufschlußreiche Studie zum kulturellen Ritual der Tätowierung legt Stephan Oettermann vor: *Zeichen auf der Haut. Die Geschichte der Tätowierung in Europa*. – Frankfurt 1979.

35 WA I, 23, S. 257.

VII

Was dem in die Festschrift sich Einschreibenden bleibt, ist, zurückkehrend zu dem probeweise umgewendeten Satz Max Frischs, diesem jetzt seine ursprüngliche Fassung zurückzugeben und, auf dem sicheren Boden des Schreibtisches wieder aufsetzend, die Worte zu fixieren: „Schreiben heißt: sich selber lesen" – vielleicht in jener reinen Schrift, deren sich Leonardo zur Selbstvergewisserung bediente[36] und die man selbst nur auf die eigene Stirn zu schreiben vermag: der Spiegelschrift.

---

[36] Karl Bertaus schöner Aufsatz löst das alte Rätsel von Leonardos Spiegelschrift auf überzeugende Weise: *Die Spur im Spiegel. Über die Spiegelschrift des Leonardo da Vinci als Selbstdarstellung.* In: Dietrich Huschenbett u. a. (Hg.): *MEDIUM AEVUM deutsch. Beiträge zur deutschen Literatur des hohen und späten Mittelalters. Festschrift für Kurt Ruh zum 65. Geburtstag.* – Tübingen 1979, S. 1–13.

Der verschleppte Prozeß

Literarisches Schaffen zwischen Schreibstrom und Werkidol[*]

I

Die Rechtsordnungen, wie sie sich in den letzten Jahrhunderten, in ausgeprägter Weise nach der französischen Revolution, herausgebildet haben – ich denke an die Cinq Codes Napoleons I. seit 1806 in Frankreich und an das Preußische Allgemeine Landrecht von 1794 – geben eines der prägenden Modelle unserer Wirklichkeitserfahrung ab.

Dieses Modell ist letztlich das Modell eines Subsumtionsprozesses im doppelten Sinn: einmal als Einordnung eines Einzelnen in ein Allgemeines verstanden, also als die Erzwingung der ‚Einheit der Person' durch die Definitions- und Klassifikationsmechanismen des juristischen Apparats; zum anderen als die Etappe um Etappe des Geschehens klärende, alle heterogenen Details zu einem Ganzen verbindende Herausbildung eines Sachverhalts, also als die Erzwingung der ‚Einheit eines Handlungszusammenhangs', über den dann ein abschließendes Urteil gefällt werden kann.

Was hier als wirklichkeitsbildendes Moment sichtbar wird, ist somit das Ideal einer Ganzheitsstruktur des Geschehens und der Person, zum Abschluß gelangend im Lauf eines Prozesses, der konsequent und integrativ abläuft, einen Anfang und ein Ende, sowie einen Hauptakteur besitzt, sich, indem er Hergang und Konfiguration in einem abschließenden Urteil normativ zusammenfaßt, als ‚Werkzusammenhang' vollendet.

Die Stationen dieses irreversiblen Prozesses sind durch die Verfahrensvorschriften streng geregelt: Dem Verstoß eines Einzelnen gegen das Gesetz (die Vor-Schrift) antwortet die Verfolgung und Verhaftung des Täters; Ermittlung, Verhör und Beweisaufnahme führen zur Urteilsfindung, zur Verurteilung des Angeklagten und zur Vollstreckung des Urteils.

Es ist eine noch nicht zulänglich untersuchte, aber unbestreitbare Tatsache, daß der promovierte Versicherungsjurist Franz Kafka in seinem

---

[*] Die Thesen dieses Aufsatzes wurden im Rahmen einer Vorlesungsreihe des Studium Generale der Universität Freiburg i. Br. mit dem Leitthema „Werketappen" im Wintersemester 1980/1981 erstmals vorgetragen.

Werk eben jene Schwierigkeiten darzustellen suchte, die sich für den Menschen des 19. und 20. Jahrhunderts mit diesem zwanghaften Ganzheitsmodell von Wirklichkeit, wie es die Rechtsordnung nahelegt, ergeben.

Es gibt eine ganze Reihe Kafkascher Texte, die dieses Problem der Rechtsordnung als Wirklichkeitsordnung, oft schon im Titel, thematisieren: *Das Urteil, In der Strafkolonie, Der neue Advokat, Vor dem Gesetz, Eine kaiserliche Botschaft, Merkwürdiger Gerichtsgebrauch, Zur Frage der Gesetze, Der Prozeß*.

Grundsituation der sozialen Selbstvergewisserung Kafkascher Helden ist zweifellos das Verhör: So gut wie jeder Dialog zwischen Kafkas Helden nimmt die Form des Verhörs an, jenes sozialen Rituals, das zur Identifikation des Betroffenen, der Zuordnung von Körper und Name im Sinne der Gesetzesnormen führt[1].

Dabei ist, generell gesagt, Kafkas Verhältnis zu dem Modell der Rechtsordnung als Wirklichkeitsordnung ein höchst ambivalentes: Das Gesetz erscheint ihm als die einzige Instanz, von der her die Eigentümlichkeit des Einzelnen sich gegenüber den anderen zu legitimieren vermöchte, zugleich aber als die – wiederum – einzige Instanz, die, im Akt der Subsumtion unter das Gesetz, die Eigentümlichkeit des Einzelnen beschädigt, verstümmelt oder auslöscht.

Das Gesetz verhilft dem Einzelnen zu seinem Recht, indem es – paradoxerweise – dieses unverwechselbare Recht auf Eigentümlichkeit als das gleiche Recht aller ihm zuspricht: seine Eigentümlichkeit also in der Norm des Gesetzes aufhebt.

Dabei ist der eigentlich problematische Punkt solcher Selbsterfahrung innerhalb der Rechtsordnung der Name des Einzelnen: sein Mitten-inne-Sein zwischen der Registratur durch das Gesetz auf der einen Seite, der

---

[1] Vgl. hierzu vor allem K. F. Schumann, *Der Handel mit Gerechtigkeit.* Funktionsprobleme der Strafjustiz und ihre Lösungen am Beispiel des amerikanischen plea bargaining (Suhrkamp Taschenbuch Wissenschaft. 214), Frankfurt a. M. 1977. Zu diesen Zusammenhängen des Kafkaschen Werks mit den Rechtsordnungen der Gesellschaft siehe jetzt U. Abraham, *Der verhörte Held.* Verhöre, Urteile und die Rede von Recht und Schuld im Werk Franz Kafkas, Diss. Erlangen 1983. Zum historischen Zusammenhang vgl. auch M. Foucault (Hrsg.), *Moi, Pierre Rivière, ayant égorgé ma mère, ma sœur et mon frère.* Un Cas de parricide au XIXe siècle (Collection Archives. 49), Paris 1973; deutsch: *Der Fall Rivière.* Materialien zum Verhältnis von Psychiatrie und Strafjustiz, übers. von H. Leube (Suhrkamp Taschenbuch Wissenschaft. 128), Frankfurt a. M. 1975.

ausschließlichen Bezüglichkeit auf den eigenen Körper auf der anderen Seite[2].

In Kafkas *Strafkolonie* wird eine paradoxe Vereinigung dieser Unvereinbarkeiten phantasiert: die Eingravierung des nur dem Delinquenten verständlichen Urteils des Gesetzes in den eigenen Körper.

Daß aber Kafkas Romanhelden über die Initiale ihres Namens – das ominöse „K." – von sich aus gar nicht hinauskommen, bezeugt am deutlichsten diese undefinierbare Zwischenposition des Namens zwischen zwei Bezugsmöglichkeiten: der Integration in das Bezugssystem – den Code, wenn das Wortspiel erlaubt ist – der Gesetzessprache einerseits; der ausschließlichen Bezüglichkeit auf den Körper des Einzelnen andererseits.

Eine Lösung dieses Dilemmas gibt es für Kafkas Helden nicht: Ob sie sich der Normierung durch das Gesetz anvertrauen, wie Josef K. im *Prozeß*, oder ob sie sich ganz auf die Eigentümlichkeit ihres Körpers zurückziehen, wie der Hungerkünstler, dem die Speise der anderen nicht schmeckt – am Ende beider Prozesse steht der Tod.

Es gibt somit keine Lösung, sondern allenfalls einen Ausweg[3]. Auch diesen bezeichnet Kafka mit einem juristischen Fachterminus: Es ist die „Prozeßverschleppung".

Josef K., der Held des *Prozeß*-Romans, wird über die Möglichkeiten einer solchen Selbsterhaltungsstrategie in seinem Gespräch mit dem Maler

---

[2] Vgl. hierzu H. Kalverkämper, *Textlinguistik der Eigennamen*, Stuttgart 1978. Eine neue Perspektive dieses Problems deutet sich vor allem in den Studien Jacques Lacans an, die – weitgehend apokryph – immer wieder auf die Namensproblematik eingehen. Lacan insistiert darauf, daß auch und gerade der Name nicht – nach der Feststellung Ferdinand de Saussures (*Cours de linguistique générale*, Paris 1972 [¹1916], S. 166) – Identität mit dem Benannten erzeugt, sondern deren Gegenteil, nämlich Differenz. Vgl. dazu vor allem S. M. Weber, „Einleitung" zu: Daniel Paul Schreber, *Denkwürdigkeiten eines Nervenkranken* (Ullstein Buch. 2957), Frankfurt a. M./Berlin/Wien 1973, S. 5–58, hier: S. 43 f., und ders., *Rückkehr zu Freud. Jacques Lacans Ent-stellung der Psychoanalyse* (Ullstein Buch. 3437), Frankfurt a. M./Berlin/Wien 1978.

[3] Diese für die Verhaltensstrategien von Kafkas Helden zentrale Unterscheidung trifft explizit der Affe Rotpeter im *Bericht für eine Akademie*. Vgl. hierzu Vf., „Werk oder Schrift. Vorüberlegungen zur Edition von Kafkas *Bericht für eine Akademie*", in: *Jahrbuch für Internationale Germanistik*. Reihe A: Kongreßberichte, Bd. 11: *Edition und Interpretation/Édition et interprétation des manuscrits littéraires*. Akten des mit Unterstützung der Deutschen Forschungsgemeinschaft und des Conseil National de la Recherche Scientifique veranstalteten deutsch-französischen Editorenkolloquiums, Berlin 1979, hrsg. von L. Hay und W. Woesler, Bern/Frankfurt a. M./Las Vegas 1981, S. 154–173.

Titorelli belehrt[4]. Es gebe, so erläutert dieser, eigentlich drei Möglichkeiten der „Befreiung" für den vom Gericht Verhafteten: die wirkliche Freisprechung, die scheinbare Freisprechung, die Verschleppung des Prozesses.

Dabei könne die erste Möglichkeit vernachlässigt werden: Eine „wirkliche Freisprechung" sei noch nie bekannt geworden. Freilich enthalte auch die „scheinbare Freisprechung" wesentliche Nachteile: Sie führe nicht zum Verschwinden der Prozeßakten aus dem Verfahren; im Gegenteil. Die Akte, die jederzeit ein neues Verfahren einleiten könne, werde sogar noch bereichert um die Begründung des scheinbaren Freispruchs. Die Präsenz der Akte sei unwiderruflich: „Es geht kein Akt verloren", heißt es wörtlich, „es gibt bei Gericht kein Vergessen." (*Der Prozeß*, S. 191[5])

So bleibt – nach der Argumentation Titorellis – nur die letzte Form der „Befreiung": die „Verschleppung des Prozesses". Merkmal dieser Selbsterhaltungsstrategie ist es, „daß der Prozeß dauernd im niedrigsten Prozeßstadium erhalten" (S. 193), daß jedes Urteil suspendiert wird.

Der Angeklagte verhindert, indem er „in ununterbrochener persönlicher Fühlung mit dem Gericht" (ebd.) bleibt, seine definitive Verurteilung – und Festschreibung – durch dieses. Durch stetiges, aber unmerkliches In-Bewegung-Erhalten des Prozesses werden dessen subjekt-bedrohende Möglichkeiten, die endgültig-verurteilende Definition des Subjekts in der Sprache des Gesetzes, vertagt.

---

[4] Zitate im folgenden nach der Ausgabe: Franz Kafka, *Gesammelte Werke*, hrsg. von M. Brod, New York/Frankfurt a. M. 1950 ff.: *Beschreibung eines Kampfes. Novellen, Skizzen, Aphorismen aus dem Nachlaß* (1954); *Briefe 1902–1924* (1966); *Erzählungen* (1967); *Hochzeitsvorbereitungen auf dem Lande und andere Prosa aus dem Nachlaß* (1966); *Der Prozeß* (1950); *Das Schloß* (1960); *Tagebücher 1910–1923* (1954); hier: *Der Prozeß*, S. 174–195.

[5] Diese Struktur der „Unwiderruflichkeit" (Unlöschbarkeit) des einmal Geschriebenen hat Sigmund Freud in einem wenig beachteten Aufsatz auf den psychischen Apparat übertragen („Notiz über den ‚Wunderblock'", in: S. F., *Gesammelte Werke*. Chronologisch geordnet, hrsg. von A. Freud u. a., 18 Bde., Frankfurt a. M. 1972–1973 [London [1]1940–1955], Bd. 14: *Werke aus den Jahren 1925–1931*, S. 4–8). Von dieser Analogie zwischen Gesetzesnorm, wie sie in der Schrift fixiert ist, und psychischem Apparat fällt ein interessantes Licht auf die hier angeschnittene Problematik: Die Internalisierung der sozialen Disziplinierungsstrategien und die Projektion ‚selbst'-zensierender psychischer Mechanismen in soziale Verhaltensweisen enthüllen sich als zwei Seiten ein und desselben Vorgangs. Vgl. hierzu Kafkas autobiographische Skizze „Jeder Mensch ist eigentümlich …" (in: *Hochzeitsvorbereitungen auf dem Lande*, S. 227–232) und die Zeitschrift *Der Wunderblock* (Berlin 1978 ff.), die solchen Interrelationen nachzugehen verspricht.

Die Eigentümlichkeit des Körpers als Garant un-gesetzlicher Subjektivität vermag sich hinter dem Schutzschild freischwebender Aufmerksamkeit auf das Gesetz zu konservieren.

II

Indem ich über Kafkas Verhältnis zur Rechtsordnung als dem für seine Selbst- und Welterfahrung kardinalen Wirklichkeitsmodell gesprochen habe, dessen Auswirkungen sich in Form von Akten und Schriftsätzen, von Urteilen und Gesetzestexten zeigen, habe ich zugleich von Kafkas *Schreiben* gesprochen: jenem Schreibprozeß, in dem er sich selbst zu finden und zu befreien sucht und der unter denselben gegensätzlichen Bestimmungen von Normierung und Eigentümlichkeit steht, wie der juristische Prozeß[6].

Erstes Bestimmungsmerkmal dieses Schreibprozesses ist die Lust am Selbstausdruck, dem Schreiben als unmittelbarer Selbstverwirklichung des Körpers, jener „vollständigen Öffnung des Leibes und der Seele", bei welcher der Text „wie eine regelrechte Geburt mit Schmutz und Schleim bedeckt aus mir" herauskommt – so Kafka wörtlich über die Niederschrift des *Urteils*, seinen – auch von ihm selbst so verstandenen – ‚Durchbruch' zur Literatur (*Tagebücher*, S. 294 und S. 296; Eintragungen vom 23. 9. 1912 und vom 11. 2. 1913).

Zweites, entgegengesetztes Bestimmungsmerkmal dieses Prozesses ist das Leiden unter dem Gesetz der Sprache und ihrer Normierungskraft, die keinen eigentümlichen Selbstausdruck gestattet, sondern dem Einzelnen, der nach Selbstausdruck ringt, nur die Sprache der Anderen aufdringt. Selbst das Personalpronomen und der Name, die beide Identität zu legitimieren scheinen, werden dem Sprechen-Lernenden nur zugespielt: als jederzeit verfügbare, im Redesystem frei schwebende „Instanzen" – ich bediene mich hier eines von Émile Benveniste eingeführten Terminus: „instances du discours"[7]. Man ist gewissermaßen nur solange „ich", als man

---

[6] Eine Studie über das Verhältnis der juristischen zu den poetischen Schriften Kafkas steht leider noch aus; sie müßte über den hier skizzierten Zusammenhang wichtige Aufschlüsse geben.

[7] *Problèmes de linguistique générale* (Bibliothèque des Sciences Humaines), Paris 1966, darin vor allem: „La Nature des pronoms" (1956), S. 251–257, und „De la subjectivité dans le langage" (1958), S. 258–266, deutsch: *Probleme der allgemeinen Sprachwissenschaft*, übers, von W. Bolle (List-Taschenbücher der Wissenschaft. Linguistik. 1428), München 1974, „Die Natur der Pronomen", S. 279–286; „Über die Subjektivität in der Sprache", S. 287–297.

sich dieser im Sprachsystem verfügbaren Instanzen bedient, sie zur Legitimation der Einheit des Sprachstroms nutzt: also während des Prozesses des Redens und Schreibens.

Was Kafkas Texte als Vorgänge einer universellen Rechtsmaschinerie phantasieren, muß somit – Kafka hat sich wiederholt darüber geäußert – als Metapher seines Schreibprozesses gelesen werden, als Versuch der Perpetuierung der Ich-Instanz im Schreibakt, als Versuch zugleich der Erschreibung eines Autor-Namens und seiner sozialen Anerkennung.

Die Schrift aus dem allgemeinen Gesetz menschlicher Rede entbunden, erscheint also für Kafka in doppelter Funktion:

Zum einen offenbart sich in ihr die einzige Möglichkeit der Selbstbefreiung: Sie ist die Form des Mündigwerdens des Subjekts durch Erarbeitung der eigenen Sprache zum Zweck der Selbstbenennung – Odradek in der *Sorge des Hausvaters* vergegenwärtigt diese Situation des gegen linnéische Zwänge der Klassifikation rebellierenden Ich auf der Suche nach einer eigentümlichen Sprache vielleicht am deutlichsten.

Zum anderen ist sie – gewissermaßen unvermerkt – Vehikel der Verhinderung jeder Selbstbefreiung: Sie bewirkt die Absorption des Subjekts durch das kursierende Sprechsystem und seine normierenden Benennungen. Der Affe Rotpeter im *Bericht für eine Akademie*, dem ein „Ausweg" sich öffnet, spricht von dem „ganz und gar unzutreffenden", „widerlichen", „förmlich von einem Affen erfundenen Namen Rotpeter", der sein Selbstgefühl verstümmle (*Erzählungen*, S. 186).

Kafka hat diese die Selbstkonstitution wie Selbstzerstörung betreffende Doppelfunktion des Schreibens genau diagnostiziert: Auf der einen Seite erscheint ihm die Schrift in ihrer befreienden Kraft:

> In mir kann ganz gut eine Konzentration auf das Schreiben hin erkannt werden. Als es in meinem Organismus klar geworden war, daß das Schreiben die ergiebigste Richtung meines Wesens sei, drängte sich alles hin und ließ alle Fähigkeiten leer stehn, die sich auf die Freuden des Geschlechtes, des Essens, des Trinkens, des philosophischen Nachdenkens, der Musik zuallererst, richteten. Ich magerte nach allen diesen Richtungen ab. (*Tagebücher*, S. 229; Eintragung vom 3.1.1912)

Es ist nicht zu überhören, wie hier der Sprache im Schreibakt jene Momente der Vereigentümlichung abgerungen werden, die der Körper verweigert. Die eigentümliche Schrift tritt an seine Stelle. Sie konzentriert alle vereigentümlichende Kraft auf das ‚Sich-einen-Namen-machen'.

Paradigmatisch gestaltet ist diese Vision in einem Fragment zum *Prozeß*-Roman, das Kafka unter dem Titel *Ein Traum* veröffentlichte: Josef K. nähert sich einem schon ausgehobenen Grab, an dem ein hoher Stein aufgerichtet ist; ein Künstler steht dort mit einem Stift in der Hand und blickt auffordernd auf K. „Endlich verstand ihn K.", heißt es nun wörtlich, „mit allen Fingern grub er in die Erde, die fast keinen Widerstand leistete"; K. wird „von einer sanften Strömung auf den Rücken gedreht" und versinkt. „Während er aber unten, den Kopf im Genick noch aufgerichtet, schon von der undurchdringlichen Tiefe aufgenommen wurde, jagte oben sein Name mit mächtigen Zieraten über den Stein." (*Erzählungen*, S. 183)

Wesentlich an dieser Vision ist, daß der Name – es handelt sich zweifellos um eine Ruhmesphantasie vom Überleben in der Schrift – erst durch das freiwillige Opfer des Körpers erlangt wird.

Dieser ersten, durch den Ruhm des Namens befreienden Funktion der Schrift steht eine zweite, entgegengesetzte, gegenüber. Sie findet ihren Ausdruck in der Furcht vor der normierenden Kraft der Schrift, wie sie im Gesetzestext vorliegt. In diesem Sinne heißt es im Tagebuch: „Alles wehrt sich gegen das Aufgeschriebenwerden." (*Tagebücher*, S. 324; Eintragung vom 20.10.1913)

Die wiederholten Interpretationsansätze Josef K.s gegenüber dem Gesetzestext in der berühmten Dom-Szene des *Prozeß*-Romans sind nichts anderes als verzweifelte Versuche, sich dem buchstäblichen Geltungsanspruch des „Gesetzes" zu entziehen, die eherne Kraft der Schrift aufzulösen, deren wörtliche Gültigkeit und Unverrückbarkeit der Geistliche – als Anwalt des Gerichts – freilich nicht preisgibt (*Der Prozeß*, S. 257–264).

Im Sinne beider Aufzeichnungen scheint für Kafka und seinen Helden das Vorgeprägte allgemeiner Rede ungeeignet zu sein für die Wiedergabe eigentümlicher Selbsterfahrung. Der Körper weigert sich, seinen Namen sich vom Gesetz, als der normierten Sprache aller anderen, zuschreiben zu lassen. Die von Josef K. in vergeblichen Versuchen ‚interpretierte' Parabel, die der Geistliche ihm vorträgt, bietet selbst die geradezu paradigmatische Konfiguration dieser Aporie: das Zögern des – namenlosen – „Mannes vom Lande" (S. 255), sich mit seinem Körper in das Gesetz, vor dem die Türhüter stehen, hineinzubegeben, um dort seinen Namen, das ihm zugeschriebene Urteil zu erlangen.

Hier wie in der Traumvision vom Ruhm des Namens steht der Tod am Ende: Nun aber in der Form namenlosen Vergessen-Werdens.

Festzuhalten bleibt, daß Kafkas *Prozeß*-Roman die Doppelfunktion der Sprache im Prozeß menschlicher Selbstwerdung nicht anders als vom Tod her zu bestimmen vermag: als durch das Opfer des Körpers erkaufte Verewigung der Schrift im Ruhm einerseits – kein Zufall freilich, daß Kafka diesen Traum-Text dem Argumentationszusammenhang des *Schloß*-Romans letztlich entzog und separat veröffentlichte –; als durch das Opfer des Körpers erkaufte Verweigerung gegenüber der normierenden Schrift des Gesetzes andererseits.

Das Urteil, das am Ende des so verstandenen Prozesses steht, ist allemal tödlich. „Die Schuld", heißt es in der *Strafkolonie*, „ist immer zweifellos." (*Erzählungen*, S. 206) Es kann also nur darauf ankommen – wovon Titorelli Josef K. zu überzeugen sucht –, jener Strategie zu folgen, die, wenn nicht die Freiheit, so doch einen Ausweg verspricht: der Strategie des ‚verschleppten Prozesses'.

Eben diese Strategie der Verschleppung ist es, die Kafkas Umgang mit der Schrift bestimmt: Schrift zwar als Selbstausdruck zu nutzen, aber ohne normierende Kraft, als Hand-‚Schrift' im Sudelheft, aber nicht als ‚Werk' im ‚Buch'. Nur durch diesen verzögernden Einsatz der Schrift vermag sie – den orthographischen Disziplinen entrückt – den unauflöslichen Widerspruch zu organisieren, der Kafkas Dasein bestimmt: Leben als Alternative zum Schreiben erleiden und Schreiben als einzig mögliche Form des Lebens erfahren zu müssen.

Kafkas Schreibakte sind verzweifelte und aussichtslose Versuche, zwischen der namenlosen Selbstreproduktion im Schreibstrom des Manuskripts und der kulturellen Selbstzeugung durch den Autornamen auf dem gedruckten Buch sich selbst zu finden[8]: Es sind desperate Versuche, einen Namen zu finden, der weder die stumme Eigentümlichkeit des Körpers desavouiert noch der kulturellen Norm der öffentlichen Rede sich anbequemt. Es ist der letztlich zum Scheitern verurteilte Versuch, für sich und zugleich für andere zu schreiben, bei sich zu bleiben im namenlosen Progreß des Manuskripts und zugleich das abgeschlossene Werk als Buch im Namen des Autors von sich zu lösen und den Anderen zu überantworten.

Bei diesem verzweifelten Kampf hat Kafka die ganze Phalanx der europäischen Kulturtradition gegen sich, die sich unter verschiedenen Kernbegriffen formiert: zunächst unter dem *psychischen* Kernbegriff einer geschlossenen Konzeption, aus der sich in mühsamer Verwerfungsarbeit aus dem Chaos triebgesteuerter Wünsche und Ängste der ‚Klartext' eines ‚Werks' herauskristallisiert; sodann unter dem *ökonomischen* Kernbegriff eines Druckwerks, das als kompakte Ware verkauft wird und den Namen

---

[8] Diesen Zusammenhang von Autornamen und Schrift problematisiert der Aufsatz von Michel Foucault, „Qu'est-ce qu'un auteur?", *Bulletin de la Société française de philosophie* Jg. 63/1969, H. 3, S. 73–104; deutsch: „Was ist ein Autor?", in: M. F., *Schriften zur Literatur*, übers, von K. v. Hofer (Sammlung Dialog. 67), München 1974, S. 7–31.

des Autors, vom Urheberrecht garantiert, als Markenzeichen erhält; schließlich unter dem *ästhetischen* Kernbegriff eines Kunstwerks, das die Schlacken seiner Entstehung abgestreift hat und in klassischer Reinheit und Autonomie sich präsentiert.

Diesem durch psychische, ökonomische und ästhetische Momente geprägten, historisch etablierten ‚Werk'-Idol hat Kafka nichts entgegenzusetzen als die dem Freund Max Brod zeitlebens unbegreifliche Verweigerung des Autor-Namens, die verzweifelte, letztlich gegenüber der Verführung durch das kulturelle ‚Buch'-Idol versagende Behelfsstrategie des ‚verschleppten Prozesses', der unendlichen Verlängerung jenes Schreibstroms, der die – auf die Körpererfahrung hin orientierte – Ich-Instanz freilich nur solange aufrechterhält, solange er nicht versiegt.

III

Als Beispiel einer solchen Strategie des ‚verschleppten Prozesses' wähle ich eine Textfolge, deren letzte Stufe von Kafka selbst unter dem Titel *Der neue Advokat* veröffentlicht wurde; und zwar als erste der im Sammelband *Ein Landarzt* vereinigten vierzehn Erzählungen.

Der kaum eine Druckseite füllende Text findet sich im sogenannten Oktavheft B, dem zweiten einer Reihe von acht blauen Vokabelheftchen, wie sie in der Schule Verwendung finden[9].

Kafka benutzte diese Hefte im Winter 1916/1917, als er wieder einmal für längere Zeit einen außerhalb der elterlichen Wohnung gelegenen Schreibplatz gefunden hatte: ein kleines, von seiner Schwester Ottla ohne Wissen der Eltern gemietetes Häuschen, Alchimistengasse 22 auf dem Hradschin, das heute noch zu sehen ist. Schreibmaterial mußte dorthin mitgenommen werden, dazu boten sich Hefte in Taschenformat und Bleistifte an.

Dieser exterritoriale Schreibplatz – fern aller familiären und sozialen, vor allem beruflichen Zwänge – war für die Schreib-Situation Kafkas, die er immer als einsame Befreiungsarbeit verstand, von eminenter Bedeutung. Es war wohl die fruchtbarste Schaffensperiode seines Lebens überhaupt.

---

[9] Max Brod hat die Hefte numeriert (*Hochzeitsvorbereitungen auf dem Lande*, S. 55–161), Malcolm Pasley und Klaus Wagenbach haben sie neu datiert und durch Großbuchstaben bezeichnet; „Datierung sämtlicher Texte Franz Kafkas. Anhang", in: Jürgen Born u. a., *Kafka-Symposion*, Berlin 1965, S. 76–78. Diese Bezeichnung der Oktavhefte durch Buchstaben wird hier übernommen.

Nahezu alle Erzählungen des *Landarzt*-Bandes entstanden in diesem Winter 1916/1917.

Die acht Oktavhefte sind für Kafkas Schreib-Prozeß in hohem Maße aufschlußreich: Sie sind Musterbeispiele jenes den kulturellen Normen der ästhetischen Produktion sich widersetzenden Schreibstroms, der fortgesetzten Wiederanknüpfung und Weiterflechtung der Sprache, die genaue Gegenstrategien zum Vollendungswillen bilden, wie er den klassischen Werkbegriff bestimmt.

Die im Anhang (unten, S. 98) wiedergegebene schematische Darstellung verdeutlicht einige Stränge dieser in ihrer weitreichenden Verästelung noch lange nicht geklärten Textverflechtungen; so bietet Heft A sechs Etappen der Entstehung des – von Brod so genannten – „Dramas" *Der Gruftwächter* (1–6); in diese eingesprengt erscheinen zwei Ansätze zum Erzählkomplex des „Jägers Gracchus", die, intermittierend, in Heft B (9–12) und Heft C (13) fortgesetzt werden. Ein weiteres Segment dieses Zusammenhangs ist dann in den Schreibstrom der Tagebuch-Hefte eingeflochten (*Tagebücher*, S. 518; Eintragung vom 6.4.1917[10]).

In Heft B beginnt Kafka dann auch jene Erzählfolge, die sich um den *Neuen Advokaten* gruppiert, ihrerseits aber mit dem Paris-Komplex („Trocadéro") und vor allem dem China-Komplex verknüpft ist, der seine Fortsetzung in drei Erzählansätzen des (im Schema nicht berücksichtigten) Heftes C (*Beim Bau der Chinesischen Mauer* und die zugehörige Sequenz „In diese Welt drang nun die Nachricht vom Mauerbau...", sowie *Ein altes Blatt*) findet.

In Heft D schließt sich an die erwähnte „Jäger Gracchus"-Passage (13) ein erster und ein zweiter Ansatz zum *Bericht für eine Akademie* (19 und 20) an, denen, nach weiteren Einflechtungen, ein dritter und vierter Ansatz folgen (21 und 22). Zwischen diese eingebettet beginnt die Phantasie über den „Geflügelten Alten" (24), die ihre Fortführung im Heft E (25, 26, 27) erfährt, wo auch der *Bericht für eine Akademie* ein fünftes Mal aufgenommen wird (23). Ein weiterer Textteil des *Berichts* hat sich offenbar in einem verlorenen Heft (*ED) befunden.

Von größter Bedeutung für das angemessene Verständnis der hier in Frage stehenden Zusammenhänge ist, daß die skizzierten fünf Erzählsequenzen ihrerseits keineswegs voneinander isoliert werden können. Sie gehören vielmehr als komplementäre und kontrastive Identitätsphantasien

---

[10] Vgl. M. Krock, *Oberflächen- und Tiefenschicht im Werke Kafkas. Der Jäger Gracchus als Schlüsselfigur* (Marburger Beiträge zur Germanistik. 47), Marburg 1974.

des schreibenden Autors zusammen. So lassen sich *Gruftwächter* und *Jäger Gracchus* durch analoge und gegensätzliche Grundmuster verknüpfen (beide beziehen sich auf eine Welt der ‚Revenants‘, hier wird sie abgewehrt, dort einbezogen, hier zeigt sich die limbische Figur im unterirdischen Bereich der Gruft, dort auf dem Dachboden); so erscheint „Gracchus" aus der Welt der lebenden Menschen verstoßen, Rotpeter in sie aufgenommen; so ist die „Gracchus"-Sequenz mit der *Advokaten-* wie mit der *Bericht*-Sequenz durch analoge Perspektivierungs- und Legitimierungsakte des Erzählens verknüpft; so ist der emanzipierte „Affe" des *Berichts* auf die Gegenphantasie des resignierenden „Engels" der Passage über den „geflügelten Alten" bezogen, das Enge der Gerichtswelt des Advokaten auf die exotische Welt Chinas. Die Grundfigur der Verwandlung des Tieres in den Menschen verbindet mindestens die drei Komplexe *Der neue Advokat*, *Ein Bericht für eine Akademie* und „Der geflügelte Alte", apokryph gewiß auch den „Jäger Gracchus"[11].

Die hin- und herschießenden Fäden des Beziehungsgeflechts werden kaum noch verifizierbar, wenn man sich vergegenwärtigt, daß Heft B allein 32 Textsegmente enthält. Unter ihnen befinden sich auch die fünf Textphasen, die sich um den *Neuen Advokaten* gruppieren. Der Darstellung dieses Teilzusammenhangs möchte ich mich jetzt zuwenden.

IV

In einer ersten Niederschrift gestaltet sich der Zusammenhang für Kafka folgendermaßen:

> Alt, in großer Leibesfülle, unter leichten Herzbeschwerden, lag ich nach dem Mittagessen, einen Fuß am Boden, auf dem Ruhebett und las ein geschichtliches Werk. Die Magd kam und meldete, zwei Finger an den zugespitzten Lippen, einen Gast.
> „Wer ist es?" fragte ich, ärgerlich darüber, zu einer Zeit, da ich den Nachmittagskaffee erwartete, einen Gast empfangen zu sollen.
> „Ein Chineser", sagte die Magd und unterdrückte, krampfhaft sich drehend, ein Lachen, das der Gast vor der Türe nicht hören sollte.
> „Ein Chinese? Zu mir? Ist er in Chinesenkleidung?"
> Die Magd nickte, noch immer mit dem Lachreiz kämpfend.
> „Nenn ihm meinen Namen, frag, ob er wirklich mich besuchen will, der ich unbekannt im Nachbarhaus, wie sehr erst unbekannt in China bin."

---

[11] Hier sei auf den von der Forschung immer wieder hervorgehobenen Zusammenhang *Dohle-graculus-gracchio-kavka* hingewiesen.

Die Magd schlich zu mir und flüsterte: „Er hat nur eine Visitkarte, darauf steht, daß er vorgelassen zu werden bittet. Deutsch kann er nicht, er redet eine unverständliche Sprache, die Karte ihm wegzunehmen fürchtete ich mich."
„Er soll kommen!" rief ich, warf in der Erregtheit, in die ich durch mein Herzleiden oft geriet, das Buch zu Boden und verfluchte die Ungeschicklichkeit der Magd. Aufstehend und meine Riesengestalt reckend, mit der ich in dem niedrigen Zimmer jeden Besucher erschrecken mußte, ging ich zur Tür. Tatsächlich hatte mich der Chinese kaum erblickt, als er gleich wieder hinaushuschte. Ich langte nur in den Gang und zog den Mann vorsichtig an seinem Seidengürtel zu mir herein. Es war offenbar ein Gelehrter, klein, schwach, mit Hornbrille, schütterem grau-schwarzem steifem Ziegenbart. Ein freundliches Männchen, hielt den Kopf geneigt und lächelte mit halbgeschlossenen Augen. (*Hochzeitsvorbereitungen auf dem Lande*, S. 56 f.)

Die hier wiedergegebene Situation ist, wenn man so will, die Urszene Kafkaschen Schreibens: eine Selbstgeburtsphantasie. Immer wieder beginnen seine Texte mit dem Erwachen des Bewußtseins aus der Selbstversunkenheit, aus dem Schlaf oder Halbschlaf, gefolgt von der überraschenden Begegnung mit dem ganz Anderen, schlechthin Fremden – hier repräsentiert durch den des Deutschen nicht mächtigen Chinesen.

Die Szene verdichtet sich zum Legitimations- und Identifikationsritual, die massive Körperlichkeit des Protagonisten scheint einer Benennung entgegenzuwachsen; ein Namentausch wird vorbereitet: „Nenn ihm meinen Namen [...]" – „Er hat nur eine Visitkarte [...]" Dann bricht Kafka ab.

Wesentliches Merkmal des Textes ist seine Perspektivierung auf die Ich-Instanz hin, ihre Einbettung in eine zeitgenössisch-triviale Lebenswelt. Nur das „geschichtliche Werk", das der Protagonist liest, deutet auf eine Dimension der Vergangenheit, die erst die folgenden Textetappen weiter entwickeln. Der „Ziegenbart" legt den später ausgefalteten Keim zu tiermenschlicher Verwandlung.

In einem zweiten Anlauf erprobt Kafka eine Neugestaltung seiner ‚identifikatorischen Urszene': War zuvor ein Körper auf der Suche nach einem Namen, so ist hier ein Name im Begriff, sich in der Welt der Rechtsordnungen zu verkörperlichen. Gleichzeitig hat auch die Darstellungsperspektive sich umgekehrt: Es wird nicht mehr von innen, sondern in der Er-Perspektive, also von außen her erzählt.

Die zweite Etappe des Textes lautet nun:

Der Advokat Dr. Bucephalus ließ eines Morgens seine Wirtschafterin zu seinem Bett kommen und sagte ihr: „Heute beginnt die große Verhandlung im Prozeß meines Bruders Bucephalus gegen die Firma Trollhätta. Ich führe die Klage, und da die Verhandlung zumindest einige Tage dauern wird, und zwar ohne eigentliche Unterbrechung, werde ich in den nächsten Tagen überhaupt nicht nach Hause kommen. Sobald die Verhandlung beendet sein oder Aussicht auf Beendigung vorhanden sein wird, werde ich Ihnen telephonieren. Mehr kann ich jetzt nicht sagen, auch nicht die geringste Frage beantworten, da ich natürlich auf Erhaltung meiner vollen Stimmkraft bedacht sein muß. Deshalb bringen Sie mir auch zum Frühstück zwei rohe Eier und Tee mit Honig." Und sich langsam in die Polster zurücklehnend, die Hand über den Augen, verstummte er.

Die plappermäulige, aber vor ihrem Herrn in Furcht ersterbende Wirtschafterin war sehr betroffen. So plötzlich kam eine so außerordentliche Anordnung. Noch abend hatte der Herr mit ihr gesprochen, aber keine Andeutung darüber gemacht, was bevorstand. Die Verhandlung konnte doch nicht in der Nacht angesetzt worden sein. Und gibt es Verhandlungen, die tagelang ununterbrochen dauern? Und warum nannte der Herr die Prozeßparteien, was er doch ihr gegenüber sonst niemals tat? Und was für einen ungeheuern Prozeß konnte der Bruder des Herrn, der kleine Gemüsehändler Adolf Bucephalus haben, mit dem übrigens der Herr schon seit langem auf keinem guten Fuß zu stehen schien? Und wie paßte es zu den unausdenkbaren Anstrengungen, die dem Herrn bevorstanden, daß er jetzt so müde in seinem Bette lag und sein, wenn das Frühlicht nicht täuschte, irgendwie verfallenes Gesicht mit der Hand bedeckte? Und nur Tee und Eier sollten gebracht werden, nicht auch wie sonst ein wenig Wein und Schinken, um die Lebensgeister völlig aufzuwecken? Mit solchen Gedanken kehrte die Wirtschafterin in die Küche zurück, setzte sich nur für ein Weilchen auf ihren Lieblingsplatz beim Fenster, zu den Blumen und dem Kanarienvogel, blickte auf die gegenüberliegende Hofseite, wo hinter einem Fenstergitter zwei Kinder halbnackt im Spiel miteinander kämpften, wandte sich dann seufzend ab, goß den Tee ein, holte zwei Eier aus der Speisekammer, ordnete alles auf einem Tablett, konnte es sich nicht versagen, die Weinflasche als wohltätige Verlockung auch mitzunehmen und ging mit dem allem ins Schlafzimmer.

Es war leer. Wie, der Herr war doch nicht schon weg? In einer Minute konnte er sich doch nicht angezogen haben? Aber die Wäsche und die Kleider waren auch nicht mehr zu sehn. Was hat denn der Herr um Himmels willen? Ins Vorzimmer! Auch Mantel, Hut und Stock sind fort. Zum Fenster! Beim Leibhaftigen, da tritt der Herr aus dem Tor, den Hut im Nacken, den Mantel offen, die Aktenmappe an sich gedrückt, den Stock in eine Manteltasche gehängt. (S. 57–59)

Die Situation des Zu-sich-selbst-Erwachens im Bett wiederholt sich zwar; doch sind in dieser Phase entscheidende Akzente anders gesetzt.

Neu ist jetzt, daß das Geschehen in die soziale Welt der Rechtsmaschinerien eingebettet wird; neu ist, daß die erzählte Figur schon von vornherein einen Namen trägt: „Dr. Bucephalus". Freilich korrespondiert hier der Entschiedenheit des Namens die Schwäche des Körpers; die erzählte Figur mit dem imposanten Namen muß sich durch diätetische

Maßnahmen für einen Prozeß stärken, der ihre ganze Kraft zu beanspruchen droht.

Dieser Prozeß scheint ebenso überraschend eingeleitet worden zu sein wie die Verhaftung nach dem Erwachen Josef K.s zu Beginn des *Prozeß*-Romans. Auch der Prozeßpartner ist jetzt – im Gegensatz zum Partner der ersten Textetappe – durch Namen identifiziert, ebenso wie der Prozeßgegner. Aber auch diesen Textansatz läßt Kafka abbrechen.

Er erprobt einen dritten Zugang zu dem spröden Stoff:

> Sie kennen das Trocadéro in Paris? In diesem Gebäude, von dessen Ausdehnung Sie sich nach bloßen Abbildungen keine auch nur annähernde Vorstellung machen können, findet soeben die Hauptverhandlung in einem großen Prozeß statt. Sie denken vielleicht nach, wie es möglich ist, ein solches Gebäude in diesem fürchterlichen Winter genügend zu heizen. Es wird nicht geheizt. In einem solchen Fall gleich an die Heizung denken, das kann man nur in dem niedlichen Landstädtchen, in dem Sie Ihr Leben verbringen. Das Trocadéro wird nicht geheizt, aber dadurch wird der Fortgang des Prozesses nicht gehindert, im Gegenteil, mitten in dieser von allen Seiten herauf und herab strahlenden Kälte wird in ganz ebenbürtigem Tempo kreuz und quer, der Länge und der Breite nach, prozessiert. (S. 59)

Kennzeichnendes Merkmal dieses Ansatzes ist die erneut gewandelte Perspektive. Während der erste Text aus der Instanz eines Ich, der zweite aus der Distanz einer Er-Perspektive berichtet, versucht Kafka das zu Erzählende nun gewissermaßen in Du-Form zu vergegenwärtigen, als präsentische ‚Anrede‘ eines kompetenten Berichterstatters an einen ‚Mann vom Lande‘, namenlos wie der in der *Prozeß*-Parabel.

Dieser stumm bleibende ‚Mann vom Lande‘ ist das eigentliche ‚Subjekt‘ des Textes, als der dem Gesetzesgeschehen ‚Unterworfene‘ (subiectus). Gegenstand des Berichts dagegen ist keine Person mehr, sondern das Territorium des Prozeßgeschehens selbst; der Raum jener gleichsam universellen Institution, deren Rituale menschliche Selbstfindungsprozesse ermöglichen oder verhindern. Die Anonymität dieser Prozeßmaschinerie ist um so bedrohlicher, als der Pariser Trocadéro – genau wie die Dachböden im *Prozeß*-Roman – niemals als Gerichtsgebäude gedient hat.

Auch dieser dritte Erzählansatz versiegt. Kafka nimmt eine erneute Umstrukturierung vor, die sich dann als vierte Textetappe isolieren läßt.

Allerdings geht dieser vierte Textzustand aus der von Max Brod innerhalb des Oktavheftes B (im Band *Hochzeitsvorbereitungen auf dem Lande*) zum Druck gebrachten Sequenz nicht hervor. Nach den Worten: „... der Länge und der Breite nach, prozessiert", die die dritte Entstehungsetappe in Brods Druckwiedergabe abschließen, folgt nämlich in der

Handschrift noch der Satz: „Die Anklage vertritt Adv. Dr. Bucephalus. In seinem Äußern erinnert wenig an die Zeit, da er noch Streitross Alexanders von Macedonien war."

Kafka hatte dann den ganzen Trocadéro-Text bis zu eben diesem Satz – „Die Anklage vertritt Adv. Dr. Bucephalus" – gestrichen und vor dem gestrichenen Trocadéro-Text eingefügt: „Wir haben einen neuen Advokaten, den Dr. Bucephalus." Dann schrieb Kafka in einem fünften Arbeitsgang – nach der gestrichenen Trocadéro-Passage – jenen Text nieder, den er 1917 in der Zeitschrift *Marsyas* zum erstenmal zum Druck brachte. Er lautet:

> Wir haben einen neuen Advokaten, den Dr. Bucephalus. In seinem Äußern erinnert wenig an die Zeit, da er noch Streitroß Alexanders von Mazedonien war. Wer allerdings mit den Umständen vertraut ist, bemerkt einiges. Doch sah ich letzthin auf der Freitreppe selbst einen ganz einfältigen Gerichtsdiener mit dem Fachblick des kleinen Stammgastes der Wettrennen den Advokaten bestaunen, als dieser, hoch die Schenkel hebend, mit auf dem Marmor aufklingendem Schritt von Stufe zu Stufe stieg.
>
> Im allgemeinen billigt das Barreau die Aufnahme des Bucephalus. Mit erstaunlicher Einsicht sagt man sich, daß Bucephalus bei der heutigen Gesellschaftsordnung in einer schwierigen Lage ist und daß er deshalb, sowie auch wegen seiner weltgeschichtlichen Bedeutung, jedenfalls Entgegenkommen verdient. Heute – das kann niemand leugnen – gibt es keinen großen Alexander. Zu morden verstehen zwar manche; auch an der Geschicklichkeit, mit der Lanze über den Bankettisch hinweg den Freund zu treffen, fehlt es nicht; und vielen ist Mazedonien zu eng, so daß sie Philipp, den Vater, verfluchen – aber niemand, niemand kann nach Indien führen. Schon damals waren Indiens Tore unerreichbar, aber ihre Richtung war durch das Königsschwert bezeichnet. Heute sind die Tore ganz anderswohin und weiter und höher vertragen; niemand zeigt die Richtung; viele halten Schwerter, aber nur, um mit ihnen zu fuchteln, und der Blick, der ihnen folgen will, verwirrt sich.
>
> Vielleicht ist es deshalb wirklich das beste, sich, wie es Bucephalus getan hat, in die Gesetzbücher zu versenken. Frei, unbedrückt die Seiten von den Lenden des Reiters, bei stiller Lampe, fern dem Getöse der Alexanderschlacht, liest und wendet er die Blätter unserer alten Bücher. (*Erzählungen*, S. 145 f.)

Mit dem letzten Gestaltungsansatz ändert sich auch ein letztes Mal die Erzählperspektive: Nun ist es der Vertreter einer Korporation, des „Barreau" – also der Advokatenschaft –, der dem Namen des „neuen Advokaten" ‚Körper' gibt, ihn im Wortverstand ‚inkorporiert' und damit legitimiert.

Das, was die vorangehenden Fassungen zu wünschen und zu fürchten schienen, die Festschreibung durch ein ‚Sich-einen-Namen-Machen', scheint nun institutionell vollzogen: Name und Körperschaft stehen in definitem Bezug; keine Geburtsschwierigkeiten mehr, sondern präzise

Rechenschaft über Herkunft, Namenqualität und Aufnahme ins Korporationsregister.

Name und Körper, in den ersten drei Ansätzen des Textes auf problematische Weise flottierend und in Widerstreit, sind nun wie selbstverständlich verbunden. Nicht ein Körper, zu dem in sozialem Austausch ein Name gefunden werden muß, sondern ein Name, „Dr. Bucephalus", der – durch die mythische Figur des Schlachtrosses Alexanders des Großen legitimiert – in einem souveränen Schöpfungsakt einen neuen Körper gebiert: den pferdgestaltigen Advokaten.

Während in den vorausgegangenen Textetappen der Versuch gemacht wird, die Zuordnung von Körper und Name durch den familialen Kontext der Privatsphäre zum einen, den sozialen Kontext der Gerichtsordnung zum zweiten, die Anonymität der Gerichtsmaschinerie zum dritten zu legitimieren, erfolgt hier umgekehrt die Geburt der Situation aus dem Namen: Der Kontext wird gewissermaßen aus diesem herausgegrübelt.

Bestimmendes Merkmal dieser Situierung des „Dr. Bucephalus" in der modernen Lebenswelt des Gerichts ist seine Konkretheit und – überraschenderweise – gerade seine Unzeitigkeit. Ermöglichung seines Namens ist die Vorwelt des Alexander-Mythos. Dr. Bucephalus legitimiert sich, als aus dem Namen gezeugter Körper, weder durch ein kontemporäres soziales, noch durch ein familiales Herkunftsmodell.

Vielmehr sind es Natur und Kultur, Tierheit und Mythos, aus denen die Identität des Advokaten Dr. Bucephalus in freiem Gedankenspiel des Autors beglaubigt wird – freilich in ironischer Weise.

Denn die Herkunft aus der Natur, bei Kafka stets als Menschwerdung des Tieres vergegenwärtigt, könnte nur im Vorgang der Zeugung (generatio) erfolgen; eine solche liegt aber nicht vor, da Bucephalus – wie Rotpeter oder die „Kreuzung" aus Katze und Lamm (*Eine Kreuzung – Erzählungen*, S. 108–110) – ein *absolutes Unikat* darstellt.

Aber auch die Beglaubigung aus der Geschichte erfolgt nur ironisch. Denn diese, bei Kafka stets als Ableitung aus dem Mythos vergegenwärtigt, könnte nur im Vorgang der Überlieferung (translatio) erfolgen; eine solche aber liegt nicht vor, da Bucephalus nicht mehr als Streitroß Alexanders erscheint, sondern als korporierter Advokat.

Die legitimierende Suggestion, mit der hier Name und Körper des Dr. Bucephalus aufeinander bezogen erscheinen, wird somit nicht aus dem natürlichen oder kulturellen Zeugungszusammenhang entbunden, sondern aus der autonomen, gegenzeugenden Kraft des selbstverantworteten (neukodierten) Namens und seiner inkorporierenden Energie.

Überblickt man den Entstehungsprozeß der Textfolge des *Neuen Advokaten*, so wird die Gestaltungsabsicht Kafkas deutlich:

Durchgängiges Problem der ganzen Sequenz ist die Frage der Zuordnung von Name und Körper als das Problem menschlicher Identifikation, als das ‚Erwachen zu sich selbst' im sozialen Kontext zwischen den Extremen inkommunikabler Selbstartikulation und der Normierung durch die Rede der Anderen. Größte Schwierigkeit bietet Kafka dabei die Erzeugung einer Legitimationsinstanz des Erzählten. Daher das Experimentieren mit verschiedenen Perspektiven und Erzählinstanzen, aus denen die ‚Wahrheit' des Namens sich beglaubigen läßt: *ich – er – du – wir*.

Während der erste Ansatz die Befangenheit des körper-bestimmten ‚Ich' in der häuslich-intimen Lebenswelt und die Konfrontation mit dem sprachlos-exotischen Fremden vergegenwärtigt; während dann der zweite Ansatz die Befangenheit des Protagonisten im Dilemma von Namensstärke und Körperschwäche sichtbar macht; während ferner der dritte Ansatz die Befangenheit des ‚Subjekts' in der Anonymität der durch die Rechtsnormen bestimmten Sozietät, in der allein noch – illegitim – benannten Prozeßmaschine „Trocadéro" erscheinen läßt, findet erst dieser vierte Ansatz zu jener Autonomie, in der sich der Name des Protagonisten als Gegennatur und Gegenmythos dem von ihm selbst gezeugten Körper des pferdgestaltigen Advokaten anschmiegt. Erst so gelingt es, die aus dem Namen entbundene Figur der privaten wie der öffentlichen Lebenswelt und ihrer Rechtsmaschinen zu entrücken und in das Universum der Lektüre, der kulturellen Selbstreproduktion durch Sprache zu überführen.

V

Die bis hierher getriebenen Überlegungen könnten so verstanden werden, als hätte sich Kafka letztlich doch dem Werkprinzip gebeugt, das die europäische Kulturtradition ihm nahelegte: Werketappen als Durchgangszustände auf das Telos des vollendeten Werks hin zu begreifen. Schließlich wurde die letzte Stufe des Textes von ihm selbst aus dem Schreibstrom des Oktavheftes B herausgeschnitten und dem Druck überantwortet: zunächst in der Zeitschrift *Marsyas*, sodann im Textverband des *Landarzt*-Bandes. Aber dieser Schein trügt. Ich möchte dem dargestellten Sachverhalt eine andere als diese naheliegende Deutung geben.

Zwar ist nicht zu bestreiten, daß Kafka den namenlosen, nur von der Instanz des ‚Ich' verantworteten Schreibstrom des Manuskripts aufbricht und das Herausgeschnittene im Namen des ‚Autors' Kafka dem Druck überantwortet. Aber die fünfte Stufe im Schaffensprozeß des *Neuen Advokaten*, die in autonomer Autorphantasie aus dem Namen erzeugte Identität „Bucephalus", ist keineswegs die zum Werk gerundete Antwort Kafkas auf das seinem Schreiben zugrundeliegende Problem des ‚Dem-Körper-einen-Namen-Machens'. Die Wahrheit des Verhältnisses zwischen Name und Körper liegt vielmehr, als ‚verschleppter Prozeß', in der ganzen Textsequenz. Das kaum isolierte Textstück wird nämlich sogleich in ein neues Textgewebe eingebettet, die scheinbar geschlossene Reihe der Identifikationsexperimente neu formiert – und zwar in dem aus vierzehn Stücken bestehenden Sammelband *Ein Landarzt*.

Der Fixierung zum ‚Werk' (im Zeitschriftendruck) folgt eine erneute Verflüssigung: die Einbettung in den Textschwarm des *Landarzt*-Bandes.

Wenn überhaupt Kafka sich entschloß, Textstücke aus dem Schreibstrom der Manuskripte herauszureißen und als Druckwerke zu veröffentlichen (zu ‚autorisieren'), so stets im Hinblick auf solche die Textgrenzen wieder verwischenden Einbettungsmöglichkeiten. Der frühe Band der *Betrachtungen* bezeugt dies genauso wie der *Hungerkünstler*-Band des letzten Lebensjahres.

Analog plante Kafka, die Erzählungen *Das Urteil, Der Heizer* und *Die Verwandlung* unter dem Sammeltitel „Söhne" zu veröffentlichen, *Urteil, Verwandlung* und *Strafkolonie* unter dem Titel „Strafen". Die Absicht ist deutlich:

Es werden fortgesetzt neue Legitimationsformen des identifikatorischen Verhältnisses „Körper" und „Name" erprobt. Der erste Band, „Söhne", hätte als Legitimator den Vater als namengebende und namenverwaltende Instanz im Blick gehabt, der zweite, „Strafen", den Körper des Delinquenten, dem als geopfertem, wie im *Urteil*, als verwandeltem, wie in der *Verwandlung*, als zu Tode geschriebenem, wie in der *Strafkolonie*, das Geständnis seiner Eigentümlichkeit, des nur ihm zugesprochenen Urteils abgepreßt wird.

Der *Landarzt*-Band stellt die Konstellation „Namen" und „Körper" experimentell in einen veränderten Rahmen, erprobt also eine neue, aber keineswegs definierte Lesart des unendlichen ‚Ich'-Textes. Er bringt nämlich den Autor selbst als Legitimator der von ihm erfundenen Namen und der aus diesen entbundenen Körper ins Spiel: Nicht zufällig ist der *Landarzt*-Band Kafkas Vater gewidmet. Er ist als *Gegenbotschaft des Sohnes* zu lesen, der sich, durch seine gefestigte Autor-Identität, aus der familiären und beruflichen Sphäre zu lösen anschickt.

Generaltema des *Landarzt*-Bandes ist die Legitimation der Identität durch den selbsterfundenen Namen[12]. Dem entspricht das strenge Kompositionsprinzip. *Der neue Advokat* steht an der Spitze, die Geschichte vom Affen Rotpeter, der mit dem *Bericht für eine Akademie* die Eigentümlichkeit seines Namens als kulturelle Errungenschaft seiner Affennatur beglaubigt, am Schluß des Bandes. Die beiden gegensätzlichen Namensphantasien *Ein Traum* und *Vor dem Gesetz* sind dem Band ebenso inkorporiert wie die Geschichte von der Identifikationsverweigerung Odradeks gegenüber dem Hausvater (*Die Sorge des Hausvaters*) und die Identifikationsspiele des Autors Kafka mit den von ihm selbst erzeugten Geschichten (*Elf Söhne*) und den mit ihm konkurrierenden Autoren (*Ein Besuch im Bergwerk*)[13].

Es ist hier nicht der Ort, alle vierzehn Geschichten des *Landarzt*-Bandes als fortgesetzte Umschreibungen – „Um*schreib*ungen" und „*Um*schreibungen" – des Identitätsproblems zu erweisen und im Hinblick auf die Relativierung des ‚Werkcharakters' durch die ‚Schrift' zu untersuchen. Festzuhalten bleibt jedoch, daß auch Kafkas Druckpraxis noch jene Züge des ‚verschleppten Prozesses' trägt, der dem Schreibakt als Reproduktion der Ich-Instanz seinen flüssigen, gleichzeitig aber potentiell verewigenden Charakter zu bewahren sucht: Kafka wünschte – eine neue Wende des ‚Prozesses' – auch den *Landarzt*-Band nach seinem Tod vernichtet oder doch verschollen zu sehen.

VI

Das hier dargestellte Problem der letztlichen Weigerung des Autors Kafka, sich zwischen Schreibstrom und Werkidol, zwischen Schrift und Druck zu entscheiden, hat noch eine andere, kulturgeschichtliche Konsequenz.

Seit Karl Lachmanns Lessingausgabe ist der Editor, der Herausgeber historisch-kritischer Ausgaben, zum Vormund des Autors – oder, anders

---

[12] Kafka selbst hat davon gesprochen, daß der *Landarzt*-Band das Thema „Verantwortung" behandle (Brief an Martin Buber vom 22.4.1917, in: M. B., *Briefwechsel aus sieben Jahrzehnten*, 3 Bde., hrsg. von G. Schaeder, Heidelberg 1972–1975, Bd. 1: *1897–1918*, S. 491 f. [Nr. 356]). So gesehen müßte „Verantwortung" nicht so sehr im Sinne ethischer Kategorien, sondern vielmehr im Sinne der Schaffung einer Legitimationsinstanz, einer ‚Verantwortung' für den Erzählakt selbst, verstanden werden. Vgl. auch R. Kauf, „Verantwortung. The Theme of Kafka's *Landarzt* Cycle", *Modern Language Quarterly* Bd. 33/1972, S. 420–432.

[13] Vgl. hierzu M. Pasley, „Drei literarische Mystifikationen Kafkas", in: *Kafka-Symposion*, S. 21–37.

gesagt, zum Geburtshelfer bei des Schreibenden Selbstgeburtsphantasien[14] – geworden: Erst indem er ein von allen Schlacken gereinigtes Textkorpus herstellt, den ‚mit Schmutz und Schleim' bedeckten Fötus ans Licht des Tages bringt, verleiht er dem Text definitiven ‚organischen' Werkcharakter. Die Trennung des Schriftsatzes in edierten Text hier und Apparat der Lesarten dort besiegelt das Schicksal der Schrift: An die Stelle der Ich-Instanz des Schreibstroms tritt unwiderruflich der ‚Autor' des Buches, an die Stelle des verzettelten Manuskripts das in Deckel gebundene Druckwerk. Diese Kodifizierung der Schrift zum Buch ist nicht für alle Autoren gleich folgenreich; nur dort, wo Ich-Instanz und Autor-Name in Konflikt treten, wie bei Hölderlin oder bei Kafka, sind die Auswirkungen für die Rezeption voll unlösbarer Komplikationen. Das Dilemma des Editors ist offensichtlich[15].

Kafkas Botschaft an seine Erben ist nicht eindeutig entzifferbar: In ihr mischt sich der Wunsch nach Vernichtung des gesamten Nachlasses mit der „Gier" – wie es in einem Brief an Ernst Rowohlt heißt (Brief vom 14. 8. 1912 – *Briefe*, S. 103) –, gedruckt zu werden[16]. Aus dieser selbsterzeugten Doppelbindung gibt es keinen befriedigenden Ausweg.

Es ist so auch für den Editor letztlich nicht entscheidbar, ob der Text *Der neue Advokat* innerhalb der Kritischen Ausgabe in den Schreibstrom des Oktavheftes B gehört und mit seinen Kontextverflechtungen dort zu veröffentlichen ist, ob er als selbständiges Werk definiert und – wie Kafka es

---

[14] „Edieren" hängt mit lateinisch *edere* „gebären" zusammen.

[15] Das von Friedrich Beissner entwickelte ‚organologische' Modell der Textherstellung („Editionsmethoden der neueren deutschen Philologie", *Zeitschrift für Deutsche Philologie* Bd. 83/1964, Sonderheft, S. 72–95) und das von Karl-Heinz Hahn und Helmut Holtzhauer vorgeschlagene ‚Schlacken'-Modell („Wissenschaft auf Abwegen? Zur Edition von Werken der neueren deutschen Literatur", *Forschen und Bilden* H. 1 [1966], S. 2–22) sind nur zwei Seiten ein und desselben Dilemmas: Die ‚Schrift' muß dem ‚Werk' geopfert werden, damit der ‚Autor' geboren werden kann. Erst D. E. Sattlers Hölderlin-Ausgabe sucht der letztlich unvermittelbaren Dialektik von Schrift und Werk durch ein synoptisches Prinzip Rechnung zu tragen (vgl. Friedrich Hölderlin, *Sämtliche Werke*, Bd. 1 ff., Frankfurt a. M. 1975 ff.). Auch die Editionsforschung hat sich inzwischen des problematischen Zusammenhangs von Edition und Interpretation angenommen; vgl. vor allem: G. Martens/H. Zeller (Hrsg.), *Texte und Varianten*. Probleme ihrer Edition und Interpretation, München 1971; *Zeitschrift für Literaturwissenschaft und Linguistik* Bd. 5/1975, H. 19–20: „Edition und Wirkung"; *Zeitschrift für deutsche Philologie* Bd. 102/1983, Sonderheft: „Edition"; sowie H. Kraft, *Die Geschichtlichkeit literarischer Texte. Eine Theorie der Edition*, Bebenhausen 1973.

[16] Vgl. die beiden Testamente Kafkas, die Max Brod im Anhang zum *Prozeß*-Roman abdruckt (*Der Prozeß*, S. 316–318).

im Zeitschriftendruck tat – isoliert gedruckt werden kann, oder ob er als Teil des *Landarzt*-Bandes, in den er vom Autor 1919 eingebettet wurde, wiederzugeben ist.

Dies ist keineswegs eine bloß technische Frage: Die Weite der Auslegungsmöglichkeiten des *Neuen Advokaten* hängt wesentlich davon ab, ob die vorangehenden Textetappen – wie hier geschehen – als integrativer Teil eines Schreibstroms gelesen oder als bloße Schlacken des Entstehungsprozesses in den Lesartenapparat verbannt werden.

Man muß diese Einsicht sogar noch differenzieren: Die Interpretation des Textsegments *Der neue Advokat* wird verschiedene Resultate zeitigen, je nachdem, ob es im unendlichen Schreibstrom des Manuskripts, gänzlich isoliert als Einzelwerk oder – gewissermaßen umgebettet – als Element des *Landarzt*-Bandes gelesen wird. Nicht nur die Entstehungsdimension, als gewissermaßen diachroner Kontext, sondern auch die Konfiguration mit anderen Texten, als synchroner Kontext, eröffnen wesentliche, gegensätzliche wie komplementäre Möglichkeiten des Verstehens, die ihrerseits von einem Interpretationsansatz abweichen müssen, der das Werk isoliert in den Blick faßt.

So werden Editor und Hermeneut – wie auch immer die Entscheidung des ersteren ausfällt – einander im Wege stehen. Der Zirkel ist unauflöslich. Je nach der Interpretation des Textes wird über seine Situierung im Textkorpus entschieden; seine Situierung aber prägt wiederum in gravierender Weise seine Interpretation. Man muß den Text interpretieren, um die Voraussetzung für seine Edition zu schaffen, man braucht aber die definitive Edition, um ihn allererst interpretieren zu können.

Letztlich bleibt wohl dem Editor nur die Möglichkeit, es dem großen Alexander gleichzutun, freilich in ähnlicher Verkürzung, wie dies der Advokat Dr. Bucephalus im Hinblick auf Alexanders Streitroß tut.

Er wird den Knoten, der sich nicht entflechten läßt, – vorsichtig – durchhauen. Ein solcher verzögerter Schwerthieb wäre das salomonische Prinzip der Doppeledition: nämlich die von Kafka selbst zum Druck gebrachten Texte in *einem Band* zu vereinigen, dieselben Texte, eingebettet in den Schreibstrom des Manuskripts, in einem *zweiten Band* noch einmal zu veröffentlichen.

So wird auch noch der Editor zur Partei im verschleppten Prozeß des schreibenden Autors.

Anhang

Hinweise zur tabellarischen Darstellung der Oktavhefte A, B, D und E (umseitig):

1) Von den insgesamt acht erhaltenen Oktavheften (ABCDEFGH) sind aus Gründen der Vereinfachung nur vier wiedergegeben. Man kann annehmen, daß zwischen D und E ein weiteres Heft entstanden ist (*DE), das den Schluß des *Berichts für eine Akademie* enthielt.
2) Die Tabelle bildet die im einzelnen Heft jeweils beschrifteten Seiten ab; eine Zeile entspricht 12 Seiten.
3) Die Tabelle hebt fünf größere Textzusammenhänge durch gleichartige Kennzeichnung heraus. Bei einer genaueren Analyse würden sich weitere Zusammenhänge kennzeichnen, feinere Abhängigkeiten entdecken lassen. Einer in dieser Weise ins Einzelne gehenden Analyse muß aber eine umfassende Interpretation aller Oktavhefte, gekoppelt mit einer den Schreibstrom wiedergebenden Edition dieser Hefte vorangehen. Eine solche Edition ist im Rahmen der Kritischen Kafka-Ausgabe vorgesehen.

98 Der verschleppte Prozeß

Schematische Darstellung der Oktavhefte A, B, D, E

Gruftwächter 1—6
Jäger Gracchus 7—13
Der neue Advokat 14—18
Ein Bericht für eine Akademie 19—23
„Geflügelter Alter" — „Eintritt in eine Stadt" 24—27

Schematische Darstellung der Oktavhefte A, B, D, E

Schrift und Druck

Erwägungen zur Edition von Kafkas *Landarzt*-Band[*]

I

Gern und von Anfang an sind Kafkas „Paradoxien" von der Forschung ins Metaphysische projiziert worden. Demgegenüber möchte ich einen Begründungsversuch unternehmen, der auf einer sehr viel niedrigeren, gewissermaßen materiellen Ebene angesiedelt ist: dort, wo es sich um die Bestimmung des „Autors" Kafka aus seinen Schreibakten und Druckwerken handelt. Franz Kafka wurde nach seinem Tod nämlich durch eben jene „Werke" zum „Autor" von Weltgeltung, die er selbst im Namen seines eigenen Autorenanspruchs verworfen hatte. Zu seinen Lebzeiten waren seine Texte allenfalls Eingeweihten ein Begriff.[1] Bis zum Jahre 1924 erschienen lediglich vier Einzelbändchen und drei schmale Sammelpublikationen im Druck. Die Hauptmasse seiner Manuskripte – darunter drei Romankorpora, zahlreiche Werke und Werkfragmente – ließ er im Bewußtsein ihres Unwerts unveröffentlicht. Erst durch Max Brods Nachlaß-Editionen wurde Kafka zum „Autor" im emphatischen Sinne der Gegenwart: nämlich zum Verfasser von Romanen, jener Werkgattung, in welcher die immer problematischer werdende Monade des „Subjekts" sich

---

[*] Die hier vorgetragenen Thesen waren Gegenstand eines Seminars, das ich zusammen mit Wolf Kittler im Rahmen einer Ferienakademie der Studienstiftung des Deutschen Volkes zwischen dem 7. und 20. September 1981 in Alpbach in Tirol abgehalten habe. Den Gesprächen, die dort stattfanden, der Begegnung mit den Teilnehmern an diesem Seminar verdanke ich sehr viel. Den Gesprächspartnern der beiden Septemberwochen sei daher dieser Aufsatz gewidmet: Wolfgang Becker, Marius Böger, Gabriele Brandstetter, Jürgen Dünhaupt, Michael Göring, Ralf Gressmann, Sabine Hallscheidt, Henriette Herwig, Axel Karenberg, Georg Kemmler, Susanne Klostermann, Stephan Koranyi, Thomas Krümmel, Smail Rapic, Bernd Rusinek, Heide Seidel, Rolf Spinnler, Winfried Theis, Harald Weigel, Helene Zuber.
Für kritische Lektüre ist Martin Ehrenzeller herzlich zu danken.

[1] Zur Druckgeschichte vgl. vor allem Ludwig Dietz: *Franz Kafka*. Stuttgart 1975 und die dort verzeichneten anderen Veröffentlichungen des Autors. Zur Wirkungsgeschichte: Jürgen Born: *Franz Kafka. Kritik und Rezeption zu seinen Lebzeiten 1912–1924*. Frankfurt 1979.

aus dem 19. ins 20. Jahrhundert rettete und dort – mindestens was das Bewußtsein literarischer Öffentlichkeit anlangt – zur Legitimationsinstanz des Schreibens schlechthin avancierte.

Anders für Kafka selbst: Nicht die Romane, sondern ein unscheinbarer Text aus dem Tagebuch, das *Urteil*, wurde ihm zum Paradigma *dessen*, was er als Autor zu leisten imstande war. „Nur so kann geschrieben werden", heißt es über das *Urteil*, „nur in einem solchen Zusammenhang, mit solcher vollständigen Öffnung des Leibes und der Seele." (T 294)[2] Aus dieser Einsicht leitet Kafka dann „die bestätigte Überzeugung" ab, daß er sich mit seinem Romanschreiben „in schändlichen Niederungen des Schreibens befinde."

Bemerkenswert ist, daß Kafka an diesem merkwürdigen Widerspruch von Selbsteinschätzung und literarischem Ruhm zeitlebens festhielt; ich möchte die folgenden Überlegungen den paradoxen Konsequenzen widmen, die sich für die Edition von Kafkas Drucken und Nachlaßtexten aus diesem Widerspruch ergeben.

Rückblicke auf die Geschichte der Literatur machen deutlich: Das Problem, von dem her sich dieser Widerspruch entwickelt, ist nicht für Kafka allein von Bedeutung, es stellt sich aber für ihn und die Editoren seiner Werke in verschärfter Weise. Es wird charakterisiert durch die Frage: ‚Kann man überhaupt noch Geschichten erzählen?' und die daraus abgeleitete: ‚Gibt es noch identische (‚erzählbare') Subjekte in einer geordneten (‚erzählbaren') Welt?' Für dieses Problem hat sich Kafka einen Mythos ersonnen, der als „Durchschrift" älterer mythischer Figuren – des Fliegenden Holländers, des Ewigen Juden – auf die Selbsterfahrung des Autors hin verstanden werden kann. Es ist die Figur des „Jägers Gracchus", wie sie sich aus einer Reihe von Fragmenten in den Oktavheften A und B rekonstruieren läßt.[3]

---

[2] Kafkas Werke werden mit folgenden Kürzeln im Text zitiert:
B = *Briefe 1902–1924*. New York/Frankfurt 1966;
BK = *Beschreibung eines Kampfes. Novellen, Skizzen, Aphorismen aus dem Nachlaß*. New York/Frankfurt 1946;
E = *Erzählungen*. New York/Frankfurt 1967;
F = *Briefe an Felice und andere Korrespondenz aus der Verlobungszeit*. Hg. von Erich Heller und Jürgen Born. New York/Frankfurt 1967;
H = *Hochzeitsvorbereitungen auf dem Lande und andere Prosa aus dem Nachlaß*. New York/Frankfurt 1966;
T = *Tagebücher 1910–1923*. New York/Frankfurt 1954.

[3] Siehe hierzu schon Wilhelm Emrich: *Franz Kafka*. Frankfurt 1957, S. 13 ff.; Marianne Krock: *Oberflächen- und Tiefenschicht im Werke Kafkas. Der Jäger*

Ich möchte zwei Merkmale dieses „privatisierten" Mythos (der Name ‚Gracchus' ist ein Kryptogramm des Autornamens: lat. graculus – tschech. kavka – dt. Dohle) hervorheben: zum einen seine schwankende personelle Konsistenz, zum anderen die diffuse Struktur des Raums, in dem er sich bewegt.

Er ist, als mythisches Schema, ein Emblem zerbröckelnder Identität und nicht mehr resistenter Ordnungen der Lebenswelt und zielt damit genau in den Kern der genannten poetologischen Kalamität der „Erzählbarkeit" von Subjekt und Geschichte.

Legt man diese Komplikation des „Mimesis"-Prinzips zugrunde, so genügt es (– um die in sich widersprüchlichen Momente des Gracchus-Mythos zu charakterisieren –), zwei Kernstellen aus den Fragment-Sequenzen herauszuheben: „Niemand wird lesen, was ich hier schreibe [...]" (BK 104) heißt es unvermittelt in einem der Fragmente; und in einem anderen finden sich die folgenden Sätze:

> [...] aber nun wüßte ich gerne etwas im Zusammenhang über dich. Ach, im Zusammenhang. Die alten, alten Geschichten. Alle Bücher sind voll davon, in allen Schulen malen es die Lehrer an die Tafel, die Mutter träumt davon, während das Kind an der Brust trinkt, es ist das Geflüster in den Umarmungen, die Händler sagen es den Käufern, die Käufer den Händlern, die Soldaten singen es beim Marsch, der Prediger ruft es in die Kirche, Geschichtsschreiber sehen in ihrer Stube mit offenem Mund das längst Geschehene und beschreiben es unaufhörlich, in der Zeitung ist es gedruckt und das Volk reicht es sich von Hand zu Hand, der Telegraph wurde erfunden, damit es schneller die Erde umkreist, man gräbt es in verschütteten Städten aus und der Aufzug rast damit zum Dach der Wolkenkratzer. Die Passagiere der Eisenbahnen verkünden es aus den Fenstern in den Ländern, die sie durchfahren, aber früher noch heulen es ihnen die Wilden entgegen, in den Sternen ist es zu lesen und die Seen tragen das Spiegelbild, die Bäche bringen es aus dem Gebirge und der Schnee streut es wieder auf den Gipfel, und du Mann sitzest hier und fragst mich nach dem Zusammenhang. (BK 337)

Es ist nicht zu übersehen, daß sich in diesen beiden einander widersprechenden Äußerungen die Paradoxie des modernen Autorbegriffs niederschlägt, das Auseinanderklaffen seiner produktionsästhetischen und seiner wirkungsästhetischen Komponente. Verantwortung für den Wahrheitswert der eigenen Sprache wird hier auf doppelte, unvereinbare Weise definiert: einmal als Legitimation aus der Intimität der Schrift im Manuskript, zum andern als Legitimation durch den Kurswert öffentlicher Rede. Was sich

---

Gracchus als Schlüsselfigur. Marburg 1974; ferner meinen demnächst in *Poetica* erscheinenden Aufsatz *Der verschleppte Prozeß. Literarisches Schaffen zwischen Schreibstrom und Werkidol.* Siehe S. 76–98 im vorliegenden Band.

hier manifestiert, ist die dilemmatische Selbsterfahrung eines Autors, der zwischen der Eigentümlichkeit seiner Körpererfahrung, also der schreibenden Hand auf dem Papier, und der allgemeinen Verfügbarkeit seines Autornamens, wie ihn die Druckmaschinen reproduzieren, sich selbst zu bestimmen und festzuhalten sucht: einerseits durch Fristung des Lebens in der intimen Schrift des Manuskripts, solange der Schreibstrom nicht abreißt – andererseits aber durch ein Sich-Ausliefern an das Wissen in der Rede der anderen, durch Löschen des Lebens um der Verewigung des Autornamens willen, der die Verantwortung für dieses Wissen in seinem Druck-Werk übernimmt; in der Aufzehrung der „Person" als „Körper" durch den „Autor" als „Namen". Autorschaft erscheint so als Signum problematisch gewordener Subjektivität schlechthin. Im Schreiben des Autors steht dabei ein Doppeltes auf dem Spiel:

Bewahrheitung des Schreibaktes für ihn selbst, als den Körper in seiner Eigentümlichkeit, der die Feder führt – und Bewahrheitung dieses Schreibaktes für die anderen, die diesen Text lesen und aus ihm ihre soziale Selbsterfahrung schöpfen. Hier also der namenlose Körper, dessen Schrift, sein Leben erhaltend, nur ihm selbst gilt; dort der namhafte Autor, der, körperlos geworden, sich in die zirkulierende soziale Rede, das kulturelle Ritual „Literatur" einschreibt und dabei als Körper verlischt; der Autorname, der nur noch als Funktion „eigene" und „fremde" Rede unterscheidbar macht.[4]

Rituale mythischer Legitimation knüpfen sich im Kontext der Literatur seit jeher an die Schreibsituation: So zielt auch Kafkas Erfindung des „Jägers Gracchus" als „Mythos" der Autorschaft letztlich auf den Begriff der „Verantwortung" für die selbstproduzierte Schrift: die *eine* Möglichkeit einer Verantwortung durch das intime, anonyme *Körpergefühl*, dessen Ausdruck das „Gekritzel" des Manuskripts, das unendliche Fließen des Schreibstroms bleibt; die *andere* Möglichkeit der Verantwortung durch die Begründung der *Instanz des Autors*, dessen Name, als Markenzeichen, eine bestimmte Art von Rede öffentlich legitimiert und als Druck-Werk verfügbar, das heißt aber käuflich macht.

Auf dem Hintergrund dieser Zusammenhänge erscheint freilich noch ein anderes. Die Kategorie, von der her sich diese zweifache Möglichkeit der Verantwortung bestimmt, ist für Kafka die des Todes: als Fristung des anonymen Körpers in der Fortknüpfung der Schrift im Schreibstrom des

---

[4] Vgl. hierzu: Michel Foucault: *Was ist ein Autor?* In: M. F.: *Schriften zur Literatur.* München 1974, S. 7–31; *LiLi* 11, 1981, Heft 42: *Der Autor*; Heinrich Bosse: *Autorschaft ist Werkherrschaft.* München/Wien/Zürich 1981. (= UTB 1147).

Manuskripts, also als Suspendierung des Todes im Schreibakt einerseits; als das Überleben des Autornamens über den Tod des Körpers hinaus im literarischen Ruhm andererseits. In einem Brief an Felice Bauer vom 26.6. 1913 entwickelt Kafka diesen Zusammenhang:

> Ich brauche zu meinem Schreiben Abgeschiedenheit, nicht ‚wie ein Einsiedler', das wäre nicht genug, sondern wie ein Toter. Schreiben in diesem Sinne ist ein tieferer Schlaf, also Tod, und so wie man einen Toten nicht aus seinem Grabe ziehen wird und kann, so auch mich nicht vom Schreibtisch in der Nacht. (F 412)

Nächtliches Schreiben als Inszenierung der Selbsterfahrung ist ein Kernthema Kafkas[5] – in dieser „Szene" vergegenwärtigt sich unmittelbar das Schwanken in der Einschätzung von Wert und Unwert seines Schreibens.

Die im Brief an Felice Bauer sichtbar werdende Komplikation der Selbsterfahrung des modernen Autors läßt sich aus der beschriebenen Begründungsschwierigkeit literarischer Rede ableiten: aus deren wechselnder Orientierung bald auf den Schreibstrom, bald auf das kulturell etablierte Werkidol hin: das Fließen der lebenerhaltenden Schrift[6] als fortgesetztes Sich-Vergessen in namenloser Intimität hier – das Erstarren der Schrift im gedruckten Buch zu körperauslöschendem, den Tod im Ruhm überdauerndem Werk dort. Damit wird aber zum Problem, was für den Autor noch des 18. Jahrhunderts wohl überhaupt nicht ins Blickfeld kam: die Tatsache nämlich, daß – mit dem neuentstehenden Begriff von Öffentlichkeit[7] – der Übergang von der Intimität des Schreibakts zur Publizität des literarischen Werks die Subjekterfahrung des „Autors" gefährdet, und zwar durch Auseinandersprengung von Körper und Schrift: Literaturproduktion als Exorzismus, der die Schrift aus dem Körper austreibt.[8] Im Hinblick auf die Ökonomie des Schreibens im so verstandenen

---

5 Vgl. hierzu meinen Aufsatz *Schreibschrein und Strafapparat. Erwägungen zur Topographie des Schreibens*. In: *Bild und Gedanke. Festschrift für Gerhart Baumann zum 60. Geburtstag*. Hg. von Günter Schnitzler. München 1980, S. 385–401. Vgl. S. 55–75 im vorliegenden Band.

6 „In mir kann ganz gut eine Konzentration auf das Schreiben hin erkannt werden. [...] Ich magerte nach allen [...] Richtungen ab." (T 229).

7 Jürgen Habermas: *Strukturwandel der Öffentlichkeit. Untersuchungen zu einer Kategorie der bürgerlichen Gesellschaft*. Neuwied und Berlin 1962.

8 Kafka, der diese Alternative von Körper oder Schrift immer wieder in aller Drastik benannt hat- „Es ist nur durch Literatur oder durch den Beischlaf möglich." (T 146); „[...] dieses Schreiben ist mir in einer für jeden Menschen um mich grausamsten [...] Weise das Wichtigste auf Erden, wie etwa einem Irrsinnigen sein Wahn [...] oder wie einer Frau ihre Schwangerschaft." (B 431) – bezieht die

modernen Sinne gestaltet sich diese Aporie als ein Problem der Segmentierung; als Notwendigkeit, einen in jeder Hinsicht selbstzerstörenden Schnitt zwischen dem Überleben des Körpers im Schreibstrom und dem Überleben des Autornamens im Druckwerk vorzunehmen. Eine solche Segmentierung erfolgt einmal im *syntagmatischen* Zusammenhang aus der Notwendigkeit, eine Texteinheit zum Zwecke der Veröffentlichung aus dem Schreibstrom des Manuskripts herauszulösen; zum andern im *paradigmatischen* Zusammenhang aus der Notwendigkeit, ein „Werk" durch die Etappen seiner Entstehung zur Vollendung zu führen, das definitive Kunstprodukt von den Schlacken seiner Entstehung zu befreien.

So manifestiert sich denn bei Kafka das Verhältnis von anonymem Schreibstrom und autorbezogenem Werkidol als das Gegeneinanderwirken zweier einander widerstreitenden Tendenzen: der hartnäckigen Weigerung, sein nächtliches „Gekritzel" der Vollendung literarischer Produktion zuzuführen; umgekehrt aber der „Gier" (B 103), sich in „schönen Büchern" gedruckt zu sehen, die anonymen Schreibakte also schließlich doch ins „Wahre, Unveränderliche" (T 534) – wie Kafka über den *Landarzt* sagt – eines Werkzusammenhangs zu heben. Genau auf der Grenze zwischen beiden letztlich unvereinbaren Strebungen spielen sich denn auch Kafkas Bemühungen ab, eine Publikationsform zu finden, die zwischen Schrift und Druck vermittelt. Er glaubt sie in den mit großer Sorgfalt komponierten Sammelbänden *Betrachtung, Ein Landarzt* und *Ein Hungerkünstler* gefunden zu haben, die gewissermaßen „serielles" und „konfiguratives" Prinzip verbinden, zwischen Schreibstrom und Werkstruktur ein fluktuierendes Medium bilden. Ich möchte versuchen, diesen in sich kontroversen Prozeß der Textproduktion anhand des *Landarzt*-Bandes zu rekonstruieren; er ist gekennzeichnet durch die Versuche Kafkas, den anonymen Schreibstrom, wie er durch die im Winter 1916/17 im Schreibdomizil des Alchimistengäßchens entstehenden acht Oktavhefte fließt, zu parzellieren und diese Parzellen im Rahmen des autorisierten

---

Vorstellung des Exorzismus auf sein eigenes Verhältnis zur Literatur: „Ich habe letzthin in einer ‚Geschichte des Teufelsglaubens' folgende Geschichte gelesen: ‚Ein Kleriker hatte eine so schöne süße Stimme, daß sie zu hören die größte Lust gewährte. Als ein Geistlicher diese Lieblichkeit eines Tages auch gehört hatte, sagte er: das ist nicht die Stimme eines Menschen, sondern des Teufels. In Gegenwart aller Bewunderer beschwor er den Dämon, der auch ausfuhr, worauf der Leichnam (denn hier war eben ein menschlicher Leib anstatt von der Seele vom Teufel belebt gewesen) zusammensank und stank.' Ähnlich, ganz ähnlich ist das Verhältnis zwischen mir und der Literatur, nur daß meine Literatur nicht so süß ist wie die Stimme jenes Mönches." (F 444 f.).

Schrift und Druck

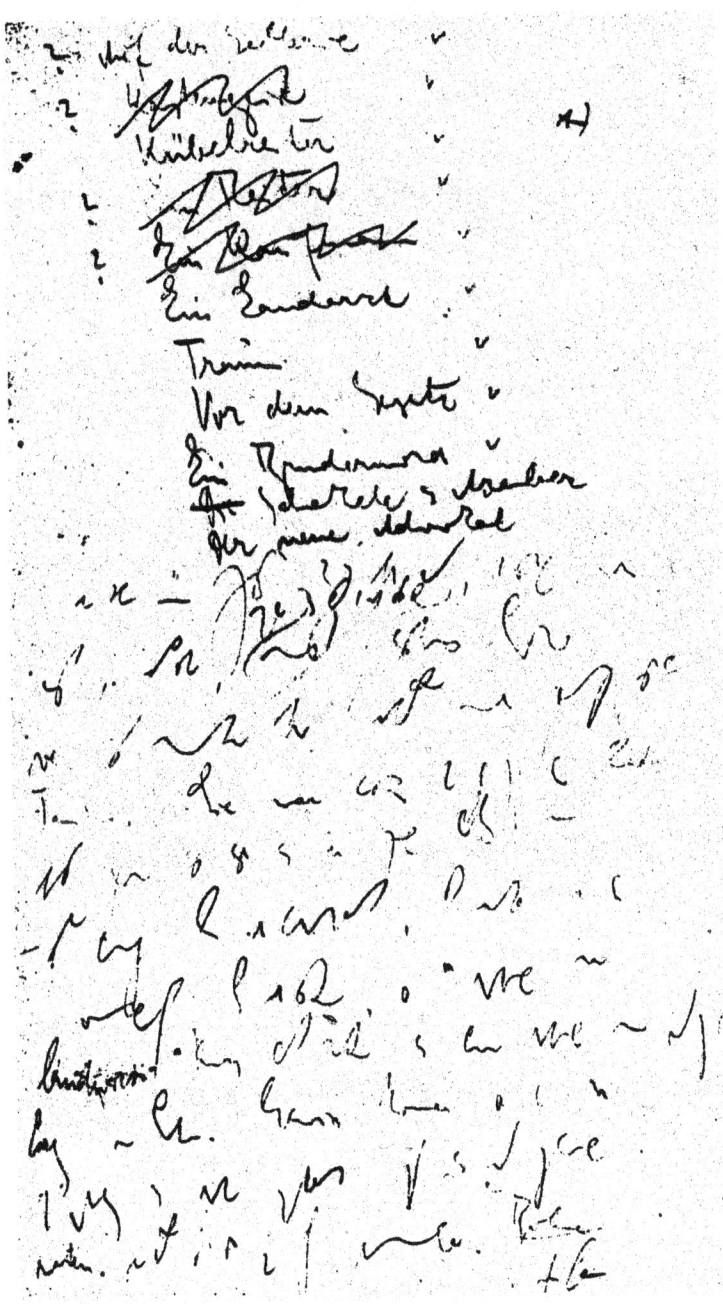

Faksimile 1: 1. Oktavheft (= B)

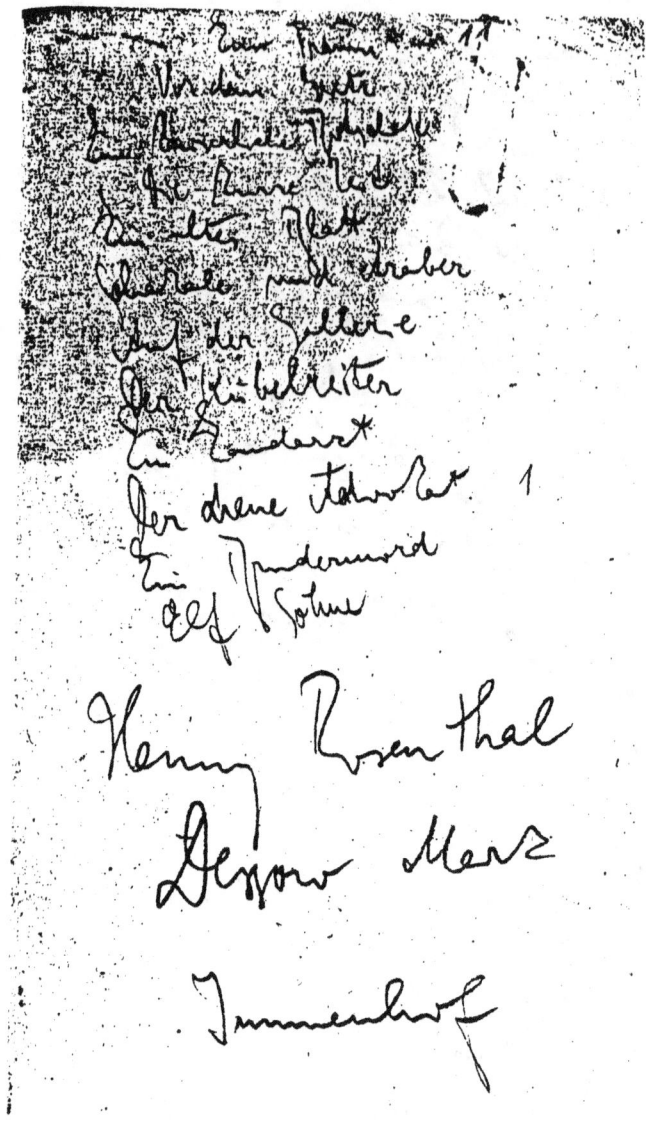

Faksimile 2: 6. Oktavheft (= C)
Für die Erlaubnis zum Abdruck der beiden Faksimiles sei Frau Marianne Steiner und Malcolm Pasley sowie dem Fischer Verlag, Frankfurt, herzlich gedankt.

Druck-Werks *Ein Landarzt* wieder zu einem größeren Textverband zusammenzufügen. (Vgl. Faksimile 1 und 2, S. 105 und S. 106)

II

Textfluß und Textsegmentierung bleiben, als einander widerstrebende Tendenzen, für Kafkas Schreibsituation bestimmend; das beigefügte Schema I verdeutlicht, in welchen Schritten die Umwälzung des produktionsästhetischen Prinzips des „Schreibstroms" in das wirkungsästhetische der „Werk"-Konstruktion durch Drucklegung der Schrift erfolgt. Erste Textsegmente, die später Aufnahme in den *Landarzt*-Band finden, entstehen schon 1914 und 1915 (in gewissermaßen horizontaler Verflechtung) im Kontext des *Prozeß*-Romans: die Parabeln *Vor dem Gesetz* und *Ein Traum*. Sie bleiben vorerst unveröffentlicht, da sie der Erfahrung von den „Niederungen des Schreibens" angehören, die mit der Roman-Produktion verknüpft sind und sich einer Anpassung an das Werk-Idol der literarischen Kultur vorerst verweigern. Ein zweiter Schaffensschub bringt (1916/17) die Sequenz der Oktavhefte hervor (die ein dichtes Netz thematischer und motivischer Verkettungen bilden[9]); aus ihnen werden einzelne Texte herausgeschnitten und veröffentlicht: *Der neue Advokat, Ein altes Blatt, Eine kaiserliche Botschaft*. Das Prinzip des anonymen Schreibstroms wird also um einer (auf kleine Texte reduzierten) Autorschaft willen durchbrochen. Drei Prosastücke, deren handschriftlicher Text und Kontext nicht überliefert sind, gesellen sich hinzu: *Ein Landarzt, Die Sorge des Hausvaters, Ein Brudermord*.

Erste Ansätze zu einer Konfiguration solcher Einzeltexte zeichnen sich ab: In Martin Bubers Zeitschrift *Der Jude* werden die beiden „Tiergeschichten" *Schakale und Araber* und *Ein Bericht für eine Akademie* als Ensemble veröffentlicht.

Textsegmentierung und erneute Textkonfiguration kennzeichnen den nächsten Schritt im zwischen Schreibstrom und Werk-Idol oszillierenden Produktionsprozeß, der schließlich zur Konstruktion des Sammelbandes *Ein Landarzt* führt. Das Schema II verdeutlicht die fünf dokumentierbaren Stufen dieses Entstehungsprozesses.[10] Aus dem Spiel von Verkettungs- und Zerschneidungstendenzen kristallisiert schließlich der *Landarzt*-Band als ein zwischen freier Assoziation und strikter Konfiguration, zwischen „Biogramm" des anonymen Schreibakts und „Druckwerk" der literarischen Maschine schwebendes Ensemble.

---

[9] Vgl. hierzu meinen Aufsatz *Werk oder Schrift? Vorüberlegungen zur Edition von Kafkas „Bericht für eine Akademie"*. In: *Jb. f. intern. Germanistik* Reihe A, Bd. 11, S. 154–173.

[10] Dieses Schema ist Wolf Kittler zu verdanken.

108   Schrift und Druck

Schema I: Zur Druckgeschichte des „Landarzt"-Bandes

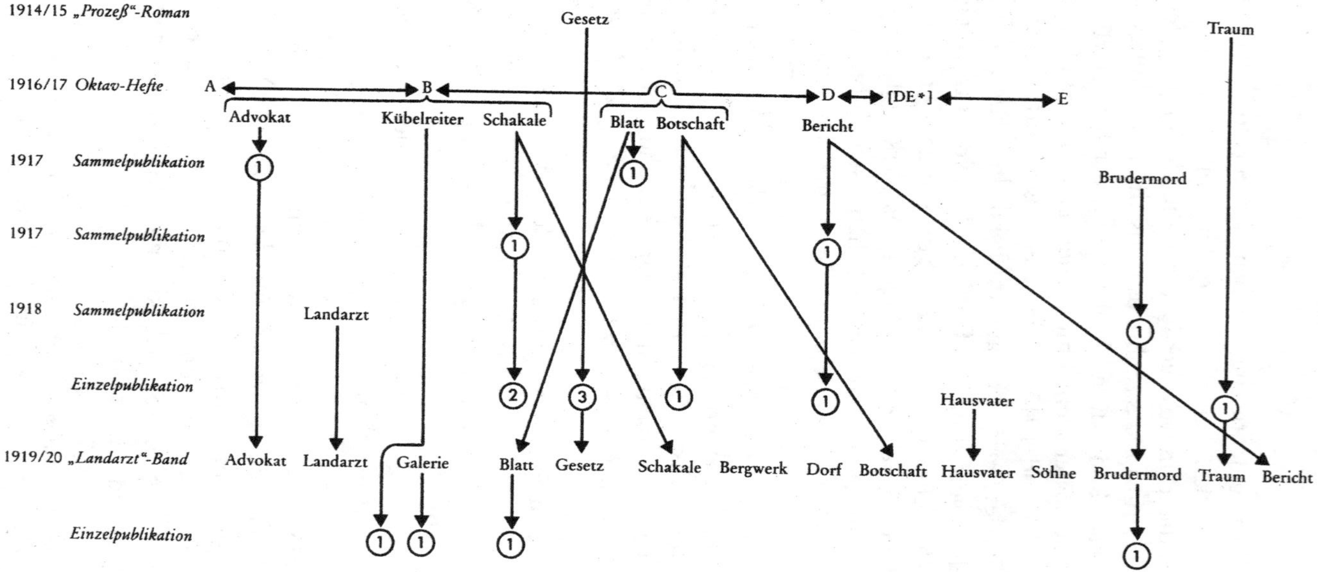

* Vermutlich ist ein zwischen D und E vermittelndes Heft [DE] verloren gegangen. Es hätte auf seinen ersten Seiten den Schluß des *Berichts für eine Akademie* enthalten.

Die drei Sammelpublikationen zwischen der Niederschrift in den Oktavheften und der Zusammenstellung des *Landarzt*-Bandes erfolgten 1917 in der Zeitschrift *Marsyas* (*Der neue Advokat, Ein altes Blatt*), ebenfalls 1917 in Martin Bubers Zeitschrift *Der Jude* (*Schakale und Araber; Ein Bericht für eine Akademie*) und im Band *Die neue Dichtung* von 1918 (*Ein Landarzt; Ein Brudermord*).

Trotzdem läßt Kafka auch dieses Ensemble sich nicht definitiv verfestigen; *Ein Kübelreiter* wird noch während des Umbruchs aus dem *Landarzt*-Band wieder ausgeschieden und später separat veröffentlicht, *Ein altes Blatt* und *Ein Brudermord* erscheinen nach ihrer Publikation im Sammelband erneut als Einzeldrucke.

Es bleibt festzuhalten, daß Kafkas Arbeit mit diesem Textkorpus ein Schwanken zwischen Verkettung und Vereinzelung, zwischen Fortknüpfung und Segmentierung des Schreibstroms dokumentiert: Schreibzusammenhänge werden zögernd aufgelöst, zu Drucken vereinzelt, zu einem Druckzusammenhang komponiert und als Drucke von neuem isoliert.

III

Reflexionen auf das Kompositionsprinzip des *Landarzt*-Bandes finden sich in der Forschung nicht allzu häufig; das ist verwunderlich, denn der *Landarzt*-Band stand auf doppelte Weise im Mittelpunkt von Kafkas kompositorischem Interesse; zum einen im Hinblick auf die Reihung der Texte im Druck, wie die fünf im Schema II dargestellten Umgruppierungen bezeugen; zum andern im Hinblick auf den poetologischen und identifikatorischen Wert dieses Textkorpus. Kafka selbst hatte – gerade im Zusammenhang mit dem *Landarzt* – als das kaum erreichbare „Glück" seines Schreibens die Möglichkeit erwogen, „die Welt ins Reine, Wahre, Unveränderliche" zu heben. (T 534) Robert Kaufs Studie von 1972 sucht in der Vorstellung der „Verantwortung" – einem von Kafka vorübergehend erwogenen Titel für den *Landarzt*-Band[11] – eine thematische Einheit des Ensembles unter ethischem Gesichtspunkt zu rekonstruieren[12]; die schöne Abhandlung Ewald Röschs entwickelt aus dem Motiv „getrübter Erkenntnis" die als Ausmessung der Distanz zum Tode bestimmte agnostische Grundstruktur als Kernkategorie von Kafkas Selbsterfahrung[13];

---

[11] Martin Buber: *Briefwechsel aus sieben Jahrzehnten*, Bd. I: 1897–1918. Hg. von G. Schaeder. Heidelberg 1972, S. 491 f.
[12] Robert Kauf: *Verantwortung. The Theme of Kafka's „Landarzt" Cycle.* In: *Modern Language Quarterly* 33, 1972, S. 420–432.
[13] Ewald Rösch: *Getrübte Erkenntnis. Bemerkungen zu Franz Kafkas Erzählung „Ein Landarzt".* In: *Dialog. Festgabe für Josef Kunz.* Hg. von Rainer Schönhaar. Berlin 1973, S. 205–243.

Hartmut Binder schließlich erkennt in der symmetrischen Konstellation der Erzählinhalte eine integrative Sinnfigur.[14]

Ich möchte demgegenüber zu zeigen versuchen, daß die Textgruppierung des *Landarzt*-Bandes aus der aporetischen Schreibsituation Kafkas, jenem „Exorzismus" der „auktorialen" Literatur aus dem „namenlosen" Körper erklärt werden kann, „Verantwortung" also im weitesten Sinne als Frage nach der Legitimationsinstanz der produzierten Rede zu verstehen ist. Der *Landarzt*-Band dokumentiert und thematisiert die beiden miteinander unvereinbaren Aspekte dieses Legitimationsproblems: Verantwortung des *Schreibstroms* durch das dem Tod abgerungene Überleben des namenlosen *Körpers*; Verantwortung des *Werks* durch den im literarischen Ruhm überlebenden *Autornamen*.

Die Frage ‚wer bin ich' – derjenige, der schreibt, oder der, der lebt – eröffnet das ambivalente Feld des bürgerlichen Subjektbegriffs, seiner zwischen Intimität und Öffentlichkeit gespaltenen Selbsterfahrung; Symptom dieser Gespaltenheit ist die widersprüchliche Einschätzung der Schreibsituation: das Sich-Verlieren im namenlosen Schreibstrom des Manuskripts einerseits; das Sich-einen-Namen-Machen im segmentierten, dem Druck überantworteten Schreib-Werk der Literatur andererseits.

Die Geschichte von Kafkas „Veröffentlichungen" (seinen zu Lebzeiten erschienenen Drucken) ist ein Dokument der Schwierigkeiten solcher Selbstgeburt durch öffentliche Rede und ihrer „Beglaubigung", ihrer „Verantwortung" aus der Selbsterfahrung des Subjekts. Schema III, vgl. S. 112, versucht diesen Prozeß zu verdeutlichen.

Kafkas erster Sammelband, *Betrachtung*, orientiert sich an dem durch das literarische Leben der Zeit legitimierten „Arrangement" von Kleinprosa, wie es etwa das Schaffen Robert Walsers nahelegt[15]: einer lockeren, thematisch konfigurierten Assoziation von aus dem Schreibstrom des Tagebuchs herausgehobenen Texten. Ein zweiter Ansatz, der den Schritt aus der Kleinprosa in die epische Dimension versucht (der *Prozeß*-Roman), wird verworfen, von Kafka selbst als „Niederung" des Romanschreibens in den Bereich nächtlicher, „kritzelnder" Selbstvergegenwärtigung zurück-

---

[14] Hartmut Binder: *Kafka-Kommentar zu sämtlichen Erzählungen*. München 1975, S. 233–236.

[15] „Herr Bankdirektor Ratgeb vom Brasilianischen Bankverein gab mir eines Tages folgenden Rat: ‚Wenn Sie je mit Ihrer Prosa Erfolg haben wollen, so müssen Sie sie in kleine Abschnitte zerschneiden.'" Robert Walser: *Phantasieren. Prosa aus der Berliner und Bieler Zeit*. Hg. von Jochen Greven. Genf und Hamburg 1966, S. 357. (Das Gesamtwerk, Bd. VI).

Schrift und Druck

Schema II

	1	2	3	4	5	6	7	8	9	10	11				
Februar 1917	Galerie	Kastengeist (Bergwerk?)	Kübelreiter	Reiter (Dorf)	Kaufmann (Nachbar)	Landarzt	Traum	Gesetz	Brudermord	Schakale	Advokat				

I „erstes Oktavheft" (Brod) – Heft B (Pasley-Wagenbach) (vgl. Faksimile 1)

	1	2	3	4	5	6	7	8	9	10	11	12			
März 1917	Traum	Gesetz	Botschaft	Die kurze Zeit (Reiter) (Dorf)	Blatt	Schakale	Galerie	Kübelreiter	Landarzt	Advokat	Brudermord	Söhne			

IIa „sechstes Oktavheft" – Heft C

	1	2	3	4	5	6	7	8	9	10	11	12
	Advokat	Gesetz	Botschaft	Die kurze Zeit	Blatt	Schakale	Galerie	Kübelreiter	Landarzt	Brudermord	Traum	Söhne

IIb Umstellung durch nachgestellte Ziffern in Heft C (vgl. Faksimile 2)

	1	2	3	4	5	6	7	8	9	10	11	12	13	14	15
20. 8. 1917	Advokat	Landarzt	Kübelreiter	Galerie	Blatt	Gesetz	Schakale	Bergwerk	Dorf	Botschaft	Hausvater	Söhne	Brudermord	Traum	Bericht

III Kafkas Brief an den Verleger Wolff

	1	2	3	4	5	6	7	8	9	10	11	12	13	14
17. 2. 1919	Advokat	Landarzt	Galerie	Blatt	Gesetz	Schakale	Bergwerk	Dorf	Botschaft	Hausvater	Söhne	Brudermord	Traum	Bericht

IV Eingriff Kafkas in den Umbruch des Landarzt-Bandes (Sendung vom 17. 2. 1919)

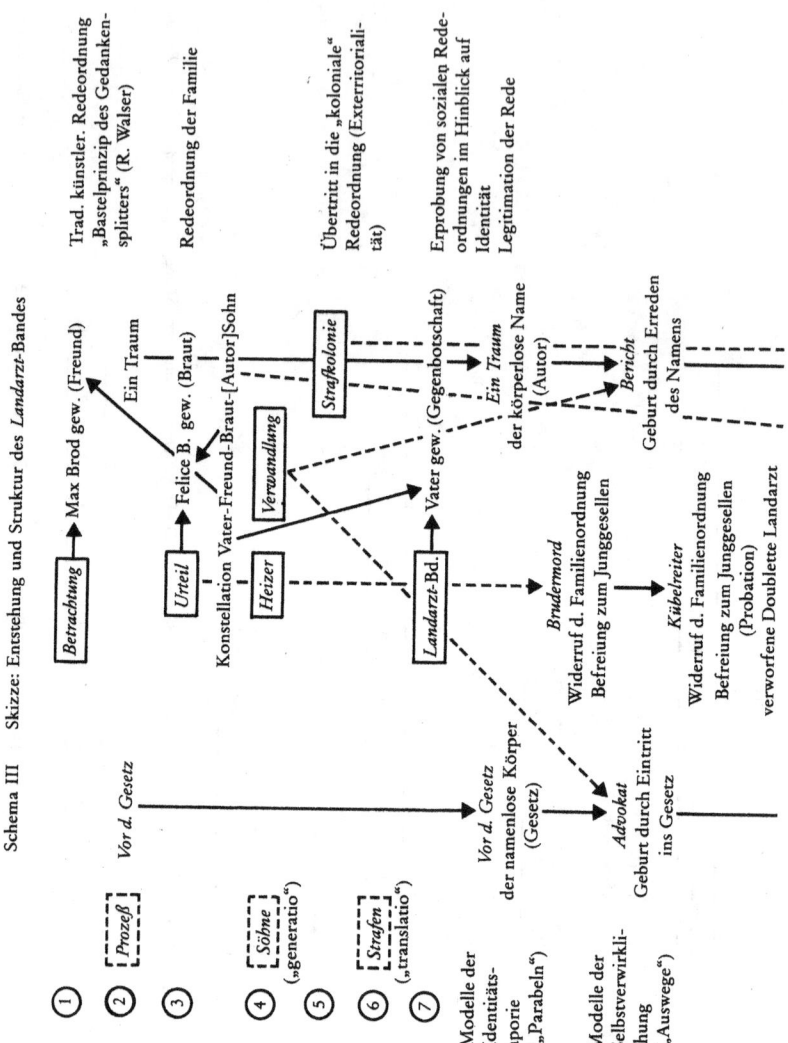

Schema III Skizze: Entstehung und Struktur des *Landarzt*-Bandes

verwiesen: Der Exorzismus von Literatur aus dem körpernahen Schreibstrom des Manuskripts mißglückt.

Eine neue Situation ergibt sich aus den Konfigurationsexperimenten, die Kafka im Hinblick auf die vier Einzeltexte *Das Urteil, Die Verwandlung, Der Heizer* und *In der Strafkolonie* unternimmt. Das aus dem Schreibstrom Herausgehobene wird probeweise unter Leitbegriffen „familialer" und „sozialer" Verantwortung assoziiert: Kafka erwägt zunächst die Zusam-

Schrift und Druck 113

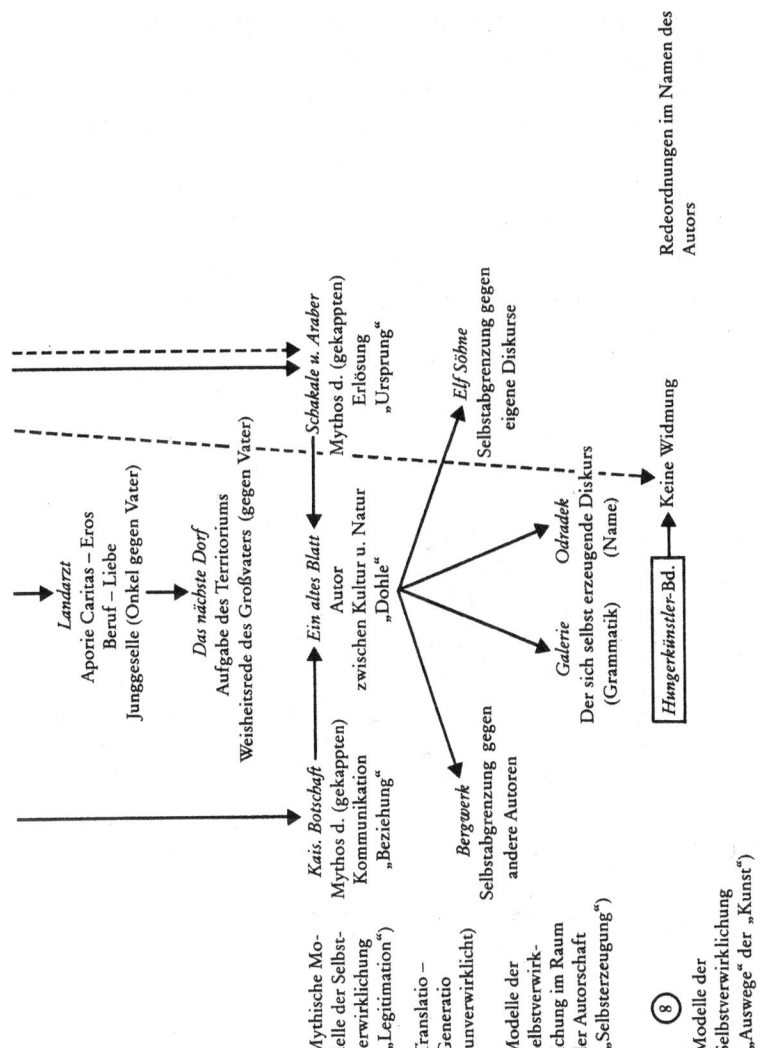

menstellung von *Urteil, Verwandlung* und *Heizer* unter dem Sammeltitel *Söhne* (auf dem Hintergrund der Legitimation durch „Zeugung", also der durch den Körper geregelten Kommunikation: durch „generatio" [vgl. H 113 f.]); sodann – in veränderter Zusammensetzung – die Vereinigung von *Urteil, Verwandlung* und *Strafkolonie* unter dem Sammeltitel *Strafen* (auf dem Hintergrund der Legitimation durch das „Gesetz", also der durch

Sprache geregelten Kommunikation: durch „translatio"). Freilich wird letztlich keines der beiden Projekte verlegerisch realisiert.

Erst mit dem *Landarzt*-Band gelingt Kafka dann die Verwirklichung einer Organisationsform, die das Prinzip des „Schreibstroms" mit dem des „Literaturwerks" verbindet. Kennzeichen dieser Organisation unlösbar widersprüchlicher Zusammenhänge sind zwei einander entgegengesetzte Akte des Umgangs mit der Schrift, ihrer „Verantwortung" durch den Autor: das *regressive* Verfahren der palimpsesthaften Durch-Schrift (Ré-Écriture) auf der einen Seite, der Wieder-Holung schon vorgeschriebener Grundmuster als simulierender Rückverwandlung in den Schreibstrom der Manuskripte; das *konstruktive* Verfahren der Segmentierung und Konfiguration von Schrift auf der andern Seite, das in der thematisch und motivisch orientierten Zusammenstellung von Textsegmenten literarische Werk-Strukturen simuliert.

So enthält der *Landarzt*-Band (wie Schema III ausweist) einerseits „Durch-Schriften" schon vorliegender Druckwerke – Reprisen der *Urteils*-Konstellation durch *Brudermord, Kübelreiter, Landarzt* und *Das nächste Dorf* –, andererseits zu „Werkstrukturen" segmentierte Elemente der Schreibströme des *Prozeß*-Manuskripts *(Ein Traum, Vor dem Gesetz)* und der Oktavhefte *(Schakale und Araber, Ein altes Blatt, Eine kaiserliche Botschaft)*; in einigen Fällen überkreuzen sich beide Verfahren in einem *einzigen* Text: so im *Neuen Advokaten* und im *Bericht für eine Akademie*, die einerseits als Palimpseste der *Verwandlung* lesbar sind, andererseits als gewaltsam aus dem eng verflochtenen Gewebe der Oktavhefte A, B, D und E heraus getrennte Textstücke aufgefaßt werden müssen.

Mit dem *Hungerkünstler*-Band, dessen Publikation Kafka nicht mehr erlebte, wird das Thema auktorialer Selbstlegitimation schließlich explizit: als Verantwortung der Kunst allein aus dem Körper dessen, der sie hervorbringt.

Versucht man die Geschichte der Veröffentlichungen Kafkas als eine Geschichte seiner Selbstlegitimation als Autor zu lesen, so zeigt sich, wie bewußt er diese Publikation aus den Konfigurationen seiner Lebenswelt, als den Bereichen familialer wie sozialer Verkörperungen, entwickelt, und zwar, indem er die Texte dediziert und damit im Hinblick auf bestimmte Lebensbereiche zugleich indiziert. *Betrachtung* wird Max Brod gewidmet, dem literarischen Mentor und erfolgreichen Schriftsteller; in solcher Zuordnung offenbart sich der Versuch einer Beglaubigung des eigenen Schreibens aus dem Kontext der bestehenden Literatur. Die Widmung des *Urteils* an die Verlobte Felice Bauer bezeugt, auf dem doppelten Hintergrund von Familie *(Söhne)* und Sozietät *(Strafen)*, die Ausmessung der

Distanz zwischen Schreiben und Leben, als dessen Repräsentant die Frau fungiert (vgl. H 118). „Verantwortung" (schon vorausdeutend auf den geplanten *Landarzt*-Band) artikuliert sich als Entscheidung im Spannungsfeld zwischen Ehe und Schriftstellerei, zwischen „generatio" und „translatio" als selbstlegitimierenden Verfahren; die Widmung des *Landarzt*-Bandes an den Vater muß in diesem Sinne als emanzipatorische Gegenbotschaft gelesen werden: als Ersetzung des „Sohnes", der die Rede des Vaters nachspricht, durch den „Autor", der seine eigene selbstgeschaffene Rede verantwortet. Mit dieser Widmung an den Vater erfolgt die definitive Absage an die Familie als Ort des Redenlernens. Der *Landarzt*-Band gewinnt so, als literarische Rede, jene Freiheit, die der nie abgesandte *Brief an den Vater*, durch Rückfall in die Befangenheit der Familienrede, als unerreichbar postuliert.

Der *Hungerkünstler*-Band schließlich trägt keine Widmung mehr. In ihm hat der „Autor" Kafka, wie ihn das Titelblatt bezeugt, allein die Verantwortung für die von ihm hervorgebrachte Schrift übernommen, eine aus der Erfahrung schwindender Körperlichkeit dem Tod abgerungene Verantwortung: als Verwandlung des erlöschenden Körpers nämlich in literarische Schrift. Dieses paradoxe Insistieren auf dem Körper und seiner Verweigerung gegenüber der normierten Rede der Lebenswelt als Bedingung der auktorialen Legitimation des Selbst bildet denn auch das Generalthema aller vier Erzählungen dieses Bandes: als Verweigerung der Eigentümlichkeit der Körpererfahrung gegenüber der „Urteils"-Welt der Öffentlichkeit in *Eine kleine Frau*; als Festhalten an der Unveräußerlichkeit körperlicher Balance hoch über jenem festen Boden, der die Körper aller anderen trägt, in *Erstes Leid*; als Abwehr jeder Nahrung, die, im Gegensatz zur Besonderheit der eigenen Körpererfahrung, die Körper aller anderen erhält, im *Hungerkünstler*, als hartnäckige Bewahrheitung der eigentümlichen Stimme gegen alle Versuche der Vereinnahmung durch das Gemurmel der anderen, in *Josefine, die Sängerin*.

IV

Dieser Prozeß der Erarbeitung von „Verantwortung" für die eigene Rede, wie ihn die Geschichte der Drucke Kafkas und ihrer Dedikationen als „Autorisationen" des Subjektes, als Selbstfindungen des Schriftstellers Kafka, als „Exorzismus" der Schrift der Literatur aus dem Körper des Schreibenden dokumentiert, redupliziert sich gewissermaßen mikroskopisch in der Textkonfiguration des *Landarzt*-Bandes. Erfahrungen dieses

Selbstwerdungsprozesses gerinnen zu Elementen erzählerischer Phantasie und den Versuchen ihrer kombinatorischen Entfaltung.

Das heißt aber, daß die beiden Verfahren des Umgangs mit der Schrift, wie sie in der Entstehung des „Autors" Kafka Gestalt erlangen, sich in der Konstruktion des *Landarzt*-Bandes überkreuzen: das Prinzip des Sich-Treiben-Lassens im Schreibstrom und dasjenige auktorialer Selbstkonstruktion im literarischen Werk. Das erste Prinzip habe ich das der Ré-Écriture genannt, der Durchschrift einer immer sich wiederholenden Grundsituation, als einer „biogrammatischen" Bewahrheitung des Körpers im Schreib-Akt; das zweite Prinzip das der experimentellen Herausarbeitung von Identifikationsmodellen, als eine „soziogrammatische" Bewahrheitung des redenden Subjekts aus dem kulturellen Kontext. Das erste Prinzip trägt regressive Züge und bezeugt den Versuch der Rückkehr in den anonymen Schreibstrom der Intimität; das zweite Prinzip vergegenwärtigt den Schritt in den kulturellen Kontext, die auktoriale Einschreibung in die Welt der Literatur, den Anspruch auf sozialdiagnostische Argumentation.

1. Das erste Prinzip emaniert aus Kafkas „Ursituation" familialer Abhängigkeit, der problematischen Konfiguration von Körper und Schrift (Name) in der kindlichen Selbstwerdungssituation und den Versuchen der Entwicklung einer autonomen Rede aus der Zwanghaftigkeit dieser Situation.

Paradigma dieser Situation ist Kafkas Erzählung *Das Urteil*; die Widmung des *Landarzt*-Bandes an den Vater kennzeichnet diesen als „Widerruf" des aus der *Urteils*-Situation ergangenen, „stumm machenden" väterlichen Gesetzes.[16] So enthält denn auch der *Landarzt*-Band vier „Durchschriften" dieses Paradigmas, „*Wieder*holungen" im Sinne von „*Um*-Schreibungen" dieser Ursituation: den *Brudermord* als Gegenphantasie zur Erdrückung durch den familialen Konkurrenten[17]; den *Kübelreiter* als die Phantasie der Befreiung zum Junggesellen in „eisiger Einsamkeit"; die *Landarzt*-Erzählung selbst, die den *Kübelreiter* (als schwächere Doublette) schließlich verdrängt[18], als den Ausweg des Junggesellen aus dem Dilemma familialer und beruflicher Zwänge in die Isolation des ungeschützten Körpers; schließlich, im kleinen Text *Das nächste Dorf,* den

---

[16] Diese Zusammenhänge habe ich in *Franz Kafka: Das Urteil Text, Materialien, Kommentar.* München 1981, entwickelt.

[17] Hierzu Margarete Mitscherlich-Nielsen: *Psychoanalytische Bemerkungen zu Franz Kafka.* In: *Psyche* 31, 1977, S. 60–83.

[18] *Der Kübelreiter* wurde von Kafka aus dem Umbruch wieder herausgenommen.

Ausritt aus der Familiensituation, der genealogischen Tutel ins Ungewisse sozialer Autonomie.

Dieses vierfache Palimpsest der Kernsituation Kafkascher Selbsterfahrung wird flankiert von zwei weiteren Ketten einer Ré-Écriture, die in einer von der Familiensituation abgehobenen Form analoge Selbstwerdungsphantasien repräsentieren, und zwar erneut im für die Selbsterarbeitung dieses Autors zentralen Spannungsfeld zwischen Körper und Name. Zunächst eine Folge von drei Texten, die „Namen" auf der Suche nach einem „Körper" zeigen, also gewissermaßen *translatorische* Begründungszusammenhänge zu eröffnen suchen: *Vor dem Gesetz* vergegenwärtigt das Problem in parabolischer Form: der Mann vom Lande, der – wenn er den Eintritt in das Gesetz wagte – sein dort bereitliegendes „Urteil", als seinen Namen, zugesprochen bekäme; der *Neue Advokat* zeigt eine Situation, wo ein Name (Bucephalus) sich den Körper erfindet, wo die Geburt in die Gesellschaft der Menschen durch Eintritt in das Gesetz (das soziale Ritual der Anerkennung durch das „Barreau") erfolgt; die *kaiserliche Botschaft* stellt die Phantasie eines scheiternden Begründungs-Mythos für eine solche Namens-Findung dar; ein Urteil, als Botschaft im Namen des Vaters, wird auf einen Körper (den „Untertanen") hin in Bewegung gebracht, ohne diesen je zu erreichen.

Sodann, genau umgekehrt, eine Folge von drei Texten, in denen ein „Körper" seinen „Namen" sucht, also gewissermaßen *genealogische* Zusammenhänge phantasiert werden: zunächst im Text *Ein Traum*, der, wiederum als Parabel, das Problem „stellt": die mögliche Gewinnung des Namens im Überleben des Ruhms, die versuchte Zuschreibung des Autornamens an die Initiale Josef K., dem Tod abgewonnen durch das Opfer des Körpers; dann der *Bericht für eine Akademie*, der dem namenlosen Körper des Affen im sozialen Ritual des „Varietés" zumindest ein Pseudonym, den „förmlich von einem Affen erfundenen" (E 186) Nick-Namen „Rotpeter" zuschreibt, der das Überleben ermöglicht; schließlich die Phantasie eines scheiternden Erlösungs-Mythos in *Schakale und Araber*, wo dem Körper der Schakale, geborgen im mütterlichen Blutstrom, der Name eines (sich entziehenden) „patriarchalischen" Erlösers zugedacht wird.

Beide Mythen sind gekappt, sie vermögen ihre legitimierende Kraft nicht zu entfalten: der Begründungs-Mythos der *kaiserlichen Botschaft* als Versuch einer Regelung der Kommunikation mißrät, da ein Garant, in dessen Namen die Beziehung der Protagonisten gestiftet werden könnte, fehlt; der Erlösungs-Mythos von *Schakale und Araber* als Versuch einer Erklärung des Ursprungs bricht ab, da ein Garant, in dessen Namen die Stiftung einer Genealogie erfolgen könnte, nicht gefunden wird.

An die Stelle des versagenden Begründungs- wie des abgebrochenen Ursprungs-Mythos tritt der „auktoriale" Mythos von der Geburt der selbstverantworteten Rede im *Alten Blatt*. Es ist das Umschlagen der (gescheiterten) sozial verantworteten Legitimationsmodelle der Selbsterfahrung in ein vom Autor selbst und allein verantwortetes: Dieser auktoriale Mythos trägt nun weder translatorische (in der sozial vereinbarten Sprache begründete) noch genealogische (im Blutstrom verankerte) Züge. Er beruht auf dem Prinzip der „Erfindung", der Erfindung einer „Dohlen"-Sprache, die, vom nomadisierenden Körper allein getragen, das Emblem des Vaters[19] in die Signatur der eigentümlichen Schrift des „Autors" Kafka umprägt, den Sohn, durch die Gegenbotschaft der Literatur an den die Familie und ihre Zwänge repräsentierenden Vater, in den „Schriftsteller" verwandelt.[20]

2. Während die bisher beschriebenen Zusammenhänge dem Prinzip der Ré-Écriture gehorchen, richtet sich die Aufmerksamkeit im folgenden auf das Gegenprinzip auktorialer Selbst-Konstruktion. Denn auf der Basis des im ersten Bereich erarbeiteten selbstverantworteten Mythos der „Autorschaft" kann Kafka nun in vier Texten vier Modelle der Selbstverwirklichung entwerfen, die im Raum dieser Autorschaft wirksam werden — und zwar im Spielfeld zwischen der Rede, die im Namen des Autors geschaffen und von ihm selbst verantwortet wird, und jener anderen, die (als écriture automatique) aus der Anonymität des sozialen Diskurses emaniert und sich legitimiert.

Dem ersten Zusammenhang gehören die beiden Texte *Besuch im Bergwerk* und *Elf Söhne* zu. Der eine behandelt die Abgrenzung der Kafkaschen Schreibakte gegen die Schrift anderer, mit ihm konkurrierender Autoren, eine Phantasie, die durch einen Almanach von Kafkas Verleger Kurt Wolff ausgelöst wurde[21]; der zweite thematisiert die Selbstbestimmung Kafkas, des Autors, als „Vater" seiner eigenen Texte, gegen-

---

[19] Abbildung der Dohle auf dem Briefkopf des väterlichen Geschäftspapiers in: Klaus Wagenbach: *Franz Kafka. Eine Biographie seiner Jugend 1883–1912*. Bern 1958, S. 19.

[20] Vgl. hierzu Wolf Kittler: *Der Turmbau zu Babel, das Schweigen der Sirenen und das tierische Pfeifen*. Diss. Erlangen 1978, S. 70 ff.; ferner Ilse-Marleen Stoessel: *Dohlensprache. Weitere Fragen an Odradek*. In: *Aufmerksamkeit. Festschrift für Klaus Heinrich zum 50. Geburtstag*. Frankfurt a. M. 1979, S. 563–574.

[21] Vgl. hierzu Malcolm Pasley: *Drei literarische Mystifikationen*. In: Jürgen Born u. a.: *Kafka-Symposion*. Berlin 1965, S. 31–37.

über diesen, somit die Abwägung der Verantwortung, die der Erzeuger von Schreibakten diesen gegenüber zu tragen vermag.[22]

Dem zweiten Zusammenhang, der als Vorstellungsbereich einer „sich selbst erzeugenden Rede" zu denken ist, gehören die beiden Texte *Auf der Galerie* und *Die Sorge des Hausvaters* zu. Im ersten vergegenwärtigt sich ein aus der Automatik grammatischer Abläufe selbst produzierender Diskurs (der Durchlauf desselben Erzählzusammenhangs in zwei verschiedenen Modi der Rede); im zweiten der aus dem puren Namen, als „linguistischer Entität" herausgegrübelte (dem Modell des Fragebogens gehorchende) Schematismus einer Personenbeschreibung.

Die in solcher Weise skizzierte Argumentationsfigur im Ensemble des *Landarzt*-Bandes macht deutlich, daß Kafka in diesem aus 14 Textsegmenten streng komponierten Buch strukturell wie inhaltlich seine eigene aporetische Schreibsituation vergegenwärtigt, nämlich das ungelöste Problem der Verantwortung der eigenen Rede – somit die letztliche Unfähigkeit des Schreibenden, sich zwischen einer Legitimation des Selbstausdrucks aus der Eigentümlichkeit des Körpers (als Begründung einer eigenen, selbstverantworteten, aber nicht soziablen Rede, der „Dohlen-Sprache") und einer Legitimation des Selbstausdrucks aus dem körperlosen Diskurs (als Einschreibung der eigenen Sprechakte in die Rede der anderen) zu entscheiden. *Die Sorge des Hausvaters* erwägt eine „Auktorialität" ohne generative oder translatorische Basis. Diese Aporie des Ursprungs vollendet sich dann in der – von dem „Pseudonym" des Familiennamens abgelösten – doppelten „Schrift" des Autornamens: als ‚Franz Kafka' auf dem Deckel des Buches, als Kryptogramm der ‚Dohle' im apokryphen Begründungsmythos des *Alten Blatts*.

Der *Hungerkünstler*-Band, Kafkas letztes Werk, zieht dann die Konsequenzen aus diesen Einsichten. In ihm werden vier Modelle von Kunstübungen durchgespielt, die durch die Eigentümlichkeit des körperlichen Habitus geprägt sind: die Verweigerung gegenüber dem Urteil der Öffentlichkeit *(Eine kleine Frau)*, das Insistieren auf der selbstverantworteten Leibesübung *(Erstes-Leid)*, Nahrungsaufnahme *(Hungerkünstler)* und Stimmgebung *(Josefine)* – Kunstübungen antiklassischer Prägung, einer nicht mehr von der Idee, sondern vom Körper her beglaubigten Schrift, ausgeübt nicht mehr von „Künstlern", sondern nur noch von „Artisten" in der Halbwelt des Zirkus und des Varietés: Utopien von Selbstäußerungen, die nicht mehr aus der Diskursivität der Gesellschaft,

---

[22] Ebd. S. 21–26.

sondern aus der Insistenz des Körpers und dessen Akten der Verweigerung gegenüber dieser entspringen.

V

Die hier angedeuteten Zusammenhänge haben gravierende Konsequenzen für die Edition der Texte Kafkas. Die konstatierte doppelte Tendenz der Schreibakte auf den körperverantworteten Schreibstrom hin einerseits, den namenverantworteten Buch-Druck hin andererseits macht eine Editionsmethode undenkbar, die den „autorisierten" Text der Drucke von den „verworfenen" Varianten der Manuskripte trennt. Die Schreibakte Kafkas lassen in diesem Sinne gar keinen definitiven Werk-Begriff mehr zu. Die Grenzen seiner Texte erweisen sich auf doppelte Weise als fließend; zum einen „syntagmatisch" aufgelöst, da sie, vielfach verflochten mit anderen Textpartien, nicht nur die „autonome" Funktion ihrer Druckgestalt haben, sondern zugleich in den Schreibstrom der Sudelhefte durch Motiv- und Argumentationsverklammerungen eingebettet bleiben; „paradigmatisch" aufgelöst, da sie in wiederholenden Um*schreibungen* und Um*schreibungen* Vor-Geschriebenes aufnehmen und nach dem Prinzip der Ré-Écriture variierend erneut vergegenwärtigen, also eine wertende Unterscheidung von „Vorstufen" und „definitiven Fassungen" sich gar nicht mehr eindeutig vornehmen läßt.

Die Edition muß einen Weg finden, beide Dimensionen der problematischen „Autorschaft" Kafkas, die syntagmatisch definierte (apokryphe) des Schreib Stroms und die paradigmatisch orientierte (öffentliche) des „Telos-Charakters" der Werkentstehung gleichzeitig lesbar zu machen, keine zu vereinseitigen, sondern sie gewissermaßen „stereometrisch" zu vergegenwärtigen.

Grundvoraussetzung einer solchen gleichsam „partiturmäßigen" Darstellung ist das Prinzip der Doppeledition, das die Kritische Kafka Ausgabe praktizieren wird. Die Texte des *Landarzt*-Bandes etwa sollen, soweit sie im Manuskript überliefert sind, zweimal zur Darstellung kommen: zunächst als Elemente des Schreibstroms, eingebettet in den Kontext des *Prozeß*-Romans und der Oktavhefte; sodann als „Werke" isoliert im Kontext anderer „Werke", wie sie das von Kafka selbst zum Druck gebrachte Ensemble des *Landarzt*-Bandes repräsentiert.

Allerdings bleiben, wenn man sich auf eine solche Doppeledition beschränkt, immer noch wesentliche Momente der stereometrischen Struktur des Zusammenhangs unsichtbar. Zur „Technik" der Edition sollten kommentierende und interpretierende Lesehilfen hinzutreten, die das Prinzip der Doppeledition rechtfertigen und eigentlich erst nutzbar machen. Als solche Lesehilfen bieten sich, da „stereometrische" Darstellungsmethoden im strengen Sinne ausscheiden, Strukturschemata an. Drei solcher Schemata sind hier vorgestellt. Sie ermöglichen eine dem Partiturcharakter des Zusammenhangs entsprechende „Lektüre" der beiden im Rahmen der Doppeledition präsentierten Texte, die ja nur Anfangs- und Endstufe eines „horizontal" und „vertikal" sich verzweigenden Entstehungsprozesses darstellen.

Eine solche Lektüre hätte vier verschiedene Kontexte zu berücksichtigen:

1. Der Schreibstrom der Manuskripte mit seinen thematischen und motivischen Verflechtungen bildet eine erste, gewissermaßen „synchrone" Schicht. Er ist in einer der diplomatischen Darstellung angenäherten Form, als lineare Vergegenwärtigung der Schreibgeschichte, sichtbar und wird durch Schemata begleitet, die die Verteilung der Textsegmente auf die Schriftträger maßstabgetreu abbilden. Die Segmentierung der Texte, deren motivische und thematische Verknüpfung sind durch Kommentar und Interpretation – wenn möglich schematisiert – zu verdeutlichen.[23]

2. Die „diachrone" Lesart des Zusammenhangs wird durch ein Schema der Druckgeschichte (Schema I, S. 108) eröffnet, das die Verflechtung der beiden Prinzipien von Kafkas Schreibsituation, die doppelte Orientierung auf Schreibstrom und Werkstruktur, erkennbar macht.

3. Das Schema der Druckgeschichte wird um ein solches der Motiv- und Strukturentwicklung ergänzt (Schema III, S. 112). Erst an diesem verdeutlicht sich das Doppelprinzip von Ré-Écriture und konfiguraler Konstruktion: die Überschneidung des „diachronen" Prinzips der Motiv- und Strukturvarianz mit dem „synchronen" der Herausbildung von Sinnfiguren durch Kombination von Textsegmenten. In diesem Schema kommen zwar (im Gegensatz zu Schema I, das streng historisch argumentiert) ausschließlich kommentatorische und interpretatorische Aspekte zur Geltung. Es ist aber als vermittelndes Organon zwischen „Schreibstrom"-Edition und „Druck"-Edition unerläßlich.

4. Das Schema II (S. 110) dient zur Vermittlung zwischen dem „Schreibstrom"-Schema der Stufe 1, dem Schema der Druckgeschichte (I), dem Schema der Motiv- und Strukturentwicklung (III) und dem edierten Text von Kafkas zu Lebzeiten erschienenem *Landarzt*-Druck. Es zeigt

---

[23] Meine in den Anmerkungen 3 und 9 genannten Aufsätze sind Vorstudien solcher Kommentierung.

genau den Punkt, an dem Kafkas Schreib-Strom-Prinzip mit dem Druckwerk-Prinzip in Auseinandersetzung gerät, Schreibakte in Werkkonstruktionen umzuschlagen beginnen und das Spiel kombinatorischer Phantasie des Autors, die Verwandlung des körperorientierten Schreibstroms in autororientierte „Literatur" einsetzt.

Die hier angestellten Überlegungen machen deutlich, daß Edition im Hinblick auf einen Autor wie Kafka – aber wohl auch Hölderlin, wie die Ausgaben Beißners und Sattlers zeigen – nicht nur als rein technisches Ritual aufgefaßt werden kann, sondern auf Erkenntnissen der Interpretation aufbaut und zu interpretatorischen Konsequenzen führt.[24]

Die Gründe für eine solche Neuorientierung sind vielfältig; sicher ist jedenfalls, daß sich mindestens drei Momente der Irritation abzeichnen[25]: zunächst die Auflösung oder gar der *Verlust des klassischen Werkbegriffs*, die Verwischung der Grenzen zwischen Entwurf und Vollendung, Experiment und formaler Bewältigung; sodann die *Bedrohung der Einsinnigkeit des Autornamens,* die zunehmende Verwandlung der Person ‚Autor' in die (ästhetische, ökonomische, rechtliche) Funktion (oder Instanz) ‚Autor'; schließlich die zunehmend sich verschärfende *Dialektik zwischen Intimität und Öffentlichkeit,* zwischen privatem und offiziellem Tun, zwischen „Hand-Schrift" und „Druck-Werk", auf dem Hintergrund der sich immer stärker ausprägenden Fetischisierung des Subjekts gerade auch als Reaktion auf jene Normierungssysteme und Maschinen (der Justiz, Medizin, Psychiatrie, Pädagogik, aber selbst der Philologie), die zur Rettung, Legitimierung und Resozialisierung eben dieses Subjekts ersonnen worden sind.

Kulturgeschichtlich eingeleitet wird diese Irritation im 19. Jahrhundert: Wenn Lachmann eine auf das Subjekt bezogene Archäologie der (väterlichen) Schrift begründet (also der Entstehungsvariante neben der Überlieferungsvariante Geltung verschafft)[26], wenn Schliemann eine Ar-

---

[24] Die bis auf zwei Briefbände abgeschlossene Kritische Kafka Ausgabe hat, was die Edition der „Werke" angeht, auf Kommentierung verzichtet.

[25] Neben die Dialektik von Privatheit und Öffentlichkeit und die Auflösung des traditionellen „Autor"-Begriffs tritt die analoge Problematisierung des herkömmlichen „Text"-Begriffs: als „Partitur" bei Claude Levi-Strauss: *Die Struktur der Mythen.* In: *Strukturale Anthropologie.* Frankfurt 1972, S. 226–254; als „Schichtenmodell" bei Roland Barthes: *Théorie du Texte.* In: *Encyclopaedia Universalis,* Bd. 15. Paris 1973, S. 1013–1017; als „Intertext" bei Julia Kristeva/J.-C. Coquet: *Sémanalyse.* In: *Semiotica* 4, 1972.

[26] Vgl. jetzt Harald Weigel: Nur was du nie gesehn wird ewig dauern. Carl Lachmann und die Entstehung der wissenschaftlichen Edition, Freiburg i.Br. 1989.

chäologie des Mutterbodens und Freud eine Archäologie der Seele und ihrer Sprache betreiben[27], so sind dies Symptome eines Paradigmenwechsels in der Selbsterfahrung des Subjekts. Dieses gewinnt „stereometrische" Dimensionen. Nicht nur das Manifeste, Bewußte und Sichtbare bestimmt nun die Qualität seiner Selbsterfahrung, sondern gerade auch deren Orientierung auf das Latente, Vorbewußte und Unsichtbare. Die Begründung der „Verantwortung" für die menschliche Selbsterfahrung und deren zentrales Organ, die Sprache, führt zu bisher ungeahnten Komplikationen und beginnt zwischen beiden Legitimationsfeldern zu oszillieren.

Was die Autoren in ihrer Schreib- und Phantasietätigkeit – mindestens seit Hölderlin – alteriert, sollte auch den Editoren zu denken geben.

> Alles fügte sich ihm zum Bau. Fremde Arbeiter brachten die Marmorsteine, zubehauen und zueinander gehörig. Nach den abmessenden Bewegungen seiner Finger hoben sich die Steine und verschoben sich. Kein Bau entstand jemals so leicht wie dieser Tempel oder vielmehr dieser Tempel entstand nach wahrer Tempelart. Nur daß auf jedem Stein – aus welchem Bruche stammten sie? – unbeholfenes Gekritzel sinnloser Kinderhände oder vielmehr Eintragungen barbarischer Gebirgsbewohner zum Ärger oder zur Schändung oder zu völliger Zerstörung mit offenbar großartig scharfen Instrumenten für eine den Tempel überdauernde Ewigkeit eingeritzt waren. (H 127)

---

[27] Hier sei nur an die stereometrische Struktur von Freuds „Wunderblock"-Modell erinnert: Sigmund Freud: *Notiz über den „Wunderblock".* In: *Gesammelte Werke*, Bd. XIV. *Werke aus den Jahren 1925–1931.* Frankfurt 1972, S. 4–8.

„Wie eine regelrechte Geburt mit Schmutz und Schleim bedeckt"

Die Vorstellung von der Entbindung des Textes aus dem Körper in Kafkas Poetologie

> Was hast du mit dem Geschenk
> des Geschlechtes getan?
> *Kafka am 18. 1. 1922 in seinem Tagebuch*

I

Kunst – Zeugung – Geburt: Dies sind die Leitbegriffe, in deren Zeichen die Beiträge dieses Bandes stehen.* Kehrt man die Reihenfolge dieser Leitbegriffe um, so gewinnt man eine Vorstellungsfigur, die die Poetologie Kafkas sehr genau trifft: Geburt – Zeugung – Kunst. Denn Kafkas Geschichten sind – schon wenn man sie thematisch betrachtet – zuerst und vor allem Geschichten von der Geburt. Schon *Das Urteil*, die erste von Kafka in ihrem literarischen Wert ernstgenommene Geschichte, ist nichts anderes als eine mißglückende Geburtsphantasie. *Die Verwandlung* erweist sich dann – und Kafka selbst hat es gesehen – als deren Umkehrung, ein Gegenbild des „Gebärungsaktes", wie der Autor am 6. 2. 1919 an seinen Freund Max Brod schreibt: „Die Aufnahme eines neuen Menschen in sich, besonders seiner Leiden und vor allem des Kampfes, den er führt und von welchem man mehr zu wissen glaubt, als der fremde Mensch selbst, – das alles ist ein Gegenbild des Gebärungsaktes geradezu."[1] Karl Roßmann, der sechzehnjährige „Verschollene" des sogenannten Amerika-Romans, bekommt bei seiner Ankunft mit dem Schiff in New York von seinem Onkel die Devise auf den Weg: „Die ersten Tage eines Europäers in Amerika seien

---

* Der Text dieses Aufsatzes wurde auf folgender Tagung als Vortrag gehalten: Kunst – Zeugung – Geburt. Theorien und Metaphern ästhetischer Produktion in der Neuzeit, hrsg. von Christian Begemann und David E. Wellbery, Freiburg i. Br. 2002.

[1] Franz Kafka: Briefe 1902–1924. Hg. von Max Brod. Frankfurt a.M. 1966, hier S. 252. Nachweise künftig mit Chiffre Br. und Seitenzahl im Text.

ja einer Geburt vergleichbar"![2] Josef K.s Geburt in die Welt des „Prozesses" erfolgt an seinem 30. Geburtstag; und dieser Prozeß findet sein Ende mit dem 31. Geburtstag des Protagonisten: mit K.s kläglichem Tod im Steinbruch.

Kafkas Geschichten, die er erzählt, aber auch seine Selbsterwägungen, die kaum von diesen zu trennen sind, wenden sich aber dann alsbald – nach solcher immer wieder in Szene gesetzten ‚Geburt in die Welt' – der Etablierung des so Geborenen als Zeugendem zu. Es ist der für Kafkas Lebenskonzept entscheidende Schritt vom Kind und Junggesellen zum Ehemann und Familienvater. Wiederum ist schon *Das Urteil* von 1912 das suggestivste Beispiel: Georgs Lösung aus der Familie, seine Verlobung, die Beziehung zu seinem Freund in Petersburg, die ins Auge gefaßte Gründung einer eigenen Familie, die versuchte Metamorphose des Helden vom ‚Ödipus' über den ‚verlorenen Sohn' zum möglichen Familienoberhaupt, das an die Stelle des alten Vaters treten könnte: Das ist der Weg, den Georg Bendemann sich vorzeichnet! Der sogenannte „Brief an den Vater" ist dann nichts anderes als eine hundertseitige Apologie des Scheiterns dieser Karriere des Junggesellen mit dem auf Zeugung von Kindern und die Gewinnung der Rolle des Familienvaters ausgerichteten Ziel – gleichzeitig aber ein Versuch, eine andere Zeugung anstelle der biologischen ins Werk zu setzen, nämlich die poetische Schöpfung, die künstliche Geburt im literarischen Werk.

Damit ist aber zuletzt der dritte Leitbegriff der hier angestellten Erwägungen ins Spiel gebracht, derjenige der Kunst. Wenn man sich vergegenwärtigt, welche Lichtgestalten des Künstlers andere Autoren in ihren Werken auf den Sockel gehoben haben und sie förmlich zu einem Inbegriff des modernen Subjekts stilisieren, dann zeigt sich Kafka mit seinen Künstlerfiguren und seinem Kunstbegriff als gänzlicher Außenseiter in der Kulturgeschichte der letzten zweihundert Jahre. Genau genommen gibt es ja in seinem Werk gar keine ‚Künstler', die sich als ‚Zeugende' bewähren – ebensowenig übrigens, wie es tüchtige Familienväter in diesem Werk voll Junggesellen gibt: von Rotpeter über Blumfeld bis zu Josefine der Sängerin. Vielmehr ist die Darstellung von Künstlern in Kafkas Werk – wenn solche überhaupt erscheinen – mehr als zwiespältig. Sie wird selten als eine af-

---

[2] Franz Kafkas Texte werden im folgenden nach der Taschenbuchausgabe, die der Kritischen Ausgabe im Wortlaut folgt, zitiert: Franz Kafka: Gesammelte Werke in zwölf Bänden. Nach der Kritischen Ausgabe. Hg. von Hans-Gerd Koch. Frankfurt a.M. 1994. Nachweise künftig mit römischer Band- und arabischer Seitenzahl im Text, hier: II,46.

firmative Rede geführt, spielt fast immer in die Felder negativer oder doch abschätziger Bedeutung hinüber: der Künstler als den Menschen im Variété imitierendes Tier, als Hochstapler und Simulant, als Gaukler und Kabarett-Akrobat, als „Verspottung der heiligen Natur", wie es in einem der Kafkaschen Texte heißt (I,239). Mit einem Wort: In Kafkas Erzählungen und Romanen tritt kein einziger ernstzunehmender Künstler auf. Was sich zeigt, sind vielmehr Affen, die sich in der Maske des Menschen präsentieren, um den „Ausweg" aus dem Zoo in das Variété zu gewinnen; es sind Trapezkünstler, deren Sehnsucht vom Sitzen auf einer einzigen Stange sich auf den Aufenthalt zwischen zweien solcher Geräte richtet; es sind Hungerkünstler, die die Speise nicht finden, die ihnen schmeckt, und zuletzt in ihrem Käfig durch einen jungen Panther ersetzt werden; es sind Mäuse, deren Koloraturen allerhöchstens einem Pfeifen gleichen, nur daß dieses ein wenig leiser ausfällt als bei den anderen, gewöhnlichen Mäusen; es sind Maler, die seriell gefertigte Heidelandschaften unter dem Bett hervorziehen und lügnerische Porträts der Richter malen. Aber damit nicht genug. In Kafkas selbstbezüglichen Texten kommen Künstler noch weit schlechter weg: „Schriftsteller reden Gestank" (IX,14), heißt es einmal lakonisch. Es ist die Parole, die schon in einer der ersten Aufzeichnungen aus Kafkas Tagebuch ausgegeben wird! Von der Geburt des ‚Kindes' in die Familie und in die Gesellschaft über das Tier und den Scharlatan zum Schriftsteller, der ‚Gestank redet' – daß es dieser Weg vom Ereignis der eigenen Geburt in die Welt über die Möglichkeit der Zeugung, der schöpferischen Produktivität, die in die Familie oder in die Kunst führen könnte, zu sein habe, der zuletzt oder gar schon sehr bald mit einem Debakel enden würde, das war für Franz Kafka selbst zeit seines Lebens unzweifelhaft. Man könnte diesen sozialen Prozeß, den Kafka stets zugleich als einen justiziären auffaßte, mit einem Begriff Alice Millers „Das Drama des begabten Kindes" nennen:[3] Kafka erfährt es als das ihm eigene Lebensmuster und setzt es in seinem Werk immer wieder und ohne zu ermüden in Szene. Es ist ein Drama, dessen Schauplatz im Zeichen zweier Größen steht: des Körpers, der stumm geboren wird; und der Sprache, die den Weg in die Familie, in die Gesellschaft und – gegebenenfalls – in die Kunst öffnet; ihn öffnen *könnte*, wenn sie nicht in paradoxester Zuspitzung *zugleich* Instrument der Disziplin und Organ der Freiheit wäre! Es gibt eine Stelle in Kafkas Tagebuch, die diese Tragödie der Geburt der Sprache aus dem Körper festhält. Am 3. Oktober 1911 – es ist eine der sehr frühen

---

[3] Alice Miller: Das Drama des begabten Kindes und die Suche nach dem wahren Selbst. Frankfurt a.M. 1979.

Aufzeichnungen Kafkas – findet sich folgende Passage im Tagebuch, die sich auf eine (alltägliche) Situation im Büro des Konzipisten Kafka richtet:

> Beim Diktieren einer größern Anzeige an eine Bezirkshauptmannschaft im Bureau. Im Schluß, der sich aufschwingen sollte, blieb ich stecken und konnte nichts als das Maschinenfräulein Kaiser ansehn, die nach ihrer Gewohnheit besonders lebhaft wurde, ihren Sessel rückte hustete, auf dem Tisch herumtipte und so das ganze Zimmer auf mein Unglück aufmerksam machte. Der gesuchte Einfall bekommt jetzt auch den Wert, daß er sie ruhig machen wird, und läßt sich je wertvoller er wird desto schwerer finden. Endlich habe ich das Wort „brandmarken" und den dazu gehörigen Satz, halte alles aber noch im Mund mit einem Ekel und Schamgefühl wie wenn es rohes Fleisch, aus mir geschnittenes Fleisch wäre (solche Mühe hat es mich gekostet). Endlich sage ich es, behalte aber den großen Schrecken, daß zu einer dichterischen Arbeit alles in mir bereit ist und eine solche Arbeit eine himmlische Auflösung und ein wirkliches Lebendigwerden für mich wäre, während ich hier im Bureau um eines so elenden Aktenstückes willen einen solchen Glückes fähigen Körper um ein Stück seines Fleisches berauben muß (IX,45).

Kafka beleuchtet das Entstehen der Rede, die sich dem Körper über die Stimme entringt und sich in ‚Schrift' verwandelt: zunächst als das Diktat eines juristischen Schriftsatzes, aus der Redeordnung der Bürokratie geboren. Aber dieser Vorgang, eine über ein durchlässiges Medium – das „Maschinenfräulein Kaiser" – abgewickelte Scheinkommunikation, allein über die Ungeduld des Partners und über die Schreibmaschine vermittelt, beginnt alsbald zu stocken. Der Kampf zwischen bereitgestelltem Normenrepertoire der Sprache und Spontaneität des Spracheinfalls führt zu einem Konflikt, der die Grenzzone zwischen Körper und Sprachlaut affiziert – das Organ des ‚sprechenden', des diktierenden Mundes nämlich. Es ist gewiß kein Zufall, daß das vom Sprecher gesuchte Wort ausgerechnet „brandmarken" lautet – also die Vorstellung von einem strafweisen ‚Brennen' und ‚mit Zeichen Markieren' des Körpers beruft! Es ist zugleich die Grenze, an der das doppelte Gefühl von Scham und Ekel aufbricht: Scham über das Mißlingen der Artikulation in der Sprache, Ekel über das ‚Sich-Erbrechen' des Körpers in den Aufschwung der ‚vorgeschriebenen' Rede, die Schrift werden soll. Es ist aber überdies der Punkt, wo – aus der Verzweiflung über das Scheitern der Äußerung – etwas Schöpferisches sich eindrängt und unter Schmerzen und Abwehr zutage kommt: die ‚weiße Mythologie'⁴ der Poesie sozusagen, als eine versuchte Wahrheitsrede Kafkas

---

4 Vgl. Jacques Derrida: La mythologie blanche. La métaphore dans le texte philosophique. In: Jacques Derrida: Marges de la philosophie. Paris 1972, S. 247–324. Derrida entwickelt in seinem Aufsatz im Anschluß an einen Dialog von Anatole

von dem Herausgeschnittenwerden der Sprache aus dem rohen Fleisch des Körpers; eine Metapher, in der die Grenze zwischen Eigentlichkeit und Uneigentlichem, zwischen dem Naturhaften des Körpers, aus dem, in der Stimme, die kulturellen Zeichen der Sprache herausdringen, und dem Kulturereignis der Sprache zu kollabieren beginnt. Im Aufblitzen dieser metaphorischen Schöpfung, die doch im kulturgründenden Ereignis der Geburt der Sprache ‚real' ist,[5] öffnet sich für einen Augenblick (mitten aus dem disziplinarischen Akt des ‚Diktierens' heraus) die Utopie der Kunst, eine „himmlische Auflösung", als die der literarische, der poetische Text erscheinen könnte; und dann, zuletzt, die Rückkehr in die Fron des Sprach-Zitats, des Diktats im Büro, aus einem normierten Sprach-Reservoir geschöpft, in der ‚Findung' eben jenes Begriffs der Brandmarkung, der vom justiziär gezeichneten Körper zeugt und damit dann doch wieder ganz und gar in den bürokratischen Diskurs sich einbequemt. – Es springt in die Augen, daß diese Szene über die schmerzhafte Geburt der Sprache aus dem Körper als Urszene für die Erzählung *In der Strafkolonie* gelesen werden kann, die 1914 entstand und 1917, also im vorletzten Kriegsjahr, publiziert wurde; auch dies eine ‚Künstlernovelle' Kafkas, wenn man so will!

Worauf es hierbei allerdings vor allem ankommt, kann dann eine Äußerung aus dem späteren Tagebuch verdeutlichen, die das Poetische, die „himmlische Auflösung", wie hier gesagt wird, als eine „höhere Art der Beobachtung" auffaßt: als einen Vorgang, in dem Wahrnehmung und Medialität in Gestalt eines emergenten Aktes der ‚Beobachtung' sich plötzlich vereinigen, ja genau genommen die Beobachtung der Lebenswelt buchstäblich zur ‚Schrift' *wird!* Am 27. Januar 1922 zeichnet sich Kafka auf:

> Merkwürdiger, geheimnisvoller, vielleicht gefährlicher, vielleicht erlösender Trost des Schreibens: das Hinausspringen aus der Totschlägerreihe Tat – Beobachtung, Tat – Beobachtung, indem eine höhere Art der Beobachtung geschaffen wird, eine höhere, keine schärfere, und je höher sie ist, je unerreichbarer von der „Reihe" aus, desto unabhängiger wird sie, desto mehr eigenen Gesetzen der Bewegung folgend, desto unberechenbarer, freudiger, steigender ihr Weg. (XI,210)

France das europäische Grundproblem der verblassenden, aber ihren materialen Eigentlichkeitswert weder legitimierenden noch preisgebenden Metapher.

[5] Zur Begründung der Geburt der Sprache und der Kultur aus dem Fleischverzehr bei der Verteilung der Beute und dem hieraus erwachsenden Opfer vgl. Walter Burkert: Wilder Ursprung. Opferritual und Mythos bei den Griechen. Berlin 1990.

„Wie eine regelrechte Geburt mit Schmutz und Schleim bedeckt"

Das Tagebuch ist für Kafka der Ort, an dem die Frage nach dem Körper als Zeugungsorgan für die Schrift erörtert und auf die Probe gestellt wird, ja als Prozeß in Szene gesetzt erscheint. Es ist die Frage nach der ‚Zeugung' der Schrift und in der Schrift; also die Frage nach der Entstehung der Literatur. Wie fügen sich, so lautet diese Frage, Wahrnehmung und Medium zusammen, und wie tritt aus dieser Verbindung die Utopie der Kunst hervor? Es gibt eine Aufzeichnung Kafkas, die, nur wenige Tage vor der soeben zitierten, nämlich am 18. Januar 1922, im Rückblick auf das gescheiterte Drama von Geburt, Zeugung und Kunst, die Konturen dieses Scheiterns unerbittlich festhält. Sie lautet:

> Ein Augenblick Denken: Gib Dich zufrieden, lerne (lerne 40jähriger) im Augenblick zu ruhn (doch, einmal konntest Du es). Ja im Augenblick, dem schrecklichen. Er ist nicht schrecklich, nur die Furcht vor der Zukunft macht ihn schrecklich. Und der Rückblick freilich auch. Was hast du mit dem Geschenk des Geschlechtes getan? Es ist mißlungen, wird man schließlich sagen, das wird alles sein. Aber es hätte leicht gelingen können. Freilich eine Kleinigkeit und nicht einmal erkennbar, so klein ist sie, hat es entschieden. Was findest Du daran? Bei den größten Schlachten der Weltgeschichte ist es so gewesen. Die Kleinigkeiten entscheiden über die Kleinigkeiten (XI,200 f.).

Der Satz, auf den es in diesem Zusammenhang vor allem anderen ankommt, lautet: „Was hast du mit dem Geschenk des Geschlechtes getan?" Im Grunde sind es wohl drei Dinge, die dieser späte Text aus dem Tagebuch – etwa zwei Jahre vor Kafkas Tod niedergeschrieben – gewissermaßen im Rückblick zu bedenken gibt. Zum einen spricht er vom Augenblick der Wahrnehmung, der ein Augenblick der Selbstvergewisserung und der produktiven Gestaltung sein könnte; freilich nur dann, wenn er auch, in einem Moment glücklicher Wendung, poetologisch ergriffen wird – als der ‚zukunftsschwangere', der *prägnante Augenblick*, welcher, seit Lessings *Laokoon*-Aufsatz und Goethes Briefen an Schiller von seiner dritten Schweizer Reise, dessen Winckelmann-Denkmal und dem Galilei-Artikel aus den *Materialien zur Geschichte der Farbenlehre* dem Vorstellungsfeld der Geburt und der Zeugung sich zuordnet. Zum anderen spricht der zitierte Tagebuch-Text Kafkas von der Erfahrung von Zeit, von Lebenszeit als Spielraum der Gestaltung von Lebenssinn; und zwar im Zeichen von Gewinn oder Verlust. Und drittens spricht die zitierte Passage von solchem Verlust, der nicht wieder gutzumachen ist und der dem Schreibenden in seinem Verlorensein unwillkürlich ins Bewußtsein dringt: „Was hast du mit dem Geschenk des Geschlechtes getan?" Dieser Satz seinerseits, in dem die Doppelung von subjektivem und objektivem Genitiv von entscheidender Bedeutung ist, fragt, aus dem Bewußtsein der Lebens-Erinnerung, des zusammenschließenden Lebens-Rückblicks, nach dem Geschenk der Sexualität, nach der ‚Gabe' des Lebens; er fragt sodann, in einem tieferen Sinn, nach dem Geschenk, das die Geschlechterkette gewährt: der Vater und Vatersvater in der Folge der Generationen der Familie; aber auch nach der Jahrtausende dauernden *Translatio* in der Geschichte des Judentums; und er fragt, zuletzt und am dringendsten, nach der Geburt der Kunst aus dem auf diese Weise doppelt markierten Körper des Geschlechts – des Gezeugtseins und des Zeugens, das Neues hervorbringt; damit aber zuletzt nach den medialen Bedingungen, aus denen die Literatur überhaupt erst hervortreten kann.

II

Der Schauplatz, auf dem Kafka diese Lebensfrage – „Was hast Du mit dem Geschenk des Geschlechtes getan?" – in Szene setzt, ist nun aber sein Tagebuch. Es ist der Schauplatz der autobiographischen Schrift, auf dem Kafka das Wahrnehmungs- und Darstellungs-Drama von Geburt, Zeugung und Kunst immer wieder zu spielen versucht: das Tagebuch als Geburtsort der Lebens-Rede wie der Kunst-Rede zugleich. Das Tagebuch gibt – von seinem ersten Eintrag irgendwann gegen Ende Mai 1909 an – die ‚Serie' von Augenblicken wieder, die, im Sinne Kafkas, durch ‚Auf-die-Probe-Stellung' für das Leben und für die Kunst fruchtbar gemacht werden könnten; als ‚prägnante' Augenblicke, in denen Wahrnehmung und Medium solcher Wahrnehmung konvergieren.[6] Wenn man diese Sequenz der ersten Tagebuchaufzeichnungen genauer betrachtet, dann zeigt sich, daß diese von Anfang an aus der Augenblickserfahrung (und ihrer möglichen Fruchtbarkeit) heraus eine Vermittlung von Körperempfinden und Sprache anstreben, also gewissermaßen die ‚Geburt' der Sprache aus dem Körper proben; dem Körper des Schreibenden zum einen; dem Körper aber auch, der als Gegenüber wahrgenommen wird; an dem der Schreibende des ‚Realitätsprinzips' gewahr wird, das ihn bestimmt – und zwar, ganz unbezweifelt, von der ersten Aufzeichnung an im Hinblick auf die Produktion von Literatur. Die erste Niederschrift im Tagebuch überhaupt lautet: „Die Zuschauer erstarren, wenn der Zug vorbeifährt." (IX,11) Wenn man in Rechnung stellt, daß Kafka ein leidenschaftlicher Kinobe-

---

[6] Vgl. hierzu das wichtige Buch von Georg Guntermann: Vom Fremdwerden der Dinge beim Schreiben. Kafkas Tagebücher als literarische Physiognomie des Autors. Tübingen 1991 (Studien zur deutschen Literatur, Bd. 111).

sucher war,[7] ist es sehr plausibel, daß es hier um den Augenblick der Wahrnehmung als Medien-Augenblick geht; als den Augenblick der Reaktion der Zuschauer bei der Vorführung eines Films! Man könnte auch sagen: Wovon Kafka hier spricht, ist jener ‚Schauer' bei der Wahrnehmung des Wirklichen,[8] der, als Inzitament ‚medialer' Inszenierung, und zwar nicht zuletzt durch seine Rahmungskraft, zugleich die Bedeutung, den ‚mythischen' Wert des Wahrgenommenen allererst hervorbringt. Es ist die dem Medium immanente Zeigekraft, die solchem Augenblick ‚Prägnanz' verleiht: gerade aus dem Akt der Virtualisierung des Realen. Einer der ersten Filme der Gebrüder Lumière ist, wie man weiß, ein kurzer Streifen mit dem Titel *L'arrivée d'un train à la gare de La Ciotat*, der 1895 zum ersten Mal zu sehen war: zum allergrößten Schrecken der Zuschauer im Vorführungsraum (Abb. 1). Der Gedanke ist nur schwer abzuweisen, daß es dieser Film war, der Kafkas ersten Tagebucheintrag ausgelöst hat.[9]

Die folgenden Aufzeichnungen Kafkas in diesem ersten Tagebuchheft führen diese Experimente mit der Körperempfindung und deren kultureller Umsetzung, als ein Zeugungsgeschehen, fort – gewissermaßen als die Erfahrung ‚neuer' Pathosformeln in der Kultur, die aus der Zeigekraft des Mediums erwachsen. Da ist ein Erlebnis – gebunden an einen Traumbericht als mediale Instanz –, das aus einer Begegnung mit der Tänzerin Jewgenja Eduardowa beim Gastspiel der *Ballets russes*, dem Petersburger Ballett, in Prag erwächst (IX,11 ff.); da ist sodann die Beobachtung von Equilibristen und Trapezkünstlern – „japanischen Gauklern" – im Variété (IX,15); da ist des weiteren die Wahrnehmung des eigenen Körpers des

---

[7] Hanns Zischler: Kafka geht ins Kino. Reinbek bei Hamburg 1996.
[8] Hegel hat an einer zentralen Stelle in seinen „Vorlesungen über die Philosophie der Geschichte" von diesem ‚Schauer' gesprochen. Schlüsselmomente in diesem Wahrnehmungsvorgang und der Erweckung des (poetischen) Sinns aus ihm sind nach Hegel das *Lauschen* auf die Naturgegenstände und ihre Geräusche, das *Ahnen* ihrer Bedeutung und der *Schauer*, der den Wahrnehmenden, eine Bedeutung Erfahrenden oder Erfindenden überläuft. Georg Wilhelm Friedrich Hegel: Vorlesungen über die Philosophie der Geschichte. In: Ders.: Werke. Bd. 12. Frankfurt a.M. 1970, S. 287–289. Roland Barthes hat dann diese wichtige Hegelstelle wieder in Erinnerung gebracht: „Au dire de Hegel, l'ancien Grec s'étonnait du *naturel* de la nature; il lui prêtait sans cesse l'oreille, interrogeait le sens des sources, des montagnes, des forêts, des orages; sans savoir ce que tous ces objets lui disaient nommément, il percevait dans l'ordre végétal ou cosmique un immense *frisson* du sens, auquel il donna le nom d'un dieu: Pan." Roland Barthes: Œuvres complètes. Édition établi et présentée par Éric Marty. Tome I 1942–1965, Tome II 1966–1973, Tome III 1974–1980. Paris 1993–95. Hier Bd. I, S. 1332.
[9] Zischler: Kafka geht ins Kino (Anm. 7), S. 12 f.

132 "Wie eine regelrechte Geburt mit Schmutz und Schleim bedeckt"

Abb. 1: *L'arrivée d'un train á la gare de La Ciotat*

Schreibenden: „Meine Ohrmuschel fühlte sich frisch rauh kühl saftig an wie ein Blatt" (IX,13), heißt es hier. Und Kafka kommentiert: „Ich schreibe das ganz bestimmt aus Verzweiflung über meinen Körper und über die Zukunft mit diesem Körper" (IX,13) – dies ist 1909 gesagt. 1922 wird dann die Replik hierauf lauten; „Was hast Du mit dem Geschenk des Geschlechtes getan?" – Da ist schließlich dann in der Sequenz solcher Wahrnehmungsaugenblicke aber der Versuch, die Erfahrung der eigenen Körperempfindung, des ‚auf dem Rücken getragenen Körpergewichts', in einen literarischen Text umzusetzen – zunächst als eine Art Kontrafaktur eines ehrwürdigen literarischen Gestus, der Huldigung an die Geliebte in der mittelalterlichen Minnelyrik: „Ich gieng an dem Bordell vorüber, wie an dem Haus einer Geliebten" (IX,14); dann aber in dem rabiat gegen das ‚literarische Selbst' gerichteten Satz: „Schriftsteller reden Gestank". (IX,14)[10]

Was sich hier entwickelt, ist die parallel geschaltete Inszenierung von Selbstgeburt und Schreibgeburt aus der Wahrnehmung, Gestaltung und

---

[10] Daß diese Äußerung möglicherweise gegen den drittrangigen Schriftsteller W. Fred gerichtet ist, tut dem Selbstbezug keinen Abbruch. Vgl. IX,104 und IX,307.

"Wie eine regelrechte Geburt mit Schmutz und Schleim bedeckt"

Abb. 2: Jizchak Löwy in der Rolle des „wilden Menschen" von Jakob Gordin

Sinn-Belehnung des Körpers, des fremden wahrgenommenen Körpers – in der Tänzerin, in den Equilibristen, in den Prostituierten – und des eigenen wahrnehmenden; es ist der Körper, der zum Medium der Kunst werden soll. An diese ersten Selbst- und Welterkundungen, die das Kafkasche Tagebuch einleiten, schließt sich dann, seit dem 19. Juni 1910, in sechs immer neu sich formierenden Ansätzen, die Konstruktion eines poetischen Textes an: des Textes über den „kleinen Ruinenbewohner", der die Kontamination von autobiographischer Diagnose und literarischer Fiktion in Szene setzt:

> Wenn ich es bedenke, so muß ich sagen, daß mir meine Erziehung in mancher Richtung sehr geschadet hat. Ich bin ja nicht irgendwo abseits, vielleicht in einer Ruine in den Bergen erzogen worden, dagegen könnte ich ja kein Wort des Vorwurfes herausbringen. Auf die Gefahr hin, daß die ganze Reihe meiner vergangenen Lehrer dies nicht begreifen kann, gerne und am liebsten wäre ich jener kleine Ruinenbewohner gewesen, abgebrannt von der Sonne, die da zwischen den Trümmern von allen Seiten auf den lauen Epheu mir geschienen hätte, wenn ich auch im Anfang schwach gewesen wäre unter dem Druck

meiner guten Eigenschaften, die mit der Macht des Unkrauts in mir emporgewachsen wären (IX,17).

Das Bemerkenswerte an diesem – vielleicht ersten – ‚literarischen' Versuch Kafkas, ein Wesen, halb Tier und halb Mensch, auf der Grenze zwischen ‚Natur' und ‚Kultur', als in sich gespaltene Verkörperung seiner Selbsterfahrung zu zeigen,[11] ist wohl der Umstand, daß hier eine Geburt zwischen natürlicher Wildnis und artifizieller Zivilisation thematisiert wird: indem die Sozialisationserfahrung des in der Stadt Prag geborenen und aufgewachsenen Kindes und die literarische Phantasie einer utopischrousseauistischen Evasion aus diesem Milieu in einer Ruinenlandschaft in der Wildnis in Engführung ineinander gearbeitet werden. Kafka wird die eine Seite dieses Versuchs einer Selbstanalyse, einer ‚Geburt' aus der Körperlichkeit später in seinem kurzen autobiographischen Fragment „Jeder Mensch ist eigentümlich [...]" (VI,143) aufgreifen und in der Novelle *Das Urteil* in seiner tödlichen Konsequenz zu Ende denken; andererseits aber das Evasions-Modell, das die Geschichte vom „kleinen Ruinenbewohner" *auch* enthält, in dem 1916 entstandenen Text *Ein Bericht für ein Akademie* ausarbeiten, in dem ein in der afrikanischen Wildnis von der Firma Hagenbeck eingefangener Affe den Versuch macht, durch Mimikry in der menschlichen Gesellschaft seine Natur und ‚Affenfreiheit' hinter der Maske eines Menschen zu bewahren – als Paradiesesrest der verlorenen Wildnis gewissermaßen, als ‚Natur-Körper' hinter der Maske des zivilisierten ‚Wortes'.

Die nächste Schlüsselszene in diesem Vergewisserungsprozeß, den das Tagebuch im Blick auf die Konstellation von Wahrnehmung, wahrnehmendem Körper und schreibender Hand zu bearbeiten sucht, bietet eine Niederschrift aus der Weihnachtsnacht vom 24. auf den 25. Dezember 1910. Hier ergibt sich eine zusätzliche mythische Besetzung dieser Refle-

---

[11] Es ist merkwürdig, daß Freud seine eigene Methode der „anamnestischen Erhebung" mit einem sehr vergleichbaren Szenario zu beschreiben sucht, wie es hier Kafka zur ‚Erhebung' seiner beschädigten und zu sanierenden Identitätsgeschichte aufruft. „Nehmen Sie an, ein reisender Forscher käme in eine wenig bekannte Gegend, in welcher ein Trümmerfeld mit Mauerresten, Bruchstücken von Säulen, von Tafeln mit verwischten und unlesbaren Schriftzeichen sein Interesse erweckte. Er kann sich damit begnügen zu beschauen, was frei zutage liegt, dann die in der Nähe hausenden, etwa halbbarbarischen Einwohner ausfragen [...] Er kann aber auch anders vorgehen; er kann Hacken, Schaufeln und Spaten mitgebracht haben [...] mit ihnen das Trümmerfeld in Angriff nehmen, den Schutt wegschaffen [...] *Saxa loquuntur!*" Sigmund Freud: Hysterie und Angst. In: Ders.: Studienausgabe. Bd 6. Hg. von Alexander Mitscherlich u. a. Frankfurt a.M. 1971, S. 54.

xion über die kulturelle Bildung, die kulturelle ‚Geburt' des schreibenden Selbst: nämlich der Bezug auf das christliche Weihnachtsfest und die in diesem gefeierte ‚Geburt des Helden' als des Heilands und Erlösers, aber auch des Schöpfers der Welt.[12] Dieser Tagebuchtext lautet folgendermaßen:

24 ‚*Dezember 1910*' Jetzt habe ich meinen Schreibtisch genauer angeschaut und eingesehn, daß auf ihm nichts Gutes gemacht werden kann. Es liegt hier so vieles herum und bildet eine Unordnung ohne Gleichmäßigkeit und ohne jede Verträglichkeit der ungeordneten Dinge, die sonst jede Unordnung erträglich macht. Sei auf dem grünen Tuch eine Unordnung wie sie will, das durfte auch im Parterre der alten Teater sein. Daß aber aus den Stehplätzen
25 ‚*Dezember 1910*' aus dem offenen Fach unter dem Tischaufsatz hervor Broschüren, alte Zeitungen, Kataloge Ansichtskarten, Briefe, alle zum Teil zerrissen, zum Teil geöffnet in Form einer Freitreppe hervorkommen, dieser unwürdige Zustand verdirbt alles. Einzelne verhältnismäßig riesige Dinge des Parterres treten in möglichster Aktivität auf, als wäre im Teater alles erlaubt, daß im Zuschauerraum der Kaufmann seine Geschäftsbücher ordnet, der Zimmermann hämmert, der Officier den Säbel schwenkt, der Geistliche dem Herzen zuredet, der Gelehrte dem Verstand, der Politiker dem Bürgersinn, daß die Liebenden sich nicht zurückhalten u.s.w. Nur auf meinem Schreibtisch steht der Rasierspiegel aufrecht, wie man ihn zum Rasieren braucht, die Kleiderbürste liegt mit ihrer Borstenfläche auf dem Tuch, das Portemonnaie liegt offen für den Fall daß ich zahlen will, aus dem Schlüsselbund ragt ein Schlüssel fertig zur Arbeit vor und die Kravatte schlingt sich noch teilweise um den ausgezogenen Kragen. Das nächst höhere, durch die kleinen geschlossenen Seitenschubladen schon eingeengte offene Fach des Aufsatzes ist nichts als eine Rumpelkammer, so als würde der niedrige Balkon des Zuschauerraums, im Grunde die sichtbarste Stelle des Teaters für die gemeinsten Leute reserviert für alte Lebemänner, bei denen der Schmutz allmählich von innen nach außen kommt, rohe Kerle, welche die Füße über das Balkongeländer herunterhängen lassen, Familien mit soviel Kindern, daß man nur kurz hinschaut, ohne sie zählen zu können richten hier den Schmutz armer Kinderstuben ein (es rinnt ja schon im Parterre) im dunklen Hintergrund sitzen unheilbare Kranke, man sieht sie glücklicherweise nur wenn man hineinleuchtet u.s.w. In diesem Fach liegen alte Papiere die ich längst weggeworfen hätte wenn ich einen Papierkorb hätte, Bleistifte mit abgebrochenen Spitzen, eine leere Zündholzschachtel, ein Briefbeschwerer aus Karlsbad, ein Lineal mit einer Kante, deren Holprigkeit für eine Landstraße zu arg wäre, viele Kragenknöpfe, stumpfe Rasiermessereinlagen (für die ist kein Platz auf der Welt), Kravattenzwicker und noch ein schwerer eiserner Briefbeschwerer. In dem Fach darüber – Elend, elend und doch gut gemeint. Es ist ja Mitternacht, aber das ist, da ich sehr gut ausgeschlafen bin, nur insoferne Entschuldigung als ich bei Tag überhaupt nichts

---

[12] Eine ähnliche Argumentation – mit dem Bezug auf eine Weihnachts-Krippe auf dem Prager Christmarkt – findet sich in Kafkas Amerika-Roman ‚Der Verschollene' in der Szene mit dem „amerikanischen Schreibtisch", den der Onkel seinem Neffen Karl Roßmann zum Geschenk macht (II,47 ff.).

geschrieben hätte. Die angezündete Glühlampe, die stille Wohnung, das Dunkel draußen, die letzten Augenblicke des Wachseins sie geben mir das Recht zu schreiben und sei es auch das Elendste. Und dieses Recht benütze ich eilig. Das bin ich also. (IX,108 f.)

Was sich hier in Kafkas Tagebuch auf der mitternächtlichen, durch den Datumswechsel markierten Grenze ereignet, ist die Inszenierung eines Schreib-Theaters als Geburtsort der Autorschaft. Es ist der Blick nicht auf die Objekte der Welt, sondern auf das grüne Tuch des Schreibtischs. Dieser Schreibtisch ist es, der sich in ein Theater, einen offenen Schauraum mit Rängen, Parkett und Logen verwandelt, auf dessen Bühne sich, als einziger Schauspieler, das schreibende Ich findet: als fixiertes Objekt im Blickfeld der Kaufleute, Gelehrten, Offiziere, Politiker, Liebespaare und kinderreichen Familien, die über die Brüstungen und aus den Fächern ins Parkett drängen und in ihrer schäbigen Körperlichkeit, in Schmutz, Müll und Abfall das Papier und das Schreibmaterial verderben – ‚verworfene' Dinge auf der Bühne des Schreibtischs, das ‚*object*' als ‚*abject*', um ein Wortspiel Julia Kristevas aufzugreifen. Mitten in dieser Hybridisierungsphantasie des Realen aber bricht der Text ab – so als würde das an dem Tisch schreibende Ich sich bewußt, daß nicht es selbst, sondern die auf es eindringenden Objekte und Projektionen ‚verworfener Körperlichkeit' die ‚Herren der Schrift und des Schreibens' sind. „Das bin ich also": Dieser topische Satz aus der langen *Selberlebensbeschreibung* des Ich[13] in der europäischen Geschichte ist bei Kafka zuletzt nichts weiter als der Ausdruck der Verzweiflung über diese Auslöschung des sich behaupten wollenden Ich und dessen diaristisches Versagen. Es ist das vom Schreibenden inszenierte Theater der Geburt des Helden in der Weihnachtsnacht und dessen klägliches Scheitern in diesem „riskantesten Augenblick des Tages"[14] zwi-

---

[13] Jean Paul: Selberlebensbeschreibung. In: Ders.: Werke. Bd. 6. Hg. von Norbert Miller. München 1963, S. 1037–1103. Dort die Szene aus der „Kulturgeschichte des Helden", wo diesem das „innere Gesicht ‚ich bin ein ich' wie ein Blitzstrahl vom Himmel" fährt; hier S. 1061.

[14] „Jemand sagte mir, ich kann mich nicht mehr erinnern, wer es gewesen ist, dass es doch sonderbar sei, dass man, wenn man früh aufwacht, wenigstens im allgemeinen alles unverrückt an der gleichen Stelle findet, wie es am Abend gewesen ist. Man ist doch im Schlaf und im Traum wenigstens scheinbar in einem vom Wachen wesentlich verschiedenen Zustand gewesen und es gehört áwie jener Mann ganz richtig sagten eine unendliche Geistesgegenwart oder besser Schlagfertigkeit dazu, um mit dem Augenöffnen alles, was da ist, gewissermassen an der gleichen Stelle zu fassen, an der man es am Abend losgelassen hat. Darum sei auch der Augenblick des Erwachens der riskanteste Augenblick im Tag; sei er einmal überstanden, ohne dass man irgendwohin von seinem Platze fortgezogen wurde, so könne man den ganzen

schen Wachsein und Schlaf, zwischen Bewußtsein und Unbewußtem: nicht die Befreiung des Körpers durch die Schrift, sondern deren Erlöschen und Verstummen in Bergen schmutzigen Unrats. Bei dem Versuch, die Geburt des Selbst und die Geburt der Literatur auf der Bühne des Schreibtischs zu erspielen, ist es zuletzt das Schauspielhaus kruder Körperlichkeit, das die Regie über das ihm ausgelieferte Subjekt, als den ‚Schauspieler' und ‚Zuschauer' in diesem Theater, übernimmt. Es ist der Verlust der Zentralperspektive, die Übermächtigung, die ‚Verwirrung' durch ein polyfokales Szenario. Kafka selbst diagnostiziert dies wenig später, nämlich am 9. November 1911, im Tagebuch selbst: „Lauter Teater, ich einmal oben auf der Gallerie, einmal auf der Bühne".[15] (IX,186) Die Geburt des Selbst wie des Textes scheitert am Zerbrechen der ‚Perspektivierung': eine Fehlgeburt. Auch diese Struktur versuchter Selbst- und Text-Inszenierung findet sich in Kafkas poetischen Texten immer wieder nachgespielt: Man denke an den Beginn des *Prozeß*-Romans, wo Josef K. sich nach seinem Erwachen „verhaftet", also in seiner Selbstwahrnehmung durch die Perspektive der anderen ‚fixiert' findet und, von diesem Trauma gejagt, in einer nächtlichen Szene mit Fräulein Bürstner versucht, durch improvisierende Nachstellung dieser Verhaftungsszene im Schlafzimmer des Fräuleins einen Akt der Befreiung, der spielerisch und autonom in Szene gesetzten „Komödie" zu provozieren (III,36 f.); auch hier übrigens ein zum Scheitern verurteiltes Vorhaben, wie das Ende des Romans zeigt.

Weniger als ein Jahr nach dem Schreibtisch-Theater aus der Weihnachtsnacht 1910, nämlich im September 1911, zeichnet sich in Kafkas Tagebuch eine neue Phase der Auseinandersetzung mit der Möglichkeit von Kunst im autobiographischen Prozeß – als einer unermüdlich fortgesetzten Serie von ‚Selber-Lebens-Beschreibungen' – ab. Es ist die Begegnung mit einer Truppe jiddischer Schauspieler aus Lemberg, die in einem Prager Café gastieren, in „Hermans Café Savoy", das auch über eine kleine Bühne verfügte.[16] Die Truppe gastierte vom 24. September 1911 bis

---

Tag über getrost sein." Franz Kafka: Der Proceß. Textband, Apparatband. Hg. von Malcolm Pasley. In: Ders.: Schriften. Tagebücher. Briefe. Kritische Ausgabe. Hg. von Jürgen Born, Gerhard Neumann, Malcolm Pasley, Jost Schillemeit. Frankfurt a.M. 1990. Hier Bd. II, S. 168.

[15] Es handelt sich an dieser Stelle des Tagebuchs um einen Theater-Traum Kafkas, der die Grenze zwischen ‚privatestem' Selbst-Theater und Welttheater rahmensprengend überspielt.

[16] Eine minuziöse faktische Rekonstruktion dieser Episode aus Kafkas Leben gibt Hartmut Binder: Kafka-Kommentar zu den Romanen, Rezensionen, Aphorismen und zum Brief an den Vater. München 1976, S. 387–404. Vgl. auch Hartmut

zum 21. Januar 1912 in Prag. Auch bei dieser Begegnung mit einer Möglichkeit der ‚Inszenierung von Leben' handelt es sich für Kafka um die Erfahrung eines neuen Mediums, eines ‚wilden Theaters' gewissermaßen, das nach dem Film, dem Ballett, nach den Akrobaten, Gauklern und Zirkuskünstlern und nach dem „grünen Tuch" des Schreibtischs als Inszenierungsmedium des Selbst-Textes nun seine ganze Aufmerksamkeit auf sich zieht – und zwar in einer Weise wie kein anderes kulturelles Medium zuvor. Kafka besucht zahlreiche Aufführungen, er verkehrt mit den Schauspielern, er befreundet sich mit Jizchak Löwy, einem der Schauspieler: Eine unvergeßliche Pathosformel, von Löwy ‚kreiert', ist photographisch überliefert (Abb. 2). Kafka versucht, Löwy dazu zu bewegen, seine Biographie – anhand von autobiographischen Aufzeichnungen – zu verfassen. Parallel dazu, und ohne Zweifel angeregt durch die Lebens- und Künstlergeschichte Löwys, erwacht in Kafka selbst das „Verlangen, eine Selbstbiographie zu schreiben" (IX,231). Man übertreibt wohl nicht, wenn man behauptet, daß Kafka nie wieder durch ein Kunstphänomen so stark affiziert wurde wie durch das ‚arme' Medium des jiddischen Theaters. Er beginnt, sich intensiv über den kulturellen Hintergrund dieses Phänomens zu informieren. Er liest die dreibändige *Volkstümliche Geschichte der Juden* von Heinrich Graetz, die 1888 in Leipzig publiziert wurde, und beschäftigt sich nachhaltig mit der *Histoire de la littérature judéo-allemande* von Meyer Isses Pinès, die soeben, nämlich 1911, in Paris erschienen war. Was Kafka an der jiddischen Theatertruppe aus Lemberg faszinierte, war die fremde Ausdruckswelt eines in Westeuropa kulturell nicht existenten Körper- und Darstellungs-Codes. Es waren fremde Pathos-Formeln einer Körperkunst, für die es in der westlich orientierten Kultur keine Bühne, keinen Schau- und keinen Schreibraum gab. Kafka las auch diesen Code als eine Auseinandersetzung mit der ‚Gabe' des Lebens. Der Satz „Was hast du mit dem Geschenk des Geschlechtes getan" erhielt nun eine neue Dimension. War es bisher für Kafka das ‚Geschlecht' der Sexualität, dessen er sich in seiner Kunst zu vergewissern meinte, das ‚Geschlecht' der Familie sodann, wie er es in der Geschichte vom „kleinen Ruinenbewohner" zu fassen versuchte, das ‚Geschlecht' der westeuropäischen Literatur zuletzt, in das er sich mit seinen Texten hineinfinden wollte, so eröffnete sich ihm hier eine neue, ‚körpernähere' Dimension: nämlich das ‚Geschlecht' der jüdischen Überlieferung, des Judentums und des jüdischen Volkskörpers als Träger einer bisher unerhörten Körper-Kultur und ihrer Ausdrucksmittel und

---

Binder (Hg.): Kafka-Handbuch in zwei Bänden. Band 1: Der Mensch und seine Zeit. Stuttgart 1979, S. 390–395.

Pathosformeln: „Löwy", schreibt Kafa, „den ich im Staub bewundern möchte" (I,66). Es überrascht nicht, daß Kafkas Vater Hermann sogleich einen unstillbaren Haß auf dieses Geschlecht der illegitimen ostjüdischen ‚Väter' und ‚Söhne' entwickelte: „Wer sich mit Hunden zu Bett legt", gab er seinem Sohn zu bedenken, „steht mit Wanzen auf" (I,174).

III

Kafka hat auf diese wohl stärkste und suggestivste Kunsterfahrung in seinem Leben mit zwei Äußerungen reagiert, die nachhaltige Bedeutung für seine Poetologie besitzen. Es handelt sich dabei um die Artikulation einer Literaturtheorie, die sich in ein Kulturkonzept einbettet, einerseits; um den Entwurf einer Sprachtheorie, aus der Kafka im Lauf seiner literarischen Produktionen auch poetologische Konsequenzen zieht, andererseits.[17] Das erste Konzept findet sich in Kafkas Überlegungen zum Problem der „kleinen Literaturen" ausgearbeitet, das unmittelbar aus der Erfahrung des jiddischen Theaters abgeleitet und in einem „Schema zur Charakteristik kleiner Litteraturen" samt zugehörigen Erläuterungen in Kafkas Tagebuch niedergelegt ist (I,253). Das zweite Konzept hat seinen Niederschlag in einer Rede über die jiddische Sprache, dem „Einleitungsvortrag über Jargon" gefunden, den Kafka anläßlich eines Rezitationsabends des Schauspielers Jizchak Löwy am 18. Februar 1912 hielt und der von Max Brods Frau Elsa stenographisch festgehalten wurde (V,149– 153). Es handelt sich dabei um den kühnen Entwurf einer neuen Sprache zwischen Lebenswelt und Poesie; einer Sprache, die die Differenz zwischen Alltag und Kunst, zwischen Körper und Wort, zwischen Privatheit und Öffentlichkeit, zwischen Familie und Politik anders und gewissermaßen ‚durchlässiger' zu fassen sucht, als dies die konventionelle Literatursprache der westlichen Kultur tut.

Zunächst zum ersten Punkt: Anhand der Vorstellung von den „kleinen Literaturen", die den großen ästhetischen Konstrukten westeuropäischer Höhenkamm-Literatur entgegengesetzt ist, versucht Kafka in seinen Aufzeichnungen, die ganz offensichtlich aus der Beschäftigung mit der jiddischen Literatur und ihrer Geschichte erwachsen, eine Auffassung von der Kultur und der Rolle der Kunst in ihr zu entwickeln, die von der of-

---

[17] Vgl. zu diesem Zusammenhang Bernhard Siegert: Jargon und die Schrift der jüdischen Tradierungsbewegung bei Kafka. In: Wolf Kittler/Gerhard Neumann (Hg.): Franz Kafka. Schriftverkehr. Freiburg i.Br. 1990, S. 222–247.

fiziösen Poetik des beginnenden 20. Jahrhunderts fundamental verschieden ist. Das jiddische Theater erscheint Kafka als eine Körper-Kunst, die Gestisches und Verbales ineinanderschmilzt und die, eben dadurch, weder von der Alltäglichkeit noch von der Politik getrennt sich erweist. Literatur in diesem Sinne wäre eine solche, die mitten im Leben ‚steht', ja dieses Leben selbst *ist* – ganz so, wie Kafka sein eigenes Schreiben im Tagebuch aus dem Medium der Körpererfahrung zu konstruieren und zu ‚inszenieren' versuchte. Kafka faßt diese Erkenntnis, die er aus der jiddischen Literatur gewonnen hat, zuletzt in der Formel zusammen, die „kleinen Literaturen" seien das „Tagebuchführen einer Nation, das etwas ganz anderes ist als Geschichtsschreibung" (IX,243). Eine solche ‚minoritäre' Literatur,[18] so Kafka, leiste für eine Nation eben das, was er mit seinem Tagebuch für sich selber und seine Karriere als Schriftsteller zu erreichen versuche: nämlich unmittelbare Lebenspräsenz, in welcher der Körper zum Medium der Schrift werde, die Schrift aber im Gestischen dieses Körpers aufgehoben bleibe. Eine der wichtigsten Aufgaben eines solchen neuen literarischen Gestus sei die Lösung der – in den westeuropäischen Literaturen nicht zureichend beantworteten – Frage nach dem ‚Geschlecht', und zwar in seiner vierfachen Bestimmung als einem sexuellen, als einem familialen, als einem religiösen (jüdischen), als einem politischen Dispositiv.[19] So gehe es, im Licht dieser Facettierung, um eine neue Form der „Veredlung und Besprechungsmöglichkeit des Gegensatzes zwischen Vätern und Söhnen" (IX,243).

Und nun zum zweiten Aspekt der von Kafka entwickelten Poetologie: dem Konzept nämlich, das er in seiner Rede über die jiddische Sprache, den „Jargon", wie er sich nach dem zeitgenössischen Sprachgebrauch ausdrückt, zu fassen und produktiv zu machen sucht:

> Unsere westeuropäischen Verhältnisse sind, wenn wir sie mit vorsichtig flüchtigem Blick ansehn, so geordnet: alles nimmt seinen ruhigen Lauf. Wir leben in einer geradezu fröhlichen Eintracht; verstehen einander, wenn es notwendig ist, kommen ohne einander aus, wenn es uns paßt und verstehen einander selbst dann; wer könnte aus einer solchen Ordnung der Dinge heraus den verwirrten Jargon verstehen oder wer hätte auch nur Lust dazu? (V,149)

---

[18] Gilles Deleuze/Félix Guattari: Kafka. Pour une littérature mineure. Paris 1975.
[19] Hier greife ich die These Foucaults auf, daß die Rede über das ‚Geschlecht' zum wesentlichen Dispositiv moderner Gesellschaften, zum ‚Format' für die immer neu gestellte Frage nach dem ‚Ich' wird. Michel Foucault: Histoire de la sexualité. Bd. 3: Le souci de soi. Paris 1984.

„Wie eine regelrechte Geburt mit Schmutz und Schleim bedeckt"   141

Mit dieser Diagnose situiert Kafka zugleich seine eigenen kulturpoetischen Überlegungen. Aus diesen lassen sich – in seiner von ihm sorgfältig vorbereiteten Rede über den Jargon – fünf verschiedene Thesen ableiten und hervorheben. Da ist als erstes der Gedanke, daß der Jargon eine subversive Kraft gegenüber der herrschenden, der majoritären Sprache aus sich heraustreibe; daß also der Sprach-‚Körper', wie ihn die jiddische Rede besitze, sich gegen den streng codierten ‚Diskurs' der kulturell geltenden Sprache stelle. Daraus folgt – und dies ist die zweite von Kafka genannte Voraussetzung –, daß der Jargon der „Ordnung der Dinge", welche die westeuropäischen Verhältnisse regelt, als ‚Verwirrung' gegenübertritt; daß er, linguistisch gesprochen, keine „Grammatik" besitzt; daß das Volk also die Regeln der Sprache den Grammatikern nicht „läßt" (V,149). Zur Beschreibung der so gestifteten Verwirrung – und dies ist das dritte Argument – bedient sich Kafka zweier komplementärer Vorstellungen, derjenigen der Anarchie und jener anderen der Bastelei: „In diesem Treiben der Sprache herrschen [...] Bruchstücke bekannter Sprachgesetze" (V,150), schreibt Kafka; und er fügt hinzu, in ihr walte „Willkür und Gesetz" in unaufhebbarer Verklammerung (V,150). Als Viertes führt Kafka ins Feld, daß der so verstandene Jargon genau genommen „nur aus Fremdwörtern" bestehe (V,150); diese seien aber in ihm nicht befestigt und gewissermaßen rechtmäßig installiert, sondern durchliefen ihn, durchquerten ihn mit „Neugier und Leichtsinn", und es gehöre „schon Kraft dazu, die Sprachen in diesem Zustand zusammenzuhalten". (V,150) Aus diesem Gedankenfeld wird Theodor W. Adorno später seine für die Theorie der Moderne bedeutsame These von den ‚Fremdwörtern als den Juden der Sprache' und ihrer utopisch-aufklärenden Funktion entwickeln.[20] Daraus folgt aber zuletzt, daß der Jargon weder Muttersprache noch „Weltsprache" ist (V,150), sondern ein exterritoriales ‚Gemurmel' darstellt; ein „Gemauschel", wie es in einem späten Brief an Max Brod aus dem Jahr 1921 auch genannt wird:

> [...] das Mauscheln im weitesten Sinne genommen, in dem allein es genommen werden muß, nämlich als die laute oder stillschweigende oder auch selbstquälerische Anmaßung eines fremden Besitzes, den man nicht erworben, sondern durch einen (verhältnismäßig) flüchtigen Griff gestohlen hat und der fremder Besitz bleibt, auch wenn nicht der einzigste Sprachfehler nachgewiesen werden könnte [...] Ich sage damit nichts gegen das Mauscheln, das Mauscheln an sich ist sogar schön, es ist eine organische Verbindung von

---

20   Theodor W. Adorno: Wörter aus der Fremde. In: Ders.: Gesammelte Schriften. Hg. von Rolf Tiedemann. Band 11: Noten zur Literatur. Frankfurt a.M. 1974, S. 216–232.

> Papierdeutsch und Gebärdensprache [...] und ein Ergebnis zarten Sprachgefühls, welches erkannt hat, daß im Deutschen nur die Dialekte und außer ihnen nur das allerpersönlichste Hochdeutsch wirklich lebt, während das übrige, der sprachliche Mittelstand, nichts als Asche ist [...].[21]

Das Mauscheln, als „Ergebnis zartesten Sprachgefühls", ist das ‚Zwitschern' oder ‚Pfeifen' der Mäuse also, wie es im Text über Josefine die Sängerin zu beobachten ist, welches sich auf der Grenze zwischen Körperlaut und Sprache, zwischen „Papierdeutsch" und „Gebärde" – und diese Grenze fortgesetzt überquerend – bewegt. Diese Paradoxien des Jargons als einer Form subversiven Sprechens, seines Fremdwortcharakters zwischen Körperlaut und Sprache, zwischen Geräusch und Gesang, erweisen sich als wesentlich für Kafkas Konzept einer neuen, erst zu erfindenden poetischen Sprache. Es scheint, als habe er erst durch die Begegnung mit den jiddischen Schauspielern ‚sein Medium' gefunden. Eine Notiz vom 6. Januar 1912 aus dem Tagebuch, die sich auf den Vortrag der jiddischen Schauspielerin Klug und deren Habitus bezieht, drückt diesen Sachverhalt aus: „seht Ihr, alle Sprachen kenn ich, aber auf jiddisch"! (10,14) Es ist eine Art ‚Ydioma universal', wie Goya sich ausgedrückt hat,[22] das für eine neue Kunst in Anspruch genommen werden könnte, die Intimität und Öffentlichkeit, Sexualität und Politik zu übergreifen vermag: und zwar in ihrem Impuls gegen die Alltagssprache, gegen die Öffentlichkeitssprache der bürgerlichen Diskurse, gegen die Kunstsprache einer Nation. Und es ist das ‚Geschlecht' des jüdischen Volkes, der „Volkskörper", wie Kafka sagt, der über den Familien-Körper hinausgeht, aus dem die Sprache der Kunst geboren werden kann.[23] Aus dieser ‚Umbesetzung' des fremden Körpers, wie ihn das jiddische Theater zeigt, sucht Kafka – in einem Jargon außerhalb der ‚großen' Codes der National-Sprachen – eine neue, bisher unerhörte Poetologie zu entwickeln. In dem genannten Brief an Max Brod vom Juni 1921 (Br. 335 ff.) wird dieser Zusammenhang zuletzt – im Sinne einer ‚illegitimen' Genealogie – noch einmal ausgesprochen:

---

[21] Franz Kafka: Briefe 1902–1924 (Anm. 1), S. 336 f.
[22] Einschreibung in den zweiten Entwurf (1797) für das Frontispiz zu einer Folge von „Sueños" (später Blatt 49 der „Caprichos"). Abbildung in: Alfonso E. Pérez Sánchez/Eleanor A. Sayre (Hg.): Goya and the Spirit of Enlightenment. Boston 1989, S. 113.
[23] „Besser als die Psychoanalyse", schreibt Kafka in dem genannten Brief vom Juni 1921 an Max Brod, „gefällt mir in diesem Fall die Erkenntnis, daß dieser Vaterkomplex, von dem sich mancher geistig nährt, nicht den unschuldigen Vater, sondern das Judentum des Vaters betrifft." (Br. 337).

[...] also war es eine von allen Seiten unmögliche Literatur, eine Zigeunerliteratur, die das deutsche Kind aus der Wiege gestohlen und in großer Eile irgendwie zugerichtet hatte, weil doch irgendjemand auf dem Seil tanzen muß. (Br. 338)

Das Bedeutsame an dieser Kafkaschen Konzeption, die als ein Prozeß der Poetologie-Gewinnung aufzufassen ist, muß wohl darin gesehen werden, daß er die ehrwürdige, bis in die Antike zurückreichende Metapher von der ‚Geburt' des Kunstwerks aus dem Künstler in einem ersten Schritt auf das Spiel zwischen realer Korporalität und Sprachproduktion bezieht; in einem zweiten Schritt sodann aus der Erfahrung mit zeitgenössischen Repräsentationsmedien – nämlich den Körpersprachen des Films, des Sports, des Tanzes, der Akrobaten und Gaukler, der Schreibtisch-Szenerie, des jiddischen Theaters, des Mischidioms des Jargons – den Vorgang kultureller Zeichenproduktion selbst in den Blick nimmt; und daß er zuletzt diesen Akt der Zeichenbildung als ‚künstlich', als ‚Bastelei', als ‚Durchquerung' gegebener Sprachbestände, als ‚subversives' Grenzphänomen zwischen Körperlaut und Diskurs aufzufassen sucht. So könnte man sagen, daß die Vorstellung von der Geburt und Sozialisation des Kindes in der Familie, als einem maßgeblichen Dispositiv des biologischen ‚Geschlechts', in diejenige vom Wechselbalg-Charakter der Literatur und der literarischen Sprache umspringt; in die Vorstellung vom Kind also, das von den Zigeunern aus der Wiege gestohlen wurde und auf dem Seil tanzt; als Vorstellung von der Sprache, die aus lauter Fremdwörtern besteht, die tiefe Verwirrung in der ‚Ordnung der Dinge' stiften; als ein anarchisches Gemurmel zwischen jenen Sprechordnungen, welche von den großen Kulturen errichtet und gepflegt werden.

IV

In meinen bisherigen Überlegungen habe ich den Versuch unternommen, die Stationen von Kafkas poetologischer Entwicklung auf dem Schauplatz des Tagebuchs zu verfolgen: Stationen, die sich als Annäherungen an das Problem der Verwandlung von Geburt in Zeugung, von biologischem Progreß in Kunstproduktion zu erkennen gegeben haben. Kafkas Erwägungen im Zeugungsfeld des Tagebuchs gelten dem ‚infans', das die Sprache erwirbt, die es in die Familie – und hierauf in die Gesellschaft – hineinträgt und in den Stand versetzt, zu ‚zeugen', das „Geschenk des Geschlechtes" (die Gabe des Lebens) frei zu nutzen; und zwar im doppelten Sinne von *Generatio* und *Translatio* – der Übermittlung des Blutstroms der

Familie durch die Zeugung von Nachkommen, der Fortführung des Schriftstroms der Literatur durch die Hervorbringung von Werken: Werken, die, wie Kafka einmal bekannt hat, die Welt „ins Reine, Wahre, Unveränderliche" zu heben vermöchten (XI,167). Genau dieses (unvollendete) Szenario des Doppelversuchs von Zeugung wird aber dann zum Thema von Kafkas erstem bedeutenden Text, mit dem er – nach eigenem Urteil – seine literarische Karriere, als den Austritt aus der Disziplin der Familie, begründete: nämlich der Erzählung *Das Urteil*. Auch dieser Text ist ‚um Mitternacht' geschrieben, wie die Schreibtisch-Phantasie im Weihnachtstagebuch von 1910, und auch, wie diese, als eine solche Schöpfungsnacht mit der ‚Geburt des Helden' aufgefaßt: Hier ist es die Nacht vom 22. zum 23. September 1912. Die Geschichte von Georg Bendemann, die im *Urteil* erzählt wird, zeigt den kritischen, den ‚prägnanten' Augenblick, der den Lebensbogen eines Menschen zwischen dem Fruchtwasser, aus dem der Embryo sich entwickelt, über den schmerzhaften Prozeß der Sprach- und Schriftfindung bis zum Mündigwerden in Familie und Gesellschaft pointiert; einen Lebensbogen, der dann, in absteigender Linie, in einer rekursiven Bewegung eben dieses anhebenden Geburtsprozesses, mit der Verurteilung Georgs durch den Vater zum Tode des Ertrinkens und der Rückkehr des abermals verstummenden Körpers in das Wasser, als das diesen wieder umfangende und auslöschende Element, endet.[24] Es ist ein Prozeß der versuchten Selbstbildung des Protagonisten, der die Krise in der Familie mit einer Krise der Weltgeschichte gleichzustellen sucht: „Als ich mich zum Schreiben niedersetzte, wollte ich […] einen Krieg beschreiben", berichtet Kafka in einem Brief von 2. 6. 1913 an Felice Bauer, „ein junger Mann sollte aus seinem Fenster eine Menschenmenge über die Brücke herankommen sehn, dann aber drehte sich mir alles unter den Händen."[25] Die Familienszene rückt in den Vordergrund, ein Prozeß der Selbstbildung, in dem der Held Georg Trinken und Reden, Körperbewegung und Sprachdynamik parallelisiert, über die erotische Geste, den Kuß, einerseits, über die Schrift, im Brief an den Freund

---

[24] Kafkas ‚Urteil' gehört in eminenter Weise in den Zusammenhang einer Kulturgeschichte des Wassers. Vgl. Gerhard Neumann: „Die große Frische". Physiologie und Kulturgeschichte des Durstes. In: Wasser. Wissenschaftliche Redaktion: Bernd Busch und Larissa Förster. Köln 2000 (Kunst- und Ausstellungshalle der Bundesrepublik Deutschland. Schriftenreihe Forum. Band 9: Elemente des Naturhaushalts I), S. 139–156.

[25] Franz Kafka: Briefe an Felice und andere Korrespondenz aus der Verlobungszeit. Hg. von Erich Heller und Jürgen Born. Frankfurt a.M. 1967, hier S. 394. Nachweise mit der Chiffre BF und Seitenzahl künftig im Text.

in Petersburg, und über die Rede, in dem Streitgespräch mit dem Vater, andererseits, einen Weg aus den Zwängen und der Beengung der Familie sucht: hierbei den Befreiungskuß mit der Verlobten als Sieg über die Mutter, den Befreiungsbrief an den Freund als Sieg über den Vater inszenierend. Es ist dies aber zugleich ein Prozeß, der, zum doppelten Höhepunkt der Liebeserklärung an die Familie – und des Kampfes auf Leben und Tod mit dem Vater – gelangend, unvermittelt umkippt und dem Absturz zueilt: beginnend mit dem Zungenbiß des Sohnes (I,50), der durch das drohende Verdikt des Vaters ausgelöst erscheint, und endend mit dem Versinken von Georg Bendemanns Körper im Wasser des Flusses; eines Körpers, der die Schrift der Emanzipation – kündet doch der Brief an den Freund von der Gründung einer Familie und ist zugleich eine Metapher der ‚Literatur' – vom Adressaten ungelesen, als ungeöffneten Freiheitsboten, mit sich in das stumme Element zurücknimmt.

Kafka selbst war es außerordentlich deutlich, daß er mit seiner ersten großen Erzählung ein Szenario eben jenes Vorgangs geliefert hatte, der ‚Geburt' als Drama der Sozialisation des Menschenkindes und, ineins damit, als Drama der Schöpfung von Kunst begreift; und zwar als ebenso wundersamen wie unbegreiflichen Übergang von der Sohnschaft zur Vaterschaft. Bekanntlich hat Kafka die Entstehung des *Urteils* mehrfach und ausführlich kommentiert – wie vielleicht kein anderes seiner späteren Werke mehr. So feiert er bereits am 23. September frühmorgens unmittelbar nach der Vollendung den Text als das Ereignis einer einzigen Nacht, „in einem Zuge geschrieben" (X,101), als das unbegreifliche und inspirierte Strömen der Schrift, als sei es das Wasser des Lebens, das sie trägt; er nennt *Das Urteil* eine Geschichte, die in „fürchterliche[r] Anstrengung und Freude" entstand und beruft erneut die Vorstellung strömenden Getragenseins: „wie ich in einem Gewässer vorwärtskam"; er spricht von der Umschmelzung des Heterogensten, der „fremdesten Einfälle", denen „ein großes Feuer" der Verwandlung bereitet ist; er stellt, mit dem „Sich-Strecken" vor dem langsam hell werdenden Fenster, eben jene Situation nach, die am Anfang des Erlebnisses seines Protagonisten steht; er liest die Geschichte noch am Morgen seinen Schwestern vor und gibt die poetologische Diagnose: „Nur so kann geschrieben werden, nur in einem solchen Zusammenhang, mit solcher vollständigen Öffnung des Leibes und der Seele" (X,101) – der Schöpfungsvorgang als organischer Prozeß. Erst in zweiter Linie sucht Kafka sich dann der ‚Quellen' des Geschaffenen jenseits der eigenen Körperlichkeit zu vergewissern, er rekapituliert die literarischen Vorlagen und Anregungen und deutet auch auf dessen intertextuelles ‚Gezeugtsein': „Gedanken an Freud", heißt es da, Gedanken an Texte Max

Brods und Franz Werfels. (X,101) Eine zweite Tagebuchaufzeichnung, aus Anlaß der Korrekturen-Lektüre des *Urteils* niedergeschrieben, hebt dann zunächst wieder die ‚Abstraktionen' der Geschichte hervor, indem sie die Beziehungen zwischen den Figuren zu rekonstruieren sucht, mündet aber schließlich erneut in biologische Vorstellungen, und zwar in jenem drastischen Schlüsselsatz, der Geburt und literarische Zeugung unlösbar verschmilzt:

> Anläßlich der Korrektur des „Urteils" schreibe ich alle Beziehungen auf, die mir in der Geschichte klar geworden sind, soweit ich sie gegenwärtig habe. Es ist dies notwendig, denn die Geschichte ist wie eine regelrechte Geburt mit Schmutz und Schleim bedeckt aus mir herausgekommen und nur ich habe die Hand, die bis zum Körper dringen kann und Lust dazu hat [...]. (X,125)

In zwei Briefzeugnissen (vom 2.6. und 10.6.1913) an die Verlobte Felice Bauer in Berlin, die sich gleichfalls mit dem Verständnis der Geschichte *Das Urteil* befassen, ist dann freilich nicht mehr vom Körper und dem ihm anhängigen Geburtsakt, sondern von der Sprache und ihren Buchstaben die Rede: von den „Abstraktionen" der Geschichte und von jenen Umstellungen der Lettern, die auch Kafkas späteres Werk dann so charakteristisch durchziehen werden:

> Und nun sieh, Georg hat so viel Buchstaben wie Franz, „Bendemann" besteht aus Bende und Mann, Bende hat so viel Buchstaben wie Kafka und auch die zwei Vokale stehn an gleicher Stelle, „Mann" soll wohl aus Mitleid diesen armen „Bende" für seine Kämpfe stärken. „Frieda" hat so viel Buchstaben wie Felice und auch den gleichen Anfangsbuchstaben, „Friede" und „Glück" liegt auch nah beisammen. „Brandenfeld" hat durch „feld" eine Beziehung zu „Bauer" und den gleichen Anfangsbuchstaben. (BF 394; vgl. X,126)

Man weiß, daß Kafka Umstellungen und Buchstaben-Tänze dieser Art in seinen frühen wie in seinen späten Werken immer wieder praktiziert hat: als ein anagrammatisch in Szene gesetztes Maskenspiel mit dem eigenen Namen und den Namen der in den Texten agierenden Protagonisten, wie z. B. der Suggestion ‚Raban'-Kafka in den *Hochzeitsvorbereitungen auf dem Lande*, der Namen-Larve ‚Samsa'-Kafka in der Erzählung *Die Verwandlung*.

Das Bemerkenswerte an diesem komplizierten Versteckens- wie Verstehensspiel, dem Kafka seine Texte unterzieht, das Außergewöhnliche an derartigen Interpretationsknoten, in die literarischer Text und Selbstdeutung des Autors verwirkt sind, ist die diffizile Kontamination verschiedener Vorstellungen vom Vorgang des Schöpferischen: nämlich seiner biologischen, seiner lettristischen und seiner anagrammatischen Komponente. Da ist, wie erläutert, zum einen das Bildfeld des organischen Geburtsvorgangs;

„Wie eine regelrechte Geburt mit Schmutz und Schleim bedeckt"   147

eines Vorgangs der Sozialisation, der Sprachgewinnung aber auch, die diesem biologischen Prozeß unablöslich aufruhen. Da ist sodann die Aufmerksamkeit auf den medialen Aspekt dieses Geburtsvorgangs, den Transport der Signifikanten – hier gekoppelt an den Brief, an die Wort- und Textzirkulation; wobei in diesem vordergründig der sozialen Kommunikation dienenden Medium des Briefs zugleich eine latente poetische Dimension wahrzunehmen ist.[26] Da zeigt sich aber zuletzt ein Element, das bis zu diesem Zeitpunkt der poetologischen Erwägungen Kafkas kaum eine tiefergreifende Rolle gespielt hatte; nämlich die poetische Arbeit der Buchstabenumstellungen und Namensspiele, der Defiguration, der Verwandlung und ‚Subversion' der Buchstabenfolge und Buchstabenordnung. Es ist schon oft darauf hingewiesen und rekapituliert worden, welche Namensspiele Kafka – mit seinem eigenen Namen und mit den Namen seiner Helden – in seinen verschiedenen Texten treibt; nicht zuletzt im Hinblick auf die Bedeutung des tschechischen Wortes ‚kavka', das ‚Dohle' bedeutet: von den Nomaden in dem kleinen Text *Ein altes Blatt*, die „sich ähnlich wie Dohlen" mit unverständlichen Lauten verständigen,[27] über den *Jäger Gracchus* – das lateinische Wort ‚gracchus' wie das italienische ‚gracchio' bedeuten abermals ‚Dohle' – bis zu den Bankangestellten mit den sprechenden oder doch stammelnden Namen Kullich, Kaminer und Rabensteiner aus dem Anfangskapitel des *Prozeß*-Romans (III,24)! Es ist aber noch selten daran erinnert worden, daß dieses Spiel nur sekundär ein solches zwischen dem Autor Franz Kafka und seinen erfundenen Figuren ist; primär dann aber vielmehr eines zwischen dem Sohn Franz und seinem Vater Hermann Kafka. Kafkas Vater, der einen Galanteriewarenladen betrieb, hatte, auf die Wortbedeutung des tschechischen ‚kavka' anspielend, eine Dohle als Emblem seiner Firma auf das Geschäftspapier gesetzt (Abb. 3). Durch diese emblematische

---

[26] Zur komplexen Verwicklung des Brief-Motivs in die Poetologie und Briefpraxis Kafkas vgl. Wolf Kittler: Brief oder Blick. Die Schreibsituation der frühen Texte von Franz Kafka. In: Gerhard Kurz (Hg.): Der junge Kafka. Frankfurt a.M. 1984, S. 40–67. Zum Verhältnis von Post und Literatur vgl. Bernhard Siegert: Relais. Geschicke der Literatur als Epoche der Post 1751–1913. Berlin 1993.

[27] „Sprechen kann man mit den Nomaden nicht. Unsere Sprache kennen sie nicht, ja sie haben kaum eine eigene. Unter einander verständigen sie sich ähnlich wie Dohlen. Immer wieder hört man diesen Schrei der Dohlen. Unsere Lebensweise, unsere Einrichtungen sind ihnen ebenso unbegreiflich wie gleichgültig. Infolgedessen zeigen sie sich auch gegen jede Zeichensprache ablehnend. [...] Man kann nicht sagen, daß sie Gewalt anwenden. Vor ihrem Zugriff tritt man beiseite und überläßt ihnen alles." (I,209).

148   „Wie eine regelrechte Geburt mit Schmutz und Schleim bedeckt"

Abb. 3: Geschäftsembleme des Vaters Kafka, die Dohle (tschechisch: kavka), oben mehr deutsch-national (auf Eichenzweig), unten politisch neutraler.

Strategie aber gab er, in seiner ökonomischen Welt, die seine Identität und deren soziale Befestigung gewährte, seinem eigenen Namen den Naturkörper des Tieres, das er bedeutet, zurück. Kafka, der Sohn, spielt dieses Spiel der ‚Verwandlung' nach; und zwar dort, wo er sein eigenstes, eigentümlichstes Feld kultureller Selbstfindung vermutete: in der Literatur. Damit aber widerruft er zugleich das väterliche Spiel: Denn er beschwört den Vaternamen nicht als Garanten geschäftlichen Erfolges, sondern er verwandelt ihn in die Sprachmaske, die das Autorspiel der Literatur regiert: ein Buchstabenspiel also, aus der ökonomischen Welt des Besitzes und des Tausches herausgenommen, autonom und befremdlich zugleich. Das Spiel mit dem Namen, das Vater und Sohn als identifikatorische Praxis vordergründig verbindet, ist zugleich, und in einem tieferen Sinne, Kafkas biographischer und literarischer Kampf um jene Abgrenzung, die das Gesetz der Familie widerrufen und Sprache in die Freiheit der Kunst verwandeln könnte; es ist das Sich-Herausschreiben des Kindes, sein Sich-Herausphantasieren aus der vom Vater beherrschten Lebenswelt in die Gegenwelt der Literatur. Es ist der Versuch des Sohnes, den Namen des Vaters neu zu erschaffen, so als ob er eben entstünde – eine Geburt ohne Genealogie, aus einem spontanen schöpferischen Akt „herausgekommen";

nur ich, hatte Kafka hinzugefügt, „habe die Hand, die bis zum Körper dringen kann und Lust dazu hat" (X,125). Damit ist zugleich das Kerndilemma der Kafkaschen Poetologie benannt: Wie kann aus der biologischen Prägung das ‚Neue', was es auch sei, herausspringen? Wie kann die ‚Sohnschaft' des Gezeugtseins und des Geborenseins in die ‚Vaterschaft' der Zeugung umspringen? Welches Medium kann solche Umsetzung ermöglichen? Kafkas Antwort lautet: Es ist allein das Sprachspiel, das die Ersetzung des ‚Vaters' durch den ‚Autor' zu bewirken vermag; eine sprachschöpferische Kraft, die übrigens – wenn man dem Wortlaut der von Kafka zitierten Aussprüche seines Vaters Glauben schenken will – auch schon Hermann Kafka in hohem Grade besaß und am Familientisch gebührend zur Geltung brachte! Das Relais einer solchen Vertauschung kann dabei, so Kafka, nicht der Körper und auch nicht das Bild sein (wie in der klassischen Literatur[28]); es ist allein die Sprache. Sie kann, in einer Art ‚Umfälschung', in die Form des den normierten sozialen Code durchquerenden und unterlaufenden ‚Jargons' umschlagen: als *Fremdwort in der Sprache*, als *Literatur*.

Wie kann Geburt und Geborensein in Zeugung umschlagen; wie kann Sohnschaft zur Vaterschaft werden und damit den Weg zum Schöpfertum öffnen? Das ist die Schlüsselfrage Kafkas im poetologischen Feld von Geburt, Zeugung und Kunst. Den Ausgangspunkt seiner Überlegungen bildet dabei der Versuch, die Erfahrung von Körperlichkeit in Sprache zu verwandeln; eine Sprache, die Familie und Gesellschaft durchquert und in die Kunst zu geleiten vermag. Als eigentliche Krux auf diesem Weg erweist sich dabei dann aber der biologische Konnex zwischen Vater und Sohn; also der „Blutkreis, der sich um Vater und Sohn zieht", wie Kafka in seiner Erläuterung des *Urteils* schreibt (X,125). Es ist die Erzählung *Das Urteil*, in der Kafka die literarischen Folgerungen aus dieser aporetischen Einsicht zieht: und zwar nicht zuletzt in den Deutungen, die er diesem Text in Tagebuch und Brief angedeihen läßt. Das biologische Modell der Geburt und Zeugung muß in das linguistische der Umfälschung der Zeugung des Sohnes durch den Vater in die Zeugung der Literatur durch den zum Autor gewordenen Sohn verwandelt werden. Das Erste, so könnte man sagen, wird durch das Zweite buchstäblich ‚überschrieben'. Dies aber ist nicht mehr ein Problem der ‚Sublimierung' im Tagtraum, wie Freud sagen

---

[28] Sigmund Freud hat dieses kardinale Gesetz, daß der formale Lustgewinn des ‚Ästhetischen' das Tabuisierte kulturell akzeptabel macht, artikuliert: Der Dichter und das Phantasieren. (1908 [1907]). In: Sigmund Freud: Studienausgabe (Anm. 11). Band 10: Bildende Kunst und Literatur. Frankfurt a.M. 1969, S. 169–179.

würde, nicht mehr eines der Bilder und der Metaphorisierung des Tabuisierten, sondern ein Akt allein der Schrift – Franz Kafka war ein Ikonoklast und Verweigerer aller gültigen Repräsentations-Strategien in der Welt der für ihn so faszinierenden Bildmedien, ihrer ‚verdichtenden‘ oder ‚verschiebenden‘ – „ins Wahre hebenden" – Kraft (XI,167).

Worauf es Kafka in diesem Akt der Umfälschung ankommt, ist die Arbeit am Buchstaben, ist die Umwendung der herrschenden Semantik und Syntax, ist die Subversion der Sprache, ist das ‚Stehlen des deutschen Kindes aus der Wiege‘, ‚weil doch irgendjemand auf dem Seil tanzen muß‘ – und nicht dessen Belassen am Ort der Geburt. Es ist ein Akt fortgesetzter, nie arretierter Simulation und Dissimulation, der Anagrammatisierung im weitesten Sinne – eine unablässige, gewissermaßen ‚schleichende‘ Umsetzung der Buchstaben.[29]

In den Jahren 1916 und 1917, der Zeit des Kafkaschen Schreibexils im Alchimistengässchen auf dem Prager Hradschin und der Entstehung der berühmten Kritzeltexte der Oktavhefte, erreicht dieses ‚anagrammatische‘ Verfahren, das ja, auf die Objekt-Darstellung bezogen, auch ein Verfahren der *bricolage*[30] ist, seinen Höhepunkt. Ausgezeichnete Zeugnisse dafür sind die beiden kurzen Texte *Die Sorge des Hausvaters* (I,222 f.) und *Eine Kreuzung* (VI,92 f.): Der erste thematisiert die Unkenntlichmachung des ‚Sorgenkindes‘ in der Familie gegenüber dem Vater durch die unenträtselbare Chiffrierung des Namens des Sohnes; der zweite zeigt das verwirrende Spiel mit dem „Geschenk des Geschlechtes" als „Erbstück" des Vaters an den Sohn in den Chiffrierungen und emblematischen Verrätselungen der Familiennamen ‚Kafka‘ und ‚Löwy‘ (Kafkas ‚väterlicher‘ und ‚mütterlicher‘ Linie) und ihrer genealogischen Funktion.

Aber Kafka praktiziert dieses neue poetische Spiel nicht nur, er reflektiert diese neue Wende in seiner Poetologie zugleich. Dies geschieht schon bald nach der Entstehung des *Urteils*, nämlich in einem Brief an Felice Bauer vom 22./23. Januar 1913. Kafka beginnt mit der Erzählung eines Traums.

> Sehr spät, Liebste, und doch werde ich schlafen gehn, ohne es zu verdienen. Nun, ich werde ja auch nicht schlafen, sondern nur träumen. Wie gestern z. B., wo ich im Traum zu einer Brücke oder einem Quaigeländer hinlief, zwei

---

[29] Zur Beschreibung dieses Aktes bieten sich die beiden allem Repräsentationsgestus zuwiderlaufenden Kategorien der ‚Umkehrung‘ und ‚Ablenkung‘ an. Vgl. Gerhard Neumann: Umkehrung und Ablenkung: Franz Kafkas „gleitendes Paradox". In: DVjs 42 (1968), S. 702–744. Vgl. S. 355–401 des vorliegenden Bandes.

[30] Ich entlehne diesen Begriff der Mythentheorie von Claude Lévi-Strauss.

Telephonhörmuscheln, die dort zufällig auf der Brüstung lagen, ergriff und an die Ohren hielt und nun immerfort nichts anderes verlangte, als Nachrichten vom „Pontus" zu hören, aber aus dem Telephon nichts und nichts zu hören bekam, als einen traurigen, mächtigen, wortlosen Gesang und das Rauschen des Meeres. (BF,264)

Wovon Kafka hier spricht, ist deutlich genug. Natürlich und offenkundig ist der Zweck dieses Briefs, wie all der Hunderte von anderen Briefen, die Kafka der Verlobten in Berlin schrieb, ein Liebesgeständnis zu transportieren. Aber genauer besehen wird wohl eher der Empfang einer poetischen Botschaft, oder genauer gesagt: deren Nicht-Empfang nachgespielt. Der Träumende stürzt zum Fluß hinunter, ergreift zwei Telephonhörmuscheln auf dem Quaigeländer und verlangt Nachrichten vom „Pontus" zu hören: dem Ort, wohin Ovid, der Verfasser der „Liebeskunst", von Augustus verbannt worden war. Die Botschaft, die der Lauschende empfängt, ist Natur-, nicht Kulturlaut, das Rauschen des Meeres, wortloser Gesang. Hier evoziert Kafka nicht mehr das Modell der Geburt als poetologischer Metapher, sondern dasjenige der Inspiration, wie es die Antike kennt, des Musenanrufs – wie ihn übrigens in der Moderne zum Beispiel noch Rilke zu hören vermeinte. Aber das Merkwürdige dieser Traum-Szene am Quai ist, daß dieser nicht mehr entzifferbare, nicht mehr ‚decodierbare' An-Ruf, als ein Phänomen elektrischer Übertragungsmedien, in ein Szenario gebettet ist, das der Geburtsphantasie der *Urteils*-Erzählung und deren Widerruf durch den Tod im Wasser entstammt. Technische Simulation des Musenanrufs und Geburtsmodell (aus der *Urteils*-Erzählung) erscheinen auf heikle Weise übereinandergeblendet. Das Wichtigste in diesem poetologischen Traum Kafkas scheint nun aber in der Tat das Telephon zu sein:[31] als das Medium des körperlosen Transports von Worten. Kafka schließt denn auch an diesen Traum, der mit dem wortlosen An-Ruf vom Schwarzen Meer, dem Liebesdichter-Exil, beginnt, eine lange (in gewisser Weise auch scherzhafte und doch zugleich bitterernste) Phantasie über die Ersetzung des erotischen Kommunikationsmediums – als welches der Brief ja seit der Antike figuriert – durch ein medial-apparatives; nämlich durch die Erfindung einer technischen Verbindung zwischen Telephon und Parlograph. Bekanntlich schließt diese seitenlange Passage des Briefs mit dem Satz:

Übrigens ist die Vorstellung ganz hübsch, daß in Berlin ein Parlograph zum Telephon geht und in Prag ein Grammophon, und diese zwei eine kleine

---

[31] Vgl. dazu grundlegend Friedrich A. Kittler: Aufschreibesysteme 1800/1900. München 1985, S. 368–372.

Unterhaltung miteinander führen. Aber Liebste, die Verbindung zwischen Parlograph und Telephon muß unbedingt erfunden werden. (BF,266)

Man kann hinzufügen, daß Kafka eben diese Sprach-Verbindung buchstäblich in diesem Schreibmoment hergestellt hat: und zwar als einen Text, der erotische Kommunikation als technische Konstellation ‚simuliert' – und damit gewissermaßen eine Sprach-Kopulation zustande bringt; im erotischen Feld in diesem Fall, aber nicht unähnlich jenem ‚anagrammatischen' Spiel, mit dem Kafka den Vaternamen in Literatur verwandelt. Als bemerkenswert erweist sich dabei, daß Kafka an die Stelle des Films und dessen ‚Übersetzung' in Literatur, an der ja das Tagebuch gescheitert war, nun das vom Körper abstrahierende Wortmedium Telephon setzt; sein leeres Rauschen kann den Text des Briefes hervorbringen, der nunmehr, wenn man so will, ‚Literatur' ist: im Gegensatz zu jenem stumm bleibenden Brief, der mit Georg Bendemann im Gewässer des Flusses versinkt. Eindrucksvollstes Beispiel eines solchen gewissermaßen ‚medial' konstruierten Textes – und ein förmlicher Widerruf der Katastrophe der *Urteils*-Erzählung – ist die schon erwähnte, wohl 1917 entstandene *Sorge des Hausvaters*. Auch diese kleine Geschichte ruht ganz offensichtlich auf dem Szenario des *Urteils* auf: ein Hausvater, welcher Macht über ein offenbar von ihm abhängiges Wesen, das das Haus bewohnt – nämlich das ‚Sorgenkind Odradek' – zu gewinnen sucht. Anders als dem Vater Georg Bendemanns gelingt dem ‚Vater' Odradeks dies allerdings nicht. Denn dieses „raschelnde" und herkunftslose Wesen hat keine menschliche Gestalt und besitzt auch keine reguläre Sprache, keinen etymologisch, genealogisch oder sonstwie entschlüsselbaren Namen: ‚Odradek'! Es ist künstlich hergestellt: durch einen Akt der *bricolage*, des ‚Zusammenbastelns' aus Zwirnspule, Stäbchen und verschiedenen Fäden; künstlich hergestellt aber auch durch einen anagrammatischen Akt. Denn offenbar ist ‚odradek' die Entstellung, die Unkenntlichmachung der Liebesformel, die zwischen Vater und Sohn getauscht wird: *mám te rád* bedeutet im Tschechischen so viel wie ‚ich hab dich lieb'. Das Negationsmorphem zu Beginn des Worts ‚Od-rad-ek' und die Verkleinerungsform an seinem Ende legen – zum Beispiel – die Übersetzung ‚Unliebchen' nahe: als Verweigerung der Doppelbindungsstrategien der Familienliebe. So gesehen würde es sich bei Odradek um ein Wesen handeln, dem es gelungen ist, das Kafkasche Problem des Vaterwerdens des Sohnes zu lösen; also das Geborenwerden – als Zwangs-Akt – in einen Selbst-Zeugungs-Akt zu verwandeln, und zwar durch Widerruf der Herrschaftsformel der Familie, ‚ich liebe dich', durch ein dem Code sich verweigerndes Namenszeichen, als ein die Sprache der

Familie frei durchquerendes Fremdwort. Man könnte auch sagen: ‚Odradek' ist die Inszenierung eines autopoetischen Wesens, ja eines autoreferentiellen Systems, das weder durch Geburt, noch durch Inspiration, noch auch durch religiöse Erweckung (durch den Wahrheitsimpuls eines metaphysischen Eingriffs) ins Leben der Literatur gelangt ist. Es hat durch Buchstabenzauber das Licht der Welt erblickt.

V

„Was hast du mit dem Geschenk des Geschlechtes getan?" – Dieser an das Lebenskonzept Kafkas rührende Satz enthält nichts Geringeres als die Frage nach der merkwürdigen Struktur der von ihm aufgebotenen Metaphorologie des Schöpfungsaktes: jenes Aktes also, in dem Wahrnehmung und Darstellung bei der Konstruktion von Welt konvergieren, biologisches und artifizielles Zeugungsmuster in Konkurrenz treten! Kafkas poetologische Erwägungen gehen dabei immer noch von dem alten Bild der Geburt der Kunst aus dem Körper des Schöpfers aus, von der Verwandlung des Körpers in die Zeichen der Sprache. Und noch Kafkas späteste poetologische Zeugnisse werden sich auf dieses Konzept berufen. So heißt es in einem Brief an Robert Klopstock aus dem März 1923, dem vorletzten Lebensjahr Kafkas:

> Ich habe inzwischen, nachdem ich durch Wahnsinnszeiten gepeitscht worden bin, zu schreiben angefangen und dieses Schreiben ist mir in einer für jeden Menschen um mich grausamsten (unerhört grausamen, davon rede ich nicht) Weise das Wichtigste auf Erden, wie etwa einem Irrsinnigen sein Wahn (wenn er ihn verlieren würde, würde er „irrsinnig" werden) oder wie einer Frau ihre Schwangerschaft. (Br. 431)

Diesem Lebensmuster – in welchem ja die Geburt der Kunst nach wie vor als biologischer Akt gedacht werden soll – wohnt nun aber für Kafka seit dem Beginn seiner Karriere als Autor ein unüberwindliches, sein poetologisches Konzept immer wieder bedrohendes Hemmnis inne: der Umstand nämlich, daß dieses Lebensmuster – das nach dem Paradigma von Zeugung und Geburt gebildet ist – zugleich und notwendig mit dem für ihn so unsagbar belasteten Verhältnis zwischen Vater und Sohn zusammenhängt. Diese Aporie ist, so scheint es, für Kafka nur durch einen Registerwechsel zu lösen; nämlich durch die Überschreibung der Geburt-Zeugungs-Vorstellung mit dem alle Biologie verleugnenden Schaffensmodell von *bricolage* und Anagramm, von Künstlichkeit, von gebasteltem Körper, verstellter Schrift und verwirbelten Buchstaben. Der Impuls, der dieses doppelte, das Biologische außer Kraft setzende Spiel von Dissimulation in Gang bringt, gewinnt seine Dynamik weder durch Inspiration, also durch das antik-heidnische Vorbild der Eingebung durch die Muse, noch durch ‚Berufung', also das antik-biblische Beispiel der Vokation zum Propheten eines auserwählten Volkes,[32] sondern durch das, was Roland Barthes in seiner *Leçon* von 1977 einmal „tricherie" genannt hat[33] – in Kafkas eigener Formulierung ein „Betrügen ohne Betrug";[34] also ein ‚Stehlen des deutschen Kindes aus der Wiege', ‚weil doch irgendjemand auf dem Seil tanzen muß'. Es ist ein Sprachspiel, das nur durch den Jargon, wie Kafka ihn durch seine Begegnung mit den jiddischen Schauspielern kennen gelernt hatte, als ein in der Kultur und ihren Sprechordnungen quer laufendes Idiom, bewerkstelligt werden kann; durch die Wortmaske, die unkenntlich macht, den Namen des Sohnes – als des sich freischreibenden Autors – dem Namen des Vaters überstülpt. Vielleicht ist es vor allem dies, was Kafka mit der Generation des expressionistischen Jahrzehnts verbindet: das Beharren auf der Wörtlichkeit der Geburt der Literatur aus dem Körper des Lebens und die gleichzeitige Unvereinbarkeit dieser Vorstellung

---

[32] In einem Brief aus Meran vom 3.6.1920 schreibt Kafka an Milena Jesenská: „Sehen Sie Milena, ich liege auf dem Liegestuhl vormittag, nackt, halb in Sonne halb im Schatten, nach einer fast schlaflosen Nacht; wie hätte ich schlafen können, da ich, zu leicht für Schlaf, Sie immerfort umflogen habe und da ich wirklich genau so wie Sie es heute schreiben, entsetzt war über das ‚was mir in den Schoß gefallen war', so entsetzt im gleichen Sinn, wie man von den Propheten erzählt, die schwache Kinder waren (schon oder noch, das ist ja gleichgültig) und hörten wie die Stimme sie rief und sie waren entsetzt und wollten nicht und stemmten die Füße in den Boden und hätten eine gehirnzerreißende Angst und hatten ja auch früher schon Stimmen gehört und wußten nicht, woher der fürchterliche Klang gerade in diese Stimme kam – war es die Schwäche ihres Ohrs oder die Kraft dieser Stimme – und wußten auch nicht, denn es waren Kinder, daß die Stimme schon gesiegt hatte und einquartiert war gerade durch diese vorausgeschickte ahnungsvolle Angst, die sie vor ihr hatten, womit aber noch nichts für ihr Prophetentum ausgesagt war, denn die Stimme hören viele, aber ob sie ihrer wert sind, ist auch objektiv noch sehr fraglich und der Sicherheit halber von vornherein lieber streng zu verneinen –". Franz Kafka: Briefe an Milena. Erweiterte und neu geordnete Ausgabe. Hg. von Jürgen Born und Michael Müller. Frankfurt a.M. 1983, S. 39.

[33] „[...] il ne reste, si je puis dire, qu'à tricher avec la langue, qu'à tricher la langue. Cette tricherie salutaire, cette esquive, ce leurre magnifique, qui permet d'entendre la langue hors-pouvoir, dans la splendeur d'une révolution permanente du langage, je l'appelle pour ma part: *littérature.*" Barthes (Anm. 8), Bd. III, S. 804.

[34] Hierzu Horst Turk, „betrügen ... ohne Betrug". Das Problem der literarischen Legitimation am Beispiel Kafkas. In: Friedrich A. Kittler/Horst Turk (Hg.): Urszenen. Literaturwissenschaft als Diskursanalyse und Diskurskritik. Frankfurt a.M. 1977, S. 381–407.

mit dem hartnäckigen Festhalten an dem biologischen Konnex zwischen Vater und Sohn; an der Weigerung oder Unfähigkeit des Sohnes zuletzt, die Vaterstelle – gewissermaßen „als Künstler" (I,243), wie der Affe Rotpeter sagt – selbst zu besetzen. Es ist die paradoxe Verquickung einer Verdrängung der Frage, wie Söhne zu Vätern werden, mit der lettristischen Konstruktion künstlicher Subjekt-Keime, die – noch immer – ins Zeichen der „Sorge des Hausvaters" gestellt wird. Kafkas Poetologie beruht auf der Hartnäckigkeit, mit der er an der Spannung zwischen Körper und dissimulierendem Zeichen festhält. Er hat, im buchstäblichen Sinne, die Metapher von der Geburt der Kunst ins Literale umgeschrieben.

Anthropologie

Ritual und Theater

Franz Kafkas Bildungsroman „Der Verschollene"

> Der Amerikaner, der den Columbus
> zuerst entdeckte, machte eine böse
> Entdeckung.
> *Georg Christoph Lichtenberg*

I

In Franz Kafkas Tagebuch findet sich eine Aufzeichnung, die – im Blick auf das Verhältnis von Sprache und Körper – förmlich eine Sprachtheorie des Autors aus dem Erzählvorgang heraustreibt. Die Stelle, die am 3. Oktober 1911 niedergeschrieben wurde, lautet:

> *Beim Diktieren einer größern Anzeige an eine Bezirkshauptmannschaft im Bureau. Im Schluß, der sich aufschwingen sollte, blieb ich stecken und konnte nichts als das Maschinenfräulein Kaiser ansehn, die nach ihrer Gewohnheit besonders lebhaft wurde, ihren Sessel rückte hustete, auf dem Tisch herumtipte und so das ganze Zimmer auf mein Unglück aufmerksam machte. Der gesuchte Einfall bekommt jetzt auch den Wert, daß er sie ruhig machen wird, und läßt sich je wertvoller er wird desto schwerer finden. Endlich habe ich das Wort „brandmarken" und den dazu gehörigen Satz, halte alles aber noch im Mund mit einem Ekel und Schamgefühl wie wenn es rohes Fleisch wäre (solche Mühe hat es mich gekostet). Endlich sage ich es, behalte aber den großen Schrecken, daß zu einer dichterischen Arbeit alles in mir bereit ist und eine solche Arbeit eine himmlische Auflösung und ein wirkliches Lebendigwerden für mich wäre, während ich hier im Bureau um eines so elenden Aktenstückes willen einen solchen Glückes fähigen Körper um ein Stück seines Fleisches berauben muß*[1]

Die Frage, die sich Kafka in dieser autobiographischen Notiz angesichts der prekären Situation im Büro zu stellen scheint, führt in eine doppelte Richtung: Wie ist es möglich, die Sprache aus dem Körper zu lösen und

---

[1] Franz Kafka: *Tagebücher. Textband.* Hg. von H.-G. Koch, M. Müller und M. Pasley. Frankfurt a.M. 1990, S. 53 f. Franz Kafka: *Schriften Tagebücher, Briefe. Kritische Ausgabe.* Hg. von J. Born, G. Neumann, M. Pasley und J. Schillemeit. Frankfurt a.M 1983 ff. Künftig im Text zitiert als KKAT mit Seitenzahl. Hier KKAT,53.

dabei Herrschaft über sie zu gewinnen? Wie kann der Einfall, der sich im Kopf des Sprechenden bildet, zur Rede und zur Schrift werden?

Die Situation der Geburt von Rede, die Kafka hier erlebt, ist streng ritualisiert, sie entsteht aus einer stereotypen Konfiguration: der höhere Angestellte der Kanzlei, der einen Schriftsatz diktiert; und ihm gegenüber das Schreibfräulein, dem wie ihm selbst eine genaue Position in der Hierarchie des Büros zugeschrieben ist.

Der lebendige Organismus des Leibes, der das Wort hervorzubringen sucht, erweist sich als Erzeuger, als 'Generator' des Zeichens und – in der die Stimme erstickenden Materialität – zugleich als dessen eingefleischtes Hemmnis – in einem Moment in Szene gesetzter 'Vergewaltigung' gewissermaßen. Genau in jenem Augenblick aber, wo dem Sprechenden dann doch die Unterwerfung unter das institutionelle Ritual, unter das Rede-Gesetz des Büros gelingt, wo die Sprache der Forderung des Schrift-Satzes, der diktiert wird, endlich gehorcht, entspringt der Schrecken, ja das Entsetzen, aber auch die Verheißung: die utopische Vision einer Gegenmöglichkeit von Sprache als „himmlischer Auflösung" und „wirklichem Lebendigwerden". Es ist die Rede vom Glück unbefangener Schöpfung, von der zu freier Verfügung bereitliegenden „dichterischen Arbeit", einer vom Büroritual unbedrückten Produktion; es ist die Rede von dem improvisierten, aus dem Körper herausströmenden Akt der Literatur. Kafka hat, anläßlich der Niederschrift des „Urteils", von diesem strömenden Zutagekommen des dichterischen Wortes wie von einer wahrhaften „Geburt" gesprochen, einem kreativen körperlichen Geschehen, das zur Sprache der Erzählung wird[2].

Kafkas Theorie von der Geburt der Sprache ist – wie man sieht – zutiefst gespalten: Menschliche Rede erscheint rituell diszipliniert auf der einen; in schöpferischer Freiheit sich entfaltend auf der anderen Seite.

In seiner *Leçon inaugurale*, die Roland Barthes 1977 am Collège de France hielt[3], hat er ein Konzept der Sprache zwischen Gewalt und Improvisation entwickelt, das dem von Kafka in seinem Tagebuch entwickelten Modell entspricht, ihm aber schärfere Konturen verleiht.

---

[2] „Nur so kann geschrieben werden, nur in einem solchen Zusammenhang, mit solcher vollständigen Öffnung des Leibes und der Seele." 23.9.1912; KKAT,461; „[...] denn die Geschichte ist wie eine regelrechte Geburt mit Schmutz und Schleim bedeckt aus mir herausgekommen und nur ich habe die Hand, die bis zum Körper dringen kann [...]" 11.2.1913; KKAT,491.

[3] Roland Barthes: „Leçon". In: Roland Barthes: *Œuvres complètes. Tome III. 1974–1980*. 1995, S. 799–814.

Sprache, so erläutert Roland Barthes in Anknüpfung an Roman Jakobson, sei nicht primär dadurch definiert, was sie dem Sprechenden zu sagen *ermöglicht*, sondern sehr viel mehr durch das, was sie auszudrücken ihn *zwingt*.[4] Sprache in diesem Sinne ist nicht primär freie Improvisation, sondern Vor-Rede und Vor-Schrift, die den Sprechenden, sich ihrer Bedienenden, bedingungslos ihrem eigenen Gesetz unterwirft. Denn die Zeichen der Sprache haben, lange bevor der Einzelne sie sprechend usurpiert und sich so – im Doppelsinn des Wortes – zum 'Subjekt' macht[5], durch die Redeordnungen, durch die im System sozialer Vereinbarung spielenden Diskurse ihren Wert zugesprochen bekommen; als Ideologie, als rhetorisches Muster und herrschendes Repertoire von Stereotypen. In der Antrittsrede Roland Barthes' heißt es wörtlich: „[...] en chaque signe dort ce monstre: un stéréotype: je ne puis jamais parler qu'en ramassant ce qui *traîne* dans la langue."[6]

Freilich gibt es, so Roland Barthes im weiteren Verlauf seiner Ausführungen, ein Gegenmittel, ein Antidot gleichsam, um diesem Zwang der Sprache zu entkommen; dieses beginnt seine Wirkung zu entfalten, wenn man ein subversives und improvisatorisches Spiel mit eben diesem Organ 'Sprache' anzettelt: „[...] il ne reste, si je puis dire, qu'à tricher avec la langue, qu'à tricher la langue." Und Barthes fügt lakonisch hinzu: „Cette tricherie salutaire, qui permet d'entendre la langue hors-pouvoir, dans la splendeur d'une révoltion permanente du langage, je l'appelle pour ma part: *littérature*."[7]

II

In den letzten, erneut von kritischer Selbstreflexion bewegten Jahren hat die Literaturwissenschaft, die schon seit längerem starke Impulse aus anderen Kulturwissenschaften aufzunehmen sich bemühte[8], den Versuch unternommen, diese beiden von Barthes reklamierten Grundmuster der Pro-

---

4 „Jakobson l'a montré, un idiome se définit moins par ce qu'il permet de dire, que par ce qu'il oblige à dire." Roland Barthes, *Œuvres*, S. 803.
5 Vgl. den doppelten Begriff von 'subiectum' – im Sinne von Autonomie und Unterwerfensein – bei Michel Foucault: *Histoire de la sexualité 1. La volonté de savoir.* Paris 1976. (Bibliothèque des histoires).
6 Roland Barthes, *Œuvres*, S. 804. 65.
7 Roland Barthes, *Œuvres*, S. 804.
8 Vgl. Gerhard Neumann: „Literatur als Ethnographie". In: *Die Neue Gesellschaft – Frankfurter Hefte*, 43, Dezember 1996, S. 1112–1117.

duktion von Sprache und Handeln – damit aber deren Einbettung in ein unauflösliches Spiel von Zwang und Freiheit – gleichsam kulturthematisch zu situieren: und zwar als komplementäre Formen von *Ritualisierung* und *Theatralisierung*, die in sozialen Formationen struktur- wie konfliktbildend wirken. Dabei ist der Begriff der Theatralisierung von einem Feld konzeptueller Trabanten begleitet: Begriffen wie 'Inszenierung', 'Performanz', 'Improvisation' oder 'Fiktionalisierung'. Ritualisierung und Theatralisierung werden dabei als zwei fundamentale, einander zugeordnete Diskursmuster beschrieben, als Generatoren von Redeverhalten und Distributionsknoten von sozialer Energien, als deren Träger Sprache zu verstehen ist[9].

Ein Blick auf die schon seit Beginn des 20. Jahrhunderts sich verschärfende Diskussion um den Begriff des Ritus und des Rituals[10] macht deutlich, daß Riten als Ordnungsmodelle erscheinen, in denen eine Gesellschaft sich selbst zu symbolisieren unternimmt (Durkheim)[11], in ihnen entstehen Rede- und Handlungsmuster, in welchen das Sakrale und das Soziale in einem Prozeß der Bedeutungsstiftung gemeinschaftsbildend ineinanderwirken (Marcel Mauss)[12]. Neuerdings hat man Rituale auch als strategische Formen der Sozialisation bezeichnet (Catherine Bell)[13]: als zeremonielle Vorgänge, in denen das Kräftespiel zwischen Glaube, Ideologie, Legitimation und Macht scharfe, Gesellschaft bildende Kontur gewinnt.

---

[9] Den Begriff von der 'Zirkulation sozialer Energie' beziehe ich aus Stephen Greenblatt: *Verhandlungen mit Shakespeare. Innenansichten der englischen Renaissance.* Berlin 1990, S. 7–24.

[10] Zum linguistischen Hintergrund: Elisabeth Rauch: *Sprachrituale in institutionellen und institutionalisierten Text- und Gesprächssorten.* Frankfurt a.M./Bern/New York/ Paris 1992. (Arbeiten zu Diskurs und Stil Bd. 1) Wolf R. Werlen: *Ritual und Sprache. Zum Verhältnis von Sprechen und Handeln in Ritualen.* Tübingen 1984; zum literaturwissenschaftlichen Hintergrund: Wolfgang Braungart: *Ritual und Literatur.* Tübingen 1996 (Konzepte der Sprach- und Literaturwissenschaft); in allen drei Werken Zusammenfassungen der Forschung. Für den ethnographischen Hintergrund vgl.: Catherine Bell: *Ritual theory, ritual practice.* New York 1992; Arnold van Gennep: *Les rites de passage.* Paris 1909; René Girard: *Le bouc émissaire.* Paris 1982; Sally F. Moore, Barbara G. Myerhoff (Hg.): *Secular Ritual.* Assen/ Amsterdam 1977; Victor Turner: *The ritual process.* Chicago 1976.

[11] Emile Durkheim: *Die elementaren Formen des religiösen Lebens.* Frankfurt a.M. 1981.

[12] Marcel Mauss: *Soziologie und Anthropologie.* 2 Bände. Frankfurt a.M. 1989.

[13] Catherine Bell: *Ritual theory, ritual practice.* New York 1992.

Dabei darf nicht übersehen werden: Riten sind grundsätzlich Formen und Träger von sozialer Gewalt; aber sie dienen auch der Organisation und Zügelung von Gewalt (Victor Turner; René Girard)[14]. Sie entfalten ihre Kraft in all jenen kulturthematischen Feldern, die in jedem sozialen Verband sich herausbilden: im Bereich der *Sexualität*, deren Triebstrukturen beispielsweise durch den Ritus der Ehe 'organisiert' erscheinen[15]. Im Spannungsfeld der *Aggression*, die ihre 'soziale', 'gedämpfte' Form etwa durch Duelle, durch Zweikämpfe, aber auch durch Justiz- und Hinrichtungsrituale erhält[16], in Formen der *Nahrungsaufnahme*, deren Organisationsmuster in Mahlzeit, Fest und Gastmahl kulminieren[17]; in Äußerungen und Triebgestalten von *Todesfurcht* und *Todesbegehren*, wie sie durch Opferhandlungen[18], aber auch durch zeremoniellen Abschied oder zeremonielle Selbsttötung strukturiert erscheinen.[19] Diese Andeutungen genügen,

---

[14] Victor Turner: „Are there universals of performance?". In: *Comparative Criticism*, 9, 1987, S. 35–58; Turner faßt zusammen: „In this paper I do no more than suggest that most human symbolic performances are directly or indirectly concerned with harnessing the power of energies released in conflict in the service of meaning, and hence of making chaos the fire and fuel of the art of order, Caliban tamed by Prospero." (Ebd. S. 56) Victor Turner: „Sacrifice as quintessential process. Prophylaxis or abandonment?" In: *History of Religions*, 16, 1976, S. 189–215.

[15] Vgl. hierzu Roland Barthes: „Fragments d'un discours amoureux". In: Roland Barthes, *Œuvres III*, S. 457–687; Niklas Luhmann: *Liebe als Passion. Zur Codierung von Intimität.* Frankfurt a.M. 1982; Gerhard Neumann: „Hexenküche und Abendmahl. Die Sprache der Liebe im Werk Heinrich von Kleists." In: *Freiburger Universitätsblätter*, 91, 1986, S. 9–31.

[16] Gerhard Neumann: „Ritualisierte Kontingenz. Das paradoxe Argument des 'Duells' im 'Feld der Ehre' von Casanovas 'Il duello' (1780) über Kleists „Zweikampf" (1811) bis zu Arthur Schnitzlers Novelle 'Casanovas Heimfahrt' (1918)". In Gerhart von Graevenitz, Odo Marquardt (Hg.): *Kontingenz. Poetik und Hermeneutik Bd. XVII.* erscheint München 1997.

[17] Gerhard Neumann: „'Jede Nahrung ist ein Symbol'. Umrisse einer Kulturwissenschaft des Essens." In: Alois Wierlacher, Gerhard Neumann, Hans J. Teuteberg (Hg.): *Kulturthema Essen. Ansichten und Problemfelder.* Berlin 1993, S. 385–444; Gerhard Neumann: „Geschmack-Theater. Mahlzeit und soziale Inszenierung." In: *Geschmack-Sache.* Göttingen 1996, S. 35–64. (Kunst- und Ausstellungshalle der Bundesrepublik Deutschland. Schriftenreihe Forum Bd. 6).

[18] Walter Burkert: *Homo necans. Interpretationen altgriechischer Opferriten und Mythen.* Berlin 1972; Walter Burkert: *Anthropologie des religiösen Opfers.* München 1988; Walter Burkert, René Girard, J. Smith (Hg.): *Violent Origins. Ritual Killing and Cultural Formations.* Stanford 1987.

[19] Zur Ritualisierung des Todes Karl S. Guthke: *Letzte Worte. Variationen über ein Thema der Kulturgeschichte des Westens.* München 1990; Karl S. Guthke: „'Gipsabgüsse von Leichenmasken'? Goethe und der Kult des letzten Worts." In: *Jahrbuch der deutschen Schillergesellschaft*, 35, 1991, S. 73–95; Karl S. Guthke:

um sichtbar zu machen, daß Rituale das *eine* sozialrelevante Muster in der Dynamik des Kulturprozesses darstellen; ein Muster das im Zeichen des Stereotyps, der Disziplin und der förmlichen Gewalt steht.

Das *zweite*, dem Ritual entgegengesetzte Muster der Organisierung sozialer Prozesse und ihrer Aporien ist dasjenige theatraler Inszenierung. Es erscheint geprägt von Phantasie, von Spiel, von Durchbrechung und Grenzüberschreitung *in* einem respektierten Rahmen, von Improvisation, von Schöpfung als Erfindung und freier, spontaner, im Dialog sich bildender Entfaltung. Dabei ist es, im Gegensatz zu der die Ritualforschung seit alters bestimmenden *Ethnologie*, eine als Kulturwissenschaft sich verstehende *Theaterwissenschaft*, die zum Verständnis des 'Diskurselements' Theatralität wichtige Impulse beigesteuert hat[20]. Bei solchen Konzeptualisierungen handelt es sich um prononcierte Versuche einer neuen Thematisierung der Wahrnehmungs- wie der Gestaltungsarbeit des Subjekts in der Dynamik sozialen Geschehens. Theatralität tritt ein und wird wirksam, wo Wahrnehmung als „semiologisches Abenteuer" stattfindet[21], als kreative Orientierung in einer sogenannten 'first contact'-Situation[22]. Dabei geht es für den Einzelnen, die Welt Erkennenden, um die unverhoffte Konfrontation mit jenem unübersetzbaren Überschuß des Ungestalteten, aber Wahrnehmbaren, der sich nicht mittels der im Diskurs flottierenden Sinngebungsstrukturen von Sprache, der 'Stereotypen' und herrschenden Formeln disziplinieren, ordnen und systematisieren läßt; und zwar namentlich in Bezug auf jene beiden 'Urszenen' der Wahrnehmung, die das *Erkennen des anderen Geschlechts* und das *Erkennen einer fremden Kultur* betreffen. Es sind Szenen, in denen der Augenblick intensivster, amorpher Wahrnehmung noch offen ist, mitten inne zwischen stereotypem Vor-Urteil und 'Improvisation'; ein „dichter" Augenblick gewissermaßen[23], der

---

„Das Leben vom Ende her. Letzte Worte in der Biographie." In: *Euphorion*, 87, 1993, S. 250–268; Thomas H. Macho: *Todesmetaphern. Zur Logik der Grenzerfahrung*. Frankfurt a.M. 1987. (edition suhrkamp 1419).

[20] Helmar Schramm: „Theatralität und Öffentlichkeit. Vorstudien zur Begriffsgeschichte von 'Theater'." In: *Ästhetische Grundbegriffe. Studien zu einem historischen Wörterbuch*. Hg. von K. Barck, M. Fontius, W. Thierse. Berlin 1990, S. 202–242.

[21] Titel eines in Italien gehaltenen Vortrags von Roland Barthes: „L'aventure sémiologique." In: Roland Barthes: *Œuvres III*, S. 36–40.

[22] James W. Fernandez: *On Symbols in Anthropology*. Malibu 1982.

[23] Hier verweise ich auf einen Begriff von Gilbert Ryle, aufgegriffen von Clifford Geertz: *Dichte Beschreibung. Beiträge zum Verstehen kultureller Systeme*. Frankfurt a.M. 1983, insbesondere S. 10–15.

unberechnet und prädiskursiv 'erblüht' – in einem improvisierten Bedeutungs-Theater[24].

III

Durch diese doppelte, kulturwissenschaftlich akzentuierte Perspektivierung auf Ritual und Theater als komplementäre Dispositive des sozialen Sprachgeschehens aufmerksam gemacht, könnte man sich nun Kafkas erstem Roman *Der Verschollene* zuwenden, dem Max Brod den Titel *Amerika* verliehen hatte[25] – ein Namens-Double, das nicht unzutreffend auf die komplexe Grundsituation der Entdeckung der fremden Welt durch das befremdete Subjekt aufmerksam macht. Eine neuerliche Sichtung dieses von der Forschung eher in die zweite Reihe gerückten Textes zeigt, daß Kafkas Roman einer ebenso strengen wie einfachen kompositionellen Dynamik gehorcht: *Rituelle* und *theatrale* Situationen (im oben genannten Sinne) als Wahrnehmungs- und als Darstellungs-Muster werden nämlich im Geschehensablauf dieses Romans vom Autor geradezu obsessiv gegen- und ineinandergearbeitet.

Ich erinnere zunächst an die Sequenz rituell organisierter Situationen, die regelmäßig wiederkehrend in den Handlungsablauf eingebettet erscheinen. So ist der Roman durchsetzt und geradezu interpungiert von Szenen, in denen Legitimationspapiere verlangt, Protokolle angefertigt und Fragebögen ausgefüllt werden. Agenten dieser geradezu zwanghaft sich wiederholenden Rituale sind Polizisten, Oberportiers, Oberkellner, Werbungsleiter und Kanzleisekretäre; dominierendes Gestaltungsprinzip dieser Rituale ist das Verhör – Ulf Abraham hat seinem wichtigen Buch über Kafka den aufschließenden Titel *Der verhörte Held* gegeben[26]. Eines der eindrucksvollsten Beispiele für diese rituelle Geschehens- und Handlungsformel ist das Verhör Karl Roßmanns durch den Oberkellner Isbary im „Hotel occidental" (230); eines der merkwürdigsten ist das Zensurri-

---

[24] Vorstudien zu diesem Problem liefert Helmar Schramm: *Karneval des Denkens. Theatralität im Spiegel philosophischer Texte des 16. und 17. Jahrhunderts*. Berlin 1996.

[25] Franz Kafka: *Der Verschollene*. Hg. von J. Schillemeit. Textband und Apparatband. Frankfurt a.M. 1983. Franz Kafka: *Schriften Tagebücher, Briefe. Kritische Ausgabe*. Hg. von J. Born, G. Neumann, M. Pasley und J. Schillemeit. Frankfurt a.M 1983 ff. Künftig im Text zitiert als KKAV mit Seitenzahl.

[26] Ulf Abraham: *Der verhörte Held. Verhöre, Urteile und die Rede von Recht und Schuld im Werk Frank Kafkas*. München 1985.

tual, das anläßlich des Lehrprogramms der Geschäftskorrespondenz, welches Karl nächtlich im Schlafsaal der Liftjungen absolviert, zwischen Karl Roßmann und Therese in Szene gesetzt wird – dabei ist, in seltsamer Verkennung der Sachlage durch die Beteiligten, ausgerechnet von „lustigen Zusammenkünften" die Rede. (204)

Als Formen solcher Realisierungen muß man auch die zahlreichen Inventarisierungs-Szenen lesen, die Karl Roßmann vornimmt und zu denen er genötigt wird[27]. Eine bereits vorgegebene rituelle Struktur liefert die Photographie der Eltern, die Karl als seinen kostbarsten Besitz bewahrt, an der er sein Verhalten und seine Selbsteinschätzung mißt und die ihm auch als Wahrnehmungraster[28] gegenüber der Eltern-Situation dient, die ihm durch Delamarche und Brunelda vorgegeben wird.

Realisierung in dem beschriebenen Sinne bestimmt aber auch – und vielleicht sogar vor allem – die spezifischen *Kommunikations*akte, die das Geschehen des Romans prägen: so zum Beispiel die schematisierte Arbeit der Angestellten im „Kommissions- und Speditionsgeschäft" des Onkels Jakob Bendelmayer – namentlich im Saal der Telegraphen und im Saal der Telephone. (67) Dieses Ritualisierungsprogramm der Kommunikationsvorgänge gilt aber in gleichem Maße auch für die stereotypen Sprech- und Bewegungsakte der Auskunfterteiler und Telephonisten in der gläsernen Loge des Oberportiers im „Hotel occidental".

Handlungsleitenden Ritualisierungsmustern dieser Art genau entgegengesetzt sind aber dann jene Szenen, in denen Karl – aber auch andere Figuren des Romans, wie der infantile, gelegentlich als Spiegelfigur Karls aufzufassende Robinson – improvisatorische Aktionen in Gang setzen und zu gestalten suchen; Szenen mithin, in denen eine Art schöpferischen Theaters gegen den rituellen Zwang einer Normengesellschaft ausgespielt wird.

So finden sich zum Beispiel im Verlauf des Romans zahllose – namentlich durch Robinson in Geltung gesetzte – anarchisch improvisierte Akte der Nahrungsaufnahme und Speiseexzesse, die den Mahlzeitritualen der bürgerlichen Gesellschaft, wie sie etwa in Herrn Green repräsentiert erscheinen, diametral zuwiderlaufen. Während Green eine wohlgesetzte

---

[27] Vgl. z.B. Karls Entsetzen beim Öffnen des wiedergefundenen Koffers (KKAV,142); im Haushalt Bruneldas wird Karl aufgefordert, ein „schön geschriebenes Verzeichnis" anzufertigen (KKAV,317); ebendort wird eine große Inventarisierungsaktion angeordnet (KKAV,362).

[28] „Wie könne man von einem Bild so sehr die unumstößliche Überzeugung eines verborgenen Gefühls des Abgebildeten erhalten." (KKAV,135) „Ich will nichts als die Photographie, nur die Photographie." (KKAV,168).

Rede führt und dabei gleichzeitig geschickt „mit scharfen Schnitten" eine Taube zerlegt (KKAV,82), holt Robinson, im Handlungszusammenhang der Brunelda-Episode (KKAV,297 f.), unter einem verstaubten Sitzmöbel ein Visitkartentablett mit triefenden Ölsardinen, verklumpten Bonbons, Zigaretten und einer zweifelhaften Parfüm-Flasche hervor, die mit Branntwein gefüllt ist, und „bastelt" – gemeinsam mit Karl – um vier Uhr nachmittags aus Speiseresten in schmutzigem Geschirr ein „Frühstück" für Brunelda und Delamarche (KKAV,365), welche die Stelle eines 'Elternpaars' der beiden 'ungezogenen Kinder' einnehmen, zusammen[29]. Aufmerksam und lernbereit beobachtet Karl den trinkenden Robinson, der bei dieser lustvollen Tätigkeit demonstrativ „ein eigentümliches Geräusch" verursacht, indem er „beim Trinken [...] die Flüssigkeit zuerst in die Gurgel, dann mit einer Art Pfeifen wieder zurückschnellte [...] und in großem Erguß in die Tiefe rollen" ließ. (KKAV,162)

Ein anderes wichtiges Modell von Theatralisierung liefern dann aber die von Karl selbst so benannten „drei Vergnügungen", die ihm – als von ihm gewissermaßen frei gewählte – in des Onkels ansonsten streng ritualisiertem Haushalt zuteil werden: der Blick vom Balkon, das Wunderwerk des amerikanischen Schreibtischs, das Spielen an dem vom Onkel bereitgestellten Klavier.

Bei dem Blick vom Balkon – der gleichsam als ein Blick aus einer 'Loge' über der unendlich großen Stadt erscheint – ist es Karl Roßmann plötzlich, als werde „eine Glasscheibe" zerschlagen (KKAV,55), deren Zerschellen allererst den „betörten" Blick auf das unendliche Verkehrsgeschehen der amerikanischen Welt öffnet. Aus dem Verwandlungsspiel, das der geheimnisvolle „Regulator" an dem amerikanischen Schreibtisch ins Werk setzt, wird die Phantasie und theatrale Vision einer Krippe auf dem Prager Weihnachtsmarkt entbunden, den Karl als Kind mit seiner Mutter besucht hatte[30]. Und von seinem Klavierspiel zuletzt, das er am offenen Fenster

---

[29] Vgl. zu diesem psychoanalytischen Hintergrund die wichtige Arbeit von Astrid Lange-Kirchheim: „L'enfant perdu, non trouvé". In: Henk Hillenaar, Walter Schönau (Hg.): *Fathers and Mothers in Literature*. Amsterdam, Atlanta 1994, S. 259–280.
(Psychoanalysis and Culture 6) Ferner von der gleichen Autorin: „Gesang und Geschlecht: die Figur der Brunelda in Franz Kafka's Amerika-Roman *Der Verschollene*". In: *Freiburger literaturpsychologische Gespräche* 12, 1993, S. 231–263.

[30] Vgl. zur Deutung dieser Szene und zum Zusammenhang mit dem Motiv des Schreibtischs Gerhard Neumann: „Schreibschrein und Strafapparat. Erwägungen zur Topographie des Schreibens." In: *Bild und Gedanke. Festschrift für Gerhart*

seines Zimmers gegen die lärmende Welt Amerikas absolviert, „erhofft sich Karl", wie es im Text heißt, gar eine „Beeinflussung der amerikanischen Verhältnisse" (KKAV,60): Kunst und ihr inszenatorisches Spiel gewinnen hier die Funktion eines improvisierenden Bedeutungs-Theaters, das der junge 'Entdecker' Amerikas hilflos veranstaltet und das für einen Augenblick die Hoffnung weckt, durch solche spontane 'Inszenierung' die rituelle Zwangsstruktur der fremden amerikanischen Gesellschaft aufzubrechen.

Wie dieser zweifache, die Geschehensmuster des Romans *Der Verschollene* Revue passieren lassende Blick gezeigt hat, erscheint es durchaus möglich, zwei Ketten von ritualisierten beziehungsweise theatral inszenierten Situationen zu isolieren: und zwar als zwei Stränge von Wahrnehmungs- und Darstellungsmustern, die den Roman konkurrierend durchlaufen. Bei genauerem Zusehen zeigt sich dann allerdings, daß das eigentliche Strukturprinzip des Romans nicht auf eine Parallelisierung und Kontrastierung, sondern auf die fortgesetzte Friktion und Überschichtung beider Strukturmuster, des disziplinarischen und des improvisatorischen, hinausläuft – ja es offenbar geradezu und nachdrücklich auf diese unablässigen Überschichtungsvorgänge ritueller und theatraler Situationen abgesehen hat.

Dieser Umstand läßt sich an zwei für das Romangeschehen bedeutsamen Szenen besonders deutlich zeigen: an der Brunelda-Episode einerseits und an dem Kapitel über das „Theater in Oklahoma" andererseits.

In der Brunelda-Episode des Amerika-Romans wird Karl – durch den 'kindischen', oder (psychoanalytisch ausgedrückt) 'infantilen' Robinson – dazu angeleitet, die Urszene im Freudschen Sinne – die Beobachtung oder Belauschung des Elternpaares beim fremden, rätselhaften Vorgang des Geschlechtsverkehrs – nachzuspielen und dadurch gleichsam psychodramatisch zu bewältigen[31]. Dies geschieht aus der Wahrnehmungsperspektive des Balkons, jener 'Loge' also, von der aus später Brunelda mithilfe ihres Opernguckers Karl die Welt 'sehen lehrt' – und ihm dabei zuletzt vollends den Blick blendet; einer Loge, die schon zuvor von Robinson zum voyeuristischen Beobachtungsposten des sexuellen Geschehens zwischen Delamarche und Brunelda ausersehen oder besser 'genutzt' worden war.

Baumann zum 60. Geburtstag. Hg. von Günter Schnitzler in Verbindung mit Gerhard Neumann und Jürgen Schröder. München 1980, S. 385–401.

[31] Vgl. z. B. Sigmund Freud: „Aus der Geschichte einer infantilen Neurose" [„Der Wolfsmann"](1918). In: *Freud-Studienausgabe.* Hg. von Alexander Mitscherlich u. a. Bd. VIII. *Zwei Kinderneurosen.* Frankfurt a.M. 1969, S. 129–231.

Robinsons Verfahren der 'Instruierung' Karls besteht dabei vor allem in den – eben schon erwähnten – anarchischen Inszenierungsakten von Speise-Szenen, die aller bürgerlichen Ritualität der Tischsitten widersprechen. Robinson versucht gleichsam durch orale Improvisation zu brechen, was ihm als sexuelles Ritual – als der sozusagen 'eheliche' Akt zwischen Delamarche und Brunelda – im Zeichen des Tabus bedrängend vor Augen steht.

Was sich in der Brunelda-Episode im Hinblick auf die Kommunikation zwischen Mann und Frau – also das Kulturthema von Sexualität und Geschlechterdifferenz – abspielt, nämlich die konflikthafte Überlagerung von rituellen und theatralen, von zwanghaften und improvisatorischen Momenten sozialen Geschehens, das ereignet sich noch weitaus deutlicher in Bezug auf das Verhältnis zwischen Held und Welt im Schlußkapitel des „Theaters von Oklahoma" – als die Frage nach der Erfahrung und Bewältigung der kulturellen Fremdheit einer exotischen Welt. Denn es geschieht gerade in dieser Situation, daß dem 'jungen Mann' Karl[32] durch das Werbungsplakat des Theaters zunächst eben dasjenige 'wie von selbst' angedient wird, was dem ständig durch rituellen Zwang Unterdrückten und Disziplinierten bisher verwehrt worden war, nun aber unverhofft schöpferische Freiheit zu verheißen scheint: „Wer Künstler werden will, melde sich!" (KKAV,387) Karl faßt denn auch sofort den Entschluß, Schauspieler zu werden – und zwar in einem Theater, das gemäß seiner Selbstproklamation „jeden brauchen kann". (KKAV,387) Die Werbeinszenierung am Eingang des Rennplatzes von Clayton, wo die Propagandaveranstaltung für das geheimnisvolle Theater stattfindet – Frauen präsentieren sich als Engel und Männer als Teufel gekleidet –, scheint das sexuelle Dilemma schon vorwegnehmend allegorisch wie werbungs-stereotyp zu bewältigen: als Spielmuster der großen und wohlbekannten Allegorie des Welt-Theaters. Aber dieser erste Eindruck der Bereitstellung einer freien Bühne für die Selbst-Inszenierung des Subjekts wird alsbald enttäuscht. Unvermerkt stellen sich erneut und genau wie auf dem ganzen bisherigen Lebensweg Karls die bekannten Legitimationsrituale wieder ein – obwohl diese vorerst vom Personalchef des Theaters beschwichtigend heruntergespielt werden: „[...] es wird nur eine ganz kurze Prüfung sein, niemand muß sich fürchten". (KKAV,399)

---

32 Erik H. Erikson, *Young Man Luther. A Study in Psychoanalysis and History.* New York 1958. Vgl. auch die psychoanalytische Krisentheorie in Erik H. Erikson: *Identität und Lebenszyklus. Drei Aufsätze.* Frankfurt a.M. 1973.

Der Spielregel von der theatralen Wahl- und Gestaltungsfreiheit zum Trotz wird denn auch Karl, nach Durchlaufung dreier verschiedener Subsumptions-Kanzleien, zuletzt zum einfachen „technischen Arbeiter" zurückdefiniert. Seinen Namen – Karl Roßmann – hat er bereits in seiner vorherigen Stellung preisgegeben; die Anzeigetafel, die sonst die Namen der Sieger bei Pferderennen hochschnellen läßt, widerruft seinen optimistischen Satz „Ich bin als Schauspieler aufgenommen" (KKAV,407) mit der lakonischen Inschrift „Negro, technischer Arbeiter". (KKAV,408) Während der Bewirtung des Arbeitspersonals auf der Tribüne der Rennbahn werden – zugleich mit dem Essen – Bilder des Theaters von Oklahama herumgereicht, die endgültige Verwirrung stiften. Auf dem Bild des Theaters, das Karl betrachtet, ist der Fixpunkt der Wahrnehmungsperspektive – Loge oder Bühne – nicht mehr eindeutig bestimmbar; zum letzten Mal im Roman wird hier das für die Wahrnehmungsperspektive des Helden zentrale Motiv des Aussichtspunktes berufen, das von dem Balkon im Haus des Onkels über den Schreibtisch als Theater[33] bis zu Bruneldas Balkon mit dem Blick durch das Schlüsselloch wie dem Blick auf die Straße mit ihrer politischen Demonstration an entscheidenden Szenen des Roman ins Spiel gebracht wird, aber hier nun vollends alle Perspektivierung von Fremd- und Weltwahrnehmung diffundieren läßt. Als die beiden ehemaligen Liftboys Karl und Giacomo sich auf der Tribüne gegenseitig ihrer Selbst- und Welterkundung zu versichern suchen: „Wir wollen einander alles erzählen und immer beisammen bleiben" (KKAV,413), heißt es von Giacomo: „Er war zart wie früher, die Wangen eingefallen wie früher, augenblicklich allerdings waren sie gerundet, denn er hatte im Mund einen übergroßen Bissen Fleisch [...]" (KKAV,414) Hier kehrt das Motiv aus dem Tagebuch Kafkas (KKAT,53 f.) von der Materialität des Körpers, an der die Freiheit der Sprache zu ersticken droht, auf signifikante Weise

---

[33] Eine solche Verwandlung des Schreibtischs in ein Theater wird von Kafka in der Weihnachtsnacht vom 24. zum 25. Dezember 1910 im Tagebuch aufgezeichnet (KKAT,137 f.): „24 [Dezember 1910] Jetzt habe ich meinen Schreibtisch genauer angeschaut und eingesehn, daß auf ihm nichts Gutes gemacht werden kann. Es liegt hier so vieles herum und bildet eine Unordnung ohne Gleichmäßigkeit und ohne jede Verträglichkeit der ungeordneten Dinge, die sonst jede Unordnung erträglich macht. Sei auf dem grünen Tuch eine Unordnung wie sie will, das durfte auch im Parterrre der alten Teater sein. Daß aber aus den Stehplätzen
25 [Dezember 1910] aus dem offenen Fach unter dem Tischaufsatz hervor Broschüren, alte Zeitungen, Kataloge Ansichtskarten, Briefe, alles zum Teil zerrissen, zum Teil geöffnet in Form einer Freitreppe hervorkommen, dieser unwürdige Zustand verdirbt alles."

wieder: Es ist das sprachtheoretische Muster von der Rede, die die Freiheit des Schauspielers im Theater der Welt sucht und unvermerkt vom sozialen Zwang des Rituals erdrosselt wird.

Was dieses letzte von Kafka noch vollendete Kapitel des Romans damit vor Augen stellt, ist die Überschreibung des durch die Verlockungen der Werbekampagne versprochenen „Theaters von Oklahoma" (in dem für den Protagonisten eine Freiheit als Künstler zu erhoffen war) durch die Subsumptions-Maschine der „Aufnahmekanzleien"; es ist die Überschreibung und Überformung einer frei gewählten Inszenierung des Selbst in einem theatralen Spielraum durch ein rigides Klassifikations-Ritual, das durch Bürobeamte inszeniert und durch Verhöre geregelt wird und zuletzt zur Auslöschung, zum Verlorengehen des Namens und des Subjekts führt.

Wenn die Brunelda-Episode von Kafkas Amerika-Romans den befreienden Blick auf den Akt der Vereinigung von Mann und Frau und damit die Möglichkeit zu einer freien Entfaltung des Begehrens de facto 'vergewaltigt' und löscht, dann tut dies – in analoger Weise, aber in Bezug auf den Blick des Protagonisten auf die ihn umgebende Welt und ihre Erfahrungen – auch die als Befreiungstheater eingeleitete Schluß-Episode des Romans, in der das theatrale Muster seinerseits in ein rituelles, den Zwang absolut setzendes umschlägt, ja umgewendet wird: das Theater auf den während der Mahlzeit auf der Bühne herumgereichten Bildern erscheint nur noch „in schimmernder Leere": „Man konnte sich in dieser Loge – *die, wie hinzuzufügen ist, auch die Bühne sein könnte* – kaum Menschen vorstellen, so selbstherrlich sah alles aus". (KKAV,413)

IV

Mit einem durch die Aufmerksamkeit auf die Kulturmuster von 'Ritual' und 'Theatralität' geschärften Blick könnte man nun geradezu behaupten, daß Kafkas *Verschollener* ein Roman über das Thema der von der Ethnologie so genannten 'first-contact'-Situation ist: der ersten Begegnung mit der fremden Welt und ihrer Ausgestaltung in Wahrnehmung und Darstellung einerseits – das ist der *kulturwissenschaftliche* Aspekt; der ersten Begegnung (first contact) mit dem fremden Anderen, zumal demjenigen des anderen Geschlechts, andererseits – das ist der *psychoanalytische* Aspekt. Bereits in Freuds Fetisch-Theorie berühren sich übrigens beide Aspekte –

der ethnologische wie der psychoanalytische – und werden hier wohl auch zum ersten Mal semiologisch exponiert[34].

So schildert Kafkas Roman einerseits den Weg eines Neulings in die fremde Welt, in die kulturelle Exotik Amerikas. Der Roman stellt sich damit in die lange Tradition der Abenteuer-, Reise-, Entdecker- und Auswandererromane der europäischen Literaturgeschichte[35]. Hier mag es insbesondere die Motivtradition des „Europamüden" sein, die Bedeutung gewinnt – ein von dem Romancier Ernst Adolf Willkomm 1838 geprägter Begriff, der in das Paradigma des Bildungsromans des 19. Jahrhunderts eingreift und diesen im Zuge des aufkommenden Pessimismus der Jahrhundertmitte als Roman des *scheiternden* Künstlers und seines Bankrotts in der neuen Welt genauer bestimmt.

Andererseits stellt Kafkas Roman die Versuche seines Protagonisten vor Augen, den fremden Anderen, den männlichen oder weiblichen Partner im Augenblick des 'ersten Kontakts' als 'Verführer zur Welt' zu erkennen und eine Beziehung zu diesem aufzubauen. Kafka fügt sich damit in die Strukturtradition des europäischen *Bildungs*romans ein, der ja von Anfang an in seinem Wesen zugleich als *Liebes*roman konzipiert ist; und der den Weg seines Protagonisten als einen Weg der Entdeckung der Liebe als Bildungsprozeß markiert, der gemeinhin in Romanen dieses Typus durch vier Stationen gekennzeichnet ist[36]: den Einsatz des eigenen und die Wahrnehmung des andersgeschlechtlichen Körpers im Wahrnehmungs- und Darstellungsspiel; die Findung der Liebe; die Entdeckung der Welt; die Bildung zum Künstler (als dem Identifikationsziel des europäischen Romans schlechthin) und seinem Scheitern an der Welt: ein Prozeß, der als das 'Drama des begabten Kindes' in Szene gesetzt wird[37].

Das Besondere von Kafkas Konstruktion dieses doppelten Musters von Abenteuer- und Liebesroman liegt aber nun darin, daß die Anfangssitua-

---

[34] Sigmund Freud: „Fetischismus". In: *Freud-Studienausgabe*. Hg. von Alexander Mitscherlich u. a. Bd. III. *Psychologie des Unbewußten*. Frankfurt a.M. 1975, S. 383–388. Vgl. zum ganzen Themenkomplex Emily Apter, William Pietz (Hg.): *Fetishism as Cultural Discourse*. Ithaca, London 1993.

[35] Gerhard Neumann: „Karl Mays 'Winnetou' – ein Bildungsroman?" In: *Jahrbuch der Karl-May-Gesellschaft*, 1988, S. 10–37.

[36] Gerhard Neumann: „'Ich bin gebildet genug um zu lieben und zu trauern'. Die Erziehung zur Liebe in Goethes *Wilhelm Meister*." In: *Liebesroman – Liebe im Roman. Eine Erlanger Ringvorlesung*. In Verbindung mit Egert Pöhlmann hg. von Titus Heydenreich. Erlangen 1987, S. 41–82. (Erlanger Forschungen. Reihe A: Geisteswissenschaften, Bd. 41).

[37] Alice Miller: *Das Drama des begabten Kindes und die Suche nach dem wahren Selbst*. Frankfurt a.M. 1979.

tion, die Urszene des Romangeschehens, nicht mehr durch das primäre Vertrauen in die Entdeckungskraft des Helden geprägt ist, sondern durch das, was Kafka „die verlorenen Momente" seines Protagonisten nennt, das punktuelle Aussetzen seines Wahrnehmungsvermögens und der Präsenz im Akt des Erkennens. In diesem Sinne aufschlußreich findet sich am Anfang des dritten Kapitels des Romans der Satz: „'Wir sind angekommen', sagte Herr Pollunder gerade in einem von Karls *verlorenen Momenten*." (KKAV,76)

In solchen für die Konzeption der Wahrnehmungsstruktur bedeutsamen „verlorenen Momenten" – zu denen zweifellos auch die Urszene des ganzen Romans, die Verführung Karls durch Johanna Brummer gehört – überlagern oder überkreuzen sich denn auch zwei unvereinbare Verhaltensmodelle, zwei kontroverse Modelle kultureller Dynamik: dasjenige des 'Zaubers des Anfangs' und jenes andere von dem arretierten Akt der Geburt – „Mein Leben ist das Zögern vor der Geburt", schreibt Kafka noch ein Jahr vor seinem Tod ins Tagebuch. (24.1.1922; KKAV,888)[38].

So gesehen erweist sich der „riskanteste" Augenblick des Anfangs – ein Begriff, den Kafka in einer später gestrichenen Stelle des „Proceß"-Romans prägt[39] – für Kafkas Roman und seine 'first contact'-Szenen als doppelt und widersprüchlich bestimmt: als Verheißung des Abenteuers der Entdeckung des Fremden und Geheimnisvollen, einer neuen Welt, zum einen; als Zwangsverwandlung, als aufgedrungenes Stereotyp, als 'Vergewaltigung' oder als Verschickung in die 'Strafkolonie' einer fremden Kultur zum anderen.

Das heißt aber: Im Augenblick der Wahrnehmung der Welt wie der Wahrnehmung des anderen Menschen, zumal des anderen Geschlechts, beginnen sich für Kafka von Anfang an zwei gegensätzliche kulturelle Bewältigungskonzepte wechselseitig zu blockieren: die kreative Neugier als Wahrnehmungs-Inszenierung, als improvisiertes Theater des Entdeckens einerseits; die lastende Gewalt des vor-*gesprochenen*, vor-*geschriebenen* Rituals, das Wahrnehmung und Darstellung durch das aufgedrungene Stereotyp organisiert, andererseits.

---

[38] Gerhard Neumann: „Der Zauber des Anfangs und das 'Zögern vor der Geburt'. Kafkas Poetologie des 'riskantesten Augenblicks'.". In: Hans Dieter Zimmermann (Hg.): *Nach erneuter Lektüre: Franz Kafkas 'Der Proceß'*. Würzburg 1992, S. 121–142.

[39] Franz Kafka: *Der Proceß. Apparatband*. Hg. von M. Pasley. Frankfurt a.M. 1990, S. 168. Franz Kafka: *Schriften Tagebücher, Briefe. Kritische Ausgabe*. Hg. von J. Born, G. Neumann, M. Pasley und J. Schillemeit. Frankfurt a.M 1983ff; künftig mit Seitenzahl im Text zitiert als KKAP, II; hier S. 168.

Die Voraussetzungen für die Dysfunktionalität dieses alles Anfangen bestimmenden Konfliktmusters werden von Kafka nun aber bereits im ersten Kapitel des Romans, das den Titel *Der Heizer* trägt, geliefert. Mit dem ihm eigenen Scharfblick hat schon Robert Musil, als erster Rezensent des Separatdrucks dieses Kapitels, auf das Singuläre dieses von Kafka gleichsam erfundenen Wahrnehmungs- und Verhaltens-Modells als Handlungsmoment und die innige Verflechtung dieser Struktur mit dem Erzählproblem hingewiesen: dem Problem des Erzählens von Lebensgeschichten als Entdeckungsgeschichten von Welt und Du im modernen Roman.

> *Ein junger Mann fährt von Europa nach Amerika, seiner Familie weg und zu einem märchenhaft unerwartet guten und geachteten Onkel hin, unterwegs befreundet er sich mit einem Heizer, nimmt an seinem Schicksal teil, tut lauter unvollendbare Dinge, die von der Welt aus gesehn wie abgerissene Drähte in sie hineinhängen, und denkt lauter Gedanken, die er selbst nicht vollendet [...] Und dann steht inmitten von all dem eine Stelle, wo berichtet wird, wie eine [...] Magd unbeholfen verlegen einen kleinen Jungen verführt; ganz kurz, aber von einer solchen Macht in wenigen Strichen, daß der bis dahin vielleicht bloß sanfte Erzähler als sehr bewußter Künstler erscheint, der sich zu kleinen und geringen Empfindungen beugt.*[40]

Was Musil mit diesen wenigen Sätzen so präzise hervorhebt, ist ein Doppeltes: Kafkas Text schildert die 'first contact'-Situation des jungen Entdeckers mit der fremden Welt Amerika; und er präsentiert – in diese Situation eingeflochten – eine Art erlebter Rede, in der jene andere 'first contact'-Szene mit dem fremden Du des anderen Geschlechts vergegenwärtigt wird, als welche man die Verführung Karls durch das Dienstmädchen seiner Eltern verstehen könnte.

Das Einmalige dieses Kafkaschen Textes, von dem Musil spricht, besteht wohl darin, daß diese Situation der Wahrnehmung der Welt und der Wahrnehmung des anderen Geschlechts – als die Bedingung der Möglichkeit von Lebensgeschichte als Liebes- und als Bildungsgeschichte – von dem Autor des Romans zugleich als eine Erzählaporie in Szene gesetzt wird, also als paradoxe Erzählung von der Unmöglichkeit des Erzählens.

Denn der Held der Geschichte, Karl Roßmann, wird in diesem 'riskantesten' Augenblick seines Lebens mit den Ritualisierungen eben jener beiden 'first contact'-Situationen konfrontiert, die die europäische Literatur als grundlegend für den Bildungsprozeß des Subjekts immer wieder

---

[40] Robert Musil: *Gesammelte Werke in neun Bänden*. Hg. von Adolf Frisé. Bd. 9. Kritik. Reinbek bei Hamburg 1978, S. 1469.

geschildert hat: mit dem Stereotyp der Liebes-Begegnung einerseits – also den klischeehaften Elementen des mindestens seit dem *Werther*-Roman etablierten „discours amoureux"[41]; mit den Stereotypen der Begegnung mit einer fremden Welt, einem fremden Land und einer fremden Kultur andererseits – also den vielfach gewandelten Mustern von Aufnahme-Zeremonien, von Legitimation und Registratur, von 'Anagnorisis' zuletzt, wie sie seit der aristotelischen Poetik als Urszene der Entdeckung des 'Vertrauten im Fremden', des 'Verwandten im Feind' Geltung heischt[42].

Gar nicht zu verkennen sind hier die Stereotypen der 'klassischen' Liebes-Begegnung in der Verführungsszene zwischen Karl und Johanna Brummer. Hier erscheinen alle Motive, die seit den Tagen Werthers rituell zur 'ersten Begegnung zwischen Mann und Frau', der geweckten erotischen Aufmerksamkeit, gehören: das „Lesen" im Gesicht des andern; das Schreiben von Liebesbriefen; der Blick-Tausch und das Augen-Schließen – „Karl, o du mein Karl! rief sie, als sehe sie ihn [...] während er nicht das geringste sah" (KKAV,42); der Wunsch, den anderen durch Gaben zu beschenken; das Begehren, vom anderen unausgesprochene „Geheimnisse" zu erfahren; die Berührung des anderen mit der Hand, „so widerlich, daß Karl Kopf und Hals aus den Kissen heraus schüttelte" (KKAV,43); die bewußtlose und fühllose Verschmelzung; das Weinen und die Tränen.

Nicht minder deutlich dann aber auch die Stereotypen der Begegnung mit einer fremden Welt, dem unbekannten Kontinent; in der Szene der ersten Berührung Karls mit Amerika werden von Kafka so gut wie alle Motive aufgeboten, die zur konventionellen 'Begegnung mit dem Fremden' gehören: der fokussierte Blick durch die Bullaugen der Kapitänskajüte (KKAV,19), die Guckloch-Segmentierung, die man mit dem Film-Schnitt im eben (1911) sich durchsetzenden Kinematographen verglichen hat[43];

---

[41] Roland Barthes: „Fragments d'un discours amoureux". In: Roland Barthes, *Œuvres III*, S. 457–687. Barthes bezieht das Grundmaterial seiner Argumentation aus Goethes *Werther*-Roman.

[42] Aristoteles, *Die Poetik*, 11. Buch: „Die Wiedererkennung ist, wie schon die Bezeichnung andeutet, ein Umschlag von Unkenntnis in Kenntnis, mit der Folge, daß Freundschaft oder Feindschaft eintritt, je nachdem die Beteiligten zu Glück oder Unglück bestimmt sind." Aristoteles nimmt gerade das Verwandtschafts- und Unkenntnis-Argument sehr ernst. Als Musterbeispiel dienen ihm Orest und Iphigenie. Das Beispiel wird im Buch 16 im Zusammenhang mit den Wiedererkennungs-Zeichen behandelt.

[43] Wolfgang Jahn: „Kafka und die Anfänge des Kinos." In: *Jahrbuch der Deutschen Schillergesellschaft*, VI, 1962, S. 353–368; Wolfgang Jahn: *Kafkas Roman „Der Verschollene". („Amerika")*. Stuttgart 1965; Hanns Zischler: *Kafka geht ins Kino*. Reinbek bei Hamburg 1996.

das für die Fremdwahrnehmung so charakteristische Vorurteil sodann, wenn in der Faust der Freiheitsstatue im New Yorker Hafen ein Schwert anstatt einer Fackel zu sehen ist; die Erkennungszeichen, die seit der aristotelischen Anagnorisis-Konzeption Geltung beanspruchen, repräsentiert durch den vorausgeeilten Brief Johanna Brummers und das Signalement des Neffen (aufgrund eben dieses Briefes) im Notizbuch des Onkels; das Legitimationsritual durch Ausweispapiere; das Nachspielen des in der Verführungs-Szene mit Johanna Brummer 'erlernten' Verhaltensrituals in einer zweiten 'first contact'-Szene, diesmal mit dem männlichen Gegenüber des Heizers, das in der Handberührung mit diesem in der Kajüte des Kapitäns kulminiert; die Entdeckung des 'Verwandten' im 'Fremden', des *Vertrauten* im *Feindlichen*, wie es Karl während der Begegnung mit dem Onkel zustößt.

Alle diese stereotypen Elemente der 'first contact'-Erfahrungen Karls, aus denen 'eine Geschichte werden könnte', „hängen" – wie Robert Musil in seiner Rezension schreibt – „wie abgerissene Drähte in sie hinein"[44]: Karl gelingt es gleichsam nicht, den 'Überschuß des Wahrnehmbaren' in diesem ihm Fremden so zu inszenieren und durch Improvisation zu vergegenwärtigen, daß dieses Fremde zu Bewußtsein und wahrhaft zutage kommt; daß die erlebte Szene auch ihre Form in der Sprache findet; und zwar so, wie sie „in Wirklichkeit" sich zugetragen hatte. (KKAV,43)

Der entscheidende Kunstgriff Kafkas, um diese Aporie zu verdeutlichen, besteht nun darin, daß er in diesem 'riskantesten' Augenblick die Erzählinstanz im erzählten Geschehen wechseln läßt; daß er jene Darstellungs- und Wahrnehmungs-Initiative, die allem Erzählen notwendig zugrunde liegt, und die Karl nicht zu usurpieren vermag, nun den Onkel (als 'dritte Instanz') ergreifen läßt, der naturgemäß 'nicht dabei war' und den Hergang, wie er „in Wirklichkeit" war, überhaupt nur aus einem seinerseits stereotypisierten, von ferne her kommenden Dokument 'wissen kann', nämlich dem Brief Johanna Brummers. Dieser Onkel aber – so muß Karl sich eingestehen – „verstand daraus eine große Geschichte zu machen". (KKAV,43)[45]. Es ist eine Geschichte, die dabei ihrerseits nichts

---

[44] Robert Musil, *Gesammelte Werke*, Bd. 9, S. 1469.
[45] Es ist darauf aufmerksam zu machen, daß dieses Grundmuster von Unerzählbarkeit und souveräner Usurpation der Erzählinstanz durch einen Dritten im Roman wiederholt zu finden ist: am deutlichsten in jener Situation, wo Karl zusammen mit Robinson zum Haus Bruneldas gelangt, von einem Polizisten 'verhört' wird, seine 'Geschichte' nicht erzählen kann – „Die ganze Geschichte konnte er hier nicht erzählen und wenn es auch möglich gewesen wäre, so schien es doch ganz aussichtslos ein drohendes Unrecht durch Erzählung eines erlittenen

weiter präsentiert als ein kapitales Klischee: die Erzählung nämlich vom verführten, von seinen Eltern verstoßenen und nach Amerika exilierten Jungen. Was dieses Klischee aufruft und vor Augen stellt, ist die Figur des 'Europamüden' aus Schwäche und Versagen. Karls Weg durch Amerika wird denn auch nichts anderes sein als das verzweifelte Bemühen, dieses in den Roman vom Onkel hineinpraktizierte Erzählstereotyp und dessen rituelles Muster durch Gegen-Inszenierungen 'schöpferischer' Begegnungen mit der Welt und den Frauen aufzulösen – ein bis zuletzt vergeblicher Versuch, wie man weiß, der schließlich zum Verschwinden Karl Roßmanns in der Weite Amerikas führt. Die weiteren 'Versuchungen', denen Karl auf den Stationen seines Weges ausgesetzt ist, machen das deutlich genug: so die Verführung durch Herrn Pollunder und durch dessen Tochter Klara (das Apfelmotiv der biblischen Urszene erscheint zum ersten Mal); durch die beiden abenteuernden Landstreicher Robinson und Delamarche und das 'freie Leben', zu dem sie ihn verlocken; durch die Oberköchin und alsbald auch durch Therese (hier erscheint das Motiv des Apfels zum zweiten Mal); durch Brunelda, die eine Mutter und eine *femme fatale* zugleich ist; nicht zuletzt dann die Verführung durch die Reklamestrategien des Theaters von Oklahoma – hier ist nicht zufällig von „Verlockung" (KKAV,388) und „Lockmitteln" (KKAV,396) die Rede. Besonders symptomatisch aber für das sich fortschreibende Strukturmuster des Romans sind wohl zwei Situationen: die Wiederholung jener ersten Szene der Verführung Karls durch Brunelda, und zwar mit dem Operngucker auf dem Balkon, wo Brunelda Karl 'sehen lehrt', zum einen; die Wiederholung des stellvertretenden Erzählens dieser Verführung durch Robinson sodann, der, im Blick auf Brunelda, jene 'Geschichte des kindlichen Begehrens' zu erzählen versucht, die Karl immer wieder verdrängt:

> *Aber wie schön sie ausgesehen hat, Roßmann! Sie hat ein ganz weißes Kleid und einen roten Sonnenschirm gehabt. Zum Ablecken war sie. Zum Austrinken war sie. Ach Gott, ach Gott war sie schön."* (KKAV,303)

Karl ist denn auch „ganz gefangen genommen" von dieser Erzählung, die er von seinem 'anderen Ich' Robinson zugespielt bekommt, und davon, daß dieser sie ebenso souverän (und stereotyp) zu erzählen weiß wie seinerzeit der Onkel die „große Geschichte" von Karls Verführung durch Johanna Brummer.

Unrechts abzuwehren." (KKAV,277 f.) –, Delamarche seine Partei ergreift und nun seinerseits 'souverän' Karls Geschichte erzählt (KKAV,282), Karl aber, der sich nicht mehr zu helfen weiß, einfach die Flucht ergreift. (KKAV,283).

VI

Kafkas Roman *Der Verschollene* ist – so könnte man sagen – ein 'Entdeckungs'-Roman in geradezu kulturwissenschaftlichem Sinne. Denn er handelt von dem doppelten Ereignis der 'Entdeckung der Frau' und der 'Entdeckung einer fremden Welt'. Dem Protagonisten des Romans gelingt es freilich an keiner Stelle, die Verfügung und Gestaltungsgewalt über diese Ereignisse der Entdeckung zu erlangen und sie zur Bildung seines Selbst zu nutzen und umzuformen; er bleibt vielmehr hoffnungslos in das widersprüchliche Geschehen dieser Entdeckungs-Situationen verstrickt. Eine Erzählinstanz, die ihn daraus zu lösen vermöchte, fehlt.

Die beiden 'first contact'-Situationen, die der Roman im wesentlichen zum Gegenstand hat, erweisen sich dabei als doppelt und zwiespältig geprägt: durch die gegensätzlichen Prägeformen von Stereotyp und Improvisation nämlich; durch *Ritualisierung* und durch *Theatralisierung*. Eben diese 'Doublierung' aber, die das ganze Romangeschehen bestimmt, wird zum Auslöser einer unheilbaren Erzählaporie. Die Helden von Kafkas Romanen – und dies gilt in vergleichbarer Weise auch für die beiden auf den *Verschollenen* folgenden Romane *Der Proceß* und *Das Schloß* – zeigen sich als unfähig, ihr Handeln und Sprechen aus dem Kippmuster von Freiheit und Gewalt, von Spontaneität und Normierung – von „Komödie" und „Verhaftung", wie zum Beispiel der *Proceß* es in wünschenswerter Deutlichkeit gestaltet[46] – herauszuführen. Die Versuche der Protagonisten, dieses gespaltene Erfahrungsmuster erzähltaktisch (und damit handlungsstrategisch) zu funktionalisieren, scheitern. Eine höhere Erzählinstanz, eine souveräne Beobachterperspektive, die dieses Scheitern auffangen könnte, haben alle drei Romane nicht entwickelt. Wenn eine solche sich während des Schreibens abzuzeichnen beginnt, wird sie von Kafka alsbald wieder getilgt. Das durch sie gebildete Strukturmuster entsprach nicht seiner Absicht[47].

---

[46] Gerhard Neumann: „'Blinde Parabel' oder Bildungsroman? Zur Struktur von Franz Kafkas 'Proceß'-Fragment." In: Jahrbuch der Deutschen Schillergesellschaft XLI (1997) S. 399–427.

[47] Die von Kafka im Manuskript gestrichene Stelle lautet: „Jemand sagte mir, ich kann mich nicht mehr erinnern, wer es gewesen ist, dass es doch sonderbar sei, dass man, wenn man früh aufwacht, wenigstens im allgemeinen alles unverrückt an der gleichen Stelle findet, wie es am Abend gewesen ist. Man ist doch im Schlaf und im Traum wenigstens scheinbar in einem vom Wachen wesentlich verschiedenen Zustand gewesen und es gehört, wie jener Mann ganz richtig sagte eine unendliche Geistesgegenwart oder besser Schlagfertigkeit dazu, um mit dem Augenöffnen

Mit diesem durchgängigen Strukturmuster einer konsequenten Tilgung jeder souveränen Beobachter-Instanz adoptiert aber der Kafkasche Roman, wie sich erst vor dem theoretischen Hintergrund einer von Victor Turner, Clifford Geertz oder Stephen Greenblatt neu begründeten Wissenschaft vom Fremderkennen zeigt, ein ethnologisches Modell der 'Mimesis'; ein Umstand, der übrigens von der Forschung unter der Hand schon seit längerem erörtert wird[48]; anknüpfend an die merkwürdige Tatsache, daß Kafkas Werk allenthalben von Forschern, Ethnographen, Wissenschaftlern und 'Beobachtern' *des Fremden* und *aus der Fremde* bevölkert ist.

Es ist nicht zu übersehen, daß eine so verstandene Ethnologie ihre Aufmerksamkeit zunehmend auf die Bedingungen der Möglichkeit von Fremderfahrung – und nicht primär auf diese selbst – auszurichten beginnt: auf eben jene Wahrnehmungs- und Darstellungsprobleme also, die aus der Situation der 'ersten Berührung mit dem Fremden' erwachsen.

Man könnte es als das Außerordentliche an Kafkas Roman bezeichnen, daß der Autor an keiner Stelle seines Textes eine Meta-Ebene der Beurteilung ansteuert, sondern obessiv an den Verstrickungen seines 'Helden' in Wahrnehmungs- und Darstellungsaporien verharrt; daß er sich immer wieder auf das Doppelspiel von Ritualisierung und Theatralisierung im Prozeß der Narration einläßt, ohne es an irgendeiner Stelle zu transzendieren. Das Handlungsmuster, das diese rekursive Struktur immer von neuem verwirklicht, das Kafka schon im Heizer schlüssig ausbildet und hierauf in den sich anschließenden Roman *Der Verschollene* konsequent verlängert, enthält eine Stufenfolge und lautet folgendermaßen: Die Handlung, in die der Protagonist verwickelt ist, gelangt in eine Krise – Karl in der Kapitänskajüte; aus der Krise erwächst die Einsicht in die nicht auflösbare Erzählaporie – Karl sieht sich außerstande, seine Rechtferti-

---

alles, was da ist, gewissermaßen an der gleichen Stelle zu fassen, an der man es am Abend losgelassen hat. Darum sei auch der Augenblick des Erwachens der riskanteste Augenblick im Tag, sei er einmal überstanden, ohne dass man irgendwohin von seinem Platze fortgezogen wurde, so könne man den ganzen Tag über getrost sein." KKAP,II,168.

[48] Vgl. Gerhard Neumann: „Hungerkünstler und Menschenfresser. Zum Verhältnis von Kunst und kulturellem Ritual im Werk Franz Kafkas." In: *Archiv für Sozialgeschichte*, 66, 1984, S. 347–388, vgl. S. 248–286 des vorliegenden Bandes, und Gerhard Neumann: „'Nachrichten vom Pontus'. Das Problem der Kunst im Werk Franz Kafkas." In: *Franz Kafka Symposion 1983. Akademie der Wissenschaften und der Literatur zu Mainz*. Hg. von Wilhelm Emrich und Bernd Goldmann. Mainz 1985, S. 101–157. (Mainzer Reihe Bd. 62), vgl. S. 536–576 des vorliegenden Bandes.

gungsgeschichte vorzutragen; aus dieser Krise emaniert scheinbar eine höhere Instanz, die ein Erzähl- oder Reflexionsmuster präsentiert – der Onkel, der die Stelle des „Erzählers" usurpiert und eine „große Geschichte" aus dem Unerzählbaren macht; dieses Muster erweist sich seinerseits als 'Stereotyp', das in die „Totschlägerreihe" 'Ritual – Theater, Ritual – Theater' zurückstürzt[49].

Nimmt man dieses 'ethnographische' Interesse Kafkas für die Wirksamkeit von Ritual und Theatralisierung in 'first contact'-Szenen und deren Narration ernst, so gelangt man zu der Einsicht, daß Kafkas Roman *Der Verschollene* zugleich ein eminent semiologisches, ja ein kultursemiotisches Interesse verfolgt – wobei dies natürlich zugleich für eine ganze Reihe seiner Erzählungen und Erzählfragmente von der *Strafkolonie* bis zu den *Forschungen eines Hundes* gilt. Es ist ein Interesse, das der Frage gilt, wie es gelingen kann, initiale Vorgänge – also etwa 'rites de passage' im Sinne van Genneps oder Turners, die die Schwellensituation bei der 'Entdeckung der Frau' oder der 'Entdeckung der Welt' markieren – mit Bedeutung auszustatten, ihre Funktion für das Lebensganze in eine 'erzählbare' Lebensgeschichte zu transferieren. Aus diesem Interesse heraus entwickelt Kafkas Roman beinahe so etwas wie eine systematische 'Semiotik der Berührung'. Deren Inbegriff ist das Motiv der Hand, das in einem fein

---

[49] Ich beziehe mich hiermit auf die Tagebuchstelle: „Merkwürdiger, geheimnisvoller, vielleicht gefährlicher, vielleicht erlösender Trost des Schreibens: das Hinausspringen aus der Totschlägerreihe Tat – Beobachtung, Tat – Beobachtung, indem eine höhere Art der Beobachtung geschaffen wird, eine höhere, keine schärfere, und je höher sie ist, je unerreichbarer von der 'Reihe' aus, desto unabhängiger wird sie, desto mehr eigenen Gesetzen der Bewegung folgend, desto unberechenbarer, freudiger, steigender ihr Weg." 27. 1. 1922, KKAT,892. Vgl. zu dieser Formel und deren Mißverständnis durch Max Brod und die ihm folgende Forschung M. Pasley: „Kafkas 'Hinausspringen aus der Totschlägerreihe'". In: *Jahrbuch der deutschen Schillergesellschaft*, XXXI, 1987, S. 383–393. Abweichend von Pasleys Auffassung erkenne ich in dieser Kafkaschen Formel kein Muster einer idealistischen Auflösung der Handlungs- und Beobachtungsaporie durch die Schrift, sondern die Einsicht in die nicht heilbare Verstrickung in die Alternierung von 'Tat' und 'Beobachtung', Handlung und Wort. Es ist ein Realismusproblem, nicht eines der Auflösung der Lebensaporien in der Transzendenz der Schrift. Ich folge nachdrücklich der nur beiläufig geäußerten Meinung Pasley, es könne sich bei den *Binde*strichen („Tat-Beobachtung") auch um *Gedanken*striche handeln. (S. 385) Erst wenn man sie als solche liest, ist der 'Reihen'-Charakter wahrhaft markiert: das unauflösliche Alternieren von Tat und Beobachtung. Angewandt auf Karls Verhaltensaporie bedeutet dies die Alternation von Karls Tun und des Onkels 'Beobachtung', die sich in dessen Erzählen niederschlägt. Eine Instanz, die beides 'versöhnt', findet sich im Text des *Verschollenen* nicht.

gewebten Netz von abwechselnd ritualisierten und theatralisierten Berührungs-Szenen den ganzen Roman überzieht[50] und damit im Rahmen des Musters eines 'Bildungsromans' die Entwicklungsgeschichte des Subjekts im Vermittlungsprozeß von Hand und Wort, von Handeln und Bezeichnen, von 'Tat' und 'Beobachtung' simuliert[51].

Auf diese Art gelesen erweist sich Kafkas Roman *Der Verschollene* selbst als ganzer geradezu als ein Beispiel literarischer Ethno-Graphie. Er praktiziert eine streng gelenkte und streng beobachtete Lektüre des Kulturprozesses, in dem Körper und Sprache, 'Tat' und 'Beobachtung' als Organe der Weltwahrnehmung und Weltdarstellung konkurrieren. Im Fortgang der Lektüre treten einander *Theatralisierung* und *Ritual, Verführung durch die Welt* und *Vergewaltigung durch sie* immer unversöhnlicher gegenüber: als ein gespaltenes Strukturmuster, das dann seinerseits in zahllosen Verwandlungen sich an Kafkas Figuren in seinen späteren Aufzeichnungen, seinen Werken und Entwürfen auffinden und ablesen läßt. Ich nenne stellvertretend für viele andere Protagonisten: Rotpeter und Odradek; Hungerkünstler, Trapezkünstler und Josefine; die Kunstreiterin und die Figuren, die die *Strafkolonie* bevölkern.

---

[50] Das mit der Verführungsszene Karls gesetzte Motiv (KKAV,42 f.) erscheint im Spiel Karls mit der Hand des Heizers erneut (KKAV,52); es findet sich im Hand-in-Hand-Gehen mit dem Onkel (KKAV,52) und wiederholt sich in Herrn Pollunders wiederholten Hand- und Körperberührungen (KKAV,73;104); es zeigt sich in der Szene mit Klara ebenso wie bei Karls Betrachtung der Mutter auf dem Familienphoto (KKAV,136), deren Handbewegung in Analogie zu Bruneldas in gleicher Lässigkeit gelagerter Hand zu sehen ist (KKAV,292); Bruneldas, die ihrerseits an Karls Hand nestelt (KKAV,325); aber auch Oberköchin und Obekellner sind 'kommunizierend' wechselseitig mit ihren Händen beschäftigt (KKAV,248;253); und bei Karls Flucht aus der prekären Situation vor Bruneldas Haus heißt es: „[...] da griff aus einer kleinen Haustüre eine Hand nach Karl und zog ihn mit den Worten 'Still sein' in einen dunklen Flur." (KKAV,285) Zuletzt ist noch einmal von einem Diener des Theaters die Rede, der den Befehl, Karl zu „führen", „wörtlich" versteht „und Karl bei der Hand" faßt. (KKAV,400) Paradigmatisch verdichtet findet man diesen Versuch, Handeln und Sprache zu einer sozialen Zeichendynamik zu verknüpfen, in des Affen Rotpeter Menschwerdung im *Bericht für eine Akademie*. Rotpeter lernt zunächst 'Handschlag-Geben' und stößt hierauf das erste menschliche Wort, das dem Grammophon gleichsam abgelauschte 'Hallo' aus: Thomas Alva Edison hat übrigens, wie bezeugt ist, dieses 'first contact'-Wort für die Aufnahme der Kommunikation am Telefon erst 'erfunden'.

[51] Auch hier ist es nicht abwegig, eine kulturgeschichtlich-paläographisch orientierte Studie heranzuziehen. André Leroi-Gourhan: *Hand und Wort. Die Evolution von Technik, Sprache und Kunst*. Frankfurt a.M. 1980.

VII

Für die literaturwissenschaftliche Forschung war wohl von Anfang an umstritten, in welche Roman-Tradition Kafkas *Verschollener* am überzeugendsten zu stellen sei[52]: Es gibt Versuche, den *Verschollenen* als eine verkümmerte Spätform des deutschen Bildungsromans zu lesen[53]; man hat ihn, nicht zu Unrecht, mit der Tradition der Abenteuer-, der Auswanderer- und der Exil-Romane (die ja eine „Modernisierung" des alten Bildungsroman-Modells darstellen) in Zusammenhang gebracht[54]; zuletzt ist der Vorschlag ergangen, den *Verschollenen* – streng reduktionistisch – als Vergegenwärtigung, als 'Spur' von Kafkas Schreibakt selbst zu lesen; als Aufbruch und endliches Sich-Verlieren der Schrift in der Weite des

---

[52] Hier ist es nur möglich, den Dank an die umfangreiche Kafka-Forschung (es gibt um die einhundertfünfzig Abhandlungen und Bücher allein zum *Verschollenen*) global abzustatten. Unmittelbare Anregungen sind ausgegangen von Jürgen Pütz: *Kafkas 'Verschollener' – ein Bildungsroman? Die Sonderstellung von Kafkas Romanfragment 'Der Verschollene' in der Tradition des Bildungsromans.* Frankfurt a.M, Bern, New York 1983; Hans Helmut Hiebel: „Parabelform und Rechtsthematik in Franz Kafkas Romanfragment *Der Verschollene*". In: Theo Elm, Hans H. Hiebel (Hg.): *Die Parabel. Parabolische Formen in der deutschen Dichtung des 20. Jahrhunderts.* Frankfurt a.M. 1986, S. 219–254; Heinz Hillmann: „Kafkas *Amerika*. Literatur als Problemlösungsspiel". In: Manfred Brauneck (Hg.): *Der deutsche Roman im 20. Jahrhundert. Analysen und Materialien zur Theorie und Soziologie des Romans. Bd. 1.* Bamberg 1976, S. 135–158; Detlef Kremer: „Verschollen. Gegenwärtig. Franz Kafkas Roman *Der Verschollene*". In: *Text und Kritik*, 1994, Sonderband Franz Kafka, S. 238–253; Bodo Plachta: „*Der Verschollene*: verschollen in Amerika". In: Michael Müller (Hg.): *Franz Kafka. Romane und Erzählungen. Interpretationen.* Stuttgart 1994, S. 75–97; Jost Schillemeit: „Karl Roßmann und das Theater. Zur Genese eines Motivs in Kafkas Roman Der Verschollene". In: Michael Werner, Winfried Woesler (Hg.): *Edition et Manuscrits. Probleme der Prosa-Edition. Akten des französisch-deutschen Editorenkolloquiums Paris 1983.* Bern, Frankfurt a.M., u.a. 1987, S. 262–268; Horst Seferens: „Das 'Wunder der Integration'. Zur Funktion des *großen Theaters von Oklahoma* in Kafkas Romanfragment *Der Verschollene*". In: *Zeitschrift für deutsche Philologie*, 111, 1992, S. 577–593.
[53] Z.B. Gerhard Neumann: „Der Wanderer und der Verschollene: Zum Problem der Identität in Goethes *Wilhelm Meister* und in Kafkas *Amerika*-Roman. In: *Paths and Labyrinths. Nine Papers read at the Franz Kafka Symposium held at the Institute of Germanic Studies on 20 and 21 Ocober 1983.* Hg. J.P. Stern an J.J. White. London 1985, S. 43–65.
[54] Vgl. meine Studie über Karl May (Anm. 34).

fremden Kontinents, gleichsam als eines schier unbegrenzten Schriftträgers[55].

Die hier vorgestellten Überlegungen möchten so weit nicht gehen; sie ordnen den Roman immer noch einer 'realistischen' Tradition des Schreibens zu; freilich eines literarischen Realismus, der das Wirkliche nicht in den dargestellten Objekten und Personen, sondern in deren problematischer Konstruktion durch die Rede einer Gesellschaft zu beobachten beginnt. Kafkas Text gehört zu jenen – vielleicht schon mit Fontanes Romanwerk einsetzenden – Versuchen, nicht primär die Welt und Ordnung der Dinge, sondern den *Augenblick des Wahrnehmens und Darstellern selbst* zum Thema des Romans und seines narrativen Anspruchs zu machen: nämlich jenen für den Prozeß und die Dynamik der Kultur zentralen Augenblick in den Blick zu fassen, der die Berührung des zur Welt erwachenden Subjekts mit dem ihm Fremden durch Hand und Wort markiert; einem Fremden, das im anderen Geschlecht und im dunklen Kontinent der Welt sich verkörpert.

---

[55] Jörg Wolfradt: *Der Roman bin ich. Schreiben und Schrift in Kafkas „Der Verschollene"*. Würzburg 1996. (Epistemata. Würzburger wissenschaftliche Schriften Bd. 188).

„Der Blutkreislauf der Familie"
Genealogie und Geschichte bei Franz Kafka

>„Wer kann sagen,
>Daß er das Blut versteht?"
>*Novalis*[1]

I

Auf den ersten Blick spielt das Argument des Blutes in den Texten Franz Kafkas kaum eine Rolle. Im *Schloß*-Roman, der immerhin beinahe 500 Seiten umfasst, finden sich ganze zwei Belege, im *Prozeß* kein einziger; im *Verschollenen*, dem dritten großen Roman Franz Kafkas, gibt es drei einschlägige Stellen; in der „Verwandlung" und im „Urteil" je eine. Etwas anders sieht es im Tagebuch Kafkas aus. Auf immerhin gut tausend Seiten finden sich zwanzig Treffer. In den Briefen entdeckt man schätzungsweise sechzig Belege, wobei der Löwenanteil den Schreiben an die Verlobte Felice Bauer zukommt. Aber auch in den Briefen an Milena Jesenská, an den „Erotiker" Brod, wie er sich gern selbst nannte, Kafkas engsten Freund, und in den Briefen an die Schwester Elli über die Erziehung in der Familie finden sich einige wichtige Stellen über das Thema Blut – es sind Briefe, die anlässlich der Einschulung von Kafkas Neffen Felix Anfang August 1921 geschrieben wurden.

Bei genauerem Hinsehen zeigt sich dann ein thematisch differenzierteres Bild. Es sind offenbar die für Kafkas Schreiben und die Reflexion darüber besonders heiklen Stellen, an denen das Blut-Motiv vehement an die Oberfläche des sonst „blutleeren" Textes tritt; *zum einen* im Feld der Tiere und ihres Lebenskampfes, der bei Kafka häufig als das Eindringen in die Kultur der Menschen erscheint; *sodann* im autobiographischen Terrain, im Zusammenhang mit Kafkas „Blutsturz" im Jahre 1917, der den Beginn seiner Tuberkulose-Erkankung bezeichnet; *des weiteren* im Kontext der Familienrede und einer Reihe gerade für diese wichtiger Formeln sowohl in

---

[1] Novalis, „Hymne" aus dem Zyklus „Geistliche Lieder", in: Ders., *Schriften*, Bd. 1, *Das dichterische Werk*, hg. v. Paul Kluckhohn u. Richard Samuel, Darmstadt 1960, 167.

den Briefen als auch im literarischen Werk – Formeln wie die vom „Blutkreislauf der Familie", von welchem häufiger die Rede ist, und von der „Blutsverwandtschaft", die Kafka, wie er gelegentlich äußert, mit einer Reihe von ihm besonders wichtigen Autoren verbinde; *ferner* im näheren Umfeld der Vorstellung vom „Volkskörper", wobei auch die Themen der jüdischen Kultur, der jiddischen Literatur und des jiddischen Theaters nahe sind; im ethnographischen Zusammenhang *schließlich*, etwa den Vorstellungen von fremden Kulturen, die in Kontrast zu der eigenen „vertrauten" Lebenswelt stehen – ein Konflikt, wie er etwa die Geschichte „In der Strafkolonie" bestimmt, aber auch in „Schakale und Araber" zur Geltung kommt, in der Erzählung „Beim Bau der chinesischen Mauer" und, auf andere Weise, in den „Forschungen eines Hundes" zum Thema wird und sich noch in dem späten Fragment „Der Bau" abzeichnet. Offenbar sind Kafkas Tiergeschichten vor allen anderen mit dem Gedanken der Ethnographie, der Wahrnehmung des Fremden und dessen Bezug zum Eigenen, eng verbunden.

Bevor ich mich den einzelnen Schlüsselstellen des Blutmotivs in Kafkas Texten zuwende und ihre Bedeutung skizziere, möchte ich einen Blick auf das Verhältnis Kafkas zum Kulturthema des Körpers werfen und dabei eine These wagen, die den weiteren Gang der Argumentation bestimmen soll. Franz Kafka, so möchte ich behaupten, versucht von Anfang an, sich aus der Welt seines Körpers und des diesen durchströmenden Blutes – also aus der Welt der Animalität, aus der Familie, aus der Welt der Sexualität und aus der Welt der Zugehörigkeit zu einem Volkskörper – förmlich herauszuschreiben in eine „andere" Welt, die von der Schrift bestimmt ist und durch sie definiert wird: in einem Schreibakt, den er als Verzweiflungsakt erfährt. Im Tagebuch zeichnet Kafka sich zum Beispiel auf: „Ich schreibe das ganz bestimmt aus Verzweiflung über meinen Körper und über die Zukunft mit diesem Körper".[2] Dieser höchst komplexe und schwierige Vorgang der Transgression des Körpers in die Schrift hat bei Kafka zugleich eine metapoetische Dimension: Man könnte es eine Poetologie der „Beschreibung eines Kampfes" nennen, des Kampfes nämlich zwischen eben diesen beiden Kräften des Blutes und der Schrift. Es ist eine Poetologie, die schon mit Kafkas ersten Texten in Geltung gesetzt wird und noch in seiner letzten Tagebuchaufzeichnung zum Ausdruck kommt: „Immer ängstlicher im Niederschreiben. Es ist begreiflich. Jedes Wort, gewendet in der Hand

---

[2] Franz Kafka, *Schriften. Tagebücher. Briefe. Kritische Ausgabe*, hg. v. Jürgen Born u. a., Frankfurt/M. 1990 ff.; *Tagebücher*, hg. v. Hans-Gerd Koch, Michael Müller u. Malcolm Pasley, Frankfurt/M. 1990, 12.

der Geister – dieser Schwung der Hand ist ihre charakteristische Bewegung – wird zum Spieß, gekehrt gegen den Sprecher."[3]

Das Mittel, mit dem Kafka diesen Kampf zu gewinnen versucht, scheint mir von Anfang an die Erkundung jener nichtsprachlichen Medien zu sein, die den Körper gewissermaßen entkörperlichen, ihn förmlich einem „Aderlass" unterziehen; modern ausgedrückt, die den Körper „virtualisieren": und zwar, wie es in Kafkas Prag der Fall ist, in der Welt des Films, dessen Anfänge Kafka faszinierten; wie es aber auch im Tanz geschieht, in der Akrobatik, in der Zirkuskunst, im jiddischen Theater vor allem – und, damit verbunden, in der eminenten Körperlichkeit und gleichzeitigen Künstlichkeit der jiddischen Schauspieler und des jiddischen Jargons.[4] In seinem „Einleitungsvortrag über Jargon", den Kafka anlässlich eines Rezitationsabends des Schauspieler Jizchak Löwy am 16. Februar 1912 hält, bringt er – wenn auch auf verkappte Weise – eben diese Poetologie zum Ausdruck. Das Ziel dieser verschiedenen Strategien der Verwandlung des Körpers in Schrift ist aber zuletzt die Ersetzung der Blutsverwandten, die ihm, Kafka, durch die Genealogie der Familie wie der Geschichte, also seiner jüdischen Herkunft, zugewachsen sind, durch die Blutsverwandten im Reich der Kultur.[5] Ein Brief an Felice Bauer vom 2. September 1913 drückt dies in sehr präziser Weise aus. Er zeigt dieses Ereignis als eine Art Doppelszenario, in dem eine grausam-blutige Zerstörung des Körpers geradezu „in *einem* Atemzug" der Etablierung eines

---

[3] Kafka, *Tagebücher*, a.a.O., 926.

[4] Vgl. meinen Aufsatz: „‚Wie eine regelrechte Geburt mit Schmutz und Schleim bedeckt'. Die Vorstellung von der Entbindung des Textes aus dem Körper in Kafkas Poetologie", in: Christian Begemann/David E. Wellbery (Hg.), *Kunst – Zeugung – Geburt. Theorien und Metaphern ästhetischer Produktion in der Neuzeit*, Freiburg im Breisgau 2002, 293–324.

[5] Es ist deutlich, dass Kafkas ganze Namenspiele, die er in seinem Werk durchführt – das Spielen mit den Namen Kafka und „Samsa", mit Kafka und „Bendemann", mit Kafka und „Odradek", mit dem Ruf der Dohlen (Kafka bedeutet auf tschechisch Dohle) und der nomadischen Existenz –, nur deshalb spielt, weil er den blutsverwandten, ökonomiebesetzten Vaternamen – Kafkas Vater hatte auf seinen Geschäftspapieren eine Dohle als Emblem abgebildet – durch den ästhetisch besetzten, der familialen Ökonomie entrückten Namen des *Schriftstellers* Kafka, der dieses Blut außer Kraft setzen will, zu ersetzen suchte. Einen Sonderfall bildet der Name „Rotpeter", der die Wunde der Menschwerdung, das Trauma schlechthin, verbirgt und zugleich offenbart. Vgl. meinen Artikel: „Franz Kafka", in: Gunter E. Grimm/Frank Rainer Max (Hg.), *Deutsche Dichter. Leben und Werk deutschsprachiger Autoren*, Bd. 7, *Vom Beginn bis zur Mitte des 20. Jahrhunderts*, Stuttgart 1989, 227–258, vgl. S. 3–23 des vorliegenden Bandes..

virtuellen Blutkreislaufs zwischen literarischen Blutsverwandten entgegengesetzt wird:

> Letzthin schrieb ich folgenden Wunsch für mich auf: „Im Vorübergehn durch das Parterrefenster eines Hauses an einem um den Hals gelegten Strick hineingezogen und ohne Rücksicht wie von einem der nicht acht gibt, blutend und zerfetzt, durch alle Zimmerdecken, Möbel, Mauern und Dachböden hinaufgerissen werden, bis oben auf dem Dach die leere Schlinge erscheint, die meine letzten Reste gerade erst beim Durchbrechen der Dachziegel verloren hat." [...] Und doch – Sieh, von den vier Menschen, die ich (ohne an Kraft und Umfassung mich ihnen nahe zu stellen) als meine eigentlichen Blutsverwandten fühle, von Grillparzer, Dostojewski, Kleist und Flaubert, hat nur Dostojewski geheiratet und vielleicht nur Kleist, als er sich im Gedränge äußerer und innerer Not am Wannsee erschoß, den richtigen Ausweg gefunden.[6]

Es geht also darum, sich aus dem Blutkreislauf der Familie heraus- und in den Blutkreislauf der Literatur und ihrer größten Autoren hineinzuschreiben; wobei dieses Ereignis als ein seinerseits blutiges Durchreiß-Manöver erscheint, schmerzhaft und selbstzerstörerisch.

Bei der Analyse des Problems und Arguments des Blutes im Werk Kafkas sind zunächst einmal vier Grundvorstellungen in den Blick zu nehmen, die sich aus dem Kontext der neueren Diskussionen um das „Kulturthema" Blut ableiten lassen: Die semiologische Perspektive des Blut-Arguments zum einen; dessen transgressiver, mit dem individuellen wie kollektiven Trauma verknüpfter Grundcharakter zum anderen; der Konflikt zwischen medizinischer und magischer Auffassung des Blutes sodann; und die Friktion zwischen Körper und Gesetz, Blut und Wasser zuletzt, sei sie nun rechtspolitisch oder theologisch aufgefasst. Diese Grundvorstellungen möchte ich im Folgenden exponieren.

Da ist *zunächst* die Einsicht, dass das Argument Blut offenbar eine Schlüsselrolle in jenem Prozess kultureller Sinnproduktion einnimmt, der sich, in dem ihm eigentümlichen semiotischen Charakter, in steter Auseinandersetzung mit dem Substrat des Organischen befindet. Damit steht aber natürlich das Argument Blut in *einer* Reihe mit anderen derart auf den organischen Körper bezogenen Vorstellungen, die ihren Übergang in die kulturelle Sphäre suchen: Vorstellungen wie der des „Atems", der bei-

---

[6] Franz Kafka, *Schriften. Tagebücher. Briefe. Kritische Ausgabe*, hg. v. Gerhard Neumann u. a., Frankfurt/M. 1990 ff.; *Briefe 1913 – März 1914*, hg. v. Hans-Gerd Koch, Bd. 2, Frankfurt/M. 1999, 275. Eine ähnlich formulierte Passage findet sich auch in einem Tagebucheintrag vom 21. 7. 1913, in: Kafka, *Tagebücher*, a.a.O., 567.

spielsweise im Konzept der Goetheschen Lyrik eine so entscheidende Rolle spielt;[7] wie jener anderen Vorstellung chaotischer „Bewegung", die sich als Wirbelfigur körperlicher Motion etwa bei Valéry (und seinem Meister Mallarmé) ausgebildet findet: und zwar namentlich in deren Schriften über den Tanz, als Figuren des *vertige* und des *tourbillon*;[8] Vorstellungen aber dann ferner auch wie die von den Vorgängen der Ernährung, der Reproduktion des Körpers durch die Nahrung, die sich bei Heine so gut wie bei Fontane in diesem kulturthematischen Sinne ausfindig machen lassen.[9] So schreibt beispielsweise Fontane einmal hellsichtig: „Unser Essen und Trinken, soweit es nicht der gemeinen Lebensnotdurft dient, muss mehr und mehr zur symbolischen Handlung werden, und ich begreife Zeiten des späteren Mittelalters, in denen der Tafelaufsatz und die Prachtschalen mehr bedeuteten, als das Mahl selbst."[10] Und es sind zuletzt die Vorgänge der Kopulation und der Zeugung, die, unter dem Namen der „Liebe" oder der „Passion", sich „verwandelnd" aus dem Natürlichen ins Kulturelle umsetzen. Niemand hat das besser ausgedrückt als der Aufklärer Voltaire in seinem *Dictionnaire philosophique* unter dem Stichwort „*amour*": „*Amor omnibus idem*. Il faut ici recourir au physique; c'est l'étoffe de la nature que l'imagination a brodée."[11] Blut wäre dann – wie zum Beispiel auch die Bewegungsfiguren des Vortex oder des *vertige*, des *tourbillon* – ein Symbol des Lebens, das aber nicht als Natürliches, sondern nur in seiner kulturellen Artikulation, seiner „Textur", entzifferbar wird. Es war der Anthropologe André Leroi-Gourhan, der diesen Sachverhalt mit

---

[7] Vgl. meinen Aufsatz „‚Die höchste Lyrik ist entschieden historisch' – Goethes Gedichte als Lebens-Werk", in: Thomas Jung/Birgit Mühlhaus (Hg.), *Über die Grenzen Weimars hinaus – Goethes Werk in europäischem Licht. Beiträge zum Jubiläumsjahr 1999*, Frankfurt/M. u. a. 2000, 135–170.

[8] Vgl. meinen Aufsatz „‚Tourbillon'. Wahrnehmungskrise und Poetologie bei Hofmannsthal und Valéry", in: *Etudes Germaniques* 53 (1998), no. 2, 397–424.

[9] Vgl. meine Aufsätze über Heine und Fontane: „Der Abbruch des Festes. Gedächtnis und Verdrängung in Heines Legende ‚Der Rabbi von Bacherach'", in: Max Leonhard (Hg.), *Neue Aspekte der Literaturwissenschaft. Kulturthema Essen – Intertextualität – produktive Verfahren*, Haar 1995, 7–45; „Das Ritual der Mahlzeit und die realistische Literatur. Ein Beitrag zu Fontanes Romankunst", in: Jürgen Barkhoff/Gilbert Carr/Roger Paulin (Hg.), *Das schwierige neunzehnte Jahrhundert. Germanistische Tagung zum 65. Geburtstag von Eda Sagarra im August 1998*, Tübingen 2000, 301–317.

[10] Theodor Fontane, „Schach von Wuthenow", in: ders., *Sämtliche Werke*, Bd. 1, hg. v. Walter Keitel, München 1962, 569.

[11] François Marie Arouet Voltaire, *Dictionnaire philosophique*, Paris 1954, 16.

seiner Formel „*Le geste et la parole*" präzise bezeichnet hat.[12] Er erkennt in der sich zum Gang auf zwei Beinen aufrichtenden Menschengestalt die Geste der Befreiung aus der Natur in die Kultur – es sind die frei werdenden Hände, die das kulturelle Zeichenuniversum erschaffen. Leroi-Gourhan schreibt: „Wort und Bild sind der Zement, der die ethnische Zelle zusammenhält."[13] Und er fügt hinzu: „Werkzeug, Sprache und die Schöpfung des Rhythmischen sind daher drei zusammenhängende Aspekte ein und desselben Prozesses."[14]

Eine *weitere* Überlegung muss dem Umstand gelten, dass das Besondere des Blutes gerade seine Position als Phänomen auf der Schwelle ist. Sein Erscheinen ist – zumindest in der gängigen Vorstellung unserer Kultur – ein Akt der Transgression; des Durchbrechens der Oberfläche; des Herauskommens aus der geschlossenen Tiefe: in Gestalt einer Verletzung, einer Wunde, aus welcher Blut austritt. Markantes Signal dieses Vorgangs des Hervortretens dessen, was verborgen war, ist der Schmerz. Markante Punkte in diesem immer wiederkehrenden Prozess der Transgression, des Durchstoßens der Haut von „innen" nach „außen", sind Geburt, Sexualität, Aggression, gewaltsamer Tod. Bedeutsam scheint mir hierbei, dass diese organisch sich äußernde Struktur – im Sinne des Ereignisses, dass Blut dasjenige ist, was schmerzhaft aus dem Verborgenen an die Oberfläche drängt und durch sie hindurch bricht – durchaus parallel zu jener psychischen Struktur gesehen werden kann, die Freud mit dem Begriff des Traumas belegt hat – das griechische Wort *trauma* bedeutet bekanntlich ebenfalls „Wunde".[15] Wie die Verdrängung des Blutes, im Zeichen der Läsion, als Körpersaft in fremder Gestalt an die Oberfläche kommend, aufgehoben wird – und genau dies markiert ja der Schrecken, den das Heraustreten des Blutes in der westlich kultivierten Welt auslöst –, so bringt auch das verdrängte psychische Ereignis, die „Urszene", die in immer sich ereignender Wiederholung das fremde Imaginäre ins Bewusstsein hineinstößt, Angst und panischen Schrecken hervor. In dieser Weise hat es Freud beschrieben: als die Verfremdung des Vertrauten durch Verschiebung und Verdichtung, als Versiegelung des Angsterregenden in

---

[12] André Leroi-Gourhan, *Hand und Wort. Die Evolution von Technik, Sprache und Kunst*, Frankfurt/M. 1980.
[13] Ebd., 447.
[14] Ebd., 449.
[15] Zum Begriff des Traumas in der Kulturwissenschaft vgl. knapp, aber präzise, Aleida Assmann, „Gedächtnis als Leitbegriff der Kulturwissenschaft", in: Lutz Musner/ Gotthart Wunberg (Hg.), *Kulturwissenschaften. Forschung – Praxis – Positionen*, Freiburg im Breisgau 2003, 27–47.

der Krypta des Gedächtnisses. Ich schlage daher vor, bei der Erörterung des Themas Blut sowohl die ethnologische als auch die psychoanalytische Perspektive im Blick zu behalten, und zwar komplementär: Es gilt, die organische wie die psychische Erscheinung des „entstellten" Vertrauten, das die Angst in der Kultur weckt, einander im Zeichen des Blutes zuzuordnen.

Es kommt aber noch eine *dritte* Überlegung zu den bisher erörterten hinzu. Denn das wohl größte Problem bei der Frage nach der Rolle des Arguments Blut in der Kultur ist die – methodologisch vielleicht berechtigte, aber epistemologisch höchst problematische –Trennung der Vorstellung des Blutes als magischer Substanz von jener zweiten Vorstellung, die das Blut als Gegenstand rationaler, wissenschaftlicher Erforschung einzuordnen sucht. Es ist die Differenz zwischen Magie und Medizin. Kafka hat dieses Dilemma sehr scharfsichtig in einem Brief an Felice Bauer vom 13./14. Februar 1913 zum Ausdruck gebracht. Er schreibt:

> Ich allerdings könnte, trotzdem mich große blutige Operationen wenigstens früher wenig störten, gerade solche kleine Handgriffe [wie das Hochklappen des Augenlids] am Körper niemals vornehmen und kaum mitansehn, denn sie erinnern mich daran oder bringen es mir zu Bewußtsein oder lassen es mich glauben, daß der Bau des Menschen doch etwas grauenhaft Primitives ist und innerhalb des Organischen soviel Mechanisches hat.[16]

Blut und Maschine also, Organisches und Mechanisches erscheinen in erschreckender Verknotung – die das Magische des Menschenkörpers ins Vergessen drängt. Man kann vermuten, dass Steven Spielbergs Film *Artificial Intelligence* mit der heiklen Unterscheidung von *orga* und *mecha* Kafka die gleiche Freude gemacht hätte, wie der seinerzeit von ihm bewunderte zeitgenössische Kultfilm *Die weiße Sklavin* es getan hat.[17]

Und eine *letzte* Überlegung ist noch anzustellen. Man wird nicht umhin können, die Frage nach dem Zusammenhang von Blut und Schrift in jenen größeren Zusammenhang zu stellen, den man mit dem Begriffspaar Körper und Kultur umreißt und auf deren problematisches Verhältnis – im juristischen wie im theologischen Bereich – zuspitzen muss. Michel Foucault hat für diesen kritischen Punkt des Zusammenstoßens von kulturellem Gesetz und organischem Körper den vorzüglichen Begriff von der notwendigen und unausweichlichen „Verwaltung des Lebens" geprägt: *gérer la vie* ist seine Formel dafür.[18] Es drückt sich darin die Einsicht aus, dass Leben, als organisches Phänomen, nur in den Blick der Individuen

---

[16] Kafka, *Briefe 1913 – März 1914*, Bd. 2, a.a.O., 89.
[17] Hanns Zischler, *Kafka geht ins Kino*, Reinbek 1996, 47 ff.
[18] Michel Foucault, *Histoire de la sexualité I. La volonté de savoir*, Paris 1976.

und der Gesellschaft kommt, wenn es dies als Bearbeitetes, als Erforschtes, durch Wissen Geordnetes, als Verwaltetes und durch Institutionen Organisiertes tut. In diesem Kontext der Lebensverwaltung spielt auch die Institution oder das Ritual – sei es in Gestalt des Verhörs oder des Opfers – eine entscheidende Rolle. Verhöre und Opferrituale sind juristische und theologische Organisationsverfahren für das Verhältnis von *orga* und *mecha*, um noch einmal diese Doppelformel des Spielberg-Films zu zitieren. Und Verhör, Urteilsvollstreckung und Opferritual sind darauf gerichtet, dieses heikle Verhältnis von Blut und Schrift, Blut und Gesetz, Blut und Institution, Blut und Wasser in eine Form zu bringen, die eine „Verwaltung" des ungebärdigen Lebens – das heißt aber: Ordnung und Macht – allererst ermöglicht.[19] In dieser Weise, als einer Organisierung archaischer Gewalt durch das einzäunende Ritual, haben Walter Burkert, aber auch Victor Turner, das Opfer-Ritual bestimmt: Als die Eingrenzung und Bändigung jener Gewalt, die bei jeder Stiftung von Ordnung frei wird und eben diese Ordnung umgekehrt doch wieder bedroht.[20] Das materiale Substrat dieser anarchischen und zu bändigenden Gewalt ist aber der Körper und, wie für den vorliegenden Zusammenhang von besonderem Interesse, dessen Blut: die bewegte und bewegende Grundsubstanz der natürlichen „Lebenszelle", die der Körper bildet. Hier haben auch jene Opferkonzepte ihre Stelle, die die europäische Kultur – und im gegebenen Fall auch Kafka – nachhaltig bestimmen; die Konzepte, die im jüdischen und im christlichen Feld überliefert sind, im Alten und im Neuen Testament. Der für die christliche Religion entscheidende Blutkreislauf, der im Opfer kulminiert, ist die Eucharistie. Das für die jüdische Religion in Anspruch genommene – und in der Geschichte gegen die Eucharistie ausgespielte – Blutopfer ist die Beschneidung.[21] Das unblutige Ritual, das

---

[19] Es ist dieses tödliche, alles Kulturelle zerreißende Erschrecken, das Effi Briest ergreift, als sie im Dorf Crampas an der Ostküste von Rügen plötzlich archaische Opfersteine – mit der Rille für das Abfließen des Blutes – gezeigt bekommt. „Und während sich das Gespräch in dieser Weise fortsetzte, traten alle drei vom See her an eine senkrechte, abgestochene Kies- und Lehmwand heran, an die sich etliche glatt polierte Steine lehnten, alle mit einer flachen Höhlung und etlichen nach unten laufenden Rinnen. ,Und was bezwecken *die?* ,Daß es besser abliefe, gnäd'ge Frau.' ,Laß uns gehen', sagte Effi [...]." Theodor Fontane, *Effi Briest*, in: Ders., *Sämtliche Werke.*, Bd. 4, hg. v. Walter Keitel, München 1963, 211.

[20] Walter Burkert, *Wilder Ursprung. Opferritual und Mythos bei den Griechen*, Berlin 1990; Victor Turner, „Are there Universals of Performance?", in: *Comparative Criticism* 9 (1987), 35–58.

[21] Diesen Zusammenhang entwickelt der Aufsatz von David Biale, „Blut und Glauben. Über jüdisch-christliche. Symbiose", in: Ulrich Raulff/Gary Smith

zwischen beiden rituellen Konzepten, der Eucharistie und der Beschneidung, eine heikle Rolle spielt, ist dasjenige der neutestamentlichen Taufe. Sie verbindet sich mit der Vorstellung des Wassers, deutet aber zugleich auf das Blutopfer Christi und die Erlösung durch dieses.[22] Die Formel „Blut und Wasser" wird aber – die Taufe gewissermaßen vorbereitend – aus dem Alten ins Neue Testament übermittelt und in dessen Vorstellungswelt transformiert – scheint also sowohl das jüdische wie das christliche Denken zu bestimmen, wenn auch auf verschiedene Weise.

Wenn es im 2. Buch Moses zu wiederholten Malen heißt, das „Wasser werde zu Blut werden" (2. Mos. 4, 9)[23], so ist damit offenbar ein Doppeltes ausgedrückt: die Rückwendung in das Lebenselixier (das Blut sei die Seele des Fleisches, 5. Mos. 12, 23–24)[24] und in die erdige Materie des Lebens (3. Mos. 17, 12); das Neue Testament wendet diese ambivalente Vorstellung aber dann in die Blut und Wasser vermittelnde, die Eucharistie als Reinigungsereignis auffassende Vorstellung von „Blut und Wasser", die durch den Kreuzestod und das Kreuzesopfer Jesu, des Menschensohnes, begründet wird, bei dem aus der Seitenöffnung „Wasser und Blut" heraustritt (Joh. 19, 34).[25] Und im ersten Johannes-Brief heißt es programmatisch: „Jesus Christus ist es doch, der durch das Wasser, das Blut und den Geist gekommen ist. Nicht im Wasser allein, sondern im Wasser und Blut. Der Geist bezeugt das." (1. Joh. 5–6) Dem setzt Paulus im Hebräerbrief 9. 22 die Heilstat Christi, als das neue Opfer, das des Menschenbluts statt des Tierbluts bedarf, eher entgegen als an die Seite. Er insistiert auf der Idee der

---

(Hg.), *Wissensbilder. Strategien der Überlieferung*, Berlin 1997, 145–167; vgl. ferner Carolyne Walker Bynum, „Violent Imagery in Late Medieval Piety", in: *German Historical Institute, Bulletin* 30 (2002), 1–34; Carolyne Walker Bynum, „Das Blut und die Körper Christi im späten Mittelalter: Eine Asymmetrie", in: Wolfgang Kemp u. a. (Hg.), *Vorträge aus dem Warburg-Haus*, Bd. 5, Berlin 2001, 75–117; Joan R. Branham, „Blood in flux, sanctity at issue", in: *Res 31, Anthropology and Aesthetics, the Abject*, Spring 1997, 52–70.

[22] Vgl. den umfassenden Tagungsbericht: *Wasser*. Wissenschaftliche Redaktion: Bernd Busch u. Larissa Förster, Köln 2000 (= Kunst- und Ausstellungshalle der Bundesrepublik Deutschland, Schriftenreihe Forum, Bd. 9, Elemente des Naturhaushalts I), 139–156.

[23] „Wenn sie aber diesen zwei Zeichen nicht glauben werden noch deine Stimme hören, so nimm Wasser aus dem Strom und gieß es auf das trockene Land, so wird das Wasser, das du aus dem Strom genommen hast, Blut werden auf dem trockenen Lande." 2. Mos. 4, 9.

[24] „Allein merke, daß du das Blut nicht essest, denn das Blut ist die Seele; darum sollst du die Seele nicht mit dem Fleisch essen, sondern sollst es auf die Erde gießen wie Wasser." 5. Mos. 12, 23–24.

[25] „Sein Schweiß ward wie Blutstropfen, die zur Erde rannen." Luk. 22, 44.

Reinigung durch die Eucharistie, die nur durch das Blut des Menschensohnes möglich geworden ist: „Er ging auch nicht mit dem Blute von Böcken und Rindern, sondern mit seinem eigenen Blute ein für allemal in das Allerheiligste hinein [...]" (Hebr. 9, 12). Und Paulus sucht an gleicher Stelle eine gerade Linie von den Blutopfern, die Moses dargebracht hat, zu demjenigen von Jesus Christus zu ziehen: „Wenn schon das Blut von Böcken und Stieren und die Asche einer Kuh, womit man die Unreinen besprengt, deren äußere Reinigung herzustellen vermag: um wie viel mehr wird das Blut Christi [...] euer Gewissen von toten Werken reinigen [...]" (Hebr. 9, 13–14). Paulus fährt, die Parallele zwischen dem Alten und dem Neuen Testament ausziehend, fort:

> Nachdem nämlich Moses dem ganzen Volke alle Gebote des Gesetzes verkündet hatte, nahm er das Blut von Rindern und Böcken nebst Wasser, roter Wolle und Ysop, besprengte damit das Buch sowie das ganze Volk und sprach: „Dies ist das Blut des Bundes, den Gott mit euch geschlossen hat." In gleicher Weise besprengte er das Zelt und alle gottesdienstlichen Geräte mit dem Blut. Ja, fast alles wird nach dem Gesetze mit Blut gereinigt. Ohne Blutvergießen gibt es keine Vergebung. Damit müssen also die Abbilder der himmlischen Dinge gereinigt werden. Die himmlischen Dinge selbst erfordern höhere Opfer als jene. (Hebr. 9, 19–24)

Es scheint so, als ob diese von Johannes berufene Blut-Wasser-Geist-Konstellation, die in der Taufe als einem „Mittel" und Pharmakon zusammentritt, jenes Skandalon der Anthropophagie zu verschleiern im Stande ist, das die Apostel anlässlich des Abendmahls, das Jesus stiftet, in so große Verwirrung stürzt,[26] sie dazu bringt, die „harte Rede" vom Verzehr von Fleisch und Blut des Menschensohnes zu reklamieren; ein Skandalon, das, als ein apokryphes Problem, von Anfang an die ganze Karriere der christlichen Religion begleiten wird.

Wenn also Johannes nachhaltig auf dem Paradox der harten Rede besteht, dass das Blut des Menschenopfers zugleich das Wasser der Erlösung sei, scheint Paulus, in Erkenntnis des Skandalons des Bluttrinkens, eher zu beschwichtigen und das Opfer des Menschensohns nur als Steigerung des Tieropfers vorzustellen. Während Johannes daran zu liegen scheint, die Differenz zwischen Natur und Kultur im Zeichen der Realpräsenz, die durch den göttlichen Logos hergestellt wird, zu überspringen, so bettet

---

26 „Denn mein Fleisch ist eine wahre Speise und mein Blut ein wahrer Trank. Wer mein Fleisch ißt und mein Blut trinkt, der bleibt in mir und ich in ihm." Joh. 6, 55. „Viele von seinen Jüngern, die das hörten, erklärten: ‚Diese Rede ist hart. Wer kann sie hören?' Jesus wußte, daß seine Jünger darüber murrten [...]". Joh. 6, 60.

Paulus demgegenüber die Differenz Natur-Kultur in die zivilisationshistorische Tradition ein.

Es ist dieses komplexe, aus jüdischer und christlicher Tradition, aus dem Gegeneinanderspiel von Altem und Neuem Testament gebildete Feld, innerhalb dessen sich die Kafka'sche Argumentation über das Problem des Blutes entfaltet: als eine Erkundung jener Argumentenkonfiguration, die sich aus den Vorstellungen von Wasser, Wein und Blut einerseits, von Erde, Brot und Fleisch andererseits entfaltet; die steuernde Kraft des Logos betreffend, die im organischen Feld wirksam wird. Es ist der heikle Zusammenhang zwischen *soma* und *sema*, zwischen Körper und Zeichen, von dem Johannes gesprochen hat.

Von entscheidender Bedeutung für Kafkas Verwendung des Blutmotivs sind die aus diesem äußerst schwierigen Zusammenhang der beiden Testamente hervortretenden Dichotomien von Wasser und Blut einerseits, von Erde und Fleisch andererseits.

II

Nach dieser Skizze des Problemrahmens, innerhalb dessen Kafka und seine Auseinandersetzung mit dem Thema des Blutes angesiedelt werden muss, möchte ich nun zur Erörterung von Kafkas Texten übergehen; und zwar zur Rekonstruktion dieses Kampfes zwischen Körper und Schrift, wie er sich schon im frühen Tagebuch entspinnt und wie er sich dann bis ans Ende von Kafkas Schreiben fortsetzt. Ich werde, nach diesem ersten Schritt, zeigen, wie die eigentliche Krise von Blut und Schrift zu einem ganz bestimmten Zeitpunkt aufbricht: nämlich anlässlich von Kafkas Begegnung mit dem jiddischen Theater. Und ich werde dann zuletzt darauf hinweisen, wie sich das Thema des Blutes in Kafkas Lebenswerk artikuliert: im Feld der Familie und der Sexualität; im Feld von Volk, Staat und Religion; im Feld der Ethnographie, die für Kafka eine Erkundung des Eigenen *wie* des Fremden, ja des Eigenen *im* Fremden ist.

Zunächst also zurück zum Beginn des Tagebuchs. Was hier von Kafka bearbeitet wird, ist die Geburt der Individualität des Schreibenden aus seinem Körper und der Versuch, sich der Organizität dieses Körpers, aus dem die Schrift sich entwickeln soll, zu entziehen; und zwar mit dem scharfen Blick auf die Herstellung von Kunst in der Kultur. Alice Miller hat dieses heikle Geschehen einmal zutreffend als das „Drama des begabten

Kindes" bezeichnet.[27] Es ist, ganz im Sinne von Kafkas frühem Buchplan „Die Beschreibung eines Kampfes", ein Drama, dessen Schauplatz im Zeichen zweier Größen steht: des Körpers, der stumm geboren wird; der Sprache, die den Weg in die Familie, in die Gesellschaft – und möglicherweise in die Kunst – öffnet; oder doch zumindest öffnen *könnte*, wenn sie nicht zugleich Instrument der Disziplin und Organ der Freiheit wäre. Es gibt eine Stelle aus dem frühen Tagebuch Kafkas, die diese Tragödie der Geburt der Sprache aus dem Körper festhält.[28] Am 3. Oktober 1911 schreibt Kafka Folgendes:

> Beim Diktieren einer größern Anzeige an eine Bezirkshauptmannschaft im Bureau. Im Schluß, der sich aufschwingen sollte, blieb ich stecken und konnte nichts als das Maschinenfräulein Kaiser ansehn, die nach ihrer Gewohnheit besonders lebhaft wurde, ihren Sessel rückte hustete, auf dem Tisch herumtippte und so das ganze Zimmer auf mein Unglück aufmerksam machte. Der gesuchte Einfall bekommt jetzt auch den Wert, daß er sie ruhig machen wird, und läßt sich je wertvoller er wird desto schwerer finden. Endlich habe ich das Wort „brandmarken" und den dazu gehörigen Satz, halte alles aber noch im Mund mit einem Ekel und Schamgefühl wie wenn es rohes Fleisch, aus mir geschnittenes Fleisch wäre (solche Mühe hat es mich gekostet). Endlich sage ich es, behalte aber den großen Schrecken, daß zu einer dichterischen Arbeit alles in mir bereit ist und eine solche Arbeit eine himmlische Auflösung und ein wirkliches Lebendigwerden für mich wäre, während ich hier im Bureau um eines so elenden Aktenstückes willen einen solchen Glückes fähigen Körper um ein Stück seines Fleisches berauben muß.[29]

Kafka beleuchtet das Entstehen der Rede, die sich dem Körper entringt: zunächst als das Diktat, aus der Redeordnung der Bürokratie geboren; dieser Vorgang, eine Scheinkommunikation, allein über die Ungeduld des Partners an der Schreibmaschine vermittelt, beginnt alsbald zu stocken. Der Kampf zwischen Normenrepertoire der Sprache und Spontaneität des poetischen Spracheinfalls führt zu einem Konflikt, der die Grenzzone zwischen Körper und Sprachlaut affiziert – den Mund nämlich. Es ist kein Zufall, dass das gesuchte Wort ausgerechnet „brandmarken" lautet: den Körper schmerzhaft mit Zeichen brennen. Es ist zugleich der Punkt, wo – aus der Verzweiflung des Scheiterns heraus – etwas Schöpferisches sich eindrängt, qualvoll zutage kommt: die Metapher nämlich von dem Herausschneiden der Sprache aus dem rohen Fleisch des Körpers. In diesem Aufblitzen einer Metapher ist zugleich für einen Augenblick die Utopie

---

[27] Alice Miller, *Das Drama des begabten Kindes und die Suche nach dem wahren Selbst*, Frankfurt/M. 1979.
[28] Kafka, *Tagebücher*, a.a.O., 53 f.
[29] Ebd.

einer „himmlischen Auflösung" in die Kunst zum Vorschein gekommen – schon verschattet aber durch die Rückkehr in die Form des klischierten Sprachzitats, des „Diktats", das aus einem normierten Sprachreservoir geschöpft wird. Es gibt im Werk Kafkas drei komplementäre Texte, die diese schmerzhafte Geburt der Sprache aus dem Körper später thematisch werden lassen: Ich meine den Text „In der Strafkolonie", der das Dilemma am Beispiel der Prothesen der Justiz zeigt; die kleine Szene „Ein Bericht für eine Akademie", die das Problem in den Kontext der Biologie, des Darwinismus stellt; schließlich die Erzählung „Ein Hungerkünstler", die die Geburt der Kunst aus dem organischen Reproduktionsprozess des Körpers – als eine zuletzt freilich scheiternde – auf die Probe stellt.

Wenn Kafka sich in der Tagebuchstelle über das Diktat im Büro darum müht, den organischen Körper hinter sich zurückzulassen und einen – des schöpferischen Glückes fähigen – „Kunstkörper" in die Schrift der Literatur hinüberzuretten, so ist zwar das Argument des „rohen, aus dem Körper geschnittenen Fleisches" schon da,[30] aber noch nicht das Argument des diesem Körper entströmenden Blutes. Kafka experimentiert in diesem frühen Tagebuch zunächst noch mit der möglichen Usurpation jener Medien für seine Zwecke, die einen „virtuellen", blutleeren Körper und seine literarische Verarbeitung versprechen. Aus dem Bewusstsein dieser Situation entwickelt Kafka nämlich eine Reihe von Versuchen, den Körper durch Konfrontation mit verschiedenen kulturellen Medien seinem organischen Status zu entziehen, ihn gewissermaßen für die Literatur blutleer zu machen und literarisch zu galvanisieren. Es sind Auseinandersetzungen mit den Medien des Films, der Handzeichnung, des Balletts, der Varietéakrobatik und zuletzt des jiddischen Theaters, die diese Entkörperlichung leisten sollen. Diese Serie von Experimenten kulminiert, wie schon angedeutet, in der Begegnung mit einer Theatertruppe aus Lemberg, die im Winter 1911 in Prag in Hermans Café Savoy gastiert. Es handelt sich dabei wahrscheinlich um Kafkas größtes Kunsterlebnis (trotz seiner Hinweise auf die Blutsverwandten in der „großen" europäischen Literatur). Kafka verkehrt mit den Schauspielern; er befreundet sich mit dem Darsteller Jizchak Löwy und sucht ihn zur Niederschrift seiner Biographie zu bewegen. Es ist

---

[30] In seinem kleinen autobiographischen Fragment, „jeder Mensch ist eigentümlich…" experimentiert Kafka mit einer vergleichbaren noch unblutigen Metapher des Körperschmerzes: die Besen-„Ruten", mit denen sich das Ich selbst züchtigt. Franz Kafka, *Schriften*, a.a.O.; *Nachgelassene Schriften und Fragmente II*, hg. v. Jost Schillemeit, Frankfurt/M. 1992, 10. Vgl. auch den Zungenbiss, der in der Erzählung „Das Urteil" die Schwelle zwischen disziplinierter und spontaner Sprache markiert.

nun genau dieser Augenblick in Kafkas poetologischer Krise, in dem das Argument des Blutes von ihm ins Spiel gebracht wird. In der Zeit, in der er fast jeden Abend die Aufführungen des jiddischen Theaters besucht – man hat mindestens zwanzig solcher Besuche gezählt –, wohnt Kafka auch der rituellen Beschneidung seines Neffen bei. Er beschreibt dies im Tagebuch so:

> Zuerst wird der Junge durch Umbinden, das nur das Glied frei läßt, unbeweglich gemacht, dann wird durch Auflegen einer durchlöcherten Metallscheibe die Schnittfläche präcisiert, dann erfolgt mit einem fast gewöhnlichen Messer, einer Art Fischmesser, der Schnitt. Jetzt sieht man Blut und rohes Fleisch, der Moule hantiert darin kurz mit seinen langnägeligen zittrigen Fingern und zieht irgendwo gewonnene Haut wie einen Handschuhfinger über die Wunde. Gleich ist alles gut, das Kind hat kaum geweint. Jetzt kommt nur noch ein kleines Gebet, während dessen der Moule Wein trinkt, umd mit seinen noch nicht ganz blutfreien Fingern etwas Wein an die Lippen des Kindes bringt.[31]

Es ist bemerkenswert, dass in dieser Beschreibung Kafkas alle jene Momente auftauchen, die zwischen dem Alten und dem Neuen Testament eine Rolle gespielt haben: der apokryphe Bezug auf die Taufe, der Opfercharakter, das Blut und „rohe Fleisch", die Vermischung von Blut und Wein. Im Anschluss an diese Passage stellt Kafka eine Reihe von Reflexionen über das kulturell Wirkungslose dieses blutigen Opferrituals an. Er konstatiert die Gleichgültigkeit der Beteiligten; das „vollständige Unverständnis des Vorgebeteten"; das „in einem deutlichen unabsehbaren Übergang begriffene westeuropäische Judentum"; die „an ihrem letzten Ende angelangten religiösen Formen"[32] – kurzum: die Entleerung des Rituals und das damit aufbrechende Skandalon des Blutes. Unmittelbar anschließend im Tagebuch berichtet Kafka dann über ein Gespräch mit dem Schauspieler Löwy; dem Ostjuden, in dessen Theaterspiel Kafka noch auf unvergleichliche Weise die Verbindung zum jüdischen Volkskörper verwirklicht sieht. Er spricht mit ihm über die jiddische Literatur in Warschau und gelangt in seiner Zusammenfassung dieses Gesprächs zu der Einsicht, dass nicht mehr ein Blutritual wie die Beschneidung, sondern die jiddische Jargon-Literatur den Ausweg aus diesem Dilemma des Blutbezugs zum Volkskörper schaffen könne; als ein zwischen den Kulturen „nomadisierendes Idiom", wie man sagen könnte; und zwar die Literatur

---

[31] Kafka, *Tagebücher*, a.a.O., 311.
[32] Ebd.

als ein „Tagebuchführen einer [minoritären] Nation",[33] innerhalb deren die „Besprechungsmöglichkeit des Gegensatzes zwischen Vätern und Söhnen" wieder gegeben sei; also das Sprechen und die Schrift, nicht das dumpfe Ritual der blutigen Beschneidung auf dem Schoß des Großvaters, das zwischen den Generationen vermitteln soll. Worum es geht, ist die Einsetzung der Literatur statt des Blutrituals; und zwar mit einer neuen Sprache, die genau diesen Konflikt zwischen Blut und Schrift in Szene zu setzen vermöchte, als „Beschreibung eines Kampfes".

Unmittelbar nach dieser poetologischen Passage folgt dann ein erneuter Bericht über das Ritual der Beschneidung: Jetzt nicht mehr aus dem „blutsverwandten" Familienalltag Kafkas bezogen, sondern aus ethnologischer (oder poetischer) Perspektive betrachtet. Kafka zeichnet einen langen Bericht über das Beschneidungsritual in Russland auf; offenbar hatte Löwy Kafka diesen Bericht geliefert.[34] Auffällig ist, dass dieser Bericht, trotz seiner ethnologischen Grundsubstanz, tatsächlich nun deutliche Züge des „Literarischen" trägt – eine burleske Komödie, wenn man so will, von dem jiddischen Schauspieler als ein Kulturtheater vermittelt. Man könnte sagen, dass dieses Doppelszenario der Konfrontation von obsoletem Blutritual und Literatur – der Übertritt aus dem Blutkreislauf der Familie und der Generationen in denjenigen der Kunst, sei es das jiddische Theater, seien es die Blutsverwandten Kleist, Flaubert und Dostojewski – Kafkas eigentlichen Durchbruch zur Literatur bezeichnet; einer Literatur, die freilich nie aufhören wird, „Beschreibung eines Kampfes" zu sein.

Von diesem entscheidenden Punkt aus ramifiziert sich dann freilich das Thema des Blutes in Franz Kafkas Werk. Es bricht an neuralgischen Punkten seiner Texte an die Oberfläche. Einerseits bleibt der Bezug zur Familienszene nach wie vor bestehen – Kafka figuriert als Betroffener; andererseits aber entwickelt Kafka ein Sensorium für dasjenige, was man literarische Ethnologie nennen könnte. Seine Texte werden zu Exponaten von Kulturmodellen und Kulturdiagnosen – Kafka zeigt sich als Beobachter, als Forschungsreisender, als Ethnologe der fremden wie der eigenen Kultur.

Zunächst zu jenem Kontext, in dem Kafka als unmittelbar Betroffener erscheint: als Mitglied der Familienszene. Wenn es überhaupt möglich ist,

---

[33] Vgl. meinen Aufsatz. „‚Eine höhere Art der Beobachtung'. Wahrnehmung und Medialität in Kafkas Tagebüchern", in: Beatrice Sandberg/Jakob Lothe (Hg.), *Franz Kafka: Zur ethischen und ästhetischen Rechtfertigung*, Freiburg im Breisgau 2002, 33–58.

[34] Kafka, *Tagebücher*, a.a.O., 316 f.

so verstärkt diese Beziehung zur „Familienszene" sich noch in jenem Augenblick im Jahre 1917, als Kafka einen Blutsturz erleidet und ein Bluthusten die Erkrankung an der Tuberkulose einleitet. Kafka zeichnet sich Folgendes auf:

> Falls ich in nächster Zeit sterben oder gänzlich lebensunfähig werden sollte – in den letzten zwei Nächten starker Bluthusten – so darf ich sagen, daß ich mich selbst zerrissen habe. Wenn mein Vater früher in wilden aber leeren Drohungen zu sagen pflegte: Ich zerreiße Dich wie einen Fisch [...] so verwirklicht sich jetzt die Drohung, von ihm unabhängig. Die Welt – Felice ist nur ihr Repräsentant – und mein Ich zerreißen in unlösbarem Widerstreit meinen Körper [...].[35]

Blut der Familie also und Blut der Sexualität; die unheilbare Wunde zwischen Welt und Ich. In einem Schema zu einer (vielleicht) geplanten Autobiographie stellte Kafka diesen Konflikt als einen im Feld zweier Rubriken dokumentierbaren dar:[36] Einerseits gehe es darum, rein zu bleiben und sich als Junggeselle zu behaupten – „ich halte alle meine Kräfte zusammen"; andererseits gehe es darum, nicht Junggeselle zu bleiben, sondern verheiratet zu sein: „Du bleibst außerhalb des Zusammenhangs wirst ein Narr, [...] ich ziehe aus dem Blutkreislauf des menschlichen Lebens alle Kraft die mir überhaupt zugänglich ist". Hier erscheinen – mit ähnlichen biographischen Dispositionen – die Blutsverwandten Grillparzer und Flaubert im Hintergrund.[37] Aus diesem Argumentationsfeld und seinem Index der Zerreißung, des Zerrissenwerdens, wachsen dann zunehmend grausamere Selbstzerstörungsphantasien, die zwischen den Feldern des Autobiographischen und des Literarischen oszillieren:

> Es war ein Geier, der hackte in meine Füße [...] er flog auf, weit beugte er sich zurück um genug Schwung zu bekommen und stieß dann wie ein Speerwerfer den Schnabel durch meinen Mund tief in mich. Zurückfallend fühlte ich befreit wie er in meinem alle Tiefen füllenden, alle Ufer überfließenden Blut unrettbar ertrank.[38]

In ähnlicher Weise argumentiert eine Peitschenphantasie Kafkas, die wenige Seiten später aufgezeichnet wird: „Wir waren noch alle durstig, wir leckten einander gegenseitig das Wasser von Fell und Gesicht, manchmal bekam man statt Wasser Blut auf die Zunge, das war von den Peitschen-

---

35 Franz Kafka, *Schriften*, a.a.O.; *Nachgelassene Schriften und Fragmente I*, hg. v. Malcolm Pasley, Frankfurt/M. 1993, 401 f.
36 Kafka, *Nachgelassene Schriften und Fragmente II*, a.a.O., 24.
37 Ebd.
38 Ebd., 329 f.

hieben"[39] und die Beschreibung einer Halswunde in einem kleinen Text wenig später: „Den Kopf hat er zur Seite geneigt; in dem dadurch freigelegten Hals ist eine Wunde, siedend in brennendem Blut und Fleisch, geschlagen durch einen Blitz, der noch andauert".[40] In den gleichen Kontext von blutigen Grausamkeitsphantasien gehören aber auch schon die relativ frühen Erzählungen „Ein Brudermord" – geradezu eine Blutorgie – und „Eine Kreuzung"; beide Erzählungen deuten, wenn auch auf unklare Weise, auf das Verhältnis zur eigenen Familie, auf den „Ekel" vor dem Blutkreislauf, der Kafka mit dieser verbindet.[41] Eine Diagnose der eigenen Sexualität, die Kafka gegenüber seinem Freund Max Brod (und gewissermaßen im Dialog mit ihm) liefert, steht, ganz analog, ebenfalls im Zeichen des Blutmotivs. Der Trieb erscheint in Auseinandersetzung mit dem steinernen Gesetz, als unlösbare Aufgabe: „[...] das G.[eschlecht] drängt mich, quält mich Tag und Nacht, ich müßte Furcht und Scham und wohl auch Trauer überwinden um ihm zu genügen, andererseits ist es aber gewiß, daß ich eine schnell und nah und willig sich darbietende Gelegenheit sofort ohne Furcht und Trauer und Scham benützen würde; dann bleibt nach dem obigen doch Gesetz [...]".[42] Und am folgenden Tage, dem 22. Januar 1922, bekräftigt Kafka, im Rückblick das Dilemma resümierend: „Was bedeuten die gestrigen Feststellungen heute? Bedeuten das Gleiche wie gestern, sind wahr, nur daß das Blut in den Rinnen zwischen den großen Steinen des Gesetzes versickert."[43] Wie das Blut zum Argument im Verband der Familie und bei der Erfahrung mit der eigenen Sexualität eine Rolle spielt, so zuletzt auch im Feld der Familienerziehung. In einem Brief vom Anfang August 1921 an seine Schwester Elli Hermann denkt Kafka über die Tatsache nach, dass der zu erziehende Neffe „Blut vom Blut der anderen [in der Familie]" ist. Kafka schreibt:

> [...] Jede typische Familie stellt zunächst nur einen tierischen Zusammenhang dar, gewissermaßen einen einzigen Organismus, einen einzigen Blutkreislauf. Sie kann daher, auf sich allein angewiesen, nicht über sich hinaus, sie kann aus sich allein keinen neuen Menschen schaffen, versucht sie es durch Familienerziehung, ist es eine Art geistiger Blutschande [...] Die Eltern stehn ja ihren Kindern nicht frei gegenüber, wie sonst ein Erwachsener dem Kind gegen-

---

[39] Ebd., 332 f.
[40] Ebd., 347.
[41] Kafka, *Tagebücher*, a.a.O., 806 f.
[42] Ebd., 880.
[43] Ebd., 881.

übersteht, es ist doch das eigene Blut – noch eine schwere Komplikation – das Blut beider Elternteile.[44]

Es ist genau dieser komplexe und zuletzt unlösbare, gewissermaßen inzestuöse Zusammenhang, den Kafka in der kleinen Geschichte „Eine Kreuzung" dargestellt hat. Soviel zur ersten Frage nach der Stelle des Blutarguments in der Familienszene.

Des weiteren sind aber für den kulturthematischen Zusammenhang des Blutes jene Texte Kafkas von Bedeutung, in denen er nicht die Familie, sondern verschiedene andere Gemeinschaftsmodelle zur Diskussion stellt, die nach seiner Auffassung ihrerseits auf dem Moment des Blutes aufruhen. Ich mochte hier vier verschiedene Varianten dieses Spiels mit kulturellen Modellen hervorheben, die alle vier im Zeichen der Transgression stehen:[45] Das Blut *zunächst* im Kontext von Organismus und Maschine; das Blut *sodann* im Fragezusammenhang des Ethnologen, gerichtet auf den Übergang zwischen dem Eigenen und dem Fremden; das Blut *des weiteren* auf der Schwelle zwischen Natur und Kultur, zwischen Tier und Mensch; und das Blut *zuletzt* auf der Schwelle zwischen nomadischem Volkskörper und der individualisierten Körperfolge dynastischer Genealogie.

Da ist *zunächst* die Erzählung „In der Strafkolonie". Hier wird das Thema Blut und Schrift auf hoch komplexe Weise in die Konstellation von Organismus und Maschine eingelagert. Eine Hinrichtungsmaschine, deren Zeichner einen menschlichen Körper zu Tode ritzt, wobei der „eigentümliche Apparat", das Folterinstrument, zunächst beim Zeichnen in den Körper „Wasser spritzt", um das heraustretende Blut abzuwaschen und die Schrift immer klar zu erhalten. Dieser Mechanismus der Reinigung und Läuterung, als eine Art justiziärer Taufe, versagt aber zuletzt: Die Schrift, die die Eigentümlichkeiten des Delinquenten offenbaren soll, bleibt unleserlich. Es ist offensichtlich, dass Kafka das im vorliegenden Zusammenhang erörterte Problem in den Kontext des modernen – europäischen wie überseeischen – Strafvollzugs stellt und auf die Opferthematik, die hier auch religiös verstanden wird, zuspitzt; dabei scheinen mir die christlichen Indizes gegenüber den jüdischen zu dominieren. Blut und Wasser, Körper und Schrift stehen im doppelten Zeichen von Beschmutzung und Reinigung. Das Blut erscheint dementsprechend also auch unter der doppelten Ägide von Sakrileg und Sakrament – das Dreieck von Eucharistie, Be-

---

[44] Franz Kafka, *Briefe 1902–1924*, hg. v. Max Brod, New York 1966, 344 f.
[45] Zum Thema der Transgression als kulturelles Dispositiv vgl. Gerhard Neumann/Rainer Warning (Hg.), *Transgressionen. Literatur als Ethnographie*, Freiburg im Breisgau 2003, 81–122.

schneidung und Taufe ist da nicht fern. Gleichzeitig wird aber auch auf den (aus dem religiösen Argumentationsfeld bezogenen) Kontrast zwischen existentieller Erleuchtung – oder gar Offenbarung – und Unentzifferbarkeit der Schrift hingedeutet.

Einen *zweiten* Aspekt solcher Transgression als kulturelles Dispositiv beleuchtet die kleine Geschichte „Schakale und Araber". Während die „Strafkolonie" eine Art zeitgenössischen Kulturmodells des Blutopfers exponiert,[46] liefert „Schakale und Araber" demgegenüber ein archaisches Muster. Hier ist es das Trinken des Opferbluts, das den Konflikt zwischen Tier und Mensch, die im Übrigen kaum voneinander unterscheidbar sind, zu organisieren scheint. So heißt es da: „[...] es scheint ein sehr alter Streit; liegt also wohl im Blut; wird also vielleicht erst mit dem Blute enden"; und der alte Schakal prophezeit: „Wir nehmen ihnen also ihr Blut und der Streit ist zu Ende". Die Schakale wiederum, als Inbegriff von Schmutz, Verwesung und Gestank, fordern ausgerechnet „Reinigung" – indem sie das Blut in einer Art rudimentärer Ritualisierung aus der aufgebissenen Schlagader des Kamels saugen. „Wie eine kleine rasende Pumpe, die ebenso unbedingt wie aussichtslos einen übermächtigen Brand löschen will, zerrte und zuckte jeder Muskel" ihres Körpers an ihrem Platz, heißt es da, wieder auf die Grenze zwischen Organismus und Technik deutend. In diesem Text, wie auch in demjenigen der „Strafkolonie", ist es ein Ethnologe, eine Art „teilnehmender Beobachter", der aus europäischer Perspektive das fremde Geschehen des Blutopfers beobachtet: „Er will keines Menschen Urteil"; „er hat nur berichtet", könnte man im Sinne Rotpeters, des Mensch gewordenen Affen, über ihn sagen.[47]

Ein *drittes* Modell kulturdiagnostischer Art, das Kafka entwirft, bietet dann jener unvollendete Text, der den Titel „Forschungen eines Hundes" erhalten hat. Hier wird aus der Perspektive der Tiere als der rigorosen Gegenwelt des Menschen erzählt. Einerseits wird die Argumentation der Hunde – wenn man es denn so nennen will – entwickelt, die durch die Nahrung und die Nahrungsaufnahme, Gier, Schmutz und Ekel, bestimmt ist; andererseits entfaltet sich die als Leerstelle erscheinenden Gegenwelt der Musik, also der reinsten aller Künste in der Kultur. An der Schnittstelle zwischen beiden Welten, dem Übergang vom Natürlich-Animalischen zum Kulturell-Humanen, steht ja, kulturdiagnostisch gesprochen, das

---

[46] Vgl. dazu die Studie von Walter Müller-Seidel, *Die Deportation des Menschen. Kafkas Erzählung In der Strafkolonie im europäischen Kontext*, Stuttgart 1986.

[47] So die Schlussworte des Affen Rotpeter in dem Text „Ein Bericht für eine Akademie".

Blut-Tabu, für das der Forscherhund „naturgemäß" – wie Thomas Bernhard sagen würde – und aus der Begrenzung seiner Perspektive durch das Tiersein, kein Verständnis besitzt: „Unter mir lag Blut, im ersten Augenblick dachte ich, es sei Speise, ich merkte aber gleich, daß es Blut war, das ich ausgebrochen hatte."[48] Gleichzeitig fasst ihn aber, in dem Gesudel der Nahrung, eine Ahnung von einer „anderen", über der seinen gelagerten Welt, aus der ihm unbegreiflicher Weise seine Nahrung zukommt, ja zufliegt; eine „himmlische Speise". Es ist die andere, ihm unzugängliche und auf ihn einwirkende Welt der „Menschen", die dem Hund gleichsam als Vakuum voll Glanz und Versprechen sich aufdrängt. Ihr Merkmal ist der Gesang, der aus der Stille erklingen soll – als das schlechthin Unbegreifliche und aus dem natürlichen Zwang doch „Erlösende": „Und ich glaubte", sagt der Forscherhund, „damals etwas zu erkennen, was kein Hund je vor mir erfahren hat [...] und ich versenkte eilig in unendlicher Angst und Scham das Gesicht in der Blutlache vor mir."[49] Es ist die Grenze zwischen Natur und Kultur, aus der Perspektive des Tiers fingiert, die hier zum Thema wird; die Schwelle zwischen Lizenz und Tabu, die auf emergente Weise aus der organischen Reproduktion erwächst.

Das *letzte* Modell, auf das ich aufmerksam machen möchte, wird in dem Text mit dem Titel „Beim Bau der chinesischen Mauer" von Kafka entwickelt. Auch dieser Text, das vielleicht umfassendste ethnologische Konzept, das Kafka entworfen hat, ist ja unvollendet geblieben. In dieser Erzählung, die auch die „Parabel" „Die kaiserliche Botschaft" enthält, entwickelt Franz Kafka – übrigens auch hier wieder aus der Beobachtungsperspektive eines „Ethnologen" erzählt und reflektiert – ein Gesellschaftsmodell, in dem das europäische Prinzip der Herstellung von Individualität (freilich noch im Gewande eines fernöstlichen Feudalismus) der Idee vom Volkskörper, als einer pulsierenden und strömenden Masse, gegenübergestellt wird. Für beide Modelle bringt Kafka das Argument des Blutes in Anschlag: Dem Blutkreislauf der Volksmasse auf der einen Seite entspricht, auf der anderen Seite, das Blut als dynastisches, „Eigentümlichkeit" verbürgendes Medium des Kaisertums. Eingebettet ist diese sozial-politische Argumentation in ein spezifisches kulturelles Dispositiv, das im Text so genannte Prinzip des „Teilbaus der Mauer", welches so etwas wie einen Kompromiss zwischen Heimat und Nomadentum, aber auch zwischen Volksmasse, die geschichtslos und ohne Individualität ist, und kaiserlicher Genealogie, die das politische Geschehen bestimmt, auszumachen

---

[48] Kafka, *Nachgelassene Schriften und Fragmente II*, a.a.O., 476.
[49] Ebd., 478.

scheint. Da heißt es also – in Hinsicht auf das *eine* Prinzip – nämlich über die Blutsverwandtschaft der Volksmasse:

> [...] wie ewig hoffende Kinder nahmen sie von der Heimat Abschied, die Lust wieder am Volkswerk zu arbeiten wurde unbezwinglich [...] jeder Landsmann war ein Bruder, für den man eine Schutzmauer baute und der mit allem was er hatte und war sein Leben lang dafür dankte, Einheit. Einheit. Brust an Brust, ein Reigen des Volkes, Blut, nicht mehr eingesperrt im kärglichen Kreislauf des Körpers, sondern süß rollend und doch wiederkehrend durch das unendliche China.[50]

Diesem Blutkreislauf, der im ganzen Volkskörper pulsiert, wird aber dann das *andere* Prinzip entgegengesetzt, also das „eigentümliche" Blut des Feudalherren in seiner Bedeutung für die Individualgeschichte und Individual-Genealogie; das Blut mithin als zwischen Natur und Kultur flottierender Träger einer Geschichte, die zugleich *grande histoire* und Individualzeichen einer dynastischen Genealogie ist. Hierüber heißt es im Text:

> Genau so, so hoffnungslos und hoffnungsvoll sieht unser Volk den Kaiser. Es weiß nicht welcher Kaiser regiert und selbst über den Namen der Dynastie bestehen Zweifel. [...] Längst verstorbene Kaiser werden in unseren Dörfern auf den Thron gesetzt [...] Schlachten unserer ältesten Geschichte werden jetzt erst geschlagen [...] Die kaiserlichen Frauen, überfüttert in den seidenen Kissen, von schlauen Höflingen der edlen Sitte entfremdet, anschwellend in Gier, ausgebreitet in Wollust, verüben ihre Untaten immer wieder von Neuem; je mehr Zeit schon vergangen ist, desto schrecklicher leuchten alle Farben und mit lautem Wehgeschrei erfährt einmal das Dorf, wie eine Kaiserin vor Jahrtausenden in langen Zügen das Blut ihres Mannes trank.[51]

Soweit die vier von Kafka entwickelten, im Zeichen des Blutes stehenden „ethnographischen" Modelle. Sie alle sind orientiert auf jene Stelle des Übergangs, der Transgression als Ort kultureller Bedeutungsstiftung, die sich zwischen Organismus und Maschine, Heimat und Fremde, Tier und Mensch, Volk und dynastischem Individuum auftut: Und zwar als jener Tabubruch, der nötig ist, damit Kulturen sich verwandeln und zu neuen Orientierungen gelangen. Auf unvergleichliche Weise wird diese Transgression aus der Natur in die Kultur, aus dem Organismus in das Zeichen, aus dem Blut in das Wort in Kafkas Kulturdiagnose der Moderne schlechthin, dem „Bericht für eine Akademie", in Szene gesetzt – und zwar durch ein vollzogenes und zugleich wieder gelöschtes Blutopfer, das nur im Namen des Mensch gewordenen Tiers noch versteckt ist und zugleich aufscheint: Der Affe, der in diesem „Bericht" seinen Weg aus der Natur des

---

[50] Kafka, *Nachgelassene Schriften und Fragmente I*, a.a.O., 342.
[51] Ebd., 352 f.

Tiers in die Kultur des Menschen beschreibt, weist auf zwei Schüsse hin, die ihn an der Tränke getroffen, ihn in die Gefangenschaft gebracht und ihm den widerwärtigen Namen „Rotpeter" eingetragen haben: als Reminiszenz an die Blutwunden, die, unter dem „wohlgepflegten Pelz", nun, in der Tabuwelt der Menschen, nicht mehr zu sehen sind. Es ist das Trauma, die „Wunde", die den Grenzpunkt markiert, das kulturelle Tabu des Blutes im Namen paradoxerweise offenbarend und verbergend.

Was mir die Frage nach dem Blut und der Schrift – und ihrem heiklen Verhältnis – in Kafkas Werk wichtig macht, ist der Umstand, dass dieses Werk in seiner Struktur den Umgang unser Kultur des 20. Jahrhunderts mit dem Blut auf prägnante Weise widerspiegelt. Kafkas Werk imaginiert eine Welt, aus der das Blut unter die Oberfläche gedrückt erscheint; eine Oberfläche, die die wundenlose Haut des Körpers ist; und es macht zugleich deutlich, dass dieses Verdrängte des Blutes fortgesetzt und in mannigfach entstellter Weise nach oben sickert, das Leben-Wollende in entstellter Gestalt zeigt und zugleich verbirgt – *eine* dieser Entstellungen wird durch die Wissenschaft befördert, die die Rede vom Blut legitimiert, zur normierten Sprache bringt und der roten Substanz eine systematische Stelle in der Kultur zuordnet; eine *andere* Form dieses entstellten Nach-oben-Drängens scheint die Mode der Tätowierungen und des Piercing zu sein, die das Blut – als Unsichtbares und doch als farbige Spur – auf die Haut aufträgt, als blutlose Spur einer blutigen Operation – als welche sich ja auch die virtuellen Blutorgien des Kinos erweisen; die organische Flüssigkeit zeigend, indem sie sie durch Simulation – *Pulp Fiction* – gerade verdecken. Durch diese entstellte Wiederkehr des Blutes im Territorium einer „unblutigen" Kultur erweist sich aber das Trauma, das in diesem Akt der Überschreitung an die Oberfläche und ins Bewusstsein drängt, keinesfalls als entziffert oder gar in seiner Wirkkraft entschärft. Die Literatur kann nur von der Angst erzählen, die das Trauma des Blutes erregt; von der Angst und dem Schmerz der Wunde, aus der das Blut unsichtbar und unstillbar sickert.

Fetischisierung

Zur Ambivalenz semiotischer und narrativer Strukturen

>„Keine andere ans Pathologische streifende Variation des Sexualtriebes hat so viel Anspruch auf unser Interesse wie diese durch die Sonderbarkeit der durch sie veranlaßten Erscheinungen."
>*Sigmund Freud*,
>Drei Abhandlungen zur Sexualtheorie[1]

>„Der Dichter ist der Erfinder der *Symptome* a priori"
>*Novalis*,
>Das allgemeine Brouillon[2]

I

Bei der Suche nach der Doppeldeutigkeit, nach der Ambiguität als Denk- und Darstellungsform bei Sigmund Freud stößt man fast unwillkürlich auf die erweiterte Frage nach der Freudschen Zeichentheorie. Und man findet diese zeichentheoretische Konstruktionsfigur der Doppeldeutigkeit natürlich vor allem anderen in dem auf E.T.A. Hoffmann bezogenen Freudschen Aufsatz über *Das Unheimliche* (mit dem Argument vom Doppelsinn der Urworte) niedergelegt.[3] Aber für die hier ins Auge gefassten Zwecke scheint es, im Blick auf das Phänomen der Doppeldeutigkeit, noch ergiebiger, sich auf Freuds Überlegungen zu einer Fetischtheorie zu konzentrieren. Diese sollen also in ihrer Eigenart zunächst bedacht werden. In

---

[1] Sigmund Freud, Drei Abhandlungen zur Sexualtheorie, in: ders., Studienausgabe, hrsg. von Alexander Mitscherlich et al., Bd. 5 Sexualleben, Frankfurt a.M. 1972, S. 43–145, hier S. 63 f. Zitate nach dieser Ausgabe sind mit römischer Band- und arabischer Seitenzahl im Text nachgewiesen.

[2] Novalis, Das philosophische Werk II, in: ders., Schriften, hrsg. von Richard Samuel in Zusammenarb. mit Hans-Joachim Mähl u. Gerhard Schulz, Bd. 3, Darmstadt 1968, S. 351.

[3] Vgl. Gerhard Neumann, E.T.A. Hoffmann, *Der Sandmann*, in: Reinhard Brand (Hrsg.), Meisterwerke der Literatur. Von Homer bis Musil, Leipzig 2001, S. 185–226.

einem zweiten Schritt möchte ich dann mein literaturwissenschaftliches Interesse an dieser Theorie der doppelsinnigen Zeichen artikulieren und ihre Wirksamkeit in literarischen Texten erproben: als die Frage nämlich, ob sich mit Hilfe von Freuds Zeichenkonzept ein besseres Verständnis literarischer Texte erzielen lässt; solcher Texte vor allem, die der Herstellung von Individualität in der Moderne dienen – und zwar aus dem spezifischen Gesichtspunkt entfremdeter und entfremdender Objektbeziehungen.⁴ Als Beispiel soll mir dabei Franz Kafkas Novelle *Der Heizer* und ihre Funktion als Anfangskapitel eines Bildungsromans – oder doch seiner ‚modernen' Schwundstufe – dienen; also des Romanfragments *Der Verschollene*, so weit es in Kafkas Schreibprozess gediehen ist.⁵ In einem dritten Überlegungszusammenhang werde ich dann schließlich die erweiterte Frage stellen, ob sich aus dem Fetischcharakter des Erzählens von Individualität kraft der Objektbeziehungen Folgerungen für die Ambiguität, oder Ambivalenz überhaupt, von narrativen Strukturen ziehen lassen: also für dasjenige, was ich im Folgenden ‚Meta-Narrative' nennen möchte.

Zunächst also ein paar Beobachtungen zu Sigmund Freuds Bemühungen um eine für sein psychoanalytisches Konzept spezifische Zeichentheorie: Im 23. Kapitel seiner *Vorlesungen zur Einführung in die Psychoanalyse*, das *Die Wege der Symptombildung* beschreibt, wendet sich Freud der theoretischen Frage nach den ‚Zeichen' der Krankheit zu, die er als ‚Symptome' bezeichnet; wobei er, zeichentheoretisch konsequent, zunächst davon ausgeht, dass „Ergründung der Symptome für gleichbedeutend mit dem Verständnis der Krankheit" aufzufassen sei (I, 350). Symptome, so Freud, treten aus dem Kernkonflikt der Libidobefriedigung, dem Konflikt zwischen Unbefriedigtheit und Drang nach Befriedigung, hervor: Sie sind *a priori* doppelsinnig. So kann denn Freud aus dem Bewusstsein dieses Konflikts in der Libidobefriedigung seine Auffassung folgendermaßen resümieren: Aus diesem Konflikt, schreibt Freud,

> entsteht denn das Symptom als vielfach entstellter Abkömmling der unbewußten libidinösen Wunscherfüllung, eine kunstvoll ausgewählte Zweideutigkeit mit zwei einander voll widersprechenden Bedeutungen. (I, 352)

---

4   Diesen Gedanken entwickelt das schöne Buch von Hartmut Böhme, Fetischismus und Kultur. Eine andere Theorie der Moderne, Reinbek bei Hamburg 2006.
5   Zur umfänglichen Interpretation des *Verschollenen* vgl. Gerhard Neumann, Ritual und Theater. Franz Kafkas Bildungsroman *Der Verschollene*, in: Philippe Wellnitz (Hrsg.), Franz Kafka. Der Verschollene. Le Disparu/L'Amérique – Écritures d'un nouveau monde?, Straßburg 1997, S. 51–78. Vgl. S. 159–183 im vorliegenden Band.

In diesem Spiel der Ambiguität der Symptome laufen, so Freud weiter, die gleichen Prozesse ab wie bei der Traumbildung: also Prozesse der Verdichtung und der Verschiebung des Sinns. Es sei dieser spezifische Doppelsinn, der sich bei der Konstruktion des Symptoms ergebe: und zwar „durch extreme Verschiebung", die sich „auf eine kleine Einzelheit des ganzen libidinösen Komplexes eingeschränkt" erweist (I, 357 f.). Wobei, wie Freud ausführt, davon auszugehen ist, dass die „Symptome [...] bald die Darstellung von Erlebnissen, die wirklich stattgefunden haben und denen man einen Einfluß auf die Fixierung der Libido zuschreiben darf, und bald die Darstellung von Phantasien" sind (I, 358). So gesehen könne man nicht umhin, so Freud weiter, „Phantasie und Wirklichkeit gleichzustellen" (III, 359); denn es gehe ja gerade um diese Doppeldeutigkeit als Merkmal dessen, was ‚Realität', was psychische Realität ist: der unaufhebbare Konflikt zwischen Phantasie und Wirklichkeit. Ausgelöst sei diese Ambiguität durch ein Trauma, das in der Kindheitsgeschichte des Betroffenen seinen Ursprung hat. Freud nennt drei solcher traumatischer Urszenen: die heimliche Beobachtung des elterlichen Sexualverkehrs; die Verführung des Kindes durch eine erwachsene Person; zuletzt die aus der Familiensituation erwachsende väterliche Kastrationandrohung an das ‚Knäblein' in Verbindung mit dessen Wahrnehmung des weiblichen (mütterlichen) Genitals (I, 359 f.). Alle drei Szenarien setzen doppelsinnige Symptome im Erlebenden frei; das letztgenannte Szenario nun aber, die Kastrationsandrohung – und dies ist für den vorliegenden Zusammenhang von zentraler Bedeutung – führe, so Freud, zur Ausbildung des besonderen Zeichenkörpers ‚Fetisch'. Die eigentliche Urszene, die, im Sinne Freuds, am Anfang der Fetischbildung steht, ist aber dann, wie man weiß, die folgende: „Wenn ich nun mitteile", schreibt Freud,

> der Fetisch ist ein Penisersatz, so werde ich gewiß Enttäuschung hervorrufen. Ich beeile mich darum hinzuzufügen, nicht der Ersatz eines beliebigen, sondern eines bestimmten, ganz besonderen Penis, der in frühen Kinderjahren eine große Bedeutung hat, aber später verloren geht. [...] Um es klarer zu sagen, der Fetisch ist der Ersatz für den Phallus des Weibes (der Mutter), an den das Knäblein geglaubt hat und auf den es – wir wissen warum – nicht verzichten will. (III, 383 f.)

Und Freud erzählt die imaginäre Geschichte von der Kastrationsandrohung noch ein Stückchen weiter:

> Der Hergang war also der, daß der Knabe sich geweigert hat, die Tatsache seiner Wahrnehmung, daß das Weib keinen Penis besitzt, zur Kenntnis zu nehmen. Nein, das kann nicht wahr sein, denn wenn das Weib kastriert ist, ist sein eigener Penisbesitz bedroht, und dagegen sträubt sich das Stück Nar-

zißmus, mit dem die Natur vorsorglich gerade dieses Organ ausgestattet hat. Eine ähnliche Panik wird vielleicht der Erwachsene später erleben, wenn der Schrei ausgegeben wird, Thron und Altar sind in Gefahr, und sie wird zu ähnlich unlogischen Konsequenzen führen. (III, 384)

Es ist also der Kastrations-Schock, als das eigentliche Krisenerlebnis der kindlichen Sozialisation, von dem hier die Rede ist. Dieser Schock erzwingt eine doppelsinnige Kontamination, die paradoxe Zusammenzwingung von Anerkennung und Verleugnung von Wahrnehmungen, die ihrerseits zur Bildung des Fetischs, als eigentlicher Form der Deckerinnerung, führt; des Fetischs als eines Ersatzobjekts – freilich mit ganz spezifischem schillerndem Zeichen-Charakter.

Die hier erzählte Handlung, nämlich der performative Akt der Fetischbildung und Fetischnutzung, „vereinigt", so die Auffassung Freuds in diesem Zusammenhang, „die beiden miteinander unverträglichen Behauptungen: das Weib hat seinen Penis behalten und der Vater hat das Weib kastriert".[6] Dies bedeutet aber: Die Fetischbildung führt zu konkurrierenden, einander ausschließenden Narrationen. Aus dieser Freudschen Beobachtung der Fetischbildung lässt sich nun aber eine weitergehende Einsicht ableiten. Offenbar wird der Fetischismus zu einem zentralen Konzept der Analyse des modernen Subjekts und seiner Stellung in der Kultur überhaupt; und zwar durch die besondere Art der durch ihn repräsentierten Objektbeziehung.[7] Der Fetischist idealisiert zwar gleichsam ein Element des Objekts, wie jeder Symbolproduzent; aber er tut dies so, dass der fetischisierte Teil nicht für ein Ganzes steht, auf das er verweist, sondern dieses Ganze selbst zu sein tyrannisch – und gegen alle Wahrnehmung – behauptet. Damit funktioniert aber der Fetisch nicht, wie man behauptet hat, als *pars pro toto*, also rhetorisch gesprochen als Synekdoche, sondern, im Sinne Alfred Binets, als ein fundamental paradoxes Zeichen, das auf seiner materialen Präsenz insistiert und dabei zugleich die ‚Sperre' der Symbolisierung, der Abstraktion oder Generalisierung ‚ausstellt', also ‚vorzeigt',[8] und daraus eine Sequenz von Meta-Narrativen ableitet. Was dabei geschieht, ist die Markierung einer Erzählung, die sich nicht erzählen lässt, als befremdliches Objekt. So gesehen kann man den Fetisch nicht, wie oft geschehen, auf eine rhetorische Figur reduzieren, denn er besteht – gerade durch seine Auratisierung – auf ‚Realpräsenz'. Er stellt ein dop-

---

[6] So die Formulierung in: J.-B. Pontalis, Sigmund Freud. Fetischismus. In: ders. (Hrsg.), Objekte des Fetischismus, Frankfurt a.M. 1972, S. 31.
[7] Dies ist die These des Buches von Böhme, vgl. Anm. 4.
[8] Böhme, Fetischismus und Kultur, S. 384.

pelsinniges Zeichen eigener Art dar, das den Konflikt zwischen Materialität und Idealität nicht zu organisieren, nicht zu versöhnen vermag. Der Fetisch gibt also, nach Freud, zugleich ‚etwas zu sehen' und ‚etwas nicht zu sehen': den Fuß und das kastrierte Genitale, das Trauma, das ihn hervorbringt, und dessen Abwehr zugleich.[9] Die das Subjektgefühl bedrohende Vorstellung, dass es niemals mehr eine phallische Identität geben wird, wird also durch den Fetisch intermittierend verdrängt. Das ist die Botschaft eben jenes „Kastrationsschreckens", von dem Freud wiederholt spricht (III, 385 und 393).

Die Reaktion des Subjekts auf dieses Szenario ist aber dann dasjenige, was Freud die „Ichspaltung im Abwehrvorgang" nennt (III, 389 ff.). Diese auf Ich-Spaltung beruhende Kompromissform enthält – so könnte man sagen – zwei einander rigoros ausschließende Zuschreibungen: die Kastration und den weiblichen Phallus, das Grauen und die Selbstvergewisserung, den Zerfall und die Stabilisierung des Ich-Gefühls. Was stattfindet, ist eine nicht arretierbare Oszillation zwischen beiden komplementären wie kontrastiven Seiten; es bildet sich eine Struktur der Unentscheidbarkeit, des Innehaltens zwischen dem Unvereinbaren heraus. Man kann es ein auf struktutaler Ambiguität basierendes Zeichen nennen.[10] Sarah Kofman hat dies einmal ebenso zutreffend wie prägnant gedrückt: Der Fetisch sei das Zugleich zweier sich ausschließender Bestimmungen, deren prekäre Balancierung einen Schutz vor der Psychose darstellt.[11]

Freud selbst hat die Struktur des Zeichens ‚Fetisch', wie er es versteht, gelegentlich als die Bildung einer Deckerinnerung zu erklären gesucht; als ‚Erzählen einer Geschichte, die sich als Gegenstand ausgibt oder maskiert', wie man mit einer für unsere Argumentation aufschließenden Formel des Psychiaters Robert J. Stoller sagen könnte: „A fetish is a story masquerading as an object".[12] Auf diese glückliche Formulierung wird im Zusammenhang des Bezugs zwischen Fetisch und Narrativität bei Kafka und seinem ‚Bildungsroman' *Der Verschollene* wieder zurückzukommen sein. So gesehen ist der Fetisch ein Zeichen, das auf seine symbolisierende Kraft Verzicht tut und gleichwohl seine ‚sinnlose' materiale Existenz bedeutungsvoll auratisiert. J.-B. Pontalis hat dies in seinem wegweisenden Aufsatz über die Struktur des Fetischs zutreffend formuliert. Der Fetisch, als Deckerinne-

---

[9] Ebd., S. 402.
[10] Ebd., S. 402.
[11] Sarah Kofman, The Enigma of Woman. Woman in Freud's Writings, Ithaca/London 1985, S. 86–89.
[12] Robert J. Stoller, Observing the Erotic Imagination, New Haven 1985, S. 155.

rung verstanden, gelte, so schreibt Pontalis, „als unbedeutender und zugleich kostbarer, geistig oder gestisch manipulierbarer Zeuge, hinter dem sich für immer verbirgt und bewahrt, was nicht verloren gehen darf".[13]

Vor diesem Hintergrund könnte man behaupten, dass Freuds kulturtheoretisches Interesse am Fetisch weit über das Phänomen des doppelsinnigen Zeichens im psychologischen Feld, das der Fetisch zunächst einmal darstellt, hinausgeht. Und zwar scheint dieses Interesse sich in drei Richtungen zu entwickeln: Es handelt sich zum ersten um den Blick auf die kulturelle Funktion des Kastrationskomplexes sowie die symbolische Wirksamkeit des Geschlechter-Unterschiedes; und zwar bei der Herstellung von Individualität aus der Objektbeziehung heraus – vor allem der Liebesobjektbeziehung, und der damit verbundenen ‚Liebes-Bedingungen‘, wie Freud sich gelegentlich ausdrückt.[14] Es geht Freud des weiteren um die Analyse einer anderen Art des Glaubens, der auf der Verleugnung gründet; und zwar im Hinblick auf die Wahrnehmung von Wirklichkeit und ihren Objekten. Und es geht ihm schließlich um die Herausarbeitung einer Struktur des Ich in seinem Verhältnis zur Realität; also der Ich-Spaltung, verstanden als die Reibung zweier entgegengesetzter psychischer Haltungen, die nebeneinander, ohne dialektische oder komplementäre Beziehung untereinander, bestehen.

Alle drei Interessenrichtungen – die auf Sexualität, auf Wahrnehmung und auf Identität bezogene – erwachsen aus der Einsicht in die doppelsinnige Zeichenstruktur des Fetischs, die mit keiner anderen Zeichenkonstruktion vergleichbar ist. Meine Auffassung von dem von Freud – nach Alfred Binet und anderen – entdeckten und beschriebenen zwiespältigen Zeichen, das er in dem auf struktural Ambiguität basierenden Fetisch verwirklicht sieht, geht mithin über die Gleichung ‚Fetisch – weiblicher Phallus‘ hinaus. Ich erkenne darin ein Grundmuster moderner Welt- und Selbst-Erfahrung, eine Modellierung des unüberwindlichen Konflikts zwischen Objekt und Narration. Freud selbst hat ja darauf bestanden, dass es beim Fetisch um ein Kulturmuster weiträumiger Art geht. Ich zitiere seine berühmte Äußerung über den fetischisierten Gegenstand als „Ersatz für das Sexualobjekt": „Dieser Ersatz wird nicht mit Unrecht mit dem Fetisch verglichen, in dem der Wilde seinen Gott verkörpert sieht" (V, 63). Freud greift hier einen Gedanken auf, den Charles de Brosses in seinem

---

[13] Pontalis, Objekte des Fetischismus, S. 13.
[14] Ernst Federn u. Gerhard Winterberger (Hrsg.), Aus dem Kreis um Sigmund Freud. Zu den Protokollen der Wiener Psychoanalytischen Vereinigung, Frankfurt a.M. 1902, Nachdr. 1992, S. 10–22, hier S. 12.

Buch *Du culte des dieux fétiches ou parallèles de l'ancienne religion de l'Egypte avec la religion actuelle de Nigritie* (1760/88) schon einmal gut zwei Jahrhunderte zuvor aufgebracht hat.[15]

Die Kategorie des ‚gespaltenen Zeichens' ist also, wie Freud weiß und schon Binet vor ihm hervorgehoben hat, aus der Ethnologie in die Psychoanalyse gewandert und erweist sich als Instrument der Kulturdiagnose, als Mittel der Beschreibung des spezifisch modernen Verhältnisses zwischen dem Subjekt und seiner Identitätsgewinnung aus der Objekt-Beziehung und aus dem Blick auf das Objekt. Wie die Etymologie des Wortes ‚Fetisch' – port. *feitiço:* Zaubermittel, künstlich Zurechtgemachtes, lat. *factitius* – ausweist, dient der im Feld des portugiesischen Kolonialismus auftauchende Begriff zur Markierung der Grenzstelle zwischen dem Eigenen und dem Fremden bei der Wahrnehmung exotischer Kulturen. Von hier wird der Begriff später, wie es Freud tut, auf die ‚gespaltene' Wahrnehmung des anderen als des fremden Geschlechts übertragen. Das Problem der Wahrnehmung zwischen Kulturen wird so auf das Problem der Wahrnehmung zwischen den Geschlechtern projiziert. Der Fetisch gerät mithin zur Modellierung jenes Zeichens, das auf der oszillierenden Grenze zwischen dem Eigenen und dem Fremden sich bildet. Oder noch genauer gesagt: Der Fetisch ist die strukturelle Antwort auf die Frage ‚Wie erzählt man das Unerzählbare der Erfahrung des Fremden'; eines Fremden, das das Eigene ist; des Anderen, das das Sexuelle ist; des Anderen, welches das exotische Kulturelle darstellt.

Charakteristisches Merkmal des so verstandenen doppelsinnigen Zeichens ist – in der Freudschen Terminologie – die Überkreuzung von Verleugnung und Anerkennung des Wahrgenommenen. Im Akt dieser Überkreuzung vollzieht sich die Konstruktion von Wahrnehmung, die zu keiner Abbildung mehr wird, sondern als die Aufmerksamkeit auf den Riss zwischen dem Eigenen und dem Fremden ins Bewusstsein tritt, der sich im Zeichen selbst auftut; den das Zeichen selbst ‚ausstellt' oder, mit anderen Worten, ‚in Szene setzt': *masquerading as an object*, wie Robert J. Stoller sich ausdrückt. Es geht mithin um ein aporetisches Grundmuster, in dem Unvereinbares miteinander verwunden wird: das Vertrauen in die Wahrnehmung mit dem Misstrauen gegenüber dem Gewussten; umgekehrt aber auch das Vertrauen in das Gewusste mit dem Misstrauen gegenüber dem Wahrgenommenen. Das Paradox, das hier in den Blick kommt, hat zuletzt strukturelle Bedeutung. Es besagt, dass Wahrnehmung von Wirklichkeit

---

[15] Vgl. dazu die Ausführungen von Hartmut Böhme, Fetischismus und Kultur, S. 199 ff.

notwendig auf der Inszenierung jener gespaltenen Zeichen beruht, in denen der Bruch zwischen dem Eigenen und dem Fremden – dem sexuell und dem kulturell Fremden – als eigentliches Problem des Mediums der Wahrnehmung eklatant wird. „Der Fetischismus", sagt denn auch der Ethnologe Jean Pouillon,

> wäre demnach der unverstandene Kultus, den man annimmt oder herabsetzt. Genauer, der Fetischismus als Theorie ist der fremde Kultus, den man verdammt, indem man ihn zu erklären behauptet; als Praxis ist er der fremde Kultus, den man zu dem seinen macht, ohne ihn zu verstehen. Kurz, der Fetisch ist stets ein Anderer und der Fetischismus das Inintelligible, das Nicht-Denkbare.[16]

Und Pouillon fügt hinzu, in dem Fetisch sei „das zu sehen, was man nicht wirklich zu denken vermag. [...] was immer er sein mag, wo immer man ihm begegnet, er ist eine *Grenze*".[17] So gesehen wäre der Fetisch, als ein Medium von Befremdungserfahrung, zu einem Terminus der Selbstbeschreibung viel eher der europäischen Gesellschaften als der Beschreibung außereuropäischer Kulturen geworden. Hat man sich dieses doppelsinnigen Zeichenbegriffs versichert, so wird man gewahr, dass die Sozialisation des modernen Subjekts genau durch den Umgang mit solchen ambivalenten Zeichen markiert ist: und zwar Zeichen, die ihre Gespaltenheit nicht in Symbolik oder gar symbolische Systeme überführen, sondern sie als solche unaufgelöst ausstellen und das Subjekt selbst, als gespaltenes, selbstentfremdetes, ‚verdinglichtes' zurücklassen; im Ausnahmezustand sozusagen, der weder in der symbolischen Ordnung noch außerhalb dieser seinen Platz findet.[18]

II

In einem zweiten Ansatz möchte ich nun versuchen, mithilfe des eben bei Freud gewonnenen Instruments des gespaltenen Zeichens eine von Franz Kafka erzählte Geschichte, nämlich die *Heizer*-Novelle und ihre Funktion im Roman *Der Verschollene*, genauer zu verstehen; ein Roman, der die

---

[16] Zit. nach: Pontalis, Objekte des Fetischismus, S. 201.
[17] Ebd., S. 215.
[18] Mit diesem Begriff beziehe ich mich auf Giorgio Agambens Version, gewonnen im Spannungsfeld zwischen ‚nacktem Leben' und ‚Gesetz', die er in Auseinandersetzung mit Gedanken Carl Schmitts und Walter Benjamins entwickelt. Vgl. Homo sacer II, Bd. 1 Ausnahmezustand, übers. von Ulrich Müller-Schöll, Frankfurt a.M. 2004.

Geschichte eines entfremdeten Ich zu hören gibt; eine Geschichte, die von der Begegnung mit dem Fremden als der Sexualität des anderen Geschlechts einerseits und von der Begegnung mit dem Anderen, das eine fremde Kultur, nämlich diejenige ‚Amerikas', darstellt, andererseits, berichtet; eine Erzählung zugleich, die ein Objekt, den Koffer Karl Roßmanns nämlich, in den Mittelpunkt stellt, einen Gegenstand, welcher sich seinerseits für eine Geschichte ausgibt, die, wegen ihrer traumatisierenden Umstände, nicht erzählt werden kann; ein Romanfragment schließlich, das noch einmal die Lebensgeschichte eines ‚modernen' Subjekts bieten will, deren Erzählung an ein Objekt und seinen doppelsinnigen Zeichencharakter gebunden wird.

Ich meine also die Geschichte von Karl Roßmann, der mit nichts als seinem Koffer und einer ihm anhängenden peinvollen Verführungs-Geschichte auf einem Auswandererschiff in den Hafen von New York einläuft – um in einer anderen, einer fremden Kultur seinen ihm eigenen Identitätsweg zu finden. Dieser Anfang des Romans, der, freilich nur auf den ersten Blick, ein herkömmlich exemplarisches Roman-Narrativ verspricht, lautet so:

> Als der siebzehnjährige Karl Roßmann, der von seinen armen Eltern nach Amerika geschickt worden war, weil ihn ein Dienstmädchen verführt und ein Kind von ihm bekommen hatte, in dem schon langsam gewordenen Schiff in den Hafen von Newyork einfuhr, erblickte er die schon längst beobachtete Statue der Freiheitsgöttin wie in einem plötzlich stärker gewordenen Sonnenlicht. Ihr Arm mit dem Schwert ragte wie neuerdings empor und um ihre Gestalt wehten die freien Lüfte.[19]

Worum es bei Karl Roßmanns Geschichte geht, ist der ‚riskanteste Augenblick' in einer Lebenskarriere,[20] nämlich der Eintritt in eine fremde Welt und ihre kulturellen Gesetze. Es ist Karls Onkel Jakob, der dieses Gesetz des *first contact*, des *first encounter* als Initialerfahrung von Welt, im Roman formuliert. Die „ersten Tage eines Europäers in Amerika seien ja einer Geburt vergleichbar" (V 56), sagt er, das Befremdungsgeschehen erläuternd, zu seinem Neffen. Was aber Karl in die Neue Welt mitbringt, ist

---

[19] Franz Kafka, Der Verschollene, hrsg. von Jost Schillemeit, in: Schriften, Tagebücher, Briefe. Kritische Ausgabe, hrsg. von Jürgen Born, Gerhard Neumann, Malcolm Pasley u. Jost Schillemeit, Frankfurt a.M. 1983, S. 7. Zitate nach dieser Ausgabe sind mit mit der Chiffre V und Seitenzahl im Text nachgewiesen.

[20] Vgl. Gerhard Neumann, Der Zauber des Anfangs und das „Zögern vor der Geburt". Kafkas Poetologie des „riskantesten Augenblicks", in: Hans Dieter Zimmermann (Hrsg.), Nach erneuter Lektüre: Franz Kafkas Der Proceß, Würzburg 1992, S. 121–142. Vgl. S. 422–443 im vorliegenden Band.

zweierlei: erstens eine ihm angetane Verführungs-Geschichte, also ein sexuelles Trauma, wenn man es so nennen will; und zweitens einen Koffer, den alten Militärkoffer seines Vaters, den Familienkoffer, in dem seine Habseligkeiten – ein Festtagsanzug, eine Veroneser Salami und die Photographien seiner Eltern – untergebracht sind. Auch ein Regenschirm, als Reiseutensil, gehört dazu. Ganz offenbar haben die traumatische Geschichte der Verführung durch das Dienstmädchen einerseits, der Koffer, der die Objekte eines begonnenen und jäh abgebrochenen Lebens enthält, andererseits etwas miteinander zu tun. Aber diese Beziehung zwischen Objekt und Narration kommt nirgends zur Sprache und bleibt im höchsten Grade doppelsinnig. Gleichwohl lebt der ganze Roman aus dieser Spaltung, er entwickelt sich aus der ‚Ausstellung', der Exponierung dieser unüberbrückbaren Differenz. Beide zusammen, der Koffer und das ihm anhängende Narrativ, bilden die Struktur eines dissoziierten Zeichens, wie der (schon genannte) Robert J. Stoller es formuliert hat: ‚Ein Fetisch ist eine Geschichte, die sich als Gegenstand maskiert'.[21] Kafkas Roman stellt diese Spaltung des Zeichens, das Abbreviatur und Ursprungspunkt eines Lebensbegehrens sein will, geradezu exemplarisch aus: als Zeichen einer traumatischen – ebenso unerzählbaren wie befremdlich verdinglichten – Urszene, aus der eine doppelte Karriere in der Neuen Welt herauswachsen soll: eine sexuelle Karriere, also eine Liebesgeschichte zum einen, eine Berufskarriere, eine Erfolgs- und *selfmade-man*-Geschichte zum anderen. So ist es eine im gespaltenen Zeichen mitenthaltene Initial-Szene, anerkannt und verleugnet zugleich, die weiteres Leben-Erzählen generieren soll.

Ich möchte diesen beiden Aspekten, die Karl Roßmanns Lebensgeschichte zu steuern unternehmen, der Frage nach dem Koffer und derjenigen nach dem Erzählen der initialen Verführungs-Szene, ein wenig genauer nachgehen. Meine These lautet, dass sich durch die Einführung eines Fetisch-Objekts in die Bildungsgeschichte seines Helden in Kafkas Roman Meta-Narrative entwickeln, die paradoxerweise von der Unmöglichkeit erzählen, eine Lebensgeschichte zur Sprache zu bringen.

Zunächst wende ich mich also der Frage nach dem Status und der Funktion des Koffers in Kafkas *Verschollenem* zu. Karl hat während seiner Überfahrt im Zwischendeck des Schiffes seinen Koffer eifersüchtig bewacht – bedroht durch das Lauern eines Slowaken, der nachts versucht, den Koffer mit einer langen Stange zu sich hinüberzuziehen (V 16). Und umgekehrt: Als Karl nach der Ankunft in New York plötzlich merkt, dass er seinen Schirm in der Kabine vergessen hat, überlässt er die Aufsicht über

---

[21] Vgl. Stoller, Observing the Erotic Imagination, S. 155.

den doch viel wertvolleren Koffer leichtfertig einem Fremden und geht zurück in das Labyrinth des Schiffsinneren. Warum hat er sich den ihm teuren Koffer – so fragt er sich denn auch gleich darauf – nur „so leicht [...] wegnehmen lassen" (V 16)? Es ist diese Ambivalenz von Preisgeben und Behaltenwollen, die Karls Verhältnis zu seinem Koffer von Anfang an prägt. Einerseits enthält er für Karl das einzig Vertraute des zurückgelassenen Lebens – die Photographie der Eltern ist Karl der kostbarste Besitz, den er, auf dem Weg nach Ramses, gegen den Inhalt des ganzen Koffers einzutauschen bereit ist. Die Photographie „war mir wichtiger, als alles was ich sonst im Koffer habe", wird er den beiden Strolchen Robinson und Delamarche beim Verlust erklären (V 167). Andererseits aber drängt es Karl offenbar, den Koffer loszuwerden – er lässt ihn an Deck und verliert sich, auf der Suche nach dem vergessenen Regenschirm, im Labyrinth des Schiffsbauchs.

Der New Yorker Onkel nimmt Karl Roßmann dann ohne den verloren geglaubten Koffer in sein Haus auf und stattet ihn mit neuen Dingen aus: Kleidung, Schreibtisch, Klavier, Literatur – er lässt Karl zum Beispiel ein Gedicht über eine Feuersbrunst auswendig lernen. Als der Onkel ihn aber bald darauf wieder verstößt, bringt ein Abgesandter des Onkels, Herr Green, Karl den Koffer zurück. Die Requisiten seiner Vergangenheit stellen sich, wenn auch reichlich durcheinandergewirbelt, wieder vollständig bei ihm ein: „Nun habe ich wenigstens meine alten Sachen wieder", heißt es da (V 124). Auf diese Weise aufs neue exiliert, macht sich Karl auf den Weg nach Ramses.

Dieses Spiel von Anerkennung und Verleugnung der Ursprungs-Geschichte, die der Koffer erzählen will, wiederholt sich im Roman dann immer wieder. In einer Absteige, in der er den beiden Strolchen Delamarche und Robinson begegnet, scheint ihm der wiedergewonnene Koffer so kostbar, dass er sich vornimmt, ihn ‚keiner Gefahr mehr auszusetzen' (vgl. V 129). Hier ist es, wo er seinen Koffer „untersuchen" will, „um einmal einen Überblick über seine Sachen zu bekommen, an die er sich schon nur undeutlich erinnerte und von denen sicher das Wertvollste schon verloren gegangen sein dürfte" (V 129). Der Koffer, mit seinen in immer anderer Zusammenstellung sich präsentierenden Requisiten, wird nun abermals zum Organon von Karls Lebensverstehen und Selbsterfahrung. Als er ihn aufmacht, ist er entsetzt darüber, wie alles „wild durcheinander hineingestopft" ist (V 129). Wie viele Stunden, so denkt er bei sich, hatte er auf der Überfahrt damit verbracht, ihn zu ordnen und wieder zu ordnen – und jetzt zeigt sich ihm nur das gänzliche Chaos der ihm zugehörigen Objekte. Immer noch aber, so heißt es im Text, fehlt „nicht das geringste"

(V 131). Wäsche, Pass, Geld, Uhr, Veroneser Salami, die ihren Geruch allen Sachen mitgeteilt hatte – Kafkas Madeleine, wenn man so will: Alles ist noch vorhanden. Aber auch Taschenbibel, Briefpapier und eben die Photographien der Eltern haben sich wieder eingestellt. Selbst seine verlorengeglaubte Mütze erkennt er, als sie plötzlich in den Koffer fällt, wieder: „in ihrer alten Umgebung"! (V 131).

Aber dieses rhythmische Erscheinen und Verschwinden, Sich-Versammeln und Sich-Zerstreuen der Elemente des Koffers geht noch weiter. Als Robinson und Delamarche mit Karl unter einem Baum rasten, verlässt er sie für einen Augenblick, um im nahegelegenen Hotel Occidental etwas zum Essen zu holen. Als er zurückkehrt, ist sein Koffer aufgebrochen – die Gegenstände sind verstreut, die Photographie der Eltern fehlt. Es kommt zur Krise und zum Streit, in dem er sich von den beiden Vagabunden trennt und, von Anfang an protegiert von der Oberköchin, sogleich als Liftboy im Hotel Occidental unterkommt: „Sein Koffer", heißt es, „war richtig hergestellt und wohl schon lange nicht in größerer Sicherheit gewesen" (V 177).

Als es dann, dank der Indiskretion Robinsons, auch im Hotel Occidental zum Bruch kommt, wird Karls Koffer von Therese gepackt und ihm nachgetragen – sie war, heißt es da, der „Überzeugung, daß in dem Koffer Dinge waren, die man vor allen Leuten geheim halten mußte" (V 251). Hier nun erst verliert sich die Spur des Koffers im Roman. Er hat Karl Roßmann als Fetisch seiner sich mehr und mehr entfremdenden Identität begleitet, hat die wechselnden Beziehungen in der sich erweiternden Fremde um Karl markiert und ist nun verschwunden, als Karl sich anschickt, zum *Verschollenen* in der Weite Amerikas zu werden: Unter einem Pseudonym ins Theater von Oklahoma aufgenommen, macht er sich auf die Fahrt in den Westen Amerikas und verschwindet aus dem erzählten Geschehen. Der Koffer, der Karl auf seinem Weg begleitet, ist das ambivalente Zeichen seiner Herkunft, seiner familialen Initialszene, die er als ‚Gegenstand', der sich als eine ‚Geschichte' ausgibt, bald willig, bald unwillig bei sich trägt, und der den Widerspruch zwischen Anerkennung und Leugnung dieser Herkunfts-Szene, der heilen Familienwelt und ihres unheimlichen Kerns, maskiert und zugleich ‚ausstellt'. Es ist die Struktur dieses Fetischs, die von der Selbstentfremdung Karls spricht – ihrem Anfang, den sie in der Heimat nimmt, ihrem Ende dann beim Sich-Verlieren Karls in der Fremde des amerikanischen Westens.

III

Nun, in einem dritten Schritt, möchte ich auf die Erzählakte in Kafkas *Heizer* und ihre Komplikationen, die sich an Karls Koffer binden, zu sprechen kommen. Es ist die Szene der Verführung Karls durch die Köchin Johanna Brummer, die Karl verdrängt und nicht erzählen will, welche das ganze Erzählgefüge steuert – nicht nur das des ersten Kapitels, sondern des ganzen Romans. Die Szene ist nach dem mythischen Dispositiv des biblischen Sündenfalls modelliert und bietet den Anlass zu einem – im Freudschen Sinne – klassischen Trauma, nämlich der sexuellen Verführung eines Kindes durch eine erwachsene Person; und sie unterliegt Verdrängungsakten. Diese Verdrängungstendenz ist aber auf doppelsinnige Weise wiederum an den Koffer geknüpft. Das wird deutlich, als Karl beim Verlassen des Schiffs zwei Fehlleistungen unterlaufen: Da ist einmal das Vergessen des Schirms im Schiffsbauch, da ist zum anderen das Zurücklassen des Koffers an Deck in der Obhut des zweifelhaften Reisegenossen Butterbaum und das hierauf folgende Sich-Verweilen und Sich-Vergessen Karls in der Kajüte des Heizers. Von dieser problematischen Last seiner Herkunft befreit, begegnet Karl auf der Suche nach dem Schirm eben dem Heizer – und damit einer ersten Herausforderung, seine verdrängte Verführungsgeschichte zu erzählen. „Warum haben Sie denn fahren müssen?", fragt der Heizer Karl. Dieser aber wehrt ab, weigert sich, seine Geschichte zu erzählen. Im Text heißt es: „‚Ach was!', sagte Karl und warf die ganze Geschichte mit der Hand weg" (V 12). Worauf der Heizer antwortet: „Es wird schon einen Grund gehabt haben" und der Erzähler hinzufügt: „[U]nd man wußte nicht recht, ob er damit die Erzählung dieses Grundes fordern oder abwehren wolle" (V 12).

Damit gibt der Heizer eine Leseanweisung für das Erzählen insgesamt, das im Roman praktiziert wird: als das immer wiederkehrende Alternieren von Fordern und Abwehren von Erzählung, von Anerkennen und Verleugnen dessen, was sich ereignet – um das Freudsche Begriffspaar in Erinnerung zu rufen. Schon in der Kaptänskajüte wiederholt sich dieses Spiel. Statt seine Geschichte zu erzählen, legt Karl seinen Pass vor – wobei der Oberkassier diesen mit zwei Fingern „beiseite schnippt" (V 22), genau wie Karl seine Verführungsgeschichte beiseite geschnippt hat. Statt seiner eigenen Geschichte erzählt nun aber Karl die Leidensgeschichte des Heizers, teils um diesem zu helfen, teils aber auch, um seine eigene Geschichte dadurch zu verdecken.

In der nächsten Szene – die Kajüten-Episode ist ja ein kleines Drama – tritt dann der Herr mit dem Bambusstöckchen, der sich später als Karls amerikanischer Onkel Jakob zu erkennen geben wird, in den Vordergrund. Es kommt zur Wiedererkennungsszene zwischen Onkel und Neffe, und der Onkel schickt sich an, Karls Verführungs-Geschichte, die ihm die Köchin Johanna Brummer in einem Karl vorausgeschickten Brief mitgeteilt hat, der ganzen in der Kajüte versammelten Runde zu erzählen. „[I]ch will nicht daß er es allen erzählt" (V 39), sagt Karl da zu sich selbst. Was freilich den Onkel nicht hindert, eben dies zu tun. In dieser peinvollen Situation beginnt eine Sequenz ‚erlebter Rede' Karls, also eine Art Murmeln des Unbewussten, wo es heißt:

> Karl hatte aber keine Gefühle für jenes Mädchen [...] weinend kam er endlich [nach der Verführung durch die Köchin] in sein Bett. Das war alles gewesen und doch verstand es der Onkel, daraus eine große Geschichte zu machen. (41 ff.)

Die ‚große Geschichte' des Onkels fungiert, so könnte man in der Sprache Sigmund Freuds sagen, als ‚Deckerzählung', die über den *petit récit* Karls, das Unerklärliche und nicht zu Veröffentlichende der traumatischen Verführungsszene, gestülpt wird. Was hier zur Szene wird, ist die in Anerkennung und Verleugnung hoffnungslos verwickelte Geschichte des Traumas, das von dem Fetisch, der das Lebensbegehren und das Familienpaket in sich geborgen enthält, nämlich dem ‚alten Militär'-Koffer des Vaters, abgespalten wird. Es ist ein undurchschaubares Geflecht von sich wiederholenden Erzählungen des Erzählens und deren immer neu konstatiertes Versagen. Denn in Ab- und Anwesenheit des Koffers geschieht Folgendes: Karl verdrängt seine Geschichte und ‚wirft sie mit der Hand fort'. Die Geschichte überholt ihn aber bei seiner Überfahrt – in Gestalt des Briefes der besorgten Köchin an den Onkel. Der Onkel vermerkt sich den Text des Briefes in seinem kleinen Notizbuch (V 30), gewissermaßen dessen Quintessenz, benutzt diesen Text als Identitäts-Test und erzählt ihn zu einer ‚großen Geschichte' um. Gleichzeitig erzählt Karls dumpfes Bewusstsein diese Verführungsgeschichte als ‚erlebte Rede' murmelnd vor sich hin.[22] Sodann erzählt (und fingiert) Karl die Lebensgeschichte des Heizers

---

[22] Es war der hohe literarische Rang dieser Szene, den Robert Musil in seiner frühen Rezension wohl als erster erkannte. „Und dann", schreibt er in der *Literarischen Chronik* 1914, „steht inmitten von all dem eine Stelle, wo berichtet wird, wie eine angejahrte Magd unbeholfen verlegen einen kleinen Jungen verführt; ganz kurz, aber von einer solchen Macht in wenigen Strichen, daß der bis dahin vielleicht bloß sanfte Erzähler als sehr bewußter Künstler erscheint, der sich zu kleinen und geringen Empfindungen beugt". Robert Musil, Tagebücher, Aphorismen, Essays und Reden, hrsg. von Adolf Frisé, Reinbek bei Hamburg 1960, S. 688.

als Deck-Erzählung seiner eigenen, verdrängten, die dadurch unerzählt bleibt. Und man erinnert sich, dass er solche Deck-Erzählungen und -Rollenspiele in seinen im Roman folgenden Begegnungen mit dem ‚fremden Geschlecht', Klara, Therese und Brunelda, weiterinszenieren wird.

Was aus dem doppelsinnigen Zeichen des Koffers – also des Fetischs, der eine Geschichte als Gegenstand ausstellt – herausgetrieben wird, ist ein Spiel der Narrationen und Meta-Narrationen, die an einer ‚erlebten' Geschichte (der Verführung) arbeiten, welche als verdrängte und abgewehrte, geschriebene, wiedererzählte, verschwiegene und übersetzte im Erzähltext wiederkehrt – und zwar im nie endenden Spiel von Anerkennung und Verleugnung. Man könnte auch von einem sehr weit getriebenen Spiel des stellvertretenden, das Unaussprechliche ‚deckenden' Erzählens in der Novelle sprechen. Die Köchin erzählt stellvertretend die Geschichte Karls. Dieser erzählt stellvertretend die Leidensgeschichte des Heizers. Der Onkel erzählt stellvertretend die Geschichte Karls. Es sind Überholungen und Überlagerungen, die zugleich übersetzen, korrigieren, verfälschen, verschieben, verdrängen, vergrößern und verkleinern – aber den Nukleus der traumatisierten Urszene, die zu dem allen Anlass gibt, nicht treffen; ihr ihre kryptische Existenz (als erlebte Rede) lassen müssen.

Es sei der Vorschlag gemacht, diese komplexe Verflechtung verschiedener Autoritätsfelder des Erzählens als ein Spiel mit meta-narrativen Strategien zu kennzeichnen. Wenn Metasprache jene ‚zweite' Sprache ist, die über eine erste Sprache spricht, wäre das Meta-narrativ jenes zweite Erzählen, das sich über ein ‚erstes' Erzählen legt. Meta-Narrative, wie sie hier in Szene gesetzt werden, sind Offenbarungen des Fetisch-Charakters der erlebten Geschichte, die sich als unerzählbar, weil traumatisiert, erwiesen hat und im Gegenstand – nämlich dem Koffer des Familienromans und Lebensbegehrens – eingeschlossen ist. Man könnte auch von einer Krypta sprechen, in der sie nistet. So wäre zuletzt der Schluss möglich, dass Erzählen für Kafka die Inszenierung eines gespaltenen Zeichens ist – einer Erzählung, die – traumatisiert – sich als Gegenstand ausgibt. Erzählen wäre in diesem Fall das Ausstellen des Risses zwischen Objekt und Narration, der – nach und nach – in einer beinahe unabschließbaren Sequenz von Meta-Narrativen zum Verschwinden gebracht wird. Mit anderen Worten: Es wäre die einzig noch mögliche Form eines Bildungsromans, die hier geschrieben wird, seine gerade noch erzählbare Schwundstufe gewissermaßen.

Im Eingedenken der Struktur, die Sigmund Freuds Fetisch-Begriff, als Realisierung eines gespaltenen Zeichens, nahelegt, könnte man also behaupten, dass Kafkas Erzählen aus der aporetischen Situation eines Gegenstandes, der sich als Geschichte ausgibt, und einer Geschichte, die sich als Gegenstand maskiert, noch einmal ein Modell entwickelt, das es erlauben soll, den Roman von Individualität und Eigentümlichkeit – im Spannungsfeld ihrer Verdinglichung – zu verfassen: als Erzählen des Lebensbegehrens aus einer Urszene heraus, die definitiv nur als traumatisierte gedacht werden kann.[23] Dies führt dazu, dass Narrationen unablässig wiederholt und fortgesetzt von Meta-Narrativen überwuchert werden. Repetierendes, korrigierendes und stellvertretendes Erzählen werden mehr und mehr zu einem Geflecht von Erzählakten, Erzählwiederholungen und deren vergeblicher Wechselkritik – ohne dass dabei die Autorität eines souveränen Erzählens eingriffe oder gar eine Hierarchie der Beglaubigungen herstellte. Der Fetisch, als gespaltenes Zeichen, generiert das unablässig sich übersteigende Erzählen des verdinglichten Subjekts: in der Darstellung des unüberbrückbaren Risses zwischen Objekt und Narration.

IV

Was mich zu meinen hier vorliegenden Überlegungen angetrieben hat, ist die Frage nach der Ambiguität jenes Zeichenbegriffs, den Freud am Beispiel des Fetischs entwickelt. Was mich aber des weiteren beschäftigt hat, ist die zweite Frage, ob dieser besondere Begriff des gespaltenen Zeichens einen Beitrag zum Verständnis des Funktionierens der modernen Kultur liefert; sowie zu der Einsicht in die Funktion der Literatur, die diese Kultur abbildet, und in Akten des Erzählens, in Erzählungen von Lebensgeschichten wiederzugeben sucht.

Es ist Freud selbst und in seiner Nachfolge zum Beispiel J.-B. Pontalis, die die Signatur dieser Moderne in der Entfremdung des Selbst gesehen haben, und zwar begründet durch den Prozess der Beziehungen dieses Selbst zu den ‚Dingen'. In seinem Vortrag *Zur Genese des Fetischismus*, der in einer Mitschrift überliefert ist,[24] hat Freud diese Ver-Dinglichung durch das Wortspiel von pathologischen und normalen ‚Liebesbe-ding-ungen'

---

[23] Zum von der Forschung vielfach behandelten Thema des Traumas und seiner Funktion in Kultur und Erzählkultur vgl. Elisabeth Bronfen, Birgit R. Erdle u. Sigrid Weigel (Hrsg.), Trauma. Zwischen Psychoanalyse und kulturellem Deutungsmuster, Köln 1999; Inka Mülder-Bach (Hrsg.), Modernität und Trauma. Beiträge zum Zeitenbruch des Ersten Weltkrieges, Wien 2000.

[24] Vgl. Federn/Winterberger (Hrsg.), Aus dem Kreis um Sigmund Freud.

kenntlich gemacht.[25] Pontalis sieht die „Grundstruktur des ‚Seelischen'"[26] geprägt durch die „Beziehung zu Objekten, die uns ‚entfremden'".[27] Freuds Theorie des Fetischismus arbeitet also an diesem Prozess der Entfremdung, der durch Objekt-Bezug bestimmt ist. Aus ihm geht das „psychische Trauma" hervor (III, 391), das, im Fall des Fetischismus, durch den Kastrations-Schock ausgelöst wird. Die Ich-Bildung entwickelt sich, aus diesem Szenario heraus, als Ding-Beziehung, die in hohem Grade ambivalent ist und fortgesetzt zu doppelsinnigen Zeichen gerinnt, deren Wirkung sich als „Einriß im Ich" (III, 391) und als „Ichspaltung" zu erkennen gibt (III, 392).

Im Vortrag *Zur Genese des Fetischismus* beschreibt Freud die Konstruktion dieses das Ich zerreißenden oder spaltenden Zeichens mit dem Satz, der Kleiderfetischist habe „sein Interesse von den Dingen weg auf die Worte gewendet, die ja gewissermaßen die Kleider der Begriffe sind".[28] Das heißt aber: Das gespaltene Zeichen des Fetischs resultiert aus dieser Spaltung zwischen Ding und Sprechen, zwischen Objekt und Narration. Es ist der Riss zwischen Ding-Präsenz einerseits und Absenz stiftendem Erzählen einer Geschichte andererseits, um die es eigentlich – und in ganz besonderer Weise bei Franz Kafkas *Heizer*-Geschichte und dem Roman *Der Verschollene* – geht. Der Fetisch, so könnte man sagen, gibt sich für eine Geschichte aus und prätendiert zugleich durch seine Dingqualität, dass diese Geschichte nicht erzählt werden kann.

Kafkas Roman *Der Verschollene* erscheint mir nun – wenn man ihn im Licht dieser Freudschen Konzeption des gespaltenen Zeichens als Signatur der Moderne liest – als Paradigma solcher ‚entfremdender' Welterfahrung: Entfremdung durch die Begegnung mit dem anderen Geschlecht; Entfremdung durch die Begegnung mit der anderen Kultur; ‚Verschollenheit' in der Welt. ‚Welt', in diesem Sinne, ist nicht mehr direkt erlebbar und direkt erzählbar. Ausdruck dieses gespaltenen Lebensgefühls ist das Zeichen des Fetischs, der, in unaufhebbarem Konflikt, teils Verdrängung und teils Idealisierung ist. Dies offenbart sich in der Spaltung zwischen ‚Ding' (dem Familienkoffer) und ‚Worten' (der unerzählbaren sexuellen Verführungs-

---

[25] Federn/Winterberger (Hrsg.), Aus dem Kreis um Sigmund Freud, S. 12. Bezüglich des Rätselhaften des Fetischs heißt es da, es seien „Rem[iniszenzen] von ehemals vielleicht normalen Liebesaffekten", die nun ins „Hysterische" umschlügen: „Es hat", so kann man mit Freud hinzufügen, also einen guten Sinn, von den „Liebesbedingungen" der Betroffenen zu sprechen.
[26] Pontalis, Objekte des Fetischismus, S. 13.
[27] Ebd., S. 17.
[28] Federn/Winterberger (Hrsg.), Aus dem Kreis um Sigmund Freud, S. 13.

geschichte als Verführungstrauma). Das Ding des Koffers – der die Photographien des geronnenen Familienromans enthält – stellt sich als Deck-Element gewissermaßen vor die Erzählung, die ihrerseits zu dem eigentlich zu Erzählenden nicht vordringt. Man könnte also sagen: Die Liebesbedingungen, als Prozesse der Verdinglichung, erzwingen Serien von Meta-Narrativen, weil ein direktes Erzählen der traumatisierten Geschichte nicht möglich ist. In Bezug auf das Verhältnis zwischen Freud und der Literatur könnte man also mit Novalis behaupten: „Der Dichter ist der Erfinder der *Symptome* a priori".[29]

---

[29] Novalis, Das philosophische Werk II. S. 351.

Kafkas Verwandlungen

„Unsicherheit der Verwandelbarkeit"
Kafka an Milena Jesenská[1]

I

Eine Darstellung von Kafkas „Verwandlung" – besser gesagt von seinen ‚Verwandlungen', deren es viele gibt – kann nicht ohne eine Reflexion auf Ovids „Metamorphosen" versucht werden. Oder anders gesagt: Die Vermutung ist nicht abzuweisen, daß mit Kafka zu einem Ende kommt, was mit Ovid begonnen hatte; nämlich das Erzählen einer Kulturgeschichte, deren paradoxe Signatur die Notwendigkeit und Unmöglichkeit zugleich der Verwandlung ist – von Dingen, von ‚Subjekten', von Geschichten. Mit einem Wort: Man kommt an Ovid nicht vorbei, wenn man Kafkas Verwandlungen verstehen will – auch wenn die Kafka-Forschung diesen Zusammenhang immer wieder zu leugnen sucht.[2] So möchte ich meine Aufmerksamkeit zu Beginn meiner Überlegungen auf zwei Geschichten aus dem Korpus der Ovidischen „Metamorphosen" richten, bevor ich dann – vor diesem aus der Antike einwirkenden kulturgeschichtlichen Hintergrund – Kafka selbst und seinen Umgang mit ‚Verwandlung' in den Blick nehme.

Es scheinen mir zwei Geschichten zu sein, in denen sich auf besonders markante Weise das Paradigma von Verwandlung, wie Ovid es versteht, in komplementären Spielarten verdichtet; wobei zum einen Verwandlung als Lebensprozeß im Spannungsfeld zwischen Natur und Kultur gedacht wird; wobei zum anderen Verwandlung als eine Strategie erscheint, die gegen die Gewalt des Todes gerichtet ist; als eine Form der Leichtigkeit im Angesicht des Schweren. Die Geschichten, die ich betrachten möchte, sind Ovids

---

[1] Franz Kafka: *Briefe an Milena*. Erweiterte und neu geordnete Ausgabe, hrsg. von Jürgen Born und Michael Müller, Frankfurt am Main 1983, S. 275.
[2] Jüngstes Beispiel ist die voluminöse Monographie Hartmut Binders über Kafkas „Verwandlung". Hartmut Binder: Kafkas „Verwandlung". Entstehung – Deutung – Wirkung, Frankfurt am Main und Basel 2004.

Erzählungen von Alcyone und Ceÿx einerseits, von Hyacinthus und Apoll andererseits.

Die erste der beiden Geschichten, die von Alcyone und Ceÿx (von der das elfte Buch der „Metamorphosen" berichtet), handelt vom Prozeß des Lebens im Sinne eines innerweltlichen Gestaltwandels; genauer gesagt: vom Vorgang einer Umgestaltung der Physis zur Behauptung und Bewahrung des irdischen Lebens gegen den Tod. Die Geschichte läßt sich vielleicht so erzählen: Das Königspaar von Trachis, Ceÿx und Alcyone, ist in inniger Liebe verbunden. Schon am Anfang der Geschichte aber, die von ihnen berichtet, steht die Sorge; die Sorge um das Schicksal der Liebenden, um das Erfüllen jener Lebensspanne, die jedem Sterblichen gewährt ist. Ceÿx besteigt daher ein Schiff, um vom Orakel von Claros eine Antwort auf diese Frage nach dem Schicksal zu erhalten. Alcyone wird beim Abschied von vorahnender Angst um den geliebten Mann ergriffen. Und tatsächlich gerät Ceÿx' Schiff in einen Sturm, es sinkt, und er ertrinkt. Alcyone klagt um den Vermißten. Juno, die Schützerin der Ehe, erträgt die liebenden Klagen nicht länger und sendet Iris mit einem Auftrag in das Reich des Schlafgotts. Der trauernden Alcyone soll ein Traumbild in der Gestalt des Gatten erscheinen und ihr auf diese Weise – gewissermaßen durch die Gestalt des toten Ceÿx selbst – den Tod des Geliebten melden. Der Schlafgott, dem die Überbringung dieser Botschaft obliegt, hat, wie Ovids Text erläutert, drei verschiedene Verwandlungsboten zur Verfügung: Morpheus, der sich in menschliche Gestalten verwandeln kann; Icelos, der Tiere und Vögel darzustellen weiß; und Phantasus, der sich in alles übrige verwandelt, was ‚keine Seele hat'. So ist es also Morpheus, dem es zukommt, Alcyone die Trauerbotschaft in Gestalt des Ceÿx, in der Lebensmaske des Gestorbenen, zu überbringen. In verzweifelter Trauer über den Tod des Gatten geht Alcyone an jene Küstenstelle, an der sie vor kurzem von Ceÿx Abschied genommen hatte. Sie stürzt sich ins Meer, und da sie im dunklen Element versinkt, beginnt sie plötzlich zu fliegen, ‚auf leichten Schwingen', wie es heißt – in einen Eisvogel verwandelt; ‚alkyon', wie der griechische Name lautet. Sie umfängt die Glieder des toten Gatten, der an die Küste gespült wird, mit ihren „neuen Flügeln" und berührt ihn mit dem Schnabel. Da wird auch er zum Eisvogel. „Coeunt fiuntque parentes", heißt es in schönem lateinischem Lakonismus[3]: Sie vereinigen sich und

---

[3] Die „Metamorphosen" werden zitiert nach P. Ovidius Naso: *Metamorphosen. Lateinisch / Deutsch*, übers. und hrsg. von Michael von Albrecht, Stuttgart 1997, hier zehntes Buch, Vers 744; Zitatnachweise für das betreffende Buch in römischen Zahlen und Verszahlen künftig im laufenden Text.

werden Eltern. Die Zeit, in der Alcyone brütet, nennt man fortan die ‚Halkyonischen Tage' – es ist gewissermaßen die Stiftung eines Naturfestes durch die Kultur, nämlich der Zeugung des Lebens aus dem Tod, die hier gefeiert wird.

Alcyone und Ceÿx, die Kinder der Leichtigkeit, denen das Schwerste zustößt: Die Kraft aber, die zwischen dem Leichten und Schweren vermittelt, ist die der Verwandlung. Dabei ist von Bedeutung, daß Alcyones und Ceÿx' Geschichte in ein naturmythisches Szenario eingebettet wird. Es ist Juno, die Schützerin der Ehe, die in dieses Szenario eingreift: und zwar mittels des Traums, der die Verwandlungen bewahrt. So ist es, in einem Lebensparadox, der Traum vom Tod des anderen, der zuletzt wieder ins Leben, als eine Kette von Verwandlungen, zurückführt. Bei diesem Ereignis geht es nun aber nicht, wie im christlichen Verständnis von Verwandlung als ‚Wandlung', als ritueller Akt, um die Überschreitung der Schwelle in eine andere Welt; vielmehr vollzieht sich das Ereignis der Verwandlung gerade innerhalb der natürlichen Welt – als die Metamorphose eines Menschenkörpers in einen Vogelkörper zunächst, in zwei Eisvögel und ihre liebende Vereinigung sodann. Man könnte dieses Geheimnis des Gestaltwandels aus der Kraft des Lebens als Ausdruck, ja als Ereignis antiker Seinsfreudigkeit auffassen. Was hier geschieht, ist die Verwandlung des Menschenkörpers in einen neuen Organismus durch Eintauchen in das Lebenselixier des Wassers: ein organischer Prozeß also, der sich, im Lebensatem, gegen den Tod behauptet.

Die zweite Geschichte Ovids, die ich ins Auge fassen möchte, erzählt ihrerseits vom Prozeß des Lebens als Gestaltwandel. Sie spricht aber nicht nur vom Ereignis der Verwandlung in der natürlichen Welt, also dem organischen Formenspiel, sondern von der Umgestaltung des Physischen ins Symbolische; vom Transfer des ‚Natürlich'-Organischen in die Verstehensarbeit der Kultur; in kulturelle Zeichen also, oder noch genauer gesagt: in Buchstaben. Es handelt sich um die Geschichte des von Apollo geliebten und versehentlich getöteten Hyacinthus. Diese Geschichte über den Apollo-Liebling Hyazinth wird im zehnten Buch von Ovids „Metamorphosen" erzählt, und zwar als einer der Gesänge des Orpheus[4], der ja seinerseits der Herr der Verwandlungen ist, der Poet und Poetologe der Metamorphose schlechthin, ein Selbstbild des Sängers Ovids, wie man vermuten könnte.

---

[4] „pueroque cantamus dilectos superis" – „Laßt uns Knaben besingen, die von Göttern geliebt wurden". (X, 152–153).

Der von Phöbus geliebte Knabe Hyazinth wird beim sportlichen Wettkampf durch einen zurückschnellenden Diskus getötet, den Phöbus, der Gott, geschleudert hat. Der Schmerz des Gottes über den getöteten Liebling ist übergroß. Ihn quält die Frage, ob es denn ‚Schuld' sein kann, zu spielen oder zu lieben[5] (X, 200 f.) Da er als Gott mit dem Geliebten nicht sterben kann, verspricht Apoll ihm doch, ihn nie zu vergessen; ihn immer im Munde zu führen: „semper eris mecum memorique haerebis in ore" (X, 204). ‚Von dir wird meine Lyra künden', versichert er ihm. Und die Vorstellung, die in der Klage des Phöbus immer mehr an Kontur gewinnt, ist die von den Zeichen, die Erinnerung festzuhalten vermögen, von der bewahrenden Kraft, die gesungenes Wort und geschriebene Schrift im kulturellen Gedächtnis gewinnen. Denn Hyacinthus, dessen Blut sich in purpurfarbene Blumen verwandelt hat, wird für Apoll in diesem Augenblick der Blumenwerdung selbst zum Erinnerungsspeicher, zum Monument: ‚Auf dir', heißt es im Text, ‚der neuen Blume, werden meine Seufzer geschrieben stehen' – „flosque novus scripto gemitus imitabere nostros" (X, 206). Und mit einem anspielenden Blick auf eine andere Verwandlung von Blut in Blumen im zehnten Buch der „Metamorphosen" nämlich die des Helden Aiax, heißt es: ‚Sein', des Aiax' Name, ‚wird auf demselben Blütenblatt [der Hyazinthe] zu lesen sein'[6] (X, 207 f.). Aber auch diese (mehrfach mythisch gestützte) Verwandlung von Blut in die Purpurhyazinthe genügt dem trauernden Gott noch nicht: ‚Selbst schreibt er seine Seufzer auf die Blätter', heißt es im Text, ‚die Blume trägt die Inschrift „Aiai" und es trauert selbst der Schriftzug': „ipse suos gemitus foliis inscribit et AI AI / flos habet inscriptum funestaque littera ducta est" (X, 215 f.).

Was hier als Verwandlung in Szene gesetzt wird, ist die Transformierung der organischen Substanz des Körpers in die Stiftungsform kulturellen Gedächtnisses: Blut wird zur Schrift! Metamorphose erweist sich zugleich als kultureller Aufzeichnungs- und Bewahrungsprozeß, als Inskription in den sich verwandelnden Körper.[7] „Culta placent" schreibt

---

[5] „quae mea culpa tamen? nisi si lusisse vocari / culpa potest, nisi culpa potest et amasse vocari." (X, 204 f.).

[6] „tempus et illud erit, quo fortissimus heros / addat in hunc florem folioque legatur eodem." (X, 207 f.).

[7] Kafkas kleiner Text „Ein Traum", der möglicherweise in den Kontext des „Proceß"-Romans gehört, setzt genau dies in Szene: der im Boden verschwindende Körper, die über den Grabstein jagenden goldenen Buchstaben des Autornamens – eine Verwandlung von organischer Substanz in Schrift.

Ovid in seinem Traktat über die Kosmetik der Frau[8], über das Schminken des Gesichts als Metamorphose der „figura"! „Culta placent" (7): Nur das in Kultur und in Zeichen Überführte ist schön. Die wesentliche Grundstruktur der Hyacinthus-Geschichte ist denn auch genau diese Verwandlung des natürlichen Körpers in die Stiftung kultureller Bedeutung. Aus dem Tod des Hyacinthus erwachsen die purpurne Blume und das spartanische Hyazinthenfest[9] – und es ist die Schrift, die mittrauert und mitfeiert. Metamorphose erscheint hier, in der Hyacinthus-Geschichte, als Verwandlung von Materie in Sprache, von natürlichem Chaos in kulturellen Sinn und kulturelles Ritual. Schlüsselfigur und Garant dieses Prozesses ist Orpheus, die Figuration Ovids selbst, des Sängers und Allesverwandlers zwischen Natur und Kultur, zwischen Leben und Tod.

Die prägenden Momente dieser in den beiden von Ovid erzählten Geschichten gezeigten komplementären Verwandlungsmodelle sind aber diese: Einerseits erscheint Verwandlung als Ereignis in der natürlichen Welt, als Metamorphose des einen Körpers in einen anderen; andererseits aber zeigt sich Verwandlung als Transfer eines physischen Elements in ein kulturelles, symbolisches – als Übertragung von Materie in Buchstaben, in die Gedächtnis bewahrende Schrift und in das kulturelle Ritual. Es sind diese beiden Ovidischen Verwandlungsmodelle, als komplementäre Paradigmen der ‚Metamorphose' aufgefaßt, aus denen auch Kafka seine Perspektivierung des Verwandlungsgeschehens bezieht; freilich gewinnen diese Elemente und Strukturen bei ihm eine andere Valenz.

Um Unterschiede und Gemeinsamkeiten des Ovidischen und des Kafkaschen Verwandlungsmodells zu verdeutlichen, könnte man die folgenden Beobachtungen geltend machen. Da gibt es, wie sogleich deutlich wird, eine Reihe von Ovidischen Argumenten, die auch in Kafkas Verwandlungsszenarien auftauchen: (1) Zunächst ist festzuhalten, daß das eigentliche Ereignisfeld der Verwandlung die Grenzzone – oder Grauzone – zwischen Natur und Kultur ist. (2) Zweitens ist zu bemerken, daß das Ereignis der Verwandlung seinen markantesten Ort – und seine wichtigste Funktion – auf der Schwelle zum Tod findet. (3) Ferner gilt es zu beachten, daß im Ereignis der Verwandlung eine Differenz zwischen Bewußtsein und Körperwahrnehmung bemerkbar wird. Die bange Frage, die sich an dieser

---

[8] Ovide: Les remèdes à l'amour. Les produits de beauté pour le visage de la femme, texte établi et traduit par Henri Bornecque, Paris 1930. Zeilenangabe nach dieser Ausgabe künftig im Text.

[9] Vgl. die Erläuterung in „Metamorphosen", hrsg. von von Albrecht, S. 874, Anm. 219 (siehe Anm. 3).

Stelle erhebt, lautet: Ist das, was sich hier, als ein Individualitätskern, verwandelt, in seiner Substanz noch dasselbe wie jenes andere, das vor dieser Verwandlung war? (4) Sodann bleibt hervorzuheben, daß es der Traum ist, der eine gewichtige Stellung auf dieser Grenze zwischen Natur und Kultur, zwischen Körperwahrnehmung und Bewußtsein, zwischen dem ‚Ich' vor und dem ‚Ich' nach der Verwandlung innehat – als Organon dessen, was Foucault den „souci de soi" genannt hatte und was, als Argument der Herstellung von Individualität, von Artemidor bis Sigmund Freud in Geltung geblieben ist.[10] (5) Des weiteren geht es auch bei Kafka, wie bei Ovid, im Phänomen der Metamorphose einmal um die Verwandlung ins Physische, um den Menschenkörper, der zum Tierkörper wird; zum anderen aber um die Verwandlung des Natürlichen ins Kulturelle, des organischen Körpers in das Kultur stiftende Zeichen, in die Schrift, zuletzt in die mit dieser gesetzte Bedeutung. Ich möchte diese beiden fundamentalen Aspekte der Metamorphose als deren morphologische und semiologische Spielart bezeichnen (die sich von der christlich aufgefaßten Verwandlung in die Transzendenz unterscheidet). (6) Schließlich aber wird Kafka, wiederum in Anlehnung an Ovids Strategie, bei seiner Inszenierung von Verwandlungen Bezug auf verschiedene Argumentationsordnungen in der Kultur nehmen; auf gesellschaftlich etablierte Diskurse (im Sinne Foucaults) also, die als Stabilisierungsfaktoren in der Dynamik unkontrollierter Verwandlungen fungieren. Ist doch Verwandlung, grundsätzlich gesehen, eingebunden in das nicht-arretierbare Spiel von Stabilisierung und Transformation, ohne das eine Gesellschaft nicht zu leben vermag; ein von vornherein unbeherrschtes (und daher zu

---

[10] Michel Foucault: Histoire de la sexualité. Band 1: La volonté de savoir, Paris 1976 (dt.: Sexualität und Wahrheit. Band 1. Der Wille zum Wissen, Frankfurt am Main 1999 [1977]). Zu Artemidor siehe 1. Kapitel. Vgl. hierzu Gerhard Neumann: „Was hast du mit dem Geschenk des Geschlechtes getan?" Franz Kafkas Tagebücher als Lebens-Werk. In: Autobiographisches Schreiben und philosophische Selbstsorge, hrsg. von Maria Moog-Grünewald, Heidelberg 2004, S. 153–174 (= Neues Forum für allgemeine und vergleichende Literaturwissenschaft, hrsg. von Horst-Jürgen Gerigk, Maria Moog-Grünewald; Bd. 22) sowie Gerhard Neumann: „Mir träumte, ich erwachte…". Zur Funktion des Traums als Abfederungs-Ritual in der Kultur. In: Hundert Jahre „Die Traumdeutung". Kulturwissenschaftliche Perspektiven in der Traumforschung, hrsg. von Burkhard Schnepel, Köln 2001, S. 107–137 (Studien zur Kulturkunde, begründet von Leo Frobenius, hrsg. von Beatrix Heintze und Karl-Heinz Kohl; Bd. 119).

kontrollierendes) Alternieren von Fixierung und Fluidität, von Konstruktion und Zersetzung.[11]

Genaugenommen sind es bei Kafka wie bei Ovid vier solcher diskursiven Felder, die auf ihre Stabilisierungsfunktion im unkontrollierten Spiel der Verwandlungen in der Kultur hin geprüft werden: das Feld des Ökonomischen zuerst, das durch den Begriff der Schuld charakterisiert und gesteuert wird[12]; das Feld des Ästhetischen sodann, in dem die Kategorie des Geschmacks eine Rolle spielt; das Feld des Moralischen des weiteren, in dem es um familiale und soziale Verantwortung geht; und schließlich das Feld der Schrift, in dem Buchstaben und Buchstabenwerk eine Rolle spielen. Was Kafka aber von Ovid unterscheidet, dürfte wohl der folgende Umstand sein: Kafkas Texte zeichnen sich dadurch aus, daß in ihnen Verwandlung nicht als Medium oder Organon natürlichen oder kulturellen Transfers – also im Licht eines Dispositivs kultureller Umsicht und kulturellen Verständnisses – in Geltung kommt, sondern sich als Orientierungsschock ereignet; daß Ursprung eines möglichen Neuen (aus der Verwandlung) sich als voraussetzungslos und folgenlos zeigt; daß Anfang nicht anders denn als Regression, Gestaltung als Auslöschung sich zu erkennen gibt.[13]

Kafkas Verwandlungen erwachsen denn auch nicht aus einem mythologischen Zusammenhang und entwickeln sich dabei zu selbständigen Narrativen, sondern sie fallen, gerade im Gegenteil, immer wieder aus dem Erzählzusammenhang heraus. Sie zeigen sich als ‚Ausfall', als ‚Ausschuß' – und keinesfalls als ‚Überschuß' –, der aus dem Mythos austritt. Sie erweisen sich, wie Novalis sagen würde, als Präzipitat, nicht als Inzitament des kulturellen Prozesses.[14]

---

[11] Es war Elias Canetti, der die Formel vom ‚Hüter der Verwandlung' geprägt hat, die dem Dichter zukomme; dem Dichter, der seine Aufmerksamkeit auf ‚Verwandlungen' in der Kultur richtet. Vgl. hierzu den Band: Hüter der Verwandlung. Beiträge zum Werk von Elias Canetti, hrsg. von Michael Krüger, München und Wien 1985.

[12] Dieses ökonomische Feld spielt bei Ovid eine Rolle, wenn zum Beispiel Orpheus die Rückgewinnung der Eurydike gegenüber dem Gott der Unterwelt nicht als Wiedererlangung eines Besitzes, sondern als ‚Nießbrauch' bezeichnet und geltend macht.

[13] Kafka schreibt in einem Brief an Felice Bauer: „[E]s ist keine neue Verwandlung, sondern eine Rückverwandlung und wohl eine dauernde". In: Franz Kafka: Briefe an Felice und andere Korrespondenz aus der Verlobungszeit, hrsg. von Erich Heller und Jürgen Born, New York und Frankfurt am Main 1967, S. 324.

[14] „Wenn die Welt gleichsam ein Niederschlag aus der Menschennatur ist, so ist die Götterwelt eine Sublimation – Beyde geschehen uno actu – Kein plastisches

Wenn es bei Ovid der Mythos ist, die erzählbare Geschichte, die sich als die Bedingung der Möglichkeit von Verwandlung wie von Anfang oder Ursprung erweist, so kann dieses Modell bei Kafka keine Geltung mehr beanspruchen. Ursprung bei Kafka heißt: „Zögern vor der Geburt". „Gibt es eine Seelenwanderung", schreibt er im Tagebuch, „dann bin ich noch nicht auf der untersten Stufe. Mein Leben ist das Zögern vor der Geburt."[15] Wenn Ovid an den Anfang der „Metamorphosen" genau ein solches Ursprungsszenario setzt und seine Frage, die alles Erzählen bestimmt, lauten läßt: „Aus welcher Geschichte kommt das eigentlich?", so stellt Kafka dieser Frage eine ganz andere entgegen, wie sie sich wörtlich am Anfang der „Verwandlung" findet; nämlich die fassungslose Frage Gregor Samsas an sich selbst: „Was ist mit mir geschehen?"[16] Bei Kafka tritt an die Stelle des Mythos also der Schock. Es ist der Schock darüber, daß, um mit einer Formulierung Immanuel Kants zu spielen, ‚*etwas* anfängt und nicht vielmehr nichts'.

II

Die Denk- und die Darstellungsfigur des ‚Prozesses' genau wie diejenige der ‚Verwandlung' sind für Kafkas Lebenskonzept wie für das Verständnis seines Schreibens immer wieder in Anschlag gebracht worden. Es gehe bei ihm um aus Konflikten erwachsende Entwicklungen, so hat man gesagt, es gehe gar um so etwas wie Bildungsromane – wenn auch unter Bedingungen der modernen Disziplinargesellschaft.[17] Daß man mit diesem Konzept bei

---

Präzipitat, ohne geistiges Sublimat." Novalis: Schriften. Die Werke Friedrich von Hardenbergs. Dritter Band: Das philosophische Werk II, hrsg. von Richard Samuel, in Zusammenarbeit mit Hans-Joachim Mahl und Gerhard Schulz, Darmstadt 1968, hier S. 531.

[15] Kafkas Werke werden zitiert nach der Kritischen Ausgabe: Franz Kafka. Schriften Tagebücher Briefe, hrsg. von Jürgen Born, Gerhard Neumann, Malcolm Pasley und Jost Schillemeit. Hier: Franz Kafka: Tagebücher in der Fassung der Handschrift, hrsg. von Hans-Gerd Koch, Michael Müller und Malcom Pasley, Frankfurt am Main 1990, S. 888. Zitatnachweise künftig mit Bandchiffre T und Seitenzahl im laufenden Text.

[16] Franz Kafka: Drucke zu Lebzeiten, hrsg. von Wolf Kittler, Hans-Gerd Koch und Gerhard Neumann, Frankfurt am Main 1994, hier S. 115. Zitatnachweise künftig mit Bandchiffre D und Seitenzahl im laufenden Text.

[17] Gerhard Neumann: Ritual und Theater. Franz Kafkas Bildungsroman „Der Verschollene". In: Philippe Wellnitz (Hrsg.): Franz Kafka. Der Verschollene. Le disparu/L'Amérique – Ecritures d'un nouveau monde?, Strasbourg 1997, S. 51–

Kafka letztlich nicht zu Rande kommt, hat Jacques Derridas legendärer Kafka-Aufsatz „Devant la loi" von 1983 gezeigt[18], den ich für das wichtigste Ereignis der neueren Kafka-Forschung halte. Es gehe bei Kafka, so Derrida, nicht um Prozeßhaftigkeit und Metamorphose, sondern um das Paradox des „stehenden Sturmlaufs" (T 260), wie Kafka einmal gesagt hat, um das Mißlingen der (sozialen) Geburt, um den vergeblichen Versuch – wiederum mit Kafkas eigenen Worten –, aus der „Totschlägerreihe Tat – Beobachtung, Tat – Beobachtung" herauszuspringen (T 892). Es gibt bei Kafka keinen dialektisch sich entwickelnden Lebensprozeß, und es gibt nirgends die Gewinnung einer Beobachterposition, der es gelingen könnte, Verwandlung orientierend zur Kenntnis zu nehmen. „Sicher ist mein Widerwille gegen Antithesen", schreibt Kafka im Tagebuch. „Sie erzeugen zwar Gründlichkeit, Fülle, Lückenlosigkeit aber nur so wie eine Figur im Lebensrad; unsern kleinen Einfall haben wir im Kreis herumgejagt. [...] Sie rollen sich ein, sind nicht auszudehnen, geben keinen Anhaltspunkt, sind Löcher im Holz, sind stehender Sturmlauf [...]" (T 259 f.). Und an anderer Stelle im Tagebuch heißt es: „Merkwürdiger, geheimnisvoller, vielleicht gefährlicher, vielleicht erlösender Trost des Schreibens: das Hinausspringen aus der Totschlägerreihe Tat – Beobachtung, Tat – Beobachtung, indem eine höhere Art der Beobachtung geschaffen wird [...]" (T 892).

Jacques Derrida entwickelt seine These von der Unmöglichkeit von Verwandlung und von deren Nicht-Ableitbarkeit am berühmten ersten Satz von Kafkas Prozeß-Roman und dann an der sogenannten Prozeß-Legende. Dieser erste Satz des Romans lautet: „Jemand mußte Josef K. verleumdet haben, denn ohne daß er etwas Böses getan hätte, wurde er eines Morgens verhaftet."[19] (Die erste, gestrichene Fassung des Satzes in der Handschrift verzichtet noch auf die Markierung der Situation durch das juristische Ritual und lautet: „[...] war er eines Morgens gefangen".[20])

Dieses unverhoffte wie unvorbereitete Ereignis, mit dem der Roman beginnt, ist für Josef K., der aus dem Schlaf (und vielleicht aus dem Traum) aufschreckt, kein Neubeginn und kein Lebensanfang – was es ja sein könnte, denn immerhin handelt es sich um den Morgen seines dreißigsten

---

78 (= Presses Universitaires de Strasbourg). Vgl. S. 159–183 im vorliegenden Band.

[18] Jacques Derrida: Préjugés/Vor dem Gesetz, 2. unveränderte Auflage, Wien 1999.
[19] Franz Kafka: Der Proceß, hrsg. von Malcolm Pasley, Frankfurt am Main 1990, S. 7. Zitatnachweise künftig mit Bandchiffre P und Seitenzahl im laufenden Text.
[20] Franz Kafka: Der Proceß. Apparatband, hrsg. von Malcolm Pasley, Frankfurt am Main 1990, S. 161.

Geburtstags –, sondern ein abgründiger Schock. Die Struktur, die in diesem ersten Satz erkennbar wird, ist durch ein Paradox bestimmt. Vor dem Gesetz, das hier mit dem juristischen Ritual der Verhaftung zur Anwendung kommt, muß ja eine ‚Erzählung' sein, die Geschichte, auf der die Verleumdung beruht, eine Lebensdynamik, aus der die Vor-Geschichte, das Vor-Leben erwächst; aber vor dieser Erzählung wiederum ist immer schon der Status, den das Gesetz vorgibt und in den die Erzählung ja allererst hineinerzählt werden kann. Was sich in diesem Szenario ausdrückt, ist die gänzliche Unvereinbarkeit zweier Gegensätze, der in das „Lebensrad" einzuflechtenden Erfahrung von Status *und* Dynamik, von Gesetz *und* Handeln, von Verfassung *und* Geschichte, von Institution *und* Narration – denn Erzählung und Gesetzeskraft sind einander wechselweise und doch unvertauschbar vorgängig. Eben das Bewußtsein dieser Aporie, mit dem erlebten Augenblick im Prozeß und im Gesetz zugleich zu sein, ist aber der Schock, den Kafkas Texte festhalten. Es ist ein Schock, der aus der Ineinanderschrift von Verwandlung und Status emaniert – ohne die stützende Kraft einer Vorgeschichte oder einer künftigen Perspektive. Man hat von seiten der Kafka-Forschung immer wieder versucht, diesem Problem der Verwandlung, die ein verschleppter Status, des Status, der ein verschleppter Prozeß ist, bei Kafka sozialpsychologisch – oder auch psychoanalytisch – beizukommen: sei es zum einen mit der Krisentheorie Erik H. Eriksons, die im Zeichen von Identität und Lebenszyklus, von Verwandlung als Bedingung der Selbsterhaltung steht[21]; sei es zum anderen mit Sigmund Freuds Theorie des Traumas und seiner Auflösung nach dem seelenstrategischen Modell von „Erinnern, Wiederholen, Durcharbeiten" (wie ein wichtiger Aufsatz Freuds betitelt ist[22]). Aber vergeblich: Denn Kafkas Texte, und speziell die Novelle „Die Verwandlung", fragen mit einer Dringlichkeit, die bislang unerhört war, danach, was Anfänge sind – und sie verweigern zugleich hartnäckig jede Antwort darauf. Anfänge, wie Kafka sie denkt, sind also nicht Gelenkstellen in einem kosmischen Prozeß; sie sind nicht Krisen in einem organischen Geschehen; sie erweisen sich nicht als Traumata in einer Welt unabweisbarer und unverwandelbarer Wiedergänger; sie zeigen sich nicht als entelechische Keime, als „Monaden", die „lebend sich entwickeln", wie es Goethe postuliert hat; sondern sie geben

---

[21] Erik H. Erikson: Identität und Lebenszyklus. Drei Aufsätze, Frankfurt am Main 1973.
[22] Sigmund Freud: Erinnern, Wiederholen, Durcharbeiten (1914). In: Studienausgabe, hrsg. von Alexander Mitscherlich et al., 11 Bände, Band 11, revidierte Neuausgabe, Frankfurt am Main 1989, S. 205–216.

sich vielmehr als voraussetzungslose wie folgenlose Schocks zu erkennen. Bezeichnend hierfür ist ein Szenario im Prozeß-Roman, in dem Kafka den Versuch macht im Vorgang des Erzählens eine ‚Anagnorisis' zwischen den Figuren zu gestalten, und diesen Versuch selbst sogleich wieder unterläuft:

> Aber sein stummes Dastehen *(heißt es von Josef K.)* mußte auffallend sein, und wirklich sahen ihn das Mädchen und der Gerichtsdiener derartig an, als ob in der nächsten Minute irgendeine große Verwandlung mit ihm geschehen müsse. (P 98)

Aber diese Verwandlung ereignet sich nicht. ‚Es ist da etwas, aber ich bekomme es nicht heraus', wird damit gesagt; ‚es gibt da ein Geheimnis aber ich verstehe nicht, was es ist.' Stummes Dastehen in Erwartung einer Verwandlung: Das ist die Erfahrung eines Unsichtbaren, das gleichwohl zu existieren scheint. Man könnte auch sagen: Verwandlung ist bei Kafka die Erfahrung einer Krypta. So und nicht anders erscheint nämlich bei ihm die Geburt des Schocks aus der Verwandlung. Das unerhörte Ereignis, das in Kafkas Novelle „Die Verwandlung" gezeigt wird, besagt: Dieses Selbst, das Gregor Samsa heißt, ist, in seiner Schockerfahrung, gerade nicht der immer schon vorausgesetzte ‚eigentümliche' Mensch (das ‚Subjekt'), sondern ein ungeheures Anderes, das Gregor mit dem Wort „Ungeziefer" vergeblich zu bezeichnen sucht.[23] Die zerstörte Identität, die hier zum Vorschein kommt, ist durch kein Eingreifen von Natur, durch keine Erzählkraft des Mythos, durch kein Zünden einer mythopoetischen Instanz und auch durch keine Hand eines Gottes bewirkt. Anfang, der sich auftut, und Beschädigung, die er zugleich erleidet, sind gleichursprünglich. Beginn und Ursprung heißen bei Kafka soviel wie: das Herausfallen aus jeder Erzählung, das Aussickern aus jedem Begründungszusammenhang und das Sich-ausgeliefert-Finden des Protagonisten – denn ‚Helden' kann man ihn nicht nennen – an ein schockhaftes Ereignis: „Was ist mit mir geschehen?"

So ist es offenbar das Geprägtsein durch einen voraussetzungslosen Status und zugleich das Genötigtsein zu einer Erzählung der Vorgeschichte dieses Status, die zu gerade diesem Szenario von Kafkas ‚Ur-Szene' der

---

[23] Diese Andersheit offenbart sich zugleich als Kryptogramm, wie es sich in Kafkas zahlreichen Namensspielen verbirgt, die die Verwandlung des verhaßten Vaternamens in den Autornamen des Sohnes betreiben: Samsa, Kafka, Bendemann, Raban, Rabensteiner, Josef K., K. Auch Kafkas Autorschaft steht also im Zeichen von Verwandlung, „stehendem Sturmlauf" und Fremdheitsschock. Vgl. hierzu Gerhard Neumann: Franz Kafka. In: Deutsche Dichter. Leben und Werk deutschsprachiger Autoren. Band 7: Vom Beginn bis zur Mitte des 20. Jahrhunderts, hrsg. von Gunter E. Grimm und Frank Rainer Max, Stuttgart 1989, S. 227–258. Vgl. S. 3–23 im vorliegenden Band.

Beginnlosigkeit[24] geführt haben. Das heißt aber, daß es sich dabei um eine Situation handelt, in der Beharrung das Immer-Schon der Verwandlung; Verwandlung aber das Immer-Schon des Beharrenden ist – eine „Totschlägerreihe", aus der man nicht heraus springen kann, um die Formulierung Kafkas noch einmal aufzugreifen. Das Paradox des Anfangs, auf das es Kafka ankommt, jenes Anfangs, der Erzählen und Gesetz, ‚Natur' und ‚Kultur' ineinanderwindet, besteht darin, daß ein so verstandener Beginn nach seiner Definition keine Voraussetzung haben kann; daß er aber zugleich nicht ohne Bedingung seiner Möglichkeit gedacht zu werden vermag. Kafka gestaltet dieses Paradox in Form eines Schocks, der nicht produktiv wird, sondern eine Regression auslöst: als eine aus dem leeren, beschädigten Ursprung kommende und in den leeren Ursprung sich zurückbiegende Erfahrung. In größter parabelhafter Knappheit hat Kafka diese Verwandlungsaporie, dieses Innehalten zwischen Status und Dynamik, mit dem kleinen Text „Prometheus" gefaßt[25]: einer Geschichte, die im Namen der mythischen Figur des Prometheus das Ursprungsereignis der Kultur, die prometheische Tat, als schmerzhafte, ‚verwundete' Rückkehr in das Urgestein der Natur – also das Beginnen zugleich als ein Verschwinden – herauszuarbeiten sucht; mithin die Verwandlung, die produktive Tat sein will, als Regression begreift; als Verlöschen des Körpers im Stein, als Versinken der kulturellen Zeichen in das Vergessen. Kafka schreibt:

> Die Sage versucht das Unerklärliche zu erklären; da sie aus einem Wahrheitsgrund kommt, muß sie wieder im Unerklärlichen enden.
> Von Prometheus berichten vier Sagen. Nach der ersten wurde er weil er die Götter an die Menschen verraten hatte am Kaukasus festgeschmiedet und die Götter schickten Adler, die von seiner immer nachwachsenden Leber fraßen.
> Nach der zweiten drückte sich Prometheus im Schmerz vor den zuhackenden Schnäbeln immer tiefer in den Felsen bis er mit ihm eins wurde.
> Nach der dritten wurde in den Jahrtausenden sein Verrat vergessen, die Götter vergaßen, die Adler, er selbst.
> Nach der vierten wurde man des grundlos Gewordenen müde. Die Götter wurden müde, die Adler. Die Wunde schloß sich müde.
> Blieb das unerklärliche Felsgebirge.[26]

---

[24] Vgl. zu diesem Begriff von Botho Strauß Gerhard Neumann: Gedächtnis-Sturz. In: Martin Bergelt/Hortensia Völckers (Hrsg.): Ordnung. ZerStörung. Gewalt – Tod – Theater. Dance '93. Akzente. 40. Jg. Heft 2 (April 1993), S. 100–114.

[25] Der Titel „Prometheus" stammt nicht von Kafka, sondern von Max Brod.

[26] Franz Kafka: Nachgelassene Schriften und Fragmente II in der Fassung der Handschriften, hrsg. von Jost Schillemeit, Frankfurt am Main 1992, S. 69 f.

Was hier von Kafka als sich ereignend gezeigt wird, ist Anfang, der, eine Verwandlung durchlaufend, zu Regression und Auslöschung führt. Wenn man (nach dem Modell Ovids) davon ausgeht, daß das Bewegungsmuster aller natürlichen wie kulturellen Entwicklung eben Verwandlung, daß es also Metamorphose ist; und wenn man für gegeben hält, daß das Lebensparadox einer Individualgesellschaft in den Satz zusammengefaßt ist: ‚Es muß dir gelingen, in der Verwandlung und durch die Verwandlung doch und gerade deine Eigentümlichkeit zu bewahren und der zu werden, der du bist'; dann setzt Kafka dem eine ganz andere Auffassung von Anfang und Ursprung entgegen; die Auffassung nämlich, Verwandlung sei der ursprüngliche, voraussetzungslose, unbegründete und unkommentierbare Lebensschock; ein Anfang ohne Bedingung, die ihn möglich macht, und ohne Konsequenz, die aus ihm zu ziehen ist.

Um diese besondere Erfahrung in Szene zu setzen, bedient sich Kafka unter anderem und mit Vorliebe der Tiergeschichte. Kafka erzählt ja bekanntlich unendlich viele Tiergeschichten in seinem Werk, die alle, ob vollendet oder nicht, Zwittergestalten zum Gegenstand haben, im Status der Halbgeborenheit, der ‚steckengebliebenen Verwandlung'; spezifische Formen der Verwandlung, die, wenn man so will, als ‚gelierter' Lebensschock aufzufassen sind. Kafkas Tiergeschichten bieten, aufs Ganze gesehen, drei verschiedene Varianten. Die erste dieser Variante zeigt die Verwandlung des Tiers in einen Menschen. Das ist der „Bericht für eine Akademie", in dem ein Affe, um dem Käfig im Zoo zu entgehen, als Varietékünstler in die Menschenwelt eindringt, Karriere macht und sein selbstgestecktes Ziel erreicht, sich in einen ‚durchschnittlich gebildeten' Mitteleuropäer zu verwandeln. Da ist die zweite Variante, in der die Verwandlung des Menschen in ein Tier vor sich geht. Sie ist exemplarisch gestaltet mit jenem Morgenaugenblick, in dem sich Gregor Samsa beim Erwachen in ein „ungeheures Ungeziefer" verwandelt sieht und sich durch diese Verwandlung und in ihrem Verlauf Schritt um Schritt aus der Menschengemeinschaft herausstiehlt. Und dann ist da eine dritte Variante, in der die Verwandlung des menschlichen Körpers in ein Nichts vonstatten geht: buchstäblich durch Aushungern, als radikalste Form der Körperverwandlung. Es ist die Geschichte vom Hungerkünstler, der sich selbst, nämlich seine physische Eigentümlichkeit, zu verdauen beginnt – in der Hoffnung auf die Entstehung eines untrüglichen Zeichens, hervorgebracht gerade aus diesem schwindenden Körper; eines Zeichens, das die Wahrheit seiner Kunst, die die Hungerkunst ist, in der Kultur unverbrüchlich zu bezeugen vermöchte: die Verwandlung eines Etwas in ein Nichts, das doch gerade überdauernde kulturelle Bedeutung zum Ausdruck bringt. Wenn aber zuletzt in den Käfig, aus dem der tote Hungerkünstler eben herausgekehrt worden ist, ein Panther gesetzt wird, der von Lebensdynamik nur so strotzt, dann wird durch diese ‚Verwandlung' in ein Tier der Versuch des Hungerkünstlers, seinen Körper in ein Zeichen der Kultur, also in ‚Kunst', zu verwandeln, widerlegt.

Dabei ist – unter kulturgeschichtlicher Perspektive – von beträchtlicher Bedeutung, daß Kafka in den Mittelpunkt all seiner Verwandlungsexperimente die Figur des Menschenaffen stellt. Denn es scheint mir in der Tat, daß die merkwürdige Geschichte „Ein Bericht für eine Akademie", die vom Affen Rotpeter erzählt, der durch seine Verwandlung in einen Menschen einen Ausweg in die Freiheit sucht, so etwas wie Kafkas kulturanthropologisches Vermächtnis darstellt. Der „Bericht für eine Akademie" ist wohl sein großartigster Text. Markiert doch der Affe Rotpeter, der sich sein Affentum austreibt, um als Mensch Karriere zu machen, kulturhistorisch betrachtet, einen doppelten Schock der Menschheitsgeschichte: der Affe, in der Position des ‚gelierten Augenblicks' bei der Verwandlung des Tiers in den Menschen, besetzt, seit dem Mittelalter und dann bis zu den Büchern von Edward Tyson und hin zu Darwin[27], genau die heikelste Lücke, die sich zwischen bedrohlicher Nähe und bedrohlicher Ferne von Mensch und Tier, zwischen Identisch- und Verwandelt-Sein, zwischen Doublette und Karikatur des Menschen, zwischen naturgeschichtlichem Doppelgänger und Defiguration des Humanen auftut. Der Affe Rotpeter, dessen Menschwerdung ich als ‚gelierten Verwandlungs-Schock' bezeichnen möchte, maskiert, kulturanthropologisch gesprochen, genau jene Stelle, die die Naturwissenschaft als ‚missing link' in der Geschichte des Menschenwesens bezeichnet hat. Der Affe Rotpeter repräsentiert den Identitätsschock des europäischen Menschen schlechthin, und zwar in ontogenetischer wie in phylogenetischer Hinsicht; des Affen, der sich in den Menschen ver-

---

[27] Edward Tyson: Orang Outang, sive Homo sylvestries or, the anatomy of a pygmie, London 1966 (Facs. d. Ausg. 1699). Vgl. zu dieser Geschichte der Affenfigur in der Kultur William Coffman McDermott: The Ape in Antiquity, Baltimore 1938; Horst Woldemar Janson: Apes and Ape Lore in the Middle Ages and the Renaissance, London 1952: Patrick Bridgewater: Rotpeters Ahnherren, oder: Der gelehrte Affe in der deutschen Dichtung. In: DVjs 56, 1982, S. 447–462; Horst Jürgen Gerigk: Der Mensch als Affe in der deutschen, französischen, russischen, englischen und amerikanischen Literatur des 19. und 20. Jahrhunderts, Stuttgart 1989; Gerhard Neumann, „Ein Bericht für eine Akademie". Erwägungen zum ‚Mimesis'-Charakter Kafkascher Texte. In: DVjs 49, 1974, S. 166–183; ders.: Der Blick des Anderen. Zum Motiv des Hundes und des Affen in der Literatur. In: Jb. der dt. Schillergesellschaft XL, 1996, S. 87–122. Vgl. S. 287–327 im vorliegenden Band.

wandelt, des Menschen, der in den Affen regrediert oder ‚degeneriert', wie Darwin behauptete. Zahllose literarische Autoren – aber auch Maler wie zum Beispiel Gabriel von Max – haben auf dieses Affenexperiment als Probe aufs Exempel des Kulturmenschen gesetzt.[28] Der großartigste Text in dieser Reihe ist aber zweifelsohne Flauberts Erzählung „Quidquid volueris"[29]; Sartre hat ihr in seiner monumentalen Flaubert-Biographie „L'idiot de la famille" viel Aufmerksamkeit geschenkt. Flauberts Hominide, der Affe, der sich in einen Menschen verwandelt und das Humane zerstört: Diese Idee ist auch Kafka nicht fremd. Er drückt sie in einem Brief an seine Verlobte Felice Bauer (vom 28. November 1912), der er Kindheitsphotographien zu zeigen verspricht, auf unvergleichliche Weise aus: „Als Erstgeborener bin ich viel photographiert worden und es gibt also eine große Reihenfolge von Verwandlungen. Von jetzt an wird es in jedem Bild ärger, Du wirst es ja sehen. Gleich im nächsten Bild trete ich schon als Affe meiner Eltern auf."[30] So repräsentiert der Affe in der Tat die onto- wie die phylogenetische Dimension menschlicher Verwandlung, der Affe, der Mensch wird, der Menschenaffe, der in die Menschheit changiert: So haben Darwin und der Affenmaler Gabriel von Max es gesehen.[31]

In unlösbarer Verflechtung repräsentiert der Affe so die Beglaubigung und gleichzeitige Desavouierung des homo sapiens et significans. In einer allgemeineren Weise ausgedrückt: Es gibt bei Kafka keinen Ausweg aus dem Dilemma, daß das Eigene unausweichlich als das Fremde, das mit sich Identische aber als das radikal Andere und Verwandelte erfahren wird. Und es gibt keine Figur im ganzen Repertoire kultureller Dynamik, die beide zu vermitteln vermöchte. Kafka hat diese für ihn spezifische Form der Verwandlung, die ‚stehender Sturmlauf' bleibt, in ewiger, erstarrender Wiederholung nie an ihr Ende kommt, mit dem Begriff des ‚verschleppten Prozesses'[32] belegt – als einer letzten, verzweifelten Form des Überlebens in der Kultur.

---

[28] Von E. T. A. Hoffmann bis zu Achim von Arnim, von Raabe bis zu Canetti. Vgl. hierzu meinen Aufsatz „Der Blick des Anderen", a.a.O. (siehe Anm. 27).

[29] Gustave Flaubert: Quidquid volueris. Études psychologiques, Septembre–octobre 1837. In : Gustave Flaubert: Trois contes de jeunesse, édition critique par T. A. Unwin, University of Exeter 1981, S. 43–68.

[30] Briefe an Felice, a.a.O. (siehe Anm. 13), S. 138.

[31] Vgl. meinen Aufsatz „Der Blick des Anderen", a.a.O. (siehe Anm. 27).

[32] Vgl. hierzu Gerhard Neumann: Der verschleppte Prozeß. Literarisches Schaffen zwischen Schreibstrom und Werkidol. In: Poetica 14 (1982) Heft 1–2, S. 92–112. Siehe S. 76–98 des vorliegenden Bandes.

III

In einem nächsten Schritt meiner Erörterung möchte ich mich nun mit Kafkas Erzählung „Die Verwandlung" befassen. Deren berühmte Anfangssätze lauten:

> Als Gregor Samsa eines Morgens aus unruhigen Träumen erwachte, fand er sich in seinem Bett zu einem ungeheueren Ungeziefer verwandelt. Er lag auf seinem panzerartig harten Rücken und sah, wenn er den Kopf ein wenig hob, seinen gewölbten, braunen, von bogenförmigen Versteifungen geteilten Bauch [...]. Seine vielen [...] dünnen Beine flimmerten ihm hilflos vor den Augen. (D 15)

In diesem Anfangssatz nistet das gleiche Sturkturmodell wie im Anfangssatz des „Proceß"-Romans: Der Satz von einem Status, der doch eine vorgängige Erzählung fordert; und er setzt eine Erzählung, eine narrative Dynamik in Szene, die durch den Status – eben das Schon-verwandelt-Sein – allererst herausgefordert wird. Das Thema dieser Verwandlungs-Geschichte ist dabei nur ein einziges: der Schock nämlich, der durch das gänzliche Herausfallen aus einer erzählbaren und geordneten Geschichte bewirkt wird. Genauer gesagt: „Die Verwandlung" bietet eine Situation des geschockten Blicks, der Orientierung sucht und dem doch alle Orientierung verweigert ist. Dabei sind es eigentlich drei verschiedene Blicke und Blickrichtungen, die im Verlauf des Textes hervorgehoben werden: Gregors erster Blick fällt auf seinen verwandelten – oder besser gesagt: als verwandelt statuierten – Körper, den braunen gewölbten Panzer seines Bauches. Die zweite Ausrichtung des Blicks, mit dessen Hilfe Gregor nach Orientierung sucht, gilt dem gerahmten Bild, der Dame im Pelz, und dem gerahmten Fenster, das den Innenraum perspektivisch nach draußen zu öffnen verspricht.[33] Gregors „letzter Blick" schließlich streifte", wie es im Text heißt, „die Mutter" (D 192) – jenen Körper also, der Ursprung und Fremdheit des eigenen Körpers genannt werden kann; es ist der Moment, wo sich auch Gregors „letzter Atem" (D 194) regt. Nun ist aber dieser Blick Gregors auf seinen Ursprung, die Frau, die ihn geboren hat, zugleich als ein gespaltener aufzufassen. Denn unter dem Satz „Sein letzter Blick streifte die Mutter" findet sich im Manuskript eine gestrichene Variante, die den Blick auf den Körper als Schickung von Wörtern, als Buchstaben-Post definiert. Im Manuskript hatte es nämlich ursprünglich geheißen, „sein letzter Brief

---

[33] Das ist ja das ehrwürdige, von Alberti erfundene Experiment der Sicherung der Perspektive des Blicks zur Wahrnehmung der Welt. Leon Battista Alberti: Della Pittura. Über die Malkunst, hrsg. von Oskar Bätschmann, Darmstadt 2002, S. 93.

galt der Mutter".[34] Brief also statt Blick, Verwandlung des Bildes in Buchstaben: Das Argument, daß der geschriebene Text einen Ausweg aus dem Schock der Verwandlung und der durch ihn bewirkten Orientierungslosigkeit gewähren könnte, durchzieht wie ein Hauch, wie ein „letzter Atem" die ganze Erzählung von der Verwandlung; der Gedanke mithin, daß eine Verwandlung des Körpers in Sprache wenn nicht Freiheit, so doch einen Ausweg bietet.[35] Was hier ins Spiel kommt, ist das schon von Ovid in seiner Geschichte über Hyacinthus in Geltung gesetzte semiotische Argument, der Versuch, mit der Verwandlung des Körpers und seiner Organe in Buchstaben und Worte das Überleben eben dieses Körpers in verwandelter Form in Geltung zu setzen.

Kafkas Geschichte gehorcht mithin nicht mehr dem aristotelischen Modell des Erzählens, und der von diesem Modell prätendierten Grundfigur von Anfang, Mitte und Ende, von Handlung, Krise und Auflösung; die Erzählung „Die Verwandlung" inszeniert vielmehr mit allen Mitteln des ‚einräumenden' Blicks das bedingungslose Herausfallen des Verwandlungsereignisses aus der Erzählung. Während die europäische Norm des Erzählens von Geschichten seit Jahrhunderten das Verwickeltwerden des Einzelnen in eben diese Geschichte fordert, inszeniert Kafka gerade dessen ‚Ausfall' aus dieser: das Individuum wird zum Präcipitat, zum Abfall. So ist es die Poetologie des Schocks, der sich, in „stehendem Sturmlauf" begriffen, verewigt. Aus diesem Schock erwachsen nun aber in der Erzählung drei verschiedene Impulse der Orientierung, die freilich vergebliche Versuche bleiben, das Schockerlebnis aufzufangen: erstens die Orientierung durch Rahmung des Blicks und durch Einräumung des Blicks; zweitens die Orientierung durch das Paradigma der Ökonomie; drittens die Orien-

---

[34] Franz Kafka: Drucke zu Lebzeiten. Apparatband, hrsg. von Wolf Kittler, Hans-Gerd Koch und Gerhard Neumann, Frankfurt am Main 1996, S. 265. Siehe ferner Wolf Kittler: Brief oder Blick. Die Schreib-Situation der frühen Texte von Franz Kafka. In: Gerhard Kurz (Hrsg.): Der junge Kafka, Frankfurt am Main 1984, S. 40–67.

[35] Hier wäre die Frage nach der Funktion von Gleichnis und Metapher im Verwandlungskonzept Kafkas anzuschließen, der behauptet, die Metaphern seien eines von dem vielen, was ihn am Schreiben verzweifeln lasse, und diese Einsicht in dem bedeutenden Text „Von den Gleichnissen" umsetzt. Vgl. dazu Gabriele Brandstetter: Brücken schlagen. Zu einem Bild aus metapherntheoretischer Sicht – Kafkas „Die Brücke" und „Von den Gleichnissen". In: Logik der Bilder: Präsenz – Repräsentation – Erkenntnis (Gottfried Boehm zum 60. Geburtstag), hrsg. von Richard Hoppe-Sailer, Claus Volkenandt und Gundolf Winter, Berlin 2005, S. 271–283.

tierung durch das Medium körperlicher Reproduktion, nämlich die Nahrung.

1. *Rahmung.* – Am augenfälligsten im Feld dieser Orientierungsimpulse sind dabei die Versuche des durch die Verwandlung schockierten Protagonisten, sich im Raum zurechtzufinden; einem Raum, der mit der Metamorphose des Protagonisten gewissermaßen weggerückt, ver-rückt und in Expansion und Verengung entstaltet wird. Es ist der Versuch Gregors, sein Selbst trotz seiner Verwandlung durch Beibehaltung der vorhandenen Orientierungspunkte in seinem Zimmer zu stabilisieren. Da ist das Bett, in dem die „unruhigen Träume" geträumt wurden; da ist das Kanapee, das einen Fixpunkt des ruhenden Körpers bildet; da ist der „schon im Boden fest eingegrabene Schreibtisch" (D 165), auf dem Briefe geschrieben werden; da ist das Bild einer Dame mit Pelzboa, das Gregor aus einer illustrierten Zeitschrift ausgeschnitten, für das er einen Rahmen geschnitzt oder mit der Laubsäge hergerichtet hatte, wie der Text einerseits, die Mutter im Text andererseits erläutern; da ist dann aber das Fenster, das für Gregor, wie es heißt, immer „das Befreiende" bedeutet hatte (D 155), die gerahmte Öffnung des geschlossenen Raums, die eine Perspektive nach außen gewährt. Entscheidend ist bei all diesen Orientierungsversuchen, die sich auf topographische Fixpunkte stützen, die Absicht des Protagonisten, durch Rahmungsstrategien seine Raumhermeneutik wiederzugewinnen. In dieser spielen nun aber die Momente des Traums, der Schrift, des Bildes und des Fensters eine entscheidende Rolle. Bemerkenswert ist der verzweifelte Versuch Samsas, sich wenigstens an dem aus Schrift (nämlich dem Zeitungsausschnitt) und Bild (nämlich der Illustrierten) zusammengefügten und gerahmten Bild der „Dame im Pelz" als Orientierungsgaranten gleichsam festzusaugen; der Dame, die für einen Augenblick beinahe in der Position des „Ursprungs der Welt"[36] ins Bild gesetzt ist – ihr Geschlecht in der Verhüllung offenbarend. Als die Frauen – Gregors Schwester und Mutter – das Zimmer auszuräumen beginnen, heißt es im Text: Gregor sah

> an der im übrigen schon leeren Wand auffallend das Bild der in lauter Pelzwerk gekleideten Dame hängen, kroch eilends hinauf und preßte sich an das Glas, das ihn festhielt und seinem heißen Bauch wohltat. Dieses Bild wenigstens [...] würde nun gewiß niemand wegnehmen. [...] Er saß auf seinem Bild und gab es nicht her. (D 165 f.)

---

36 Ich meine das im Musée d'Orsay gezeigte, zeitweilig im Besitz Jacques Lacans gewesene Skandal-Gemälde Gustave Courbets; es trägt den Titel „L'origine du monde".

Immer wiederholt sich der Moment, wo Gregor sich – wie es im Text heißt – zurückzieht, um „ungestört zu überlegen, wie er sein Leben jetzt neu ordnen sollte" (D 145). Diese Ordnung wiederherzustellen gelingt aber zuletzt nicht ihm, sondern, ganz am Ende der Erzählung, lediglich der Bedienerin: „Das Zeug von nebenan", sagt sie am Schluß, sei „weggeschafft – es ist schon in Ordnung" (D 198); worauf sie, im Zug der Aufräumungsarbeiten, im gleichen Augenblick von den Eltern Gregors entlassen wird. Eine ähnliche Situation wiederholt sich übrigens am Ende von Kafkas später Erzählung „Ein Hungerkünstler". Als dessen spärliche, ja winzige Körperreste im Stroh versteckt daliegend gefunden werden, heißt es, im gleichen Geiste einer Bereinigung der Verwandlungssituation: „‚Nun macht aber Ordnung', sagte der Aufseher, und man begrub den Hungerkünstler samt dem Stroh" (D 349).

2. *Schuld.* – Ein zweiter Stabilisierungsversuch des im Schock zu einem „Ungeziefer" verwandelten Gregor durch Orientierung an einem sozialen Code, nämlich dem des Geldes, zeigt sich in dem immer wieder ins Feld geführten Argument der Schuld, der Verschuldung, die Gregor drückt. Es erweist sich, daß dieses Argument der Schuld in der Erzählung nicht ethisch markiert ist, wie die Kafka-Forschung gern behauptet, ein Umstand im übrigen, der ein Narrationskonzept voraussetzen würde, sondern daß diese Schuld ökonomisch zu begreifen ist: als Ziel einer herzustellenden Homöostase der Familienexistenz. Die Eltern sind durch den Bankrott des Vaters verschuldet, Gregors Gedanken kreisen um die notwendige Entschuldung – die ihm, als dem Ernährer der Familie, nach seiner Meinung obliegt. Es ist der bis zum Ende in den Gedanken Gregors durchgehaltene Versuch der Stabilisierung der Existenz durch ein finanziell geregeltes Verschuldungs- und Entschuldungsverhältnis, das es im Familienrahmen zu realisieren gilt.

3. *Nahrung.* – Ein dritter Versuch, Ordnung in das Leben des Geschockten zu bringen, wird dann von Kafka in seiner Erzählung an das Ereignis der Nahrungsaufnahme geknüpft – als ein zentrales kulturelles Ritual der Orientierung in der Lebenswelt. Es ist bisher selten bemerkt worden, daß das Motiv der Nahrung in Kafkas „Verwandlung" – wie natürlich dann im „Hungerkünstler" – eigentlich das beherrschende ist: Es finden sich an die zwanzig Belege auf fünfzig Seiten. Im Blick auf den Lebensprozeß, der ja auf der Reproduktion des Körpers durch Nahrungsaufnahme beruht, könnte man fast behaupten: Verwandlung im anthropologischen Kontext ist zu einem wesentlichen Teil als Verdauung, als materiale Verarbeitung

von Körperlichkeit zu definieren. Ist es dem Körper möglich – so lautet die sich erhebende Orientierungsfrage –, im Akt seiner Reproduktion durch die Nahrung sich in der Kultur zu situieren, zum kulturellen Zeichen zu werden und sich auch als solches zu behaupten, also durch substantielle Verwandlung doch paradoxerweise seine Identität zu wahren; und sei es in einer letzten und verzweifelten Konsequenz, durch Selbstverzehr, wie dies in der „Hungerkünstler"-Novelle geschieht.

„Gregors Beinchen schwirrten", heißt es einmal in der „Verwandlung", „als es jetzt zum Essen ging" (D 147). Aber dieses dringende Begehren, das ein Begehren der Stabilisierung durch Verwandlung und Körperreproduktion ist, wird immer wieder enttäuscht. Ganz wie der Hungerkünstler kann auch Gregor die Speise nicht finden, die ihm schmeckt – und die ihm seine Identität im Prozeß seiner Verwandlung zum Ungeziefer gewähren könnte. Er hat „Appetit", aber „nicht auf diese Dinge" (D 183), wie es heißt. Seine Schwester tut ihr Möglichstes, um ihm, durch die Zur-Wahl-Stellung verschiedener Gerichte, die Wiedergewinnung einer neuen Orientierung nach der Verwandlung durch die Auffindung einer geeigneten Speise zu erleichtern:

> Sie brachte ihm, um seinen Geschmack zu prüfen, eine ganze Auswahl, alles auf einer alten Zeitung ausgebreitet. Da war altes halbverfaultes Gemüse; Knochen vom Nachtmahl her, die von festgewordener weißer Soße umgeben waren; ein paar Rosinen und Mandeln; ein Käse, den Gregor vor zwei Tagen für ungenießbar erklärt hatte; ein trockenes Brot, ein mit Butter beschmiertes und ein mit Butter beschmiertes und gesalzenes Brot. Außerdem stellte sie zu dem allen noch den wahrscheinlich ein für allemal für Gregor bestimmten Napf, in den sie Wasser gegossen hatte. (D 147)

Aber Gregor tut sich schwer mit der Auswahl; er ißt immer weniger und verzichtet zuletzt ganz auf Nahrung. Als er schließlich tot ist und die Familie die Wohnung verläßt, begegnet dieser im Treppenhaus ein Fleischergeselle, der „mit der Trage auf dem Kopf in stolzer Haltung heraufstieg" (D 197).[37] Die herrschende Nahrungs- als kulturelle Orientierungsordnung, aus der die Verwandlung Gregors ihn ausgeschlossen und seiner Familie entfremdet hatte, ist damit wiederhergestellt und gleichsam neu autorisiert. Erscheint doch das Nahrungsgeschehen in der Novelle als einziger von allen Lebensvollzügen auf deutliche Weise durch die Kraft des Begehrens gesteuert – durch Nahrungsbegehren, so wie es bei Ovid das sexuelle Begehren ist. Auch dieser Lebenstrieb des Hungers zeigt sich aber für Gregor

---

[37] In Kafkas Erzählung „Ein Hungerkünstler" wachen ausgerechnet „Fleischhauer" über die Fehlerlosigkeit des Schauhungerns des Protagonisten.

im Kern als gestört. Denn mit seinem Verwandeltsein hat Gregor zugleich auch das Orientierungsorgan der Nahrungsaufnahme und der Nahrungsselektion verloren. Dasjenige, was Mary Douglas einmal, im Hinblick auf die Stabilisierung von Identität in der Gesellschaft, „constructive drinking" und „constructive eating" genannt hat, versagt bei Gregor. So wird seine Verwandlung zugleich zur Vertreibung aus der Welt, die eine Welt der ‚anderen' ist. Das System der Orientierung, das durch Geschmack, durch ästhetische Distinktion gewährleistet ist, bricht für Gregor zusammen. Dies ist auch die Aussage der von der Schwester in Szene gesetzten Geschmacksprobe; dies ist das auffallende, die ganze „Verwandlung" durchziehende Spiel mit Hunger, Appetit, Ekel und Widerlichkeit, ja mit dem Verhungern, das Gregor bis zuletzt spielt. „Meine kleine widerliche Geschichte" nennt Kafka die Erzählung „Die Verwandlung" mehrfach selbst.[38]

IV

Wie steht nun aber – so möchte ich abschließend fragen – Kafkas Erzählung „Die Verwandlung" in der langen Literaturgeschichte dieses kulturleitenden Arguments von der Metamorphose, wenn man diese Geschichte etwa mit Ovids „Metamorphosen" beginnen läßt? Offenbar ist es ein Problem der Differenz von Sein und Zeit, aus dem diese Geschichte der „Verwandlung" hervorgeht; das Problem also, das der Erzähler mit der Darstellung des Lebens-Schocks und seiner Einbettung in die Zeitfolge, in das Davor und Danach hat; mithin ein Problem der Präsenz wie der Repräsentation, für deren Realisierung sich, zwischen Davor und Danach, kein Dispositiv der Vermittlung mehr anbietet: Verwandlung erscheint für Kafka nicht mehr (wie bei Ovid) als das entscheidende Moment, das den Prozeß der Kultur vorantreibt – seine Werte und seine Bedeutungen, seine Modellierungen von Individualität, die Dynamik seiner Formen. Kafkas Verwandlung ist etwas gänzlich anderes und Neues. Vielleicht fällt ein noch genaueres Licht auf dieses hier erläuterte Kafkasche Dilemma des Lebens-Schocks, wenn man es auf die beiden konkurrierenden Systeme der Ovidischen Metamorphosen (die morphologische und die semiologische Variante) einerseits, das Verwandlungs-Modell der christlichen Heilsge-

---

[38] So zum Beispiel in einer Postkarte an Max Brod vom 26. Juni 1922. „Widerlich", das Wort des Ekels schlechthin, der alle Lebensorientierung vernichtet, ist ein Lieblingswort Kafkas.

schichte samt der in sie implizierten Eucharistie andererseits rückbezieht und in deren Licht zeigt.

Bei Ovid ist Kultur selbst Verwandlung, von Natur aus und von Mythologie aus, wenn man so sagen darf. Der Gestaltenwandel ‚Desselben', das mit sich identisch und zugleich nicht identisch ist, gestaltet sich als ein lustvolles Geschehen; getragen und getrieben von dem diesen Gestaltenwandel auslösenden und von eben diesem Gestaltenwandel faszinierten, gewissermaßen ‚proteischen' Begehren. Im Modell der Eucharistie geht es dagegen um Verwandlung der Substanz und gleichzeitig um Verwandlung der Gestalt – wenn man einmal etwas leichtfertig Transsubstantiation und Transfiguration differenzierend nebeneinander stellt. Bei Ovid vollzieht sich Verwandlung innerhalb der irdischen Zeit; im christlichen Modell ereignet sie sich auf der Schwelle zwischen irdischer Zeit und Endzeit, einem eschatologischen Konzept. Ovids innerweltliche Verwandlungen, das Spiel des Lebensprozesses, das Agieren innerhalb der irdischen Zeit, interpungiert durch Begehren und Angst, erscheinen angetrieben durch Impulse der Flucht, der Rettung, der Bestrafung; und sie erwachsen aus der Konfrontation mit Verfolgung, Gewalt oder Tod. Es sind okkasionelle Impulse, die hier Verwandlung bewirken: Handlungszusammenhänge, die punktuell, emergent, aus einem Unverhofften sich entwickeln, aber dem Überleben dienen. Die christliche Welt dagegen – und zumal im Zeichen des Katholizismus – situiert Verwandlung im Spiel des Dramas des eucharistischen Prozesses zwischen irdischer Zeit und letztem Gericht; also genau auf der kippenden Grenze zwischen Diesseits und Jenseits. Verwandlung ist hier zielgerichtet, auf eine Endzeit orientiert; sie markiert die Grenze und schafft die Vermittlung zwischen dem Davor und dem Danach der Heilstat Christi und organisiert deren Zusammenspiel lebensstrategisch. Verwandlung steht damit aber entweder im Zeichen der Realpräsenz, der Konsekration von Brot und Wein in Fleisch und Blut – eine Verwandlung, die paradoxerweise unsichtbar bleibt[39]; oder aber Verwandlung steht im Zeichen der Verklärung (Transfiguration) – einer Transformation der Menschengestalt Jesu in die Seinsweise der himmlischen Wesen.

Für Kafka dagegen ist Verwandlung weder ein okkasionelles Spiel des den Gestaltenwandel treibenden Begehrens, wie in den Ovidischen Metamorphosen und ihrer antiken Seinsfreudigkeit, also der Lust an den Hybridisierungen des Lebensprozesses, noch auch eine zielgerichtete Dy-

---

[39] Das Glöckchen bei der Wandlung in der Heiligen Messe ist ein akustisches Signal, das diese Unsichtbarkeit markiert.

namik, die Realpräsenz oder Verklärung nach dem Heilsplan in Szene setzt, wie in der christlichen Theologie. Vielmehr ist Verwandlung für Kafka eine Mutation ohne Antrieb, ein Schock ohne Aura. Dabei verweigert Kafka konsequent jede Hermeneutik für diese als Schock erfahrene Verwandlung, wie sie ja Ovids mythologisches Programm und die Heilsgeschichte im Christentum gewährt. Kafka setzt diese vielmehr als finale Orientierungslosigkeit in Szene; so wie Kafka, nebenbei bemerkt, im Gegensatz zu Ovid ja auch jede Traumhermeneutik außer Kraft setzt – ganz gegen alle landläufige Meinung über das Traumhafte der Kafkaschen Texte.

Kafkas Verwandlungsschock ist das emergente Ereignis dessen, was man die ‚Fremdheitserfahrung von Individualität' nennen könnte. Anfänge sind hier nicht ein Zu-sich-Kommen, sondern ein Sich-als-Fremdes-Vorfinden des durch dieses Anfangen ins Sein gestoßenen Subjekts. Anfänge sind, so verstanden, das Apriori der Fremderfahrung – ohne Funktionalisierung eines Davor oder eines Danach. Der verwandelte Körper, der sich vor-findet, bringt bei Kafka eine systematisch nicht integrierbare Erfahrung von Bewegung, von korporeller Dynamik, hervor: eine Geburt, die im Vollzug steckenbleibt: ‚Ich bin nur halb geboren', sagt Kafka. „Mein Leben ist das Zögern vor der Geburt" (T 888)! Verwandlung ist bei Kafka weder eine sozialpsychologische Frage der Persönlichkeits-Krise noch eine psychoanalytische Frage nach dem Trauma, das aus dem Unbewußten an die Oberfläche drängt. Kafkas Gestaltung des Ereignisses von Verwandlungen beruht vielmehr auf einer Poetik des Schocks.

Kafka selbst war sich dieses neuen Paradigmas der Verwandlung, das mit seinen Texten in die Literatur trat, offenbar bewußt. In einem Brief an Milena Jesenská aus dem September 1922 spricht er von der grundsätzlichen „Unsicherheit der Verwandelbarkeit" – und zwar ausnahmsweise in bezug auf die Vereinigung von Liebespaaren, also von jenem Modell der Verwandlung, das Ovids „Metamorphosen" fast durchgängig bestimmt, das Modell erotischer Verschmelzung: beispielhaft etwa in der Geschichte von Salmacis und Hermaphroditus[40], deren Verschmelzung zur androgynen Doppelfigur im Element des Wassers sich ereignet. Kafka erzählt in seinem Brief dieses erotische Szenario aus einem Traum heraus und stellt Vereinigung als Verzehrtwerden durch das Feuer der Liebe dar – als Fremdwerden des anderen, als Entwesung und Auslöschung von Individualität; nicht mehr als Körper, der bleibt, sondern als dessen Verwandlung in ein geisterhaftes Zeichen, einen „Kreidestrich":

---

[40] Ovid: Metamorphosen, IV, 289–388.

Gestern habe ich von Dir geträumt. Was im einzelnen geschehen ist, weiß ich kaum mehr, nur das weiß ich noch, daß wir immerfort ineinander übergingen, ich war Du, Du warst ich. Schließlich fingst Du irgendwie Feuer, ich erinnerte mich, daß man mit Tüchern das Feuer erstickt, nahm einen alten Rock und schlug Dich da mit. Aber wieder fingen die Verwandlungen an und es ging so weit, daß Du gar nicht mehr da warst, sondern ich war es, der brannte und ich war es auch, der mit dem Rock schlug. Aber das Schlagen half nichts und es bestätigte sich nur meine alte Befürchtung, daß solche Dinge gegen das Feuer nichts ausrichten können. Inzwischen aber war die Feuerwehr gekommen und Du wurdest doch noch irgendwie gerettet. Aber anders warst Du als früher, geisterhaft, mit [...] Kreide ins Dunkel gezeichnet und fielst mir, leblos oder vielleicht nur ohnmächtig aus Freude über die Rettung in die Arme. Aber auch hier wirkte die Unsicherheit der Verwandelbarkeit mit, vielleicht war ich es, der in irgendjemandes Arme fiel.[41]

---

[41] Franz Kafka: Briefe an Milena, a.a.O. (siehe Anm. 1), S. 274 f.

Hungerkünstler und Menschenfresser
Zum Verhältnis von Kunst und kulturellem Ritual im Werk Franz Kafkas[*]

I

Wahrscheinlich hat die Literatur nie eine andere Frage gestellt als die nach den Wünschen der Menschen, den erfüllten, den verlorenen und den versagten. Vielleicht ist die Frage nach den versagten Wünschen sogar die wichtigste geworden in den letzten zweihundert Jahren.

Über jenes Wünschen, das wir als Lieben bezeichnen, ist schon sehr viel gesprochen worden in der Literaturwissenschaft. Über die Wünsche, die dem Essen gelten, so gut wie nie[1]. Dabei gibt es gewiß literarische Texte von

---

[*] Die Grundgedanken dieses Aufsatzes habe ich auf Einladung von Wolfgang Frühwald und Wolfgang Harms am 25. Mai 1982 an der Universität München vorgetragen, sodann auf Einladung Karl Bertaus im September 1982 bei einem Mediävistischen Colloquium in Cortona, schließlich, in veränderter Form, auf Einladung J. P. Sterns, am 21. Oktober 1982 im German Institute London.

[1] Vgl. vor allem folgende Bücher: J.-F. Revel, Un festin en paroles. Histoire littéraire de la sensibilité gastronomique de l'Antiquité à nos jours. Paris 1979; H. Heckmann, Die Freude des Essens. Ein kulturgeschichtliches Lesebuch vom Genuß der Speisen aber auch vom Leid des Hungerns. München 1979; Vom Essen und Trinken. Hg. K. Kiwus und H. Grunwald. Frankfurt 1978; W. Schivelbusch, Das Paradies, der Geschmack und die Vernunft. Eine Geschichte der Genußmittel. München 1980; C. Lévy-Strauss, Mythologica I–IV. Frankfurt 1971 ff.; G. Simmel, Soziologie der Mahlzeit, in G. Simmel, Brücke und Tor. Stuttgart 1957, S. 243–250; W. Rehm, Rumohrs Geist der Kochkunst und der Geist der Goethezeit, in: Festgabe für Eduard Berend zum 75. Geburtstag am 5. Dezember 1958. Weimar 1959, S. 210–234; R. Barthes, Pour une psycho-sociologie de l'alimentation contemporaine, in: Annales. Economies – Sociétés – Civilisations 16, 1961, S. 977–986; N. Elias, Über den Prozeß der Zivilisation. Bd. I. Bern und München 1969; R. Tannahill, Kulturgeschichte des Essens. Von der letzten Eiszeit bis heute. München 1979; Ph. Pullar, Consuming Passions. A history of English food and appetite. London 1972; P. Greenacre, Attitudes towards Eating and Breathing, in: R. Phillips (Hg): Aspects of Alice. Penguin Books 1971, S. 373–378; M. Granet, La pensée chinoise. Paris 1981, S. 322 ff.; H. Masperos, Le Taoisme et les religions chinoises. Paris 1971; A. A. Brill, Über Dichtung und orale Befriedigung, in: R. Wolff, Psychoanalytische Literaturkritik. München 1975, S. 311 ff.; P. Farb und G. Armelagos, Consuming Passions. The Anthropology of

Rang, die solche Fragen nahelegen: E. T. A. Hoffmanns grausige Geschichte vom Kinderfresser ‚Ignaz Denner' zum Beispiel[2]; weiterhin Kleists ‚Penthesilea' – „Sie hat ihn wirklich aufgegessen, den Achill, vor Liebe" – sagt der Verfasser von seinem „nicht für das Theater geschriebenen" Stück[3]; und schließlich Kafkas Erzählung ‚Ein Hungerkünstler'[4], die 1922 erstmals im Druck erschien.

Es ist ganz zweifellos die Frage nach den versagten Wünschen, die diesen Text bestimmt. Woran liegt es denn, daß Kafkas ‚Hungerkünstler' voll Melancholie ist, obwohl er sich doch seinen Wunsch, zu hungern, erfüllen kann? Ist es überhaupt möglich, Versagungen noch als Wünsche zu definieren, wie er es tut? Was sind die Gründe seines Schmerzes? Es scheint

---

Eating. Houghton Mifflin Company Boston 1980; ferner das Buch von A. Miller. Du sollst nicht merken. Variationen über das Paradies-Thema. Frankfurt 1981, S. 307 ff. Im Werk Kafkas finden sich über 500 Stellenbelege, die auf das Essen Bezug nehmen.

[2] E. T. A. Hoffmann, Phantasie- und Nachtstücke. Phantasiestücke in Callots Manier. Nachtstücke. Seltsame Leiden eines Theater-Direktors. Darmstadt 1962, S. 364 ff.

[3] Heinrich von Kleist, Geschichte meiner Seele. Ideenmagazin. Das Lebenszeugnis der Briefe. Hg. H. Sembdner. Bremen 1959, S. 326.

[4] Für den hier angeschnittenen Zusammenhang sind vor allem die Arbeiten von P. Bridgwater, Kafka and Nietzsche, Bonn 1974, S. 132–139, E. Edel, Zum Problem des Künstlers bei Kafka, in: Der Deutschunterricht 15, 1963, S. 9–31 (H. 3); W. Emrich, Franz Kafka. (Das Baugesetz seiner Dichtung. Der mündige Mensch jenseits von Nihilismus und Tradition.) Bonn/Frankfurt 1958, S. 167–172, ^{2}1960, ^{5}1965, ^{8}1975, S. 157–158. Ders., Die Bilderwelt Franz Kafkas, in: Akzente 7, 1960, S. 172–191. K.-H. Fingerhut, Die Funktion der Tierfiguren im Werke Franz Kafkas: Offene Erzählgerüste und Figurenspiele, Bonn 1969, S. 243–247; B. Greiner, Kafkas „Widerrufe". Die Schlüsse der „Verwandlung", des „Verschollenen" und des „Hungerkünstlers", in: Wirkendes Wort 24, 1974, S. 85–99; S. Kienlechner, Negativität der Erkenntnis im Werk Franz Kafkas: Eine Untersuchung zu seinem Denken anhand einiger später Texte. (Diss. phil. Freiburg 1978) Tübingen 1981, S. 61–78; S. Neumeister, Der Dichter als Dandy: Kafka, Baudelaire, Thomas Bernhard. München 1973, S. 136; G. Kurz, Traum-Schrecken. Kafkas literarische Existenzanalyse. Stuttgart 1980, S. 73–84; G. C. Avery, Die Darstellung des Künstlers bei Franz Kafka, in: Eduard Goldstücker (Hg.), Weltfreunde: Konferenz über die Prager deutsche Literatur. Berlin 1967, S. 229–239; H. G. Pott, Allegorie und Sprachverlust. Zu Kafkas Hungerkünstler-Zyklus und der Idee einer „Kleinen Literatur", in: Euphorion 73, 1979, S. 435–450; M. Spann, Don't Hurt the Jackdaw, in: Germanic Review 37, 1962, No. 1, S. 68–78; Ders., Franz Kafkas Leopard, in: Germanic Review 34, 1959, No. 2, S. 85–104; J. M. Waidson, The Starvation-Artist and the Leopard, in: Germanic Review 35, 1960, No. 4, S. 262–269.

fast, als sei diese Frage überhaupt die wichtigste des Textes. Denn es heißt da:

> So lebte er mit regelmäßigen kleinen Ruhepausen viele Jahre, in scheinbarem Glanz, von der Welt geehrt, bei alledem aber meist in trüber Laune, die immer noch trüber wurde dadurch, daß niemand sie ernst zu nehmen verstand. Womit sollte man ihn auch trösten? Was blieb ihm zu wünschen übrig? Und wenn sich einmal ein Gutmütiger fand, der ihn bedauerte und ihm erklären wollte daß seine Traurigkeit wahrscheinlich von dem Hungern käme, konnte es, besonders bei vorgeschrittener Hungerzeit, geschehn, daß der Hungerkünstler mit einem Wutausbruch antwortete und zum Schrecken aller wie ein Tier an dem Gitter zu rütteln begann. (E 261)[5].

Diese Stelle zeigt: Nur ein einziges Mal in seiner Laufbahn verliert der Hungerkünstler die Fassung, in dem Augenblick nämlich, als die Frage nach der Begründung seines Schmerzes gestellt wird; die Frage, ob seine Melancholie sich aus dem Faktum des Hungerns herleite, oder, umgekehrt, gerade aus dessen vorzeitigem Abbruch zu erklären sei; ob aus der Versagung der Wünsche oder deren ungewollter Erfüllung. Es ist die Frage nach der Wahrheit des Verhältnisses von Körper und Geist, wie es in der Sprache – als einem System von Zeichen, die „Leben" repräsentieren – immer neu als Konflikt erfahren wird. Es ist die Frage nach der Erfüllbarkeit oder Versagung der Wünsche in den vom Menschen produzierten Zeichen. Kafkas Geschichte vom ‚Hungerkünstler' ist von zweifelloser Evidenz, sobald man sich dem Strom des Erzählten anvertraut; sie beginnt sich gegen die Deutung zu sperren, sobald man ihr ein homogenes Sinnkonzept abzugewinnen sucht. Ich möchte daher bei meiner Analyse zunächst nicht von einem geschlossenen, einheitlich bestimmten Deutungsansatz ausgehen, sondern von vier gegeneinander abgrenzbaren Sinnschichten im Text.

---

[5] Kafkas Werke werden künftig im Text mit folgenden Abkürzungen (Band, Chiffre und Seitenzahl) zitiert: A = Franz Kafka, Amerika. Roman. New York/Frankfurt 1953 (= Gesammelte Werke, Hg. Max Brod). BK = Franz Kafka: Beschreibung eines Kampfes. Novellen, Skizzen, Aphorismen aus dem Nachlaß. New York/Frankfurt 1946 (= Gesammelte Werke, Hg. Max Brod). B = Franz Kafka: Briefe 1902–1924. New York/Frankfurt 1966 (= Gesammelte Werke, Hg. Max Brod). E = Franz Kafka: Erzählungen. New York/Frankfurt 1967 (= Gesammelte Werke, Hg. Max Brod). F = Franz Kafka: Briefe an Felice und andere Korrespondenz aus der Verlobungszeit. Hg. Erich Heller und Jürgen Born. New York/Frankfurt 1967. H = Franz Kafka: Hochzeitsvorbereitungen auf dem Lande und andere Prosa aus dem Nachlaß. New York/Frankfurt 1966. M = Franz Kafka: Briefe an Milena. Hg. Willy Haas. New York/Frankfurt 1965. T = Franz Kafka: Tagebücher 1910–1923. New York/Frankfurt 1954 (= Gesammelte Werke, Hg. Max Brod).

Eine erste Argumentationsschicht der Erzählung betrifft die Frage des kindlichen Wirklichkeitserwerbs und der Identifikation des Kindes in der Erfahrung von Essenordnungen[6]. Es ist ja nicht zu übersehen, daß Kafka in seiner Erzählung den Hungerkünstler in eine Welt der Essenden versetzt; daß er ihn sich gegen eine Welt der Essen-Ordnungen in sanfter Hartnäckigkeit behaupten läßt. Solche Abgrenzungen erfolgen nach verschiedenen Seiten hin. Zunächst gegenüber der familialen Essen-Ordnung: Familienväter zeigen den Hungerkünstler ihren verständnislos staunenden Kindern; das Paradigma familialer Essen-Aporien, das Märchen von ‚Hänsel und Gretel', wird evoziert[7]; die Doppelrolle der Mutter als Ernährender und Verschlingender, die Doppelbestimmung der Familiensituation als Elternhaus und als Hexenhaus wird sichtbar: „er streckte den Arm durch das Gitter" –, heißt es, wie von Hänsel, auch vom Hungerkünstler – „um seine Magerkeit befühlen zu lassen." (E 255)

Eine zweite Abgrenzung des Hungerkünstlers von der Welt der Essenden wird unter dem sozialen Doppelaspekt des Überwachens und des Strafens sichtbar. Fleischhauer („merkwürdigerweise") (E 256), die der Hungerkünstler mit einem Frühstück bewirtet, sind zur „Kontrolle" der „Fehlerlosigkeit" (E 257) seines Hungerns aufgeboten – dies ist das eine. Und das andere: Der Impresario benutzt, wenn der Hungerkünstler sich seiner Regie zu entziehen sucht, ein „Strafmittel" (E 261) – wie es wörtlich heißt –, indem er einen Toast des Hungerkünstlers auf das verständnisvolle Publikum fingiert und ihn damit in die Welt der Essenden und der gemeinsamen Mahlzeiten zurückstößt.

Eine dritte Abgrenzung des Hungerkünstlers wird gegen die Nahrungsordnung der Tiere vorgenommen, gegen die Fütterungsrituale der Menagerie und die Sättigung des den Hungerkünstler schließlich erset-

---

[6] Schon Sigmund Freud hatte auf diese beiden Aspekte frühkindlicher Sozialisation hingewiesen, die sich im Menschenfresser und im Hungerkünstler offenbaren: als die konkurrierenden Prinzipien von kannibalischen und sublimierenden Strebungen: „Eine erste solche prägenitale Sexualorganisation ist die orale oder, wenn wir wollen, kannibalische. Die Sexualtätigkeit ist hier von der Nahrungsaufnahme noch nicht gesondert, Gegensätze innerhalb derselben nicht differenziert. Das Objekt der einen Tätigkeit ist auch das der anderen, das Sexualziel besteht in der Einverleibung des Objektes, dem Vorbild dessen, was späterhin als Identifizierung eine so bedeutsame psychische Rolle spielen wird." S. Freud, Studienausgabe. Bd. V. Sexualleben. Frankfurt 1972, S. 103.

[7] Vgl. die Deutung von H. Brackert in: Und wenn sie nicht gestorben sind ... Perspektiven auf das Märchen. Hg. Helmut Brackert. Frankfurt 1980, vor allem S. 9–38, sowie das soeben erscheinende Buch von Giorgio Cusatelli über Motive des Essens im europäischen Märchen.

zenden Panthers, der umstandslos die Nahrung erhält, „die ihm schmeckt". (E 268)

In einer vierten Situation – die freilich der von Kafka zum Druck gebrachte Text nicht enthält – sieht sich der Hungerkünstler unvermittelt einem Menschenfresser gegenübergestellt: jener Figur einer Gegenwelt, die Kafka in einem Nachtrag zum „Hungerkünstler"-Text erfindet und als Kindheitsgespielen und Jugendfreund des Hungerkünstlers auftreten läßt[8].

Schließlich erfolgt die höchst ambivalente Begegnung des Hungerkünstlers mit den zwischen Hilfsbereitschaft und Übelsein, zwischen Caritas und Ekel schwankenden jungen Damen, die den Hungerkünstler einer Diät-Mahlzeit zuführen sollen. Was Kafka hier in modellhafter Vollständigkeit herausarbeitet, ist die Konstruktion von Wirklichkeit im Zeichen einer universellen Essen-Ordnung, und zwar unter drei verschiedenen Codierungen:

Die erste Form solcher Essenordnung wird bestimmt durch den Kontext der europäischen Kultur und ihrer doppelten Ausrichtung auf Situationen primärer und sekundärer Sozialisation: im Blick auf die Familie einerseits, als das Zentrum solchen Wirklichkeitserwerbs, in dem Essenlernen als Lebenlernen im Zeichen von Lizenz und Tabu erfolgt; im Blick auf die soziale Welt andererseits, und zwar unter den gegensätzlichen Aspekten männlicher und weiblicher Verhaltensmuster; dem disziplinierenden Verhalten von Männern (den Fleischhauern, dem Impresario), das im Zeichen von Strategien des Überwachens und Strafens steht; dem disziplinierenden Verhalten von Frauen (den beiden jungen Damen), das in Gestalt liebevoller Pflegehandlungen sich durchsetzt.

Eine zweite Essenordnung zeigt sich unter der Form gegenkultureller Barbarei, und zwar in der exotischen Gestalt des Menschenfressers, der die Durchbrechung der unantastbaren kulinarischen Tabus der europäischen Welt repräsentiert[9].

Eine dritte Essenordnung vergegenwärtigt sich als Welt der Natur, und zwar in Gestalt des Tieres, dem nicht Speise, als kulturelles Zeichen, sondern Nahrung als unkodiertes Mittel körperlicher Reproduktion –

---

[8] Malcolm Pasley hat diesen Text 1966 aus dem Nachlaß Kafkas veröffentlicht und als erster im hier erörterten Kontext analysiert: J. M. S. Pasley, Asceticism and Cannibalism: Notes on an Unpublished Kafka Text, in: Oxford German Studies 1, 1966, S. 102–113.

[9] C. Lévy-Strauss hat den Gegensatz von Anthropophagie und Anthropemie als kulturunterscheidend eingeführt: Traurige Tropen. Köln 1955, S. 355 f.

„ohne langes Nachdenken" (E 268) – zugeführt wird: Ihm wohnt die „Freiheit" – als eigentliche „Form" der „Natur" – im Gebiß.

Es ist nun kein Zweifel, daß das hier von Kafka als „universell" phantasierte Wirklichkeitsmodell einer Essens-Welt, aus der der Held der Geschichte sich ausschließt, biographische und sozialgeschichtliche Wurzeln hat. Die Dokumente der Pädagogik des 18. und 19. Jahrhunderts, von Katharina Rutschky gesammelt[10], zeigen, wie die Erziehung des Kindes über weite Strecken als Erziehung durch Essenregeln erfolgt; wie sich in solchen Essen-Regeln das Prinzip der „Heteronomie der Wunscherfüllung", das paradoxe Prinzip der „Erziehung zur Freiheit" ausprägt. Die ‚Denkwürdigkeiten des Senatspräsidenten Schreber' sind ein berühmtes Dokument dieser Erziehung und ihrer Prägungen[11]. Kafka hat dieses Erziehungsparadox für sich selbst in unerbittlicher Schärfe diagnostiziert, und zwar im Hinblick auf die väterliche wie auf die mütterliche Erziehung. So formiert sich ihm die väterliche Erziehung zum Tribunal jenes für immer unwidersprochenen Gesetzes, nach dem Leben „gelernt wird":

> Für mich als Kind – heißt es im „Brief an den Vater", einem wahren Musterbuch bürgerlicher Pädagogik – war aber alles, was Du mir zuriefst, geradezu Himmelsgebot, ich vergaß es nie, es blieb mir das wichtigste Mittel zur Be-

---

[10] Schwarze Pädagogik. Quellen zur Naturgeschichte der bürgerlichen Erziehung. Hg. K. Rutschky (= Ullsteinbuch Nr. 3318). Frankfurt a.M./Berlin/Wien 1977. Hört ihr die Kinder weinen. Eine psychogenetische Geschichte der Kindheit. Hg. L. deMause. Frankfurt 1977; Ph. Ariès, Geschichte der Kindheit. München 1977; H. Hengst u. a.: Kindheit als Fiktion (edition suhrkamp 1081) Frankfurt 1981; L. Fertig, Campes politische Erziehung – eine Einführung in die Pädagogik der Aufklärung. Darmstadt 1977; A. Miller, Du sollst nicht merken. Variationen über das Paradies-Thema. Frankfurt 1981, S. 307 ff.

[11] Hier ist auf das „Aufschreibe"- und „Fütterungs"-System hinzuweisen, wie es sich in Schrebers ‚Denkwürdigkeiten' aufgezeichnet findet: Daniel Paul Schreber, Denkwürdigkeiten eines Nervenkranken. Hg. und eingeleitet von S. M. Weber. – (Ullstein Buch Nr. 2957) Frankfurt/Berlin/Wien 1973; es gibt eine lange Tradition der Deutung dieses Musterfalls einer Subjekt-Aporie der bürgerlichen Gesellschaft von Sigmund Freud bis zu Niederland und Schatzman. S. Freud, Psychoanalytische Bemerkungen über einen autobiographisch beschriebenen Fall von Paranoia (Dementia paranoides), in: S. Freud, Studienausgabe Band VII. Zwang, Paranoia und Perversion. Frankfurt 1973, S. 133–203; E. Canetti, Masse und Macht. Hamburg 1971, S. 500–533; W. G. Niederland, Der Fall Schreber. Das psychoanalytische Profil einer paranoiden Persönlichkeit. Frankfurt 1978; M. Schatzman, Die Angst vor dem Vater. Langzeitwirkung einer Erziehungsmethode. Eine Analyse am Fall Schreber. – Reinbek bei Hamburg 1974; R. Calasso, Die geheime Geschichte des Senatspräsidenten Dr. Daniel Paul Schreber. (edition suhrkamp 1024) Frankfurt 1980.

urteilung der Welt ... Da ich als Kind hauptsächlich beim Essen mit Dir beisammen war, war Dein Unterricht zum großen Teil Unterricht im richtigen Benehmen bei Tisch. (H 172)

Im Gegensatz zur Form väterlicher Gewalt nimmt die mütterliche Erziehung – auch ihrerseits eine Erziehung zum „Essen" – die Gestalt der Liebe an. Wichtigstes Dokument dieser Erziehung durch Liebe ist der berühmte Brief Julie Kafkas an Felice Bauer, die Verlobte des Sohnes Franz, vom 16. November 1912. Dort heißt es:

> ... so, wie ich meinen Sohn liebe, kann ich Ihnen nicht schildern und würde gerne einige Jahre meines Lebens hergeben, wenn ich sein Glück damit erkaufen könnte.
> ...
> Daß er sich in seinen Mußestunden mit Schreiben beschäftigt, weiß ich schon viele Jahre. Ich hielt dies aber nur für einen Zeitvertreib. Auch dies würde ja seiner Gesundheit nicht schaden, wenn er schlafen und essen würde wie andere junge Leute in seinem Alter. Er schläft und ißt so wenig, daß er seine Gesundheit untergräbt ... Darum bitte ich Sie sehr, ihn auf eine Art darauf aufmerksam zu machen und ihn zu befragen, wie er lebt, was er ißt; wieviel Mahlzeiten er nimmt, überhaupt seine Tageseinteilung. Jedoch darf er keine Ahnung haben, daß ich Ihnen geschrieben habe, überhaupt nichts davon erfahren, daß ich um seine Correspondenz mit Ihnen weiß. (F 100)

Man erkennt in diesem Brief, der die Wünsche des Sohnes als vorweggenommene Wünsche der Mutter versteht, die Liebesgestalt jener Situationen wieder, die – ins Zwanghafte verkehrt – von Kafka in seinen Texten immer wieder nachgespielt werden: Situationen der Überwachung; Situationen heimlicher Beobachtung; Situationen des Verhörens, allesamt geprägt durch heteronome Regelungen des Verhaltens.

Die Essenverweigerung des Hungerkünstlers erscheint in diesem Kontext als verzweifelter Versuch einer Behauptung der Eigentümlichkeit des Subjekts gegen die Doppelstrategien der Familienerziehung (die ja eine Erziehung „für das Leben" ist) durch Regeln des Essens: Erziehung durch den Vater, die im Zeichen des stumm machenden Gesetzes erfolgt – „ich verlernte das Reden", heißt es im ‚Brief an den Vater' (H 175); Erziehung durch die Mutter, die im Zeichen erdrückender, alles verschlingender Liebe erfahren wird. „Alles war schon gut", sagt Kafka in einem Brief an Felice Bauer nach Entdeckung der eben beschriebenen mütterlichen Liebes- als einer Überwachungsstrategie:

> Alles war schon so gut ... da lauft mir die Mutter wieder in die Quere. Ich habe die Eltern immer als Verfolger gefühlt ... Nichts wollen die Eltern als einen zu sich hinunterziehn, in die alten Zeiten, aus denen man aufatmend aufsteigen

möchte, aus Liebe wollen sie es natürlich, aber das ist ja das Entsetzliche ... (F 112)

Macht des Vaters und Liebe der Mutter verbinden sich hier zu einer Form unsichtbarer Gewalt, die Essen-Lernen nicht mehr als Erziehung zur Freiheit, sondern als Vertreibung aus dem Paradies definiert, und damit den Helden in verzweifelter Selbstbehauptung zur Verweigerung von Speise überhaupt führt. In Kafkas Werk finden sich zahllose Textstellen, die von der Erfahrung solcher Gewalt zeugen, die die Umkehrung des Essenaktes in einen Akt der Selbstvernichtung phantasieren. Ich zitiere nur zwei solcher Belege: einen, der den väterlichen Zwang zum Essen als Form der Selbstzerstörung imaginiert; einen anderen, der die mütterlichen Pflegehandlungen als Formen vereinnahmender Liebe ins Zwanghafte verkehrt.

Zunächst also ein Zitat aus dem Tagebuch, das von der Verinnerlichung der väterlichen Gewalt zeugt, die wohl nichts anderes ist als die Verinnerlichung der väterlichen Eßlust, "Kronos, der seine Söhne auffraß, – der ehrlichste Vater, aber vielleicht hat Kronos seine Methode der sonst üblichen gerade aus Mitleid mit seinen Kindern vorgezogen" (B 345)[12]:

> Dieses Verlangen, das ich fast immer habe, wenn ich einmal meinen Magen gesund fühle, Vorstellungen von schrecklichen Wagnissen mit Speisen in mir zu häufen ... Sehe ich eine Wurst, die ein Zettel als eine alte harte Hauswurst anzeigt, beiße ich in meiner Einbildung mit ganzem Gebiß hinein und schlucke rasch, regelmäßig und rücksichtslos, wie eine Maschine ... Die langen Schwarten von Rippenfleisch stoße ich ungebissen in den Mund und ziehe sie dann von hinten, den Magen und die Därme durchreißend, wieder heraus ... (T 128 f.).

Und nun ein Brief an Milena, in dem Kafka die ins Gewaltsame verkehrte Vorstellung mütterlicher Pflegehandlungen evoziert, bezeichnenderweise zugleich die Familienordnung in die medizinische Ordnung verschiebend:

> ... am wenigsten gern fahre ich in ein Sanatorium. Was soll ich dort? Vom Chefarzt zwischen die Knie genommen werden und an den Fleischklumpen würgen, die er mir mit den Karbolfingern in den Mund stopft und dann entlang der Gurgel hinunterdrückt. (M 237 f.).

---

[12] E. T. A. Hoffmanns Geschichte von ‚Ignaz Denner' verzeichnet diese Verwandlung des Familienvaters in den Kinderfresser, bindet sie an den Vorgang der Zeugung und bezieht sie auf genealogische, familiale, medizinische und juristische Ordnungen. Vgl. H.-W. Schmidt: Der Kinderfresser. Ein Motiv in E. T. A. Hoffmanns Ignaz Denner und sein Kontext. In: Mitteilungen der E. T. A. Hoffmann-Gesellschaft Heft 29, 1983, S. 17–30.

Aus dem Dargestellten ergibt sich:
1. Eine wesentliche Grundschicht von Kafkas Erzählung vergegenwärtigt das „Essen" als eine soziale Zeichenordnung, durch die gesellschaftliche Wirklichkeit erfahren, Verhalten in ihr gelernt wird.
2. In der Figur des Hungerkünstlers verdichten sich zugleich die Schwierigkeiten, die im Spannungsfeld von Liebe und Macht bei solcher Erlernung von Wirklichkeit entstehen, zur Essenverweigerung: zur Anorexie – als Verwandlung des Wunsches in seine Versagung[13].

II

Ich komme nun zu einer zweiten Schicht von Darstellungselementen in Kafkas Text, den Vorgängen, die sich um das „Schauhungern" gruppieren, als eines jener Sozialrituale, in denen Außenseiter-Existenzen ihren Lebensraum finden: und zwar in Instituten gesellschaftlicher Exterritorialität wie Zirkus, Variété, Monstrositätenschau und Jahrmarkt[14].

Es ist bemerkenswert in diesem Zusammenhang, daß Kafka zeitlebens Interesse an allem zeigte, was mit Artistentum dieser Art zu tun hatte. Wie eine Postkarte an Max Brod aus Zürau vom Dezember 1917 bezeugt, las er regelmäßig mindestens zwei einschlägige Zeitschriften: das Blatt ‚Der Artist. Central-Organ des Circus, der Varietébühnen, reisenden Kapellen und Ensembles', das seit 1883 erschien, und dessen Konkurrenzblatt ‚Proscenium'[15]. Aus diesen Publikationen wird Kafka jene Einzelheiten über die Geschichte und die rituellen Abläufe des Schauhungerns entnommen haben, die er im ‚Hungerkünstler' verwendete. Vorführungen dieser Art waren in den 20er Jahren des 20. Jahrhunderts, als Kafka den ‚Hungerkünstler' schrieb, gerade wieder in Mode gekommen. Ich hebe aus der Geschichte solcher Schaustellungen jene Momente hervor, die für den

---

[13] Vgl. hierzu J. Hörisch, „Die Himmelfahrt der bösen Lust" in Goethes „Wahlverwandtschaften". Versuch über Ottiliens Anorexie, in: Goethes Wahlverwandtschaften. Kritische Modelle und Diskursanalysen zum Mythos Literatur. Hg. Norbert W. Bolz. – Hildesheim 1981, S. 308–322.

[14] Eine Arbeit über ‚Schreiben und Körperkunst bei Franz Kafka. Zur Rolle des Zirkus in seinem Werk', die diesen Spuren in Kafkas Texten nachgeht, ist im Entstehen: Ich möchte Walter Bauer-Wabnegg für mannigfache Anregungen herzlich danken. Vgl. jetzt Walter Bauer-Wabnegg, Zirkus und Artisten in Franz Kafkas Werk. Ein Beitrag über Körper und Literatur im Zeitalter der Technik, Erlangen 1986 / = Erlanger Studien Bd. 68.

[15] Schon Max Brod hat auf diese Tatsache hingewiesen. (B 206 f. und 509, Anm. 52).

Zusammenhang von Kafkas ‚Hungerkünstler'-Geschichte von Belang sind.

Zunächst: Die Geschichte der Hungerkunst ist lang; bemerkenswert ist schon im 16. Jahrhundert das Phänomen der Fastenwunder und Hungermädchen. Einblattdrucke sind Zeugnisse des Aufsehens, das jene Frauen erregten, die ihr eigenes Fasten als ein Form göttlicher Wunder zur Schau stellten[16]. Namentlich zwei Merkmale dieser Fastenwunder sind hervorzuheben. Auf der einen Seite die enge Bindung solcher Veranstaltungen an die Eucharistie. Einzige Nahrung der Schausteller war eine vom Himmel herabschwebende Hostie, das ins Wort Gottes verwandelte Brot[17]. Andererseits ist von Belang, daß Vorstellungen dieser Art sich am biblischen Figuralprinzip orientierten, daß sie sich als Ereignisse in der ‚Nachfolge Christi' verstanden, der vierzig Tage in der Wüste gehungert hatte (Matth. 4, 2–4). Das Schauhungern spielte Christi Versuchung durch Satan nach, der diesem die Verwandlung von Steinen in Brot als Zeichen seiner Allmacht abverlangte und mit jenem Satz widerlegt wurde, der das (für den hier behandelten Zusammenhang wesentliche) Prinzip der ‚Transsubstantiation' vorwegnehmend ausspricht:

> Es steht geschrieben: Der Mensch lebt nicht vom Brot allein, sondern von jedem Worte, das aus dem Munde Gottes kommt.

Ein weiterer, für das Verständnis des Schauhungerns bedeutsamer Umstand liegt darin, daß von Anfang an, also schon im 16. Jahrhundert, Rituale dieser Art von Ärzten überwacht wurden. Bei Entdeckung eines Betrugs drohte die Todesstrafe[18]. Im 19. Jahrhundert ist das Schauhungern dann aus dem theologischen Bereich herausgetreten und in den der Naturwissenschaft und Medizin überführt worden. Darin deutet sich ein Wechsel der Legitimationsordnungen des Weltverstehens an. An die Stelle der Theologie als Begründungsrahmen tritt die Naturwissenschaft. Hungern wird als medizinisches Experiment unter ärztlicher Aufsicht durchgeführt: als Probe auf die Grenzen menschlicher Leistungskraft. Im 20. Jahrhundert

---

[16] Vgl. hierzu E. Holländer, Wunder, Wundergeburt und Wundergestalt in Einblattdrucken des 15.–18. Jahrhunderts. Stuttgart ²1922, S. 210 ff. Ferner zum weiteren Umkreis A. Lehmann, Zwischen Schaubuden und Karussells. Ein Spaziergang über Jahrmärkte und Volksfeste. Frankfurt 1952, S. 111–123; S. Saltarino, Fahrend Volk. Abnormitäten, Kuriositäten und interessante Vertreter der wandernden Künstlerwelt. Leipzig 1895.

[17] Wichtig für das folgende ist, daß – gelegentlich entdeckte, unerbittlich bestrafte – Betrugsmanöver hierbei eine Rolle spielten. Vgl. Lehmann, a.a.O., S. 117 f.

[18] Lehmann, a.a.O., S. 117.

wird schließlich die medizinische Dimension noch um die trivialästhetische erweitert. Das Schauhungern, nach wie vor als naturwissenschaftliches Problem definiert, findet Aufnahme in das Repertoire der Vergnügungsindustrie. In den Veranstaltungen, wie sie die Variétés, der Zirkus und die Monstrositätenschaus zeigen, finden sich nun alle Elemente bezeugt, die Kafka in seinem Text benutzt: Glaskästen, Zellen, isolierte Räume (keine Käfige), Plakate und Anzeigetafeln, Lorbeer- und Blumenbekränzung, militärisches und medizinisches Zeremoniell, Gespräche mit den Wächtern, die Figur des „Impresario", Wutanfälle des Hungerkünstlers, Wetten auf die Leistungsfähigkeit des Protagonisten[19].

Wichtig ist schließlich, daß einige Merkmale solchen Schauhungerns durchgängig seit dem 16. Jahrhundert gelten. Da ist zunächst das Problem des Betrugs. Die Geschichte der Hungerkunst ist im Grunde eine Geschichte wechselnder Betrugsstrategien und Entlarvungsskandale. Der ‚Hungerkünstler' unterscheidet sich damit wesentlich von Artisten anderer Art, deren Leistungen in ihrer „Fehlerlosigkeit" unmittelbar evident werden – so die Übungen von Equilibristen, Trapezkünstlern (Kafka macht einen von ihnen in der Erzählung ‚Erstes Leid' zum Helden) oder Jongleuren. Ein zweites ist die traditionelle Begrenzung der Hungerzeit: Nach dem Vorbild vierzigtägigen Fastens von Christus, Mose und Elia erfolgte die Übertragung dieses Moments aus Zusammenhängen der Nahrungsverweigerung sogar auch auf andere sozialgeschichtliche Moratorien diätetischer Art. Der Begriff ‚Quarantäne' ist erstmals im Jahre 1374 belegt. Hinzu kommt als drittes der Bezug auf mythische Vorbilder: Dabei ist nicht nur Christus das Modell für Schaustellungen dieser Art; es wird auch auf andere historische und literarische Figuren Bezug genommen. So trat der bekannte Hungerkünstler Succi – nach Dantes Darstellung im 33. Gesang des ‚Inferno' – als Ugolino auf und ließ sich in einer Rüstung einmauern[20]. Schließlich muß noch die Ökonomisierung des Vorgangs hervorgehoben werden: Die Schaustellungen erfolgten von Anfang an gegen Bezahlung und standen im Zeichen von Wettabschlüssen.

Als Fazit der Betrachtung dieser zweiten Darstellungsschicht im ‚Hungerkünstler' ergibt sich:

1. Kafka setzt neben den aus der Familienerziehung abgeleiteten Anorexie-Komplex einen zweiten Argumentationszusammenhang. Es ist der in die Darstellung eingeführte Bezug auf das sozialhistorisch ritualisierte Paradigma des „Hungerns" in dreifacher Weise: erstens als Form der

---

[19] Vgl. hierzu die beiden genannten Arbeiten von Lehmann und S. Saltarino.
[20] Lehmann a.a.O., S. 112.

Nachfolge Christi (Transsubstantiation von Speise in Logos); zweitens als Form medizinischer Selbstvergewisserung des Menschen, als im Ritual gezeigter Sieg des Geistes und Willens über den Körper im Zeichen des wissenschaftlichen Experiments; drittens als Form trivialästhetischer Schaustellungen, als ritualisierte Selbsterfahrung des Menschen im Spiel artistischer Leistungen, wie sie im Circus und im Variété gezeigt werden.

2. Kafka nutzt mit großer Bewußtheit die traditionell ambivalente Struktur dieses Rituals. Es erscheint nicht als ein die Wahrheit des Geschehens verbürgender Legitimationsrahmen, sondern ist zwischen göttlicher Wahrheit und Teufelstrug, zwischen medizinischer Wahrheit und faulem Trick, zwischen ethischer Leistung und Publikumstäuschung angesiedelt. Es ist von höchster Bedeutung für die von mir angeschnittenen Zusammenhänge, daß das Schauhungern offenbar von Anfang an die Dubiosität menschlicher Selbsterfahrung zwischen Bewahrheitung und Scharlatanerie in Szene setzt. Dabei zeigt sich, daß Kafka alle „Künstlerfiguren" seines Werkes in dieses Zwielicht rückte: den Maler Titorelli aus dem ‚Prozeß', den Affen Rotpeter aus dem ‚Bericht für eine Akademie', den Trapezkünstler aus dem ‚Ersten Leid', die Maus Josefine, Titelfigur der Erzählung ‚Josefine, die Sängerin'.

3. Kafka benutzt seine genaue Kenntnis der historischen und zeitgenössischen Erscheinungsweisen der ‚Hungerkunst', um daraus eine kulturgeschichtliche Diagnose über die Kernwerte seiner eigenen Situation als Künstler zu entwickeln. ‚Der Hungerkünstler' gibt das Modell einer sozialen Lage, in der das Verhältnis von Wunsch und Gesetz, von Wahrheit und Betrug, von Kunst- und Scharlatanerie auf beunruhigende Weise diffus geworden ist.

III

Ich möchte mich nun einer dritten Argumentationsschicht in Kafkas Erzählung vom ‚Hungerkünstler' zuwenden. Diese bezieht sich auf die besondere Art von ‚Kunst', die im Rahmen dieses sonderbaren Geschehens „inszeniert" wird. Man sollte hierbei den Begriff der „Szene" ernst nehmen und von einem allmählich sich wandelnden „Spiel" sprechen, das hier „gespielt" wird – und zwar offenbar sich wandelnd unter dem Eindruck eines „Paradigmenwechsels" vom eschatologisch orientierten über das medizinische zum trivialästhetischen „Hungern". Es ist – so scheint es – eine allmählich sich vollziehende Umwälzung der Vorstellungen darüber, welche Wünsche der Verwandlung in die Kunst wert sind und welche nicht.

In diesem „Spiel" zeigt sich zunächst ein Sich-Einlassen des Hungerkünstlers auf das Spiel mit den anderen; sodann aber zunehmend die Adoption der Rolle des „Spielverderbers" durch den Hungerkünstler, der sich nun nicht mehr an die Regeln der anderen hält und ausgestoßen oder – besser gesagt – „vergessen" wird. Zur Beschreibung dieser Vorgänge scheint es mir wichtig, hier einen „Spiel"-Begriff in Anschlag zu bringen, der von Roger Caillois in seinem Buch ‚Les jeux et les hommes, le masque et le vertige' entwickelt wurde[21]. Caillois unterscheidet vier Grundformen menschlichen Spiels, die er zu zwei Gruppen zusammenfaßt. Zur ersten Gruppe gehören „compétition" (Wettkampf) und „hasard" (Glücksspiel); zur zweiten Gruppe „simulacre" (Rollenspiel) und „vertige" (Rauscherfahrung des Körpers). Die letztgenannte Form des Spiels, als ein Sich-dem-eigenen-Körper-Aussetzen, kann dabei auf zweierlei Weise begriffen werden: als Versenkung in den regungslosen Körper, wie dies Kafkas Hungerkünstler unter der Form des Selbstverzehrs tut; als Selbsterfahrung im bewegten Körper, wie sie in der Gestalt des Trapezkünstlers in Kafkas Erzählung „Erstes Leid" erkennbar wird.

Bei den ersten beiden Spielformen geht es um Verrechenbarkeit und Meßbarkeit der Spielhandlungen: – letztlich um Formen des Tauschs, und zwar um den Leistungsvergleich im agonalen Spiel (Sport) einerseits, um Gewinn und Verlust im Spiel des Zufalls (Lotterie) andererseits. Bei den Spielformen von „simulacre" und „vertige" dagegen gelten die Regeln des Verrechnens und Vermessens nicht. Diese handeln vielmehr vom Sich-Ausliefern an den Körper des andern im Wiederholen der von ihm vorgegebenen Rollen und vom Sich-Ausliefern an den eigenen Körper; also vom Nachspielen einer Geschichte oder Figur – so wie Wilhelm Meister in Goethes Roman erst „David" und „Tankred", dann „Darius" und „Hamlet" spielt – einerseits; vom Sich-Hingeben an ein lustvolles oder angstbesetztes Körpergefühl andererseits, wie es Effi Briest auf der Schaukel in der ersten Szene von Fontanes Roman oder ‚Einer der auszog das Fürchten zu lernen' in Grimms Märchen erfährt[22].

---

[21] R. Caillois, Les jeux et les hommes. Le masque et le vertige. Edition revue et augmentée. Paris 1967.

[22] Goethes Roman gibt in den einander entgegengesetzten Frauenfiguren Aurelie und Mignon zwei Gestaltungen dieser beiden Spiel-Prinzipien als identifikatorischer Akte: Aurelie, die sich bis zur Selbstentblößung in die Rolle der Ophelia einspielt und an ihr zugrunde geht; Mignon, die das Rollenspiel bei den Gauklern wie im

Es ist bedeutsam für unseren Zusammenhang, daß Caillois jede der beiden Gruppen einem bestimmten Typus von Kultur zuordnet. Wettkampf und Glücksspiel erscheinen als kennzeichnend für die streng zivilisierten Gesellschaften, die durch wissenschaftliche Ordnung, durch ein in Schrift und Zahl geregeltes Leben charakterisiert sind. Rollenspiel und Rauschspiele dagegen werden den sogenannten ‚ursprünglichen' Gesellschaften zugeordnet und erscheinen damit im Rahmen nichtwissenschaftlicher Systeme, in denen Schrift und Zahl in ihrer disziplinierenden Form keine Geltung beanspruchen. Während die beiden ersten Spielformen gewissermaßen ‚abstrahierend' ablaufen, also den Spiel-Einsatz vom Körper trennen und in ein System der Zeichen überführen, werden die beiden letzteren gerade umgekehrt wirksam, sie bleiben körperorientiert, der Körper selbst wird zum Einsatz des Spiels, eine Ablösung sozial konvertierbarer Zeichen von ihm erfolgt nicht.

Für die Analyse von Kafkas ‚Hungerkünstler'-Geschichte ist entscheidend, daß alle vier Formen des „Spiels" im Lauf des erzählten Geschehens erprobt werden; daß also Kafka auf der Basis des anthropologischen Ur-Bedürfnisses „Essen" gewissermaßen ethnologische Paradigmata zeichenhafter Selbsterfahrung durchspielt. Dabei handelt es sich freilich im Grunde doch wieder um die Frage nach der Verwandlung menschlicher Wünsche in Zeichen: Die ‚Hungerkünstler'-Geschichte läßt sich als ein Versuch lesen, eine anthropologische Diagnose des ‚spielenden Menschen' zu geben, die Formen denkbarer Selbstinszenierung seiner Wünsche im Rahmen bestimmter kultureller Regeln durchzuspielen. Kafkas Hungerkünstler erprobt denn auch geradezu modellhaft alle vier Möglichkeiten solcher spielenden Selbst-Erfahrung.

Am Anfang steht zweifellos die Spielform der „compétition"; das erzählte Geschehen nimmt seinen Ausgang von einer „agonalen" Situation. Der Hungerkünstler stellt sich einem ‚Wettkampf'; er versucht eine Selbstdefinition durch Leistungsmessung. Er will nicht nur alle andern Hungerkünstler übertreffen[23], sondern letztlich auch sich selbst. Dieses Spiel kann nur gespielt werden, indem sich der Hungerkünstler dem Zähl- und Meßprinzip der Anzeigetafeln unterwirft. Als zweite Spielform tritt das durch „hasard" bestimmte Prinzip des „Glücksspiels" hinzu, das durch die Verrechnung von Gewinn und Verlust gekennzeichnet ist. Dieses Spiel

---

Theater verweigert und an der Insistenz des Körpers bis zur Selbstzerstörung festhält: Sie stirbt an gebrochenem Herzen.

[23] 1926 zeigten in Berlin sechs Hungerkünstler gleichzeitig ihr Können. Kafkas Geschichte ist 1922 geschrieben.

entspinnt sich zwischen dem Hungerkünstler und seinen Wächtern. Während diese, ihm mißtrauend, Karten spielen, bietet er, als Einsatz für die Ehrlichkeit seines Spiels, seinen Gesang. Es geht um das Ausspielen von Tricks und die Bezeugung der Wahrheit: also letztlich um die Wette auf die ‚Fehlerlosigkeit' des Hungerns. Das dritte Spielprinzip ist das von Caillois „simulacre" (Rollenspiel) genannte. Der Hungerkünstler spielt es unter heftigem Protest – sein „Wutausbruch" (E 261) bezeugt es – eine Zeitlang mit. Es ist das Nachspielen der mythischen Hungersituation Christi, die Unterwerfung unter die Bedingungen des diätetischen Vierzig-Tage-Moratoriums. Das vierte Spiel, dem sich der Hungerkünstler anvertraut – Caillois hat es „vertige" genannt, also rauschhafte, besinnungslose Auslieferung des Körpers an sich selbst –, wird zuletzt vom Hungerkünstler allein gespielt: Hungern (nicht Fasten, das wäre Diät und Unterwerfung unter die Regeln der Essenden) als das Lustgefühl des sich selbst aufzehrenden Körpers, als eine von diesem allein verantwortete Form des Essens, die den Essen-Regeln der anderen nicht mehr unterworfen ist. Der Hungerkünstler selbst hebt diesen Spiel-Charakter seiner „Kunst" hervor, die „Leichtigkeit" des Hungerns, seinen ‚Kinderspiel'-Charakter sozusagen: „Es war" – heißt es – „die leichteste Sache von der Welt." (E 258)

Entscheidend für das Verständnis des von Kafka Erzählten ist, daß der Hungerkünstler letztlich zu der Einsicht kommt, daß seine „Kunst" einzig und allein jenem vierten Spielprinzip des „vertige" gehorcht: dem autonomen Spiel des Körpers mit sich selbst, in dem Essen nun nicht mehr als fremdgeregelter Zwang erscheint, als ein Vorgang, der auf Speise und die Gesetze ihrer Einnahme angewiesen ist, sondern als ein autarkes Spiel des Selbstverzehrs. In diesem Augenblick erkennt der Hungerkünstler, daß sein Sich-Anpassen an die sozialen Spielformen des Wettkampfs, des Glücksspiels und der Nachahmung ein Irrtum war; eine falsche Anpassung an Formen einer Kultur, die dem Spiel der Wünsche seines Körpers nur Zwang, nicht Freiheit gewährt. Erst die Verweigerung des Leistungsvergleichs mit anderen; erst der Verzicht auf die Wette im Zeichen von Authentizität der Leistung und ihrer Verrechenbarkeit; erst die Ablehnung des Sich-Einspielens in vorgegebene Rollen bereiten das Feld für Formen des ‚autonomen', des ‚asozialen' Spiels. Nur das Spiel des sich selbst „aufs Spiel setzenden" Körpers eröffnet die Möglichkeit einer Ablösung von jenen Zwängen, die die anderen im Spiel ihrer Wünsche errichten, in sozialen Zeichen verfestigen und als Regeln des Verhaltens in Geltung setzen.

Aus dieser Einsicht des Hungerkünstlers resultiert die vierte Argumentationsschicht des Textes. Sie kreist um die Frage, welchen Zeichencharakter die vom Hungerkünstler inszenierte „Kunst" – als Spiel des

Körpers mit sich selbst – eigentlich noch besitzt: ob sie von „Wahrheit" und „Lüge", ob sie von „Lust" und „Unlust" – des Hungerkünstlers selbst oder der anderen – zeugt?

IV

Ich will daher jetzt versuchen, in einem vierten Deutungsansatz über das Besondere des vom Hungerkünstler gesetzten Zeichens, über den Aussagewert der von ihm ausgeübten „Kunst" zu sprechen. Kafkas Geschichte erzählt den Prozeß einer Isolation. Sie zeigt, daß der Hungerkünstler in seiner ‚Eigentümlichkeit' nur so lange ‚wahrgenommen' wird – das heißt aber: als ‚Zeichen' fungiert –, solange er sich noch von den Annahmen und Voraussetzungen der Sozietät her ‚verstehen' läßt: als Schwindler zunächst, als Sonderling, als Kranker und Melancholiker, als Verrückter:

> „Verzeiht mir alle", flüsterte der Hungerkünstler; .... „Gewiß", sagte der Aufseher und legte den Finger an die Stirn, um damit den Zustand des Hungerkünstlers dem Personal anzudeuten, „wir verzeihen dir." (E 267)

Dem letztlichen Verschwinden des Hungerkünstlers – als lebendigem Zeichen – aus der sozialen Wahrnehmung entspricht die Umfunktionierung des Käfigs. Solange der Hungerkünstler zur Kenntnis genommen wurde, konnte der Käfig, als ‚Ort' dieses Zeichens, selbst signifikant bleiben: als ein Bezirk der Exterritorialität. Nun, als „Medium" eines „erloschenen" Zeichens, vermag er seine Funktion nicht mehr zu erfüllen. Er wird mit einem neuen, von der umgebenden Kultur gut lesbaren Zeichen besetzt: dem jungen Panther.

Indem der Hungerkünstler durch Annahme des vierten Spielmodells nur noch auf der Autonomie des eigenen Körper-Spiels beharrt, verzichtet er auf das Prinzip der Sozialitätsidealisierung, wie Alfred Schütz diesen Vorgang genannt hat[24]. Er tut dies, indem er die für jede gesellschaftliche Verwirklichung notwendige Annahme einer Vertauschbarkeit der Standpunkte nicht mehr anerkennt. Hungern sei „die leichteste Sache von der Welt" (E 258) – sagt der Hungerkünstler, und: Er hungere „wie keiner von ihnen es könnte". (E 257) Damit begreift er sich selbst als unvergleichlich, das heißt aber auch: als nicht mehr sozialisierbar. Eben diese Unver-

---

[24] Vgl. hierzu A. Schütz, Gesammelte Aufsätze I. Das Problem der sozialen Wirklichkeit. Den Haag 1971, S. 13 f.

gleichlichkeit, in der sich seine Selbsterfahrung vollendet, impliziert zugleich seinen sozialen Tod: sein „Vergessenwerden"[25].

Was der Hungerkünstler mit seinem Kunstakt zu begründen sucht, ist somit die paradoxe Konstruktion eines ‚absoluten Zeichens'. Es ist im Grunde der Versuch, die soziale Leistung der Kultur zu widerrufen. Wenn diese, in der Ritualisierung des Essenaktes, die Substanz der Nahrung jenem Grenzwert zutreibt, wo sie sich in pure Funktion wandelt[26], so betreibt der Hungerkünstler die Umkehrung dieses Vorgangs, die Rückführung der Funktion an den Grenzwert der Substanz. Indem er sich den sozialen Zeichensystemen des Essens und des Geschmacks verweigert und diese Verweigerung als pure Negativität zur Schau stellt, bildet er selbst, als Körper, der er ist, wieder ein Zeichen, das des stummen, namenlosen, sich selbst verzehrenden Körpers: das Zeichen eines Nicht-Zeichens. Denn er zeigt etwas, was sich eigentlich gar nicht zeigen läßt: die Wahrheit des Hungerns, das weder durch die Wachsamkeit der Fleischhauer noch durch das Singen des Hungerkünstlers zweifelsfrei zu erweisen ist, für das es keinen ‚Dritten' als Garanten gibt. Nur durch gänzliche Selbstaufzehrung des Zeichenkörpers wird die fehlerlose Wahrheit des Zeichens beglaubigt. Gerade durch diesen Beweis aber wird auch das zu Beweisende getilgt. Der Beglaubigungsakt für die Wahrheit des Zeichens kann sich somit paradoxerweise nur vollenden, wenn der Zeichenkörper – das zu Beglaubigende – nicht mehr wahrnehmbar ist. Diese Paradoxie vollzieht sich denn auch buchstäblich: Der Hungerkünstler verschwindet im Stroh. Nur die Zeichen des Zeichens, ihrerseits lügenhaft, bleiben bestehen: die falsche Anzeigentafel und die verschmutzten Plakate.

Was Kafkas Geschichte als „Wesen von des Helden Hungerkunst" in Szene setzt, ist also die Verabsolutierung, damit aber zugleich die Negativierung aller Zeichenkomponenten: Der Zeichen*körper*, gebildet durch den hungernden Leib, erfüllt seine Funktion nur durch Selbstaufgabe, durch Verschwinden; die Zeichen*funktion* gerät zu purer Negativität in allen drei semiotischen Dimensionen – *semantisch*, insofern keine realen oder mentalen Referenten mehr akzeptiert werden; *syntaktisch*, insofern eine gänzliche System- und Ordnungsverwerfung erfolgt; *pragmatisch*,

---

[25] Die im folgenden entwickelten Gedankengänge zur Zeichenstruktur in Kafkas Erzählung sind den Beiträgen Frank-August Bödekers zu meinem ‚Kleist'-Seminar im SS 1981 und einem zweiten Seminar über ‚Das Essen und die Literatur' im WS 1981/82 dankbar verpflichtet.

[26] R. Barthes, a.a.O., S. 986: „La nourriture, en somme, va perdre en substance et gagner en fonction …".

insofern der Hungerkünstler keine Spielpartner mehr findet oder auch: keine mehr zuläßt.

Deutungs-, Ordnungs- und Verständigungsverweigerung führen somit zur gänzlichen Isolation des Hungerkünstlers. Was normalerweise sich als Kommunikations*feld* konstituiert, vereinigt der Hungerkünstler nur noch in seiner eigenen *Person*. Er ist alles zugleich: Zeichenkörper, Zeichenbedeutung, Zeichensystem, Zeichenproduzent, Zeicheninterpret. Die durch das ‚absolute Zeichen' erzeugte Bedeutung ist die Bedeutung von der ‚Paradoxie der Identität' schlechthin. Es ist die Aussage, daß Subjektivität in der vorgefundenen Kultur sich sozial nicht bewahrheiten läßt; daß sich das Für-*Sich* und das Für-*Andere* nicht mehr vermitteln lassen. Die Herstellung des ‚absoluten Zeichens' im Selbst-Spiel des Hungerkünstlers ist die letzte Konsequenz der Rebellion des Körpers gegen die sozialisierende – also auch identifizierende, das heißt aber definierende – Kraft der Zeichensysteme, die allemal in normierende, die Eigentümlichkeit auslöschende Zwänge umschlägt.

Im Hinblick auf die von Kafka in seiner Geschichte ‚erzählte' paradoxe Zeichenstruktur sind noch zwei Bemerkungen zu machen. Die eine betrifft den am Schluß in die Erzählung eingeführten Panther, die zweite die von Kafka erprobte Gegenphantasie des ‚Menschenfresser'-Fragments. Zunächst zu der Einführung der Tierfigur in der letzten Szene des Textes: Es scheint mir im Zusammenhang mit den hier angestellten Überlegungen nicht sinnvoll, den Panther, der nach dem Tod des Hungerkünstlers dessen Käfig besetzt, als oppositionelles Pendant zum Hungerkünstler zu lesen: als Zeichen natürlicher Vitalität etwa im Gegensatz zur selbstzerstörerischen Melancholie des menschlichen Protagonisten. Der Panther ist nichts als die Überschreibung eines unleserlich, weil ‚absolut' gewordenen Zeichens durch ein leserliches, das heißt sozial kodiertes. Der Panther hat keine oppositionelle, sondern eine bloß ersetzende Funktion im Zeichensystem des Textes. In ihm wird „Kultur" durch „Natur" überschrieben. Aus demselben Grund hat Kafka auch die Gegenphantasie des Menschenfressers in den Kontext der Erzählung letztlich nicht aufgenommen: In der Entgegensetzung von Hungerkunst und Anthropophagie hätte sich ein neues, polar strukturiertes Zeichensystem etabliert, das – etwa als Entgegensetzung von „Kultur" und „Barbarei" – in das bestehende soziale System kultureller Selbstvergewisserung hätte eingebunden werden können.

V

Auf dem Hintergrund der beschriebenen Leseerfahrungen mit dem ‚Hungerkünstler'-Text ist nun zu fragen, welchen Sinn Kafka der Inszenierung einer solchen ‚absoluten Zeichensetzung' abzugewinnen suchte. Ohne Zweifel ist das, was der Hungerkünstler unternimmt, nicht nur ein Akt der Verweigerung des Bestehenden, sondern zugleich auch ein Versuch der Inkraftsetzung eines Neuen. Es ist der Versuch, jene erste, mythische Begründung menschlicher Identität aus dem Essen-Akt zu widerrufen: jenes Verbot Gottes an die Menschen, vom Baum der Erkenntnis zu essen, damit aber die Identifikation des Menschen von Sexualität und Tod her. „... ich verstehe den Sündenfall wie kein Mensch sonst" (M 199), hatte Kafka an Milena geschrieben. Er empfand diesen anthropologischen Begründungsmythos der Bibel zeitlebens als einen Akt der Gewalt und der Willkür: „Wüten Gottes gegen die Menschenfamilie" (T 502), hatte er sich im Tagebuch notiert: „Die zwei Bäume, das unbegründete Verbot, die Bestrafung aller ..."

So könnte man sagen, daß das ‚Tun' – genauer noch: das ‚Nicht-Tun' – des Hungerkünstlers nichts anderes ist als die Aufrichtung eines Gegen-Mythos zum Sündenfall[27]. Es ist der Versuch, ein Spiel zu spielen, das die Stummheit des ganzen, unzerstückelten Körpers im Paradies wiederherstellt: den Augenblick vor der Begabung des Menschen mit dem Wissen von Sexualität und Tod, vor der Erfindung des Zeichens, mit dem die Macht des Gesetzes über die Menschen geboren wurde. Was sich im Tun des Hungerkünstlers vollzieht, ist kein transzendenter, sondern ein regressiver Akt. Es ist nicht der Versuch, über das Essen der irdischen Speise hinauszugelangen, wie dies der zweite Adam, Christus, in der Eucharistie tut[28]; es ist vielmehr ein Schritt vor die Einsetzung des Essens als Begründungsakt des Gesetzes, der Etablierung von Lizenz und Tabu zurück.

---

[27] Als einen solchen Gegenmythos lese ich die Geschichte der Lotophagen, die Homer im 9. Gesang der Odyssee erzählt und die Joyce in der 5. Episode seines ‚Ulysses' wieder aufgreift: Das Versinken in aller Süße des Pflanzenhaften, wo es nur Vergessen, keine Sexualität und kein Wissen mehr gibt, das Herausfallen aus der Geschichte, in die Odysseus die Gefährten gewaltsam zurückschleppen muß.

[28] Hier ist auf eine Stelle in Dantes ‚Vita Nuova' zu verweisen, wo er von „la mia trasfigurazione" spricht. La Vita Nuova di Dante Alighieri. Con introduzione commento e glossario di Tommaso Casini. (Biblioteca scolastica di classici italiani già diretta da Giosue Carducci). Florenz 1885, S. 65. Auch Kleist scheint solche Zusammenhänge im Mythos vom „zweiten Essen vom Baum der Erkenntnis" zu

‚Wenn jede Speise' – sagt sich der Hungerkünstler – ‚schon das Stigma des Sündenfalls trägt, ist der Verzicht auf sie das Paradies.' Wenn der Sündenfall die Begründung des Schmerzes und der Versagung ist, so der Augenblick davor alle Reinheit der Lust. Wenn die Speise, vom Augenblick des Sündenfalls an, die Form des Verbotes in sich enthält, so ist der Verzicht auf sie gleichbedeutend mit der Inthronisierung des einzigen Wunsches, der durch keinen anderen, weder Gott noch Teufel, weder Vater noch Mutter geregelt und verantwortet werden kann: des Wunsches, keinen Wunsch zu haben.

Das durch den Körper des Hungerkünstlers gesetzte absolute Zeichen ist somit der Versuch einer Begründung von Negativität im Sinne der Freiheit von allen Zwängen. Es repräsentiert den Wunsch, vergessen zu werden, den sozialen Zeichencharakter, den das Subjekt besitzt, einzubüßen, um der Insistenz des wunschlosen Körpers willen. Eben dies ist der Punkt, an dem die Hungerkünstler-Geschichte Kafkas ‚poetologisches Paradox' aus sich entläßt. Denn die Inszenierung eines ‚absoluten Zeichens' könnte letztlich nur als die Inszenierung von Sprachlosigkeit gedacht werden: als Abwesenheit von Zeichen. Eben diese Inszenierung aber nimmt Kafka *in der Sprache* und *mit der Sprache* vor: in einem literarischen Text, den er der Öffentlichkeit 1922 in der ‚Neuen Rundschau' vorlegt. Dieser Text zeigt mit den Zeichen der Schrift den Vorgang der Selbstauflösung des Zeichens. Er stellt das Nichtdarstellbare dar.

Kafka erzählt im ‚Hungerkünstler' die Selbstaufzehrung eines Zeichens, das, ausschließlich als Zeichen seiner selbst, sich durch Auslöschung allererst bewahrheitet: ein Körper, der sich beglaubigt, indem er sich verzehrt; eine Schrift, die sich bewahrheitet, indem sie erlischt. Es ist der unmögliche Versuch, das Nicht-Zeichen als Zeichen zu setzen; das ‚absolute' Zeichen in den sozialen Code zu verpflanzen; die Wahrheit des Körpers als Lüge der Sprache zu zeigen. Kafka hat dieses Dilemma der Selbst-Setzung durch die Zeichen der Kunst in der berühmten Formel über sein Dichten, es sei „Betrügen ohne Betrug", zusammengefaßt (T 535)[29]. Diese paradoxe Formel birgt in sich das Bemühen, die Wahrheit über den Körper mit einem Organ auszudrücken, das diesem nicht angehört, son-

---

phantasieren. Heinrich von Kleist, Sämtliche Werke und Briefe. Zweiter Band. Darmstadt 1962, S. 338–345.

[29] Vgl. hierzu H. Turk, „betrügen ... ohne Betrug". Das Problem der literarischen Legitimation am Beispiel Kafkas, in: Urszenen. Literaturwissenschaft als Diskursanalyse und Diskurskritik. Hg. Friedrich A. Kittler und Horst Turk. Frankfurt 1977, S. 381–407.

dern von der Gesellschaft der Anderen ihm wider Willen aufgezwungen wird: mit der Sprache und den durch sie gesetzten Zeichen. Es ist denn auch diese Doppelung von Wahrheit und Lüge im Sprechakt, die den Kern von Kafkas Poetologie ausmacht: die von ihm immer wiederholte Behauptung der unmöglichen und doch notwendigen Gleichzeitigkeit von Leben und Schreiben, Körper und Zeichen, Erfüllung des Wunsches und Verschiebung des Wunsches, von Essen und Hungern. Alle Schreibakte Kafkas sind von dieser Paradoxie geprägt; denn sie richten sich auf entgegengesetzte, einander ausschließende Sachverhalte.

Auf der einen Seite sind sie als Versuche zu begreifen, den anonymen Schreibstrom der Manuskripte in den Körper des Schreibenden zurückzulenken, das Verlöschen der Schrift als Bewahrheitung des Körpers zu erfahren und im Vergessen des Namens zu vollenden, wie dies die Erzählung von der ‚Strafkolonie' paradigmatisch vergegenwärtigt: als die Rückverwandlung der Schrift des Gesetzes, die nur für diesen einen geschrieben ist, in die Eigentümlichkeit des Körpers. *Auf der andern Seite* aber richten sich Kafkas Schreibakte auf die Vollendung durch Werke der Kunst und ihre kulturelle Bewahrheitung: als die „Gier" – wie Kafka sich einmal ausdrückt – gedruckt zu werden (B 103); als der Wunsch, den Schreibstrom in die Bücherwelt der Literatur hinüberzuleiten, den Körper versinken zu lassen und die Schrift des Namens in goldenen Lettern des Ruhms zu verewigen, wie dies der kleine Text ‚Ein Traum' auf unvergeßliche Weise erzählt (E 181 ff.)[30].

Immer wieder gehen Kafkas Vorstellungen einer autonomen Selbstbegründung von solchen Versuchen aus, dem Mythos des Sündenfalls gewissermaßen ‚vorzugreifen'. Immer wieder ist es der Eßakt, der die Etablierung des Gesetzes einleitet, und immer wieder suchen Kafkas Helden sich diesem ‚heteronomen Prinzip' durch Selbstnegation, durch ‚Aushungern', durch Phantasien des Vergessenwerdens zu entziehen. Drei Beispiele sind hier besonders eindrucksvoll: Prometheus, der heidnische Adam, der für seine Revolte durch ewiges Gefressenwerden bestraft wird –

---

[30] Ich habe versucht, diese Zusammenhänge in zwei Aufsätzen zu verdeutlichen: Werk oder Schrift? Vorüberlegungen zur Edition von Kafkas „Bericht für eine Akademie", in: Jahrbuch für Internationale Germanistik. Reihe A. Kongressberichte Bd. 11. Edition und Interpretation. Edition et Interprétation des Manuscrits littéraires. Hg. Louis Hay und Winfried Woesler. Bern/Frankfurt a.M./Las Vegas 1981, S. 154–173; gleichzeitig in Acta Germanica 14, 1981, S. 1–21; Schrift und Druck. Erwägungen zur Edition von Kafkas Landarzt-Band. ZfdPh Bd. 101, 1982, S. 115–139. (Sonderheft ‚Probleme neugermanistischer Edition'). Siehe S. 99–123 im vorliegenden Band.

und dem Vergessen verfällt (H 100); Gregor Samsa, in der ‚Verwandlung‘, der am erlittenen Sündenfall, dem Apfelwurf des Vaters, zugrunde geht; der also paradoxerweise an der Nahrungswunde „verhungert" – und seinerseits „vergessen", „hinweggeschafft" (E 141) wird; der Affe Rotpeter schließlich, im ‚Bericht für eine Akademie‘, der seine Identität als „freier Affe" verlöschen läßt, indem er die Flucht nach vorne, in den Menschen, antritt, zum zweitenmal vom Baum der Erkenntnis ißt: dem „Baum der Kultur" sozusagen, repräsentiert durch Branntwein und Tabakspfeife – und als Affe, der er ist, vergessen wird, zugunsten des in der Akademie-Rede fingierten Mensch-Seins[31].

VI

Im Rahmen solcher Erwägungen zur Verwandlung von Wünschen in Zeichen wird deutlich, in welcher Weise Kafka sich in die Tradition der Künstlernovelle einschreibt – und welche gänzlich eigenwillige Wendung er der Frage nach der Kunst in der Gesellschaft gibt. Die Dichotomie von Körper und Geist, von Körper und Schrift steht – als eine unbewältigte und durch den im 19. Jahrhundert etablierten Subjektbegriff auch wohl nicht zu bewältigende – ja schon am Anfang dieser Tradition. E. T. A. Hoffmanns ‚Ritter Gluck‘ sucht der Schwierigkeit ihrer Realisation durch Selbstspaltung zu begegnen. Unter dem Druck der nicht mehr sozial artikulierbaren Wünsche zerbricht er in zwei Personen: in eine Figuration des ‚realen‘ Sonderlings, der als Außenseiter durch die bürgerliche Welt irrt; in das Phantom schöpferischer Phantasie, das ohne Notenschrift die Werke Glucks in autonomer Schöpferkraft neu und authentisch hervorbringt.

Mörikes ‚Mozart auf der Reise nach Prag‘ regelt das Verhältnis von Körper und Zeichen, von Wunsch und dessen schöpferischem Ausdruck, nicht nach dem Prinzip der Dissoziation wie ‚Ritter Gluck‘, sondern nach dem der Transfiguration. Mozart, dem – wie dem Hungerkünstler das Essen der andern – der Wein des Wirts nicht schmeckt, geht auf die Suche nach einer besseren Speise im gräflichen Park, seine Wünsche führen ihn zu dem Pomeranzen-Bäumchen, er pflückt halb unbewußt eine Frucht, er atmet ihren südlichen Duft, erinnert sich eines „Knabentraums", assoziiert diesem ein musikalisches Motiv und überführt so die stummen Wünsche des Körpers in die schöpferische Zeichenkraft der Kunst: die Musik des

---

[31] Vgl. hierzu meinen Aufsatz „Ein Bericht für eine Akademie". Erwägungen zum „Mimesis"-Charakter Kafkascher Texte, in: DVjs 49, 1975, S. 166–183.

‚Don Giovanni'. Sein Entschuldigungsbrief an die Gräfin beschwört denn auch, höchst konsequent, den Mythos des Sündenfalls – freilich als einen Sündenfall ohne Eva, als einen Mythos ‚künstlicher', sublimierter Zeugung in die Schrift der Musik[32]. Für Kafkas Hungerkünstler sind beide Wege versperrt: der Weg der Selbstspaltung in ein bürgerliches und ein ästhetisches Ich, wie er dem ‚Ritter Gluck' aufgezwungen wird; der Weg der Verklärung einer trivialen Bürgerlichkeit durch die Kunst, wie ihn Mörikes „Mozart" wählt.

Kafkas in der Geschichte der Künstlernovelle beispielloser Versuch besteht darin, daß er die Rückverwandlung der von sozialen Zwängen vorgeformten Zeichen in die Wahrheit und Eigentümlichkeit des Körpers phantasiert: in den individuellen, sich selbst aufzehrenden Körper des einzelnen Subjekts wie im ‚Hungerkünstler'; in den Volks-Körper, wie im Fall der Musikerin ‚Josefine', die im Volk der Mäuse wieder aufgeht und vergessen wird. Dieses Vergessenwerden gelingt auch dem Hungerkünstler, weil er den Wunsch des Körpers als „Wunsch, nicht zu wünschen" definiert. Es ist das Bemühen, im Verzicht auf Schrift und Name, im Rückzug auf den sich selbst verzehrenden Körper, jene Vereigentümlichung des Subjekts zu erreichen, die das soziale Zeichensystem längst verweigert, weil es sogar die Körperfunktionen des Essens und Liebens bis in die feinsten Regungen hinein präformiert; ein Versuch freilich, der sich selbst widerruft, indem er dies alles zugleich als identifikatorischen Schreibakt der lesenden Öffentlichkeit unterbreitet. Kafkas Text repräsentiert die Inszenierung der ‚Paradoxie der Identität' schlechthin.

Mit dieser Wendung der Argumentation inthronisiert Kafka ein bislang in der Geschichte der Literatur kaum zur Geltung gelangtes Prinzip der Ästhetik. Zwar läßt auch er, wie alle europäische Ästhetik seit Dante, die Geschichte menschlicher Zeichenproduktion mit dem Sündenfall beginnen. Während aber die kanonische Ästhetik einem transfiguralen Prinzip gehorcht und die Verklärung der Körperlichkeit zum Ziel der Kunst macht, den Duft einer Pomeranze in die Musik des ‚Don Giovanni' verwandelt, wie Mörikes ‚Mozart'-Novelle, sucht Kafka die Begründung einer apokryphen Gegen-Ästhetik, die sich der herrschenden Kulturord-

---

[32] Eduard Mörike, Sämtliche Werke. Hg. H. G. Göpfert. München 1954, S. 1027: „Hier sitze ich Unseliger in Ihrem Paradiese, wie weiland Adam, nachdem er den Apfel gekostet. Das Unglück ist geschehen, und ich kann nicht einmal die Schuld auf eine gute Eva schieben, die eben jetzt, von Grazien und Amoretten eines Himmelbetts umgaukelt, im Gasthof sich des unschuldigsten Schlafes erfreut. Befehlen Sie, und ich stehe persönlich Ihro Gnaden Rede über meinen mir selbst unfaßlichen Frevel."

nung verweigert, auf dem Weg über die Bewahrheitung eines ‚absoluten Zeichens' aus der Autonomie des stummen Körpers. Während die kanonische Ästhetik der Regel des „verklärten Leibes" folgt, soll sich die apokryphe aus der Selbstbezeugung des Körpers, seiner Selbst-Verzehrung als Zeichen bewahrheiten[33]. Ihr Prinzip ist das der Verweigerung. Kafkas ‚Hungerkünstler' erscheint mir deshalb als ein so wichtiger Text, weil er eine neue, der Tradition kaum geläufige Frage an die ‚Ästhetik' stellt. Ästhetik, als die Frage nach den Wünschen der Menschen, führt zwar immer schon (seit A. G. Baumgarten) in das Spannungsfeld zwischen Körper und Sprache, Natur und Kultur, Wunsch und Zeichen zurück; aber die Vermittlung der Gegensätze erfolgte bislang nach dem Modell der Transsubstantiation in der Eucharistie, der Verwandlung von Brot und Wein in das Wort als den Körper Gottes; nach dem Prinzip der Transfiguration, als der Vorstellung des „verklärten Leibes", seiner Auratisierung und Lichtgestalt[34]. Kafkas Texte sind Widerrufe dieses Verfahrens. Sie sind Versuche der Etablierung einer umgekehrten Heilsgeschichte, nicht einer Heilung des Sündenfalls durch die Eucharistie, sondern einer Rückführung des durch den Sündenfall vom Körper getrennten Zeichens in diesen selbst, so, als sei der Sündenfall nie geschehen. Diesem Ziel dient die Errichtung eines Zeichens, das nur noch sich selbst bedeutet, weil es freie, nicht erzwungene Wunschlosigkeit zu seiner Voraussetzung hat.

Die Schritte meiner Deutung haben diesen Prozeß einer Selbstinszenierung des ‚absoluten Zeichens' nachzuvollziehen gesucht:

---

[33] Auch die Psychoanalyse, die durchaus auf der Basis der Wünsche des Körpers argumentiert, affirmiert, sobald es um die Rolle der Kunst geht, diese traditionelle ‚verklärende' Funktion. Freuds Aufsatz ‚Der Dichter und das Phantasieren' drückt sich hier ganz unmißverständlich aus. S. Freud, Studienausgabe. Band X. Bildende Kunst und Literatur. Frankfurt 1969, S. 171 ff. Vgl. hierzu auch C. Pietzcker, Zum Verhältnis von Traum und literarischem Kunstwerk, in: Psychoanalytische Textinterpretation. Hg. Johannes Cremerius. Hamburg 1974, S. 57–68.

[34] Beide Prinzipien sind nicht streng zu trennen: Sie gehen in der Erörterung über Kunst immer wieder ineinander über, so schon bei Dante, in der Argumentation der Gegenwart dann bei Walter Benjamin. Vgl. hierzu M. Stoessel, Aura. Das vergessene Menschliche. Zu Sprache und Erfahrung bei Walter Benjamin. München 1983; auch die historische Verwendung des Begriffes ‚Transsubstantiation' deutet darauf hin, namentlich in den Anwendungen des Terminus bei Georgel und Rosmini, wie A. Landgraf in seinem Artikel ‚Transsubstantiation' in: Lexikon für Theologie und Kirche. Freiburg i.Br. ²1938, Bd. 10, Sp. 255 f. einleuchtend macht. Abweichend dazu B. Neuheuser in der zweiten völlig neu bearbeiteten Auflage des Lexikons, Freiburg i. Br., Bd. 10, Sp. 311–314.

1. Das Essen als fundamentalästhetisches („körperliches") Bedürfnis wird – so zeigt Kafkas Geschichte vom ‚Hungerkünstler' – in der Familie als Disziplin des Lebenlernens etabliert.

2. Das Gelernte wird in verschiedene, einander ablösende und überlagernde historische Modelle des Welt-Verstehens eingebettet, die der ‚Transsubstantiation' des Körpers dienen. Diese zeigt sich unter dreierlei Gestalt: als das *eucharistische* Prinzip der Verwandlung von Körper in Zeichen; als das *medizinische* Prinzip der Sanierung des Körpers durch den Geist, wie es schon die 10. Satire Juvenals fordert: *mens sana in corpore sano*; als das *ästhetische* Prinzip der Verklärung der Materie in der Symbolik, als die von der Idee ‚geprägte' und in Ausdruck verwandelte Materialität und Körperlichkeit.

3. Das Essenverhalten wird als ein Identifikationsspiel des Menschen im Spannungsfeld von Körper und Zeichen erkannt und von Kafka verschiedenen, ethnologisch differenten Spielmodellen ausgesetzt. Der Hungerkünstler entscheidet sich *gegen* das europäisch etablierte Spielmodell abstrakten Wertvergleichs, wo der ‚Einsatz' des Spiels stets das Andere, das Geld, der Tauschwert, das Zeichen ist. Er entscheidet sich *für* das Spielmodell, in dem der einzige Einsatz der Körper selbst bleibt: für das Spiel mit sich selbst als Spiel des Selbst-Verzehrs.

4. Die letzte Frage, die Kafkas Text ‚Der Hungerkünstler' stellt, ist die nach dem Kunstwert dieses autistischen Spielmodells, nämlich Zeichen als Nicht-Zeichen sozial noch etablieren, die Selbst-Aufzehrung des Zeichens als kulturelles Ritual noch zur Schau stellen zu wollen. Es ist die Frage nach Kafkas Kunst-Begriff.

Gebunden bleibt diese vierfache Auffächerung des Problems in einen familialen, einen sozialen, einen ethnologischen und einen semiotischen Teilaspekt an die Kernvorstellung des tradierten Mythos vom Sündenfall, der als Geburtsakt menschlicher Zeichenproduktion unter dem Stigma des Verbots verstanden wird, und den Kafka durch sein Schreiben zu widerrufen sucht. Seine Texte sind unermüdliche Überschreibungen des Sündenfall-Mythos, versuchte Zurückschreibungen vor seinen Ursprung zurück.

VII

Aufs ganze gesehen sind es somit zwei einander parallel laufende Verweigerungszusammenhänge, ein pragmatischer und ein ästhetischer, die Kafkas Werk prägen. Auf der einen Seite die Verweigerung gegenüber dem kanonischen Familienverband, in dem Liebe immer zugleich nur als Macht und als Zwang sich zu äußern vermag – diese Verweigerung ist von der Kafka-Forschung (freilich vor allem unter ödipalem Vorzeichen[35]) ausgiebig beschrieben worden; auf der andern Seite die Verweigerung gegenüber der kanonischen Ästhetik, in der Schönheit sich nur nach dem Gesetz der Transsubstantiation und der Transfiguration, der Verwandlung und Verklärung des Körpers zu äußern vermag – dieses Phänomen hat die Forschung bislang kaum beachtet[36].

Kafkas Antworten auf diese sozial- wie kulturgeschichtlichen Erfahrungen sind in seinem Werk niedergelegt: als Phantasien einer vaterlosen Geburt und als Setzung eines ‚absoluten Zeichens'[37]. Diese Parallelität antiödipaler und antisymbolischer Tendenzen in den Texten Kafkas ist gewiß keine zufällige. Beide Tendenzen entspringen derselben, bald als zwanghaft, bald als befreiend empfundenen Erfahrung der Verwandlung von Wunsch in Gesetz, von Körper in Zeichen.

Für die Erhellung dieser ins Zentrum von Kafkas Kunstauffassung führenden Frage ist das dem ‚Hungerkünstler'-Text zuzuordnende ‚Menschenfresser'-Fragment von besonderer Bedeutung, und zwar unter zwei Gesichtspunkten. Zum einen, weil es Elemente einer antisymbolischen Kunstauffassung und Ansätze zu einer antiödipalen Familienerfahrung enthält; zum andern, weil es von Kafkas Infragestellung europäischer Familien- und Kunststrukturen zu gegenkulturellen Phantasien überleitet, die in Kafkas Diagnose seiner eigenen Kultursituation und der Funktion der Kunst in ihr eine wichtige Rolle spielen und bisher kaum beachtet wurden.

Zunächst zu dem ersten, eingeschränkteren Gesichtspunkt. Es scheint mir, als gestalte sich in diesem Fragment noch einmal, und zwar verschärft, der Ansatz eines Gegen-Mythos zum Sündenfall. Das Fragment imaginiert die Aufhebung der göttlichen Setzung von Lizenz und Tabu in der Konfrontation zweier Figuren, die einen Raum ‚übermenschlicher' Freiheit

---

[35] Eine wichtige Ausnahme bildet hier das wirre, aber anregende Buch von G. Deleuze/F. Guattari, Kafka. Pour une littérature mineure. Paris 1975.

[36] Die Deutungen des Hungerkünstlers, wie sie H. Politzer, Franz Kafka, der Künstler. Frankfurt 1965 (Studienausgabe 1968), S. 303–308; B. von Wiese, Die deutsche Novelle von Goethe bis Kafka. Interpretationen, Düsseldorf 1956, S. 325–345; ders., Franz Kafka: „Ein Hungerkünstler", in: Akzente 1958 (H. 2), S. 113–123; Emrich (wie Anm. 4) und viele andere geben, springen allzu rasch aus der Frage nach dem Eßakt in die Frage nach der Kunst über. Ich möchte bei meiner Analyse diese zweite Frage so lange wie möglich hinausschieben.

[37] R. Pierre, Odradek. Loi de Kafka. Paris 1976.

besetzen, weit jenseits der vom Gott des Alten Testaments gezogenen Grenzen: des Hungerkünstlers, der alle, auch die erlaubten Wünsche verweigert, in einer, wie es im Text heißt, „übermenschlichen Leistung" des Verzichts[38]; des Menschenfressers, der sich alle, auch die verbotenen Wünsche gestattet, „übermenschlichen Gelüsten"[39] in sich Raum gibt. Damit hätte sich ein Feld menschlicher Wunscherfüllung geöffnet, das dem göttlichen Verdikt und seinen Tabuisierungen entzogen ist, dem Körper die Freiheit der Wünsche wiederschenkt und eben dadurch die Möglichkeit einer nicht transfiguralen, einer antisymbolischen Ästhetik eröffnet[40]. Das Fragment ist aber zugleich die Konstruktion eines Gegen-Mythos zur ödipalen Situation der Familie. Die beiden Protagonisten geben sich als Spielgefährten der Jugend zu erkennen, eine Anagnorisis, eine Namengebung findet statt: Der Menschenfresser nennt den Hungerkünstler Pedro.

> Du weißt nicht mehr, wie wir miteinander spielten? Wie dich meine roten Haare freuten? Wie du sie zu Zöpfen gebunden und geflochten hast?[41]

Hier wird eine Spielsituation entworfen, die geschwisterliche Pflegehandlungen ohne Zwangscharakter ermöglicht, Identifikation also aus dem nicht vom Vater codierten Körperkontakt entbindet, die Vorstellung einer antiödipalen Pragmatik, die das freie Tragen des Namens (unbelastet vom Vater) erlaubt. Dieses Konzept einer gewissermaßen ‚utopischen' Erweiterung der Fragestellung wurde von Kafka letztlich aber doch verworfen. Er beließ es bei den beiden Strategien der Verweigerung: dem Verlassen des Familienverbandes und der Inszenierung des ‚absoluten Zeichens'.

VIII

Nun zu der zweiten, umfassenderen Frage, die durch Kafkas schließlich abgebrochenen Versuch aufgeworfen wird, dem Hungerkünstler einen Menschenfresser zuzugesellen. Wenn nämlich Kafka in seinem Fragment den Hungerkünstler mit einem Anthropophagen zusammenführt, begeg-

---

[38] Zitiert nach Pasley, a.a.O., S. 105.
[39] Zitat nach Pasley, a.a.O., S. 106.
[40] Der Zirkus hatte zu jener Bühne werden können, auf der diese neue Form des Körperspiels sich zwischen Hungerkünstler und Menschenfresser entwickeln müßte. Auch die frühe Phantasie vom ‚Schauspielerwerden' Karls im ‚Verschollenen' scheint mir einen solchen Ansatz zu einer neuen Ästhetik zu enthalten, der sich im ‚Theater von Oklahoma' hätte bewahrheiten sollen.
[41] Beleg nach Pasley, a.a.O., S. 106.

nen sich in dieser „funktionalen" Umkehrung zugleich zwei Welten: die der Zivilisation des Abendlandes mit ihren triebzügelnden Disziplinen und diätetischen Ritualen, und die der Fremdheit exotischer Kontinente, ihrer ‚naturhaften' Wildheit und Vitalität. Was Kafka an einer solchen Situation faszinierte, war der Blick des Fremden auf das Einheimische, die Selbsterfahrung durch die Augen des schlechthin Anderen, der Gegenkultur Zugehörigen[42].

Es ist dabei wesentlich, daß dieser ‚fremde Blick', der ja zuletzt auf die Frage der Kunst sich richtet, von Erfahrungen der Körperlichkeit, als einer ‚fundamentalen' Ästhetik, seinen Ausgang nimmt; daß er den Akt des Essens als jenen Punkt gewahrt, in dem Kultur und Gegenkultur, Kultur und „Natur" aufeinanderprallen. Der ‚fremde Blick', in dem das eigene ‚Anderssein' erst zu Bewußtsein kommt, hat freilich eine lange literarische Tradition; Montesquieux ‚Lettres persanes' haben ihn genutzt, Voltaires ‚Ingénu', Cervantes' ‚Gespräch der Hunde' haben ihn wiederholt. Einmal sind es die „Wilden", die den „Zivilisierten" die Augen öffnen[43] – „der Amerikaner, der den Columbus zuerst entdeckte, machte eine böse Entdeckung", sagt Lichtenberg gelegentlich[44] –, das andere Mal ist es das Auge des Tiers, das aus der Gegenwelt der Natur in die Welt der Menschen blickt.

Aber all diese Annäherungen von außen, wie sie das 18. und das 19. Jahrhundert erprobte, sind nicht ohne Koketterie, sie sind Verkleidungen und Masken, hinter denen das Gesicht des Europäers sich halb

---

[42] Eben dieses Spiel der ‚fremden Blicke' hat Kafka in einer Variante zum Hungerkünstler ausgestaltet: „Es lockte sie nahe zum Gitter sich zu drängen und in die trüben [<förmlich mit baldiger Verlöschung drohenden>] Augen des Hungerkünstlers zu sehn, deren Anblick er niemandem entzog, der sich sichtlich darum bewarb, ja er suchte selbst unter der bunten Zuschauermenge Blicke, die sich in die seinen zu versenken Lust hatten. Dann ergab sich ein Frage- und Antwortspiel der Augen. Der Zuschauer fragte: „Hast Du wirklich schon solange gehungert?" Der Hungerkünstler antwortete: „Allerdings genau so lange habe ich gehungert und werde noch lange hungern. Dass Du es nicht begreifen kannst, verstehe ich; es ist unbegreiflich" Der Zuschauer: „Und Du solltest das Unbegreifliche ausführen können?" Der Hungerkünstler: „Ja, ich." [] = Tilgung im Manuskript. <> = Einfügung im Manuskript.

[43] Das Buch von U. Bitterli, Die „Wilden" und die „Zivilisierten". Grundzüge einer Geistes- und Kulturgeschichte der europäisch-überseeischen Begegnung. München 1976 hat diese Zusammenhänge rekonstruiert.

[44] Georg Christoph Lichtenberg, Schriften und Briefe. Zweiter Band. Sudelbücher II. Materialhefte, Tagebücher. Hg. W. Promies. Darmstadt 1971, S. 166 (Heft G 183).

satirisch, halb scherzhaft verbirgt. Bei Kafka ist das anders. Der Doppelblick des ‚Ethnologen' auf das Fremde, des ‚Wilden' auf das Heimische, den seine Texte immer wieder erproben, ist ein Blick auf Leben und Tod[45].

> Ich liege auf einer Holzpritsche, habe – es ist kein Vergnügen, mich zu betrachten – ein schmutziges Totenhemd an, Haar und Bart, grau und schwarz, geht unentwirrbar durcheinander, meine Beine sind mit einem großen, seidenen, blumengemusterten, langgefransten Frauentuch bedeckt. Zu meinen Häupten steht eine Kirchenkerze und leuchtet mir. An der Wand mir gegenüber ist ein kleines Bild, ein Buschmann offenbar, der mit einem Speer nach mir zielt und hinter einem großartig bemalten Schild sich möglichst deckt. (BK 103)

Wie der Jäger Gracchus, von dem dies gesagt wird, eine Figur der Grenze zwischen Leben und Tod ist, so suchen Kafkas Perspektivierungen des Erzählens diese Übergänge zwischen dem ‚Fremden' und dem ‚Vertrauten' als zweier unvereinbarer Kulturen immer wieder unerbittlich ins Bewußtsein zu heben. Es ist die nicht assimilierbare Grenzerfahrung zwischen schlechthin Fremdem, auf die es Kafka anzukommen scheint: der Chinese, der in die Welt des „Neuen Advokaten" einzubrechen droht[46], der Reisende, der der unbegreiflichen Welt der „Schakale und Araber" begegnet, der vergleichende Völkerkundler, der die Geschichte vom „Bau der Chinesischen Mauer" wiederzugeben sucht, der Forschungsreisende, dessen befremdeter Blick auf die Hinrichtungsmaschine der „Strafkolonie" fällt, der „forschende Hund", der Affe Rotpeter, deren Tierblicke die Menschenwelt umfangen.

---

[45] Die hier angeschnittenen Zusammenhänge werden neuerdings in ideologiekritischer Absicht von verschiedenen Seiten her aufgerollt. Vgl. hierzu folgende Bücher: H. P. Duerr, Traumzeit. Über die Grenze zwischen Wildnis und Zivilisation. Frankfurt ⁴1979; Der gläserne Zaun. Aufsätze zu Hans Peter Duerrs „Traumzeit". Hg. R. Gehlen und B. Wolf. Frankfurt 1983; Der Wissenschaftler und das Irrationale. Hg. H. P. Duerr. Band 1: Beiträge aus Ethnologie und Anthropologie. Band 2: Beiträge aus Philosophie und Psychologie. Frankfurt 1982; F. Kramer, Verkehrte Welten. Zur imaginären Ethnographie des 19. Jahrhunderts. Frankfurt 1977; M. Leiris, Die eigene und die fremde Kultur. Ethnologische Schriften. Hg. Hans-Jürgen Heinrichs. Frankfurt 1978; M. Leiris, Das Auge des Ethnographen. Ethnologische Schriften 2. Hg. Hans-Jürgen Heinrichs. Frankfurt 1982; C. Lévy-Strauss, Traurige Tropen. Köln 1974; zum weiteren Zusammenhang vgl. G. Devereux, Angst und Methode in den Verhaltenswissenschaften. München 1967.

[46] Vgl. hierzu meinen Aufsatz: Der verschleppte Prozeß. Literarisches Schaffen zwischen Schreibstrom und Werkidol, in: Poetica 14, 1982 (Heft 1–2), S. 92–112. Siehe S. 76–98 des vorliegenden Bandes.

Eine Schlüsselfigur dieses Zusammenhangs ist wohl der Affe Rotpeter im ‚Bericht für eine Akademie'. In ihm wird jener ‚Augenblick' Gestalt, in dem das moderne ‚Subjekt' sich selbst auf der Grenze zwischen unveräußerbarer Eigentümlichkeit und nicht assimilierbarer Fremdheit erfährt. Es ist der ‚Blick', der zwischen Tierwelt und Menschenwelt hin und her irrt[47]: zwischen dem schlechthin Fremden und dem bedingungslos Eigenen, zwischen Natur und Kultur, zwischen Wildheit und Zivilisation. Erst im „verwirrten Blick" (E 196) des Tieres werden jene Ordnungskonflikte sichtbar, in denen die Einheit des modernen Subjekts zu zerfallen droht. Dabei sind es im Grunde zwei Kernvorstellungen, innerhalb deren Identität des menschlichen Subjekts sich zu bilden vermag: Selbstfindung als Beglaubigung aus dem *Ursprung* einerseits, als Bewährung durch die *Kommunikation* mit der Umwelt andererseits. Diese beiden Vorstellungen sind auf zweierlei Art regelbar: durch *Mythen* und durch *zivilisatorische Errungenschaften*, durch erzählte Geschichten und durch wissenschaftliche Techniken, durch Inhalte oder durch Beherrschung von Medien.

In der Rede des Affen Rotpeter treten beide Modelle als konkurrierende Argumentationssysteme in Erscheinung: das *mythische* Modell in Form der Geschichte vom Sündenfall, aus der der Mensch als durch Wissen des Todes und der Liebe bestimmter entspringt; das *zivilisatorische* Modell in Gestalt der darwinistischen Theorie, der Überzeugung von der Erklärbarkeit und ‚Machbarkeit' des Menschen – Rotpeter erschafft sich als sprechender Mensch selbst durch einen reinen Willensakt, er ‚erfindet' sich gewissermaßen durch systematisches Nachdenken, indem er sich die Techniken der Kommunikation aneignet[48].

---

[47] „Wenn ich mich auf mein Endziel hin prüfe, so ergibt sich, daß ich nicht eigentlich danach strebe, ein guter Mensch zu werden und einem höchsten Gericht zu entsprechen, sondern, sehr gegensätzlich, die ganze Menschen- und Tiergemeinschaft zu überblicken, ihre grundlegenden Vorlieben, Wünsche, sittlichen Ideale zu erkennen, sie auf einfache Vorschriften zurückzuführen und mich in ihrer Richtung möglichst bald dahin zu entwickeln, daß ich durchaus allen wohlgefällig würde und zwar (hier kommt der Sprung) so wohlgefällig, daß ich, ohne die allgemeine Liebe zu verlieren, schließlich, als der einzige Sünder, der nicht gebraten wird, die mir innewohnenden Gemeinheiten offen, vor aller Augen, ausführen dürfte. Zusammengefaßt kommt es mir also nur auf das Menschengericht an und dieses will ich überdies betrügen, allerdings ohne Betrug." (T 534 f.).

[48] Eine vergleichbare Überkreuzung von mythischen und zivilisatorischen (technischen) Motiven erfolgt in der Schreibtisch-Phantasie in Kafkas ‚Amerika'-Roman. Vgl. hierzu meine Überlegungen in: Schreibschrein und Strafapparat. Erwägungen zur Topographie des Schreibens, in: Bild und Gedanke. Festschrift für Gerhart Baumann zum 60. Geburtstag. Hg. von G. Schnitzler in Verbindung mit G.

In beiden Modellen sind die Vorstellungen von *Ursprung* und *Kommunikation* prägend: Der *Mythos* stellt den *Ursprung* in der Geschichte vom Sündenfall dar, die *Kommunikation* in der Idee vom ‚natürlichen', aller sozialen Zwänge ledigen Verkehr („Freiheit" E 188); *Zivilisation* bestimmt den *Ursprung* als autonome Setzung und Selbst-Erfindung, die *Kommunikation* als ein durch technische Medien geregeltes System der Mitteilung – nicht zufällig spielt ein Grammophon auf dem Schiff, als Rotpeter sprechen lernt (E 193 f.)[49].

Im Grunde sind es denn auch nur diese beiden Bereiche kulturellen Wissens, die in Kafkas Werken explizit werden: *mythische* und *technische* Elemente, die unter wechselnden Beleuchtungen und Perspektivierungen eine eminente argumentative Rolle spielen. Kafkas Mythenphantasien sind hinlänglich bekannt: Poseidon, Prometheus, die schweigenden Sirenen …[50]; nicht so bekannt, aber gleich bedeutsam sind seine Reflexionen über die Rolle der Technik in der Selbstkonstitution des Menschen, wo *Ursprünge* als ‚Erfindungen', *Kommunikationszusammenhänge* unter dem Aspekt der Medien – Phonographen, Parlographen, Grammophone, Funktelegraphen, Telephone, Telegramme, Verbundsysteme von Sprech- und Schreibmaschinen[51] – zum ständigen Repertoire seiner Überlegungen gehören.

Wesentlich für die hier befragten Zusammenhänge ist, daß sich beide Modelle in Kafkas Denken als konkurrierend und letztlich unvereinbar erweisen, daß sie die Grundstruktur des „fremden Blickes" und seiner dissoziativen Kraft nicht überwinden. *Ursprung* wird bald als Erfindung (wie in dem künstlichen Gebilde „Odradek"), bald als Zeugung gedacht (wie in den ‚Söhne'-Erzählungen)[52]; *Kommunikation* bald als „natürlicher Menschenverkehr" (M 260), bald als technisches Problem (der Telefonsaal im ‚Amerika'-Roman). Kritischer Punkt zwischen beiden ist die Sprache als

---

Neumann und J. Schröder. München 1980, S. 385–401. Siehe S. 55–75 des vorliegenden Bandes.

[49] Dieser Hinweis ist Wolf Kittler zu verdanken.

[50] Vgl. H. Politzer, Das Schweigen der Sirenen, in: DVjs 41, 1967, S. 444–467; D. Krusche, Kafka und Kafka-Deutung: Die problematisierte Interaktion. München 1974, S. 92–109; G. Neumann, Realismo e strutturalismo. Tentativo di definire il concetto di realismo sulla base delle novelle di Kafka: „Il silenzio delle Sirene" e „Un messaggio imperiale", in: SICVLORVM GYMNASIVM. Rassegna semestrale della Facoltà di Lettere e Filosofia dell'Università di Catania, N.S. a. XXVIII – n. 2 Iuglio – decembre 1975, S. 471–492.

[51] Vgl. hierzu vor allem den Brief Kafkas an Felice Bauer vom 22./23. 1. 1913. (F 264–266).

[52] Vgl. hierzu Kafkas Brief an Kurt Wolff vom 4. 4. 1913. (B 115).

dasjenige Organ, das die eine oder die andere Ordnung zu etablieren vermag: als Sprache, die den Mythos nacherzählt, als Sprache, die sich in technischen Abläufen selbst repodiziert: in Gesetzes- als Bürokratie-Maschinen; als Sprache der Schöpfung einerseits, die die Freiheit des sich selbst erzeugenden Subjekts gewährt, als Sprache der Norm und Disziplin andererseits, die es den regelnden Zwängen der Gesellschaft ausliefert.

Kafkas ‚Jäger Gracchus'-Figur steht im Zentrum dieser sich überkreuzenden Motivzusammenhänge. Sie bezeugt den Versuch Kafkas, die Zerrissenheit des modernen Subjekts zwischen mythischer und technischer Legitimation, zwischen Selbstbesitz und Selbstentfremdung, zwischen Natur und Kultur zu rekonstruieren. Ein im Oktavheft D überliefertes Fragment verdeutlicht die unauflösliche Durchflechtung menschlicher Rede mit solchen einander widersprechenden Begründungsordnungen: Sprache, als letztlich scheiternder Versuch des ‚Erzählens alter Geschichten', in dem sich natürliche und künstliche, mythische und technische, das Wilde und das Zivilisierte betreffende Argumentationsfetzen unvermittelt ineinanderkeilen:

> Ach, im Zusammenhang. Die alten, alten Geschichten. Alle Bücher sind voll davon, in allen Schulen malen es die Lehrer an die Tafel, die Mutter träumt davon, während das Kind an der Brust trinkt, es ist das Geflüster in den Umarmungen, die Händler sagen es den Käufern, die Käufer den Händlern, die Soldaten singen es beim Marsch, der Prediger ruft es in die Kirche, Geschichtsschreiber sehen in ihrer Stube mit offenem Mund das längst Geschehene und beschreiben es unaufhörlich, in der Zeitung ist es gedruckt und das Volk reicht es sich von Hand zu Hand, der Telegraph wurde erfunden, damit es schneller die Erde umkreist, man gräbt es in verschütteten Städten aus und der Aufzug rast damit zum Dach der Wolkenkratzer. Die Passagiere der Eisenbahnen verkünden es aus den Fenstern in den Ländern, die sie durchfahren, aber früher noch heulen es ihnen die Wilden entgegen, in den Sternen ist es zu lesen und die Seen tragen das Spiegelbild, die Bäche bringen es aus dem Gebirge und der Schnee streut es wieder auf den Gipfel, und du Mann sitzest hier und fragst mich nach dem Zusammenhang. (BK 337)

An der Darstellung des ‚Jägers Gracchus', als einer Gestaltwerdung des ‚fremden Blicks' schlechthin, der die Bestimmung menschlicher Identität auf der Grenze zwischen Leben und Tod, Natur und Kultur, Zivilisation und Barbarei als Erzählzusammenhang, als ‚Mythos' entwickeln sollte, ist Kafka schließlich gescheitert: Die verschiedenen Erzählansätze ließen sich kompositorisch nicht mehr integrieren[53].

---

[53] Vgl. hierzu die Arbeit von M. Krock, Oberflächen- und Tiefenschicht im Werke Kafkas. Der Jäger Gracchus als Schlüsselfigur. Marburg 1974.

Aber Kafka hat die Frage nach den miteinander konkurrierenden Legitimationsordnungen von Mythos und Technik im Hinblick auf die Ich-Erfahrung immer wieder aufgegriffen, so beispielsweise in einem andern Text vom Anfang des Jahres 1918, der im Oktavheft H überliefert ist:

> Die Erfindungen eilen uns voraus, wie die Küste dem von seiner Maschine unaufhörlich erschütterten Dampfer immer vorauseilt. Die Erfindungen leisten alles, was geleistet werden kann. Ein Unrecht, etwa zu sagen: Das Flugzeug fliegt nicht so wie der Vogel, oder: Niemals werden wir imstande sein, einen lebendigen Vogel zu schaffen. Gewiß nicht, aber der Fehler liegt im Einwand, so wie wenn vom Dampfer verlangt würde, trotz geraden Kurses immer wieder die erste Station anzufahren. – Ein Vogel kann nicht durch einen ursprünglichen Akt geschaffen werden, denn er ist schon geschaffen, entsteht auf Grund des ersten Schöpfungsaktes immer wieder, und es ist unmöglich, in diese auf Grund eines ursprünglichen unaufhörlichen Willens geschaffene und lebende und weitersprühende Reihe einzubrechen, so wie es in einer Sage heißt, daß zwar das erste Weib aus der Rippe des Mannes geschaffen wurde, daß sich das aber niemals mehr wiederholt hat, sondern daß von da ab die Männer immer die Töchter anderer zum Weib nehmen. – Die Methode und Tendenz der Schöpfung des Vogels – darauf kommt es an – und des Flugzeugs muß aber nicht verschieden sein und die Auslegung der Wilden, welche Gewehrschuß und Donner verwechseln, kann eine begrenzte Wahrheit haben. (H 119 f.)

Hier finden sich beide Kernfragen menschlicher Selbstbegründung vereinigt: die Frage nach dem *Ursprung* und die Frage nach der identifikatorischen Möglichkeit von *Kommunikation*. *Ursprung* wird in seiner doppelten Form bedacht, als technisches Problem von ‚Erfindungen‘, als mythisches Problem der paradiesischen Schöpfungsszene und des Sündenfalls; *Kommunikation* als daraus entsprungen, erscheint ihrerseits doppelt begründbar: aus der Gegebenheit technischer Medien ihrer Verwirklichung, den Verkehrsmitteln der modernen Welt; aus der Gegebenheit natürlichen Menschenverkehrs, wie sie als Liebe zwischen Mann und Frau aus der biblischen Urszene sich ableitet. Auch hier entwickelt Kafka die Frage nach der Begründbarkeit des Subjekts aus dem ‚fremden Blick‘, aus der Begegnung von Kultur und ‚natürlicher‘ Gegenwelt, von Zivilisation und Wildheit.

In den Briefen an Milena hat Kafka dann wiederholt versucht, die Entgegensetzung von Mythos und Technik als zwei Formen, Ursprung und Kommunikation zu denken, mit dem Thema der Schrift zu verknüpfen;

am deutlichsten vielleicht in dem oft zitierten Brief von Ende März 1922[54], in dem es heißt:

> Sie wissen ja, wie ich Briefe hasse. Alles Unglück meines Lebens – womit ich nicht klagen, sondern eine allgemein belehrende Feststellung machen will – kommt, wenn man will, von Briefen oder von der Möglichkeit des Briefeschreibens her. Menschen haben mich kaum jemals betrogen, aber Briefe immer und zwar auch hier nicht fremde, sondern meine eigenen. Es ist in meinem Fall ein besonderes Unglück, von dem ich nicht weiter reden will, aber gleichzeitig auch ein allgemeines. Die leichte Möglichkeit des Briefschreibens muß – bloß theoretisch angesehen – eine schreckliche Zerrüttung der Seelen in die Welt gebracht haben. Es ist ja ein Verkehr mit Gespenstern und zwar nicht nur mit dem Gespenst des Adressaten, sondern auch mit dem eigenen Gespenst, das sich einem unter der Hand in dem Brief, den man schreibt, entwickelt oder gar in einer Folge von Briefen, wo ein Brief den andern erhärtet und sich auf ihn als Zeugen berufen kann. Wie kam man nur auf den Gedanken, daß Menschen durch Briefe miteinander verkehren können! Man kann an einen fernen Menschen denken und man kann einen nahen Menschen fassen, alles andere geht über Menschenkraft. Briefe schreiben aber heißt, sich vor den Gespenstern entblößen, worauf sie gierig warten. Geschriebene Küsse kommen nicht an ihren Ort, sondern werden von den Gespenstern auf dem Wege ausgetrunken. Durch diese reichliche Nahrung vermehren sie sich ja so unerhört. Die Menschheit fühlt das und kämpft dagegen; sie hat, um möglichst das Gespenstische zwischen den Menschen auszuschalten und den natürlichen Verkehr, den Frieden der Seelen zu erreichen, die Eisenbahn, das Auto, den Aeroplan erfunden, aber es hilft nichts mehr, es sind offenbar Erfindungen, die schon im Absturz gemacht werden, die Gegenseite ist soviel ruhiger und stärker, sie hat nach der Post den Telegraphen erfunden, das Telephon, die Funktelegraphie. Die Geister werden nicht verhungern, aber wir werden zugrundegehn. (M 259 f.)

Während die Erwägungen aus dem Oktavheft H den *beiden* Modellen der natürlichen und der technischen Regelung von Ursprung und Kommunikation noch eine „begrenzte Wahrheit" (H 119 f.) zuzusprechen suchen, wird Kafka nun, in den letzten Jahren seines Lebens, denen die ‚Hungerkünstler'-Geschichte zugehört, zunehmend kritischer gegenüber den kulturellen Ritualen der eigenen Lebenswelt und deren förderndem Einfluß auf den ‚Menschenverkehr'. Das Gespenstische der nur scheinbar die Distanz überwindenden Schrift dominiert; technische ‚Erfindungen' vermögen den Verlust des ‚natürlichen Verkehrs' nicht zu heilen, sie werden „nur noch im Absturz gemacht". (M 260)

---

[54] Datierung nach J. Born/M. Müller, Kafkas Briefe an Milena. Ihre Datierung, in: Jb. der dt. Schillergesellschaft XXV, 1981, S. 509–524.

Freilich hatten sich auch schon sehr viel früher in Kafkas Werk solche ambivalenten Einschätzungen der *Schrift* als Form kultureller Verwirklichung des Subjekts abgezeichnet. Die Schrift als ‚technisches' Medium erscheint wohl am entschiedensten in der Tötungsmaschine der ‚Strafkolonie', die das Experiment mit der vereigentümlichenden Kraft der Schrift in die exotische Fremde eines kolonialen Territoriums verlegt. Es ist das Experiment auf die Unverrechenbarkeit der abstrakten ‚Schrift des Gesetzes', die die allgemein verbindliche Rechtsordnung losgelöst vom Körper repräsentiert, mit der ‚Gesetzesschrift der Eigentümlichkeit', wie sie dem Körper des Delinquenten, als nur diesem verständliche, eingeschrieben wird. Ein anderes Experiment, das nicht mehr der Ambivalenz der ‚Schrift des Gesetzes', sondern derjenigen der Kunst gilt, wird in einem Brief Kafkas an Felice angedeutet: Schrift der Kunst nämlich in bezug auf das mythische Begründungsmodell des Sündenfalls. Die Verlobte hatte offenbar einem Graphologen Kafkas Schrift zur Analyse vorgelegt. Kafka wehrte sich gegen diese Deutung.

> Der Mann in Euerer Pension soll die Graphologie lassen. Ich bin durchaus nicht „sehr bestimmt in meiner Handlungsweise" (es müßte denn sein, daß Du es erfahren hast), ich bin ferner gar nicht „überaus sinnlich", sondern habe großartige, eingeborene asketische Fähigkeiten, ich bin nicht gutherzig, bin zwar sparsam, aber gerade „aus Zwang" bin ich's nicht und sonst sehr freigebig bin ich schon gar nicht, und mit dem, was der Mann sonst sagte und was Du Dir nicht merken konntest, wird es sich ähnlich verhalten. Nicht einmal das „künstlerische Interesse" ist wahr, es ist sogar die falscheste Aussage unter allen Falschheiten. Ich habe kein literarisches Interesse, sondern bestehe aus Literatur, ich bin nichts anderes und kann nichts anderes sein. Ich habe letzthin in einer „Geschichte des Teufelsglaubens" folgende Geschichte gelesen: „Ein Kleriker hatte eine so schöne süße Stimme, daß sie zu hören die größte Lust gewährte. Als ein Geistlicher diese Lieblichkeit eines Tages auch gehört hatte, sagte er: das ist nicht die Stimme eines Menschen, sondern des Teufels. In Gegenwart aller Bewunderer beschwor er den Dämon, der auch ausfuhr, worauf der Leichnam (denn hier war eben ein menschlicher Leib anstatt von der Seele vom Teufel belebt gewesen) zusammensank und stank." Ähnlich, ganz ähnlich ist das Verhältnis zwischen mir und der Literatur, nur daß meine Literatur nicht so süß ist wie die Stimme jenes Mönches. – Man muß allerdings schon ein ganz ausgepichter Graphologe sein, um das aus meiner Schrift herauszufinden. (F 444 f.)

Schrift erscheint hier unter dem Aspekt ihrer Infizierung durch das mythische Ursprungsmodell des Sündenfalls, der durch ihn begründeten Differenz von Körper und Zeichen und deren versuchter, aber letztlich mißlingender Aufhebung durch die ‚eigentümliche' Schrift. Körper und Stimme, Körper und Schrift eröffnen das Spannungsfeld, innerhalb dessen sich Subjektivität zu bilden vermöchte, innerhalb dessen sie aber letztlich erlischt – die Erzählung von ‚Josefine, der Sängerin' wird diese Konstellation noch einmal durchspielen und zugunsten des stummen, in die Natur des Volkes zurückkehrenden Körpers entscheiden. Graphologie, als Deutung der Schrift im Sinne kultureller Techniken, muß hier versagen, der Exorzismus der Wahrheit, als kulturelles Ritual der Schrift-Exegese geübt, mißlingen.

So wird für Kafka auch die Schrift selbst und ihre identifizierende Kraft immer wieder in die Auseinandersetzung zwischen Kultur und Natur, zwischen Zivilisation und Wildheit, zwischen Technik und Mythos einbezogen und in ihr auf die Probe gestellt. Kafka argumentiert hierbei ganz im Sinne neuerer Ethnologie, für die ja die Existenz der Schrift das Kriterium ‚historischer', das heißt aber ‚zivilisatorischer' Ordnungsmodelle ist[55]. Eine Notiz aus dem Oktavheft H spricht von einer solchen „Imprägnierung" der Natur mit den Kulturzeichen der Schrift, ein anderes Fragment aus späterer Zeit entwirft die Vorstellung schriftloser, „geschichtsloser" Gegenkultur. Beide Texte seien einander gegenübergestellt:

> Alles fügte sich ihm zum Bau. Fremde Arbeiter brachten die Marmorsteine, zubehauen und zueinander gehörig. Nach den abmessenden Bewegungen seiner Finger hoben sich die Steine und verschoben sich. Kein Bau entstand jemals so leicht wie dieser Tempel oder vielmehr dieser Tempel entstand nach wahrer Tempelart. Nur daß auf jedem Stein – aus welchem Bruche stammten sie? – unbeholfenes Gekritzel sinnloser Kinderhände oder vielmehr Eintragungen barbarischer Gebirgsbewohner zum Ärger oder zur Schändung oder zu völliger Zerstörung mit offenbar großartig scharfen Instrumenten für eine den Tempel überdauernde Ewigkeit eingeritzt waren. (H 127)

> Jenen Wilden, von denen erzählt wird, daß sie kein anderes Verlangen haben als zu sterben oder vielmehr sie haben nicht einmal mehr dieses Verlangen, sondern der Tod hat nach ihnen Verlangen und sie geben sich hin oder vielmehr sie geben sich nicht einmal hin, sondern sie fallen in den Ufersand und stehn niemals mehr auf – jenen Wilden gleiche ich sehr und habe auch Stammesbrüder ringsherum, aber die Verwirrung in diesen Ländern ist so groß, das Gedränge wogt auf und ab bei Tag und Nacht und die Brüder lassen sich von ihm tragen. Das nennt man hierzulande ‚einem unter den Arm greifen', solche Hilfe ist hier immer bereit; einen, der ohne Grund umsinken könnte und liegenbliebe, fürchtet man wie den Teufel, es ist wegen des Beispiels, es ist wegen des Gestankes der Wahrheit, der aus ihm steigen würde. Gewiß, es würde nichts geschehn, einer, zehn, ein ganzes Volk könnte liegenbleiben und es würde nichts geschehn, weiter ginge das mächtige Leben,

---

[55] Vgl. hierzu C. Lévy-Strauss, Strukturale Anthropologie. – (suhrkamp taschenbuch 15), Frankfurt 1967, „Das Kriterium der Authentizität" S. 391–394; ferner ders., Traurige Tropen, a.a.O. „Schreibstunden" S. 255–269.

noch übervoll sind die Dachböden von Fahnen, die niemals aufgerollt gewesen sind, dieser Leierkasten hat nur eine Walze, aber die Ewigkeit in eigener Person dreht die Kurbel. Und doch die Angst! Wie tragen doch die Leute ihren eigenen Feind, so ohnmächtig er ist, immer in sich. (H 249)

Die erste Aufzeichnung zeigt, wie in das konstruktive Prinzip kulturellen Tuns unvermittelt und nicht integrierbar barbarische Elemente einer Gegenkultur eindringen, sie zu durchsetzen und ‚fremd' zu machen beginnen: als ‚sinnlose' Zeichen einer Kultur, die als solche nicht mehr identifizierbar ist, ‚naturgewordene' ahistorische Fremdheit, die die kulturell geprägte Gegenwart bedroht.

Die zweite Aufzeichnung spricht von einer Welt der Wilden, die das Spiel der Zeichen, als eine Form der Repräsentanz unerfüllter Wünsche, nicht kennt: eine ‚Gegenkultur' schlechthin, die des Prinzips der Schrift nicht bedarf. Es ist jene Form des „Wunsches, keinen Wunsch zu haben", der das Spiel des Hungerkünstlers mit dem ‚absoluten Zeichen' seiner Körperlichkeit dient. Aus demjenigen, was der Hungerkünstler schließlich verweigert, dem sozialen Ritual des „einem unter den Arm Greifens", könnte nur der „Gestank der Wahrheit" aufsteigen, nicht sie selbst in ihrer Reinheit; es ist der (zur Verzweiflung Kafkas) letztlich doch ‚sozial' werdende Exorzismus der Literatur aus dem Körper des Schreibenden, der solchen „Gestank" erzeugt: „Unsere Kunst ist ein von der Wahrheit Geblendet-Sein: Das Licht auf dem zurückweichenden Fratzengesicht ist wahr, sonst nichts." (H 46)

IX

Von Kafkas ethnologischem Interesse, der immer wieder experimentell hergestellten Grenzerfahrung zwischen dem Wilden und dem Zivilisierten, wird nun vielleicht auch jene „wolkige Stelle"[56] im Text besser verständlich, die zum Schlüsselsatz nahezu aller ‚Hungerkünstler'-Interpretationen gemacht wurde, die Antwort des Hungerkünstlers auf die Frage, warum er denn „nicht anders könne" als hungern: „.... weil ich nicht die Speise finden konnte, die mir schmeckt." (E 267) Ich halte diesen Satz, wenn man ihn ‚poetologisch' lesen will, nicht für eine Begründung der „Kunst" des Hungerkünstlers aus der gewissermaßen subjektiven, dem bloßen ‚Geschmacks'-Urteil sich anvertrauenden Selbsterfahrung, sondern gerade umgekehrt für eine Begründung einer akulturellen Ästhetik aus der Un-

---

[56] W. Benjamin, Über Literatur. Frankfurt 1969, S. 165.

bedingtheit einer utopischen Gegenkultur, die sich den europäischen Kulturbedingungen der Transfiguration und Transsubstantiation verweigert; einer Gegenkultur, deren Umrisse nur durch das radikale Prinzip des unversöhnlichen ‚fremden Blicks' sichtbar zu machen sind.

Kafkas ‚Hungerkünstler'-Erzählung ist der mit den Argumenten der traditionellen (transfiguralen) Poetologie kaum zu stützende Versuch, Kunst als eine Kraft zu definieren, die stärker ist als die Bedingungen und Zwänge der eigenen, ‚erlernten' Kultur. Es ist der Versuch der Begründung einer antisymbolischen Ästhetik; der Versuch, nicht die Rituale der etablierten Kultur, nicht die vereinbarten ‚Zeichen', die sich vom Körper lösen und in ein abstrahierendes Spiel eintreten, als Garanten der Selbsterfahrung zu nutzen, sondern „Natur", wie sie in der stummen Eigentümlichkeit des Körpers erfahrbar wird: als ‚Gegenkultur' schlechthin, als das ‚andere' des Signifikantenspiels. Kafkas Interesse für Naturheilverfahren, für diätetische Praktiken, für Anthroposophie und ethnographische Literatur erscheint in diesem Zusammenhang in einem neuen, wesentliche Züge seiner Poetologie aufhellenden Licht'.[57]

Das im ‚Hungerkünstler'-Text sich abzeichnende Verhalten der ‚Verweigerung' – geboren aus dem Konflikt unvereinbarer kultureller Ordnungen – ist somit für Kafkas Texte in einem doppelten Sinne bedeutsam: zum einen als Absage an die ödipale Konstellation der Familie und, analog dazu, als Absage an die Traditionen einer symbolischen Ästhetik; zum andern aber als der Versuch einer akulturellen Selbsterfahrung, jenes paradoxen Verfahrens der Sprache, das Kafka „betrügen ohne Betrug" nennt, als die Unmöglichkeit und innere Notwendigkeit zugleich, den zeichenlosen Körper mit Mitteln der Kultur und ihres Zeichenrepertoires zur Darstellung zu bringen.

Die im ‚Hungerkünstler' entwickelte Poetologie mit ihren paradoxen Konsequenzen scheint mir erst dann erklärbar zu werden, wenn man sie auf dem Hintergrund von Kafkas kulturkritischen Überlegungen zu verstehen sucht: als die Bemühung, menschliches Sprechen aus dem durch Lizenz und Tabu geregelten Feld einer heteronomen Sprache, wie sie durch unsere Kultur gebildet wird, herauszunehmen; als einen Versuch, aus dem Feld der

---

[57] Es gibt verschiedene Äußerungen Kafkas zum Thema der Reinheit der Natur, vgl. z. B.: „Ewige Kinderzeit. Wieder ein Ruf des Lebens. Es ist sehr gut denkbar, daß die Herrlichkeit des Lebens um jeden und immer in ihrer ganzen Fülle bereitliegt, aber verhängt, in der Tiefe, unsichtbar, sehr weit. Aber sie liegt dort, nicht feindselig, nicht widerwillig, nicht taub. Ruft man sie mit dem richtigen Wort, beim richtigen Namen, dann kommt sie. Das ist das Wesen der Zauberei, die nicht schafft, sondern ruft." (T 544).

Metaphern in eine Welt unbezweifelter Bewahrheitung zurückzukehren, wie sie das Paradies vor dem Sündenfall, vor der Spaltung von Zeichen und Körper, vor der Erfindung von Liebe und Tod darstellt.

Kafkas Rede vom Essen, die überall in seinem Werk, auch in den Briefen und Tagebüchern, sich findet, ist die vielleicht eigentümlichste Leistung seines Schreibens: der Entwurf einer Ästhetik, die die menschlichen Wünsche beim Wort nimmt, gleichzeitig aber durch Widerruf zum Geständnis ihrer Uneigentlichkeit erpreßt. Kafkas Rede vom Essen führt dorthin zurück, wo Gottes Eßverbot an den paradiesischen Menschen diesen zum Bewußtsein von Liebe und Tod erweckt. Ich bin mir daher auch nicht mehr so sicher, ob die Rede Kafkas vom Essen nicht doch wieder die Rede von der Liebe ist, wie sie in Familie und Gesellschaft gelernt wird, nach dem Sündenfall und nach der Vertreibung aus dem Paradies.

Der Blick des Anderen

Zum Motiv des Hundes und des Affen in der Literatur*

> „Es ist sündlich, daß Sie Ihre
> Stunden verderben, diese Affen
> menschlicher auszuputzen und diese
> Hunde tanzen zu lehren"
> *Jarno zu Wilhelm,*
> Wilhelm Meisters theatralische Sendung

I

Der Blick des Anderen als ein Augen-Blick, der zur Geburt des Selbst führt – man hat sich gewöhnt, diese Formel als Schlüssel-, ja als Leitvorstellung für Aufstieg und Fall, für Glanz und Elend des neuzeitlichen Subjekts zu nehmen; für das Dilemma seiner Selbstinszenierung im Spannungsfeld einer Kultur, in der biologische wie soziale Komponenten einander widerstreiten.

Franz Kafka hat diesen zerreißenden Konflikt von Glanz und Elend des Subjekts und seiner Selbstbehauptung in der Kultur vielleicht am schärfsten erfahren und wiederholt zum Ausdruck gebracht. Ein Aphorismus aus der von Max Brod so bezeichneten Reihe „Er" formuliert diese Einsicht – wie nicht anders zu erwarten – als Paradox:

> Er wehrt sich gegen die Fixierung durch den Mitmenschen. Der Mensch sieht, selbst wenn er unfehlbar wäre, im anderen nur jenen Teil, für den seine Blickkraft und Blickart reicht. Er hat, wie jeder, aber in äußerster Übertreibung, die Sucht, sich so einzuschränken, wie ihn der Blick des Mitmenschen zu sehen die Kraft hat. Hätte Robinson den höchsten oder richtiger den sichtbarsten Punkt der Insel niemals verlassen, ... so wäre er bald zugrunde gegangen; da er aber ohne Rücksicht auf die Schiffe und ihre schwachen Fernrohre seine ganze Insel zu erforschen und ihrer sich zu freuen begann,

---

* Die hier vorgelegte Abhandlung bietet den leicht überarbeiteten Text meiner Antrittsvorlesung an der Ludwig-Maximilians-Universität München am 19.5.1987.

erhielt er sich am Leben und wurde in einer allerdings dem Verstand notwendigen Konsequenz schließlich doch gefunden.[1]

Der Blick des Anderen, in dessen Perspektive das Subjekt, als je Eigenes, paradoxerweise allererst „gefunden wird", läßt dabei die Erfahrung von menschlicher Identität aus zwei verschiedenen Energiefeldern des Sozialen heraus erwachsen: aus dem Blick- und Wahrnehmungsspiel, das in der Familienkonstellation herrscht, zum einen; aus der Wechselwahrnehmung der Subjekte im gesellschaftlichen Gefüge, seiner Hierarchie und seinen sozialen Ritualisierungen zum anderen. Den kulturdiagnostischen Hintergrund für den ersten Zusammenhang – den der Familie – liefert Sigmund Freuds psychoanalytisches Konzept von der Konfiguration der bürgerlichen Familie, das von Jacques Lacan später auf die triadische Formel des Zusammenspiels von Realem, Imaginärem und Symbolischem gebracht wurde: als die Spiegelstruktur im Blickwechsel der Zwei, in jener Wahrnehmung, die zwischen Mutter und Kind stattfindet; als die Blickinstanz des Dritten, die durch Hinzutreten des Vaters in Szene gesetzt wird und, durch das Medium der Sprache, ein Kraftfeld bildet, das die Modellierung des kindlichen Selbst zwischen Wunscherfüllung und Wunschversagung aus sich heraustreibt. Für den zweiten Bereich, die Bildung des Subjekts im Feld der Sozietät im weiteren Sinne, das vor dem Hintergrund des Blicktausches und der Macht-Rede zwischen Herr und Knecht Gestalt gewinnt, kann die Philosophie Hegels (samt ihren sozialphilosophischen Konsequenzen) in Anspruch genommen werden; Hegel ist es, der in der *Phänomenologie des Geistes* das Selbstbewußtsein des Einen aus dem Gegenüber des Anderen – eingedenk der Gewalt stiftenden Herrenrede und zugleich im Einspruch gegen sie – zu entwickeln suchte: als eine Wechsel-Wahrnehmung von ‚Subjekten', die im Zeichen eines Kampfes auf Leben und Tod steht:

> Jedes sieht *das Andere* dasselbe tun, was es tut; jedes tut selbst, was es an das Andre fordert, und tut darum, was es tut, auch *nur* insofern, als das Andere dasselbe tut; das einseitige Tun wäre unnütz; weil, was geschehen soll, nur durch beide zustande kommen kann ... Die Mitte ist das Selbstbewußtsein, welches sich in die Extreme zersetzt; und jedes Extrem ist diese Austauschung seiner Bestimmtheit und absoluter Übergang in das entgegengesetzte. ... Jedes ist dem Anderen die Mitte, durch welche jedes sich mit sich selbst vermittelt und zusammenschließt, und jedes sich und dem Anderen unmittelbares für

---

[1] Franz Kafka, Beschreibung eines Kampfes. Novellen. Skizzen. Aphorismen. Aus dem Nachlaß, New York 1946, S. 297.

sich seiendes Wesen, welches zugleich nur durch diese Vermittlung für sich ist. Sie *anerkennen* sich als *gegenseitig sich anerkennend.*[2]

II

Auf den ersten Blick könnte es fast scheinen, als gäbe es im so sich öffnenden Feld menschlicher Wechselwahrnehmung nichts Drittes zwischen Familie und Sozietät, zwischen ödipalem Dreieck und Hierarchie der Gesellschaft. Doch diese Annahme täuscht. Ich möchte in meinen Überlegungen auf eine verborgene Tradition des Argumentierens über menschliche Selbstwahrnehmung und Selbstbestimmung, Selbstfindung und Selbsterwägung aus dem Blick des Anderen aufmerksam machen, die – zumindest was die Welt der bildenden Kunst wie diejenige der Literatur als Erprobungsfelder menschlichen Selbstverstehens betrifft – nicht ohne Wirkung auf den kulturellen Prozeß geblieben ist. Es geht mir in meinen Erwägungen um die Frage nach dem Blick des Tieres, der sich auf den Menschen richtet; nach jenem Blick des Naturwesens mithin, der – als gleichsam anamorphotisch gespiegelter – im menschlichen Antlitz, das sich ihm zuwendet und öffnet, wie hinter einer Maske gespensterhaft sichtbar wird.[3] Die literarische Fabel, die streng im Rahmen anthropomorphischer Argumentation geblieben ist, gehört nicht in diese Tradition.

Für die Geschichte des hier in Frage stehenden Argumentationsmusters menschlicher Selbsterkundung und Selbsterfahrung, in dem das Tier als Widerpart und Spiegelwesen des Menschen Gestalt annimmt und eine Rolle zu spielen beginnt, macht vielmehr der Streit um die Physiognomik und Pathognomik Epoche, wie er sich, am Ende des 18. Jahrhunderts, zwischen Lichtenberg und Lavater entspinnt und von dort in die Literatur eindringt – freilich bereits angelegt in einer langen, aus der Antike heranreichenden Tradition, und vorgeprägt in den differenten, in wesentlichen Punkten gegensätzlichen Auffassungen etwa eines Giambattista della Porta hier, eines Michel de Montaigne dort.[4]

---

[2] Georg Wilhelm Friedrich Hegel, Werke 3, Phänomenologie des Geistes, hrsg. v. Eva Moldenhauer u. Karl Markus Michel, Frankfurt/M. 1970, S. 147.

[3] Für die hier angeschnittenen Fragen haben folgende Abhandlungen Anregungen gegeben: Silvia Bovenschen, Tierische Spekulationen. Bemerkungen zu den kulturellen Mustern der Tierprojektionen, in: Neue Rundschau 94, 1983, H. 1, S. 5–28; Julia Kristeva, Fremde sind wir uns selbst, Frankfurt/M. 1990.

[4] Giambattista della Porta, De humana physiognomia, Neapel 1599; Gian Battista della Porta, Die Physiognomie des Menschen, hrsg. u. übers. v. W. Rink, Dresden

Welche Rolle – so lautet die doppelt zu erhebende Frage – spielt die animalische Natur, der Blick des Tiers und das Erscheinen seiner Physiognomie im Blickfeld des Menschen, welche Funktion gewinnt sie für dessen eigene Wesenserkenntnis. Ist sie, im Sinne der Tradition der Fabel oder der Satire, die das Tier als Metapher oder Gleichnis nutzen, nur als allegorische Verkleidung menschlicher Eigenschaften zu begreifen; erwiese sie sich dann, etwa in den Bildern eines Tiermalers wie Franz Marc, dessen Darstellungen auf den ersten Blick immer wieder als Inbilder wahrhaft theriomorpher Darstellung gelesen werden konnten, noch als ganz in dieser allegorischen Tradition stehend,[5] oder zeigt sich nicht vielmehr umgekehrt das Tiergesicht als hypostasierte Naturformel, als tiefster und dunkelster Ausdruck eben jenes menschlichen Wesenskerns, der sich in der Schönheit des Tiers wahrer, ursprünglicher und unmittelbarer zu verkörpern scheint als im durch Kultur verstellten und defigurierten Antlitz des Menschen. „Nature ... a perdu son propre visage",[6] sagte Montaigne in seinem Essay *De la phisionomie* im Hinblick auf die im Prozeß der Zivilisation depravierte Menschengestalt und „Menschengemeinschaft" – um eine Kafkasche Formel aufzugreifen.[7]

1930; della Porta spricht dort von der „erhabenen Wissenschaft der Physiognomik, die von den besten Männern überall mit höchstem Eifer und größter Genauigkeit studiert wurde und aufgrund äußerer Körpermerkmale Art, Charakter und Absichten des Menschen bis in den tiefsten Seelenwinkel und letzte Herzfaser aufdeckt" und beruft sich dabei auf das Argument, daß „die Natur der Seele den Körper baue ... und im Körper uns das Bild der Seele zeige, durch das ihre Anlage erkannt werden könne" (S. 22 f.); Montaigne, Essais, nouvelle édition conforme au texte de l'exemplaire de Bordeaux, hrsg. v. Maurice Rat, Livre troisième, Paris 1958, „De la phisionomie", S. 280–311.

[5] Ein Aufsatz Johannes Langners mit dem provokativen Titel „Iphigenie als Hund" hat gezeigt, wie deutlich in Struktur und Habitus sich Franz Marc mit seinem Bild „Der weiße Hund" von 1917 und dessen implizitem Bezug auf Feuerbachs „Iphigenie" in die Tradition des pathetischen Figurenbildes einfügt und dessen Pathos des Anthropomorphen für seine Tierfiguren nutzt, diese gewissermaßen nur allegorisch seiner Ethik unterlegend. Johannes Langner, Iphigenie als Hund. Figurenbild im Tierbild bei Franz Marc, in: Franz Marc 1880–1916, Städt. Galerie im Lenbachhaus München, 27. 8.–26. 10. 1980, S. 50–73.

[6] Montaigne, Anm. 4, S. 295.

[7] Franz Kafka, Tagebücher 1910–1923, New York 1954, S. 534; (1. Oktober 1917) „Wenn ich mich auf mein Endziel hin prüfe, so ergibt sich, daß ich nicht eigentlich danach strebe, ein guter Mensch zu werden und einem höchsten Gericht zu entsprechen, sondern, sehr gegensätzlich, die ganze Menschen- und Tiergemeinschaft zu überblicken ...".

Meine hier angestellten Erwägungen richten sich mithin nicht auf das Anthropozentrische der herkömmlichen Tierfabel, sondern gerade auf dessen Gegenteil, das Strukturmuster eines theriozentrischen Spiel- und Argumentationsmodells der Kunst, in dem das Tier – als das Andere des Menschen im emphatischen Sinne – aus seinem fremden, antwortenden Blick die Zeichen des menschlichen Körpers, seines Gesichtes wie seiner Gestalt, zu entziffern sucht; eines Spielmodells, in dem es die Natur selbst zu sein scheint, die es unternimmt, die Zeichen der Kultur zu lesen, ein Theater der Gegenlektüre in Szene setzend, das sich auf befremdliche Weise im kulturell etablierten Feld der „Lesbarkeit der Welt" einrichtet.[8]

III

Es ist das Faszinierende wie das Dubiose der Welt des 19. Jahrhunderts, seiner Naturwissenschaft wie seines Historismus, daß in ihr sich solche kulturgeschichtlich seit langem virulenten Fragen auf suggestive Weise verdichten und zugleich trivialisieren; daß diese Themen – in pseudowissenschaftlichen Mustern – gleichsam zu sich selbst kommen und gleichzeitig zu kulturgeschichtlichen (und damit auch literarischen) Klischees verfallen; so auch die Frage nach dem Blick des Anderen und seiner Identität stiftenden Kraft, inszeniert als Blickwechsel zwischen dem ‚Kulturkörper' des Menschen und dem ‚Naturkörper' des Tiers.

Zur Verdeutlichung des Umrisses der hier aufgeworfenen Fragen und des durch sie gebildeten Rahmens erweisen sich die Werke der bildenden Kunst beinahe geeigneter als die mannigfachen Formen literarischer Darstellung – namentlich in jenem Grenzbereich von Monumentalität und Trivialisierung, jenem Aufklärungspathos vor naturwissenschaftlicher Folie, dessen sich die Maler der zweiten Hälfte des 19. Jahrhunderts ebenso virtuos wie theatral zu bedienen wußten. Die Neue Pinakothek in München hat drei Gemälde in ihrem Besitz, die auf exemplarisch vereinfachte (damit aber freilich auch trivialisierte) Weise jenen Blickwechsel zwischen Kultur- und Naturkörper, von dem die Rede war, aufgreifen und experimentell zur Disposition stellen. Es handelt sich um Werke des im vorigen Jahrhundert hochgeschätzten und hochdotierten, seit 1900 geadelten Münchner Malers Gabriel von Max (1840–1915). Sein Œuvre steht im Zeichen einer durch darwinistische, mystische, spiritistische und philanthropische Interessen stark geprägten Programmatik, die sich ebenso

---

[8] Hans Blumenberg, Die Lesbarkeit der Welt, Frankfurt/M. 1981.

suggestiv wie vereinfachend ihrer technischen Mittel zu bedienen weiß.[9] Dies einmal vorausgesetzt, malt Gabriel von Max mit großer struktureller Konsequenz. Seine zahllosen Bilder sind – wie man unschwer erkennt – vor dem Hintergrund der Konvergenz jener zwei Kulturen zu lesen, die in Gestalt der Geistes- und Naturwissenschaften das 19. Jahrhundert bestimmen, und erweisen sich dabei nahezu stereotyp von einem einzigen Interesse geprägt: der Frage nach dem Blick, der zugleich Wahrnehmungsenergie ist und menschliche Identität stiftet: seiner thematischen und kompositorischen Ausprägung im Erlebnisfeld der „Kulturnatur".[10] Gabriel von Max' Bilder entwickeln und variieren in ingeniöser Trivialisierung vier Möglichkeiten jenes ‚Blickes des Anderen', wie er, aus einer langen Geschichte der Selbsterfahrung des Subjekts zwischen Kunst und Naturwissenschaften heraus, nun im 19. Jahrhundert auf besondere Weise denkbar geworden ist.

Zunächst sei der Versuch gemacht, durch vier Bildbeispiele das Feld abzustecken, innerhalb dessen dann eine erweiterte Erörterung des Blickes des Anderen im kulturellen Feld des 19. Jahrhunderts erfolgen kann.

---

[9] Vgl. hierzu Pithecanthropus alalus. Gemälde von Professor Gabriel Max, in: Die Kunst unserer Zeit. Eine Chronik des modernen Kunstlebens, 1. Halbbd., München 1884, S. 55 f.; Die Schule Pilotys, in: Adolf Rosenberg, Die Münchener Malerschule in ihrer Entwicklung seit 1871, Hannover 1887, S. 14–18; Die dritte internationale Kunstausstellung zu München, vom Mai bis October 1888, in: München und seine Kunst- und Kunstgewerbe-Ausstellung, Zürich 1888, S. 35–47; Nicolaus Mann, Gabriel Max. Eine kunsthistorische Skizze, Leipzig 1890; Franz Hermann Meissner, Gabriel Max, in: Die Kunst unserer Zeit. Eine Chronik des modernen Kunstlebens, 1. Halbbd., München 1899, S. 1–23; Richard Muther, Geschichte der Malerei, Bd. 3, 18. und 19. Jahrhundert, Leipzig 1909, S. 478–481; Rudolf Oldenbourg u. Hermann Uhde-Bernays, Die Münchner Malerei im neunzehnten Jahrhundert, 1. Tl., Die Epoche Max Josephs und Ludwigs I. von Rudolf Oldenbourg, München 1922, S. 196–201; Cornelius Gurlitt, Die deutsche Kunst seit 1800. Ihre Ziele und Taten, Berlin 1924, S. 382–390; Gabriel Cornelius von Max, in: Het Geheim. Duitse schilderkünst van allegorie en symboliek 1870–1900. Teutoonstelling ter gelegenheid van 300 jaar Groningens Ontzet, Groningen 1972, S. 84–89; Malerei der Gründerzeit. Vollständ. Katalog, hrsg. v. Horst Ludwig, München 1977, S. 238 f.; Piloty und seine Schule. Die okkulte Welt des Gabriel Max, in: Weltkunst 49, 1979, Nr. 13, S. 474; Bruckmanns Lexikon der Münchner Kunst. Münchner Maler im 19. Jahrhundert, Bd. 3, München 1982, s. v. Max, Gabriel.

[10] Diesen Begriff entlehne ich der Keller-Monographie Gerhard Kaisers, wo er im Kontext des Kellerschen ‚Darwinismus' Anwendung findet (Gerhard Kaiser, Gottfried Keller. Das gedichtete Leben, Frankfurt/M. 1981, passim).

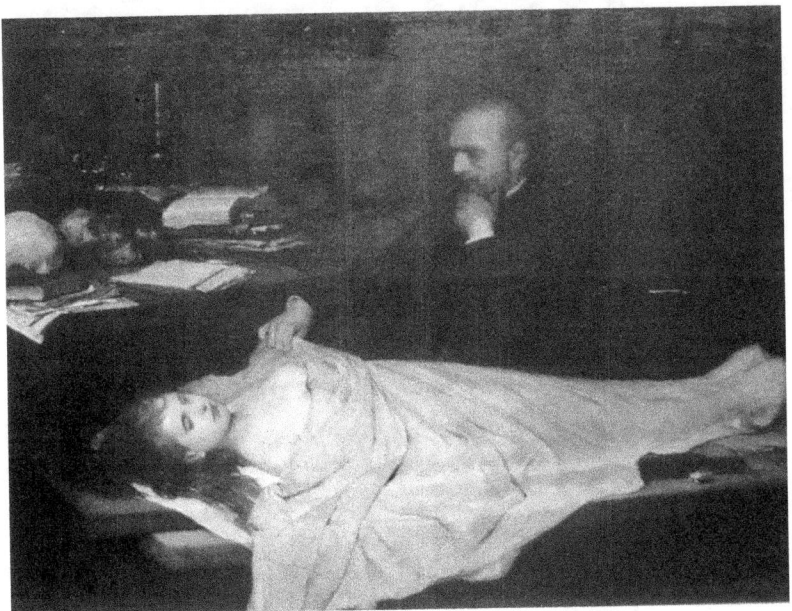

Abb. 1: *Der Anatom,* Gabriel von Max, 1869

1869 stellt Gabriel von Max der Öffentlichkeit sein Gemälde *Der Anatom* vor, das beim Publikum starke Beachtung findet (Abb. 1). Es setzt den Blick des Mannes auf die Frau in Szene; und zwar zeigt es den durch Wissenschaft und Kunst zugleich gebändigten Blick des Arztes auf den toten weiblichen Körper; stabilisiert durch ein mit Kultur-Requisiten ausgestattetes Umfeld, einen Wahrnehmungsraum, der seinen spezifischen Charakter durch wissenschaftliche Werke und mit poetischen Texten beschriftete Blätter erhält; dabei erscheinen Tier- und Menschenkörper prononciert aufeinander verwiesen – und zwar durch ein darwinistisches Bildzitat, die Konfiguration von Affen- und Menschenschädel. Das erotische Substrat der hier suggerierten medizinischen Auskultationssituation, einer mitinszenierten Anamnese, die zugleich einen Liebes- oder Verzweiflungstod der Frau nahelegt, erscheint poetisch legitimiert durch das Bildsignal des Nachtschmetterlings, der als mythologisches Emblem der menschlichen Psyche und Todeszeichen zugleich figuriert. Die Enthüllung des weiblichen Körpers freilich erfolgt im Schutz moralischer Ordnung: Die Hand des Anatomen trägt einen Ehering. Entzifferbarer könnte das Ereignis des männlichen Blicks auf den weiblichen Körper in einer bürgerlichen Welt wissenschaftlicher Dignität und ‚Aufklärung' nicht gestaltet werden.

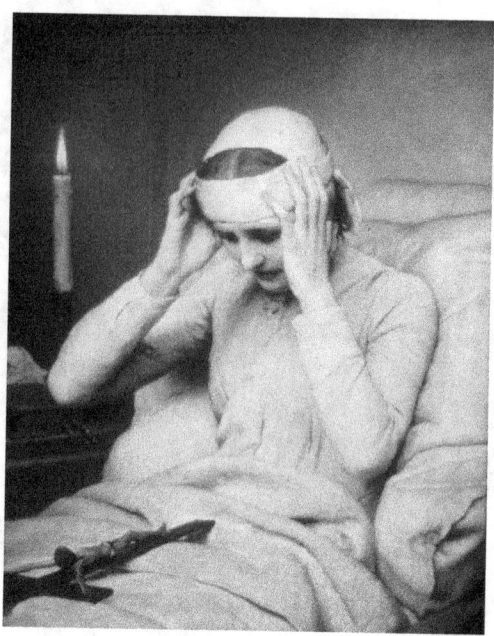

Abb. 2: *Die Vision der Heiligen Katharina von Emmerick*, Gabriel von Max, 1882

Da ist sodann – in einem zweiten, komplementär zur Darstellung des „Anatomen" zu lesenden Gemälde – die Gestaltung des Blickes der Frau auf den Mann. Beispielhaft hierfür ist das Bild *Die Vision der Heiligen Katharina von Emmerick*, das Gabriel von Max 1882 malte (Abb. 2). Was hier sich präsentiert, ist der im Spannungsfeld von Religion und Erotik gefährdete, ja hysterisierte Blick der Frau auf den Mann. Gewiß nicht zufällig lagert das ‚Corpus hominis' im Schoß der Frau; ebenso konsequent freilich ist es, daß der männliche Körper nicht im schonungslosen Licht der Anatomie, sondern im Zeichen der Verklärung, welche das Kruzifix stiftet, zur Schau gestellt wird, im Kreuzestod des Menschensohns – maltechnisch gesehen im Licht der Goldfarbe, die, als eine Aura des Körperlichen, an die Stelle des Inkarnats tritt. Die Flamme der Kerze, die ein Bildzeichen der Ekstase ist, beleuchtet die Szenerie; das geistliche Licht ist durch das Schriftkorpus der Bibel symbolisiert, das zum Garanten und Medium einer inszenierten Transsubstantiation von Körperlichkeit wird.

Es sind zwei einander entgegengesetzte, aus dem geschlechterdifferent geprägten menschlichen Doppelblick erwachsende Repräsentationen des Selbst, die hier vorgestellt werden: in der Tat geprägt durch den klischeehaften, stereotypen Antagonismus der Geschlechterrollen, wie ihn das 19. Jahrhundert in zahllosen Spielarten der Akzentuierung des Blicks des

Anderen im Begegnungsraum von Mann und Frau zur Darstellung gebracht hat. Da ist auf der einen Seite, im *Anatomen*, der aufgeklärte Blick der Vernunft, aus dem der Mann vor dem Hintergrund poetisch gebändigten erotischen Interesses der funktionellen Übereinkunft von Wissen und moralischen Normen zur Geltung verhilft. Da ist, demgegenüber, in der *Vision der heiligen Katharina von Emmerick*, der irritierte Blick der Empfindung in der Pose der ekstasierten Frau, sich verdichtend in der Pathosformel der an die Schläfen gehobenen Hände, aus welcher der Frau die gespaltene Geschlechterrolle – gespalten zwischen der Passion einer Heiligen und der Ekstase einer Hysterikerin – zuwächst. Für beide Figuren, die des Mannes wie die der Frau, ist der Tod des Körpers des Anderen dasjenige Moment, von dem her sich Leben, Identität und Geschlechterprofilierung zu bestimmen scheinen; freilich differierend durch die Blickart, wie sie, je anders geäußert, aus der untergründigen erotischen Spannung erwächst: der Tod im Blick des Mannes als naturwissenschaftliches Faktum, aufgehoben im gesicherten Feld von Wissen und Bildung; der Tod im Blick der Frau als religiöses Ereignis, durch die entgrenzende, die Welt und ihre Wahrnehmbarkeit transzendierende Kraft von Erotik und Mystik zwiespältig bestimmt.[11]

Diesen beiden in zwei suggestiven Bildformeln konventionalisierten Klischees kulturellen gründerzeitlichen Wissens, wie sie der *Porträtist* Gabriel von Max zur Diskussion stellt, setzt der *Tiermaler* Gabriel von Max aber noch zwei weitere Spielarten des Blicks des Anderen und seiner Wirkung im kulturellen Feld entgegen; und diese richten erst eigentlich die Aufmerksamkeit auf jenen Zusammenhang, der das Thema der hier angestellten Überlegungen ist. Es geht um den Blick des Tieres auf den Menschen, und zwar in zwei für die Kulturgeschichte und ihre gründerzeitliche Aufarbeitung charakteristischen Versionen: Da ist zum einen der Blick des Affen auf den Menschen als Künstler – eine Allegorie der Mimesis (im Sinne der aristotelischen Poetik) als anthropologischem Grundmuster;[12] da ist, zum anderen, der Blick des Hundes auf den Menschen als

---

[11] Vgl. hierzu die Darstellung der romantischen Konstellation des Themas bei Gabriele Brandstetter, Erotik und Religiosität. Eine Studie zur Lyrik Clemens Brentanos, München 1986.

[12] „Allgemein scheinen zwei Ursachen die Dichtkunst hervorgebracht zu haben, und zwar naturgegebene Ursachen. Denn sowohl das Nachahmen selbst ist den Menschen angeboren ... als auch die Freude, die jedermann an Nachahmungen hat." Aristoteles, Poetik. Griechisch/Deutsch, übers. u. hrsg. v. Manfred Fuhrmann, Stuttgart 1982, S. 11 (Viertes Buch).

Wissenschaftler – eine Allegorie der Noesis der Moderne, des szientifischen Blicks und seiner die Gesellschaft durchwirkenden Gewalt.

Zunächst sei ein Affenbild, das Gabriel von Max 1889 ausstellte, in den Blick gerückt. Es firmiert unter verschiedenen Titeln, erscheint bald als *Ein Kränzchen*, bald als *Die Kunstrichter* und bald unter dem Namen *Affen als Kunstrichterkollegium* (Abb. 3). Vordergründig bietet sich natürlich eine satirische Lesart des Bildes an: die Verhöhnung der unsachverständigen Kunstkritik im Sinne eines der Kultur unwürdigen ‚Affenwesens'. Aber ein zweites, anders geartetes Verständnis tritt hinzu, wenn man weitere Bilder des Malers, die verwandte Motive bieten, ergänzend heranzieht: so etwa das Gemälde *Schmerzvergessen*, das in zwei Versionen (1871 in Amsterdam und 1873 in Hamburg) existiert und das die leidende, dem Tod geweihte Kreatur hinter Gittern zeigt (Abb. 4); oder jene andere, mit dem wissenschaftlichen Titel *Pithecanthropus europaeus alalus* ausgestattete Darstellung, die eine steinzeitliche Urmenschen-Familie zeigt (Abb. 5) – eine dem darwinistisch-kulturdiagnostischen Interesse des Jahrhunderts verpflichtete Anspielung auf die Sprache als liminales Moment zwischen Natur und Kultur, im stummen Blick des Tiermenschen verleugnet und zugleich zur Erscheinung gebracht. Es ist der schmerzerfüllte Blick der Natur selbst, stumm und anklagend zugleich, gerichtet auf die durch Zeichengewalt geprägte und deformierte Kulturwelt des Menschen. Was das *Kunstrichter*-Bild, gelesen im Licht der beiden anderen angeführten Affendarstellungen Gabriel von Max', wohl am deutlichsten hervorhebt, ist, sehr viel grundsätzlicher, der Blick des Tiers auf das Menschentum – und zwar auf den Menschen als Schöpfer eines vollkommenen, den Inbegriff dieses Menschentums zum Ausdruck bringenden Kunstwerks. Denn die hier zu einer Gruppe vereinten Affen sitzen nicht, wie in zahlreichen Darstellungen der langen Tradition des Motivs, vor einem Spiegel, sondern vor einem Gemälde, dessen Thema auf der Rückseite durch Zettel und Inschrift bekannt gemacht wird; einem Kunstwerk, das die Selbstvollendung des Menschen in der Liebe zwischen Mann und Frau zum Ausdruck bringt. Die Konstellation der Geschlechter, welche der wissenschaftlich-prüfende Blick des Anatomen (auf dem gleichnamigen Gemälde) gänzlich zu versachlichen schien, der Blick der heiligen Katharina dagegen hysterisiert, offenbart sich hier, angesichts der kritischen Affenherde, zugleich im Schein ihrer vollkommensten Verklärung, wie sie nicht zuletzt im Musikdrama Wagners 1859 auf die Bühne gebracht worden war. Das Gemälde zeigt nämlich, wie die angeheftete Notiz ausweist, den Liebestod von Tristan und Isolde. (Gabriel von Max hatte selbst 1868 ein Bild dieses Titels gemalt.) So wird das (nur von der Rückseite gezeigte) Gemälde, in seiner verborgenen

Abb. 3: *Affen als Kunstrichterkollegium*, Gabriel von Max, 1889

Bedeutung, zum Plädoyer für die ‚natürliche' Authentizität im Blick des Tiers – angesichts einer pervertiert-dekadenten Kultur, die, auf je verschiedene Weise in Szene gesetzt, dann auch in Flauberts Affengeschichte *Quidquid volueris* von 1837 (die freilich erst 1910 publiziert wurde)[13] ihren Ausdruck finden wird, aber auch, sehr viel später, in Kafkas *Bericht für eine Akademie* von 1917 ironisch reflektiert erscheint,[14] in dem ein zivilisierter Affe seinen Eintritt in die Menschengesellschaft in Szene setzt: als kritische Satire menschlichen Künstlertums und als stumme Anklage der tierischen Naturvollkommenheit gegen die prätendierte Freiheit des Menschen.[15]

---

[13] Quidquid volueris. Etudes psychologiques, Septembre–octobre 1837, in: Gustave Flaubert, Trois contes de jeunesse, edition critique par T. A. Unwin, University of Exeter 1981, S. 43–68.

[14] „Ein Bericht für eine Akademie", in: Franz Kafka, Erzählungen, Frankfurt/M. 1967, S. 184–196.

[15] „Nebenbei: mit Freiheit betrügt man sich unter Menschen allzuoft. Und so wie die Freiheit zu den erhabensten Gefühlen zählt, so auch die entsprechende Täuschung zu den erhabensten. Oft habe ich in den Varietés vor meinem Auftreten irgendein Künstlerpaar oben an der Decke an Trapezen hantieren sehen. Sie schwangen sich, sie schaukelten, sie sprangen, sie schwebten einander in die Arme, einer trug den anderen an den Haaren mit dem Gebiß. ‚Auch das ist Menschenfreiheit', dachte ich, ‚selbstherrliche Bewegung'. Du Verspottung der heiligen Natur! Kein Bau würde standhalten vor dem Gelächter des Affentums bei diesem Anblick." (Kafka, Erzählungen, Anm. 14, S. 188 f.).

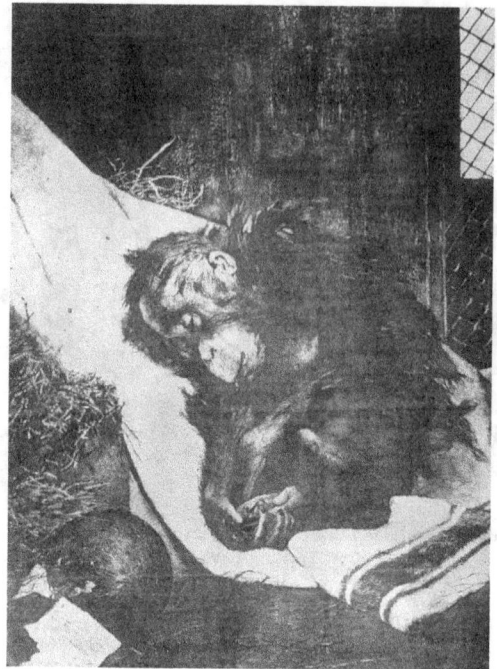

Abb. 4: *Schmerzvergessen*, Gabriel von Max, um 1870

Neben den Blick des Affen auf den Menschen und seine Kultur, den Gabriel von Max übrigens in einer ganzen Sequenz von Darstellungen thematisiert, tritt dann, abermals in komplementärer Funktion, der Blick des Hundes, der sich auf den Menschen richtet, und zwar ebenso exemplarisch wie zivilisationskritisch in Szene gesetzt, in dem Gemälde *Der Vivisektor* von 1886 (Abb. 6). Auch dieses Bild zeigt den Blick des Tieres auf den Menschen; aber nicht, wie in der Gestalt des Affen, im Zeichen einer Aufmerksamkeit, die sich auf die Errungenschaften des homo sapiens im Feld von Kunst und Bildung, als zivilisatorischen Vergegenwärtigungen seiner mimetischen Kompetenz, richtet; sondern nun im Sinne jenes anderen Blicks der gequälten Kreatur, der auf die zivilisatorischen Leistungen von Wissenschaft und chirurgischer Technik bezogen erscheint, auf Tiermedizin und Vivisektion. Der Blick des Hundes, als eines untrüglichen Legitimators menschlicher Identität, wird hier zur Anklage des Tiers gegen die Verstümmelung des Zeugnis ablegenden Naturkörpers in einem stummen Plädoyer für des Menschen besseres, naturhaftes Selbst. Geschmacklos und suggestiv zugleich: In steifer Allegorisierung wird hier die Anklage des Herzens (auf der sinkenden Waagschale und im Blick auf das

Abb. 5: *Pithecanthropus europaeus alalus*, Gabriel von Max, 1894

blutende Hündchen) gegen den szientifischen Erkenntnisanspruch des Gehirns zur Geltung gebracht; die Ausspielung der natürlichen Empfindung gegen die Funktionalität des Wissens und seiner determinierenden Systeme. Was hier in plakativer Konfrontation überdeutlich sichtbar gemacht wird, ist – als Argumentationsmuster – für den jetzt in Frage stehenden Zusammenhang von entscheidender Bedeutung. Gabriel von Max wählt – und dies ist symptomatisch, was die herkömmliche Akzentuierung in der doppelten Geschichte des Motivs angeht – Affe und Hund als herausgehobene Repräsentanten des Blicks des Anderen auf den Men-

Abb. 6: *Der Vivisektor*, Gabriel von Max, 1886

schen; als Protagonisten des Blicks einer als authentisch und unverfälscht in Szene gesetzten Natur auf das durch Kultur und Zivilisation entstellte Menschenwesen; eines Blicks freilich, der in verschiedene Richtungen geht.

Wenn Mimesis und Noesis als jene beiden Vermögen verstanden werden, aus deren Wirkungsfeldern das Individuum seine – menschliche Identität stiftende – Kraft als Schöpfer und als Wissender (als Künstler und Philosoph) in der Kultur des heraufkommenden 19. Jahrhunderts bezieht,[16] so wird nun, auf der einen Seite, der Blick des Affen auf den Menschen zur naturgeschichtlichen Bewahrheitung und Infragestellung zugleich von dessen mimetischem Vermögen; andererseits aber der Blick des Hundes auf den homo sapiens zum Indiz für die Untrüglichkeit, freilich auch für die amoralische Gewalt seines Wissens, aus der die durch Zivilisation gestiftete Einheit seines Selbst als Naturforscher erwächst. Genau dies aber sind zugleich die historischen Bedeutungs-Kontexte, innerhalb derer die beiden Tiere dann auch motivgeschichtlich erscheinen: der Affe

---

[16] Selbstverständlich immer noch im Rückgriff auf das vierte Buch der Aristotelischen Poetik; diese Geburt der ‚Vernunft' aus dem Vermögen des Mimetischen wird in jener Anekdote vom Affenfang durch geteerte Stiefel weitergetragen, die sich von Aelian bis zu Wilhelm Busch verfolgen läßt. Aeliani de natura animalium libri septemdecim, const. et annot. illustravit Fridericus Jacobs, Jena 1882, Buch 17/25: „Von den Indischen Affen und ihrem Fange"; „Fipps der Affe", in: Wilhelm Busch, Humoristischer Hausschatz mit 1500 Bildern, München 1924, S. 281–283 (Zweites Kapitel).

als Inszenator des Zweifels an menschlichem Schöpfertum und menschlicher Authentizität; der Hund dagegen als unbestechlicher Bewahrheiter des mit sich einigen, wissenden wie erkennenden menschlichen Selbst.

IV

Ein Blick auf die Geschichte beider als komplementär aufzufassender Motive in Darstellungen der Kunst und der Literatur zeigt, daß Hund und Affe eine Sonderstellung innerhalb der Argumentation über menschliche Selbstwahrnehmung im Spiegelspiel mit Tierfiguren einnehmen, und daß es so scheint, als sei dabei für den Hund die heidnisch-antike Überlieferung von größerer Bedeutung, für den Affen dagegen die christliche, samt den ihr zugeordneten heilsgeschichtlichen Implikationen.[17] In geradezu ar-

---

[17] Zum ersten Zusammenhang vgl. Von Hunden und Menschen. Geschichte einer Lebensgemeinschaft, hrsg. v. Helmut Brackert, München 1989; Glenn W. Most, Ansichten über einen Hund. Zu einigen Strukturen der Homerrezeption zwischen Antike und Neuzeit, in: Antike und Abendland 37, 1991, S. 144–168; Thomas O. Höllmann, Die Stellung des Hundes im alten China, in: Zur frühen Mensch-Tier-Symbiose, hrsg. v. Hermann Müller-Karpe, München 1983, S. 157–167; wesentliche Anregungen verdanke ich einem unpublizierten Münchner Vortrag von Manfred Schneider zum Thema des Hundes, dessen Thesen z. T. eingegangen sind in Manfred Schneider, Liebe und Betrug. Die Sprache des Verlangens, München 1992; Richard Thomson, „Les Quat' Pattes". The Image of the Dog in Late Nineteenth Century French Art, in: Art History 5, Nr. 3, Sept. 1982, S. 323–337; Emine Tin, Der Hund. Geschichte eines Motivs und seiner Bedeutung in der bildenden Kunst, Mag. Arbeit (Masch.) München 1981; Theodore Ziolkowski, Talking Dogs: The Caninization of Literature, in: Th. Z., Varieties of Literary Thematics, Princeton 1983, S. 86–122; zur kunstgeschichtlichen Lage: Robert Rosenblum, Der Hund in der Kunst. Vom Rokoko zur Postmoderne, Wien 1989; Midas Dekkers, Geliebtes Tier. Die Geschichte einer innigen Beziehung, München 1994; zum zweiten Zusammenhang William Coffman McDermott, The Ape in Antiquity, Baltimore 1938 und Horst Woldemar Janson, Apes and Ape Lore in the Middle Ages and the Renaissance, London 1952; ferner: Günter Albrecht, Von Menschen und Affen. Ein Traktat über Verwandte, München 1989; Dieter Arendt, Der Affe im Spiegel der Literatur. Oder: Sind Affen denn auch Leute?, in: Stimmen der Zeit 201, 1983, S. 533–545; Patrick Bridgwater, Rotpeters Ahnherren, oder: Der gelehrte Affe in der deutschen Dichtung, in: Deutsche Vierteljahrsschrift 56, 1982, S. 447–462; Horst-Jürgen Gerigk, Der Mensch als Affe in der deutschen, französischen, russischen, englischen und amerikanischen Literatur des 19. und 20. Jahrhunderts, Stuttgart 1989; Margaret Gump, From Ape to Man and from Man to Ape, in: Kentucky Foreign Language Quarterly 4, 1957, Nr. 4, S. 177–185. Ramona und Desmond Morris, Der große Affenspiegel. Eine

chetypischer Position erscheint der Hund in Konstellation mit dem Menschen in Homers *Odyssee*.[18] Unvergeßlich ist jene Szene, in welcher der Hund Argos schon von fern den nach Jahrzehnten heimkehrenden Odysseus wiedererkennt: durch Blick und Witterung. Das Tier erscheint dabei als eine getreue Replik des abenteuernden, die Heimkehr zuletzt bewerkstelligenden Helden, Figurant in einer Musterinszenierung jener von Aristoteles in seiner *Poetik* gerühmtem Anagnorisis, die Einheit und Integrität der Person zu stiften vermag – aller Verkleidung, Maske und Stimmverstellung zum Trotz.

In Platons *Republik* erscheint der Hund (um es zugespitzt zu sagen) als Semiotiker menschlicher Identität,[19] ja geradezu als philosophisches Tier; begabt mit der Fähigkeit der untrüglichen Unterscheidung von Freund und Feind, des Eigenen und des Fremden; ein Inhaber des Wächteramtes im Staat und ein Garant allzeit bereiter olfaktorischer Beglaubigung.[20]

Eine durch die charakteristische Wendung des Motivs herausragende Station in der Geschichte des Hundes als literarisches Argument (in der ‚Wahrnehmung' von Kultur durch Natur) wird dann durch die *Novelas ejemplares* des Cervantes bezeichnet, die 1613 erschienen und als deren letzte das *Gespräch der Hunde* das Thema auf differenzierte Weise neu auf die Probe stellt. In diesem *Coloquio de los perros*, das zwischen Cipión und Berganza, den Hunden des Auferstehungshospitals in Valladolid geführt wird, und das, zwar im Rückgriff auf Plutarch und auf Bonaventure des Périers *Cymbalum Mundi*, doch eine ganz eigenständige Version des Blickes des Hundes auf den Menschen vorstellt,[21] kommt Cervantes das Verdienst zu, das Motiv des Hundes – des durch seine Treue zu seinem Herrn aus-

---

Kulturgeschichte des Affen, München 1970; Gerhard Neumann, „Ein Bericht für eine Akademie". Erwägungen zum „Mimesis"-Charakter Kafkascher Texte, in: Deutsche Vierteljahrsschrift 49, 1975, S. 166–183.

[18] Vgl. Most, Anm. 17.
[19] Diesen Begriff verdanke ich Manfred Schneider, Anm. 17.
[20] Platon, Politeia 374ᵉ–375ᵉ; vgl. hierzu K. A. Neuhausen, Platons philosophischer Hund bei Sextus Empiricus, in: Rheinisches Museum für Philologie 118, 1975, S. 240–264.
[21] Bonaventure Des Périers, Le cymbalum mundi, en francoys, contenant quatre dialogues poétiques, fort antiques, ioyeux et facetieux, Paris 1537; dort wird die Geschichte erzählt und für den Dialog genutzt, daß jene Hunde, die die Zunge Aktäons verschlangen, dadurch die Sprache gewonnen hätten; die Namen dieser Hunde kehren in der Liste jener Tiere wieder, die in Kleist Penthesilea den Achill zerfleischen. Vgl. Wolfgang Boerner, das „Cymbalum Mundi" des Bonaventure Des Périers. Eine Satire auf die Redepraxis im Zeitalter der Glaubensspaltung, München 1980.

gezeichneten Tieres –, im Sinne eines Identitätsgaranten des Menschen, zum ersten Mal als veritablen ‚Mythos', als exemplarischen, dem systematischen Muster aitiologischer Mythen nachgebildeten Erzählzusammenhang entfaltet zu haben. Zwei Hunde, unversehens nachts mit dem Wunder der Sprachfähigkeit begabt, entwerfen, in einem Akt kultureller Mutation, gleichsam spontan und wie voraussetzungslos phantasierend, eben jenen Mythos der Selbstbeglaubigung, den ansonsten, kulturgeschichtlich gesehen, die menschlichen Wesen zur Bewahrheitung ihrer Identität inszenieren: als ein Geflecht von genealogischen, metaphysischen, aus magischen und linguistischen Operationen geborenen Identitäts- und Beglaubigungskonstrukten. Die Cervantinische Novelle stellt jenen Augenblick in der Geschichte des Tiermotivs dar, von welchem an der Hund – nun auch literarisch beglaubigt – einen vollständigen Mythos der Selbstauthentifizierung mit sich führt, auf den spätere Autoren zu rekurrieren vermögen, so E. T. A. Hoffmann mit den *Nachrichten von den neuesten Schicksalen des Hundes Berganza*, die er 1814 in seine *Fantasiestücke* einrückt; so Sigmund Freud in seinem frühen Briefwechsel mit dem Freund Eduard Silberstein, der, auf das gemeinsame Erlernen der spanischen Sprache rekurrierend, im Namen der beiden Hunde Cipión und Berganza aus Cervantes' Erzählung geführt wird.[22] Es gab wohl niemand, dem so wie Sigmund Freud die Bedeutung dieses Textes zu Bewußtsein gekommen sein mag: als eines Mythos der Rekonstruktion des (menschlichen) Selbst aus der Sprache, ihrer Identität bildenden Kraft im Akt ihrer Erzeugung und der durch das Begehren wie das Unbewußte vorangetriebenen Zirkulation sozialer Zeichen. Aber auch Franz Kafka gehört in diese Tradition mit seinen unvollendet gebliebenen *Forschungen eines Hundes*; und zuletzt ist Szuszanna Gahse zu nennen, die in ihrer 1984 erschienenen, das Cervantinische Motiv wieder aufgreifenden Erzählung *Berganza* sich ihrerseits auf Hoffmann wie auf Cervantes bezieht. Mit unmittelbarer Evidenz tritt diese literarische Motivkonstellation (als Beglaubigungsmuster menschlicher Identität) dann wieder in der Geschichte der Malerei in jener unübersehbaren Folge von Porträts und Selbstporträts zutage, in denen der Hund als Legitimator menschlicher Identität und ihrer emphatischen Modellierung erscheint, wie etwa im Hinblick auf bedeutende oder geliebte oder schöpferische Persönlichkeiten; natürlich und vor allem aber in jenen zahllosen Selbstporträts von Malern, die nur zufällig durch die Namen Hogarth, Courbet oder Dali in Erinnerung gerufen seien. Aber auch in Porträts anderer Art (etwa Familienporträts) spielt der den Dar-

---

[22] Ronald W. Clark, Freud: The Man and the Cause, London 1980, S. 21.

gestellten gleichsam beglaubigende und individuell zur Erscheinung bringende Hund, als ein Treue-Emblem, eine Schlüsselrolle – von Lawrence (*Die Söhne des Earls von Talbot*) bis Amerling (*Selbstporträt*), von Waldmüller (*Sohn mit Hund*) bis Leibl (*Der Maler Sattler*).

Für die Verdeutlichung dieses Zusammenhangs sei ein einziges Gemälde von exemplarischer Signifikanz stellvertretend für viele andere herausgehoben. Es ist die vom Anfang des 19. Jahrhunderts stammende Darstellung des in Dresden wirkenden Norwegers Johann Christian Clausen Dahl (1788–1857) mit dem Titel *Morgen nach einer Sturmnacht* (Abb. 7). Hier ist die Situation, in der es um Stiftung menschlicher Identität durch den Blick des Hundes geht, in die Szenerie einer Leben und Identität bedrohenden Naturkatastrophe versetzt, eines Schiffbruchs, der den Verlust des die Existenz garantierenden Besitzes als einer Schlüsselkategorie bürgerlicher Identität und die prekäre Rettung des nackten Lebens, in der alle Stabilität eines bürgerlich gesicherten Ich ins Wanken gerät, miteinander verknüpft; und zwar in der seit der Malerei der Romantik verfügbaren Pathos-Formel des gestrandeten Schiffes, das im Hintergrund zu sehen ist: jenen Topos des Lebensschiffs vergegenwärtigend, wie er in den Texten Goethes oder auf den Bildern Caspar David Friedrichs so eindringlich genutzt wird.[23] In suggestiver Bildformel erscheint dabei der Hund als Wächter über die Integrität des Menschen, die er durch untrügliche Wahrnehmung des körperlichen und seelischen Ausdrucksfeldes des Ich – seine das Gegenüber gleichsam ‚sichernde' olfaktorische Kompetenz – zu garantieren scheint; und zwar im unbestechlichen Blick des Tierauges, das auf das verdeckte menschliche Gesicht gerichtet bleibt.

Als eine bemerkenswerte Seitenlinie des Motivs vom menschliche Identität garantierenden Hund erweist sich die Entwicklung des Hundemotivs im Kontext der wechselnden Vergegenwärtigungen der Differenz der Geschlechter – so wenn der Hund als Identitätsgarant der *Frau* erscheint. Hier sind es nicht Doggen, Wolfshunde oder Irische Setter (mithin Jagdhunde aller Art) wie bei den auf (zumeist repräsentativen) Gemälden dargestellten männlichen Subjekten, sondern Schoßhunde, die als Zeugen und Testatoren menschlicher, genauer: weiblicher Identität zitiert und in Szene gesetzt werden. So zeigt ein Gemälde von Frans von Mieris dem Älteren aus der zweiten Hälfte des 17. Jahrhunderts eine *Dame vor dem Spiegel* als Inbegriff weiblicher Selbstkonstitution und Zurschaustellung

---

[23] Hans Blumenberg, Schiffbruch mit Zuschauer. Paradigma einer Daseinsmetapher, Frankfurt/M. 1979.

Abb. 7: *Morgen nach einer Sturmnacht*, Johann Christian Clausen Dahl, 1819

(Abb. 8): beides entbunden aus dem Reiz, der Wirkung verspricht; einem Reiz, der aus dem Zusammenspiel von Körperlichkeit und Kleidung hervortritt und die Bildung des Selbst im Spielraum von natürlichen wie kulturellen Zeichen zur Erscheinung kommen läßt, in deren perspektivischem Fluchtpunkt sich nun abermals das Hündchen zeigt. Es ist der Blick des Hundes, der als ‚männlicher' Blick des Voyeurs inszeniert und unter dieser (gleichsam gender-spezifischen Perspektive) auf den weiblichen Körper gerichtet wird.[24] Noch deutlicher und in souveränem Arrangement wird dieser Zusammenhang in Bouchers Gemälde *Madame Pompadour* aus der Münchner Pinakothek vor Augen gebracht, das Schönheit und Vergänglichkeit allen identitätsstiftenden Scheins in einer Szenerie bedrohtester Identitätskonstellation in den Blick rückt (Abb. 9). Ein bei aller scheinbaren Gelassenheit der Präsentation kritischer wie prekärer Augenblick, in dem der Hund als jener dem Naturraum entstammender Zeuge erscheint, der die verschiedenen ambivalenten Zeichen, die wie zufällig versammelt sind, zu einer einzigen Sinnfigur perspektiviert: Spiegel und Uhr, Schönheit der weiblichen Gestalt und verrinnende Zeit, die welkende

---

[24] Vgl. zum Zusammenhang des voyeuristischen Blicks Claudia Öhlschläger, Unsägliche Lust des Schauens. Die Konstruktion der Geschlechter im voyeuristischen Blick, Freiburg i. Br. 1996.

Rose, der angefangene Brief, die ruhelos ein ‚inneres' Selbst inszenierende Phantasie der Lektüre, zuletzt aber der vor die gesamte Szenerie postierte Hund, der in diesem kritischen Moment des Selbstzerfalls die Einheit eben dieses Selbst zu sichern unternimmt. Ein weiteres, abermals anders gelagertes Identitätskonstrukt aus mensch-tierischer Konfiguration gewährt Fragonards erotisches Bild *Mädchen mit Hund* (Abb. 10). Es ist der paradoxe, mit höchster Raffinesse und Künstlichkeit inszenierte Augenblick natürlicher Selbsterfahrung, der sich im Spiel des Körpers zeigt, ehe er – im Phantasma der Wahrnehmung *zwischen* den Geschlechtern – zu sich selbst erwacht. Auch hier ist es der Hund, der gleichsam zum Semiotiker dieses identifikatorischen Augenblicks wird: ein ‚Schoßhund' im wahrsten Sinne des Wortes; und auch hier erweist sich dieser ‚bewahrheitende' Blick des Hundes als ‚fingiert' aus dem voyeuristischen Blick des Mannes.

Es versteht sich von selbst, daß sich zahllose *literarische* Ausprägungen des Motivs diesem Befund im Feld der Malerei an die Seite stellen ließen; es sei nur an Tschechows *Die Dame mit dem Hündchen* und an eine Sequenz aus Hofmannsthals Romanfragment *Andreas oder Die Vereinigten* erinnert, das den Titel *Die Dame mit dem Hündchen* trägt und von jenem kleinem Hund Fidèle erzählt, der als Garant der Einheit einer in Heilige und Kurtisane gespaltenen Frau fungiert.[25]

Während die Figur des Hundes aufs Ganze der Entwicklung des Motivs hin gesehen in ihrer Funktion als Identitätsgarant des Menschen in der Geschichte ihrer Rezeption eine gewissermaßen ruhige und ungetrübte, eher unspektakuläre Entwicklung durchmacht, ist die Geschichte der Figur der Affen durch beträchtliche Turbulenzen, ja geradezu durch zwei zivilisatorische Schocks bestimmt.

Der Charakter und die Umstände einer ersten Schocksituation lassen sich an einer Miniatur aus einem englischen Bestiar des 12. Jahrhunderts, das sich in der Staatsbibliothek Leningrad befindet, mit großer Deutlichkeit ablesen.[26] Es ist eine Darstellung, die Janson, der Verfasser eines der maßgeblichen Werke über die Geschichte des Affenmotivs in der Kultur,

---

[25] Zum Tristan-Roman Manfred Schneider, Anm. 17, S. 124–136; Anton Tschechow, Die Dame mit dem Hündchen, 1899; Hugo von Hofmannsthal, Die Dame mit dem Hündchen, in: Hugo von Hofmannsthal, Gesammelte Werke in zehn Einzelbänden. Erzählungen. Erfundene Gespräche und Briefe. Reisen, Frankfurt/M. 1979, S. 286–308.

[26] Ein englisches Bestiar des zwölften Jahrhunderts in der Staatsbibliothek zu Leningrad, Berlin 1929; die Abbildung wird wiedergegeben und analysiert in Janson, Anm. 17, S. 107 ff.

Abb. 8: *Dame vor dem Spiegel*, Frans von Mieris der Ältere, um 1670

Adam naming the animals nennt[27] (Abb. 11). Der Affe erscheint hier nicht eingereiht in die Schar der schon erschaffenen Tiere, sondern zeigt sich neben Adam, gleichsam als dessen Doppelgänger, und doch zugleich losgelöst von ihm, als Beiwohner und Beobachter des Sündenfalls: auf bedrohliche Weise bald das Teuflische, bald das Sexuelle repräsentierend, eine Figuration des ‚Tiers im Menschen' in wechselnden Beleuchtungen. Hier ist es Adam, der den aufgereihten Tieren Namen gibt (die Schriftrolle deutet darauf hin); allein der Affe hat ihm gegenüber Posto bezogen, mit

---

[27] Janson, Anm. 17, Tafel 12, S. 107.

Abb. 9: *Madame Pompadour*, François Boucher, 1756

einem Apfel in der Hand den Sündenfall präfigurierend. Er repräsentiert in eigenwilliger Weise die tierische Natur des Menschen, sein animalisches Doppelwesen; der Affe erscheint als Außenseiter, als wiederholender und vorwegnehmender Inszenator des menschlichen Sündenfalls, als Simulakrum, das die anthropologische Grundformel des Aristoteles (von der simulatorischen Natur des Menschenwesens) in ein dubioses Licht versetzt: Ars simia naturae.[28] Der Affe erscheint hier mithin einerseits als Vergegenwärtiger der teuflischen Versuchung, die im sexuellen Trieb und im

---

[28] Kapitel „Ars simia naturae" in Janson, Anm. 17; ferner Ernst Robert Curtius, Europäische Literatur und lateinisches Mittelalter, Bern 1954, „Der Affe als Metapher", S. 522 f.

Erkenntniswillen des Sündenfalls ihre Wirkung entfaltet, andererseits aber und gleichzeitig als ‚agent provocateur' des Schöpferischen des Menschen, das mit eben diesem Sündenfall in die Welt kam: eine Version des Affen als Bildzeichen, die seit Boccaccios *De genealogia deorum* – und seiner Gestaltung des Prinzips ‚ars simia naturae' – in Geltung gesetzt ist.[29] Diese Ambivalenz des Motivs des Affen bleibt diesem auch künftig zugeschrieben: als Figuration des auf den Menschen blickenden Anderen in seiner doppelten Natur, eines Gegenüber zutiefst rätselhafter Natur, das den teuflischen Trieb wie die schöpferische Kraft der Gottähnlichkeit zugleich zur Erscheinung bringt.

Im 17. Jahrhundert erfolgt dann dasjenige, was man den zweiten Schock in der Rezeptionsgeschichte des Motivs des Affen im Kontrapost zur menschlichen Gestalt genannt hat. Der Affe wird nun – auch und zumal von Seiten der Naturwissenschaft – als naturgeschichtliche Doublette und Vorform des Menschen denkbar und deutbar. 1699 erscheint in London ein Buch von Edward Tyson mit dem Titel: *Orang-Outang, sive Homo Sylvestris. Or the Anatomy of a Pygmie compared to that of a Monkey, an Ape, and a Man.*[30] Linné wird in seinem *Systema naturae* von 1736 den Orang Utan in die Nachbarschaft des Menschen stellen und 1859 und 1871 publiziert dann Darwin seine beiden Abhandlungen über den *Ursprung der Arten* und die *Abstammung der Menschen*. Hatte der Affe im Mittelalter gleichsam auf das Tier im Menschen gedeutet, so erscheint nun gerade umgekehrt in ihm die Gestalt des ins Tier gewendeten Menschen. Die Literatur reagiert auf diesen Schock mit wechselnden Experimenten, die dieser doppelten Verwandlungsrichtung – des Affen, der zum Menschen, des Menschen, der zum Affen wird – Rechnung tragen. So zum einen mit der Darstellung von imaginären und als real vergegenwärtigten Reisen des Menschen in die Affengesellschaft, wie sie in den beiden Texten Swifts, *Gullivers Travels into Several Remote Nations of the World* von 1726 (in der vierten Reise zu den Yahoos und Houyhnhnms), und Holbergs *Nicolai Climii Iter Subterraneum* von 1741, beispielhaft vergegenwärtigt sind; so aber zum anderen auch mit Phantasien über die Abenteuer von Affenfiguren, die in die menschliche Gesellschaft eintreten und sich in ihr zu behaupten suchen, wie dies exemplarisch Restif de la Bretonnes *Lettre*

---

[29] Boccaccio verknüpft den Dichter und den Philosophen im Bildzeichen des Affen. Giovanni Boccaccio, Opere in versi. Corbaccio. Trattatello in laude die Dante. Prose Latine. Epistole, hrsg. v. Giorgio Ricci, Mailand 1974, S. 1014, „Phylosophorum symias minime poetas esse".

[30] Nachdruck London, Dawsons of Pall Mall, 1966.

Abb. 10: *Mädchen mit Hund,* Jean-Honoré Fragonard, um 1770–1775

d'un singe aux êtres de son espèce aus dessen Buch *La découverte australe* von 1781 und Thomas Love Peacocks *Melincourt* von 1817 zur Darstellung bringen, aber dann auch zahlreiche Texte von E. T. A. Hoffmann über Hauff und Raabe, von Achim von Arnim bis zu Franz Kafka[31] realisieren werden – nicht zu vergessen eine großartige Version des Themas des zum

---

[31] E. T. A. Hoffmann, Nachricht von einem gebildeten jungen Mann, in: E. T. A. Hoffmann, Fantasie- und Nachtstücke. Fantasiestücke in Callots Manier. Nachtstücke. Seltsame Leiden eines Theater-Direktors, München 1962, S. 297–305; Wilhelm Hauff, Der Affe als Mensch, in: W. H., Märchen in zwei Bänden, hrsg. v. Bernhard Zeller, Erster Band, Frankfurt/M. 1976, S. 259–296.

Abb. 11: *Adam naming the animals*

Menschen werdenden Affen in Flauberts Jugendwerk *Quidquid volueris* und in Elias Canettis Roman *Die Blendung*.

Vergleicht man die Entwicklung beider Motivstränge, die komplementären Gestaltungsreihen der Hunde- wie der Affenfigur in Konfrontation mit dem Gegenbild des Menschen, so lassen sich hierbei verschiedene Abgrenzungen vornehmen. Im Blick des Hundes auf den Menschen – wie ihn menschliche Kunstakte in Bild oder Schrift inszenieren – scheint eine Instanz des Authentischen gesetzt und phantasmatisch beglaubigt zu sein, die, mit dem Index des Natürlichen versehen, den Hund als Figuration eines untrüglichen Identitätsgaranten des Menschen präsentiert. Der Hund bezeugt durch seinen Blick auf sein Gegenüber gleichsam das Naturwahre des Menschen, das, von der Zivilisation aus gesehen, sein schlechthin Anderes ist, zugleich aber Vorschein seines Mit-sich-Einsseins in der unwandelbaren Treue zu sich selbst. Aus dem Blick des Affen auf den Menschen spricht demgegenüber von Anfang an das Dubiose und Zwiespältige der Maske, die Tier- und Menschenmaske zugleich ist. Eigenes und Fremdes werden – wie in einem anamorphotischen Prozeß – ununterscheidbar ineinander verwunden; in der Affenlarve, die dem Menschen zum Verwechseln ähnlich ist, zeigt sich erst das Bedrohliche des Selbstzerfalls, der im Menschen schon vom Sündenfall her nistenden Dissoziation des Selbst. Der Unschuld des Naturwahren und der Fidelitas im Blick des Hundes steht der Affe als Exponent jenes Sündenfalls gegenüber, mit dem die Geschichte des menschlichen Selbst – als eine Infektionsgeschichte – beginnt; im Motiv des Affen tritt das Spaltungs-Muster der Selbstwahrnehmung zutage, der Blick der ‚Natur‘, der die Einheit des menschlichen Selbst sprengt und zerfällt; in eben diesem Argument der dem Menschen ins Auge blickenden Simia überkreuzen sich auf bedrohliche wie befreiende Weise die Vorstellung von der Beschädigung des Menschen durch das ursprünglich Böse mit jener anderen Vorstellung von der durch die Erbschuld ausgelösten Entbindung von dessen schöpferischer Kraft.[32] Diese schöpferische Kraft ist es, aus der das doppelte Wesenselement des Menschlichen hervorbricht, simulatorische Freiheit und mimetisches Spiel. Was der Affe – als Argument menschlicher Selbstkonstitution – im Prozeß der Kultur gleichsam ‚zur Verfügung stellt‘, ist nichts geringeres als das ambivalente Testat des Tiers für die zwiespältige Bildung menschlicher Identität zwischen Bedrohung und Bewahrheitung, zwischen originär Bösem und unschuldigem Schöpfertum, zwischen Authentizität des Natürlichen und wuchernder Selbstinszenierung in der Kultur.

In der Entwicklung dieses Motivzusammenhangs erweist sich die Romantik, und hier namentlich die deutsche, als eine Art exemplarischer Schwellenzeit für die Geschichte des Problems. Hierbei stehen ganz zweifellos E. T. A. Hoffmanns Experimente mit den beiden Mythen (oder Argumentationsmustern) von Canis und Simia im Mittelpunkt. Hoffmann ist es, der die Experimente mit Simulation und Deformation im Erkennungsspiel zwischen Mensch und Tier in den Spiegelprotagonisten Affe und Hund auf die Spitze treibt, zugleich aber in den weiteren kulturdiagnostischen Zusammenhang der Verknüpfung von Kunst und Naturwissenschaft, von Gestaltung und Wissen, von Schöpfungsorganismus

---

[32] Zu dieser doppelten Deutung des Sündenfalls vgl. Jürgen Strutz, Der Mythos vom Paradies. Anmerkungen zu seiner Rezeption bei Kant und Hegel, in: Aufmerksamkeit. Klaus Heinrich zum 50. Geburtstag, hrsg. v. Olav Münzberg u. Lorenz Wilkens, Frankfurt/M. 1979, S. 575–588; ferner Odo Marquardt, Felix culpa? – Bemerkungen zu einem Applikationsschicksal von Genesis 3, in: Text und Applikation. Theologie, Jurisprudenz und Literaturwissenschaft im hermeneutischen Gespräch, hrsg. v. Manfred Fuhrmann u. a., München 1981, S. 53–71, sowie weitere Aufsätze in diesem Band.

und Maschine einbettet.[33] Diese Osmose zwischen naturwissenschaftlicher Einsicht und literarischer Darstellung, zwischen Noesis und Mimesis, hat denn auch im folgenden ihre Wirkung auf die Ausnahmestellung beider Tierfiguren (als kulturdiagnostischer Katalysatoren oder Argumentationsmuster) nicht verfehlt, ja sie hat sie nachdrücklich verstärkt. Der Hund als Exponent natürlicher Beglaubigung erweist sich zunehmend und paradoxerweise als ein die Menschenwelt bevölkerndes Kulturwesen schlechthin. Er kommt (so wird argumentiert) in der Natur nicht vor, ist vom Menschen gleichsam erzeugt und erst mit dessen Kultur entstanden.[34] In ihm spricht die Authentizität der Nähe. Er ist der untrügliche Bewahrheiter des menschlichen Selbst, der unbestechliche Entzifferer von dessen Körpersemiotik.

Der Affe dagegen erweist sich (mit zunehmender Verschärfung in der Argumentation) als der erklärte Gegenspieler der Kultur, als deren extrem befremdliches Andere. Ein doppelter Schock in der Geschichte seiner künstlerischen wie epistemischen Repräsentation bezeugt ihn als ‚natürliche' Figur gerade der Infragestellung des Menschen und seiner Kulturleistungen. Er erscheint als personifizierter Zweifel, als Figuration der bangen Frage, wo denn der Affe endet und wo der Mensch beginnt, wo die Naturformel in die Kultur umschlägt. In seinem Blick kommt die Dubiosität des mimetischen Vermögens selbst, das den Menschen zum Menschen macht, allererst zu Bewußtsein: Ähnlichkeit und bedrohliches Andere zugleich, das unlösbare Oszillieren zwischen Mimesis und Simulation, zwischen Faktum und ‚fake'. Der Affe ist der Inszenator menschlicher Identitätsdiffusion, der Figurant der Ununterscheidbarkeit von Maske und Spiegel, Beglaubigung und Dissimulation.

Wieder ist es die bildende Kunst, die auf unmittelbar suggestive und schlaglichtartige Weise die beiden gegensätzlichen Positionen von Motiv und Argument markiert: als den spannungsvollen Gegensatz von Bewahrheitung und Infragestellung des menschlichen Selbst. Da ist, auf der einen Seite, als kaum überbietbares Exempel dieser Konstellation Tintorettos Bild *Vulkan überrascht Venus und Mars* aus der Mitte des 15. Jahrhunderts in den Blick zu nehmen (Abb. 12); da ist, auf der anderen Seite, die simulatorische Konfrontation des menschlichen Porträts mit dem Affen

---

[33] E. T. A. Hoffmann, Nachricht von den neuesten Schicksalen des Hundes Berganza, Hoffmann, Anm. 29, S. 79–140 und Nachricht von einem gebildeten jungen Mann, Anm. 31, S. 297–305.
[34] Konrad Lorenz, So kam der Mensch auf den Hund, München 1965.

in John Wilmots *Bildnis des zweiten Earl of Rochester* aus der zweiten Hälfte des 17. Jahrhunderts zu beachten (Abb. 13).

Vielleicht gibt es im ganzen Feld der Überlieferung unseres Themas kein anderes Bild einer Konfiguration von Hund und Mensch, das in seinem komplizierten Spiel der Blicke, des Versehens und des Erkennens, der Täuschung und der Abirrung des Auges den Hund deutlicher als Garanten und ‚agent provocateur' der Identität des Menschen herausstellt als gerade Tintorettos Gemälde. Geht es doch in dieser Darstellung um nichts anderes als um die Beglaubigung der Wahrheit der Empfindung. Diese Wahrheit des Körpers ist verborgen im verheimlichten Spiel, das zwischen Venus und Mars gespielt wird und dem nun Aufdeckung droht. Der forschende Blick Vulkans, des Betrogenen, richtet sich auf den Schoß der betrügerischen Gattin; diese ihrerseits blickt auf den Hund; Mars, den Blicken aller anderen Beteiligten verborgen, begegnet auch seinerseits dem Blick des Hundes; Amor selbst hat seine Augen geschlossen, sein Blick besitzt keine Bezeugungskraft, er ist ‚blind'; der Betrachter des Bildes aber erscheint zuletzt einem raffinierten Spiel des Doppelblicks ausgeliefert: dem Kontrast von Vorderansicht und Rückansicht des Gesehenen (seiner Umkehrung) im Spiegel; einer Aufsicht, die zugleich ein gespaltener Blick ist, auf das Ganze, das ja dann selbst ein Ensemble eines hochkomplizierten Wahrnehmungs-, Erkennungs- und Ausforschungsspiels darstellt. Und in diesem so vielbezüglichen wie komplizierten Ensemble ist es dann ganz am Ende der Hund, der alleine die Wahrheit der Beziehung wie der Person bezeugt, die ‚Stelle' des Wahrheitsgaranten besetzt: „Le sexe, qui parle", hätte Foucault gesagt; oder besser noch, um im Bild zu bleiben: „Le sexe, qui aboie".

Dem gegenüber aber die Diffusion aller Beglaubigung menschlicher Würde im Porträt des Earls of Rochester in Konfrontation mit der Affenfigur! Es setzt eine vom Dargestellten selbst, dem Earl, verfaßte Satire in Szene, in der, mit theriophilen Argumenten, die menschliche Gesellschaft als ganze in Frage gestellt wird:

> „Were I ... a Spirit free
> to chuse for my own share,
> What sort of Flesh and Blood I pleased to wear,
> I'd be a Dog a Monkey, or a Bear,
> Or any thing, but that vain animal,
> Who is so proud of being rational."[35]

---

[35] Janson, Anm. 17, S. 353.

Der Blick des Anderen 315

Abb. 12: *Vulkan überrascht Venus und Mars*, Tintoretto, um 1555

Abb. 13: *Bildnis des zweiten Earl of Rochester*, John Wilmots, um 1665–1670

Das Bild spricht beinahe für sich: der ironisch mit dem Lorbeerkranz zum Dichter gekrönte Affe, der ein Buch zerreißt und den Blick auf den Menschen als Autor richtet, welcher seinerseits das Buch (und zwar aus-

Abb. 14: *Le singe peintre*, Jean Siméon Chardin, um 1739–1740

gerechnet die von ihm selbst verfaßte Satire) in der Hand hält: das Buch, mit dessen Hilfe er menschliche Identität und Autorität in Frage zu stellen unternimmt.

Hund und Affe also, als antagonistisch konstellierte Figuranten des Blicks auf den Menschen im Zitat des Textes – „I'd be a Dog a Monkey" – vergegenwärtigt: Das Strukturmuster der Argumentation aber, das hier dominiert, ist bestimmt durch die Ununterscheidbarkeit zwischen Maske und Spiegel, die im Blick des Affen auf den Menschen sich dilemmatisch entfaltet.

V

Die zweite Hälfte des 18. Jahrhunderts erweist sich dann erneut als eine Schlüsselstelle in der Entwicklung der beiden Motive von Hund und Affe. Es ist jener Augenblick in der Geschichte der Zivilisation, wo Rousseau die Frage aufwirft, ob die Natur als Garant des mit sich einigen Selbst begriffen werden kann, oder ob sie nicht vielmehr als Medium der Infragestellung

des kulturell als Einheit sich Erfahrenden gelten muß. Es ist der Streit
darüber, ob Natur oder Kultur (in ihrer argumentativen Entfaltung) die
menschliche Identität zu bewahrheiten vermag, ob paradiesische Freiheit
oder Sozialvertrag, ob Körper oder Schrift den in diesem Feld dominierenden Faktor darstellen – eine in dieser Schärfe wohl noch nie erkannte
Möglichkeit alternativer (durch ‚Kultur' *oder* durch ‚Natur' geleiteter)
Indizierung der die Welt chiffrierenden wie entschlüsselnden Zeichen. Hier
hat denn auch das Tier, als Bewahrheiter menschlicher Identität, seine
argumentative Stelle. Hier ist der Ort, wo die Tiergeschichte, das Ernst-
nehmen des Tiers als des schlechthin Anderen alles Menschlichen in Szene
gesetzt wird, mithin jener Naturkörper ‚erzählt' wird, der mit dem Kulturkörper in unversöhnter Auseinandersetzung lebt: als Initiator eines
Ursprungs- und Beziehungsmythos zugleich. Es ist ein Prozeß, der mit
Beginn des 19. Jahrhunderts dann seine Fortsetzung finden wird und für
die Mitte dieses Jahrhunderts zentrale Bedeutung gewinnt. In diesem Feld
wiederum ist es die Frage nach dem Schöpferischen, das im Körper wohnt
und als Natur aus ihm hervortritt, die den Kern einer neuen Anthropologie
und des aus ihr entbundenen Kulturmusters bildet: Es ist der Punkt, wo
Tiernovelle (als Inszenierung der Geburt der Sprache aus dem Körper des
Tiers) und Künstlernovelle (als Erkundung jenes kritischen Augenblicks, in
dem Schöpfertum aus der Naturhaftigkeit des menschlichen Körpers,
seinem ‚Genie', hervorbricht) zu konvergieren beginnen. Es ist die literarische Linie, die von Cervantes' sprechenden Hunden über E. T. A.
Hoffmanns Berganza bis zu Kafkas Künstlerhunden reicht, von Hoffmanns Milo bis zu Kafkas Rotpeter und dem äffischen Künstler in Canettis
Blendung. Die apokryphen Verknüpfungen, die von dieser Überlagerung
von Tiernovelle und Künstlernovelle zum Bildungsroman, als dem Roman
des schöpferisch eigentümlichen Individuums, überleiten, sind noch
weitgehend unerschlossen.

Klassik und Romantik reagieren in verschiedener Weise auf diese
Herausforderung. Goethe antwortet (das Tierargument abwehrend) mit
dem Konzept eines Bildungsromans, in dem die antike Statue, als Inbegriff
von Natur, dem menschlichen Körper den Index von Natur zuspielt, und so
zum Garanten menschlicher Bildung wird – der Naturkörper dagegen als
Figuration eines akulturellen Wunsches und Triebes wird aus diesem
Konzept schrittweise herausgedrängt, der Tod Mignons und des Harfners
in *Wilhelm Meisters Lehrjahren* bezeugt dies unmittelbar. Das Tier als
Naturkörper – und das Phantasma des Naturkörpers selbst – haben in
dieser Welt keine Stelle, sie erscheinen als Fremdkörper und gar als Bedrohung. Nicht zufällig ist es ein Hund, der jene Theateraufführung

mißlingen läßt, der Wilhelm Meister (schon ganz im Bewußtsein seiner theatralischen Sendung) auf seiner Geschäftsreise beiwohnt; nicht zufällig wird Lucianes „Affenwesen" aus dem Bildungskonzept der *Wahlverwandtschaften* energisch und unter der Hand ausgeschlossen. Nicht so die Romantik: Ihr Interesse für die Gegenwelten des Menschlichen, des Kosmischen und des Dämonischen, für die Nachtseite der Natur und den tierischen Magnetismus läßt auch eine theriomorphe Argumentation zu und fordert sie geradezu heraus. In diesem Zusammenhang ist es vor allen anderen E. T. A. Hoffmann, der eine Schlüsselposition inne hat. Er greift beide Motivtraditionen – Hund und Affe, Canis und Simia – auf und führt sie in komplementärer Konfiguration zusammen: in der Geschichte Milos des Affen einerseits, in der *Nachricht von den neuesten Schicksalen des Hundes Berganza* andererseits.[36] Während der Affe Milo die Idee von der Improvisationsstruktur des Schöpferischen zugleich repräsentiert und in Frage stellt, erscheint Berganza, der „poetische Hund", als Figurant der Authentizität des Kunstakts wie des Lebensgefühls, als Wächter und Garant des poetischen Naturgefühls zugleich. Simulationscharakter wie Wahrheitsgehalt der Kunst in ihrer problematischen Konstellation werden durch den Blick des Tiers aus den romantischen Künstlergestalten E. T. A. Hoffmanns herausgereizt. Identität und Selbstzerfall des Subjekts erscheinen durch die beiden einander komplementär zugeordneten Tierfiguren ineinandergespiegelt; denn Hoffmann führt das Tier an eben jene Stelle im Feld der Selbstrepräsentation einer Kultur, von welcher der klassische Goethe es zu entfernen sucht: an die Stelle nämlich, die der neue Kunstbegriff einnimmt, der seinerseits als in sich gespalten sich zeigt – als Improvisation, die aus der Authentizität des Naturkörpers zu entspringen scheint, als das Fiktive der Kunst, das als ein Vorschein von Natur sich zeigt.

Was hier in Szene gesetzt wird, ist die Artikulation und Infragestellung zugleich jenes für die Kultur der Goethezeit zentralen Gedankens, ob es gelingen kann, aus der Naturhaftigkeit des Menschen seine kulturelle Identität zu entwickeln, mithin im Körper selbst jenen Keimpunkt zu bestimmen, aus dem die schöpferische Kraft des menschlichen Selbst und seiner Behauptung in der Welt, sein Selbstgefühl erwachsen. Goethe und Hoffmann gehen hier getrennte Wege. Während Goethe im Begriff des

---

[36] Zu der Konstellation von Sozialisations- wie Bildungsgeschichte des Menschen einerseits, Tiergestalt andererseits vgl. meinen Aufsatz: Puppe und Automate. Inszenierte Kindheit in E. T. A. Hoffmanns Sozialisationsmärchen „Nußknacker und Mausekönig", in: Jugend in der Romantik, hrsg. v. Günter Oesterle, Würzburg (erscheint 1996).

Symbolischen eine Vermittlung zwischen Naturwissenschaft und Kunst zu erzielen meint, entwickelt Hoffmann sein Wahrnehmungs- und Darstellungskonzept gerade aus deren schneidendem Konflikt.

Da ist, auf der einen Seite, der Hund, der Blick der Treue, die Bewahrheitung jenes vitalen, schöpferischen Kerns in Kraft setzend, der zum Zentrum und Quellpunkt menschlicher Identität wird; hierher gehören die Selbstportraits von Malern, die ein Hund begleitet; hierher gehören die zahllosen literarischen Vergegenwärtigungen dieser Konfiguration von E. T. A. Hoffmann bis zu Thomas Mann (*Herr und Hund*). Da ist aber, auf der anderen Seite, der Affe: In ihm und durch ihn wird das Gegenteil Ereignis, nämlich der Blick aus der Maske; nicht die Beglaubigung, sondern gerade die Infragestellung des schöpferischen Kerns im Menschen, das Degenerieren solcher Schöpfungsimpulse zu bloßer Mimikry; hierher gehören die satirischen wie grotesken Darstellungen von Affen als Künstlern (und Kritikern) von Chardin (*Le singe peintre*) (Abb. 14) über David Teniers den Jüngeren (*Der Affe als Bildhauer*) bis zu Goya (*Ni más ni menos*) und Francis Bacon (*Mann mit Hund*), aber auch, und nicht minder, die literarischen Affendarstellungen von E. T. A. Hoffmann über Hauff und Arnim bis zu Raabe, Wilhelm Busch und Kafka im ambivalenten Spiel von Beglaubigung und Diskreditierung.

VI

Die vielen Verzweigungen und weiten Verästelungen dieser doppelten Figuration beglaubigender wie mimetisch-simulatorischer Indizierung des menschlichen Selbst im 19. Jahrhundert sind hier nicht weiter zu verfolgen – es ist aber auf eine Schaltstelle im 20. Jahrhundert hinzuweisen, wo beide Motivstränge noch einmal aufgegriffen und in ihrer problematischen Verflechtung erneut thematisiert werden: im Werk Franz Kafkas nämlich, der Hoffmann zweifellos kannte, möglicherweise sogar die Jugenderzählung Flauberts, *Quidquid volueris*, die seit 1910 in einer französischen Ausgabe zugänglich war, zur Kenntnis genommen hatte. Kafka griff – wie so oft in der Geschichte seines Schreibens – die überlieferten Motivkomplexe auf und inszenierte sie neu, in der ihm eigentümlichen Weise der Umkehrung und Ablenkung.[37] So erscheint zwar das Tier auch in den

---

[37] Gerhard Neumann, Umkehrung und Ablenkung: Franz Kafkas ‚gleitendes Paradox', in: Deutsche Vierteljahrsschrift 42, 1968, S. 702–744. Siehe S. 355–401 im vorliegenden Band.

Forschungen eines Hundes, dem späten Fragment Kafkas, als Wahrheitssucher, ja als Philosoph – das entspricht der Tradition des Motivs, die bis auf Platons Überlegungen in der *Politeia* zurückgeht. Aber die durch den tierischen Blick zu bewahrheitende Gegeninstanz, der Mensch, fehlt bei Kafka. Es werden zwar Klänge, Befehle, Musik hörbar, Nahrung erscheint wie von Himmel geschickt, Zeichen werden fühlbar und drängen sich auf – aber ohne das Erscheinungsbild des für den Erkenntnis- und Wahrnehmungsakt unerläßlichen Gegenüber, ohne das Ausdrucksfeld des menschlichen Gesichtes, dessen ‚sichernde' Lektüre durch den Blick des Hundes, als des schlechthin Anderen, das die ‚Natur' ist, erst die Ganzheit des menschlichen Selbst zu bewahrheiten vermöchte. Es ist der Blick des Tiers auf ein entleertes Ausdrucksfeld, ein ‚blanc', eine physiognomische Leerstelle.

Und auch der Affe Rotpeter, einziger Protagonist in Kafkas Erzählung aus dem *Landarzt*-Band mit dem Titel *Ein Bericht für eine Akademie*, scheint sich nur auf den ersten Blick in die lange Kette jener Affenwesen zu stellen, die in der Konfrontation mit dem Menschen zu dessen Zerr- und Wandelbild werden; in einer Tradition stehend, die ihre Quellen in der Antike hat. Genau genommen wird aber auch hier Kafkas Text zum Ort einer Ablenkung und Umkehrung, gleichsam einem Umschlagplatz des Motivs; bei dem Versuch seiner Selbst-Artikulation im Zeichenfeld der menschlichen Kultur, im Augenblick seines Erwachens aus der wilden Natur seiner Präexistenz in das Simulacrum des Menschseins, das das Varieté ihm bietet, hat auch Kafkas Affe im Grunde nicht mehr den Menschen im Blick. Die Akademie, an die er sein Wort richtet, bleibt ohne Physiognomie, stumm und unsichtbar. Der rhetorische Akt des Affen, der ein Akt der Selbstgestaltung ist, entfaltet und projiziert sich ins Leere. Die Maske des Menschen, die er simuliert, dient ihm nur noch dazu, jene Affenwahrheit zu verbergen, die sich menschlichem Vorstellen entzieht und alle menschliche Freiheit zum „Gelächter des Affentums"[38] werden läßt. Es ist nicht mehr die Illusion von Menschenfreiheit, sondern ein „Affenausweg", der auf dem Spiel steht: ein „Sich in die Büsche schlagen"[39] der „Kulturnatur". Was bleibt, ist die Maske, hinter der der Blick des Anderen sich bewahrt, das Tiergesicht, in dem das menschliche Antlitz erlischt. Der Mensch aber, der durch beide Tiere, Kafkas forschenden Hund und Kafkas Affen Rotpeter, in seiner Existenz beglaubigt oder aber auch in Frage gestellt werden könnte, gerät erst gar nicht mehr ins Blickfeld. Der Herr des

---

[38] Kafka, Bericht, Anm. 14, S. 189.
[39] Kafka, Bericht, Anm. 14, S. 195.

Hundes wie die Herren der Akademie bleiben gesichtslos, stumm und unsichtbar.

VII

Wollte man über das hier in Umrissen gezeigte Kulturmuster im großen Ganzen sprechen – trotz aller Vielfalt und historischen Differenzierung der beiden Motive von Hund und Affe im Einzelnen –, so ließe sich wohl folgendes behaupten: In der Komplementärgeschichte beider thematischen Komplexe konstituiert sich ein Doppelmythos von der Beglaubigung und gleichzeitigen Bedrohung menschlicher Identität durch den Körper des Tiers, die Inszenierung seines Simulakrums und seinen prüfenden Blick; zugleich aber, und das ist noch des weiteren hervorzuheben und für die literarische Entwicklung von zentraler Bedeutung, ein Mythos von der Geburt der Sprache des Menschen aus dem Körper des Tiers, wie ihn im 20. Jahrhundert beispielhaft etwa Octavio Paz mit seinem philosophischen Prosagedicht *El mono gramático* von 1974 berufen hat.[40] Entsprechend den strukturellen Verschiedenheiten der beiden Motive und Konfigurationen – des Hundes als Beglaubiger, des Affen als kritischem Infragesteller menschlicher Identität – nehmen diese Geburts- und Bewahrheitungsphantasien menschlicher Identität, die aus der Konfrontation mit dem durch das Tier repräsentierten Inbegriff von Natur erwachsen, auch verschiedene Gestalt an: Sie erscheinen, auf der einen Seite, als Ausbildungen eines authentischen Beglaubigungscodes durch die sprechenden Hunde; auf der anderen Seite aber als Infragestellungen der Authentizität menschlicher Zeichenbildung durch die die Sprache und ihr Signifizierungspotential erprobenden und simulierenden Affen. Für jeden dieser beiden – abermals komplementär zu denkenden – möglichen Fälle eines Blickes des mit dem Naturindex belegten Tieres auf den Menschen sei exemplarisch noch je ein eminenter Text aus der Literargeschichte des Doppelmotivs in Erinnerung gerufen.

Der in seinem Erfindungsreichtum und seiner argumentativen Vollendung wohl kaum überbietbare klassische Text für den ersten Fall, die Bewahrheitungsfunktion des Hundes im Blick auf den Menschen, ist die unvergleichliche und „wunderbare" Hundegeschichte des Cervantes (dieser spricht von „un caso portentoso y jamas visto"), welche die zwölf

---

[40] In französischer Übersetzung schon 1972 in Paris erschienen: „Le singe grammairien".

Novelas ejemplares abschließt und von den beiden Hunden Cipión und Berganza erzählt, die sich in der Nacht unvermittelt mit der Sprache begabt finden und – zugleich mit deren Erwerb – auch deren (aus dem Zivilisationsprozeß der Menschen vertrauten) Ursprungs- wie Kommunikationsbedingungen hervorzubringen suchen: als ein Erschaffen von Welt und menschlicher Identität im Sprechakt und durch die Performanz des Sprechaktes selbst; ein Augenblick der Theatralisierung und Simulation, ein Sprachschöpfungsspiel, das die Bedingungen seiner selbst im Bewahrheitungstheater der Kultur zugleich mit hervorbringt.

Der klassische Text für den zweiten Fall, den der Infragestellung und Subversion menschlicher Zeichenerschaffung und Selbstmodellierung nämlich durch den prüfenden Blick des Affen auf die Menschenwelt ist Flauberts Novelle *Quidquid volueris*, die dieser – vor einem schier unglaublichen Bildungshintergrund – als gerade Sechzehnjähriger niederschrieb, und die von Sartre in seiner monumentalen Flaubert-Monographie *L'idiot de la famille* von 1971 und 1972 mit Recht als autobiographische Urszene des zur Sprache erwachenden Gustave interpretiert worden ist.[41] Diese in ihrer Art völlig einzigartige Geschichte Flauberts erzählt vom Versuch des in die Welt der Kultur erwachenden Menschenkörpers und der durch die Poesie zu erzielenden Wiederherstellung der Unschuldsszene im Paradies, mithin der Entstehung der Kultur aus dem Naturkörper des Menschen, der das Tier ‚ist'. Sie erzählt von einem zynischen, aus dem darwinistischen Fortschrittsoptimismus geborenen akademischen ‚Experiment', das den Sündenfall (als Geburt des Menschen, der Wissen und Scham besitzt, aus dem Naturwesen) simuliert und in dem die Zeugung eines Zwitterwesens aus der Paarung von Affe und Menschenfrau gelingt; mithin aber die Probe aufs Exempel der Versöhnung von Natur und Kultur gemacht wird – zuletzt dann aber doch nur ein Monstrum entsteht, dem die beiden (kulturhistorisch seit der Aufklärung markierten) Erbmomente des Sündenfalls,[42] paradiesische Unschuld des Naturkörpers und Tödlichkeit der Zeichen der kulturellen Welt zugleich in sich zu repräsentieren, zum Nachteil und zum Verderben ausschlagen. Monsieur Paul, der frevelhafte Experimentator, und Djalioh, der gefühlvoll-poetische, aber stumme Affe, tauschen – gleichsam zwischen Zivilisation und Natur – den Blick der Gewalt. Sobald das menschliche Tier zu sprechen beginnt, erlischt in ihm die Poesie, die allein authentischer Ausdruck seiner selbst

---

[41] Jean-Paul Sartre, Der Idiot der Familie. Gustave Flaubert 1821–1857, Fünf Bände, Reinbek bei Hamburg 1977.

[42] Vgl. Anm. 32.

werden und es (aus dem Blicktausch mit dem geliebten Menschen) selbst allererst zum Menschen machen könnte. Affe und Mensch verwandeln sich – in wechselseitiger Verformung – durch den Blick, den sie wechseln, in komplementäre Monstren, denen in Blick und Gegenblick Natur *oder* Zivilisation abhanden kommt:

> Voilà le monstre de la nature qui était en contact avec M. Paul, cet autre monstre, ou plutôt cette merveille de la civilisation et qui en portait tous les symboles: grandeur de l'esprit, sécheresse du cœur.[43]

Der Punkt, an dem die beiden Motive von Hund und Affe ins Territorium der Moderne eindringen, läßt sich vor dem skizzierten Hintergrund sehr genau bezeichnen. Es ist der Augenblick, wo die Autoren literarischer Texte das Einwirken technischer Medien auf die menschliche Stimme als Organ kultureller Zeichenproduktion zu beobachten und zu erproben beginnen: in der Epoche der Romantik, die das Element des Phantastischen mit dem die Wahrnehmungsmöglichkeiten erweiternden Erkenntnis-Repertoire der neu entstehenden Naturwissenschaften zu verknüpfen beginnen. Es sind hier namentlich E. T. A. Hoffmann und Edgar Allan Poe, in deren Werken in seltsamer Nachbarschaft Tierphantasien und Phantasien über Sprechmaschinen gedeihen.[44]

Vor allem aber ist es dann wiederum Franz Kafka, der Phantastik und Technik auf monströse Weise zu verkoppeln sucht. Als Rotpeter sein erstes ‚menschliches' Wort, das Wort „Hallo" spricht, ist im Hintergrund ein Grammophon vernehmbar. – „Hallo": es ist genau dieses Wort, das Edison fand, als er sich Gedanken darüber machte, wie man über ein technisches Medium, das Telephon, einen Akt der Kommunikation zu knüpfen vermöchte, wie das Medium in eine Form des Dialogs zu verwandeln sei.[45] In Huxleys *Ape and Essence* gewinnen Mikrophon und Film ähnliche Funktionen; schließlich werden durch operative Eingriffe in den Tierkörper technische Medien in den Organismus eingepflanzt, Kultur der Natur aufgepfropft – etwa durch Installation eines Mikrophons im Kehlkopf eines Affen, wie dies in Bernhard Malamuds Roman *God's Grace* von 1982, aber auch in H. G. Wells *The Island of Dr. Moreau* (1924) ins Werk gesetzt wird.

---

[43] Flaubert, Trois contes, Anm. 13, S. 49.
[44] Edgar Allan Poe, The Murders in the Rue Morgue, in: E. A. P., Selected Tales, hrsg. v. Julian Symons, Oxford 1980, S. 105–135.
[45] Wolf Kittler, Schreibmaschinen, Sprechmaschinen. Effekte technischer Medien im Werk Franz Kafkas, in: Franz Kafka, Schriftverkehr, hrsg. v. Wolf Kittler u. Gerhard Neumann, Freiburg i. Br. 1990, S. 75–163, hier S. 155.

VIII

Das Tier ist das Andere des Menschen schlechthin, eben weil der Mensch in ihm die Nähe seines Körpers und, ineins damit, die Fremdheit jener Zeichen erfährt, die ihn aus seiner eigenen Ausdruckswelt, derjenigen der Kultur, anwehen. Das Selbst des Menschen erscheint von Anbeginn an – dem paradiesischen Sündenfall, wo es aus der Natur der stummen Körper heraustritt in die Kulturwelt von Lizenz und Tabu – als das emphatische Eigene, das zugleich das Fremde einer langen und dunklen Herkunft des Menschen aus der ‚Natur' ist: „Und daß mein eignes Ich" – so heißt es in Hugo von Hofmannsthals Terzinen *Über Vergänglichkeit*[46] – „durch nichts gehemmt | Herüberglitt aus einem kleinen Kind | Mir wie ein Hund unheimlich stumm und fremd."

Wahrscheinlich ist die bange Frage, die das menschliche Selbst im Spiegelgesicht des Tieres zu lesen meint, so alt wie die Literatur überhaupt. Jedenfalls scheint es zwei Formen zu geben, in denen sie Gestalt und Ausdruck gewinnt. Da ist zunächst die Tierfigur, das animalische Gesicht als jene Maske, aus der der Mensch selbst spricht, als ein Mittel aufgefaßt, das die Möglichkeit bietet, im Scheingewand des Tiers menschliche Wahrheiten – moralistische, politische oder ästhetische – nur um so deutlicher zu artikulieren; dies tut die Fabel seit jeher – das altvertraute Menschliche wird als scheinbar Fremdes mit dem Tiergesicht drapiert. Demgegenüber aber zeigt sich das Tier als Gegengestalt und Rivale des Menschen; das Tier, aus dessen rätselhaftem Körper das Wunder der Sprache bricht, eine mythische Phantasie vom Ursprung, dem Fremden, das das Eigene wird, der Natur, die in Kultur umspringt, Menschengesicht wird und in menschlicher Sprache redet. Dies aber ist primär nicht das Thema der Fabel, sondern der Tiergeschichte und der Tiernovelle und deren nie erlöschendem Interesse an jenem Unerhörten, das die Geburt des Menschseins aus der Natur ist. Auf diese Frage nach der Geburt der Sprache und ihrer Kulturmythen bildenden Kraft aus dem Körper des Tiers, zugleich als eines Erlebnisses des schlechthin und von Anfang an Fremden im eigenen menschlichen Selbst, ist in den hier vorgetragenen Überlegungen aufmerksam zu machen.

Dabei spielen in der Erkundung der Identität des menschlichen Subjekts, und das ist für den hier in Frage stehenden Kontext von besonderer Bedeutung, nicht nur interkulturelle Bezüge, nicht nur der Blick

---

[46] Hugo von Hofmannsthal, Gesammelte Werke in zehn Einzelbänden, Gedichte. Dramen I, 1891–1898, Frankfurt/M. 1979, S. 21.

der Menschen in differenten Kulturen aufeinander, und zwar als Erzeuger identifikatorischer Zeichen und Rituale, eine bestimmte Rolle; vielmehr gewinnt, in einem apokryphen Kontext, auch und gerade der Blick der ‚Natur' auf die Zeichenwelt der Kultur Relevanz; freilich geschieht dies seinerseits nie anders als fiktiv; erfahrbar in eben jener Experimentanordnung, in der „ein Tier auf den Menschen blickt", in der Sprache, mit dem Index der Natur versehen, buchstäblich „in den Blick kommt". Es sind die immer wieder neu und unter veränderten Bedingungen inszenierten Experimente auf jene Authentizität von Natur, in deren (für immer und unerreichbar entrücktem) Kern der Quell menschlichen Schöpfertums supponiert wird. Es sind die auf die Wiederkehr des Paradieses gerichteten Versuche des Menschen, Geschichten vom Tier, das ihn anblickt und das er selbst in der Vorzeit war, zu erzählen: fingierte Wiederholungen der Geburt des Menschen aus dem animalischen Körper.

Wenn Bildungsroman und Künstlernovelle die beiden klassischen poetischen Organe sind, in denen die Frage nach der Konsistenz und kulturellkonfigurativen Behauptung des Subjekts in der Neuzeit gestellt wird, so erweist sich die Tiergeschichte als deren subversiver Kontrapost, freilich auch als deren heimliches Pendant. Herausragende Bürgen dieser Entwicklung einer apokryphen (mit dem Index des ‚Natürlichen' versehenen) Bildungsgeschichte, die durch den tierischen Blick aus dem Menschen herausgereizt wird, sind die Texte eines Cervantes, E. T. A. Hoffmann, Flaubert und Kafka. Im Rahmen der von ihnen entwickelten erzählerischen Argumente ist so etwas wie eine Literaturgeschichte der Tiernovelle als Erkenntnis- wie als Künstlererzählung sichtbar geworden: Proben aufs Exempel der Wahrnehmung von Ich und Welt, die aus dem Doppelblick und Blickwechsel zwischen Tier und Mensch erwachsen. Dabei bilden sich – gleichsam als ein subversives Identitätsparadigma, das der offiziösen Bildungsgeschichte widerspricht – Tiergeschichten besonderer Art heraus: Erzählungen von Tieren, deren Sprech- und Wahrnehmungsakte stets den Keim des Abfalls von der Kultur in sich tragen, Inszenierungen eines insgeheim widerrufenen Sündenfalls.

Das Uralt-Eigenste als das wesentlich Fremde und durch den Prozeß der Kultur Entfremdete: davon spricht das Tier als „Lebensbegleiter" (Kafka) des Menschen; bestimmte Tiere zumal, die den Index des Natürlichen in die Rede der Kultur einschmuggeln; sich artikulierend in den Gestalten eines literarischen oder kunstgeschichtlichen Motivs – als Topoi, die die Rede vom menschlichen Selbst argumentativ stützen – vielleicht gerade dadurch, daß sie diese Rede in der Kultur fortgesetzt zu unterlaufen scheinen. Der Affe auf der einen Seite, als Simulakrum des Menschen, im fatal Ähnlichen das Bedrohlich-Fremde verkörpernd, ein Teufelsspiel mit dem Selbst und dessen Sündenfall zugleich, das Ich des Menschen aus dem Spiegelblick auf den Körper des Tiers in Frage stellend; und die Fremdgestalt des Hundes als philosophisches Tier, demgegenüber, als Beglaubigungszeichen menschlicher Identität unter der Signatur unverbrüchlicher Treue und Identität stiftender Begleiterschaft schlechthin. Das Ähnliche als das Fremde, das Fremde als das Unverwechselbar-Eigene, im Tierblick auf den Menschen auseinandergesprengt und vermittelt zugleich: Dieses Spannungsfeld von Infragestellung und Beglaubigung entfaltet sich in den Kontrastfiguren von Hund und Affe als Identitätsgarant und als Zerrbild des menschlichen Selbst, wobei beide Erfahrungen gleichermaßen aus der Fremdheit des Tierkörpers, seiner ‚Naturqualität' erwachsen. Man könnte sich dabei nun fragen, ob sich nicht – zwischen den Paradigmen von Canis und Simia – insgeheim noch ein drittes Tiermuster etabliert, das die Möglichkeit komödiantisch inszenierten, aus freier Improvisation geborenen Rollenspiels in das hier eröffnete Fragenfeld einbringt. Es sei in diesem Zusammenhang an die *Kater Murr*-Geschichte E. T. A. Hoffmanns, an *Spiegel das Kätzchen* aus dem Novellenkranz *Die Leute von Seldwyla* von Gottfried Keller, aber auch an *Josefine, die Sängerin oder das Volk der Mäuse*, die letzte Erzählung Kafkas erinnert. Es sind, in seltsamer Wendung des Argumentationsganges, Geschichten von lügenden Katzen und singenden Mäusen, spiegelstrategisch aus der Maskierungslust geborene Muster des naturhaft Anderen, theatrale Inszenierungen von Simulakren menschlicher Figuren, die different und indifferent zugleich zu diesen stehen; so beispielsweise die singende Maus Josefine, deren Gesang sich vom Alltagspfeifen der Menge kaum noch unterscheidet; oder doch zuletzt nur dadurch, daß Josefines Pfeifen noch schwächer und uncharakteristischer ist als das der anderen. Kunst, die aus dem Naturkörper kommt, wird paradoxerweise nur mehr dadurch als ‚Wahrheit' des Kulturellen beglaubigt, daß sie sich ausgerechnet von den Zeichen der Alltagswelt und ihrer kulturbildenden Kraft gar nicht mehr unterscheiden läßt, aber – um in der Argumentation des theatralen Modells zu bleiben – gleichwohl Phantasie und Maskenspiel als Form der Freiheit in Geltung setzt.

Bewahrheitungskraft des Hundes und mimetische Kraft des Affen, als zwei aus der Gegenwelt wirkende Selbsterfahrungsmuster des Menschen, verkehren sich nun in ihr Gegenteil: Sie werden zu Indizes erfinderischer Phantasie wie alle Unterscheidung aufhebender Mimikry. Die Differenz von Natur und Kultur verlischt in der Uniformität und Irreferentialität von Zeichen, die sich vom Körper zu lösen und ohne natürlichen Garanten, ohne ‚Eigentlichkeitsbezug' zu zirkulieren beginnen; Zeichen mithin, die weder für Noesis noch für Mimesis, weder für die Wahrheit der Welt noch für deren Abbildbarkeit mehr zu bürgen vermögen; was bleibt, ist die schillernde Welt von Phantastik und simulatorischer Inszenierung, von spielerischem Trugbild ohne Eigentlichkeitsgrund, von virtueller Realität.

Vor dem Hintergrund solcher Beobachtungen muß aber auch die Geschichte der Kunst in manchem ihrer Bereiche neu geschrieben werden. Das Andere, das als ihr ‚Gegenstand‘ sich zu erweisen sucht, scheint sich nun nicht mehr als menschliches Du, das heißt aber wohl, als Kulturkörper zu zeigen, ebenso wenig aber auch als geschwisterliches Tier, mithin als Naturkörper, der seinen Blick zustimmend oder abwehrend auf den Menschen richtet, sondern nur noch als das schlechthin Fremde und ganz und gar Andere, ein inszeniertes Gespenst; ein Sprachzeichen der Automate, die ihr totes Auge auf das sprachlose Menschenwesen, das ‚infans‘ im Wortverstande richtet, und ihm den unschuldigen Glauben, in seinem Gravitationspunkt zu ruhen, endgültig raubt. Hier war der Autor Heinrich von Kleist mit seinem unausschöpflichen Essay *Über das Marionettentheater*, der den menschlichen Körper durch die Allusion der griechischen Statue mit dem Index von Natur versieht und ihm, aus der Konfrontation mit dem Tierkörper des Bären und dem mechanischen Körper der Automate diese Unschuld des Natürlichen zugleich für immer raubt, vielleicht der prophetischste von allen – ein Erbe des Cervantes und ein Vorläufer Flauberts wie Franz Kafkas.

Aber diese Beobachtung bildet wohl zugleich den Beginn einer anderen, erst anhebenden und aus dem Blick des Tieres sich unvermerkt heraussstehlenden Geschichte vom menschlichen Individuum in der Kultur: einer Geschichte vom leeren Blick der Automate, die beliebig Tier- oder Menschengestalt annehmen kann, ununterscheidbar, und einen Text ohne Subjekt erzeugt.

Schmerz – Erinnerung – Löschung

Die Aporien kultureller Memoria in Kafkas Texten

I

Die Erforschung der Memoria in der Kultur, ihrer Rolle, ihrer Funktion und ihrer Traumatisierungen, hat man inzwischen als eines der gründenden Themen einer Literaturwissenschaft als Kulturwissenschaft hervorgehoben.[1] Aus der Einsicht in diesen Zusammenhang läßt sich die Hypothese entwickeln, daß es die individuelle Erinnerung einerseits, das kulturelle Gedächtnis, das im Archiv eines Staatswesens, eines Volkes oder einer Nation aufbewahrt wird, andererseits ist, welche die Biopolitik einer Gesellschaft, die Verwaltung von deren Leben und Sich-Entwickeln steuern. Mit derartigen Mnemata und Traumata, Bearbeitungen, Entstellungen und Verdrängungen hängen ja offensichtlich nicht nur die Konstruktionen, sondern auch die individuellen wie kollektiven Löschungen von Memoria-Kernen oder ganzen Memoria-Feldern zusammen. An der Plausibilität dieser Konfiguration von Gedächtnis und Kultur besteht kein Zweifel. Doch stellt sich bei genauerem Nachdenken heraus, daß eine derartig vereinfachte Hypothese im Blick auf Kafkas Texte – und deren Umgang mit der Memoria-Thematik – nicht recht greifen will. Daher möchte ich in meinen Überlegungen einen von der Gedächtnisforschung etwas abweichenden, auf das Wahrnehmungsszenario bezogenen Weg gehen. Dieses zu modifizierende Szenario wäre in vier Schritten zu entwickeln. In einem ersten Teil meiner Überlegungen möchte ich Kafkas Auffassung vom Zusammenhang zwischen Schmerz und Erinnerung beleuchten, indem ich zum Vergleich die konkurrierenden Konzepte seiner Beinahe-Zeitgenossen Robert Musil und Ernst Jünger heranziehe.[2] In einem zweiten Schritt käme es darauf an zu erkunden, wie sich das genannte Verhältnis zwischen Schmerz und Erinnerung in Kafkas Tagebuch und seiner Erörterung der Wahrnehmungsproblematik ausnimmt: und zwar im Spiel zwischen den

---

[1] Vgl. *Aleida Assmann:* Gedächtnis als Leitbegriff der Kulturwissenschaften. In: *Lutz Musner / Gotthart Wunberg* (Hg.): Kulturwissenschaften. Forschung – Praxis – Positionen, Wien 2002, S. 27–45.

[2] Robert Musil ist 1880 geboren, Franz Kafka 1883 und Ernst Jünger 1895.

Aspekten des Autobiographischen, des Ethnologischen und des Poetologischen. In einem dritten Teil möchte ich mich dann zwei einschlägigen paradigmatischen Texten Kafkas zuwenden, in denen er die literarische Verarbeitung des Zusammenhangs zwischen Schmerz und Memoria aus der kulturthematischen wie aus der individuellen Perspektive betreibt: nämlich der Erzählung „In der Strafkolonie" von 1914 zum einen, dem Prosastück „Ein Bericht für eine Akademie" von 1917 zum anderen. In einem vierten Passus meiner Darstellung geht es dann schließlich darum, eine Art poetologisches Szenario der Sehmerz-Memoria-Thematik bei Kafka zu entwerfen, wobei ich der These von der traumatischen Löschung der Erinnerung eine neue, poetologische Wende zu geben versuche.

Zum ersten Punkt, nämlich der themengeschichtlichen Situierung Kafkas zu Beginn des 20. Jahrhunderts, wäre folgendes zu sagen: Bei Robert Musil wird das Argument des Schmerzes in zwei Sequenzen aus dem Nachlaßkonvolut des „Mannes ohne Eigenschaften" in den Blick genommen, nämlich in dem Kapitel „Naive Beschreibung, wie sich ein Gefühl bildet" auf der einen Seite, dem Kapitel „Fühlen und Verhalten. Die Unsicherheit des Gefühls" auf der anderen Seite.[3] Musils Argumentation geht davon aus, daß das eigentlich Komplizierte an dem Zusammenhang zwischen sinnlicher Empfindung, Gefühl, Handlung, Sprache und erinnernder Bedeutungsstiftung in der Kultur darin besteht, daß „den Gefühlen die lebhafte, oft leidenschaftliche Bestrebung zu eigen" sei, „die Reize abzuändern, denen sie ihre Entstehung verdanken, und sie zu beseitigen oder zu begünstigen". (4, 1157) Daraus folge, so Musil, eine Divergenz von Handeln und Fühlen, die sich in der Maxime zuspitzen lasse: „Wir weinen nicht, weil wir traurig sind, sondern sind traurig, weil wir weinen". (4,1157) Eben darin bestünde ja „die ganze schöne Theatralik des Lebens". (4,1158) Dieser Begriff der ‚Lebenstheatralik' deutet darauf hin, daß die Vorstellung der ‚Inszeniertheit' für Musil eine zentrale Bedeutung in diesem wenig deutlichen Zusammenhang zu beanspruchen scheint, wobei offen bleibt, „ob ein Gefühl ein Zustand oder ein Vorgang sei". (4,1159) Was freilich dann zu der weiteren Folgerung führt:

> Ich kann also streng genommen vom Gefühl bloß sagen, daß es sowohl ein Zustand als auch ein Vorgang zu sein scheint, ebenso wie es weder ein Zustand noch ein Vorgang zu sein scheint; und eines von beiden will so berechtigt erscheinen wie das andere. (4,1159)

---

[3] *Robert Musil:* Der Mann ohne Eigenschaften. Hrsg. von Adolf Frisé, Reinbek 1978, hier: Vierter Teil, S. 1156–163 und 1163–1174.

Unmittelbar an diese Aporie angeknüpft zeigt sich für Musil aber die Frage nach dem Ich und seiner Situierung zwischen Empfindung einerseits, Sinn und Gedächtnis andererseits: Ist also, so lautet die weitergehende Erörterung, das Ich, das hier sich bildet, seinerseits ein Zustand oder ein Vorgang? „Es gibt Lehren der Psychologie", schreibt Musil, „in denen das Ich als das Gewisseste und in jeder Seelenregung, vornehmlich aber im Gefühl Erfahrbare auftritt, wie es auch Lehren gibt, die es völlig weglassen und nur die Beziehungen zwischen den Äußerungen für erfahrbar ansehen […]". (4,1160) Gefühl sei, so gesehen, zwar eine lebhafte Beziehung zur Außenwelt als Sinnesempfindung – zugleich aber etwas zutiefst „Innerliches". „Vollzieht sich also", heißt es da, „das Werden und Sein eines Gefühls ‚in' uns oder an uns und mit uns?" (4,1161) Und Musil zieht eine erste Folgerung:

> Mein Gefühl bildet sich in mir und außer mir; es verändert sich von innen und von außen; es verändert mich von innen und von außen; es verändert die Welt unmittelbar von innen und tut es mittelbar, das heißt durch mein Verhalten, von außen; und es ist also […] innen und außen zugleich […]. (4,1161)

Eine erweiterte Konsequenz aus diesen Überlegungen Musils ist aber die, daß die Frage nach dem Zusammenhang zwischen Person, Seele und Ich neu zu stellen sei. Indem diese drei Momente zwischen Zustand und Vorgang oszillieren, wird die Aufmerksamkeit verstärkt auf die fundamentale „amphibische Zweideutigkeit des Gefühls" gelenkt. „Diese Zweiseitigkeit, ja amphibische Zweideutigkeit der Gefühle unterstützt den Gedanken, daß sie nicht nur im Innern, sondern auch in der äußeren Welt zu beobachten sind." (4,1162) Dieser unauflösbare Konflikt zwischen Gefühl und Gefühlshandlung macht deutlich, daß ein Gefühl bald als eins mit den äußeren und inneren Geschehnissen erscheint, bald von ihnen sich trennt und sich verselbständigt. (4,1163) An diese Einsicht knüpft Ulrich, der ‚Mann ohne Eigenschaften', seine folgenreiche Theorie des Gleichnisses an, deren Schlüsselaspekt gerade die ‚Unähnlichkeit' ist. „Denn wäre", sagt Ulrich, „das Gefühl bloß das Echo der Gefühlshandlung und diese das Spiegelbild jener, so ließe sich schwer verstehen, daß sie sich wechselweise verändern." (4,1165) Und er gelangt schließlich zur Einsicht in ein poetologisches Paradox: Der natürliche Unterschied zwischen einem Gefühl und einem Geschehen wird nicht angetastet und doch zugleich so überbrückt, daß er seine Bedeutung verliert: „Er beweist auf das allgemeinste, wie sich zwei Geschehensbereiche, die einander völlig unähnlich bleiben können, doch in einander abzubilden vermögen." (4,1165) Zwischen Gefühl und Verhalten bildet sich „ein Verhältnis der gegenseitigen

Verstärkung und Resonanz", „ein schwellendes Ineinanderfassen, wobei freilich beide Teile auch gemeinsam verändert werden"; es ist, kurz gesagt, das Spiel einer „Übersetzung". „Das Gefühl wird in die Sprache der Handlung übersetzt, und die Handlung in die Sprache des Gefühls, wodurch, wie bei jeder Übersetzung, einiges neu hinzukommt und einiges verlorengeht." (4,1166) Genau auf diesen unübersetzbaren Rest aber, diesen Überschuß komme es eigentlich an. Die Schlüsselfrage, die daraus abzuleiten ist, lautet: Warum stellt sich überhaupt zwischen einem Gefühl und einem Gegenstand eine Beziehung her, wie die zwischen Hunger und Suppe; wieso ist einem Hungernden „nicht mit einer Sonate geholfen, sondern mit Nahrung"? Die Arbeit, die zwischen beiden Aggregaten, dem des Gefühls und dem der Handlung, geleistet wird, ist eine solche der „Ausgestaltung und Verfestigung". (4,1168) Es ist das Aushandeln zwischen Gefühl und Gedächtnis, wie es die kulturelle Arbeit bereitstellt, um das es hier geht und das Sinnstiftungsvorgänge allererst ermöglicht. Mit den Worten Musils:

> Und gäbe man sich schließlich auf die Weise zufrieden, daß für das Quellengebiet des Gefühls andere Gesetze und Zusammenhänge gelten sollen als für den Austritt, wo es als inneres und äußeres Geschehen wahrnehmbar wird, so stieße man wieder auf den Mangel, daß jede Vorstellung davon noch fehlt, nach welchem Gesetz sich der Übergang von den bewirkenden Kräften zum bewirkten Gebilde vollziehen könnte. (4,1168)

Das heißt aber nichts anderes, als daß der Prozeß der Kultur fortgesetzt durch eine Art *black box* strömt, aus der, nach als emergent aufzufassenden Anlässen, sich ein Spiel der Übersetzung ableitet: sinnliche Empfindungen, die auf systematisch nicht zwingend zu machende Weise sich in kulturellen Sinn, in Lebensbedeutung verwandeln – ‚Sinnlichkeit', die ‚Sinnigkeit' wird, nach einem Diktum Hegels.[4] Dieser „Vorgang der Ausgestaltung und Verfestigung", so Musil, „kommt niemals zu Ende." (4,1169) In der für unseren Zusammenhang beanspruchten Terminologie: Es ist die Arbeit des Gedächtnisses am Schmerz, des Schmerzes am Gedächtnis, die hier, in einem nie arretierbaren Prozeß der ‚Negotiationen'[5], vollzogen wird. „Es

---

[4] *Georg Wilhelm Friedrich Hegel:* Die Elemente des griechischen Geistes. Aus: Vorlesungen über die Philosophie der Geschichte. In: Ders.: Werke in 20 Bänden. Auf d. Grundlage d. Werke von 1832–1845 neu ed. Ausg. Redaktion Eva Moldenhauer und Karl Markus Michel. Bd. 12, Frankfurt a. M. 1986, S. 277–295, hier S. 289 (= Suhrkamp-Taschenbuch Wissenschaft; 612).

[5] Diese Begriff beziehe ich von Stephen Greenblatt, „Verhandlungen mit Shakespeare", im englischen Original unter dem Titel „Shakespearean Negotiations. The

gibt keine Erlebnisse", fährt Musil fort, „die von Anfang an ein bestimmtes Gefühl sind, ja nicht einmal Gefühl schlechthin; sondern es gibt bloß Erlebnisse, die dazu berufen sind, zum Gefühl und zu einem bestimmten Gefühl zu werden." (4,1169) Dieses zwischen beidem sich bildende Etwas ist aber seinerseits nicht rein beliebig. Zur Erläuterung dieses hoch komplexen Zusammenhangs zwischen Unbestimmtheit und Beliebigkeit zieht nun Musil ausdrücklich das Beispiel des „körperlichen Schmerzes" heran. Er schreibt

> Es kann eine örtlich begrenzte Empfindung sein, die an einer Stelle bohrt oder brennt und unangenehm, aber fremd ist. Diese Empfindung kann aber auch aufflammen und die ganze Person mit Pein überschütten. Auch ist anfangs oft nur ein leerer Fleck an ihrer Stelle, aus dem erst im nächsten Augenblick Empfindung oder Gefühl aufquillt; denn nicht nur Kindern widerfährt es, daß sie anfangs oft nicht wissen, ob etwas schmerzt. (4,1170)

Dahinter sei lange die Meinung gestanden, so fährt Musils Text fort, „daß in diesen Fällen ein Gefühl zu der Empfindung hinzukommt; heute zieht man aber", heißt es weiter, „die Annahme vor, daß sich ein Erlebniskern, der ursprünglich noch ebensowenig eine Empfindung wie ein Gefühl sei, sowohl zu der einen wie zum andern entwickeln könne." (4,1170) Und Musil kommt zu dem Schluß: „Schon dieses Beispiel spielt also, und schon in den ersten Augenblicken, zwischen Empfindung, Gefühl, selbsttätiger Erwiderung, Wille, Flucht, Abwehr, Angriff, Schmerz, Zorn, Neugierde und kühler Sammlung hin und her und zeigt dadurch, daß nicht sowohl ein ursprünglicher Gefühlszustand da ist, als vielmehr wechselnde Ansätze zu deren mehreren einander ablösen oder ergänzen." (4,1171) Mithin ist die Aufmerksamkeit auf die Gefühle, als ein Konturieren oder Löschen, bereits ein Mittel ihrer Veränderung. (4,1172)

Man könnte also sagen, daß sich im Denken Musils über Schmerz und Erinnerung folgende Figur bildet, die zwei Größen aufeinander bezieht: die Vorstellung eines blinden Flecks am Ursprung des Schmerzes und jene andere einer Verfälschung seines emergenten Erlebniskerns durch seine Festschreibung im Bewußtsein, aber auch dessen performativer Übersetzung in ein theatrales Spiel.[6]

Das Ziel all dieser Erwägungen über das Verhältnis von Gefühl und Handlung ist aber dann Musils Poetologie des Gleichnisses, die – ange-

---

Circulation of Social Energy in Renaissance England", Oxford 1988 (dt. Frankfurt a. M. 1990).

[6] Dies wird im folgenden bei der Erörterung von *Kafkas* „Bericht für eine Akademie" noch einmal aufzugreifen sein.

fangen mit dem Kapitel „Die Spitze deiner Brust ist wie ein Mohnblatt" (2, 576) – sich wie ein roter Faden durch den Roman „Der Mann ohne Eigenschaften" zieht; aufgefaßt als die Frage nach der kulturell erinnerten Bedeutung, die sich aus der Korrelation von Komplexen, die einander unähnlich sind, ergibt, und zwar als literarische Konstruktion, als ‚Parallelaktion' zwischen politischer und individueller Sinngebung in der Kultur.

Eine Gegenposition zu Musils Auffassung vom Verhältnis zwischen Handlung und Gefühl, zugespitzt auf den Schmerz und sein Verhältnis zu Erinnerung und Löschung, bezieht ganz zweifellos Ernst Jünger: und zwar im Zusammenhang seiner Erörterungen des Konnexes zwischen Arbeiter und technokratischer Welt. In einem Essay, der den Titel „Über den Schmerz" trägt und 1934 in der Sammlung „Blätter und Steine" erschienen ist, entwickelt Jünger einen Gedanken, nach dem der Schmerz zu jenen Schlüsseln gehöre, „mit denen man nicht nur das Innerste, sondern zugleich auch die Welt erschließt. Wenn man sich den Punkten nähert, an denen der Mensch sich dem Schmerz gewachsen oder überlegen zeigt, so gewinnt man Zutritt zu den Quellen der Macht und zu dem Geheimnis, das sich hinter seiner Herrschaft verbirgt."[7] In diesem Sinne wäre der Schmerz für Jünger eine Art Ekstase, die zugleich dabei hilft, die Angst vor den Schmerzen zu überwinden. Auch Jünger, wie Musil, geht zunächst von einer Psychologie des Schmerzes und seiner kulturellen Leistung aus. Ihm geht es aber nicht primär um die Schlüsse, die hieraus für eine Poetologie zu ziehen wären, sondern vielmehr um eine Politik des heroischen Menschen, um eine Politik der Macht. Der Schmerz, so die Auffassung Jüngers, ist eine bewegliche, eine verwandelbare Größe, ein Relais gewissermaßen, das zwischen Innen und Außen, zwischen Subjekt und Kultur seine organisierende Stelle hat – und auch dies verbindet Jünger wohl noch mit Musil. Entscheidend ist aber für den in der Kultur herrschaftsfähig sein wollenden Menschen (im Sinne Jüngers) die Beherrschung des Schmerzes durch den heroischen Willen – als eine Selbstbewältigung, die in Weltbewältigung umschlägt. Es ist eine Form willensgesteuerter Ekstase, die zum Instrument wird, die Angst vor dem Schmerz zu besiegen und zu den „Quellen der Macht" und ihrem „Geheimnis" vorzustoßen.

Franz Kafkas Position in diesem Spannungsfeld zwischen der Theorie Musils und derjenigen Jüngers ist schwer zu bezeichnen. Es ist, als suche er eine ganz eigene, keiner Zeitströmung verpflichtete Lösung, die weder mit der Psychologie Musils, noch mit dem machtpolitischen Heroismus Ernst

---

[7] *Ernst Jünger.* Werke. 10 Bände. Bd. 5: Essays I. Betrachtungen zur Zeit, Stuttgart 1960, S. 149–198, hier S. 151.

Jüngers etwas zu tun hat. Einen ersten Blick zur Erkundung dieser Frage möchte ich auf eine Sequenz von Schlüsseltexten werfen, die sich in Kafkas Tagebuchaufzeichnungen zwischen dem 15. und 19. September 1917 finden und in denen die Konfiguration von Schmerz und Erinnerung deutlich im Vordergrund steht. Diese Sequenz von Aufzeichnungen scheint nämlich die Folgerungen aus jenem Ereignis zu ziehen, das zum wichtigsten Datum in Leben Kafkas geworden ist, das Datum seiner Erkrankung. Denn Anfang August 1917 ist zum ersten Mal jener Bluthusten aufgetreten, der Kafka auf seine Lungenkrankheit aufmerksam werden läßt. Am 9. und 10. August ist von einem „Lungenblutsturz" die Rede. „10 Minuten oder länger dauerte das Quellen aus der Kehle" – so schreibt Kafka am 29.8. rückblickend an seine Schwester Ottla. In seinen Aufzeichnungen notiert sich Kafka, psychischen und physischen Schmerz konstatierend, hierzu: „Die Welt – F.[8] ist ihr Repräsentant – und mein Ich zerreißen in unlösbarem Widerspruch meinen Körper."[9] Um die gleiche Zeit arbeitet Kafka in seinem engen Domizil in der Alchimistengasse auf dem Hradschin an seinem Text „Ein Bericht für eine Akademie", welcher Schlüsselfunktion für die Konstellation von Schmerz und Erinnerung im Prozeß der Kultur besitzt. Am 25.12.1917 löst Kafka – mit ausdrücklichem Bezug auf seine Erkrankung – seine Beziehung zu Felice Bauer. Diese Konstellation von Ereignissen, Erfahrungen und Schreibschüben wird, in einem Gespräch, das Kafka mit sich selbst führt, im Tagebuch vom 15. September 1917 erörtert:

> Du hast soweit diese Möglichkeit überhaupt besteht, die Möglichkeit einen Anfang zu machen. Verschwende sie nicht. Du wirst den Schmutz, der aus Dir aufschwemmt, nicht vermeiden können, wenn Du eindringen willst. Wälze Dich aber nicht darin. Ist die Lungenwunde nur ein Sinnbild, wie Du behauptest, Sinnbild der Wunde, deren Entzündung Felice und deren Tiefe Rechtfertigung heißt, ist dies so, dann sind auch die ärztlichen Ratschläge (Licht Luft Sonne Ruhe) Sinnbild. Fasse dieses Sinnbild an. (TB 11,161)

Es ist Kafkas Versuch, den Schmerz als physischen wie als psychischen zu begreifen und daraus ein ‚Sinnbild', eine kulturelle Bedeutung abzuleiten und diese performativ zu realisieren. Mit Kafkas eigenem Wort in einer späten Aufzeichnung, die aber auf das ‚verschwende sie nicht' dieses gerade vorliegenden Textes Bezug nimmt: „Was hast Du mit dem Geschenk des

---

[8] Es ist die Verlobte Felice Bauer in Berlin gemeint.
[9] *Franz Kafka.* Gesammelte Werke in zwölf Bänden. Hrsg. von Hans-Gerd Koch nach der Kritischen Ausgabe. Bd. 6, Frankfurt a. M. 1994, S. 114 (künftig im laufenden Text zitiert als TB mit Bandangabe und Seitenzahl).

Geschlechtes getan?" (TB 11,199) Oder anders gesagt: Wie ist es möglich, dem Schmerz Gedächtniswert abzugewinnen, ihm lebensstrategische oder poetologische ‚Sinnbildlichkeit' abzugewinnen?

Ein zweiter Versuch, der Frage nach dem Schmerz in der Kultur beizukommen, wird dann, vier Tage später, am 19. September 1917 unternommen:

> Es ist das Alter der Wunde, mehr als ihre Tiefe und Wucherung, das ihre Schmerzhaftigkeit ausmacht. Immer wieder im gleichen Wundkanal aufgerissen werden, die zahllos operierte Wunde wieder in Behandlung genommen sehn, das ist das Arge. (TB 11,162)

Hier wird präzisiert: Die Wunde ist alt, vielleicht ‚immer schon' da in der Erinnerung, ihre Erscheinung schwankt in einem fort zwischen Blut und Narbe. Es ist ihre Physiologie, die virulent bleibt; denn sie wird immer wieder operiert und behandelt. Sie wird einer Bearbeitung durch die Techniken der Kultur unterzogen. Und es sind gerade die Spuren dieser Bearbeitung, die ihr Quälendes ausmachen. Dabei scheint ihr ein Sinn – über die unablässige Bearbeitung hinaus – nicht abzugewinnen zu sein. Diese Idee vom Wundkanal, der schmerzhaft immer wieder aufgerissen wird, und, wie man sagen könnte, als Relais zwischen Schmerz und Erinnerung, Schmerz und Gedächtnis fungiert, wird vier Jahre später insistierend in einem Brief an Käthe Nettel wieder aufgegriffen.[10] (24.11.1919)

Und noch ein dritter Ansatz zeichnet sich ab, am gleichen Tag niedergeschrieben, an dem auch die eben zitierte Aufzeichnung verfaßt wurde, in welchem das Problem der Wunde und des ihr abzugewinnenden Lebenssinns bearbeitet wird – und zwar durch Einführung des Mediums der Schrift als Gedächtnis-Träger. Kafka notiert sich:

> Mir immer unbegreiflich, daß es jedem fast, der schreiben kann, möglich ist, im Schmerz den Schmerz zu objektivieren, so daß ich z. B. im Unglück, vielleicht noch mit dem brennenden Unglückskopf mich setzen und jemandem schriftlich mitteilen kann: Ich bin unglücklich. Ja, ich kann noch darüber hinausgehn und in verschiedenen Schnörkeln je nach Begabung, die mit dem Unglück nichts zu tun zu haben scheint, darüber einfach oder antithetisch oder mit ganzen Orchestern von Associationen phantasieren. Und es ist gar nicht Lüge und stillt den Schmerz nicht, ist einfach gnadenweiser Überschuß der Kräfte in einem Augenblick, in dem der Schmerz doch sichtbar alle meine Kräfte bis zum Boden meines Wesens, den er aufkratzt, verbraucht hat. Was für ein Überschuß ist es also? (TB 11,163)

---

10 Darauf komme ich später zurück.

Der Schmerz, so Kafka, der alle Kräfte bis zum Boden meines Wesens ‚aufkratzt', die vergessene Tiefe ‚heraufholt': Es ist offensichtlich, daß dieser Text alle Argumente Kafkas bündelt und ‚in nuce' enthält, deren er sich im Kontext von Schmerz und Gedächtnis, Schmerz und Erinnerung bedient. Es ist die Frage der Objektivierung des Schmerzes im Schreibakt – als die Geburt der Sprache aus dem Unglück des Körpers, das Herausreißen des Wortes aus dessen Fleisch. Es ist dann die Frage nach der Sprache der Kunst, die diesem körperlichen (und seelischen) Schmerz Struktur verleiht, ihn gewissermaßen ‚gedächtnisfähig' macht; die nämlich zum Beispiel Ornament wird, oder ‚Schnörkel', wie der Text lautet; die in Antithesen operiert; die mit Assoziationen wuchert, also „ganze Orchester von Associationen" aufbietet. Es ist ferner die Frage nach Wahrheit oder Lüge als ‚Mimesis', die das körperliche Ereignis des Schmerzes in die individuelle Erinnerung und in das Gedächtnis der Kultur einträgt und damit Bedeutung, Lebensdeutung stiftet – im Sinne der Schmerzmarkierung des Körpers. Es ist des weiteren die Frage nach der Abstraktion des Zeichens, die der Zerstörung des Körpers abgewonnen wird – wie dies der Hungerkünstler in der gleichnamigen Erzählung in Szene setzt –, die schmerzhafte Aufzehrung des Körpers, als ein Vergessenwerden, als eine Löschung aus der Kultur, die zum Beweis für die Vollendung der Kunst und der Zeichen dient, die sie setzt, das fehlerlose Hungern als Vollendung der Kunst, die der Tod ist. Und es ist zuletzt die Frage nach dem ‚Überschuß', der aus dieser Bearbeitung des Körperschmerzes durch die Sprache der Erinnerung quillt; der Überschuß der Kunst oder der Überschuß der Philosophie, des Leben-Erkennens!

Diese letzte Frage verbindet sich mit der Erkundung des Zusammenhangs von Schmerz und Gedächtnis – also der Erkundung des Lebenssinns, den man, durch die Schrift oder gar durch die Literatur, dem Schmerz des Körpers abgewinnt. Es ist zu zeigen, daß Kafka diese Frage in zweierlei Weise bearbeitet: zunächst als eine Frage individuellen Überlebens in der Kultur – dies geschieht im „Bericht für eine Akademie", in dem geschildert wird, wie aus dem Schmerz und der Vernarbung der Wunde der ‚Ausweg' des Affen Rotpeter in die Kultur gewonnen wird, ein Ausweg, der freilich durch das Vergessen der Frühvergangenheit und durch den Maskenstatus seines Selbst erkauft ist; sodann aber als eine auf Staat oder Nation, auf die Vorstellung vom Volk orientierte Kulturthematik – dies geschieht im Text „In der Strafkolonie", wo dieses Prinzip der Verkoppelung von Schmerz und Gedächtnis aus der Perspektive von Staatlichkeit, Justiz, Disziplin und Ritualisierung beleuchtet wird; als ein leerer Mechanismus, in dem ein in Auslöschung befindliches kulturelles Gedächtnis, der Mythos des alten Kommandanten, als mechanisches Opferritual an einem bewußtlosen Körper blutig und schmerzhaft vollzogen wird.

Es gibt ein Briefzeugnis, in dem Kafka versuchte, die private und die weltgeschichtliche Frage von Schmerz und Gedächtnis (bei der Herstellung und Bildung von Individualität) aufeinander zu beziehen – natürlich wieder im Hinblick auf seinen Blutsturz. Es ist ein Brief an seine Schwester Ottla vom 29. August 1917:

> Es ist der größte Kampf, der mir auferlegt oder besser anvertraut worden ist und ein Sieg (der sich z. B. in einer Heirat darstellen könnte, F. ist vielleicht nur Repräsentantin des wahrscheinlich guten Princips in diesem Kampf) ich meine, ein Sieg mit halbwegs erträglichem Blutverlust hätte in meiner privaten Weltgeschichte etwas Napoleonisches gehabt. Nun scheint es daß ich den Kampf auf diese Weise verlieren soll.[11]

Der Grundgedanke, der hier entwickelt wird, ist entscheidend für das Verhältnis zwischen Körperschmerz und Erinnerung: Wie kann es gelingen, die Empfindung des Augenblicks gedächtnisfähig, der Bewahrung würdig zu machen? Welcher Sinn entspringt dem Verhältnis von Augenblick und Dauer, und welche Bedeutung gewinnt dieses Verhältnis, wenn es um Schmerz, nicht um Glück geht? Man könnte fast sagen, daß Kafkas Werk – wie der Titel seines ersten Romanversuchs sagt – beinahe von Anfang an nichts ist als die „Beschreibung eines Kampfes", zwischen Schmerz des Körpers und Erinnerung, die in der Sprache niedergelegt ist oder in sie einsickert.

II

Im zweiten Teil meiner Überlegungen möchte ich die Entwicklung der problematischen Konstellation von Schmerz und Gedächtnis in Kafkas Tagebuch verfolgen. Ich wende mich also zunächst dem Beginn dieses Tagebuchs zu. Was hier bearbeitet wird, ist das Problem der Geburt der Individualität des Schreibenden aus dem Körper und der Versuch, sich der ‚Organisiertheit' dieses Körpers, dem die erinnernde Schrift sich schmerzhaft entringen will, zu entziehen: und zwar mit Blick auf die mögliche Herstellung von Kunst als vielleicht wesentlichstem Argument in diesem Szenario des Schmerzes. Es war Alice Miller, die dieses schmerz-

---

[11] *Franz Kafka:* Briefe an Ottla und die Familie. Hrsg. von Hartmut Binder und Klaus Wagenbach, New York / Frankfurt 1974 (= Gesammelte Werke, Hrsg. von Max Brod), S. 40.

hafte Geschehen einmal zutreffend als das ‚Drama des begabten Kindes' bezeichnet hat.[12] Dieses erweist sich, im Sinne der ‚Beschreibung eines Kampfes', als ein Drama, das im Zeichen zweier Größen steht: des Körpers, der stumm geboren wird; und der Sprache, die den Weg in die Familie, in die Gesellschaft und – möglicherweise – in die Kunst öffnet; oder doch öffnen *könnte*, wenn diese Sprache nicht zugleich Instrument der Disziplin und Organ der Freiheit wäre.

Es gibt eine Stelle im frühen Tagebuch, die dieses Drama, diese Tragödie der Geburt der Sprache aus dem Körper, präzise festhält. (T I, 54) Am 3. Oktober 1911 schreibt Kafka folgendes:

> Beim Diktieren einer großem Anzeige an eine Bezirkshauptmannschaft im Bureau. Im Schluß, der sich aufschwingen sollte, blieb ich stecken und konnte nichts als das Maschinenfräulein Kaiser ansehn, die nach ihrer Gewohnheit besonders lebhaft wurde, ihren Sessel rückte hustete, auf dem Tisch herumtipte und so das ganze Zimmer auf mein Unglück aufmerksam machte. Der gesuchte Einfall bekommt jetzt den Wert, daß er sie ruhig machen wird, und läßt sich je wertvoller er wird desto schwerer finden. Endlich habe ich das Wort „brandmarken" und den dazu gehörigen Satz, halte alles aber noch im Mund mit einem Ekel und Schamgefühl wie wenn es rohes Fleisch, aus mir geschnittenes Fleisch wäre (solche Mühe hat es mich gekostet). Endlich sage ich es, behalte aber den großen Schrecken, daß zu einer dichterischen Arbeit alles in mir bereit ist und eine solche Arbeit eine himmlische Auflösung und ein wirkliches Lebendigwerden für mich wäre, während ich hier im Bureau um eines so elenden Aktenstückes willen einen solchen Glückes fähigen Körper um ein Stück seines Fleisches berauben muß (TB 9, 45, 3.10.1911)

Kafka beleuchtet hier das Entstehen der Rede, die sich dem Körper entringt: zunächst als ein Diktat, aus der Redeordnung der Bürokratie geboren; dieser Vorgang erweist sich als eine Scheinkommunikation, allein über die Ungeduld des Partners und über die Schreibmaschine, das Aufzeichnungsgerät, vermittelt. Der Kampf zwischen Normenrepertoire und Spontaneität des Spracheinfalls – es ist ein Erinnerungs-Problem – führt zu einem Konflikt, der die Grenzzone zwischen Körper und Sprachlaut affiziert, den Mund nämlich; dabei ist es kein Zufall, daß das in der Erinnerung gesuchte Wort ausgerechnet „brandmarken" lautet, also ‚den Körper mit Zeichen brennen'; Zeichen, die genau auf der Grenze zwischen bewußlosem Körper und sinngesättigter Sprache entstehen, dort, wo der Schmerz nistet. Es ist zugleich aber der Punkt, wo, aus der Verzweiflung heraus, etwas Schöpferisches sich eindrängt und gequält zutage kommt: die Metapher nämlich von dem Herausschneiden der Sprache aus dem rohen

---

[12] *Alice Miller:* Das Drama des begabten Kindes, Frankfurt a. M. ²1981.

Fleisch des Körpers (eine Säkularisierung des eucharistischen Verwandlungs-Paradigmas), das vom Schmerz begleitet ist. In diesem Aufblitzen einer Metapher ist zugleich für einen Augenblick die Utopie einer „himmlischen Auflösung" in die Kunst zum Vorschein gekommen; zugleich aber wiederum die Rückkehr in den Schmerz, die Fron des Sprachzitats, des erzwungenen Diktats aus einem normierten Sprach-Reservoir. Man könnte es die Geburt einer gedoppelten Erinnerung aus dem Schmerz nennen: auf das kulturelle Diskursmaterial der Rechtsverträge wie auf das schöpferisch-poetische Material dichterischer ‚Erfindung' beziehbar, gewissermaßen befangen in einer unauflöslichen Doppelbindung zwischen Disziplin und Schöpfertum! – Es gibt übrigens drei komplementäre Texte, die diese schmerzhafte Geburt der Sprache aus dem Körper in Kafkas Werk thematisieren werden; der Sprache als einer Prothese der Justiz im Text „In der Strafkolonie", als einer Prothese der Biologie im Text „Ein Bericht für eine Akademie", als einer Prothese der Kunst in der Erzählung „Ein Hungerkünstler".

In dem Bemühen Kafkas im oben zitierten Tagebuchtext, den organischen Körper zurückzulassen und einen – des schöpferischen Glücks fähigen, gewissermaßen schmerzlosen – ‚Kunstkörper' in die Schrift der Literatur hinüberzuretten, ist zwar das Argument des „rohen, geschnittenen Fleisches" schon da, aber noch nicht explizit das Argument des Blutes und des mit ihm verbundenen Schmerzes. Kafka scheint, zur Überspielung dieses Schmerzes, zunächst noch mit der Usurpation jener Medien zu experimentieren, die einen virtuellen Körper und seine literarische Verarbeitung versprechen. Der Schmerz als Grenzstelle zwischen Körper und Sinn stiftender Sprache wird dann aber ausdrücklich im „Urteil" thematisch. Als Georg im Redekampf mit dem Vater diesen als „Komödianten" bezeichnet, heißt es: Er „erkannte sofort den Schaden und biß, nur zu spät, – die Augen erstarrt – in seine Zunge, daß er vor Schmerz einknickte [...]". (TB 1, 51) Und in dem berühmt gewordenen autobiographischen Fragment „Jeder Mensch ist eigentümlich" wird über die Verurteilung als Selbstverurteilung gesagt:

> Es war so, wie wenn jemand mit einer Rute, die keinen Schmerz verursachen soll, nur zur Warnung berührt wird, er aber nimmt das Flechtwerk auseinander, zieht die einzelnen Rutenspitzen in sich und beginnt nach eigenem Plan sein Inneres zu stechen und zu kratzen, während die fremde Hand noch immer ruhig den Rutengriff hält [...]. (TB 6, 145 f.)

Aus dem Bewußtsein dieser Situation, die durch die Spannung zwischen Körper, Schmerz und Sprach-Gedächtnis bestimmt ist, entwickelt Kafka schon sehr früh eine Reihe von Versuchen, den Körper durch Konfrontation mit verschiedenen Medien zu ‚virtualisieren' – ihn gewissermaßen für die Literatur schmerzfrei und blutleer zu machen und literarisch zu galvanisieren. Es genügt für den vorliegenden Zweck anzudeuten[13], daß es der Film ist, die Handzeichnung, das Ballett und die Varietéakrobatik, von denen her er die Auflösung der Materialität des Körpers zu gewinnen sucht. Diese Serie von Virtualisierungsexperimenten kulminiert aber dann in der Begegnung mit den jiddischen Lemberger Schauspielern, die im Winter 1911 in Prag in „Hermans Café Savoy" gastieren. Diese Begegnung führt zu Kafkas wahrscheinlich größtem Kunsterlebnis überhaupt. Er verkehrt mit den Schauspielern; er befreundet sich mit dem Darsteller Jizchak Löwy, sucht ihn zur Niederschrift seiner Erinnerungen, seiner Biographie in der Welt des Theaters zu bewegen. Es ist genau derjenige Augenblick in Kafkas poetologischer Krise, wo das Argument des Blutes und des Schmerzes von ihm nachhaltig ins Spiel gebracht wird. In der Zeit, in der er fast jeden Abend die Aufführungen des jiddischen Theaters besucht – man hat mindestens zwanzig solcher Besuche gezählt –, wohnt Kafka auch der rituellen Beschneidung seines Neffen Felix bei. Er beschreibt diese Szene in seinem Tagebuch folgendermaßen:

> Zuerst wird der Junge durch Umbinden, das nur das Glied frei läßt, unbeweglich gemacht, dann wird durch Auflegen einer durchlöcherten Metallscheibe die Schnittfläche präzisiert, dann erfolgt mit einem fast gewöhnlichen Messer, eine Art Fischmesser, der Schnitt. Jetzt sieht man Blut und rohes Fleisch, der Moule hantiert darin kurz mit seinen langnägeligen zittrigen Fingern und zieht irgendwo gewonnene Haut wie einen Handschuhfinger über die Wunde. Gleich ist alles gut, das Kind hat kaum geweint. Jetzt kommt nur noch ein kleines Gebet, während dessen der Moule Wein trinkt, und mit seinen noch nicht ganz blutfreien Fingern etwas Wein an die Lippen des Kindes bringt. (TB 9, 241 f.)

Im Anschluß an diese Passage stellt Kafka eine Reihe von Reflexionen über das kulturell Wirkungslose dieses blutigen, durch einen Moment des Schmerzes nur schwach markierten Opferrituals an. Er konstatiert die Gleichgültigkeit der Beteiligten; das „vollständige Unverständnis des Vorgebeteten"; die „unabsehbare" Übergangsphase des schwindenden

---

[13] Vgl. meinen Aufsatz „Wie eine regelrechte Geburt mit Schmutz und Schleim bedeckt". Die Vorstellung von der Entbindung des Textes aus dem Körper in Kafkas Poetologie. In: *Christian Begemann / David E. Wellbery* (Hg.), Kunst – Zeugung – Geburt. Theorien und Metaphern ästhetischer Produktion in der Neuzeit, Freiburg im Breisgau 2002, S. 293–324 (= Rombach Wissenschaften – Reihe Litterae Bd. 82). Siehe S. 124–155 im vorliegenden Band.

westeuropäischen Judentums; die „an ihrem letzten Ende angelangten religiösen Formen" (TB 9, 242) – mithin die Entleerung des Rituals. Der Schmerz des Opfers besitzt keine Gedächtnis stiftende Funktion. Unmittelbar anschließend im Tagebuch berichtet Kafka über ein Gespräch mit dem Schauspieler Löwy: dem Ostjuden, in dessen Theaterspiel er die Verbindung zum jüdischen Volkskörper noch verwirklicht sieht. Er spricht über die jiddische Literatur in Warschau und gelangt, in der Zusammenfassung dieses Gesprächs im Tagebuch, zu der Einsicht, daß nicht mehr ein Blutritus und der durch ihn bewirkte Körperschmerz, wie ihn die Beschneidung darstellt, sondern die jiddische Jargon-Literatur, ein ‚nomadisierendes Idiom', den Ausweg aus diesem Dilemma des Blutbezugs zum Volkskörper schaffen könne; und zwar eine Literatur besonderer minoritärer Art, die das „Tagebuchführen einer Nation" (TB 9, 243) darstelle, in welcher die „Besprechungsmöglichkeit des Gegensatzes zwischen Vätern und Söhnen" wieder möglich sei; also die Sprache und die Schrift, und nicht das dumpfe Ritual des Blutopfers der schmerzhaften Beschneidung des Enkels auf dem Schoß des Großvaters. Die Literatur also statt des Blutrituals: und zwar aus einer neuen Sprache heraus entwickelt, die eben diesen Konflikt zwischen ‚Blut' und ‚Schrift' noch einmal zu inszenieren vermöchte – als die „Beschreibung eines Kampfes"!

Unmittelbar nach dieser poetologischen Passage folgt dann ein erneuter Bericht über das Ritual der Beschneidung. Jetzt aber nicht mehr aus dem blutsverwandten Familien-Alltag Kafkas bezogen, sondern gewissermaßen aus ethnologischer Perspektive. Kafka zeichnet nämlich einen langen Bericht über das Beschneidungsritual in Rußland auf. Offenbar hatte Löwy Kafka diesen Bericht geliefert. (TB 9, 245 f.) Diese Textpassage präsentiert sich dann buchstäblich schon als ‚Literatur' – nämlich in Form und Tonfall einer burlesken Komödie.

So könnte man also sagen, daß dieses Doppelszenario der Konfrontation von obsoletem Blutritual und Literatur – im Sinne eines Übertritts aus dem schmerzhaften Blutkreislauf der Familie in den der Kunst und der dort angesiedelten ‚Blutsverwandten' Kafkas von Grillparzer und Kleist bis zu Dostojevskij und Flaubert – Kafkas eigentlichen Durchbruch zur Literatur markiert; einer Literatur, die freilich nie aufhören wird, „Beschreibung eines Kampfes" zwischen Schmerzaugenblick des Körpers und Archiv des kulturellen Gedächtnisses zu sein. Dieser Kampf zwischen Körperschmerz und Memoria wird – in Kafkas poetischen Texten – in zwei verschiedenen, komplementären Feldern gezeigt: dem individuellen Feld der Kulturisierung des Naturwesens und der Geburt dieser Kulturisierung aus dem Schmerz, wie es im „Bericht für eine Akademie" gestaltet ist; dem ethnologischen Feld der Kulturisierung des Einzel-Körpers durch die disziplinierenden Institutionen des Staates, wie sie sich im Text „In der Strafkolonie" abzeichnet. Es ist aber an dieser Stelle noch darauf hinzuweisen, daß Kafkas Idee von der Utopie einer Literatur als „Tagebuchführen einer (minoritären) Nation", mit dem der erlittene Schmerz ins Ästhetische gewendet werden könne, an Löwy, des Schauspielers, Autobiographie-Konzept gebunden ist – Kafka hatte sich vorgenommen, dessen „Erinnerungen" zu bearbeiten. Und so schreibt er, in Vorbereitung dieser Bearbeitung, indem er die Stimme Jizchak Löwys wiedergibt:

> Mit Ziffern und mit Statistiken werde ich mich nicht abgeben, die überlasse ich den Geschichtsschreibern des jüdischen Theaters. Meine Absicht ist ganz einfach, einige Blätter Erinnerungen an das jüdische Theater [...] vorzulegen oder anders gesagt, den Vorhang zu heben und die Wunde zu zeigen. (TB 6, 137)

Es gibt offenbar keine bessere Formulierung für die Realisierung des aporetischen Vorhabens, aus dem Schmerz – eines Individuums, einer Nation – ein literarisches Gedächtnis herauszutreiben, als diese Vision des ‚Zeigens der Wunde' auf einem Gedächtnistheater, das die Kunst errichtet.

III

Ich komme nun zum dritten Teil meiner Überlegungen, in welchem ich auf zwei exemplarische Texte Kafkas Bezug nehme, die versuchen, das Problem der Konfiguration von Schmerz und Memoria aus kulturthematischer wie aus individualthematischer Sicht zu beleuchten, „In der Strafkolonie" und „Ein Bericht für eine Akademie".

Nirgends wird wohl das Verhältnis zwischen Schmerz und Gedächtnis genauer problematisiert und exponiert als gerade in Kafkas Erzählung „In der Strafkolonie". Es ist ganz offensichtlich, daß es der „eigentümliche Apparat", nämlich das Folterinstrument, ist, welcher das Relais zwischen beidem bildet – als eine Materialisierung der ideologiegetragenen sozialen wie justiziären Diszipin. Dabei gilt das Hauptinteresse der Erzählung, wie hervorzuheben ist, dem Technischen, dem Funktionieren dieses Mediums, und nicht, wie man voraussetzen möchte, den kulturthematischen Größen Schmerz und Gedächtnis. In einem Brief Kafkas an den Freund Max Brod von Ende Januar 1921 aus dem Sanatorium in Matliary, welcher Bericht darüber erstattet, was man in einer solchen Krankenanstalt zu erdulden habe, wird gesagt, dies sei „schlimmer als eine Hinrichtung ja selbst als eine

Folterung": „Die Folterungen haben wir ja nicht selbst erfunden, sondern den Krankheiten abgeschaut, aber so wie sie wagt doch kein Mensch zu foltern [...]."[14]

Es werden, im Schmerz-Szenario der Strafkolonie, alle Institutionen, Wertbegriffe und Strategien aufgeboten – und so gleichsam auf den experimentellen Prüfstand der ‚Kolonie‘ gehoben –, mit denen ein vom kulturellen Gedächtnis getragener Staat seine Sinn- und Werte-Konzepte durchzusetzen und sie in den Körper seiner Untertanen einzuschreiben unternimmt. Der entscheidende Kunstgriff bei der Etablierung dieses Szenarios ist die erzählerische Installierung des Forschungsreisenden, des Ethnographen oder Ethnologen, als eines ‚distanzierten Beobachters‘. Das an diesem exterritorialen Ort Beobachtete, die Verkörperlichungs-Maschinerie eines Gesetzes, wird damit kulturdiagnostisch exponiert, aber zugleich durch die Impassibilität des Beobachters neutralisiert: in der minuziösen Ausstellung eines Feldes der Gegensätze, das durch die Vorstellungen von Heimat und Fremde, von Gesetz und Einzelfall, von Beobachter und Beurteiler, von Justiz und Sexualität bestimmt ist; das durch die Exponenten Körper und Schrift, Vergangenheit und Gegenwart, Religion und Gesellschaft, Handarbeit und Autopoiesis, Maschine und Ritual, Ökonomie und Justiz ‚kartographiert‘ erscheint. Das Schlüsselmoment der Vermittlung zwischen Gedächtnis und Körperschmerz, also zwischen der komplexen Zeichnung des alten Kommandanten einerseits, durch die kulturelles Wissen, als Schrift, in disziplinierenden Schmerz des Körpers umgesetzt wird, und dem Körperschmerz andererseits, der mit den Zeichen von Christi Opfertod markiert, aber keineswegs bewertet wird, ist der Vorgang der blutigen, durch Wasser wieder gelöschten Inskription der Gesetzesschrift in den Körper des Delinquenten. Dieser Vorgang bleibt aber im Text ohne Folgen – sowohl in dem geschilderten Staatswesen, als auch im teilnahmslosen Beobachter. Das geschilderte Ereignis steht vielmehr ungelöst zwischen philosophischer Aufklärung und theologischer Heilsordnung. Denn es sind ja zwei konkurrierende Sinnstiftungs-Prozesse, die sich gegenseitig aushebeln: die Sinnstiftung durch Urteilsbildung einerseits, die den Index fortschreitender Aufklärung trägt; die Sinnstiftung durch eine Heilsversprechen andererseits, also den eschatologischen Index der geschilderten Ereignisse, der bewirkt, daß Verheißung, Opfer und Erfüllung in einem zwingenden ‚figuralen‘ Zusammenhang zu stehen

---

[14] *Franz Kafka:* Briefe 1902–1924, New York 1975 (= Gesammelte Werke. Hrsg. von Max Brod), S. 294.

scheinen[15], der zuletzt bricht. Es ist die Stelle, an der ein Aufscheinen der Erlösung im Gesicht des Hingerichteten erwartet – und im gleichen Augenblick diese Erwartung enttäuscht wird: „Es war, wie es im Leben gewesen war; kein Zeichen der versprochenen Erlösung war zu entdecken […]". (TB 1,193) Es ist dabei von größter Bedeutung, daß zwischen beiden Prozessen einerseits das Körperopfer im justiziären wie im sakralen Sinne zu stehen scheint, andererseits aber auch der Memoria stiftende Schreibakt installiert ist, also die „von selbst arbeitende" Maschine, die „zittert, tanzt, schwebt" (191) und aus sich herauswuchert, geradezu als ein ‚Hybrid' erscheint, das einen „Überschuß" – wie Kafkas eigener Ausdruck lautet – produziert; diesen Überschuß aber, wie all die Schnörkel, Antithesen und „ganzen Orchester von Associationen", nicht zu einer Sinn-Maschine zu verbinden vermag. (TB 11,138) Dieses ganze Repertoire der Übersetzung von kolonial-staatlichem Gedächtnis in die Körpermaterie der Untertanen wird aber in der Erzählung ausschließlich in seinem Versagen gezeigt – und in aller Vergeblichkeit, dieses Versagen zu transzendieren. Es wird in seiner fundamentalen kulturellen Dysfunktionalität gezeigt. Als ein genaues Gegenmodell zu dieser blinden Disziplinierkultur war von Kafka – in seiner Begegnung mit der jiddischen Theatertruppe – das Konzept der minoritären Literaturen entworfen worden, in denen sich, wie seine Formulierung lautet, das ‚Tagebuchführen einer Nation' artikulieren kann: als eine Utopie subversiver, die kulturellen Disziplinen sprengender Sprache. Auf komplexe Weise mag dieses Gegenmodell auch mit dem rätselhaften Text „Ein altes Blatt" zusammenhängen, dem dort aufgebrachten Thema des Nomadisierens und des blutigen Tieropfers:

> „Wie wird es werden?" fragen wir uns alle. „Wie lange werden wir diese Last und Qual ertragen? Der kaiserliche Palast hat die Nomaden angelockt, versteht es aber nicht, sie wieder zu vertreiben. Das Tor bleibt verschlossen; die Wache, früher immer festlich ein- und ausmarschierend, hält sich hinter vergitterten Fenstern. Uns Handwerkern und Geschäftsleuten ist die Rettung des Vaterlandes anvertraut; wir sind aber einer solchen Aufgabe nicht gewachsen; haben uns doch auch nie gerühmt, dessen fähig zu sein. Ein Mißverständnis ist es, und wir gehen daran zugrunde." (TB 1,210)

Dem auf das Staatskonzept orientierten Kulturmodell der „Strafkolonie" möchte ich nun das Individualkonzept des „Berichts für eine Akademie" gegenüberstellen. Was dieser Text thematisiert, ist die Frage nach dem li-

---

[15] Erich Auerbach hat dieses europäische Paradigma als Modell einer Realitätsordnung aufgedeckt, s. *Erich Auerbach:* Figura. In: Archivum Romanicum 22 (1938), S. 436–489.

terarischen Werk selbst als Ursprungs-Theater der individuellen Kultur, welche aus dem Schmerz immer von neuem geboren wird. Kafkas Text, wahrscheinlich das großartigste literarische Zeugnis für diese Frage nach dem Rätsel des menschlichen Ursprungs, wurde 1917 verfaßt und als letztes Stück in den Sammelband „Ein Landarzt" aufgenommen. Dieser Erzähltext gibt die Rede eines zum Menschen mutierten Affen mit Namen Rotpeter wieder, der vor einer Akademie, die selbst nicht in Erscheinung tritt, die Geschichte seiner Menschwerdung erzählt. Dieser paradoxe Bericht über den Anfang und seine Vorgeschichte wird nun aber nicht aus eigener Erinnerung des Affen geliefert, sondern nur nach dem Zeugnis der Menschen, die den Affen auf seinem Weg ins Menschentum begleitet haben. Denn den eigenen Ursprung in der Natur kann der Affe nicht wissen; ist doch sein Übertritt aus der Natur in die Kultur der Sprung aus dem Nicht-Bewußten des Tiers ins menschliche Bewußtsein, dessen Kennzeichen erst Erinnerung zu sein vermag: Erinnerung, die durch zwei schmerzhafte Wunden geweckt wird.

Da dem Affen – außer dem Tod in den Wellen des Ozeans – keine Flucht aus dem Gefängnis des Schiffes möglich ist, entschließt er sich zu einem Ausweg: dem einzig möglichen, nämlich selbst Mensch zu werden. Freilich ist ‚entschließen' nicht das richtige Wort: „Ich mußte diesen Gedanken mit dem Bauch ausgeheckt haben", konstatiert Rotpeter zutreffend im Rückblick. (TB 1, 238) Er beobachtet die Menschen auf dem Schiff. Er ahmt ihr Tun nach. Er lernt „den Handschlag geben". (TB 1, 235) Er lernt eine Flasche Branntwein „fachgerecht" leeren und bricht – im Hintergrund spielt ein Grammophon – unvermittelt in den Ruf „Hallo" aus, der ihm die „Anerkennung als Mensch" bei dem seiner Vorstellung beiwohnenden Publikum auf dem Schiff einbringt: „Hört nur, er spricht", sagen die Leute auf dem Deck. (TB 1, 243) Mit dem Bekenntnis Rotpeters, des gewesenen Affen, zur inzwischen erworbenen „Durchschnittsbildung eines Mitteleuropäers", die ihm seine Auftritte im Varieté ermöglicht, endet der „Bericht für eine Akademie". (TB 1, 244)

Kafkas singulärer Text ist eine Erzählung über den Ursprung der Kultur. Er beschreibt, was man die Urszene der Kultur nennen könnte, als die Überschreitung der Schwelle zwischen Natur und Kultur, die durch den Schmerz, die Wunde markiert wird, die zum Keim des Gedächtnisses wird.[16] Der Affe wird an der Tränke angeschossen und stürzt ohnmächtig

---

[16] Es ist die große Freudsche These, daß nicht Glück und Begründung einer Glücksökonomie, sondern der Schmerz der Ursprung der Kultur und ihrer ‚Biopolitik' ist.

nieder. Als er auf dem Schiff erwacht, besitzt er zwei Wunden, die durch zwei Narben bezeichnet sind: ‚verzeichnend' und gelöscht zugleich.[17] Was bleibt, ist die Erinnerung der Menschen, jener ‚anderen', die den Affen in die Kultur begleiten; was bleibt ist eine Leerstelle, ein ‚blanc' oder ‚noir', das zwischen Naturkörper und Kulturgedächtnis, dem kulturellen Wissen, klafft. Das als authentisch – und zwar nur in der Rekonstruktion des sentimentalen Rückblicks – Imaginierte, die Wahrheit des Schmerzes der zwei Wunden, erweist sich als weiße, als gänzlich leere Stelle in der Topographie des Gedächtnisses. Es ist aber genau diese ‚fiktive' Schwelle, auf der das Theater des ‚Ursprungs der Kultur' spielt, die ‚Wunde hinter dem Vorhang gezeigt' wird, wie Löwy sich ausgedrückt hatte.[18] Es wird gezeigt, wie aus dem tierischen Körper die menschliche Sprache heraustritt; wie mechanische und symbolische Performanz, „Hand" und „Wort", zur Szene der Bedeutung werden; wie das ‚faktische' Tier zum ‚Als ob' des Menschen mutiert: also zu jenem Tier, das sein Affentum hinter der Maske des Menschen löscht – oder doch und gerade als Geheimnis bewahrt! Was Kafkas „Bericht" gibt, ist die schonungslose In-Szene-Setzung der Aporie des modernen Menschensubjekts im Prozeß seiner kulturellen Reproduktion: im Schritt der Natur über die ‚Wahrheit' des Schmerzes hinaus zur Kultur! Diese Aporie ist, wie Kafka im „Bericht" deutlich macht, begründet im Auseinanderdriften der Argumente von der biologischen und kulturellen Evolution. Was der „Bericht" in Szene setzt, ist die verschärfte Version der Schmerz-Memoria-Aporie, wie Kafka sie versteht. Es ist die Geburt der Sprache aus dem Körper, die als Ereignis des Schmerzes gezeigt wird. Die beiden frevelhaften Schüsse, die zunächst zur Ohnmacht, dann aber zum ‚Ausweg' des Affen in die Menschen-Kultur führen, begründen ein Szenario, in dem der Schmerz des Naturkörpers die Erfindung der Memoria und die doppelte Wirkung ihrer Löschung und gleichzeitigen Weckung bewirkt: Löschung der Erinnerung an die Affenwahrheit, die nur noch vermutete und ersehnte ‚Authentizität' der Lebenskraft einerseits; die Weckung des Gedächtnisses der Kultur mit dem Erwerb der Menschensprache andererseits – ein Physiognomie gewordenes Gedächtnis, das nun seinerseits nicht Authentizität vermittelt, sondern Maske ist –, wobei offen bleibt, als wessen Maske das Tiergesicht im Menschen zu lesen ist. Die

---

[17] Vgl. Mskr Fr I, App 393,5 im buchstäblichen Sinne im Mskr. überschrieben: urspr. eine Narbe, dann zwei.

[18] Hier bietet sich die Gelegenheit für eine Anknüpfung an Robert Musils Schmerzkonzept in der Kultur: initiale Leerstelle und Nachträglichkeit der Gedächtniskonstruktion auch dort. Vgl. Anm. 6.

Nachträglichkeit des Gedächtnisses gegenüber dem Schmerz des Körpers erweist sich damit gleichzeitig als dessen Fälschung. Hiermit werden auch die beiden großen Gedächtnisordnungen der europäischen Kultur widerrufen: das Muster der Heilsgeschichte zum einen, das nach dem Prinzip der Figuralität verfährt; das Muster der Naturgeschichte zum anderen, die nach dem Vernunftprinzip von Ursache und Wirkung ausgelegt ist.

Es war jüngst Giorgio Agamben, der in seinem Beitrag zur Anthropologie der Gegenwart – unter der Leitvorstellung des ‚Offenen', das zwischen Weltarmut des Tiers und Welthaben des Menschen sich auftut – einen Vorschlag zum Verhältnis von Mensch und Tier in der Kultur vorgelegt hat, der aufgreift, was Kafkas Blick auf die Evolutionstheorie im „Bericht" gestaltet und was dessen anthropologische Argumentation offenlegt.[19] Es geht Agamben um die brennende Frage nach der Form von Mensch und Natur in der Posthistorie, in der Geschichte nach dem Historismus; also um jenen ‚von Zäsuren durchschnittenen Menschen', der daraus erwächst, daß Leben in der Kultur nicht definiert, sondern innerhalb der anthropomorphen Dichotomie Animalität – Humanität ‚ausgehandelt' wird. (21) Aus diesen ‚Negotiationen' ist, so Agamben, dasjenige hervorgegangen, was Foucault mit dem Namen der Biopolitik, der strategischen Verwaltung von ‚Leben', bezeichnet hat. So erweist sich der Mensch als Ergebnis der Entkoppelung der zwei Elemente ‚Körper' und ‚Geist'; einer Entkoppelung, deren Kern kein metaphysisches Geheimnis, sondern die Strategie praktischer und politischer Trennung ist. (26) Der Mensch ist dasjenige Tier, *„das sich selbst als menschlich erkennen muß, um es zu sein"*. (36) Er ist weder Substanz noch Gattung, sondern eine anthropologische Maschine, ein Artefakt (37–41).[20] Die anthropologische Maschine erweist sich als die Antwort auf das Rätsel der Anthropogenie. Tiermensch und Menschentier sind zwei Gesichter derselben Bruchstelle. (46) Hier, in diesem Kampf, in diesem performativen Geschehen, in diesen ‚Negotiationen', die zugleich ‚desœuvrement' sind (96), ist der fundamentale politische Konflikt der Moderne virulent: das Aushandeln dessen,

---

[19] *Giorgio Agamben*, Das Offene. Der Mensch und das Tier, Frankfurt am Main 2003 (= edition suhrkamp 2441), Seitenzahlen im laufenden Text. Agamben nimmt keinen Bezug auf Kafka.

[20] In spielerischer wie militanter Weise ist Donna Haraway diesem Gedanken schon einmal nachgegangen: mit ihrem Konzept des Cyborg, s. *Donna J. Haraway:* Simians, Cyborgs, and Women. The Reinvention of Nature, London 1991 (dt. Die Neuerfindung der Natur. Primaten, Cyborgs und Frauen. Hrsg. und eingeleitet von Carmen Hammer und Immanuel Stieß, Frankfurt a. M. / New York 1995).

was das Artefakt der anthropologischen Maschine zwischen Animalität und Humanität ist; ein Artefakt, aus dem ein doppelter Mehrwert sich ergibt: der Überschuß der Sexualität und jener andere des Schmerzes. Dabei ist es der Schmerz als Mehrwert der Kultur, und nicht der Überschuß, das ‚desœuvrement' (Bataille) der Sexualität, welcher bei Kafka kulturell überlebt. Rotpeter spielt am Schluß seines „Berichts" darauf an:

> Komme ich spät nachts von Banketten, aus wissenschaftlichen Gesellschaften, aus gemütlichem Beisammensein nach Hause, erwartet mich eine kleine halbdressierte Schimpansin und ich lasse es mir nach Affenart bei ihr wohlgehen. Bei Tag will ich sie nicht sehen; sie hat nämlich den Irrsinn des verwirrten dressierten Tieres im Blick; das erkenne nur ich und ich kann es nicht ertragen. (TB 1,245)

IV

Im vierten und letzten Teil meiner Erörterung möchte ich nun noch versuchen, das komplizierte Szenario des Zusammenwirkens von Schmerz und Memoria in Kafkas Kulturkonzept etwas differenzierter zu beleuchten. Um von der Statistik auszugehen: Es ist nicht zu übersehen, daß das Motiv des Schmerzes, obwohl Schmerzäußerungen fast nie beschrieben werden, Kafkas Texte gleichmäßig durchzieht. In den Werken und Tagebüchern finden sich 84 Belege, in den Briefen über 200; an die 60 von diesen letzteren handeln von Kopfschmerzen, an denen Kafka zeitlebens litt. Und es ist, im Blick auf das Gedächtnisvermögen, auffallend, daß Kafka diesem Gedächtnis eine zwiespältige, ja aporetische Funktion in seinem Lebenskonzept zuweist. Einerseits rühmt er sich gern seines guten Gedächtnisses – „ich bin ein lebendig gewordenes Gedächtnis", heißt es einmal im Tagebuch (TB 11, 187); andererseits aber behauptet er immer wieder, er besitze gar kein Gedächtnis. „Ich habe kein Gedächtnis", schreibt er am 16.6. 1913 an Felice Bauer, „weder für Gelerntes noch für Gelesenes, weder für Erlebtes noch für Gehörtes, weder für Menschen noch für Vorgänge [...]."[21]

Was sich in dieser Zwiespältigkeit äußert, ist der – in Kafkas Werk wie Lebenskonzept nachhaltig ausgetragene – Konflikt zwischen Zählen und Erzählen, zwischen erinnerndem Aufreihen von Figuren und Ereignissen einerseits und Konfigurationen, die sich in improvisierten Gedächtnisräumen ausbilden, andererseits. Offenbar reflektiert Kafka immer wieder

---

[21] *Franz Kafka:* Briefe an Felice und andere Korrespondenz aus der Verlobungszeit. Hrsg. von Erich Heller und Jürgen Born, New York 1967, S. 400.

über jene kritische Schwelle, wo Wahrnehmung (wie der Schmerz) in Gedächtnis (also kulturellen Sinn) umschlägt, wo aber auch Gedächtnis Wahrnehmung generiert. Zunehmend im Lauf seines Schreibens – und befördert durch das Erlebnis des Blutsturzes im Sommer 1917 – konzentriert sich dieses Interesse auf den Schmerz, das Schwellenphänomen der Wahrnehmung schlechthin, als die ‚eigentliche' und einzige Wahrheit, ‚authentisch' und ‚imaginär' zugleich, die dem Menschensinn zugänglich ist. Eine Schlüsselstelle hierzu findet sich im späten Tagebuch:

> Mit primitivem Blick gesehn ist die eigentliche, unwidersprechliche, durch nichts außerhalb (Märtyrertum, Opferung für einen Menschen) gestörte Wahrheit nur der körperliche Schmerz. Merkwürdig daß nicht der Gott des Schmerzes der Hauptgott der ersten Religionen war (sondern vielleicht erst der späteren) Jedem Kranken sein Hausgott, dem Lungenkranken der Gott des Erstickens. Wie kann man sein Herankommen ertragen, wenn man nicht an ihm Anteil hat noch vor der schrecklichen Vereinigung. (TB 11, 215)

Diese Wahrheitserfahrung hat Augenblickscharakter, sie besitzt kein Davor und kein Danach; keine Erinnerung und keinen Vorschein des Künftigen. Sie sei „die Wahrheit [...] eines Glücks- und Schmerz-zitternden Augenblicks", wie Kafka am 11.6.1920 an Milena Pollak schreibt. Worauf es dabei ankommt, ist nicht Gedächtnis oder, durch Schmerz vermittelt, ein Inhalt, sondern die „Form" des Schmerzes, seine strukturbildende Kraft. An Käthe Nettel, die Schwester Julie Wohryzeks, schreibt Kafka am 24.11. 1919: Er sei

> wie einer der wund ist und solange er nirgends anstößt, leidlich lebt, aber bei der ersten richtig treffenden Berührung in die schlimmsten ersten Schmerzen zurückgeworfen wird [...] nicht als ob die alten Erlebnisse wieder lebendig würden [...] es ist das Formelle des Schmerzes übriggeblieben, förmlich ein aller Wundkanal und in diesem fährt jeder neue Schmerz gleich auf und ab, schrecklich wie am ersten Tag [...].[22]

Dieses Insistieren auf der Form des Schmerzes und die Leugnung all dessen, was ‚Jenseits-des-Schmerzes' ist, wie vor allem anderen die Sprache, findet sich luzide ausgedrückt in einer Tagebuchaufzeichnung vom 20. Oktober 1919:

> Gerne wollte ich Märchen (warum hasse ich das Wort so?) schreiben, die W. [die sogenannte ‚Schweizerin' Gerti Wasner] gefallen könnten [...] ihre Erregung beim Erzählen (ich fürchte, wie ich merke, die förmlich physische Anstrengung beim Sicherinnern, den Schmerz, unter dem der Boden des

---

[22] Brief in dieser Fassung noch unpubliziert.

gedankenleeren Raumes sich langsam öffnet oder auch nur erst ein wenig sich wölbt) Alles wehrt sich gegen das Aufgeschriebenwerden. (TB 10, 197)

Hier ist es das verzweifelte Insistieren auf der Erfahrung des Schmerzes – unter dem sich der leere Raum wölbt, die ‚Krypta' des Traumas, wie man sagen möchte; jener Hohlraum, über dem sich nichts Schriftliches errichten läßt, kein Überschuß, kein „Orchester von Associationen". Ganz ähnlich schreibt Kafka am 5. Juli 1922 aus Planá an Max Brod:

> Als ich heute in der schlaflosen Nacht alles immer wieder hin- und hergehen ließ zwischen den schmerzenden Schläfen, wurde mir [...] bewußt, auf was für einem schwachen oder gar nicht vorhandenen Boden ich lebe, über einem Dunkel, aus dem die dunkle Gewalt nach ihrem Willen hervorkommt und ohne sich an mein Stottern zu kehren mein Leben zerstört. (Br. 384)

In diesem Szenario vom ‚authentischen Schmerz', von der Verweigerung des Aufschreibens, dem Stottern beim Verzeichnen des ‚Gedächtnisses' und der literarischen Orchestrierung scheint es Kafka immer wieder auf ein Einziges anzukommen: die poetische Gestaltung dieses Löschungsvorgangs, der dem Schmerz seine Körperlichkeit so gut entzieht wie seine Mythisierung durch erzählendes Erinnern. Die Dynamik, die sich hierbei entwickelt, ist das allmähliche Verschwinden des durch den Schmerz gequälten Körpers – sei es das Versinken im Boden der Erde; sei es das Versinken im größeren Körper des Volkes, wie es sich in der späten Erzählung „Josefine, die Sängern oder Das Volk der Mäuse" abspielt. Was einzig dargestellt werden kann – und dies ist vielleicht Franz Kafkas Auffassung von der Aufgabe der Kunst –, ist das fortgesetzte Spiel dieses Löschungsprozesses zwischen Schmerz und Gedächtnis: ein Umspielen der Grenze, ein Aushandeln von deren Verlauf, ein Kampf zwischen Offenbarung und Verbergung. Eine kleine Skizze Kafkas aus dem Nachlaß macht dies deutlich:

> Vor einer Mauer lag ich am Boden, wand mich vor Schmerz, wollte mich einwühlen in die feuchte Erde. Der Jäger stand neben mir und drückte mir den Fuß leicht ins Kreuz ... (TB 6, 134)

Am vollkommensten zeigt sich diese Konfiguration von Schmerz, mythischem Gedächtnis der ‚Sage', Vorgang des Vergessens und Auslöschung des Körpers in der ‚prima materia' des natürlichen Urgesteins in dem unvergleichlichen Text „Prometheus", den Kafka, ohne ihm einen Titel zu geben (dieser stammt erst von Max Brod), im Manuskript seinerseits dem Vergessen (und in seinem Testament der Vernichtung) überantwortete; und zwar, indem er das Ereignis von Schmerz und Gedächtnis im Konflikt zwischen ‚erzählen' und ‚zählen' langsam verlöschen läßt:

Die Sage versucht das Unerklärliche zu erklären; da sie aus dem Wahrheitsgrund kommt, muß sie wieder im Unerklärlichen enden.
  Von Prometheus berichten vier Sagen. Nach der ersten wurde er weil er die Götter an die Menschen verraten hatte am Kaukasus festgeschmiedet und die Götter schickten Adler, die von seiner immer nachwachsenden Leber fraßen.
  Nach der zweiten drückte sich Prometheus im Schmerz vor den zuhackenden Schnäbeln immer tiefer in den Felsen bis er mit ihm eins wurde.
  Nach der dritten wurde in den Jahrtausenden sein Verrat vergessen, die Götter vergaßen, die Adler, er selbst.
  Nach der vierten wurde man des grundlos Gewordenen müde. Die Götter wurden müde, die Adler. Die Wunde schloß sich müde.
  Blieb das unerklärliche Felsgebirge. (TB 6, 192 f.)

Kunst

Umkehrung und Ablenkung

Franz Kafkas „Gleitendes Paradox"

> Ich kann schwimmen wie die andern, nur habe ich ein besseres Gedächtnis als die andern, ich habe das einstige Nichtschwimmen-können nicht vergessen. Da ich es aber nicht vergessen habe, hilft mir das Schwimmenkönnen nichts und ich kann doch nicht schwimmen.
>
> *Ho 332*[*]

I

Einigermaßen überraschend taucht in den Tagebüchern Franz Kafkas einmal der Name Zenon auf. Er schreibt unter dem 17. Dezember 1910: „Zeno sagte auf eine dringliche Frage hin, ob denn nichts ruhe: Ja, der fliegende Pfeil ruht." (Tgb 29) Woher Kafka Zenon und sein Bewegungsparadox kannte, ist nicht zu belegen; seine Handbibliothek gibt keinen Hinweis[1], die Vortragsabende im Hause Fanta[2], bei denen solche physikalisch-philosophischen Probleme zur Sprache gekommen sein mochten, besuchte er erst später. Jedenfalls hat in Kafkas Darstellung die antike Überlieferung eine seltsame Verwandlung durchgemacht.

---

[*] Zitiert wird nach den folgenden Ausgaben und unter Verwendung der folgenden Abkürzungen:
Franz Kafka: Amerika. – Frankfurt 1953 = A; ders.: Briefe 1902–1924. – Frankfurt 1966 = Br; ders.: Beschreibung eines Kampfes. Novellen, Skizzen, Aphorismen aus dem Nachlaß. – Frankfurt 1946 = BK; ders.: Erzählungen. – Frankfurt 1946 = Erz; ders.: Hochzeitsvorbereitungen auf dem Lande und andere Prosa aus dem Nachlaß. – Frankfurt 1966 = Ho; ders.: Der Prozeß. – Frankfurt 1960 = P; ders.: Das Schloß. – Frankfurt 1946 = S; ders.: Tagebücher 1910–1923. – Frankfurt 1954 = Tgb.
Die 'Betrachtungen über Sünde, Leid, Hoffnung und den wahren Weg' aus Ho werden unter der Abkürzung Betr. nach ihren Nummern zitiert.

[1] Klaus Wagenbach: Franz Kafka. Eine Biographie seiner Jugend. – Bern 1958. S. 251 ff. (= künftig zitiert als 'Wagenbach').

[2] Wagenbach S. 174.

Nach dem Zeugnis des Aristoteles hat Zenon die Wirklichkeit der Bewegung überhaupt geleugnet[3] und beweisen wollen, „daß der fliegende Pfeil ruht"[4]. Kafka kehrt diesen Sachverhalt um: Sein erster Satz scheint Zenon als einen Verfechter des panta rei zu postulieren, dem von einem dringlich Fragenden schließlich das Zugeständnis abgerungen wird, daß zumindest der „fliegende Pfeil ruht". Freilich bedeutet diese Antwort keine Lösung oder Klärung. Kafkas Zenon bekennt sich nicht als geschlagen; er widerruft seinen Grundsatz von der durchgehenden Bewegtheit alles Seienden nicht durch die Behauptung völliger Unbewegtheit, sondern hält dem Fragenden ein Paradox entgegen: den zugleich fliegenden und ruhenden Pfeil. Seine Antwort erscheint damit komplizierter als die Frage; dieser Umstand ist bezeichnend für das Verhältnis von Frage und Antwort bei Kafka; er selbst hat es so dargestellt:

> Ein Umschwung. Lauernd, ängstlich, hoffend umschleicht die Antwort die Frage, sucht verzweifelt in ihrem unzugänglichen Gesicht, folgt ihr auf den sinnlosesten, das heißt von der Antwort möglichst wegstrebenden Wegen. (Ho 47 f.)

Zu weiteren Einsichten führt diese Tagebuchaufzeichnung über Zenons Bewegungsparadox vorerst nicht. Eines aber ist festzuhalten: Schon in dieser frühen Notiz wird eine logische Eigentümlichkeit Kafkas faßbar, die sich später zunehmend und in aller Konsequenz ausprägt. Man könnte sie das Denkgesetz der „Umkehrung" nennen. An einem bei Kafka häufig erscheinenden Motiv, dem des Suchens und Findens, läßt sich dieses Verfahren sehr genau und in allen Phasen verfolgen. Das Motiv taucht zunächst als Tagebucheintrag auf; Kafka erinnert sich offenbar jener Stelle aus der Bergpredigt, die Matthäus (7, 8) überliefert und die der Sprachgebrauch inzwischen in die Trivial-Idiomatik hat absinken lassen: „Wer sucht, der findet"; in der kafkaschen Denkverwandlung lautet dieser Satz:

---

[3] Physik VI, 9. 239b 9 ff.; Topik VIII 8. 160b 7 ff.
[4] Physik VI, 9. 239b 30 ff.; vgl. auch 239b 5 ff. Dazu die Übersetzung von Wilhelm Capelle: Die Vorsokratiker. – Stuttgart 1963. S. 169 ff. Zum Problem vgl. Robert Heiss: Wesen und Formen der Dialektik. – Köln-Berlin 1959. Bes. S. 88 „... muß der Pfeil, welcher eine Strecke durchfliegt, zu jedem beliebigen Zeitpunkt an einem bestimmten Ortspunkt *sein*. Wann aber bewegt er sich? Entweder ist er an jedem dieser Punkte, und dann bewegt er sich nicht, oder aber er bewegt sich, und dann *ist* er nicht an einem Punkte." Merkwürdigerweise nennt Jorge Luis Borges Zenon einen „Vorläufer" Kafkas, nennt aber die Tagebuchstelle (29) nicht. In: Das Eine und die Vielen. Essays zur Literatur. – München 1966. S. 215.

„Wer sucht, findet nicht, aber wer nicht sucht, wird gefunden." (Ho 94)[5]
Konnte man das Zenon-Zitat auch in seiner Umkehrung noch als herkömmliches Paradox[6], als Vereinigung des Unvereinbaren, gelten lassen, so genügt dieser Begriff hier nicht mehr ohne weiteres. Kafkas Verfahren erweist sich als komplizierter: Suchen und Finden werden zwar zunächst noch in ein paradoxes Verhältnis zueinander gesetzt; doch dieser ersten Stufe der Umkehrung folgt mit dem „aber" eine nun adversative Schwenkung: Der Satz wird aufs neue und in einer anderen Sichtrichtung erprobt; Kafka beginnt jetzt mit der Negation (wer nicht sucht), lenkt aber wiederum ab und funktioniert das konsekutive Verhältnis in ein passivisches um. Von einer logischen Stimmigkeit im üblichen Sinne kann keine

---

[5] Vgl. dazu die gründliche Arbeit von Hans-Günter Pott: Die aphoristischen Texte Franz Kafkas. Stil und Gedankenwelt. – Freiburg, Phil. Diss. 1958. (Masch.) Bes. S. 18 ff. Es wäre durchaus möglich, hier augustinische, aber auch kalvinistische Vorstellungen zur Deutung heranzuziehen; im vorliegenden Zusammenhang kommt es jedoch vor allem auf das Denkverfahren an.

[6] Zum Begriff des Paradoxes vgl. vor allem: Robert Heiss: Der Mechanismus der Paradoxien und das Gesetz der Paradoxienbildung. Philosophischer Anzeiger 2 (1927). S. 403–433; ders.: Logik des Widerspruchs. Eine Untersuchung zur Methode der Philosophie und zur Gültigkeit der formalen Logik. – Berlin-Leipzig 1932; Klaas Schilder: Zur Begriffsgeschichte des „Paradoxon". Mit besonderer Berücksichtigung Calvins und des nach-kierkegaardschen Paradoxon. – Kampen 1933 (= Phil. Diss. Erlangen); Hugo Friedrich: Pascals Paradox. Das Sprachbild einer Denkform. ZfrPh. 56 (1936). S. 322–370; ders.: Pascal. DVjs. 24 (1950). S. 287 ff. Robert Heiss: Wesen und Formen der Dialektik. – Köln-Berlin 1959; die interessante Arbeit von Henning Schröer: Die Denkform der Paradoxalität als theologisches Problem. – Göttingen 1960. Robert Heiss: Die großen Dialektiker des 19. Jahrhunderts. Hegel Kierkegaard Marx. – Köln-Berlin 1963. Es ist nicht möglich, die verschiedenen Formen paradoxen Denkens, soweit sie, von Zenon bis Kierkegaard, auf Kafka gewirkt haben mögen, in diesem Zusammenhang darzustellen. Entscheidend bleibt, daß von der Antike bis zu Kierkegaards „schlechthinnigem Paradox" in den 'Philosophischen Brocken' (Düsseldorf-Köln 1960, S. 34 ff.) das Paradox als scheinbar Widersinniges, als „ganz Unwahrscheinliches" (a.a.O. S. 49), als eine der allgemeinen Meinung widersprechende Aussage betrachtet wird, die sich bei genauerem Nachdenken als entweder richtig, oder doch für einen bestimmten Zusammenhang (etwa die in sich widersprüchliche Tatsache der Erbsünde) als sinnvoll erweist. (Dazu Schilder, a.a.O. S. 5 ff., über Kierkegaard 91 ff.) Beispielhaft für den erstgenannten Zusammenhang des „auflösbaren" Paradoxes etwa Sebastian Francks Übersetzung von „Paradox" mit „Wunderred"; seine 'Paradoxa ducenta octoginta' werden im Titel definiert als „Wunderred vnd gleichsam Raeterschafft ... so vor allem fleysch vngleublich vnd vnwar sind / doch wider der gantzenWelt wohn vñ achtung / gewiß vnd waar." Paradoxa. Hrsg. Heinrich Ziegler. – Jena 1909. S. XXXIX.

Rede mehr sein[7]. Der Gedankengang wird bald durch eine unvermittelte Negation gekappt, bald durch eine adversative Schwenkung von seiner Bahn abgedrängt, bald einem überraschend verkehrten Grundverhältnis zugeordnet. Für Kafka scheint der unkomplizierte und für die Erfahrung selbstverständliche Bezug zwischen Suchen und Finden, wie ihn der biblische Spruch vordergründig voraussetzt, nicht mehr gegeben zu sein; – daß auch im Matthäus-Text die Möglichkeit einer *lectio difficilior* gegeben ist, bleibe außer Betracht. Kafka mißtraut den korrelativen Begriffen des Suchens und Findens, setzt sie in die verschiedensten Bezüge und Modi, arbeitet mit Umkehrungen der üblichen Denkverhältnisse und Ablenkungen vom Trivialverständnis, ohne sich an geläufige Denkregeln zu halten: Kafkas „Paradox" verkoppelt die „Umkehrung", die einer der Mechanismen des traditionellen Paradoxes ist[6], mit der „Ablenkung", die vorläufig als ein „Verfehlen" der trivialen Denkerwartung, als ein Weggelocktwerden von ihr gekennzeichnet sei. Durch dieses Verfahren werden die Begriffe dem „normalen", schlüssigen Denken entzogen, ohne doch andererseits durch das platte Paradox, – als das inzwischen schon traditionell gewordene Merkzeichen des Unbegreiflichen – neuerlich und noch viel entschiedener verstellt zu werden. Kafkas „gleitendes Paradox" schafft eine Zone des Denkens zwischen konventioneller Stimmigkeit und jener besonderen Form von Alogik, die „paradox" heißt.

Es scheint freilich, als sei diese erste Zerreißprobe, der Kafka das Begriffs-Gespann „Suchen – Finden" unterzog, nicht zur Zufriedenheit des Autors ausgefallen. Er nimmt das Motiv von neuem auf. Nun lautet sein Satz so: „Ein Käfig ging einen Vogel suchen." (Ho 41) Das bisher nicht zulänglich geklärte Verhältnis von Suchen und Finden wird in ein Bild gefaßt. Das suchende Element erscheint als Käfig, das zu Findende in Gestalt eines Vogels. Auch diesen Satz möchte man – zumindest auf den ersten Blick – als ein „klassisches" Paradox ansehen[8]. Man könnte meinen,

---

[7] Schon Fritz Schaufelberger spricht in seinem frühen Aufsatz 'Kafkas Prosafragmente', Trivium VII (1949). S. 1–15, von einer „Durchbrechung des logischen Gefüges in die Entschiedenheit des Unvereinbaren" (4), was freilich dann auf ein einfaches „Gesetz des Widerspruchs" (4), eine „antithetische Dialektik" (12) und schließlich das Paradox als „Mitteilungsform des Unmittelbaren (!)" (14) zurückgeführt wird.

[8] So etwa Pott, a.a.O. S. 6 f., S. 70 u. ö. Zum Problem des Paradoxes bei Kafka vgl. Wilhelm Emrich: Franz Kafka. – Bonn 1965. Vor allem S. 100 ff. u. ö. Entscheidend für die vorliegende Darstellung die Anregung von Heinz Politzer: Franz Kafka der Künstler. – Frankfurt 1965. S. 44. (Die engl. Fassung des Buches trägt den Titel 'Franz Kafka. Parable and Paradox'.)

Kafka habe in diesem „Sprachbild einer Denkform"⁹ die Paradoxie des Daseins auszudrücken gesucht. Nun ist wie gesagt ein entscheidendes Merkmal des „klassischen" Paradoxes die Umkehrung¹⁰ eines nach formallogischen Gesichtspunkten stimmigen Sachverhalts; wird die Umkehrung rückgängig gemacht, so löst sich das Paradox und macht nicht selten einer Banalität Platz. Wenn Karl Kraus einmal schreibt: „Ich schnitze mir den Gegner nach meinem Pfeil zurecht"¹¹, so lebt dieser Satz, der ebensoviel über Kraus selbst aussagt wie über seine Opfer, nur aus der Umkehrung; die Rückübersetzung macht ihn stumpf, glanzlos, banal¹². Versucht man eine entsprechende Rück-Umkehrung ins „Stimmige" bei dem kafkaschen Satz, so mißlingt sie: „Ein Vogel ging einen Käfig suchen." Die „Richtigstellung" ist nicht einleuchtender als die „verkehrte" Form des Satzes. Kafkas Paradoxa leben nicht aus einer Verkehrung des Normalen, sie basieren selbst schon auf einem Widerspruch. Sie lenken nicht auf eine Synthese des Widersprüchlichen hin, wie das traditionelle Paradox, sondern von jeder erwarteten Stimmigkeit ab; jede Auflösung ist bloß eine Reduktion auf neuerlich und viel ursprünglicher Unbegreifliches. Dadurch wird jedoch die Beziehung zwischen Vogel und Käfig, zwischen Suchen und Finden nicht aufgehoben; sie bleibt bloß unbestimmt, ist weder auf einen glatten Widerspruch, noch auf vorschnelle Harmonisierung und Ausgleichung festzulegen. Kafkas „Umkehrung" ist also nicht die des „klassischen" Paradoxes; sie erscheint vielmehr stets verbunden mit einer „Ablenkung" von konventionellen Denkbahnen und erzielt dabei zwei entscheidende Wirkungen: Einerseits treten durch sie zwei Pole – im vorliegenden Beispiel Suchen und Finden, Vogel und Käfig – in einen ebenso entschiedenen wie befremdlichen Bezug; und gerade auf diesen Bezug scheint es Kafka anzukommen. Andererseits läßt sich dieser Bezug auf keine der üblichen Denkverknüpfungen reduzieren.

Gewiß ließe sich das Bild des Käfigs, der den Vogel sucht, und das des Vogels, der den Käfig sucht, als das Verhältnis von Freiheit und Unfreiheit, von „Geworfenheit" und „Geborgenheit", von Leben und Dingwelt be-

---

9   Untertitel des Aufsatzes von Hugo Friedrich in der ZfrPh. a.a.O.
10 Heiss: Wesen und Formen ... a.a.O. S. 103. Heiss unterscheidet drei formale Elemente: Kontrastierung, Umkehrung, „Ergebnis".
11 Karl Kraus: Beim Wort genommen. Werke von Karl Kraus. – München 1955. Bd. 3. S. 166.
12 Vgl. dazu auch Kraus: „Eine Antithese sieht bloß wie eine mechanische Umdrehung aus. Aber welch ein Inhalt von Erleben, Erleiden, Erkennen muß erworben sein, bis man ein Wort umdrehen darf!" (a.a.O. S. 164) Dabei ist freilich zu bedenken, daß nicht jede Antithese ein Paradox darstellt.

stimmen; das ist auch versucht worden, hat aber für die vorliegende Fragestellung keine entscheidenden Einsichten gebracht; denn über das rätselhafte Verhältnis selbst, um das es hier geht und das mit keiner der üblichen Kategorien des Denkens zu fassen ist – läßt es sich als positiv oder negativ fixieren, als kausal oder interdependent, als notwendig oder zufällig? –, sagen diese begrifflichen Fixierungen wenig aus. Selbst jene logische Bestimmung, daß es sich hier eben um einen „Widerspruch" handle und man diesen als solchen zu akzeptieren habe, müßte daran scheitern, daß die Art dieses Widerspruchs gerade nicht bestimmbar ist. Das ihm zugrunde liegende Stimmige, aus dem der Widerspruch durch Umkehrung hervorgegangen sein müßte, läßt sich nicht ermitteln; die Unstimmigkeit ist keine des einfach Unvereinbaren und Gegensätzlichen. Kafka hat mit Erfolg von diesem Gegensatz „abgelenkt".

Bedeutsamer erscheint dagegen der zwischen Lakonismus und Märchensprache[13] schwebende Tonfall des Satzes; er zeugt von der Selbstverständlichkeit und inneren Konsequenz, mit der hier das scheinbar Inkonsequente gedacht wird. Er täuscht aber auch über jene persönliche Betroffenheit hinweg, die sich hinter der Chiffre des „Vogels" verbirgt: Die Forschung hat sie als eine Hieroglyphe des kafkaschen „Ich" erwiesen[14]. Unvermerkt wird hier – und dadurch unterscheidet sich dieser Satz von dem zuerst untersuchten – ein Ich-Element eingeführt. Es scheint, als habe dieses „Ich"[15] etwas mit dem Bezug zu tun, der in dem Satz vom Vogel und dem Käfig beschrieben werden soll, es scheint, als ergäben sich nur darum solche dem trivialen Verstehen unauflöslichen Verwicklungen, weil dieser Vogel kein „gewöhnlicher" Vogel, sondern ein – wenn auch kryptisches – „Ich" ist.

Über eine solche Andeutung führt freilich auch dieser Text nicht hinaus; ein dritter, um die gleiche Zeit entstandener, greift das Motiv des Suchens und Findens von neuem auf:

> Er wehrt sich gegen die Fixierung durch den Mitmenschen. Der Mensch sieht, selbst wenn er unfehlbar wäre, im anderen nur jenen Teil, für den seine

---

[13] Hier wäre an 'Jorinde und Joringel' zu denken; Kafka kannte und liebte Märchen (vgl. Gustav Janouch: Gespräche mit Kafka. Aufzeichnungen und Erinnerungen. – Frankfurt 1951. S. 55). (= künftig zit. als 'Janouch'.)

[14] Vgl. dazu Emrich a.a.O. S. 21: Gracchus – gracchia – Dohle – kavka – Raban. Ferner Janouch a.a.O. S. 18. Tgb 297; analog dazu das Eichhörnchen im Käfig (Ho 71).

[15] Emrich nennt dieses „Ich" nicht unberechtigt das „Selbst" (a.a.O. S. 92 f., 115 ff.); es geht nicht um Kafkas biographisches Ich, sondern die Kategorie des „Selbst", wie sie in Kafkas Texten eine besondere Rolle spielt.

Blickkraft und Blickart reicht. Er hat, wie jeder, aber in äußerster Übertreibung, die Sucht, sich so einzuschränken, wie ihn der Blick des Mitmenschen zu sehen die Kraft hat. Hätte Robinson den höchsten oder richtiger den sichtbarsten Punkt der Insel niemals verlassen, aus Trost oder Demut oder Furcht oder Unkenntnis oder Sehnsucht, so wäre er bald zugrunde gegangen; da er aber ohne Rücksicht auf die Schiffe und ihre schwachen Fernrohre seine ganze Insel zu erforschen und ihrer sich zu freuen begann, erhielt er sich am Leben und wurde in einer allerdings dem Verstand notwendigen Konsequenz schließlich doch gefunden. (BK 297; vgl. Br 300, 310)

Dieses Stück ist insofern besonders kompliziert, als sich in ihm mehrere Grundmotive kafkaschen Dichtens miteinander verschränken; für den vorliegenden Zusammenhang ist das des Suchens und Findens aus diesem Geflecht herauszulösen. Die „Betrachtung" ist deutlich zweigeteilt. Dem in moralistischer Tradition stehenden Einsatz[16], der ein Beziehungsphänomen zwischen Ich und Mitmensch zu „beschreiben"[17] sucht, folgt ein Beispiel, das freilich nicht ohne weiteres im Zusammenhang mit der vorangehenden Überlegung steht. Zur Erläuterung eines sozialen Phänomens, der Beziehung zwischen Mensch und Mitmensch, erscheint die Ursituation der Einsamkeit, die Robinsonade, zunächst denkbar ungeeignet; erst aus der kafkaschen Denkeigentümlichkeit der „Umkehrung" wird diese Verknüpfung legitimiert; Kafka vermag das Problem der „Beziehung" nicht anders zu entwickeln als aus einer Situation völliger Einsamkeit. Das Beispiel ist somit nicht in erster Linie bloß Illustration des Vorhergegangenen; es ist vielmehr Umdeutung der sozialen Konstellation in eine extreme Ich-Situation: „Betrachtung" und „Beispiel" widersprechen einander somit zwar nicht, aber sie kommen auch nicht völlig zur Deckung. Sie weichen unmerklich voneinander ab. Das Beispiel wird zur „Probe aufs Exempel" und hat die für Kafkas Verfahren so kennzeichnende und von der Forschung zulänglich beschriebene Schwenk- und Kippstruktur von Konditionalsatz und folgender Korrektur (hätte … da er aber …), die sich in dem Prosastück 'Auf der Galerie' exemplarisch verwirklicht. Der Begriff der „Fixierung"[18], mit dem der erste Teil des Textes umgeht, wird im

---

[16] Die Er-Chiffre, hinter der sich ein Ich-Bezug verbirgt, findet sich schon bei Lichtenberg; die Ansiedlung im „Grenzland zwischen Einsamkeit und Gemeinschaft" (Tgb 548), das Aufspüren der Beziehungen zwischen Gesellschaft und Ich ist ein Grundthema der moralistischen Überlieferung von La Rochefoucauld bis Valéry.

[17] Vgl. zu diesem Begriff Wagenbach a.a.O. S. 53 f.

[18] Ingeborg Henel hat zuerst auf diesen wichtigen Begriff hingewiesen: Die Türhüterlegende und ihre Bedeutung für Kafkas 'Prozeß'. DVjs. 37 (1963). S. 50 bis 70.

zweiten in eine überraschende Bildkonstellation zerlegt. Sie besagt: Wollte Robinson seine – durch Trostbedürfnis, Demut, Furcht, Unkenntnis, Sehnsucht motivierte[19] – Beziehung zu den Mitmenschen aufrechterhalten, so würde er zugrunde gehen; der Abbruch dieser Beziehung müßte zu seiner Auffindung führen: „Wer nicht sucht, wird gefunden". Wiederum scheint ein Paradox am Ende des kafkaschen Denkweges zu stehen, und Kafka möchte dieses Verfahren sogar als eine „dem Verstand notwendige Konsequenz" verstanden wissen. Freilich ergibt sich dabei eine Reihe von Fragen: Ist es – trotz erster Verblüffung über solches Argumentieren – nicht wirklich im tieferen Sinne konsequent, wenn der Gestrandete sich auf der Insel einzurichten sucht, statt auf dem Beobachtungspunkt zu verharren und dort womöglich zugrunde zu gehen? Ist, wenn er sich die Insel wohnlich macht, die Chance, daß er gefunden wird, nicht ungleich größer? Freilich, eine Notwendigkeit, daß er gefunden wird, ist dennoch nicht gegeben; und gerade darauf besteht Kafka. Will er also sagen, daß das Gefundenwerden nicht erzwungen werden kann, daß es vielmehr als Geschenk – oder „Gnade"? – eines Tages „gegeben" wird? Wie stimmt aber dies wiederum mit den schwachen Fernrohren der Schiffe zusammen, die offensichtlich Robinson gar nicht erreichen können?

Es zeigt sich, daß der herkömmliche Begriff des Paradoxes zur Bestimmung Kafkascher Texte nicht ausreicht. Zwar widerspricht etwa im vorliegenden Robinson-Text das „Beispiel" der „Betrachtung" in einigen Punkten, zwar ergeben sich unauflösbare Unstimmigkeiten, aber diese kristallisieren nirgends zu einem starren Paradox; es handelt sich vielmehr um Abweichungen vom Normalverständnis, von der normalen Denk- und Bilderwartung, vom normalen logischen Ablauf; es erfolgen Schwenkungen, aber diese verklammern sich nie zu krassem Widerspruch. Ein solches Verfahren läßt sich als das eines „gleitenden Paradoxes" bestimmen. Warum dies Kafka als eine „dem Verstand notwendige Konsequenz" erscheint, muß sich im Laufe der vorliegenden Erörterung herausstellen.

Wie steht es nun aber mit jener „Beziehung" zwischen dem Robinson-Ich und seinen Mitmenschen, von der doch dieser Text handelt? Sie ist offenbar im üblichen Sinne nicht ohne weiteres beschreibbar, das „Beispiel" von Robinson hat ihr die Eindeutigkeit genommen. Sie ist nicht begrifflich bestimmbar, sondern nur der wiederholten Erprobung zugänglich. Kafka nennt diesen Bezug „Fixierung". „Ich stand niemals unter dem Druck einer anderen Verantwortung als jener, welche das Dasein, der Blick, das Urteil anderer Menschen mir auferlegten." (Ho 303) Eine solche Wechselbe-

---

[19] Vgl. zum Problem der „Motivation" Betr. Nr. 86; ferner Emrich a.a.O. S. 181 f.

ziehung ist bei Kafka freilich nie stabil; das kafkasche Ich schwankt – wie Robinson zwischen dem Ausschauhalten nach Schiffen und dem Sich-Einrichten auf der Insel – zwischen Schwäche und Selbstbehauptung; nur *eine* „Denkform" ist geeignet, sich dieser unablässig schwankenden Beziehung zu bemächtigen: das „gleitende Paradox" mit seiner Verschränkung von Umkehrung und Ablenkung. Die „Konsequenz" dieses Denkens kann freilich nicht mehr die des Satzes der Identität, des Widerspruchs und des ausgeschlossenen Dritten sein; die Eindeutigkeit des Begriffs, des Urteils und des Schlusses ist, sobald sie auf das seiner Blickrichtung nach stabile[20], seinen beziehungstiftenden Versuchen nach äußerst labile Ich bezogen wird, nicht mehr gewährleistet. Die kafkasche „Konsequenz" des Denkens besteht im Gesetz des „gleitenden Paradoxes"[21]. Nur in ihm, dem immer wieder nach zwei Seiten abschweifenden Blick, der Ablenkung von aller starren, schematischen Bezüglichkeit, läßt sich die stets schwankende Doppeltgerichtetheit einer solchen Beziehung („Fixierung") wenn nicht begrifflich fassen, so doch in immer neuen Erwägungen und Vermutungen erproben.

Ein Paralipomenon zu der Reihe 'Er', das die Wechselbeziehung von Suchen und Finden auf seine Weise variiert, zeigt das in aller Deutlichkeit: „Er hat den archimedischen Punkt gefunden, hat ihn aber gegen sich ausgenützt; offenbar hat er ihn nur unter dieser Bedingung finden dürfen." (Ho 418) Hier hat das Suchen scheinbar zu einem Erfolg geführt: zur Auffindung jenes Punktes, von dem aus Archimedes – nach der Überlieferung des Pappus von Alexandria – mit einem Hebel die Welt zu bewegen dachte. Dieser Erfolg – das „Finden" des archimedischen Punktes – wird jedoch sofort wieder in Frage gestellt. Der scheinbar erlangte Fixpunkt verwandelt sich in den Drehpunkt des kafkaschen Denkens, die objektgerichtete Bewegung wird zur ichgerichteten verkehrt; nicht die Welt, sondern das Ich springt aus den Angeln. Die Bedingung, unter der dieser Punkt sich finden ließ, entwertet, ja vernichtet ihn im Augenblick seiner

---

[20] Für den Zusammenhang der einsinnigen Erzählperspektive vgl. Friedrich Beissner: Der Erzähler Franz Kafka. – Stuttgart 1952.

[21] Zum Problem solcher „modifizierter" Umkehrung im „gleitenden Paradox" vgl. Martin Walsers Begriff der „Aufhebung": Beschreibung einer Form. Versuch über Franz Kafka. – München 1963. 2. Auflage. (= Literatur als Kunst). Bes. S. 84 ff. Ferner die gute Arbeit von Heinz Hillmann: Franz Kafka. Dichtungstheorie und Dichtungsgestalt. – Bonn 1964. (= Bonner Arbeiten zur deutschen Literatur Bd. 9). S. 126, 145, 152. Schließlich Max Bense: Die Theorie Kafkas. – Köln-Berlin 1952. S. 73. Er bezeichnet das genannte Phänomen etwas unglücklich als „abgehackte Sprachendialektik".

Entdeckung. Ein archimedischer Punkt, der das Ich statt der Welt aus den Angeln hebt, führt die Definition seiner selbst ad absurdum. Damit wird aber zugleich deutlich, daß die Umkehrungen des kafkaschen Denkens keine stilistischen Marotten sind, keine bloßen Stimulantia des Denkens, kein Paradoxienzwang um jeden Preis – dem Karl Kraus zuweilen erliegt –, sondern das verzweifelte Verfahren, durch Ablenkung von den herkömmlichen schematischen Denkgesetzen – die nicht nüanciert genug sind, um so komplizierte Prozesse einzufangen – zur Beschreibung jener „Fixierungen" vorzustoßen, die sich zwischen Ich und Umwelt stets neu konstituieren und die darum so kompliziert sind, weil das Ich nie bloß erkennend bleibt, sondern sich diesem Erkenntnisprozeß stets auch selbst unterwirft[22] : Kafkas „Paradoxien", dem Verfahren ständiger Umkehrung und Ablenkung unterworfen, sind „gleitend"; sie kommen darum weder zur Erstarrung noch zum Ausgleich, weil sie aus dem Ich entwickelt werden und sich zugleich dem Ich als unlösbare Aufgabe stellen. Sie lassen sich weder als rein selbstbezogen, noch als rein objektbezogen determinieren. Nur in einem Herausgedrängtwerden des Ich aus dem Selbst- und Weltwiderspruch sah Kafka eine kleine Chance: „… es würde mir genügen", sagt er einmal, „knapp neben mir zu stehen, es würde mir genügen, den Platz, auf dem ich stehe, als einen andern erfassen zu können." (Tgb 561)

Mit dem Begriffspaar des Suchens und Findens, dessen verschlungenen Wegen diese Darstellung nachzugehen suchte, verbindet sich eng – wenn auch nicht konsequent im üblichen Sinne – die Vorstellung des „Weges" und des „Ziels". Hans-Günter Pott hat das Motiv des „Weges" überzeugend verfolgt[23]. Im vorliegenden Zusammenhang ist dagegen das des „Ziels" besonders interessant: Offenbar ist „Ziel" hier das, was in jenem unbestimmbaren Wechselbezug von Suchen und Finden, jenem gegenseitigen Umdeuten und Relativieren, jenen Umkehrungen und Abweichungen

---

[22] In diesem merkwürdigen Selbstbezug hat Robert Heiss – wenn auch in etwas anderem Sinne – den Ursprung der Paradoxien erkannt. Er zeigt dies an den „klassischen" Paradoxa des Zenon vom fliegenden Pfeil, vom Lügner und von Achill und der Schildkröte. Vgl. vor allem Logik des Widerspruchs, a.a.O. S. 87 ff. Dazu auch eine Briefstelle Kafkas (Br 386).

[23] A. a. O. S. 84 ff. Einen merkwürdigen Aufschluß über das Problem des Suchens, des Findens und des Ziels in der Literatur und in der exakten Wissenschaft gibt der Beitrag von Friedrich Waismann: Suchen und Finden in der Mathematik. Kursbuch 8 (1967) S. 74–92. Wenn der Literaturwissenschaftler der strengen Logik vorwirft, sie verenge das Denken, die Sprache sei reicher und drücke differenziertere Denkverhalte aus, als die Regeln des exakten Denkens zulassen, so behauptet demgegenüber der Mathematiker und Philosoph Waismann, die Sprache verneble die Struktur von Denkabläufen. (S. 92).

„erreicht" wird. Gewiß ist, da schon Suchen und Finden sich nicht eigentlich definieren ließen, auch dieses „Ziel" in keinem Falle klar bezeichnet. Immerhin scheint es – dem Bild des „Weges" entsprechend – so etwas wie topischen, mithin räumlichen Charakter zu besitzen, der freilich seltsam unbestimmt bleibt. Einige Beispiele mögen das belegen:

Im dritten Oktavheft etwa findet sich das Bild von den Eisenbahnreisenden, die in einem Tunnel verunglückt sind (Ho 73); sie haben „in der Verwirrung der Sinne oder in der Höchstempfindlichkeit der Sinne" die Orientierung verloren. Das Licht des Tunnelanfangs wird nicht mehr gesehen, das des Endes erscheint so winzig, „daß der Blick es immerfort suchen muß und immerfort verliert, wobei Anfang und Ende nicht einmal sicher sind". (Ho 73) Suchen und Finden sind hier auf exemplarische Weise in jenes dubiose Verhältnis der Umkehrung und wechselseitigen Ablenkung gesetzt, das sich schon mehrfach hatte zeigen, wenn auch nicht definieren lassen. Weiterführend aber ist in diesem Beispiel der Schlußsatz des Textes: „Was soll ich tun? oder Wozu soll ich es tun? sind keine Fragen dieser Gegenden." (Ho 73) Mit dem Erlöschen eines zweck- und zielgerichteten Denkens, mit der Zerstörung aller üblicherweise denkbaren Beziehungen zwischen „Suchen" und „Finden" durch das Verfahren des „gleitenden Paradoxes" erschließt sich unvermittelt jenes „Ziel" des „Suchens" und „Findens" als ein Raum, den Kafka zwar nicht beschreibt (er spricht nur von „diesen Gegenden"), wohl aber mit einer demonstrativen Gebärde „öffnet": „Diese Gegenden" zeigen sich nur den verwirrten oder höchstempfindlichen Sinnen. Noch deutlicher heißt es in den Fragmenten: „In welcher Gegend ist es? Ich kenne sie nicht: Alles entspricht dort einander, sanft geht alles ineinander über. Ich weiß, daß diese Gegend irgendwo ist, ich sehe sie sogar, aber ich weiß nicht, wo sie ist, und ich kann mich ihr nicht nähern." (Ho 330) Nicht genauer definierbare Entsprechungen und gleitende Übergänge sind Merkmale „dieser Gegend", ein gangbarer „Weg" aber führt nicht dorthin. Sie kann nicht durch „Suchen" „gefunden" werden. Um so überraschender, daß man sich zuweilen dennoch dorthin versetzt findet. So lautet eine Betrachtung: „An diesem Ort war ich noch niemals: Anders geht der Atem, blendender als die Sonne strahlt neben ihr ein Stern." (Ho 41) Unvermittelt befindet sich das Ich nun doch an dem lange gesuchten und nie gefundenen „Ort" und un-

---

24 Kafka hat diese Konjunktion als den Drehpunkt bezeichnet, um den „etwas" wie „eine Waage" sich einpendle (Max Brod: Franz Kafka. Eine Biographie. – Frankfurt 1954. S. 251; vgl. dazu Politzer a.a.O. S. 437 ff.). Sie bezeichnet keine Entscheidung, sondern vielmehr ein Moment der Simultaneität.

ternimmt Bemühungen, sich zu orientieren; freilich gelingt diese Orientierung nur in negativen Bestimmungen. Jede plane Topographie versagt, die Ortsbestimmung erfolgt indirekt (anders geht der Atem) und lebt aus der Umkehrung geläufiger Erfahrungen (der Stern strahlt blendender als die Sonne). Damit aber wird der Ort in einen „Un-Ort", ein vages Irgendwo verkehrt; das Demonstrativum (dieser Ort, diese Gegend) verkehrt den topischen Charakter dieses „Ziels", das sich im Wechselspiel von Suchen und Finden und ihrer scheinbaren Aufhebung im „gleitenden Paradox" ergab, in einen utopischen, das Hier in ein Nicht-Hier und Anderswo. Es ist bezeichnend, daß Kafka nie eindeutig bestimmt, ob es sich bei „diesen" Gegenden um ein „Grenzland"[25] oder ein Niemandsland handelt, ob die „gezeigte" – das heißt durch die Gebärde des Demonstrativpronomens herausgehobene, aber absolut unanschauliche – Gegend positiv oder negativ (mit diesem Problem befaßt sich Abschnitt II dieser Arbeit ausführlicher), wirklich oder unwirklich, als Ausgangspunkt oder als Ziel, als Öffnung ins Freie oder als labyrinthischer Bau zu verstehen ist. Erreichen und Verfehlen sind für Kafkas Denken keine schlüssigen Kategorien. Es tastet sich zwischen den alternativen Möglichkeiten hindurch; es gehorcht jener eigenen Gesetzlichkeit, für die sich die Bezeichnung „gleitendes Paradox" anbietet.

Die Entwicklung des „gleitenden Paradoxes" aus dem Denken in starren Antithesen demonstriert – wiederum anhand des „utopischen" Motivs „dieser Gegenden" – der folgende Dialog aus den Paralipomena zu der Reihe 'Er':

> „Am Sich-Erheben hindert ihn eine gewisse Schwere, ein Gefühl des Gesichertseins für jeden Fall, die Ahnung eines Lagers, das ihm bereitet ist und nur ihm gehört; am Stilliegen aber hindert ihn eine Unruhe, die ihn vom Lager jagt, es hindert ihn das Gewissen, das endlos schlagende Herz, die Angst vor dem Tod und das Verlangen ihn zu widerlegen, alles das läßt ihn nicht liegen und er erhebt sich wieder. Dieses Auf und Ab und einige auf diesen Wegen gemachte zufällige, flüchtige, abseitige Beobachtungen sind sein Leben."
>
> „Deine Darstellung ist trostlos, aber nur für die Analyse, deren Grundfehler sie zeigt. Es ist zwar so, daß der Mensch sich aufhebt, zurückfällt, wieder sich hebt und so fort, aber es ist auch gleichzeitig und mit noch viel größerer

---

[25] Kafka benutzt diesen Begriff gelegentlich: „Dieses Grenzland zwischen Einsamkeit und Gemeinschaft habe ich nur äußerst selten überschritten, ich habe mich darin sogar mehr angesiedelt als in der Einsamkeit selbst. Was für ein lebendiges schönes Land war im Vergleich hiezu Robinsons Insel." (Tgb 548) Über die Beziehung der Chiffre Robinson zu diesem Problemkomplex vgl. die Interpretation von BK 297 zu Beginn dieser Arbeit. Auch Robinsons Insel hat, wie das genannte „Grenzland", utopischen Charakter.

Wahrheit ganz und gar nicht so, er ist doch Eines, im Fliegen also auch das Ruhen, im Ruhen das Fliegen und beides vereinigt wieder in jedem Einzelnen, und Vereinigung in jedem, und die Vereinigung der Vereinigung in jedem und so fort, bis, nun, bis zum wirklichen Leben, wobei auch diese Darstellung noch ebenso falsch ist und vielleicht noch täuschender als die deine. Aus dieser Gegend gibt es eben keinen Weg bis zum Leben, während es allerdings vom Leben einen Weg hierher gegeben haben muß. So verirrt sind wir." (Ho 421)

Die erste Stimme dieser Zwiesprache – denn um einen solchen Dialog aus Satz und Gegensatz scheint es sich hier zu handeln – konstatiert Antithesen der Befindlichkeit, Grundwidersprüche des Daseins wie Ruhe und Gejagtwerden (seltsamerweise sagt Kafka „fliegen" und „ruhen", er scheint sich also jenes Zenon-Beispiels aus dem Tagebuch zu erinnern), Sicherung und Unruhe, Auf und Ab; mit Recht könnte man von Paradoxien der Existenz sprechen, wie sie etwa Pascal – freilich unter ganz anderen Voraussetzungen – immer wieder zu fixieren suchte[26]. Es sind die seit jeher von den Moralisten aufgesuchten Widersprüche, aus denen sie ihre menschen- und lebenskundlichen Bemerkungen abzuleiten suchten. Für Kafka, der sich selbst wohl gelegentlich als Moralist in jener romanischen Bedeutung des Wortes verstanden haben mochte, gewannen diese Beobachtungen indes nur „zufällige, flüchtige und abseitige" Bedeutung; zahllose abschätzige Äußerungen über sein Schreiben – denen freilich andere, positive die Waage halten – zeugen von diesem Zwiespalt, aus dem heraus Kafka stets gegen sich entschied.

Dagegen wäre eine solche Art der moralistischen Diagnose aus dem Paradox des ruhen wollenden und nicht ruhen könnenden Menschen bei La Bruyère so gut zu finden wie bei Montaigne oder Lichtenberg. Für Kafka gilt dieses Denkverfahren des aufschließenden, Denkkreise auslösenden oder Unbegreifliches abbildenden Paradoxes nicht; die Gegenstimme seines Textes nennt solches Denken „trostlos" und nimmt es als ein Symptom für den Grundfehler „analytischen" Vorgehens; sie schlägt einen anderen Denkweg ein. Zwar geht auch sie von dem dialektischen Auf und Ab des Menschen aus, wie die Stimme des ersten Abschnitts; dann aber setzt ein völlig anderer Denkprozeß ein. Einem einschränkenden „zwar – aber" folgt eine „viel größere Wahrheit", die die erste Einsicht negiert. Dann wieder werden die Gegensätze des Fliegens und Ruhens für einen

---

[26] Vgl. Pensée Nr. 139 (Zählung Brunschvicq) ... *j'ai découvert que tout le malheur des hommes vient d'une seule chose qui est de ne savoir pas demeurer en repos, dans une chambre.* Baudelaire hat diesen Satz später aufgegriffen: Œuvres complètes. Ed. Y.-G. Le Dantec. – Paris 1954 (= Bibliothèque de la Pléiade). S. 316. Vgl. dazu Friedrich: Pascals Paradox, a.a.O.

Augenblick vertauscht, abermals umgekehrt und zur Vereinigung geführt, wobei diese Vereinigung wiederum wie versuchsweise bald in einem Pol der Antithese – dem Ruhen –, bald im anderen – dem Fliegen – gedacht wird. Dieser Vorgang der Vereinigung führt aber keineswegs zu einer abschließenden Synthese, sondern setzt sich in scheinbar unendlicher Reihe fort bis das herausspringt, was Kafka – ohne alle aus dem Gedankengang ableitbare Konsequenz – das „wirkliche Leben" nennt; die bis zu diesem Punkt gediehene Darstellung des Problems schließlich nennt Kafka „ebenso falsch und vielleicht noch täuschender" als die von der ersten Stimme gegebene. Als Resultat dieses Denklabyrinths erscheint das Verirrtsein in „diese Gegend", in die offenbar doch ein Weg geführt hat, aus der aber keiner ins Leben zurückweist. Der „Weg" dieses Denkens, der doch „ins wirkliche Leben" hätte führen sollen, geht an seinem Ziel vorbei. Er führt in die „Irre", führt in „diese Gegend", die sich nur deshalb zu öffnen vermochte, weil in unablässigen Umkehrungen des Gedachten, in Denkablenkungen und „gleitenden Paradoxen" das analytische, aus starren Antithesen konstruierte Denkgebäude abgetragen wurde. Der Dualismus des „klassischen" Paradoxes wird in ein Rad von Abweichungen und Widersprüchlichkeiten aufgefächert, die nicht mehr aus eindeutig antithetischen Begriffen, sondern aus unmerklichen Gewichtsverlagerungen zwischen solchen Begriffspaaren – wie das Beispiel des Suchens und Findens gezeigt hatte – resultieren; so desavouiert die zweite Hälfte des Textes jene traditionell paradoxe Gedankenführung des ersten Abschnitts um jenes Grenz- und Niemandslandes willen, auf das Kafka mit einer bloßen Sprachgebärde (*„diese* Gegend", *„dieser* Ort") hinzudeuten suchte; dessen er sich mit einem Verfahren des Denkens bemächtigen wollte, das freilich in den Augen des Logikers den Namen des „Denkens" noch nicht zu verdienen scheint, sondern meist als „Gefühl" abgetan wird. Seit Pascal und Novalis spätestens weiß man allerdings, daß die Grenzen dessen, was noch Denken heißen kann, immer weiter und weiter in den Bereich des bislang gefühlshaft Unbestimmten hinausgeschoben werden[27]; Kafka war sich dessen durchaus bewußt. Das Tagebuch stellt fest:

---

[27] Walter Benjamin hat versucht, diese Kafka ganz eigene Art des Denkens zwischen Grübelei und Zerfahrenheit anzusiedeln: „Sieht man das Tier im 'Bau' oder den 'Riesenmaulwurf' nicht grübeln, wie man sie wühlen sieht? Und doch ist auf der anderen Seite dieses Denken wiederum etwas sehr Zerfahrenes. Unschlüssig schaukelt es von einer Sorge zur anderen, es nippt an allen Ängsten und hat die Flatterhaftigkeit der Verzweiflung." Schriften. – Frankfurt 1952 ff. Bd. II. S. 220.

Die für andere Menschen gewiß unglaublichen Schwierigkeiten, die ich beim Reden mit Menschen habe, haben darin ihren Grund, daß mein Denken oder besser mein Bewußtseinsinhalt ganz nebelhaft ist, daß ich darin, so weit es nur auf mich ankommt, ungestört und manchmal selbstzufrieden ruhe, daß aber ein menschliches Gespräch Zuspitzung, Festigung und dauernden Zusammenhang braucht, Dinge, die es in mir nicht gibt. (Tgb 460 f.)

Und noch entschiedener hat Kafka in einer früheren Aufzeichnung vermerkt: „Besondere Methode des Denkens. Gefühlsmäßig durchdrungen. Alles fühlt sich als Gedanke, selbst im Unbestimmtesten." (Tgb 310)

II

Das Ich, so hatte sich anhand der Untersuchung des Doppelmotivs von Suchen und Finden und seiner Auflösung in ein unbestimmtes Raum-Motiv („*diese* Gegend") gezeigt, muß als jener „Störfaktor" angesehen werden, der im üblichen Sinne „stimmiges" Denken aus seiner Bahn lenkt, als jene „wolkige Stelle"[27a] im Denkgefüge, die den Leser regelmäßig in dem Augenblick desorientiert, wo er zu verstehen glaubt – analog jenem „Ich" im Bereich der Erzählung, das als „Insekt" die scheinbar geordnete Familienwelt solange stört, bis es entfernt wird.

Welcher Art ist nun aber diese Einmischung des Ich? In welcher Weise wird es dennoch zum *Fermentum cognitionis*? Welche Konsequenzen hat seine Einmischung, wie bezieht es Stellung im Denkgefüge? Offenbar doch durch den Satz, den es spricht; und in diesem Satz wiederum durch Zustimmung oder Ablehnung, das Ja oder Nein, das es seiner Aussage impliziert. Die Sprachwissenschaft nennt diese Determinante, die bei keinem wie auch immer gearteten Satz fehlen könne, Assertionsmorphem[28] – wie es scheint nach dem Vorbild der formalen Logik und ihrem Satz des Widerspruchs, der in Wahrheit der Satz der Widerspruchslosigkeit ist: „Er besagt, daß ein Positivum nicht sein Negativum sein kann."[29] Für Kafka scheint dieses Axiom freilich nicht zu gelten; so schreibt er in der Reihe 'Er':

Der Unterschied zwischen dem „Ja" und „Nein", das er seinen Zeitgenossen sagt, und jenem, das er eigentlich zu sagen hätte, dürfte dem vom Tod und Leben entsprechen, ist auch nur ebenso ahnungsweise für ihn faßbar. (BK 298)

27a Siehe FN 47.
28 Dazu Harald Weinrich: Linguistik der Lüge. – Heidelberg 1966. S. 48 ff.
29 Bruno Baron von Freytag gen. Löringhoff: Logik. Ihr System und ihr Verhältnis zur Logistik. – Stuttgart und Köln 1955. (= Urban Bücher Bd. 16) S. 17.

Ja und Nein, jene entschiedensten und für jeden unmittelbar einleuchtenden Kategorien, geraten in diesem Text in ein merkwürdiges Zwielicht. Sie erscheinen plötzlich nur noch als vorläufiger Ausdruck dessen, was „eigentlich" zu sagen wäre und worauf in dem Beispiel von Leben und Tod hingedeutet wird. Es zeichnen sich verschiedene Möglichkeiten ab, Ja und Nein zu sagen, und diese klaffen so weit auseinander wie Leben und Tod. „Zwischen zwei Feinden, Gegensätzen, Gegensätzlichkeiten ist da ein Drittes dazwischen, das zugleich Leere anzeigt ..." hat Rudolf Kassner anläßlich Kafkas einmal erklärt[30]. So könnte auch dieser Text verstanden werden: Irgendwo auf der unendlichen Strecke zwischen Ja und Nein, dort, wo gewöhnliches Denken nur Leere sieht, sei für Kafka das „eigentliche" Ja und Nein zu suchen. Ebenso denkbar wäre freilich auch, daß Kafka diese beiden im Grunde nicht extremer vorstellbaren Gegensätze noch weiter auseinanderzusprengen, daß er jenes schlaffe, uneigentliche Ja und Nein, das jeder Mensch unzählige Male sagt, um eines unerhört radikaleren Ja und Nein willen zu erschüttern sucht. Eindeutig wird der Text jedenfalls nicht. Auch das zur Erläuterung herangezogene Beispiel von Leben und Tod führt zu keiner Klärung: denn es setzt ja keine Analogie von Leben und Bejahung, Tod und Verneinung, wie es der trivialen Denkerwartung entspräche, sondern bezeichnet bloß den Abstand verschiedener Ja- und Nein-Möglichkeiten, wobei es wiederum von der Deutung des Abstandes zwischen Tod und Leben abhängt, ob diese Möglichkeiten unendlich weit auseinanderklaffen oder eng benachbart sind. Kafka „lenkt" mit aller Konsequenz von jeder begrifflich eindeutig bestimmbaren Antithese „ab".

Was Kafka hier vorschwebt, wird deutlicher, wenn man eine weitere Textstelle hinzuzieht, die in unmittelbarer Nähe der ersten steht:

> Die Kraft zum Verneinen, dieser natürlichsten Äußerung des immerfort sich verändernden, erneuernden, absterbend auflebenden menschlichen Kämpferorganismus, haben wir immer, den Mut aber nicht, während doch Leben Verneinen ist, also Verneinung Bejahung.
>
> Mit seinen absterbenden Gedanken stirbt er nicht. Das Absterben ist nur eine Erscheinung innerhalb der inneren Welt (die bestehen bleibt, selbst wenn auch sie nur ein Gedanke wäre), eine Naturerscheinung wie jede andere, weder fröhlich noch traurig. (BK 298 f.)

---

[30] Der goldene Drachen. Gleichnis und Essay. – Erlenbach-Zürich und Stuttgart 1957. S. 254.

Man hat immer wieder versucht, Kafkas dichterisches Verfahren als dialektische Methode im Sinne Hegels zu entlarven[31]; gewiß deutet die umkippende Doppelformel „während doch Leben Verneinen ist, also Verneinung Bejahung" in diese Richtung; nimmt man aber den Text als Ganzes, so erweisen sich die Verhältnisse als weit komplizierter. Kafkas Gedankengänge sind selten geradlinig oder bloß umkehrend, sondern „reflektierend" im ursprünglichen Sinne wiederholter Brechungen. Kafka setzt zunächst das Verneinen als menschliche Lebenskraft, widerruft aber im nächsten Satzteil diese Kraft durch den Hinweis, daß dem Menschen der Mut zu ihr fehle; daran knüpft er dann die pseudo-paradoxe[32], chiastisch verklammerte Doppelformel vom Leben als Verneinung an; schon mit dem verknüpfenden „während doch" beginnt das logische Gefüge zu zerbröckeln, mit dem „also" zerbricht es vollends. Die zweite Hälfte des Textes, die die Ich-Chiffre „Er" einführt, könnte wiederum als Beispiel für das zuvor Gesagte aufgefaßt werden. Wieder ist jedoch das „Beispiel" nicht analoge Umsetzung, sondern weiterführendes Umwenden der Grundkonstellation von Ja und Nein und der zwischen beiden Polen liegenden Bejahungs- und Verneinungsmöglichkeiten[33]; wiederum spielt Kafka das Ja und Nein in die Bildsphäre des Lebens und Todes hinüber. Dieser Nachsatz, der auf den ersten Blick wie eine Erläuterung des ersten anmutet, ist doch nichts weniger als klärend. „Absterbende Gedanken" bezieht sich zwar augenscheinlich auf die „Kraft zum Verneinen", die ein Symptom des „absterbenden und absterbend auflebenden menschlichen Kämpferorganismus" ist; ein alsbaldiges Umschwenken des Gedankens aber deutet das Absterben als Erscheinung der inneren Welt, die offenbar dauerhafter ist als die „äußere"; eine neuerliche Ablenkung des Gedankenzuges bezeichnet

---

[31] So etwa Max Bense a.a.O. S. 72 ff. Er stellt fest, „daß die spezifisch kafkasche Reflexion sich stets durch ein gleichzeitiges Auftreten cartesischer und hegelscher Gedankenbewegungen auszeichnet." (S. 72) Martin Walser spricht vorsichtiger von „Behauptung" und „Aufhebung", blickt dabei aber doch wohl auch auf Hegel zurück. (A. a. O. S. 86, 93) Kafka selbst hat sich anläßlich Kierkegaards von diesem „zum Positiven umkippenden Negativen" (Ho 121) distanziert.

[32] Ein „klassisches" Paradox müßte lauten: Leben ist Verneinen und Bejahen. Kafka verwandelt die Starre des herkömmlichen Paradoxes in ein Gleiten: Leben wird als Verneinen definiert; das Produkt dieser Definition, die „Verneinung", wird dann probeweise ins Gegenteil verkehrt.

[33] Walter Benjamin hat als erster auf diese Antigleichnisse, ihren Zitat- und Erläuterungscharakter ohne endgültige Stringenz hingewiesen. (A. a. O. Bd. II. S. 208, 210) Zu dem „Nicht-hell-Werden" durch „Beispiele" vgl. auch Ernst Bloch: Spuren. – Berlin und Frankfurt 1962. Insbesondere 'Motive der Verborgenheit' (148–160) und das darin über die chassidischen Legenden Gesagte.

dieses „Absterben" (das ja nunmehr durch einen ständigen Prozeß des Umwertens negativ und positiv zugleich geladen erscheint) als völlig normale „Naturerscheinung" ohne jede sei es nun positive oder negative Bewertung. Im Grunde läßt sich auch hier die schon mehrfach registrierte Beobachtung machen, daß ein moralistischer Ansatz – Erwägungen über die Lebensschwäche in ihren vielfachen Verflechtungen mit dem Geist und seinen schöpferischen Kräften, wie sie so ähnlich auch bei Amiel oder Schopenhauer hätten auftauchen können – nicht zur Erkenntnis führt, sondern zunehmend in Verwirrung kommt, sobald das Ich (hier in Form der Chiffre „Er") in den Denk- und Klärungsprozeß hineingerät. Denkwidersprüche gerinnen nicht nur zum Paradox, sondern werden in einer Folge weiterer Denkablenkungen zunehmend aufgelöst. Die Rede Kafkas ringt sich nicht mehr zu einem gewissermaßen biblischen Ja, ja – Nein, nein (Matth. 5, 37) durch, sondern sucht im logisch scheinbar irrelevanten Bezirk zwischen diesen beiden (nach den üblichen Denkgesetzen einzig möglichen) Bestimmungen nach anderen, weder terminologisch noch gedanklich ohne weiteres zugänglichen.

Daß mit dieser „Zwischenlösung" nicht die von Hegel entwickelte dialektische Denkbewegung gemeint ist[34], läßt sich am Gegenbeispiel eines Hegelschen Textes zeigen. So heißt es in der 'Phänomenologie':

> Der Tod, wenn wir jene Unwirklichkeit so nennen wollen, ist das Furchtbarste, und das Todte festzuhalten, das, was die größte Kraft erfordert ... Aber nicht das Leben, das sich vor dem Tode scheut und von der Verwüstung rein bewahrt, sondern das ihn erträgt und in ihm sich erhält, ist das Leben des Geistes. Er gewinnt seine Wahrheit nur, indem er in der absoluten Zerrissenheit sich selbst findet. Diese Macht ist er nicht, als das Positive, welches von dem Negativen wegsieht, wie wenn wir von etwas sagen, dieß ist nichts oder falsch, und nun, damit fertig, davon weg zu irgend etwas anderem übergehen; sondern er ist diese Macht nur, indem er dem Negativen ins Angesicht schaut, bei ihm verweilt. Dieses Verweilen ist die Zauberkraft, die es in das Seyn umkehrt[35].

Auch Hegel spricht von der Lebenskraft, auch er konfrontiert Tod und Leben als „Beispiele" für das Positive und Negative, auch er sieht, daß der „Gedanke" die Gegenkraft ist, die sich am Tod absterbend und auflebend bewahrt, auch er versucht, das Widersprüchliche in ein Verhältnis zu setzen. Sein Verfahren unterscheidet sich aber von dem Kafkas dadurch,

---

[34] Vgl. dazu Emrich a.a.O. S. 70; ferner die schon genannte Stelle (Ho 120 f.) wo Kafka die kierkegaardsche Dialektik zurückweist.
[35] Sämtliche Werke. Jubiläums-Ausgabe in 20 Bänden. Hrsg. Glockner. – Stuttgart 1951. Bd. 2. S. 34.

daß es zum Ziel führt, daß ihm dieses Ins-Verhältnis-Setzen auch gelingt. Sein Denken schreitet von der Negation fort zum Widerspruch und vom Widerspruch zur Umkehrung und Verwandlung in die dialektische „Ordnung".[36] Der entscheidende Punkt, an dem die beiden Texte voneinander abweichen, liegt da, wo Kafka „Er" sagt, Hegel „Geist". Der „Geist" entbindet aus sich die „Zauberkraft", mit der das „Negative" in das Sein gehoben wird; Kafkas Ich-Chiffre „Er" tastet sich in ständig von neuem unternommenen Umkehrungen und Denkabweichungen zwischen die Antithesen Ja und Nein hinein, ohne sich je einer Denkbewegung völlig zu versichern, die den „Unterschied zwischen dem Ja und dem Nein" zu fassen vermöchte.

Immer wieder sucht Kafka in seinem Denken einen Ausweg aus diesem Dilemma der verschiedenen Ja- und Nein-Möglichkeiten, denen er sich zwar unter dem Exempel von Leben und Tod zu nähern sucht, die aufzulösen er aber nie die Kraft findet. Zwei extreme Beispiele mögen das deutlich machen. Das eine erwägt die Möglichkeit völliger Identifikation beider Extreme, das andere sucht den Sprung aus der Verklammerung des Paradoxes heraus.

Das erste Beispiel steht in den 1917–1918 entstandenen 'Betrachtungen':

> Der Tod ist vor uns, etwa wie im Schulzimmer an der Wand ein Bild der Alexanderschlacht. Es kommt darauf an, durch unsere Taten noch in diesem Leben das Bild zu verdunkeln oder gar auszulöschen. (Ho 50)

Wiederum werden Tod und Leben konfrontiert; wieder geraten sie in die Auseinandersetzung von Negation und Position, freilich geht hier das Werten und Umwerten sehr viel glatter vor sich, da nicht mehr Gedankenfolgen, sondern Bildkomplexe in gleitende Bewegung geraten.

Eine Reproduktion[37] des antiken Mosaikbildes der 'Alexanderschlacht' von Philoxenos in einem Schulzimmer wird zum Vergleich herangezogen, zu einem allerdings recht beliebigen und nur versuchsweise mit einem „etwa wie…" angesetzten Vergleich in einem Milieu, das diesem Vergleich keinen Raum läßt, sich auszuleben: die sterile, jedem Sinnbild abholde Atmosphäre eines Schulzimmers. Die zur Erbauung dem Schüler in den Blick gerückte Reproduktion wird zum aufdringlichen Vor-Bild, zum

---

36 Robert Heiss: Wesen und Formen … a.a.O. S. 146 f.
37 Vgl. dazu die zahllosen Reproduktionen, die im Werk Kafkas eine große, wenn auch selten durchschaubare Rolle spielen.

Beispiel überdimensionaler Kraftentfaltung[38], der der Betrachtende in keiner Weise gewachsen ist; zugleich aber auch zum Urbild aller Darstellungen des Kollektiven, der Massenimpulse und des Massensterbens; so wird die 'Alexanderschlacht' zum imaginären Beispiel eines Selbst, das diesen Vorwurf, in dem das exemplarisch Individuelle eines Alexander sich mit der Entsetzensvision der namenlosen Masse mischt, Tatkraft und anonymes Erliegen ineinanderfließen, schon deshalb nie einzuholen vermag, weil es sich zwischen den einander radikal entgegengesetzten Ansprüchen des Personalen eines Alexander und des Kollektiven im Getümmel der Alexanderschlacht nicht mehr zu orientieren vermag. Das Bild, dem Schüler gleichsam als Aufgabe, dem betrachtenden Ich als Anspruch entgegengehalten, lähmt die Entscheidungsfreiheit dieses Betrachtenden: Es fixiert ihn. Nun setzt jener in Kafkas Bildstrukturen so häufige osmotische Prozeß ein, der von der Labilität des Ich eingeleitet und von der Starre der Bilder gesteuert wird. Das Ich ist von dem Bild determiniert in einem Maße, daß der Akt der Identifikation – jenes Alexanderwerden des Ich, parallel gesetzt mit dem Untertauchen des Ich im Kollektiven – das Bild zum Erlöschen bringt. Freilich entlarvt sich dieses Aufsaugen des Bildes, diese „Reproduktion" der Reproduktion selbst als ein Verlöschen, als ein Aufzehren der Lebenskraft, als Tod[39] – wobei die Umkehrung sofort mitzudenken ist: das Auslöschen des Todes im „Alexanderwerden des Ich". Diese Art der Bildvertauschung, der gleitenden Umschichtung von Bildern, die keineswegs „ursprüngliche" Bilder sind[40], bis an den Rand der Vernichtung (der Verdunklung oder gar des Auslöschens) durch Selbstaufgabe, durch ein Zusammenfallen und Ineinanderaufgehen von Bild und Ich ist eine der Möglichkeiten Kafkas auf der Suche nach dem Ja und Nein, das er „eigentlich zu sagen hatte". (BK 298)

---

[38] Alexander wird merkwürdigerweise an anderer Stelle mit der Vorstellung der „Erdenschwere" in Verbindung gebracht (Betr. Nr. 39 a); das „Vorbildliche" der Alexanderschlacht, gestört durch die Richtungslosigkeit, der die moderne Gesellschaft verfallen ist, erscheint auch in dem Prosastück 'Der neue Advocat'. (Erz 145 ff.) Daß es sich bei dem Bild um das antike Mosaik und nicht um Altdorfers Bild handelt, das seltsamerweise gleichfalls in den Zusammenhang passen würde, belegt Max Brod: Franz Kafkas Glauben und Lehre. Kafka und Tolstoi. Eine Studie. – München 1948. S. 47.

[39] Einen analogen Vorgang gestaltet die Betr. Nr. 73: „Er frißt den Abfall vom eigenen Tisch; dadurch wird er zwar ein Weilchen lang satter als alle, verlernt aber, oben vom Tisch zu essen; dadurch hört dann aber auch der Abfall auf."

[40] Zum Begriff des „ursprünglichen Bildes" vgl. Walther Killy: Wandlungen des lyrischen Bildes. – Göttingen 1956. S. 51 f.

Umkehrung und Ablenkung 375

Die andere Möglichkeit ist weniger bildlicher, als szenischer Art; charakteristisch dafür ist die Betrachtung Nr. 13:

> Ein erstes Zeichen beginnender Erkenntnis ist der Wunsch zu sterben. Dieses Leben scheint unerträglich, ein anderes unerreichbar. Man schämt sich nicht mehr, sterben zu wollen; man bittet, aus der alten Zelle, die man haßt, in eine neue gebracht zu werden, die man erst hassen lernen wird. Ein Rest von Glauben wirkt dabei mit, während des Transports werde zufällig der Herr durch den Gang kommen, den Gefangenen ansehen und sagen: „Diesen sollt ihr nicht wieder einsperren. Er kommt zu mir." (Ho 40)

Der Grundriß dieser Betrachtung ist der gleiche wie in den vorhergehenden Beispielen. Das Leben gerät in die Zerreißprobe zwischen das Unerträgliche und das Unerreichbare; es geht über in den Todeswunsch. Der Prozeß der Umkehrung, im vorigen Beispiel als Bildosmose beschrieben, gestaltet sich hier als szenisches Fragment: Transport eines Gefangenen aus einer Zelle in die andere, wobei das Hier dem Dort offenbar zum Verwechseln ähnlich ist. In diesen „Handlungsablauf" – und das ist das Neue an diesem Text – bricht etwas unvermittelt ein. Es erfolgt, wenn auch zunächst nur als eine mit einem Rest von Glauben erhoffte Möglichkeit, ein Eingriff. Der „Herr" – wer auch immer das sein mag – könnte sich einmischen, könnte unvermittelt den Vorgang aufhalten und Abhilfe schaffen. Er könnte sagen: Dieser kommt zu mir. Die Kette der Umkehrungen, des immer wieder erwogenen Zellenwechsels, der weder dialektische Spannung noch völligen Ausgleich zuläßt, wird unterbrochen. Der Gefangene – Kafka betrachtet auch das „Man"[41] als eine Ich-Chiffre[42] –, der diesen Prozeß des permanenten Zellenwechsels nicht hat zur Ruhe kommen lassen, und den auch umgekehrt dieser Prozeß nicht zur Ruhe kommen ließ, wird aus diesem herausgenommen; darauf tritt Ruhe ein. Wie das Ich jenes Ferment ist, das die „logischen" Abläufe kafkascher Texte stört und das als gleitendes Paradox durch die gedankliche und bildliche Struktur seiner Werke geistert, so löst sich dieser Zwang zur Umkehrung, sobald das Ich eliminiert wird:

> Er hat zwei Gegner: Der erste bedrängt ihn von hinten, vom Ursprung her. Der zweite verwehrt ihm den Weg nach vorn. Er kämpft mit beiden. Eigentlich unterstützt ihn der erste im Kampf mit dem Zweiten, denn er will ihn nach vorn drängen und ebenso unterstützt ihn der zweite im Kampf mit dem Ersten; denn er treibt ihn doch zurück. So ist es aber nur theoretisch. Denn es sind ja nicht nur die zwei Gegner da, sondern auch noch er selbst, und wer kennt eigentlich seine Absichten? Immerhin ist es sein Traum, daß er einmal in einem unbewachten Augenblick – dazu gehört allerdings eine Nacht, so finster

---

[41] Ho 8.
[42] „Meine Gefängniszelle – meine Festung." (Ho 421).

wie noch keine war – aus der Kampflinie ausspringt und wegen seiner Kampferfahrung zum Richter über seine miteinander kämpfenden Gegner erhoben wird. (BK 300)

Die Umkehrungen und Ablenkungen, denen Kafka seine Denkfiguren und Bilder immer wieder unterwirft, sind nichts als der verzweifelte, immer wieder von neuem unternommene Versuch, das Ich aus der Verknüpfung der Dinge[43] – die es verwirrt – herauszudrängen, und diese damit ins „Reine, Wahre, Unveränderliche" zu heben. (Tgb 534) Daß dieses „Herausdrängen", die Antwort auf das Ja und Nein, das er zu sagen hätte, nichts anderes sein konnte, als der Tod, hat Kafka verzweifeln lassen; nur im Schreiben ahnte er so etwas wie eine andere Möglichkeit des „Herausspringens", einen Ausweg, der nicht der Tod war.[44]

> Merkwürdiger, geheimnisvoller, vielleicht gefährlicher, vielleicht erlösender Trost des Schreibens: das Hinausspringen aus der Totschlägerreihe, Tat-Beobachtung. Tatbeobachtung, indem eine höhere Art der Beobachtung geschaffen wird, eine höhere, keine schärfere, und je höher sie ist, je unerreichbarer von der „Reihe" aus, desto unabhängiger wird sie, desto mehr eigenen Gesetzen der Bewegung folgend, desto unberechenbarer, freudiger, steigender ihr Weg. (Tgb 563 f.)

Im „Hinausspringen aus der Totschlägerreihe" vermutete Kafka die Möglichkeit einer „höheren Art der Beobachtung"; aus dem verzweifelten Prozeß der logischen und bildlichen Umkehrungen, die ihn von den formalen Denkzwängen befreien sollten, hoffte er „eigene Gesetze der Bewegung" abzuleiten, die statt Verwicklung Einsicht, statt gleitender Paradoxien Wahrheit verhießen. Aber am Ende seines Lebens wurde doch wieder „jedes Wort, gewendet in der Hand der Geister ... zum Spieß, gekehrt gegen den Sprecher". (Tgb 585) Das Herausspringen des Ich aus der Totschlägerreihe schien ihm nur noch als Sterben möglich. Darum wollte er, daß man seine Schriften verbrenne.

Daß diese verzweifelten Befreiungsversuche vom logischen und bildlichen Trivialschematismus in Kafkas Augen zum Scheitern verurteilt

---

[43] Emrich hat dieses „störende" Element aus der Sicht der Dinge und der Tiere heraus zutreffend beschrieben als „Fremdheit" (befreiend – heilend – tödlich) a.a.O. S. 92 ff. In seinem Aufsatz 'Die Bilderwelt Franz Kafkas' zitiert er den entscheidenden Satz: „Immer, lieber Herr, habe ich eine Lust, die Dinge so zu sehen, wie sie sich geben mögen, ehe sie sich mir zeigen. Sie sind da wohl schön und ruhig." Akzente 7 (1960) S. 172–191. Zitat S. 173.

[44] Damit mag seine Neigung zu Ding- und Tiergeschichten zusammenhängen, in denen sich die Frage des Ich nicht in dieser Weise stellt. Vgl. Emrich a.a.O. S. 115 ff.

waren, darf nicht darüber hinwegtäuschen, daß mit der Ausbildung jenes Denkverfahrens des gleitenden Paradoxes entscheidende dichterische Möglichkeiten für die Darstellung eines Ich entwickelt wurden, dem herkömmliche Gestaltungsmittel nicht mehr gewachsen schienen, und dem auch mit der Bestimmung, es sei einfach in sich widersprüchlich oder „paradox", nicht mehr beizukommen war. Es ist ein Ich, dem das Ja und Nein abhanden gekommen ist, ein Ich der „Tatbeobachtung" (Tgb 563 f.), das weder als handelnd, noch als denkend zulänglich vorgestellt werden kann, weder ethisch noch psychologisch eindeutig begreifbar wird. Kafkas Denkweg zum Ich ist ein Weg der Unruhe; er öffnet die Möglichkeit, Übergänge darzustellen, da es mit der Darstellung von Eindeutigem oder bloß Widersprüchlichem nicht mehr getan ist. Was einzelne Worte und Begriffe nicht mehr leisten, leistet der gleitende Übergang in Ablenkung und Umkehrung von einem zum anderen. Schon das frühe Tagebuch Kafkas zeugt davon, wie das Ich um diese Möglichkeit gerungen hatte:

> 27. Dezember. Meine Kraft reicht zu keinem Satz mehr aus. Ja, wenn es sich um Worte handeln würde, wenn es genügte, ein Wort hinzusetzen und man sich wegwenden könnte im ruhigen Bewußtsein, dieses Wort ganz mit sich erfüllt zu haben. (Tgb 34)

III

Nun ist es bezeichnend, daß Kafka dieses Heraustreten aus den herkömmlichen formalen Gesetzen des Denkens nicht radikal werden läßt; er zerstört – zumindest für den flüchtig Lesenden – weder das semantische noch das grammatikalische oder syntaktische Gefüge seiner Texte (wie das die Autoren des Expressionismus und des Dadaismus versuchten); es geht ihm vielmehr darum, durch überaus minuziöse Verfolgung konventioneller Denkabläufe an jenen Punkt zu gelangen, wo sie versagen. Er zeigt seine Figuren immer wieder dann, wenn sie verzweifelte Anstrengungen machen, das Geschehen auf „normalem" Denkweg zu begreifen und auf konventionelle, immer wieder mögliche Mißverständnisse zurückzuführen; sie hoffen bis zum Schluß, daß sich bei richtigem Nachdenken am Ende doch noch alles klären würde. Der 'Prozeß' etwa ist von K. aus gesehen nichts weiter als ein Denk-Prozeß, dem er sich mit größter Gewissenhaftigkeit unterzieht[45]. Aber diese Denkbemühungen haben bei Kafka verschleiernde

---

[45] Das 7. Kapitel des 'Prozesses' ist ein solcher Versuch, das Unbegreifliche „zurechtzudenken".

Funktion. Dem scharf Beobachtenden erschließen sich die Unstimmigkeiten und Ablenkungsmanöver, mit denen Kafka den Leser in jenen Bereich hinüberführt, wo alle starre Begrifflichkeit ins Gleiten kommt; er bedient sich dazu bald der semantischen Verschiebung, bald der Zitatentstellung, bald der entfremdenden Metapher.

Die semantische Verschiebung fällt dabei vielleicht am wenigsten ins Auge. Zwei Beispiele solcher fast unmerklicher Bedeutungsentfremdung mögen das verdeutlichen. Im dritten Oktavheft findet sich folgende Aufzeichnung: „Daß unsere Aufgabe genau so groß ist wie unser Leben, gibt ihr einen Schein von Unendlichkeit." (Ho 99) Dieser Gedanke mutet den Leser wenn nicht gar erbaulich, so doch zunächst überaus befriedigend an: Aufgabe und Leben kommen miteinander zu Rande und scheinen in korrelativem Verhältnis zu stehen; ein solches Dasein hat den Keim des Gelingens in sich. Der „Schein von Unendlichkeit" verleiht der Aussage so etwas wie eine höhere Weihe. Dann freilich mögen dem genau Lesenden Bedenken aufsteigen: Sollte es Kafka wirklich so und nicht vielmehr ganz anders gemeint haben? In diesem scheinbar so lebensfreundlichen, geradezu goetheschen Satz gibt es zumindest eine unruhige Stelle. Warum führt die mit dem Leben zur Deckung gebrachte Aufgabe einen Schein von Unendlichkeit mit sich? Ist dieser Schein im Sinne jenes Lichtes zu verstehen, das aus der Tür des Gesetzes bricht? (Pr 257) Oder ist er der verwirrende Schimmer einer Denkungenauigkeit und Trugperspektive des Verstandes? Vertrauen wir etwa nur deshalb auf die Lösung der Aufgabe, weil das scheinbar unendlich vor uns liegende Leben uns „lässig" (Ho 39) werden läßt? Schöpfen wir daraus etwa das falsche Vertrauen, daß das Leben nicht enden würde, bevor die Aufgabe gelöst ist? Oder versagen wir vor der Aufgabe, die wir – wären wir unbefangen – bewältigen könnten, weil sie – zu Unrecht – einen Schein von Unendlichkeit annimmt? Kunstvoll hat Kafka in diesem offenbar so eindeutigen Satz mit dem unvermittelt eingeschobenen „Schein von Unendlichkeit" eine semantische Trübung vorgenommen; Kafka setze kleine Tricks in seine Texte hinein, sagt Walter Benjamin einmal[46]. Dem Leser kommen allmählich Zweifel, ob er richtig verstanden habe, er wird von den klischeehaften Denkwegen und Assoziationen fortgelockt, auf denen er allzu vorschnell voranzukommen suchte. Die Kongruenz von Leben und Aufgabe verkehrt sich in Ungenügen, das scheinbar zur Deckung Gebrachte klafft plötzlich wieder auseinander.

---

[46] A. a. O. Bd. II. S. 203.

Nicht anders verhält es sich mit einem auf den ersten Blick noch einfacheren Satz Kafkas: „Verkehr mit Menschen verführt zur Selbstbeobachtung." (Ho 48) Der Leser meint einem ihm vom moralistischen Denken seit jeher vertrauten Gedanken zu begegnen. Pascal und La Rochefoucauld, Gracián und Lichtenberg, die Romantiker ebensogut wie Nietzsche sahen das letzte Ziel der Menschenbeobachtung in der Selbsterkenntnis; sie alle haben den alten delphischen Spruch „Erkenne dich selbst" auf ihre Weise zu lösen gesucht. Und doch besitzt Kafkas so unkompliziert erscheinender Satz wiederum das, was Benjamin die „wolkige Stelle in seinem Inneren"[47] nennt, einen Unruheherd, der die geläufige Denkbewegung stört: Die Verdrängung des erwarteten Verbs „führt" durch das erweiterte „verführt" lenkt von der erhofften Einsinnigkeit des Satzes ab. Inwiefern, so fragt man sich, ist dieses Schwenken der Beobachtungsrichtung von außen nach innen eine „Verführung"? Zwar scheint es zunächst, als wolle Kafka mit diesem Wort die Selbstbeobachtung zugunsten eines nach außen gerichteten menschenkundlichen Interesses entwerten[48]; die Betrachtungen Nr. 7, 11 und 105 zwingen freilich zu einer differenzierenderen Überlegung. „Das Verführungsmittel dieser Welt", heißt es da,

> sowie das Zeichen der Bürgschaft dafür, daß diese Welt nur ein Übergang ist, ist das gleiche ... Das Schlimmste ist aber, daß wir nach geglückter Verführung die Bürgschaft vergessen und so eigentlich das Gute uns ins Böse, der Blick der Frau in ihr Bett gelockt hat. (Ho 53)

Wieder werden negative und positive Bestimmung an ein und demselben Sachverhalt erprobt; man wird sich aber hüten müssen, dieses Verfahren ohne weiteres als dialektisch zu bezeichnen. Es erfolgt nicht einfach ein Umschlagen ins „Gegenteil"; eine Bestimmung gleitet vielmehr nahezu beiläufig in eine andere hinüber: Das Erkenntnisproblem verschiebt sich unvermerkt in den ethischen Bereich. Aus dem „führen zu" des konsequenten Denkens, aus dem „überführen in" des dialektischen Denkens wird das „verführen zu" des kafkaschen Verfahrens. Für ihn ist Erkenntnis ein ethisches, damit aber ambivalentes, auf der Grenzscheide zwischen Gut und Böse angesiedeltes Problem; niemand hat sich den Mythos vom Baum der Erkenntnis und der Verführung durch die Schlange so zu eigen gemacht

---

[47] Ebda S. 208; 216.
[48] Wie dies etwa Goethe getan hat. Goethes poetische Werke. Vollständige Ausgabe. – Stuttgart ohne Jahr. (Cotta) Bd. 8. S. 1372. (Bedeutende Fördernis durch ein einziges geistreiches Wort.)

wie er[49]. Damit verliert aber das Denken als Akt der Erkenntnis seine Indifferenz und Einlinigkeit, es wird notwendig ablenkbar; außerdem erhält es ein gefährliches Korrelat: das Tun[50]. Dieses aber definiert Kafka als Selbstzerstörung. Erkenntnis, die zur Selbsterkenntnis wird, schlägt um in Tun; der Selbstbezug wird zum Selbsturteil und zum Selbstgericht. Die Vollstreckung des Urteils kann aber nichts anderes sein als die Vernichtung dieses Selbst. Dies ist es, was die Deuter Kafkas immer wieder als das „Existentielle" in seinem Werk gefesselt hat. Dies ist es auch, was ihn von allen Moralisten mit Ausnahme Pascals unterscheidet; die „Konsequenz" seines Denkens ist nicht formal stimmig und damit letztlich naturwissenschaftlich-menschenbeobachterisch gelenkt (er ist kein Linnaeus der menschlichen Leidenschaften[51]). Seine Erkenntnis steht unter dem Gesetz des ethischen Dualismus von Gut und Böse und der ganzen Skala von Abschattierungen zwischen beiden Extremen: „Böse ist das, was ablenkt" (Ho 84); das nach Erkenntnis strebende Ich geistert zwischen ihnen hin und her, ohne je einen Standort zur Beurteilung zu gewinnen, führt im stets wiederholten, gleitenden Übergang des Erkennens in Tun zu Selbstgericht und Selbstzerstörung. Dieser Selbstzerstörung sucht das menschliche Denken freilich auszuweichen. Es ist nun bezeichnend, daß Kafka als Formen solcher Ausflucht gerade die „Motivationen" des Menschen nennt, also das unerbittlich strenge und konsequente Denken. Wörtlich heißt es in dem bislang paraphrasierten Text (Ho 49 f.):

> Vor diesem Versuch nun fürchtet er sich; lieber will er die Erkenntnis des Guten und Bösen rückgängig machen ... aber das Geschehene kann nicht rückgängig gemacht, sondern nur getrübt werden. Zu diesem Zweck entstehen die Motivationen. Die ganze Welt ist ihrer voll, ja die ganze sichtbare Welt ist vielleicht nichts anderes als eine Motivation des einen Augenblick lang ruhenwollenden Menschen. Ein Versuch, die Tatsache der Erkenntnis zu fälschen, die Erkenntnis erst zum Ziel zu machen.

Das heißt aber: Alles Denken und Erkennen, das nach streng formalen Denkgesetzen – hier dem Kausalitätsprinzip – vor sich geht, ist Fälschung der Erkenntnis; erst wo das Denken zu Umkehrungen und gleitenden Paradoxien greift, schafft es Möglichkeiten der Einsicht, wird das formale Ja und Nein zum „eigentlichen Ja und Nein, das der Mensch zu sagen hätte". Jetzt erst wird deutlich, welche Konsequenzen sich aus dem Satz, der Verkehr mit Menschen verführe zur Selbstbeobachtung, ergeben; die

---

[49] Z. B. Betr. Nr. 64, 65, 74, 82, 83, 84, 86.
[50] Im folgenden wird die Betrachtung Nr. 86 paraphrasiert.
[51] Friedrich Schiller: Sämtliche Werke. – München 1960. 2. Auflage. Bd. V. S. 13.

Umkehrung und Ablenkung 381

Verführung besteht eben in jenem gefährlichen Erkenntnisverfahren der Denkablenkungen, Verkehrungen und gleitenden Paradoxa des Sich-Einlassens auf ein durch herkömmliche logische Gesetze nicht gestütztes, in seinen Abläufen noch nicht beschreibbares Denken, das letztlich zur Selbstzerstörung führen muß, zu jener Elimination des Ich aus dem Denkprozeß, jenem Herausspringen aus der Totschlägerreihe, das Kafka in seinen Dichtungen zu gestalten suchte.

Im dritten Oktavheft hat Kafka diesen Gedanken der Selbsterkenntnis, die Selbstzerstörung ist, wenn sie nicht in Motivationen ausweicht, in allen Phasen entwickelt:

> Erkenne dich selbst, bedeutet nicht: Beobachte dich. Beobachte dich ist das Wort der Schlange. Es bedeutet: Mache dich zum Herrn deiner Handlungen. Nun bist du es aber schon, bist Herr deiner Handlungen. Das Wort bedeutet also: Verkenne dich! Zerstöre dich! also etwas Böses – und nur wenn man sich sehr tief hinabbeugt, hört man auch sein Gutes, welches lautet: „Um dich zu dem zu machen, der du bist." (Ho 80)

In wiederholten Umkehrungen von Setzung und Aufhebung[52], Position und Negation, Definition und Einschränkung (Selbsterkenntnis ist nicht Selbstbeobachtung – Selbsterkennen ist Handeln – Handeln ist Selbstverkennung, ist Selbstzerstörung – Erkennen ist das Böse, ist das Gute, ist Selbstwerdung) versucht Kafka, alle motivierenden und damit die Einsicht verstellenden Denkschemata beiseitezuräumen. Am Ende dieser Skala von Paradoxen steht die Desorientierung des Lesers und die Aufhebung aller herkömmlichen Denkgesetze: Sie zögert etwas heraus, was auf anderen Denkwegen nicht hätte erkannt werden können[53].

Das zweite Mittel der Denkverschiebung, dessen sich Kafka bedient, ist die Zitatentstellung[54]. So merkt Kafka im dritten Oktavheft an: „Müßiggang ist aller Laster Anfang, aller Tugenden Krönung." (Ho 89)[55] Durch

---

52 Vgl. dazu Martin Walser a.a.O. S. 86, 93.
53 Fritz Schaufelberger hat dies als die „magische Kraft" des kafkaschen Paradoxes bezeichnet. A. a. O. S. 12 f.
54 Sie ist ein geläufiges Mittel der deutschen Aphoristik seit Lichtenbergs berühmtem „Non cogitant, ergo non sunt." Georg Christoph Lichtenbergs Aphorismen. Hrsg. Albert Leitzmann. – Deutsche Literaturdenkmale des 18. und 19. Jahrhunderts. Berlin 1902–1908. J 362.
55 Nach einem vergleichbaren Mechanismus verfährt auch die folgende Aufzeichnung: „Um was klagst du, verlassene Seele? Warum flatterst du um das Haus des Lebens? Warum siehst du nicht in die Ferne, die dir gehört, statt hier zu kämpfen um das, was dir fremd ist? Lieber die lebendige Taube auf dem Dach, als den halbtoten, krampfhaft sich wehrenden Sperling in der Hand." (Ho 237).

eine Pseudoparallelisierung des Gedankens wird die Aussage des Sprichworts paralysiert; freilich wiederum nicht im Sinne eines verhärteten Paradoxes; auch hier werden Denkmöglichkeiten und Denkkonsequenzen erprobt, die von starren und eingefahrenen Denkbewegungen befreien, die einen unbegangenen Pfad der Einsicht eröffnen sollen. Robert Heiss hat dieses Verfahren die „eigentümliche Technik der Kontraststeuerung" genannt[56]; aus der Gegenbewegung entwickelt sich die vom einlinig konsequenten Denken her gesehen „alogische" Erkenntnis: Aus dem Widerspruch und gleitenden Übergang des einen in das andere springt die Ambivalenz des Begriffes der „Lässigkeit", wie Kafka ihn versteht, unvermittelt hervor[57]; durch dieses Verfahren allein kann Widersprüchliches „verständlich" werden, denn für „ambivalente" Begriffe gibt es keine Definition, die nicht wiederum paradox wäre. Deshalb ignoriert die formale Logik solche Begriffe und gesteht nur eindeutigen ein Daseinsrecht zu[58]. In der Sprache und ihren Operationen der Über- und Unterordnung, der Sinnverschiebung, der semantischen Unter- und Obertöne dagegen manifestiert sich eine Fülle anderer Denkgesetze als Mittel der Vergliederung und Verknüpfung, von denen die formale Logik keine Kenntnis genommen hat. Die konsequent logische Form in diesem Sinne stellt eine radikale Verkürzung und Einengung des Denkens dar[59].

Eines ähnlichen Verfahrens bedient sich Kafka in jenem vielzitierten Beispiel[60]: „Wir graben den Schacht von Babel" (Ho 387); hatte die Sprichwortentstellung ihr Ziel durch Satzparallelisierung erreicht, so liegt hier so etwas wie ein Palimpsest vor; hinter „graben" klingt „bauen" mit, hinter „Schacht" „Turm", hinter dem „wir" stehen die „Babylonier" der biblischen Überlieferung (1. Mos. 11, 4–9); Kafka kehrt den überlieferten

---

[56] Wesen und Formen a.a.O. S. 101.
[57] Zum Verständnis vgl. Betr. Nr. 2 und 3 mit 109 (zweite Hälfte).
[58] Heiss: Wesen und Formen a.a.O. S. 24: „Der Wahrheitsbegriff der Logik hängt also daran, daß etwas eindeutig bestimmbar ist." Die Logik „erkennt im Grunde nur jene Bewegung an, in welcher der Bewegungsvollzug zur Eindeutigkeit führt und von ihr ausgeht." (S. 120 f.).
[59] Ebda S. 111–113; „Das Formengefüge der Sprache ist reicher als jenes der Logik. Die Bewegungsformen der Sprache sind in der Vielförmigkeit ihrer Bewegung nicht jenem Gesetz des logischen Aufbaus, des logischen Folgerns untertan, das die Logik entwickelt hat." (S. 122). Als Gegenstimme hierzu vgl. Waismann, Anm. 23.
[60] Vgl. vor allem Friedrich Beissner: Der Schacht von Babel. Aus Kafkas Tagebüchern. – Stuttgart 1963. Ferner Emrich a.a.O. 189 ff.

Sachverhalt um[61]; indes geschieht dies auch hier nicht im Sinne einer bloßen Verkehrung ins Gegenteil. Durch zunächst kaum wahrnehmbare Verschiebungen wird der Leser von dem traditionellen Bedeutungsfeld abgelenkt. Kafka vereinigt eine ganze Reihe von Bedeutungen in diesem einen Motiv. Das läßt sich allerdings erst dann nachweisen, wenn man verschiedenen Umformungen nachgeht, die das Motiv des „babylonischen Turms" bei Kafka durchläuft. Gewiß versucht Kafka so etwas wie einen Widerruf jenes hybriden Turmbaus, gewiß sucht er einen Weg in tiefere Schichten[62]. Das „Palimpsest" soll aber doch in erster Linie die geläufigen Auslegungen von dem Motiv wegdrängen: Himmelssturm, hybride Aktivität, Sprachverwirrung (auf die, wohl weil sie so „naheliegt", bei Kafka nirgends hingewiesen wird) spielen für Kafkas Umwertung des Motivs keine entscheidende Rolle. So verkehrt schon eine frühe Briefstelle die vertikale Bewegung in ein richtungsloses Innen: „... was ich gestern zeigte ... ist natürlich nur der Vorgang in einem Stockwerk des innern babylonischen Turms, und was oben und unten ist, weiß man in Babel gar nicht." (Br 119) Entscheidend ist dabei die Auflösung der geläufigen Raumbestimmungen, wenn auch nicht des Raumes selbst[63]. Er ähnelt in seiner Unbestimmtheit jenem bloß noch durch die Gebärde bezeichneten Raum, der im Zusammenhang des „Suchen und Finden"-Motivs beschrieben wurde („diese Gegenden").

Eine andere Form destruktiver Umkehrung des Turm-Motivs erscheint in der Geschichte vom „Stadtwappen" (BK 94 f.); Kafka argumentiert dort mit den Möglichkeiten der Position und Negation. Die sicherste Gewähr für die Vollendung des Turms scheint nach dieser Version seine Nichterrichtung zu sein. Eine wiederum andere Variante experimentiert mit dem Turm-Zitat als metaphorischem Element (BK 41 f.)[64], einem Vergleich, der in seltsamer Umkehrung vergleicht und nicht vergleicht, das Verhältnis schafft und zugleich zerstört[65]. Schließlich taucht das Turm-Zitat auch in

---

[61] Heinz Politzer hat auf die Sinnverkehrung in dem kafkaschen Schlüsselwort 'Bau' hingewiesen, a.a.O. S. 454.
[62] Beissner, Schacht a.a.O. S. 34.
[63] Hierher gehört wohl auch die Variante des ins Vertikale verkehrten anfang- und endlosen Tunnels (Ho 73), die Variante der Doppelgestalt (BK 315) und des Versinkens im Schacht (Tgb 384).
[64] Vgl. die Metaphorisierung des Motivs in BK 72.
[65] Der wichtigste Text für diesen Zusammenhang ist 'Von den Gleichnissen'. Dazu die Deutungen von Emrich a.a.O. S. 97; Politzer a.a.O. S. 42; Beda Allemann und Helmut Arntzen ZfdPh. 83 (1964) Sonderheft S. 97–113; Dieter Hasselblatt: Zauber und Logik. Eine Kafka-Studie. – Köln 1964.

den 'Betrachtungen' wieder auf: „Wenn es möglich gewesen wäre, den Turm von Babel zu erbauen, ohne ihn zu erklettern, es wäre erlaubt worden." (Ho 18) Hier ist die Figur des gleitenden Paradoxes am kunstvollsten entwickelt. Die für Kafkas Denkverfahren so typische konjunktivische „Unmöglichkeits"-Bedingung schlägt in eine ethische Bestimmung um; wenn etwas Unmögliches möglich gewesen wäre, wäre es erlaubt worden. Und doch legt diese Schwenkung ins Absurde alles das frei, worauf die verschiedenen Turmzitate einzeln hinzudeuten suchen: den Turm bauen, ohne ihn zu erklettern, heißt, ihn als Schacht umstülpen, ihn als Tunnel ins Richtungs- und Bestimmungslose vorantreiben; das Herausgleiten aus der logischen Folge (bauen, ohne ihn zu erklettern) legt eine Bedeutungsabweichung frei. Damit wird der Himmelssturm umgedacht in richtungslose Innerlichkeit; die durch die paradoxen Bedingungen des Turmbaus entbundene. Entwirklichung deutet auf jenen „Nicht-Bau", der der eigentliche Bau des Turmes ist – wie auf jene Pappel, die bald als Noah, bald als Turm erscheint und doch nichts enthüllt als die Namenlosigkeit der Dinge. (BK 42) Erst wenn man den verschiedenen Umkehrungen und Ablenkungen folgt, die Kafka, oft über Jahre hinweg, an einem einzigen, durch die Tradition in seiner Bedeutung fixierten Motiv vornimmt, zeigt sich dieses Verfahren in aller Schärfe; er kehrt das Überlieferte keineswegs bloß um, weil sich dem überraschend Verfremdeten so ein neuer Reiz abgewinnen ließe; er drängt es vielmehr durch oft minimale Abweichungen aus dem herkömmlichen Bedeutungs- und Verweisungssystem heraus. Im entstellten Zitat, den gleitenden, nie fixierten Übergängen von einer Bestimmung zur anderen gelingt es Kafka, in einem Motiv zwar keinen eindeutigen Sinn zu öffnen, wohl aber neue Sinnmöglichkeiten zu kumulieren.

Das dritte Verfahren Kafkas, begrifflich nicht Denkbares auf seine Weise durch das gleitende Paradox zu legitimieren, besteht in der „entfremdenden Metapher". Deutlich läßt sich dieses Verfahren an der Betrachtung Nr. 1 erläutern:

> Der wahre Weg geht über ein Seil, das nicht in der Höhe gespannt ist, sondern knapp über dem Boden. Es scheint mehr bestimmt stolpern zu machen, als begangen zu werden. (Ho 39)

Kafka setzt mit seiner Denkbewegung wie so häufig bei Vertrautem ein. Der „Weg" ist eines der zentralen Motive der Bibel, taucht dort an die vierhundertmal auf. Kafka benutzt die geläufige Vorstellung vom breiten

Weg, der zur Hölle führt, und dem schmalen, der der „wahre" ist[66], zu einer metaphorischen Transposition in das bei ihm gelegentlich auftauchende Zirkusmilieu[67]. Die beinahe schon zum Begriff verblaßte Vorstellung des „Weges" wird damit zunächst in einen deutlichen Bildzusammenhang gesetzt. Sie wird wörtlich genommen – und dann, durch eine plötzliche Drehung, umgestürzt. Das Bild gleitet in eine paradoxe Vorstellung hinein: das Seil, als ein wenn auch schmaler Weg gedacht, wird zum quer gespannten Stolperdraht. Wie der erste Schritt kafkaschen Denkens die Auflösung herkömmlicher Denkschemata betrifft, so lockt auch das kafkasche Bild von geläufigen und „erwarteten" Vorstellungen weg; es erzwingt eine Abwendung vom „wirklichen", der Erfahrung nach „stimmigen" Sachverhalt. Dabei bleibt der konventionelle Bedeutungsbezug (die symbolische oder allegorische Ladung[68]) aus. Es wird nicht gesagt, woher der Weg kommt, nicht, wohin er führt, schon gar nicht, ob er etwas bedeutet, sondern nur dies, daß er ungangbar „scheint". Der zweite Satz der Betrachtung, der sich in diesem „scheint" als Deutungsversuch des ersten zu erkennen gibt, widerruft die Definition dieses ersten Satzes, lenkt von der eingeleiteten Denk- und Bildbewegung ab. Bild und Gedanke zeugen von derselben „Konsequenz" des Denkens, nach der Robinson gefunden wird, wenn er „nicht sucht". Diese Desorientierung des Lesers mit dem Ziel, durch die Zerstörung der Bildvorstellung und die Pervertierung herkömmlicher Denkabläufe einen Verstehensraum zu öffnen, in dem Kafka seine eigene „Konsequenz des Denkens" zu entwickeln vermag, ist in dem Text 'Von den Gleichnissen' geradezu programmatisch gestaltet worden[65].

Nirgends wird diese eigenartige „Konsequenz des Denkens" deutlicher als dort, wo Kafka die eben beschriebene Pseudo-Metaphorik nicht mehr bloß in einen Text einbaut, sondern isoliert und um des in ihr wirksamen, für seine Denkweise so typischen Bezuges willen herausstellt, wie in der Betrachtung Nr. 87: „Ein Glaube wie ein Fallbeil, so schwer, so leicht." (Ho 50)[69] Offenbar kommt es ihm hier bloß noch auf diese besondere Art der „Beziehung" an, die zwischen den beiden Polen des „Bezeichneten" und des „Bezeichnenden" innerhalb des metaphorischen Verhältnisses besteht, eine Beziehung, die nicht Ähnlichkeiten ausdrückt, sie auch nicht stiftet, son-

---

[66] Wohl zurückgehend auf Jesus Sirach 21, 11.
[67] Erstes Leid (Erz 241 ff.), Ein Hungerkünstler (Erz 255 ff.), Auf der Galerie (Erz 154 ff.).
[68] Vgl. dazu Emrich a.a.O. S. 74 ff.
[69] Ähnlich strukturiert ist Betr. Nr. 15: „Wie ein Weg im Herbst: Kaum ist er rein gekehrt, bedeckt er sich wieder mit den trockenen Blättern."

dern der Entfremdung dient, die zur Annulierung des Bezuges führen kann. Der Vergleich Glaube – Fallbeil rückt für die geläufige Assoziationstradition in die Nähe des Oxymorons; Paradoxien des Glaubens sind unter den verschiedensten Voraussetzungen von Sebastian Franck und Pascal bis hin zu Kierkegaard belegt[70]. Aber Kafka läßt es bei dem einen, auf den ersten Blick verblüffend und geistreich scheinenden Paradox des Glaubens, der einem Fallbeil gleicht, nicht bewenden. Er faltet das Unvereinbare in ein neues Paradox auseinander; indem er das Unbegreifliche der Zusammenstellung von Glaube und Fallbeil erläutert („so schwer, so leicht"), desorientiert er den Leser erst recht. Freilich geschieht dies in verschiedener Weise; einerseits läßt sich der Satz als „klassisches" Paradox lesen[71], als scheinbar widersinnige Aussage, die sich bei näherer Betrachtung als richtig erweist: Je schwerer das Fallbeil ist, desto leichter stürzt es herab. Die Erläuterung „so schwer, so leicht" läßt sich ohne weiteres freilich nur auf das Fallbeil beziehen, nicht so zwanglos auf den Glauben; dadurch drängt sie aber diesen unvermerkt aus dem Blickfeld des Lesenden. Die oberflächliche Stimmigkeit der Behauptung, ein Fallbeil sei um so leichter, je schwerer es sei, lenkt von dem Grundbezug Glaube – Fallbeil, der doch ursprünglich gesetzt war, ab. Nun wäre es aber gerade nicht in Kafkas Sinne, wenn sich der Leser bei dieser oberflächlichen, die tiefere Beziehung verstellenden Stimmigkeit beruhigte. Der zweite Versuch, den Satz zu lesen, muß dies gegen die rhetorische Verschleierung tun, er muß von der entfremdenden Funktion der Kafkaschen Metaphorik ausgehen. Zwar stiftet das nachträglich dem Verhältnis Glaube – Fallbeil prädizierte Paradox des „Schwer-und-leicht-seins" eine vordergründige Gemeinsamkeit; diese Gemeinsamkeit aber wird sofort als ablenkende Motivation (Ho 49) erkannt, sobald man den zugrundeliegenden Vergleich schärfer ins Auge faßt. Der Glaube wird zur Guillotine verkehrt, das vordergründige, lösbare Paradox wird durch das ihm zugrundeliegende, unlösbare förmlich „geköpft". Jede Reduktion ist für Kafka eine Komplikation; der vertrautere Widerspruch lenkt von dem unvertrauten nur solange ab, bis der desorientierte Leser um so sicherer in das Unbegreifliche zurückstürzt. Kafkas

---

[70] Vgl. Anm. 6. Außerdem noch Kierkegaard: Philosophische Brocken. A. a. O. S. 34–52.

[71] Scheinbar widersinnige, da der allgemeinen Meinung und Kenntnis widersprechende Behauptung, die sich jedoch bei näherer Betrachtung als richtig erweist: In diesem Sinne Schilder a.a.O., der einen Überblick über die Begriffsgeschichte gibt (S. 3–86); für die Tradition vgl. auch die Stichwörter „paradoxum" und „admirabile" in Heinrich Lausberg: Handbuch der literarischen Rhetorik. Eine Grundlegung der Literaturwissenschaft. – München 1960.

Paradoxa entlassen kein „Drittes", „Verbindendes" aus sich, sondern werden im Augenblick des scheinbaren Verstehens gekappt; sie gleiten schließlich in ein noch weit vertrackteres Paradox hinüber. Der Gedankengang wird nicht geradlinig fortgesetzt, sondern abgelenkt. Kafkas Denken vollzieht sich in einem Bereich, der sich durch Entfremdung von streng formalen Denkprozessen konstituiert. War ihm diese Öffnung in dem eben beschriebenen Beispiel durch Kappung der aus dem Paradox sich entwickelnden Denkbewegung gelungen, so erreicht er dieses Ziel an anderer Stelle durch Auffächerung von Vergleichsmöglichkeiten:

> Eine heikle Aufgabe, ein Auf-den-Fußspitzen-Gehn über einen brüchigen Balken, der als Brücke dient, nichts unter den Füßen haben, mit den Füßen erst den Boden zusammenscharren, auf dem man gehn wird, auf nichts gehn als auf seinem Spiegelbild, das man unter sich im Wasser sieht, mit den Füßen die Welt zusammenhalten, die Hände nur oben in der Luft verkrampfen, um diese Mühe bestehn zu können. (Ho 313)

Zunächst mag man diese Stelle als eine Stilübung betrachten, als eine Koppelung von Adynaton und Überbietungskette zur Schilderung eines schwierigen Unternehmens. Befremdlich ist nur, daß es Kafka mehr auf den Mechanismus des Vergleichens anzukommen scheint, als auf das Erschließen eines eindeutigen Sinnbezugs. Was eine heikle Aufgabe ist, wird nicht gesagt; denn die folgenden Sätze scheinen bei näherem Zusehen nicht Beschreibung eines Sachverhalts zu sein – sie sind untereinander durchaus unstimmig –, sondern Deutungsversuche jener „Aufgabe", die dem Satz vorausliegt und als „heikel" bezeichnet wird. Ein vierfacher Deutungsansatz versucht die Schwierigkeit der Aufgabe wenigstens im Vergleich zu beschreiben; aber diese Ansätze fassen den Sachverhalt nur allenfalls „andeutungsweise" (Ho 45), nie wirklich „vergleichsweise", sie tasten sich von Einschränkung zu Einschränkung an ihn heran, ohne ihn je zu „treffen"; was im logischen Bereich als gleitendes Paradox bezeichnet wurde, erscheint im bildlichen Bereich als fortschreitende, sich verschärfende Unmöglichkeit[72]; auch sie wird nicht durch sich gegenseitig vernichtende starre Antithesen demonstriert, sondern durch ein Verfahren der entfremdenden Ablenkung und unmerklich fortschreitenden Abweichung. Allerdings läuft diesem vom vordergründigen Verstehen, von der alltäglichen Erfahrbarkeit ablenkenden Prozeß ein anderer parallel: Durch den Abbau der „Denkbarkeit" öffnet sich jener Raum des Verstehens, den

---

[72] „Es gibt so viele Möglichkeiten des Lebens, und in allen spiegelt sich nur die eine unentrinnbare Unmöglichkeit der eigenen Existenz." (Janouch S. 108); zu der Stelle Ho 313 vgl. die Arbeit von Hillmann, a.a.O. S. 125 f.

Kafka als den „eigentlichen" (BK 298) zu suchen nie aufhörte. Es ist ein Musterbeispiel für Kafkas gleitende Paradoxien, wenn eine Kette sich steigernder Unmöglichkeiten zugleich als eine Annäherung an jenes „Eigentliche", logisch nicht mehr Faßbare, verstanden werden muß. Dabei ist es unzulässig, den Begriff des „Eigentlichen" im Sinne einer Chiffre für etwas zu gebrauchen, das eines Tages benennbar wird. Kafkas besondere logische Verfahrensweise sucht sich ja eben darum von den geläufigen Mechanismen zu befreien, weil sie mit den Formen des Resultatdenkens nicht zu Rande kam. Kafka ringt um ein Denkverfahren, in dem der Unterschied zwischen Denkregel und gedachtem Gegenstand nicht mehr relevant ist; nur so rechtfertigt sich die vorliegende Arbeit über das gleitende Paradox. Sie hat es nicht mit einer abgelösten „Methode" zu tun, die durch andere Methoden ersetzt werden könnte. Ein derartig formalistisches Denken wäre bei Kafka völlig unangebracht. Die Arbeit will vielmehr zeigen, wie man nicht denken darf, wenn man Kafkas Texte nicht verfehlen will; und sie versucht, in die kafkasche Denkbewegung – die im Grunde eher eine Schreibbewegung ist – einzuführen; sie kann nicht Resultate formulieren, sondern nur den Nachvollzug kafkascher Denkbewegungen erleichtern.

Kafka hat immer wieder auf das Ungemäße traditioneller Denkformen hingewiesen. So schreibt er einmal im Tagebuch:

> Sicher ist mein Widerwille gegen Antithesen. Sie kommen zwar unerwartet, aber überraschen nicht, denn sie sind immer ganz nah vorhanden gewesen; wenn sie unbewußt waren, so waren sie es nur am äußersten Rande. Sie erzeugen zwar Gründlichkeit, Fülle, Lückenlosigkeit, aber nur so wie eine Figur im Lebensrad; unsern kleinen Einfall haben wir im Kreis herumgejagt. (Tgb 168)[73]

Das eigentliche Ja und Nein, das Kafka zu sagen hätte, vermögen Antithesen nicht zu fassen; nur indem Kafka den Leser von ihnen ablenkt, kann er ihn unvermerkt in die eigentümliche „Konsequenz" seines Denkens einführen.

IV

Die ersten Abschnitte dieser Arbeit waren dem Versuch gewidmet, an den kleinsten Elementen kafkascher Prosa, seinen sogenannten „Aphoris-

---

[73] Zu dem Spielzeug, auf das Kafka hier anspielt, vgl. Max Brods Anm. Tgb. 701 (= „Lebensrad").

men"[74], das Besondere seiner Denkbewegung zu demonstrieren. Dies schien vor allem darum methodisch angebracht, weil Kafka dort den Weg des Denkens selbst gelegentlich zum Gegenstand macht; in seinen größeren Werken ist davon sehr selten die Rede. In den aphoristischen Aufzeichnungen immer wieder erscheinende Termini wie „Umschwung" (Ho 47), „Antithese" (Tgb 168), „Ja und Nein" (BK 298), „Beweis" (BK 292, 294), „Widerlegung" (BK 294), „Konsequenz des Denkens" (BK 297), „Paradox" (Ho 124), „Motivation" (Ho 49) finden sich in den Romanen und Erzählungen kaum. Dennoch bleibt Kafkas eigentümliche Denkform des gleitenden Paradoxes (mit den damit eng verknüpften Verfahren der Ablenkung und Umkehrung) nicht auf die aphoristischen Texte beschränkt. Umkehrung und Ablenkung erweisen sich als Stilgesetze der kafkaschen Prosa überhaupt[75]. Das hatte sich im Laufe der Untersuchungen schon anhand der Kafkaschen Metaphorik und ihres Mechanismus zeigen lassen[76]. In welcher Verwandlung dieses Gesetz in einem Text wirksam wird, der über das Maß des Aphorismus hinausgeht[77], mag an dem merkwürdigen Phänomen dessen gezeigt werden, was Kafka „Bild" nennt. Dazu einige Vorüberlegungen.

Es gibt eine ganze Reihe von Äußerungen Kafkas zum Problem des Bildes. Dabei stellen sich Widersprüche ein. So berichtet Gustav Janouch, Kafka habe ihm gestanden, seine Geschichten seien „Bilder, nur Bilder"[78]; seine Zeichnungen habe er als „ganz persönliche Bilderschrift" (J 79) angesehen, deren Sinn er nach einiger Zeit nicht mehr zu entziffern vermöge; diesen Äußerungen widersprechen allerdings andere; so sagt Kafka nach

---

[74] Kafka selbst gebraucht das Wort nie; ein einziges Mal (Ho 360) findet sich der Terminus „Spruch".

[75] Es spricht manches dafür, daß sich auch die Erzählungen und Romane Kafkas auf dieses Stilprinzip hin interpretieren lassen. Man denke etwa an folgende Texte: Der neue Advokat (Erz 145 ff.), Auf der Galerie (Erz 154 ff.), Vor dem Gesetz (Erz 158 ff.), Das nächste Dorf (Erz 168 ff.), Eine kaiserliche Botschaft (Erz 169 ff.), Ein Bericht für eine Akademie (Erz 184 ff.), Die Wahrheit über Sancho Pansa (Ho 76 f.), Das Schweigen der Sirenen (Ho 78 ff.), Prometheus (Ho 100).

[76] Überhaupt scheint die Tendenz der Literaturwissenschaft dahin zu gehen, zwischen „Dichten" und „Denken" nicht mehr schematisch zu unterscheiden; freilich nicht im Sinne einer kritiklosen Vermischung, sondern aus der Einsicht heraus, daß der Begriff des Denkens weiter zu fassen sei, als es die formale Logik zu erlauben scheint.

[77] Heinz Politzer hat mit Recht darauf hingewiesen, daß Kafka „in den 'Betrachtungen' ... die gedanklichen Grundstrukturen seiner Erzählungen nachgezeichnet hat." (A. a. O. S. 23).

[78] Janouch S. 25 (= im Text künftig zitiert als J.).

dem Zeugnis der gleichen Quelle: „Wir Juden sind eigentlich keine Maler. Wir können die Dinge nicht statisch darstellen." (J 90) Nun erfahren diese widersprüchlichen Aussagen alsbald gewisse Einschränkungen. So kommt Kafka in diesem Zusammenhang gern auf die Photographie zu sprechen; einem Einwand Janouchs, die Vorbedingung des Bildes sei doch das Sehen und eine Vorlage, hält er entgegen: „Man photographiert Dinge, um sie aus dem Sinn zu verscheuchen. Meine Geschichten sind eine Art von Augenschließen." (J 25); und ähnlich reagiert er auf die Frage, ob ein Bild wirklichkeitsgetreu sei wie eine Photographie: „Was fällt Ihnen ein? Nichts kann Sie so täuschen wie eine Photographie." (J 91) Vergleichbares sagt er vom Film: „Das Kino stört aber das Schauen ... Filme sind eiserne Fensterläden." (J 93) „Das Kino gibt dem Angeschauten die Unruhe seiner Bewegung, die Ruhe des Blickes scheint wichtiger ... Warum gibt es keine Vereinigung von Kinema und Stereoskop ...?" (Tbg 593 f.)[79] Diese einander widersprechenden Äußerungen finden ihre Bestätigung in fragmentarischen Aufzeichnungen aus dem Band 'Hochzeitsvorbereitungen auf dem Lande'; auf der einen Seite schreibt Kafka: „Nichts, nur Bild, nichts anderes, völlige Vergessenheit" (Ho 349), auf der anderen heißt es (nach 3. Mos. 26, 1): „Ihr sollt euch kein Bild – ..." (Ho 352); und Walter Benjamin bestätigt: „Kein Dichter hat das 'Du sollst dir kein Bildnis machen' so genau befolgt."[80]

Seltsamerweise scheint das negative Urteil, das Kafka durchweg für die Photographie bereithält, ihn nicht daran gehindert zu haben, solche photographischen Bilder immer wieder in seinen Romanen und Erzählungen als Requisiten zu verwenden[81]; offenbar verfolgte er damit einen besonderen, mit der Ambivalenz solcher Intarsien rechnenden Zweck. So spielt in der 'Verwandlung' das Bild einer Dame mit einem Pelzhut und einer Pelzboa, die dem Beschauer einen schweren Pelzmuff entgegenhält, eine nicht unwesentliche Rolle; Gregor Samsa hatte dieses Bild „vor kurzem aus einer illustrierten Zeitschrift ausgeschnitten" (Erz 71); als sein Zimmer ausgeräumt wird, sucht er dieses Bild mit allen Mitteln vor dem

---

[79] Über die Beziehung Kafkas zum Kino vgl. Wolfgang Jahn: Kafka und die Anfänge des Kinos. Jb. d. dt. Schillerges. 6 (1962) S. 353–368. Ergänzend und richtigstellend dann Wolfgang Jahn: Kafkas Roman 'Der Verschollene'. ('Amerika'). – Stuttgart 1965. (= Germanistische Abhandlungen).

[80] A. a. O. Bd. II. S. 217.

[81] Vgl. auch Tgb 232: „Gestern abend beim Spazierengehn war mir jedes kleine Straßengeräusch, jeder auf mich gerichtete Blick, jede Photographie in einem Auslagkasten wichtiger als ich." Oder: „Liebesszene im Frühling in der Art der Photographieansichtskarten ..." (Tgb 270).

Zugriff von Schwester und Mutter zu retten[82]. Im 'Verschollenen' werden während des Essens Bilder mit Ansichten des Theaters von Oklahoma herumgereicht; das einzige Bild, das Karl Roßmann zu Gesicht bekommt, stellt die Präsidentenloge dar, deren Hintergrund in geheimnisvoller Leere verdämmert. „Man konnte sich", heißt es da, „in dieser Loge kaum Menschen vorstellen, so selbstherrlich sah alles aus." (A 327) Wie schon bei der Dame im Pelz bleibt auch hier die Funktion dieses in den Gang der Erzählung eingesprengten Bildes durchaus unklar; es erscheint einerseits isoliert, „selbstherrlich", und nur wie durch Zufall dem „Verschollenen" zugespielt, könnte aber andererseits auch die Funktion eines Bedeutungsträgers, eines Vor- oder Rückverweises innerhalb des Textes übernehmen; unverkennbar ist jedenfalls eines: Über die Trivialität dieser Darstellungen, Illustriertenausschnitte, Ansichtskarten oder Reiseprospekte, wie sie in zahllosen Reproduktionen überall verbreitet sind, läßt Kafka keinen Zweifel aufkommen. Der singulären – wenn auch nicht durchschaubaren – Bedeutung, die diese Bilder für den Helden haben mögen, steht ihre anonyme, tausendfach reproduzierte Bedeutungslosigkeit gegenüber[83].

Dieser vorläufige Befund wird durch das Zeugnis von Bruchstücken aus dem Nachlaß bestätigt. So heißt es in einem Fragment:

> ... Da ich in den Taschen doch eine Karte gefunden hatte, ging ich ins Zimmer, um zu schreiben, auf der Karte war allerdings keine Ansicht von Paris, sondern nur ein Bild, es hieß Abendgebet, man sah einen stillen See, im Vordergrund ganz wenig Schilf, in der Mitte ein Boot und darin eine junge Mutter mit ihrem Kind im Arm. (Ho 251)

Offenbar befindet sich der Schreibende in einem Pariser Hotelzimmer. Um so seltsamer, daß die Ansichtskarte ein in dieser Situation völlig unerwartetes Motiv zeigt, das in seiner trivialen Idyllik – man könnte etwa an Millet denken – mit rätselhafter Bedeutung geradezu geladen erscheint; in einen weiteren Zusammenhang fügt sich diese freilich nicht. Ähnliche Symptome des Intarsienhaften, nicht Zusammenstimmenden von Bild und Umwelt, wodurch die Suggestion einer nicht enträtselbaren Beziehung in noch viel stärkerem Maße hervortritt, zeigt ein anderes Beispiel aus den Fragmenten besonders deutlich:

---

[82] Die Deutung dieser Bild-Intarsie steht in diesem Zusammenhang nicht zur Debatte. Vgl. dazu Heinz Politzers einläßliche Interpretation (ein „wohlfeiler Schwundrest von Erotik") a.a.O. S. 114.

[83] Eine Variante dazu bildet die 'Alexanderschlacht' des Philoxenos, die als eine durch ihre Umwelt trivialisierte Reproduktion erscheint. (Vgl. oben Abschnitt II.).

> Vorn an einer Glasscheibe, den Portier ein wenig verdeckend, war ein großes aus einer illustrierten Zeitschrift ausgeschnittenes Bild geklebt, ich trat näher, es war ein offenbar italienisches Städtchen, den größten Teil des Bildes nahm ein wilder Bergstrom mit einem mächtigen Wasserfall ein, die Häuser des Städtchens waren an seinen Ufern eng an den Bildrand gedrückt.
> Ich grüßte den Portier und sagte, auf das Bild zeigend: „Ein schönes Bild, ich kenne Italien, wie heißt das Städtchen?" „Ich weiß nicht", sagte er, „die Kinder aus dem zweiten Stock haben es in meiner Abwesenheit hier aufgeklebt, um mich zu ärgern ..." (Ho 262)

Inwiefern vermag den Portier ein völlig gleichgültiges Photo eines italienischen Städtchens zu verärgern? Das Bild „gehört" aus einem nicht geklärten Grund augenscheinlich nicht hierher und fordert gerade dadurch um so stärker zu Überlegungen heraus, was es denn damit auf sich habe; es wird als ein Fremdkörper empfunden und provoziert den Unwillen seiner Umgebung. Es löst Deutungsreize aus, ohne sie zu befriedigen.

Grenzfälle dieser Art von Bild-Einsprengseln sind Gemälde, wie die schon erwähnte 'Alexanderschlacht' (Ho 50), der Traum von einem angeblichen Ingres-Gemälde (Tgb 168), das „unanständige" Bild auf dem Richtertisch im 'Prozeß' (P 67), das Bild in der Wohnung des Advokaten, von dem Leni beteuert, es könne dem Porträtierten „niemals auch nur ähnlich gewesen sein" (P 132), die Richter-Porträts des Malers Titorelli (P 175 f.) und vor allem seine Heidebilder, die, obwohl Ölgemälde, in einer ganzen Reihe von völlig identischen Exemplaren in Erscheinung treten.

> „Das Motiv scheint Ihnen zu gefallen", sagte der Maler und holte ein drittes Bild heraus, „es trifft sich gut, daß ich noch ein ähnliches Bild hier habe." Es war aber nicht ähnlich, es war vielmehr die völlig gleiche Heidelandschaft. (P 196 f.)

Auch hier bleibt die Funktion dieser aus unerfindlichen Gründen völlig schematisch reproduzierten Bilder mit dem Trivialmotiv der Heidelandschaft gänzlich undurchschaubar. Eines aber ist allen diesen Beispielen gemeinsam. Sie scheinen von dem Zusammenhang, in dem sie stehen, eher abzulenken, als auf ihn hinzudeuten, oder gar ihn zu klären, sie stehen oft sogar im Widerspruch zu ihrer Umgebung, treten völlig unerwartet in sie ein und „fallen" eben deshalb „aus ihr heraus"; als ihr entscheidendes Merkmal entpuppt sich die Trivialität des Motivs und seine beliebige Reproduzierbarkeit. Obwohl nun aber Kafka einerseits diese Trivialität mit allen Mitteln zu suggerieren sucht, fehlt andererseits das bestimmende Kennzeichen aller Trivialität: die plane, einleuchtende Verständlichkeit, die unmittelbare, primitive Symbolik, der Plakatcharakter eines Illustriertenphotos oder einer Ansichtskarte. Das Trivialsymbol ist in sein Gegenteil, das absolute, freilich auch tiefen- und geheimnislose Rätsel verkehrt. Das durch Herauslösung aus allen konventionellen Bezügen seines Trivialsinns entkleidete Bild widersetzt sich der Deutung auf geradezu exemplarische Weise[84], da es außer dem plumpen Etikett – das ihm genommen ist – keine Anhaltspunkte mehr für eine hintergründige Deutung bietet.

Wie Kafka durch Ablenkung und Umkehrung im gleitenden Paradox die „trivialen" Denkgesetze zerbricht, so stört er mit den gleichen Mitteln die „trivialen" Bildgesetze, daß nämlich Bild „Abbild" von etwas oder „Vorbild" für etwas sein müsse. Im Verfahren der Ablenkungen und Umwertungen wird es dem Leser unmöglich gemacht, zwischen Abbild, Urbild und Zerrbild zu unterscheiden. Kafkas Welt besteht zwar aus lauter alltäglichen, oft trivialen Dingen; den Lesegewohnheiten des Triviallesers aber kommen seine Texte nirgends entgegen, im Gegenteil: Sie nutzen diese Gewohnheiten als ein Mittel, durch Enttäuschung der Lesererwartung (das Hinauslaufen auf einen praktikablen Sinn, das Heraustreten einer Bedeutung aus einem Bild) den Leser aus seinen Denk- und Bildschematismen herauszuführen.

Alle genannten Merkmale kafkascher „Bildlichkeit" finden sich in einem Paralipomenon zu der Reihe 'Er' vereinigt, das am 2. Februar 1920 entstanden ist:

> Er erinnert sich an ein Bild, das einen Sommersonntag auf der Themse darstellte. Der Fluß war in seiner ganzen Breite weithin angefüllt mit Booten, die auf das Öffnen einer Schleuse warteten. In allen Booten waren fröhliche junge Menschen in leichter heller Kleidung, sie lagen fast, frei hingegeben der warmen Luft und der Wasserkühle. Infolge alles dieses Gemeinsamen war ihre Geselligkeit nicht auf die einzelnen Boote eingeschränkt, von Boot zu Boot teilte sich Scherz und Lachen mit.
> Er stellte sich nun vor, daß auf einer Wiese am Ufer – die Ufer waren auf dem Bild kaum angedeutet, alles war beherrscht von der Versammlung der Boote – er selbst stand. Er betrachtete das Fest, das ja kein Fest war, aber das man doch so nennen konnte. Er hatte natürlich große Lust, sich daran zu beteiligen, er langte förmlich danach, aber er mußte sich offen sagen, daß er davon ausgeschlossen war, es war für ihn unmöglich, sich dort einzufügen, das hätte eine so große Vorbereitung verlangt, daß darüber nicht nur dieser Sonntag, sondern viele Jahre und er selbst dahingegangen wäre, und selbst wenn die Zeit hier hätte stillstehen wollen, es hätte sich doch kein anderes Ergebnis mehr erzielen lassen, seine ganze Abstammung, Erziehung, körperliche Ausbildung hätte anders geführt werden müssen.
> So weit war er also von diesen Ausflüglern, aber damit doch auch wieder sehr nahe und das war das schwerer Begreifliche. Sie waren doch auch

---

[84] Vgl. dazu Emrich a.a.O. S. 78, der für Allegorie, Symbol und Parabel dasselbe Phänomen konstatiert.

Menschen wie er, nichts Menschliches konnte ihnen völlig fremd sein, würde man sie also durchforschen, müßte man finden, daß das Gefühl, das ihn beherrschte und ihn von der Wasserfahrt ausschloß, auch in ihnen lebte, nur daß es allerdings weit davon entfernt war, sie zu beherrschen, sondern nur irgendwo in dunklen Winkeln geisterte. (Ho 420)

Das „Er" dieses Textes – ein verkapptes „Ich" wie in allen Betrachtungen dieser Reihe – erinnert sich eines Bildes, bei dem nicht unbedingt zu entscheiden ist, ob es sich um eine Photographie oder um ein Gemälde handelt; vom Motiv her, einer Flußidylle, wäre das eine wie das andere denkbar. Im ersten Abschnitt des Textes wird dieses Bild aus der Erinnerung beschrieben; der Beginn des zweiten versucht einen Einbezug des betrachtenden Ich in den Bildzusammenhang, analog jenem Versuch des „Schülers" im Schulzimmer, das Bild der Alexanderschlacht durch eigene Taten zu verdunkeln (Ho 50); das Bild der Flußlandschaft wird als Vorbild verstanden, dem das betrachtende Ich sich einzugliedern und zu unterwerfen sucht. Dieser Versuch zeigt sich indes zunehmend von bedingenden und einschränkenden Überlegungen erschwert; die vom eigentlichen und ganz elementaren Wunsch der Teilnahme an diesem Fest ablenkenden „Motivationen" – es sind geradezu rührend minuziöse Denkübungen[85] – drängen das Ich schließlich aus dem Bildrahmen wieder hinaus und lassen die Identifikation scheitern. Aus der „Betrachtung" des Bildes entwickelt sich ein Denkvorgang, der in einer Abfolge von Bedingungen, Möglichkeiten und Restriktionen schließlich Einsicht in die „Unmöglichkeit" (J 108) der eigenen Existenz führt, die an der Abweichung von dem Bild und der mißglückten Konfrontation erfahren wird.

Der dritte und letzte Abschnitt des Testes steht dann unter dem Gesetz jener Denkfigur des gleitenden Paradoxes, das sich als das grundlegende Verfahren der kafkaschen „Logik" zu erkennen gegeben hatte. Das Verhältnis des betrachtenden Ich zu dem Bild mit den fröhlichen Ausflüglern, das weder ein Verhältnis der Anpassung noch das einer Identifikation oder Nachahmung oder gar das eines glatten Widerspruchs ist, wird in wiederholten Umkehrungen auf die Probe gestellt. Der Betrachtende, so heißt es, ist weit weg von dem Bild und ihm doch auch wieder sehr nahe; der Denkprozeß, der sich an diese widersprüchliche Einsicht anschließt und

---

[85] „Er hatte natürlich große Lust ... aber er mußte sich offen sagen ... das hätte eine so große Vorbereitung verlangt ... und selbst wenn die Zeit hier hätte stillstehen wollen, es hätte ... Sie waren doch auch Menschen ... würde man sie also durchforschen ..." (s. o. Ho 420). Zum Begriff des „Minuziösen" vgl. den Anhang dieser Arbeit.

das „schwer Begreifliche" zu klären versucht, kommt zu keinem schlüssigen Ende. Er erweist bloß die Unmöglichkeit einer Beziehung im herkömmlichen Sinne zwischen dem betrachtenden Ich und den Menschen auf dem Fluß. Das Paradox gleitet nun in eine weitere Phase hinüber; aus dem strengen Denkschritt, den alle Lehrbücher der Logik in dem Satz vom sterblichen Sokrates mit schöner Regelmäßigkeit nachsprechen, daß nämlich, was allen Menschen prädizierbar sei, dem Einzelnen, insofern er Mensch ist, auch zukommen müsse, wird das kafkasche „Gedankenrad"[73]. Das in der Beziehung von Bild und Betrachter entstehende „Grenzland zwischen Einsamkeit und Gemeinschaft" (Tgb 548), in dem eine Aussöhnung unmöglich wird, findet hier im Denken sein Analogon im Unmöglichwerden des syllogistischen Schritts von der Gesamtheit zum Einzelnen, des Schlusses vom Glück aller auf das Glück des Einzelnen (damit aber auch umgekehrt vom Unglück des Einzelnen auf ein Verständnis dieses Gefühls bei anderen); das Urschema der Logik, der Schluß vom Allgemeinen auf das Besondere, wird durch minimale Abweichungen und Gewichtsverlagerungen gestört; die Antithesen (hier durch das Bild und den einzelnen Betrachter, das Kollektiv und das isolierte Ich repräsentiert) erscheinen als „optische Täuschung" des Denkens, sie werden gegenstandslos vor einem Denken, das ihre Vertauschbarkeit und Ablenkbarkeit erfährt: Der Schluß, das Gefühl, das den einen beherrscht, müsse auch in allen anderen gefunden werden, erweist sich als fragwürdig. Die Unwägbarkeiten dieses Verhältnisses verwischen die starre Antithetik syllogistischer Verfahrensweise; nur in den allmählichen Übergängen zwischen dem Einzelnen und dem Allgemeinen, den gleitenden Widersprüchen zwischen dem unglücklichen Ich und den glücklichen Ausflüglern gestaltet sich die Wahrheit dieses Augenblicks, dieses Verhältnisses von Bild und Betrachter.

Das Bild, an das der Betrachtende sich erinnert, ist für ihn kein Träger klar umrissener Bedeutung mehr; es spricht in seiner Trivialität zu ihm, aber wovon es spricht, das ist nicht zu sagen und vielleicht auch nicht der Rede wert. Er kann in das Bild nicht eintreten, er kann es nicht durch seine Taten verdunkeln (Ho 50), er kann sich freilich auch nicht davon lösen. Indem er es zum Gegenstand der „Betrachtung" macht, befreit er sich durch das Verfahren des Denkens im gleitenden Paradox, durch Vermutungen, Erwägungen und Umkehrungen vom logischen Trivialschema und löst parallel dazu das Bild aus seinen konventionellen Bezügen des Abbildungs-[86] und des Vorbild-Zwangs. Die Denkgewohnheiten der formalen

---

[86] Ein Beispiel für Kafkas Ausweichen vor allem Analogie-Denken (das ja jedem dichterischen Bild zugrunde liegt) gibt Betr. Nr. 84.

Logik und die Bildgewohnheiten des Triviallesers ausnutzend, sie durch Ablenkungen und Verkehrungen störend und schließlich außer Kraft setzend, gelangt Kafka zu jener Leere, die man vorschnell als Ausdruck des Nihilismus gedeutet hat; sie ist nichts weniger als das; in ihr erst konstituiert sich jene „Verwirrung oder Höchstempfindlichkeit der Sinne" (Ho 73), von der Kafka einmal spricht. Seine Figuren tun, wie Musil, einer seiner frühesten Kritiker, zutreffend schreibt, „lauter unvollendbare Dinge, die von der Welt aus gesehen wie abgerissene Drähte in sie hineinhängen und (denken) lauter Gedanken, die (sie) selbst nicht (vollenden)"[87]. Freilich ist alles dies nur von der Welt aus gesehen. Nur von ihr aus erscheint die Logik, die nicht zum Ziel kommt, als „abgerissener Draht"[88]. Kafka selbst war überzeugt davon, daß es für ihn einen Ort und Standpunkt geben mußte, zu dem er durch Abschütteln der herkömmlichen Denkgewohnheiten und Bildklischees zu gelangen vermochte; einen Bezirk, wo Denken nicht mehr ein Regelgefüge war, mit dem sich etwas außer ihm Liegendes einfangen ließ, sondern wo Denken und Leben identisch wurden; man hat darum versucht, Kafkas Schreiben als „existentiell" zu bezeichnen[89] und es damit dem Mißverständnis ausgesetzt, es gehöre in den Umkreis der Existenzphilosophie[90].

Wenn Kafka von „Leben" spricht, so meint er dies offenbar durchaus im Gegensatz zur „Logik": sie müsse durch das Leben ausgelöscht werden: „Die Logik ist zwar unerschütterlich, aber einem Menschen, der leben will, widersteht sie nicht", heißt es am Schluß des 'Prozesses' (Pr 272); der Denk-Prozeß der Logik versagt vor dem, was Kafka „Leben" nennt, und unter dem er im Grunde nur eines verstand: Schreiben, den Buchstaben des

---

[87] Robert Musil: Tagebücher, Aphorismen Essays und Reden. Hrsg. Adolf Frisé. – Reinbek bei Hamburg 1955. S. 688.

[88] In diesen Zusammenhang gehören die wichtigen Sätze aus dem 4. Oktavheft: „Neben seiner Beweisführung geht eine Bezauberung mit. Einer Beweisführung kann man in die Zauberwelt ausweichen, einer Bezauberung in die Logik, aber beide gleichzeitig erdrücken, zumal sie etwas Drittes sind, lebender Zauber oder nicht zerstörende, sondern aufbauende Zerstörung der Welt." (Ho 125) Vgl. dazu die in mancher Hinsicht originelle, aber wirre Studie von Dieter Hasselblatt: Zauber und Logik. Eine Kafka-Studie. – Köln 1964.

[89] Vgl. dazu vor allem Bense a.a.O. etwa S. 40 ff.

[90] Daß Kafka mit keiner philosophischen Schule identifizierbar ist, scheint hinlänglich erwiesen; inwieweit er mit seinen Bemühungen um eine ursprünglichere – vielleicht sogar der Gegenstandsstruktur angenäherte oder mit ihr identische – Logik Züge existentialistischen Philosophierens trägt, ist bisher noch nicht zulänglich geklärt. Benses Buch (a.a.O.) ist ein Versuch, diesem schwierigen Problem nachzugehen.

Textes mit „sich", mit seinem Ich ganz auszufüllen. Freilich gelang es ihm nie, sich wegzuwenden „im ruhigen Bewußtsein, diese Worte ganz mit sich erfüllt zu haben". (Tgb 34) Das stets wiederkehrende Zeichen dafür, daß er diese einzige Aufgabe noch nicht bewältigt hatte, war ihm der Schmerz: „Der beurteilende Gedanke quält sich durch die Schmerzen, die Qual erhöhend und nichts helfend empor. Wie wenn im endgültig verbrennenden Hause die architektonische Grundfrage zum erstenmal aufgeworfen würde." (Ho 232)

Anhang

Aus dem hier Dargelegten ergibt sich ein Hinweis für das Verständnis des kafkaschen Humors. Dieses Phänomen hat schon früh die Interpreten beschäftigt. Auf eine der ersten Charakteristiken von Felix Weltsch, Kafkas Jugendfreund, folgte eine ganze Reihe weiterer Darstellungen[91]. Die Spanne der Deutungen reicht vom religiösen über den grotesken bis zum chaplinesken Humor[92]. Das „Komische" im engeren Sinne und seine möglichen Gründe sind nie befriedigend untersucht worden, obwohl Kafka selbst eine sehr seltsame Definition des „Komischen" gibt: „Das eigentlich Komische ist freilich das Minutiöse ..." (S 425) Zwar kommen alle genannten Darstellungen über den Humor Kafkas auch auf das Problem des Komischen zu sprechen, aber sie suchen durchweg die befremdliche Definition Kafkas auf den überlieferten Begriff des Komischen hin zu korrigieren[93]. Aus der vorliegenden Darstellung des kafkaschen

---

[91] Felix Weltsch: Religiöser Humor bei Franz Kafka. Als Anhang zu Max Brod: Franz Kafkas Glauben und Lehre. Kafka und Tolstoi. Eine Studie. – München 1948; ferner: H. S. Reiss: Franz Kafka's Conception of Humour. The Modern Language Review 44 (1949). S. 534–542; A. G. Toulmin: Humor in the Works of Kafka. Sommerville College, Oxford 1951; Marthe Robert: L'humour de Franz Kafka. Revue de la Pensée Juive 6 (1951); H. S. Reiss: Franz Kafka. Eine Betrachtung seines Werkes. – Heidelberg 1952. Darin: Das Komische bei Kafka. S. 152 ff.; Jean Collignon: Kafka's Humor. Yale French Studies 16 (1955/56). S. 53–62; erneut F. Weltsch: Religion und Humor im Leben und Werk Franz Kafkas. – Berlin-Grunewald 1957; darin S. 78–96. Vgl. außerdem Emrich a.a.O. S. 96 und Anm. 71.

[92] Dazu Weltsch a.a.O. passim; Wolfgang Kayser: Das Groteske. Seine Gestaltung in Malerei und Dichtung. – Oldenburg und Hamburg 1961. 2. Auflage. S. 157–161, 220–221; W. Jahn: Jb. d. dt. Schillerges. a.a.O.

[93] So auch Brod: Franz Kafka. Eine Biographie. – Frankfurt 1962. S. 217. Emrich a.a.O. Anm. 72 verweist auf den wichtigen frühen Brief an Oskar Pollak (Br 19) und differenziert die übliche Komikauffassung. Aber auch er hält daran fest, daß

Verfahrens der Umkehrung dagegen ergibt sich die Möglichkeit, jene Behauptung Kafkas, das eigentlich Komische sei das „Minutiöse", unmittelbar zu legitimieren. Dabei ist freilich ein kurzer Rückblick auf die geläufigen Versuche, das Komische zu definieren, nicht zu vermeiden; es geht bei diesem Überblick nicht um einzelne Feinheiten, sondern um die Herausarbeitung eines allen Autoren gemeinsamen Grundschemas.

So hatte Kant versucht, das Komische als das „Lächerliche" zu fassen und als einen Affekt zu beschreiben, der „aus der plötzlichen Verwandlung einer gespannten Erwartung in nichts" resultiert[94]; Jean Paul legt seinen überaus scharfsichtigen Äußerungen diese kantische Auffassung insofern zugrunde, als auch er einen im Subjekt zum Bewußtsein gelangenden Kontrast annimmt; er verweist auf Aristoteles und seine Definition von der „unschädlichen Ungereimtheit"[95], spricht von „Zwiespalt", einer „Ehe des Unähnlichen" und einem „Syllogismus der Empfindung"[96] und bringt das berühmte, wenn auch in dieser Form bei Cervantes gar nicht belegte Beispiel von Sancho Pansa, der eine Nacht zitternd über einem seichten Graben verbringt, weil er glaubt, ein Abgrund klaffe unter ihm. „Warum lachen wir gleichwohl? ... wir leihen *seinem* Bestreben *unsere* Einsicht und Ansicht und erzeugen durch einen solchen Widerspruch die unendliche Ungereimtheit"[97]; Jean Paul modifiziert also den realen Kontrast in einen scheinbaren[98]; die Tatsache des Widerspruchs bleibt aber auch bei ihm unverändert bestehen. Friedrich Schlegel in einer erst 1957 wieder zutage gekommenen Rezension[99] emanzipiert zwar das Komische von allem Stofflichen, hält aber unverändert an der Kontrastvorstellung fest: „Sonach gründet sich auch das Komische auf den Widerspruch des Wesens mit sich selbst (auf den Kontrast der Absicht und der Handlung, der Vorstellung oder Einbildung und des wirklichen Seins) ..."[100]. Später begründet dann

---

      das Lachen „Freiheit von der Erde" bedeute: „Die Komik entsteht also durch einen Bruch mit allem Gegebenen" (S. 426); es gebe keinen normativen „Rahmen" mehr, aus dem der „Lächerliche" herausfallen könne; insofern reiche die überlieferte ästhetische Definition nicht mehr aus.

[94] Werke in sechs Bänden. Hrsg. Wilhelm Weischedel. – Darmstadt 1956 ff. Bd. V. S. 437. (Kritik der Urteilskraft A 223, B 226).
[95] Poetik V.
[96] Jean Paul: Werke. Hrsg. Norbert Miller. – München 1959 ff. Bd. V, S. 104 bis 111. (Vorschule der Ästhetik § 26.).
[97] Jean Paul a.a.O. S. 110.
[98] Ebda S. 113.
[99] Vgl. Ernst Behler: Eine unbekannte Studie Friedrich Schlegels über Jean Pauls 'Vorschule der Ästhetik'. Die Neue Rundschau 54 (1957). S. 646 ff.
[100] A. a. O. S. 664.

Schopenhauer seine Deutung des Komischen mit dem „plötzlich hervortretenden Widerstreit zwischen dem Angeschauten und dem Gedachten"[101]. Diese Auffassung ist für den vorliegenden Zusammenhang besonders wichtig, da Schopenhauer das Komische aus der Lust am mühelosen Anschauen der Dinge ableitet, wobei ihm das Lachen als ein Triumph der nichtdenkenden („tierischen") Natur des Menschen über seine logische erscheint. Auf Kant und Schopenhauer berufen sich dann Th. Lipps, Kuno Fischer und Th. Vischer[102]; sie alle sprechen vom „komischen Kontrast", vom „Vorstellungskontrast" und von „willkürlicher Verknüpfung"[103].

Sigmund Freud versucht dann, die kantsche Auffassung von der Auflösung einer gespannten Erwartung in nichts mit dem schopenhauerschen Lustgewinn aus dem Verzicht auf Logik zu verknüpfen; er definiert bekanntlich das Komische als die Folge einer „Ersparnis an psychischem Aufwand"[104]; auch bei ihm also resultiert das Komische aus einer Diskrepanz[105]. Eine spezifisch literarisch bestimmte Beschreibung des Phänomens – die alle wesentlichen Auffassungen zu integrieren versucht – gibt schließlich Emil Staiger in seinen 'Grundbegriffen der Poetik'[106]; er spricht von einem Verhältnis zweier Ebenen, „zwischen denen das Lachen sich abspielt" und der „Fallhöhe" zwischen diesen beiden Ebenen, aus der die Komik resultiert. Ein analoger Kontrast entstehe dann, wenn „das Faktische einen geringern Aufwand an Spannkraft erfordert als das Entworfene, daß dieselbe Anstrengung, die einen Entwurf zu bewähren sucht, sich plötzlich als übersetzt erweist"[107]: „Der Komiker spannt, um zu entspannen."[108]

Alle Theoretiker des Komischen scheinen sich darin einig zu sein, daß der Komik ein Widerspruch zugrunde liege, sei er nun in der Hierarchie der

---

101 Schopenhauers sämtliche Werke. Hrsg. Max Frischeisen-Köhler. – Berlin o. J. Bd. III, S. 103. (Die Welt als Wille und Vorstellung. II. Ergänzungen zum ersten Buch. Kap. 8.).
102 Eine abwägende Zusammenfassung der verschiedenen Deutungsversuche gibt Sigmund Freud: Der Witz und seine Beziehung zum Unbewußten. Gesammelte Werke, chronologisch geordnet. – London 1940. Bd. 6. S. 5 ff.
103 Kraepelin, zit. von Freud a.a.O. S. 8.
104 Freud a.a.O. S. 133, 176 u. ö.
105 Vgl. ferner Friedrich Georg Jünger: Über das Komische. – Hamburg 1936; Gottfried Müller: Theorie der Komik. Über die komische Wirkung im Theater und im Film. – Würzburg 1964.
106 Zürich 1963. Sechste Auflage. S. 194 ff.
107 Ebda S. 197.
108 Ebda S. 199.

Dinge[109] oder im Subjekt selbst begründet, eine unschädliche Ungereimtheit, ein irgendwie gearteter Kontrast, eine „Ehe des Unähnlichen", eine Inkongruenz oder Nichtübereinstimmung von „Erwartung und Erfüllung", von „Absicht und Ergebnis", von „Prätention und Wirklichkeit"[110], von Angeschautem und Gedachtem, Energieaufwand und Energieverbrauch. Alle diese Widersprüche und Unstimmigkeiten finden sich nun allerdings auch im Werk Kafkas; nur daß Kafka nicht sie als das Komische aufgefaßt hat, sondern die Stimmigkeit, das Schritt für Schritt Vorgehende, das peinlich Genaue und pedantisch Durchgeführte: all das, was er mit dem „Minutiösen"[111] zu bezeichnen scheint; das, was der Mensch mit größtem Ernst zu leisten sucht, genaue Beschreibungen und lückenlose Gedankenoperationen, erscheint in Kafkas Augen als das eigentlich „Komische". Nach den bisher angestellten Überlegungen ist das nicht unbedingt überraschend. Die Kategorie der Umkehrung erweist sich auch in diesem Zusammenhang als entscheidend für das kafkasche Denken. Hatte Schopenhauer das „Irrationale" (das vom Denken Unbewältigte und logisch nicht Stimmige, das, wie er sagt, der „tierischen Natur" Angehörige[112]) als den Lustbereich gezeigt, in dem befreiendes Lachen möglich ist, weil die Anstrengung des Denkens nicht gefordert wird, so sieht Kafka in den – nach Schopenhauer – „bedeutenden Anstrengungen" des stimmigen Denkens das bloß mechanisch Abgespulte, das Automatische[113] und Formalistische; es erscheint ihm geradezu lächerlich leicht und „komisch" im

---

[109] Wie z. B. in der gesamten Komödientheorie bis zum Ende des 19. Jahrhunderts.
[110] Christian Janentzky: Über Tragik, Komik und Humor. Jb. d. fr. dt. Hochstifts 23 (1936–40). S. 3–51. Bes. S. 23.
[111] Vgl. dazu Brods Begriff des „Akribismus" in seiner Biographie a.a.O. S. 216 f. Brods Ausführungen sind ein Beispiel für die Umbiegung des kafkaschen Verfahrens ins konventionell „Komische": „Obenauf liegt Zerrissenheit, Verzweiflung in dem, was erzählt wird, – aber die Gelassenheit und Ausführlichkeit, mit der es erzählt wird, der ins Detail, also ins reale Leben und in die naturtreue Darstellung verliebte 'Akribismus' ..." Brod lenkt hier in die Tradition des *stilus comicus* als *stilus humilis* ein, des trivial Alltäglichen als des „Komischen", wie sie die Romanistik als gesamteuropäisches Phänomen beschrieben hat: Vgl. Erich Auerbach: Mimesis. Dargestellte Wirklichkeit in der abendländischen Literatur. – Bern 1959. Zweite, verbesserte und erweiterte Auflage. S. 295. Hugo Friedrich: Montaigne. – Bern 1949. S. 448 ff. Ernst Robert Curtius: Europäische Literatur und lateinisches Mittelalter. – Bern 1954. Zweite, durchgesehene Auflage. S. 80, 238, 390 Anm. 3, 449.
[112] Schopenhauer a.a.O. 104: „... auch ist dasselbe mit keiner Anstrengung verknüpft (scil. das Anschauen). Vom Denken gilt das Gegenteil: es ist die zweite Potenz des Erkennens, deren Ausübung stets einige oft bedeutende Anstrengung erfordert ..."
[113] Vgl. Schaufelberger a.a.O. S. 10 f.

Vergleich zu den verzweifelten Bemühungen, sich durch „alogische" Mittel der Umkehrung, der Ablenkung und des gleitenden Paradoxes aus der „Totschlägerreihe" des konventionellen Denkprozesses herauszuwinden. Das Mitdenken des Immer-Gedachten, Immer-Wiederholten, Scheinbar-Stimmigen erweist sich als komisch; das Heraustreten aus dieser Welt logischer Stützkonstruktionen bewährt sich nicht, wie in den bisherigen Auffassungen von der Komik, als Befreiung zum Spiel, als Lust am Unsinn, sondern als ungeheure, unbewältigte und nicht zu bewältigende Aufgabe. Nur so erklären sich Kafkas für die Freunde oft unerklärliche Reaktionen auf völlig ernsthafte Texte[114]. Das Minuziöse erschien Kafka als ein Mittel, mit dessen Hilfe der Mensch sich über die Brüche im Daseinsverständnis hinwegzutäuschen sucht[115], vor denen er selbst die Augen nicht verschließen konnte; als ein Mittel der Ablenkung von jenem „Ja und Nein", das er eigentlich zu sagen hätte, und das durch die Motivationen des kausalen und finalen Denkens verstellt wird. Es ist nur „konsequent" im Sinne kafkaschen Denkens, daß das Minuziöse, das das „eigentlich Komische" ist, sich – wiederum mit Kafkas Formulierung – in „tödliche Verzweiflung" (S 425) verkehrt, nicht ohne alsbald und von neuem ins „Komische" umzuschwenken[116]. Die Denkform des gleitenden Paradoxes bewährt sich auch in diesem poetologischen Zusammenhang mit aller Konsequenz.

---

[114] Kafka lachte nach dem Zeugnis Brods (Franz Kafka. Eine Biographie a.a.O. S. 217) „so sehr, daß er weilchenweise nicht weiterlesen konnte", als er den Freunden das 1. Kapitel des Prozesses vorlas. Es ist bezeichnend, daß dies auch beim Vorlesen der vom Syntaktischen her so überaus logisch bestimmten Kleisttexte geschah. (A. a. O. S. 58).

[115] F. Weltsch kommt dieser Einsicht vielleicht am nächsten, wenn er den „Humor" dahingehend definiert, „daß das Wesen des Humors darin besteht, daß eine vermeintliche Einheit als Zweiheit durchschaut wird ... Er entlarvt die allzu rasche, die ungeduldige, die allzu billige Einheit, die Einheit des Kurzschlusses." (Religiöser Humor bei Franz Kafka a.a.O. S. 179).

[116] Die ganze Stelle im Zusammenhang lautet folgendermaßen: „Und nun will ich euch, so gut ich es kann, die Geschichte im Wortlaut erzählen, so minutiös, wie sie K. gestern mit allen Zeichen tödlicher Verzweiflung mir erzählt hat. Hoffentlich hat ihn seither eine neue Vorladung wieder getröstet. Die Geschichte selbst ist aber zu komisch, hört zu: Das eigentliche Komische ist freilich das Minutiöse ..." (S. 425).

Hungerkünstler und singende Maus

Franz Kafkas Konzept der „kleinen Literaturen"

> Ich bin kein brennender Dornbusch.
> *J 202*

Die Rolle, die sich ein Autor in der Gesellschaft zuschreibt, in der er lebt, ist immer auch eine Rolle in der Geschichte der Autorschaft; er findet sie, indem er sich mit anderen Autoren vergleicht, im Blick auf die anderen seine eigene „Ansicht" des Schriftstellers gewinnt. Auf einer Reise liest Kafka ein Reclam-Bändchen, das Storms *Erinnerungen* enthält. Über diese Lektüre berichtet er an Max Brod:

> Ein Besuch bei Mörike. Diese beiden guten Deutschen – Storm und Mörike nämlich – sitzen im Frieden dort beisammen in Stuttgart, unterhalten sich über deutsche Literatur [...] und dann sprechen sie auch über Heine. [...] ‚Er ist ein Dichter ganz und gar' sagte Mörike ‚aber nit eine Viertelstund' könnt' ich mit ihm leben, wegen der Lüge seines ganzen Wesens.' Den Talmudkommentar dazu her! (*Br* 397; 20. 7. 1922)

Diese Situation, beinahe am Ende seines Lebens (fast wie im Rückblick auf sich selbst und das Geleistete) im Brief an den Freund festgehalten, drückt sehr genau Kafkas zwiespältiges Verhältnis zu seinem eigenen Ort in der Gesellschaft, zu seinem Schreiben in der Welt aus: „Schreiben als Form des Gebetes", wird Kafka sich Ende 1920 notieren (*H* 348); und ein Satz aus den frühen Tagebüchern erwidert mit der Gegenmeinung: „Schriftsteller reden Gestank" (*T I*, 13); in einem Brief, den Kafka am 14. 8. 1912 an den Verleger Ernst Rowohlt schreibt, spricht er von der „Gier, unter Ihren schönen Büchern auch ein Buch zu haben" (*Br* 103); und auf einem Zettel, den er seinem Freund und Nachlaßverwalter Max Brod hinterläßt, findet sich der Satz: „Mein Testament wird ganz einfach sein – die Bitte an Dich, alles zu verbrennen" (*P* 318).

Im Werk Kafkas zeigt sich, wie vielleicht bei keinem anderen Schriftsteller des 20. Jahrhunderts, die Zwiespältigkeit moderner Autorschaft, das Problematische der Rolle des Autors in der Zeit: der Wunsch nach Verinnerlichung bis zur Selbstauslöschung – und der andere Wunsch, soziale Wirkungen zu zeitigen, „die Welt ins Reine, Wahre, Unveränderliche zu heben" (*T I*, 838), gleichsam Modelle des Weltverstehens zu liefern: der Wunsch, gelesen zu werden. Kafka hat sich zeitlebens in diesem Konflikt nicht zu entscheiden vermocht. Wenige, luxuriöse Drucke seiner kleinen Geschichten hat er an die Öffentlichkeit gebracht, die drei großen, Fragment gebliebenen Romane blieben unpubliziert wie andere umfangreiche Konvolute voll von Werkteilen, Entwürfen, Aphorismen und Tagebuchaufzeichnungen.

Kafkas Wirkungsgeschichte spiegelt diese Zwiespältigkeit wider: Zu seinen Lebzeiten nur von Eingeweihten gekannt, wurde er zu einem Autor von Weltgeltung, als sein Freund Max Brod die drei Romane an die Öffentlichkeit brachte und Kafka damit zum „Romancier" des 20. Jahrhunderts schlechthin, zum Darsteller der Lebens- und Welterfahrung dieses Jahrhunderts, seiner Technokratie, seiner Inhumanität und seiner Verwaltungsmaschinerien machte. Und dies, obwohl Kafka selbst immer wieder von den „Niederungen" gesprochen hatte, in denen sich sein Romanschreiben bewege, und obwohl er nur wenige der kurzen Erzählungen hatte gelten lassen wollen: *Das Urteil, Die Verwandlung*, den *Heizer*, ferner die *Landarzt*-Erzählungen und den *Hungerkünstler*-Band.

Die testamentarische Verfügung Kafkas und ihre doppelbindende Gewalt haben die Situation der Überlieferung und Wirkung dieses Werkes vollends kompliziert: Es wird nie auszumachen sein, wie solche – an den besten Freund und größten Bewunderer gerichteten – Botschaften, das Werk zu vernichten, gelesen werden müssen, ob sie dem Erben die Rolle des Judas oder des Johannes zumuten. Max Brod jedenfalls verbrannte den Nachlaß nicht, sondern rettete ihn aus dem von den Nationalsozialisten besetzten Prag in einer abenteuerlichen Flucht durch die Dardanellen und über das Schwarze Meer nach Israel.

Kafkas Werk- und Lebensgeschichte machen deutlich, daß der moderne Autor zwischen zwei aufeinander bezogenen, zugleich aber miteinander unvereinbaren Möglichkeiten steht; daß er sich einerseits dadurch definiert, daß Selbsterleben und Poetologie ein und dasselbe werden, gleichsam im Schreibprozeß zusammenwachsen; andererseits aber dadurch, daß es ihm nicht gelingt, die alte Identitätsformel „Du bist Deine Geschichte" aus dem Schreibakt noch in Lebensrealität und Welterfahrung umzusetzen; die Geschichte, die er lebt, und die Geschichten, die er schreibend erzählt, zu einem Band der Identität zusammenzuflechten, wie dies Goethe in *Dichtung und Wahrheit* getan hatte, und wie etwa Hans Christian Andersen in seiner Autobiographie *Das Märchen meines Lebens* es ihm nachzutun suchte.

Für Kafka stellt sich diese Frage anders; er hat sie am Ende seines Lebens im Tagebuch in der Formel zusammengefaßt: „Was hast Du mit dem Geschenk des Geschlechtes getan?" (*T I*, 879) Dieser verzweifelte Aufschrei meint zweierlei: die Familie und ihren Blutkreislauf, das Geflecht aus Liebe und Haß, das sie erzeugt; und das Geschlecht als Abfolge der Generationen, wie es sich in die lange Geschichte des Judentums einschreibt. Es ist die Frage nach der Herkunft und die Frage nach der Zeugung, die auf dunkle Weise mit der Sexualität verknüpft ist und zugleich im Schreibprozeß des Autors sich einnistet; Schrift und Genealogie, die zur „Geschichte des Selbst" zusammenwachsen. Kafka hat diesen auf doppelte Weise zu verstehenden genealogischen Prozeß am Ende seines Lebens als verloren angesehen; dies war der Grund, warum er Max Brod bat, den Nachlaß zu vernichten.

Kafkas Tagebücher sind der Ort, wo dieser (zuletzt scheiternde) Lebensprozeß sich in den Schreibprozeß verwandelt, der auf die Findung einer Rolle in der Welt zielt. Dies geschieht auf eine vordergründige Weise durchaus auch im herkömmlichen Sinne. Die Tagebücher zeigen, wie Kafka seinen Ort in der Prager Literaturszene sucht, wie er sich mit seinen sehr viel berühmteren Schriftstellerkollegen Max Brod und Franz Werfel, mit Oskar Baum oder Felix Weltsch auseinandersetzt, wie er einen Dialog über die Zeiten hinweg mit großen europäischen Autoren führt, mit Flaubert, mit Dostojewski, mit Goethe, Grillparzer oder Kleist. Es läßt sich an seinen Niederschriften ablesen, in welcher Weise diese Arbeit am Selbstbild des Autors zugleich als Teilnahme am kulturellen Leben verstehbar wird: so bei den philosophischen, natur- und geisteswissenschaftlichen Vorträgen im Salon Fanta, bei Konzert- oder Theaterbesuchen, in Dichterlesungen und Rezitationen. Auch die Subkultur Prags wird sichtbar, die Kafka faszinierte – die Cabarets, die Nachtclubs, die Variétés, die Kinos und die Bordelle. Kafka erweist sich in seinen Tagebüchern als ein minuziöser Beobachter der Semiotik des Alltags. Wenn man sich verdeutlicht, daß auch die wesentlichen literarischen Texte aus dem Tagebuch herauswachsen – *Das Urteil, Der Heizer* und zahllose andere, zum Teil Fragment gebliebene Werke –, so wird evident, daß Kafkas Tagebuchschreiben den Versuch darstellt, Organisationsformen des Lebens zu finden und den eigenen Lebensgang in diesen anzusiedeln. Es ist ein Feld, an dessen Rändern Innerstes wie Äußeres aufscheinen: Träume, die niedergeschrieben werden, aber auch die Weltgeschichte, die zu Wort kommt. Legendär ist die Aufzeichnung am Tag des Ausbruchs des Ersten Weltkriegs, am 2. August 1914: „Deutschland hat Rußland den Krieg erklärt. – Nachmittag Schwimmschule". (*T I*, 543) Auch diese Disproportion gehört zum Wesen von Kafkas Tagebuch und seiner Selbstdeutung: die im Grunde unüberbrückbare Spannung zwischen welthistorischem Ereignis und der Intimität des Blicks auf das Naturhafte des eigenen Körpers. Er schreibt:

> Die Zeit, die jetzt verlaufen ist und in der ich kein Wort geschrieben habe, ist für mich deshalb wichtig gewesen, weil ich auf den Schwimmschulen in Prag, Königssaal und Czernoschitz aufgehört habe, für meinen Körper mich zu schämen. (T I, 37)

Kafka war sechsundzwanzig Jahre alt, als er im Jahre 1909 mit der Aufzeichnung seiner Tagebücher begann. Der erste Satz, den er niederschreibt, lautet: „Die Zuschauer erstarren, wenn der Zug vorbeifährt." (T I, 9) Was Kafka hier festhält, ist die Erfahrung einer der ersten Kino-Aufführungen[1], die damals Sensation machten; seine Selbst-Beschreibung geht nicht vom realen Leben aus, sondern vom „inszenierten Augenblick", dem Simulakrum der Wirklichkeit, dem bewegten Bild. Fast unmittelbar auf diese erste Aufzeichnung folgen Erlebnis- und Traumberichte über die Tänzerin Jewgenja Eduardowa vom Petersburger Ballett, das Kafka im Mai 1909 in Prag besuchte. Wieder geht es um Inszenierung, nicht um Lebenswirklichkeit – diesmal um den höchst artifiziell auf der Bühne sich in Szene setzenden menschlichen Körper. An diese Niederschrift schließt sich eine Körperbeobachtung des Tagebuchschreibenden an: „Meine Ohrmuschel fühlte sich frisch rauh kühl saftig an wie ein Blatt." (T I, 12) Und Kafka kommentiert: „Ich schreibe das ganz bestimmt aus Verzweiflung über meinen Körper und über die Zukunft mit diesem Körper". (T I, 12) Simulakren des Wirklichen, wie sie der eben entstehende Film liefert, der

---

[1] Zitatbelege im Text erscheinen unter folgenden Chiffren mit Seitenzahl:
Br = Franz Kafka, *Briefe 1902–1924*, hrsg. von Max Brod, Frankfurt/Main 1966
E = Franz Kafka, *Erzählungen*, Frankfurt/Main 1967
F = Franz Kafka, *Briefe an Felice und andere Korrespondenz aus der Verlobungszeit*, hrsg. von Erich Heller und Jürgen Born, Frankfurt/Main 1967
H = Franz Kafka, *Hochzeitsvorbereitungen auf dem Lande und andere Prosa aus dem Nachlaß*, Frankfurt/Main 1966
J = Gustav Janouch, *Gespräche mit Kafka*, Frankfurt/Main 1968
M = Franz Kafka, *Briefe an Milena*, erweiterte und neugeordnete Ausgabe, hrsg. von Jürgen Born und Michael Müller, Frankfurt/Main 1983
P = Franz Kafka, *Der Prozeß. Roman*, Frankfurt/Main 1950
TI = Franz Kafka, *Tagebücher*, hrsg. von Hans-Gerd Koch, Michael Müller und Malcolm Pasley, Bd. I: Text. Frankfurt/Main 1990
Vgl. Walter Bauer-Wabnegg, ‚Monster und Maschinen, Artisten und Technik in Franz Kafkas Werk' in: *Franz Kafka: Schriftverkehr*, hrsg. von Wolf Kittler und Gerhard Neumann, Freiburg 1990, S. 347–350.

Inszenierungsgestus des Balletts, wie es das Theater zeigt, eine Körperempfindung und das Schreiben über diesen Körper treten in Kafkas Tagebuch unvermittelt zusammen: als verkeilte Erfahrung einer unüberbrückbaren Differenz zwischen der Unmittelbarkeit des Leiblichen und dessen literarischer Verzeichnung. Die hieran sich anschließenden Niederschriften lauten: „Ich ging an dem Bordell vorüber, wie an dem Haus einer Geliebten" (*T I*, 13) und, wie aus diesem Eindruck herauswachsend: „Schriftsteller reden Gestank" (*T I*, 13). Suggestive Körpererfahrung und literarische Äußerung erscheinen in unversöhnbarem Konflikt; es ist diese Einsicht, die von Kafka als Folgerung aus der Sequenz seiner Aufzeichnungen gezogen wird.

Das hier beschriebene Tagebuch-Ensemble ist die Urszene von Kafkas Schreiben. Aus ihr erwachsen seine Schreibversuche, Ansätze zu seiner Selbst-Situierung in der Lebenswelt, fortgesetzte Erneuerungen und Um-Schreibungen seiner Selbst-Deutung. Es ist nur konsequent, daß schon wenige Seiten später im Tagebuch ein solcher erster literarischer Schreibversuch einsetzt: die sechs einander folgenden Neuansätze eines literarischen Textes mit dem Titel ‚Der kleine Ruinenbewohner'. In ihnen versucht Kafka ein zeitdiagnostisches und ein poetisches Vorstellungsfeld miteinander zu verknüpfen, die eigene, als verfehlt und zwanghaft angesehene Erziehung einerseits und die Phantasie von einem in einer Ruine, fern der städtischen Welt aufgezogenen tierhaften Wesen andererseits, das sich frei und naturhaft zu entwickeln vermag: Es ist die Phantasie einer Selbstbildung, die an das europäische Identitätsmodell anknüpft, wie es Rousseau zwischen contrat social und Utopie des Naturhaft-Wilden entwickelt hatte. Man könnte auch sagen, daß es in diesen Inszenierungsversuchen Kafkas um Selbstgeburtsphantasien geht; er schreibt:

> Diese Unvollkommenheit ist nicht angeboren und darum desto schmerzlicher zu tragen. Denn wie jeder habe ich auch von Geburt aus meinen Schwerpunkt in mir, den auch die närrischeste Erziehung nicht verrücken konnte. Diesen guten Schwerpunkt habe ich noch aber gewissermaßen nicht mehr den zugehörigen Körper. Und ein Schwerpunkt, der nichts zu arbeiten hat, wird zu Blei und steckt im Leib wie eine Flintenkugel. (*T I*, 24)

Es geht Kafka um die das Selbst zerreißende Differenz von natürlichem Selbstgefühl und disziplinarischem Zwang, von sprachlicher Inszenierung und unverwechselbarer Körperlichkeit; leiblicher Schwerpunkt, Körper- und Selbstbewußtsein dissoziieren – Kleist in seinem *Marionettentheater* hatte es den Verlust der Grazie genannt –, und die Schrift, die Freiheit und Selbstausdruck sein könnte, wendet sich gegen das schreibende Subjekt selbst: „[...] jeden Tag soll zumindest eine Zeile gegen mich gerichtet werden wie man die Fernrohre jetzt gegen den Kometen richtet." (*T I*, 14) Diese Erfahrungen der Selbstauflösung zwischen Lebensvollzug und Schreibakt verdichten sich dann modellhaft in einer Aufzeichnung vom Weihnachtsabend des Jahres 1910, wo Kafka den Blick auf den eigenen Körper, das Schreiben des Tagebuchs und die Inszenierung seines Selbst in der Welt so zusammenführt:

24 [Dezember 1910] Jetzt habe ich meinen Schreibtisch genauer angeschaut und eingesehn, daß auf ihm nichts Gutes gemacht werden kann. Es liegt hier so vieles herum und bildet eine Unordnung ohne Gleichmäßigkeit ohne jede Verträglichkeit der ungeordneten Dinge, die sonst jede Unordnung erträglich macht. Sei auf dem grünen Tuch eine Unordnung wie sie will, das durfte auch im Parterre der alten Theater sein. Daß aber aus den Stehplätzen

25 [Dezember 1910] aus dem offenen Fach unter dem Tischaufsatz hervor Broschüren, alte Zeitungen, Kataloge, Ansichtskarten, Briefe, alle zum Teil zerrissen, zum Teil geöffnet in Form einer Freitreppe hervorkommen, dieser unwürdige Zustand verdirbt alles. Einzelne verhältnismäßig riesige Dinge des Parterres treten in möglichster Aktivität auf, als wäre es im Teater erlaubt, daß im Zuschauerraum der Kaufmann seine Geschäftsbücher ordnet, der Zimmermann hämmert, der Officier den Säbel schwenkt, der Geistliche dem Herzen zuredet, der Gelehrte dem Verstand, der Politiker dem Bürgersinn, daß die Liebenden sich nicht zurückhalten u. s. w. Nur auf meinem Schreibtisch steht der Rasierspiegel aufrecht, wie man ihn zum Rasieren braucht, die Kleiderbürste liegt mit ihrer Borstenfläche auf dem Tuch, das Portemonnaie liegt offen für den Fall daß ich zahlen will, aus dem Schlüsselbund ragt ein Schlüssel fertig zur Arbeit vor und die Kravatte schlingt sich noch teilweise um den ausgezogenen Kragen. Das nächst höhere, durch die kleinen geschlossenen Seitenschubladen schon eingeengte offene Fach des Aufsatzes ist nichts als eine Rumpelkammer, so als würde der niedrige Balkon des Zuschauerraumes, im Grunde die sichtbarste Stelle des Teaters für die gemeinsten Leute reserviert für alte Lebemänner, bei denen der Schmutz allmählich von innen nach außen kommt, rohe Kerle, welche die Füße über das Balkongeländer herunterhängen lassen, Familien mit soviel Kindern, daß man nur kurz hinschaut, ohne sie zählen zu können richten hier den Schmutz armer Kinderstuben ein (es rinnt ja schon im Parterre), im dunklen Hintergrund sitzen unheilbare Kranke, man sieht sie glücklicherweise nur wenn man hineinleuchtet u. s. w. In diesem Fach liegen alte Papiere die ich längst weggeworfen hätte wenn ich einen Papierkorb hätte, Bleistifte mit abgebrochenen Spitzen, eine leere Zündholzschachtel, ein Briefbeschwerer aus Karlsbad, ein Lineal mit einer Kante, deren Holprigkeit für eine Landstraße zu arg wäre, viele Kragenknöpfe, stumpfe Rasiermessereinlagen (für die ist kein Platz auf der Welt), Krawattenzwicker und noch ein schwerer eiserner Briefbeschwerer. In dem Fach darüber –

Elend, elend und doch gut gemeint. Es ist ja Mitternacht, aber das ist, da ich sehr gut ausgeschlafen bin, nur insoferne Entschuldigung als ich bei Tag überhaupt nichts geschrieben hätte. Die angezündete Glühlampe, die stille

Wohnung, das Dunkel draußen, die letzten Augenblicke des Wachseins sie geben mir das Recht zu schreiben und sei es auch das Elendste. Und dieses Recht benütze ich eilig. Das bin ich also. (*T I*, 137 ff.)

Dieser Tagebucheintrag Kafkas ist der Versuch einer Ordnungs- wie einer Sinnstiftung zugleich; der Schreibtisch wird zur Bühne, aber in einer Verkehrung der Perspektive ist es nicht mehr das schreibende Ich, das zum Inszenator der Welt wird, sondern das Bühnenhaus des Schreibtischs, das Gewalt über den Schreibenden gewinnt. Es ist die umgekehrte Phantasie einer Selbstinszenierung aus den auf das Selbst gerichteten Fernrohren; was zur Darstellung kommt, ist zwar die Welt in ihren Erscheinungsformen: Ökonomie, Militär, Theologie, Wissenschaft, Politik, Erotik und Familie – aber eine Welt im Zeichen des Schmutzes, der puren Körperlichkeit, der Depravierung und des Chaos; letzter Fluchtpunkt dieses Weltentwurfs ist die Verzweiflung des Diaristen über das schriftstellerische Versagen: „Elend, elend und doch gut gemeint [...] Das bin ich also". Theatralik einer verrotteten Welt, suggestive Körperlichkeit, einem Scheinbild des Wirklichen ausgeliefert – dies alles konvergierend in einem Schreibakt, der sich zu einer selbstzerstörerischen Vision verdichtet – zugleich aber ist es ein Grenzaugenblick der Identität, die Phantasie einer „Geburt des Helden" in der Weihnachtsnacht – und ihr Mißglücken zuletzt, eine Fehlgeburt; auch dies eine Ursituation Kafkaschen Schreibens, die sich in der Anfangssequenz des *Proceß*-Romans wiederholen wird, jenes „riskantesten Augenblicks" auf der Grenze zwischen Wachsein und Traum, in Szene gesetzt am Morgen des Geburtstages, wo sich das Verhör des Helden unvermerkt in die nächtliche Aufführung einer Komödie verwandelt.[2] Was die Tagebuchstelle vom 24./25.12.1910 festhält, ist die Geburt des Autor-Ichs, die „Selberlebensbeschreibung" (Jean Paul) des Diaristen zwischen Welt und Ich, zwischen Eigentümlichkeit und Erziehung, zwischen Ausgeliefertheit und autonomem Spiel.

Dieses Grundmodell der versuchten Inszenierung von Subjektivität bleibt für Kafkas ganzes Tagebuch-Werk bestehen; es wird zur Schlüsselfigur seiner Selbsterfahrung und reicht von der frühen Beobachtung des jiddischen Theaters in Prag – als eines „Welt-Theaters" schlechthin – über das Spiel mit der Doppelperspektive von Zuschauer und Schauspieler – „lauter Theater, ich einmal oben auf der Gallerie, einmal auf der Bühne..." (*T I*, 239) – bis hin zu der späten Aufzeichnung:

---

[2] Gerhard Neumann, ‚Franz Kafka: „Der Prozeß"', in: *Lehren und Lernen* 3 (1990), 16. Jg., S. 1–30.

Theaterdirektor, der alles von Grund auf selbst schaffen muß, sogar die Schauspieler muß er erst zeugen. Ein Besucher wird nicht vorgelassen, der Direktor ist mit wichtigen Theaterarbeiten beschäftigt. Was ist es? Er wechselt die Windeln eines künftigen Schauspielers. (*T I*, 107; 18. 2. 1922)

Ebenso deutlich wie die in immer neuen Ansätzen erprobte Selbstinszenierung ist freilich in Kafkas Tagebuchaufzeichnungen auch das stets sich wiederholende Scheitern solcher Ansätze; eine Niederschrift vom 3. Oktober 1911 bezeugt dies besonders eindringlich:

> Beim Diktieren einer größern Anzeige an eine Bezirkshauptmannschaft im Bureau. Im Schluß, der sich aufschwingen sollte, blieb ich stecken und konnte nichts als das Maschinenfräulein Kaiser ansehn, die nach ihrer Gewohnheit besonders lebhaft wurde, ihren Sessel rückte hustete, auf dem Tisch herumtipte und so das ganze Zimmer auf mein Unglück aufmerksam machte. [...] Endlich habe ich das Wort „brandmarken" und den dazu gehörigen Satz, halte alles aber noch im Mund mit einem Ekel und Schamgefühl wie wenn es rohes Fleisch, aus mir geschnittenes Fleisch wäre (solche Mühe hat es mich gekostet). Endlich sage ich es, behalte aber den großen Schrecken, daß zu einer dichterischen Arbeit alles in mir bereit ist und eine solche Arbeit eine himmlische Auflösung und ein wirkliches Lebendigwerden für mich wäre, während ich hier im Bureau um eines so elenden Aktenstückes willen einen solchen Glückes fähigen Körper um ein Stück seines Fleisches berauben muß" (*T I*, 54)

Hier gilt Kafkas Beobachtung der Lebenswelt seines Berufs und der Sprache, die sich in ihr entwickelt; und auch hier kommt es zu einer Spaltung, bei der Alltagshandeln und poetische Verwandlung auseinandertreten, eine unüberbrückbare Differenz zwischen Sprache und Körper, Tat und Beobachtung sich auftut; mit der zuletzt unrealisierten Utopie einer Erlösung aus diesem Zustand bricht der Text ab. In der Vorstellung von der Sprache, die am Fleischklumpen des Körpers zu ersticken droht, ist die Unmöglichkeit, zu leben und zu schreiben, das Wirkliche und die Dichtung zusammenzuführen, buchstäblich zum Ausdruck gebracht. Von solchem Scheitern handeln Kafkas Tagebücher.

Freilich gibt es immer wieder Versuche Kafkas, diese Spaltung zwischen Leben und Schrift, zwischen Körper und Sprache zu heilen, die Kluft, die sich zwischen beidem auftut, zu überschreiten. Es sind Versuche der Aneignung von Ordnungserfahrungen, die von außen an ihn herantreten, und mit denen Kafka sich auseinandersetzt: so seine Begegnung mit Rudolf Steiner, dem Begründer der Anthroposophie, im März 1911, eine Hoffnung, die bitter enttäuscht wird, so aber auch seine Begegnung mit den jiddischen Schauspielern, die etwa zur gleichen Zeit, im Oktober desselben Jahres, in Prag gastierten.

Diese Schauspieltruppe war aus Lemberg nach Prag gekommen und gastierte vier Monate lang – vom 24. September 1911 bis zum 21. Januar 1912 – in Herrmanns Café Savoy. Kafka besuchte zahlreiche Aufführungen, verkehrte privat mit den Schauspielern, informierte sich durch Lektüre über die Geschichte des Judentums und die Entwicklung der jüdisch-deutschen Literatur und hielt, bei einem Rezitationsabend des Schauspielers Jizchak Löwy, den er selbst arrangiert hatte, eine ‚Rede über die jiddische Sprache'. (*H* 421–426) Was Kafka offenbar faszinierte, war die Welt des Körperausdrucks, die sich im jiddischen Theater manifestierte: gleichsam die Darstellung des Volkskörpers einer Nation, deren „Blutkreislauf" zwar auch die Westjuden angehörten, von deren Wesen und Erscheinungsbild diese sich aber vehement zu distanzieren suchten. Die Reaktion von Kafkas Vater auf den Umgang des Sohnes mit diesen Schauspielern lautete denn auch: „Wer mit Hunden zu Bett geht, steht mit Flöhen auf". Kafka selbst dagegen war fasziniert von „Löwy, den ich im Staub bewundern möchte" (*T I*, 89). In den jiddischen Stücken, die von den ostjüdischen Schauspielern gespielt oder rezitiert wurden, glaubte Kafka jene Verbindung von Sprache und Literatur mit den Fragen der Familie und der Nation wahrzunehmen, nach deren Ausdruck und Bewältigung er suchte; keine Enttäuschung also, wie in der Begegnung mit Steiner, sondern die Beseelung durch ein glühendes Engagement, wie nie zuvor in seinem Leben, und wie vielleicht auch später nie wieder. Diese Kafka zutiefst aufwühlende Erfahrung hatte zwei Konsequenzen. Sie führte einerseits zum Entwurf eines Literaturkonzepts der „kleinen Literaturen" (nach dem Beispiel der jiddischen) und ihrer politischen Funktion[3], das Kafka im Tagebuch aus dem Erlebnis des jiddischen Theaters abzuleiten suchte; und es erbrachte zugleich die Entwicklung eines Sprachkonzepts, wie es sich schließlich in der ‚Rede über die jiddische Sprache' niederschlug; Kafka suchte aufgrund der Erfahrung der Eigentümlichkeit des jüdischen Volkskörpers, seiner „Geschlechtlichkeit" im doppelten Sinne, eine Poetologie zu entwerfen, die ihm zu seiner eigenen Stellung in der Welt verhelfen sollte. So ist denn die Konzeption dessen, was Kafka die „kleinen Literaturen" nennt, für seine Kunstauffassung von kaum zu überschätzender Bedeutung; solche „kleinen Litteraturen" hätten den Vorteil, daß sie der Nation „für sich und gegenüber der feindlichen Umwelt" (*T I*, 318) Rückhalt böten. Es sei dies, schreibt Kafka, „das Tagebuchführen einer Nation, das etwas ganz anderes ist als Geschichtsschreibung" (ebd.). Der

---

[3] Hierauf haben zum erstenmal aufmerksam gemacht Gilles Deleuze / Felix Guattari, *Kafka. Pour une littérature mineure*, Paris 1975.

Begriff des Tagebuchs wird hier für Kafka zum Schlüssel, der die Intimität von Literatur ans Öffentliche, Politische vermittelt und damit gleichzeitig dem Schriftsteller seinen Ort in der Gesellschaft zuweist; Literatur als Tagebuchführung nationaler Minderheiten, die sich von der offiziellen, literarischen wie historischen Geschichtsschreibung als Identitätskonstrukt „großer Nationen" wesentlich unterscheidet. Die Vorzüge solcher minoritärer Literaturen seien „die Übernahme literarischer Vorkommnisse in die politischen Sorgen" und die „Veredlung und Besprechungsmöglichkeit des Gegensatzes zwischen Vätern und Söhnen" (ebd.) in ihnen; damit bettet Kafka das ödipale Triangel der Familie in das politische Dreieck ein, das menschliche Beziehungen in die Instanzen von Bürokratie, Sozialpädagogik und Justiz transformiert. Durch die Entstehung und das Aufblühen kleiner Literaturen wird dem Schriftsteller eine Stellung mitten im Leben des Volkes zugewiesen: „die Litteratur ist weniger eine Angelegenheit der Litteraturgeschichte als Angelegenheit des Volkes" (*T I*, 315), schreibt Kafka. Hier ist der Punkt, wo Kafkas historische Diagnose und sein Literaturkonzept konvergieren: in der Einsicht nämlich in die politische Wirklichkeit jener Minderheiten, die das Ferment und den Kontrapost großer Nationen bilden. Von entscheidender Bedeutung ist dabei der Gedanke, daß eine minoritäre Literatur die kleinsten, privatesten Vorkommnisse ins Öffentliche zu vermitteln vermöchte, also das literarische Theater des Subjekts, wie es sich in Kafkas Schreibtischvisionen abzeichnet, in das Tagebuchführen einer Nation, einen die Zeit durchlaufenden Schreibstrom verwandelt; minoritäre Literaturen seien dabei nicht durch die Begriffe des Werks, der Autorschaft und der historischen Tradition bestimmt, sondern Angelegenheit des Volkes und seines „Jargons"; ein überdauerndes, mündliches, und eben dadurch vollendbares Projekt, das sich im Idiolekt einer Gemeinschaft realisiert.

Damit aber ist Kafkas zweites Thema berührt, das er aus der Begegnung mit der Schauspieltruppe Löwys entwickelte – und das sich schließlich in der ‚Rede über die jiddische Sprache' niederschlug. Diese enthält ein Sprachkonzept, welches das Literaturkonzept der „minoritären Literaturen" ergänzt. Kafka zeigt, daß der „Jargon" (das Jiddische) eine subversive Macht besitze; daß eine beunruhigende Kraft von ihm ausgehe, die der „Ordnung der Dinge" (*H* 422), welche die westeuropäischen Verhältnisse regelt, die Verwirrung des Jargons gegenüberstellt: Dieser „hat keine Grammatiken. Liebhaber versuchen Grammatiken zu schreiben, aber der Jargon wird immerfort gesprochen [...] Das Volk läßt ihn den Grammatikern nicht." (*H* 422) Kafka benutzt zur Charakterisierung des Jargons die doppelte Formel von „Bastelei" und „Anarchie" und markiert durch diese beiden Vorstellungen das Eigentliche, Außergewöhnliche und Eigentümliche dieser Sprache: „In diesem Treiben der Sprache" – so schreibt er – „herrschen aber wieder Bruchstücke bekannter Sprachgesetze" (*H* 423), die Ordnung dieser Sprachgesetze sei gekennzeichnet durch ein Zusammenspiel von „Willkür und Gesetz" (*H* 423). Im Grund genommen, so fügt Kafka hinzu, bestehe der Jargon nur aus „Fremdwörtern", die nicht in ihm befestigt sind, sondern ihn mit Neugier, Leichtsinn und Kraft gleichsam „durchlaufen" (*H* 423). Der Jargon ist weder „Muttersprache" noch „Weltsprache", sondern ein exterritoriales Idiom: „Gemurmel" (*H* 423). Es handelt sich um jenes „Gemauschel" (so sagt es ein Brief an Max Brod von 1921, *Br* 336), das dann in Kafkas letzter Erzählung in der Utopie des Volks der Mäuse und des Singens der Sängerin Josephine eine so wichtige Rolle spielt. Diese subversive Paradoxie des Jargons als Form eines apersonalen literarischen Sprechens drückt Kafka in einer Notiz des Tagebuchs abschließend aus: „seht Ihr, alle Sprachen kenn ich, aber auf jiddisch" (*T I*, 350).

Kafkas poetisches und linguistisches Konzept, das aus seiner Begegnung mit der Welt der jiddischen Schauspieler erwächst und ihm selbst einen Ort in der Welt verschaffen soll, ist geprägt durch Vorstellungen von Anarchie und Verwirrung, die in die geregelte Ordnung der großen nationalen Welt einbrechen; es ist im Grunde ein politisches Konzept. Denn der Jargon nutzt die herrschende Sprache und pervertiert sie zugleich. Ein später Brief an Max Brod (Juni 1921) drückt dies mit großer Genauigkeit aus: Die kleine Welt „der deutsch-jüdischen Literatur" sei „Anmaßung eines fremden Besitzes, den man nicht erworben, sondern […] gestohlen hat" (*Br* 336). Diese sei eher „Gebärdensprache" als „Papierdeutsch", „eine von allen Seiten unmögliche Literatur, eine Zigeunerliteratur, die das deutsche Kind aus der Wiege gestohlen und in großer Eile irgendwie zugerichtet hatte, weil doch irgendjemand auf dem Seil tanzen muß" (*Br* 338). Damit wird Literatur recht eigentlich zum illegitimen und anarchischen Spiel einer poetischen Rede, die anonym aus dem Körper des Schreibenden wächst, das Tagebuchschreiben einer so verstandenen „kleinen" Nation zu einer subversiven politischen Aktion, einer „Sprachmeute" macht (wie Canetti sagen würde), die das Prinzip der wahren Poesie allererst freisetzt.

Kafka sucht also die Stellung des Schriftstellers in der Welt dadurch zu bestimmen, daß in ihm die politische Situation einer Minderheit in einem modernen Machtstaat zum Vorschein kommt; er zeigt die Entwicklung eines Sprachkonzepts und eines Literaturkonzepts der Subversion, die in ihrer Verknüpfung politische Züge tragen; und er liefert die Begründung für die literarische Utopie eines Volkskörpers, der das Subjekt in seine Gemeinschaft einbettet und assimiliert: als Autor und als Bruderkörper zugleich. Die letzte Erzählung Kafkas, *Josephine die Sängerin*, bietet eine literarische Verarbeitung dieses Konzepts, die Vorstellung vom Künstler, dessen Subjektivität im Volkskörper sich löst, diesen vollendend und mit ihm verschmelzend: Es ist der Verzicht auf Autorschaft und Werkidee.

Kafka selbst freilich hat an die Realisierung dieses Konzepts nicht geglaubt, hat es in seinem schriftstellerischen Tun nicht verwirklicht gesehen; das Tagebuch kehrt immer wieder zu jenen Augenblicken zurück, in denen das Gefühl des Selbst zerbricht, in denen die immer von neuem gesetzten Anfänge ersticken. So heißt es am 16.1.1922 im Tagebuch:

> Es war in der letzten Woche wie ein Zusammenbruch, so vollständig wie nur etwa in der einen Nacht vor 2 Jahren, ein anderes Beispiel habe ich nicht erlebt. Alles schien zuende und scheint auch heute durchaus noch nicht ganz anders zu sein. […] Erstens: Zusammenbruch, Unmöglichkeit zu schlafen, Unmöglichkeit zu wachen, Unmöglichkeit des Lebens, genauer die Aufeinanderfolge des Lebens zu ertragen. Die Uhren stimmen nicht überein, die innere jagt in einer teuflischen oder dämonischen oder jedenfalls unmenschlichen Art, die äußere geht stockend ihren gewöhnlichen Gang. Was kann anderes geschehn, als daß sich die zwei verschiedenen Welten trennen und sie trennen sich oder reißen zumindest an einander in einer fürchterlichen Art. Die Wildheit des inneren Ganges mag verschiedene Gründe haben, der sichtbarste ist die Selbstbeobachtung, die keine Vorstellung zur Ruhe kommen läßt, jede emporjagt um dann selbst wieder als Vorstellung von neuer Selbstbeobachtung weiter gejagt zu werden. Zweitens: Dieses Jagen nimmt die Richtung aus der Menschheit. Die Einsamkeit, die mir zum größten Teil seit jeher aufgezwungen war, zum Teil von mir gesucht wurde – doch was war auch dies anderes als Zwang – wird jetzt ganz unzweideutig und geht auf das Äußerste. Wohin führt sie? Sie kann, dies scheint am Zwingendsten, zum Irrsinn führen, darüber kann nichts weiter ausgesagt werden, die Jagd geht durch mich und zerreißt mich. Oder aber ich kann – ich kann? – sei es auch nur zum winzigsten Teil mich aufrechterhalten, lasse mich also von der Jagd tragen. Wohin komme ich dann? ‚Jagd' ist ja nur ein Bild, ich kann auch sagen ‚Ansturm gegen die letzte irdische Grenze' undzwar Ansturm von unten, von den Menschen her und kann, da auch dies nur ein Bild ist, es ersetzen durch das Bild des Ansturmes von oben, zu mir herab.
>
> Diese ganze Litteratur ist Ansturm gegen die Grenze und sie hätte sich, wenn nicht der Zionismus dazwischen gekommen wäre, leicht zu einer neuen Geheimlehre, einer Kabbala entwickeln können. Ansätze dazu bestehn. Allerdings ein wie unbegreifliches Genie wird hier verlangt, das neu seine Wurzeln in die alten Jahrhunderte treibt oder die alten Jahrhunderte neu erschafft und mit dem allen sich nicht ausgibt, sondern jetzt erst sich auszugeben beginnt. (*T I*, 877 f.)

Der Zusammenbruch, von dem Kafka hier spricht, ist ein vollständiger; innere und äußere Wahrnehmung zerfallen; der Zeittakt, der so sehr zum Wesen des Tagebuchs gehört, bricht auseinander; Selbstbeobachtung dient nur noch dazu, das Handeln zu paralysieren; Einsamkeit wird als die Jagd aus der Menschheit heraus begriffen; es ist der drohende Irrsinn, das verzweifelte Anstürmen der Literatur gegen die letzte irdische Grenze; die Vision des Zionismus und der Kabbala als Wirklichkeit aufschließender Organe erlischt; der durch die Tradition, das klassische Konzept noch überlieferte Begriff des „Genies", über das neunzehnte Jahrhundert hinweggerettet, versagt. Es ist der Augenblick des Zusammenbruchs, in dem Kafka seine Selbstzweifel auf die erschütternde Frage zuspitzt: „Was hast Du mit dem Geschenk des Geschlechtes getan? Es ist mißlungen [...]. Aber es hätte leicht gelingen können. Freilich eine Kleinigkeit [...] hat es entschieden [...]. Bei den größten Schlachten der Weltgeschichte ist es so gewesen." (*T I*, 879)

Als Kafka am Ende seines Lebens in Spindlermühle nach einer lebensbedrohlichen Krise an seinem *Schloß*-Roman zu arbeiten beginnt, schreibt er einen Satz nieder, der zum Inbegriff seiner Poetologie der Unmöglichkeit wird:

> Merkwürdiger, geheimnisvoller, vielleicht gefährlicher, vielleicht erlösender Trost des Schreibens: das Hinausspringen aus der Totschlägereihe Tat – Beobachtung, Tat – Beobachtung, indem eine höhere Art der Beobachtung geschaffen wird, eine höhere, keine schärfere, und je höher sie ist, je unerreichbarer von der ‚Reihe' aus, desto unabhängiger wird sie, desto mehr eigenen Gesetzen der Bewegung folgend, desto unberechenbarer, freudiger, steigender ihr Weg. (*T I*, 892)

Was sich hier abzeichnet, ist eine Poetologie, die sich von der Vorstellung und vom Ziel eines „Durchbruchs" in die Welt der Geschichte gelöst hat; die Unvermittelbarkeit von Handeln und Beobachten, von Tun und Wissen wird dem Autor zu tödlicher Einsicht; die Beobachtung erscheint unüberbrückbar getrennt vom Handeln, das politisch werden könnte. Eine diese „Totschlägereihe" überwindende „höhere" Beobachtung, die ihre eigenen Gesetze verfolgte, könnte die der Poesie sein; einer Poesie freilich, die den, der sie erzeugt, zerstört. Die letzte Niederschrift im Tagebuch überhaupt heißt: „Jedes Wort, gewendet in der Hand der Geister [...] wird zum Spieß, gekehrt gegen den Sprecher."(*T I*, 126)

Diese letzten Aufzeichnungen des Tagebuchs bezeugen, daß Kafka meinte, den Kampf um die Wirklichkeit, um die Erkenntnis ihrer Gesetze, damit aber den Kampf um seine Stellung als Autor und Lebender in der Welt, verloren zu haben. Dies spricht eine Notiz vom 3. März 1922 aus; sie nimmt noch einmal das Thema der „Totschlägereihe" Tat – Beobachtung auf und lautet:

> Wie wäre es wenn man an sich selbst erstickte? Wenn durch drängende Selbstbeobachtung die Öffnung durch die man sich in die Welt ergießt, zu klein oder ganz geschlossen würde? Weit bin ich zu Zeiten davon nicht. Ein rücklaufender Fluß. (*T I*, 910)

Kafka war zeitlebens auf der Suche nach dem Ort seines Schreibens in der Welt; man könnte geradezu eine Urszene dieser Suche nach dem schreibenden Selbst ausmachen. Eine frühe Aufzeichnung berichtet von den kindlichen Schreibversuchen Kafkas und seinen Bemühungen, die Aufmerksamkeit der Umwelt auf sie zu lenken:

> So schrieb ich einmal auch an einem Sonntagnachmittag, als wir bei den Großeltern zu Besuch waren und ein dort immer übliches besonders weiches Brot, mit Butter bestrichen aufgegessen hatten, etwas über mein Gefängnis auf. Es ist schon möglich, daß ich es zum größten Teil aus Eitelkeit machte und durch Verschieben des Papiers auf dem Tischtuch, Klopfen mit dem Bleistift, Herumschauen in der Runde unter der Lampe durch jemanden verlocken wollte, das Geschriebene mir wegzunehmen, es anzuschauen und mich zu bewundern. (*T I*, 196)

Was in dieser Szene noch in den Grenzen familialer Sozialisation sich abspielt, wird in einem frühen Brief an Oskar Pollak dann ins Transzendente erweitert:

> Übrigens ist schon eine Zeit lang nichts geschrieben worden. Es geht mir damit so: Gott will nicht, daß ich schreibe, ich aber, ich muß. So ist es ein ewiges Auf und Ab, schließlich ist doch Gott der Stärkere und es ist mehr Unglück dabei, als Du Dir denken kannst. (*Br* 21)

Und in einem Brief an Felice Bauer vier Jahre später erhält dieser Gedanke eine weitere Dimension, die Vorstellung von einer göttlichen Macht, in deren Händen der Mensch zum Organ, zum Ausdrucksmittel irdischen Handelns wird:

> Gibt es also eine höhere Macht, die mich benützen will oder benützt, dann liege ich als ein zumindest deutlich ausgearbeitetes Instrument in ihrer Hand; wenn nicht, dann bin ich gar nichts und werde plötzlich in einer fürchterlichen Leere übrig bleiben. (*F* 66)

Was in dieser allmählich sich erweiternden Szenerie der Selbstcharakteristik, die vom Kind am Familientisch bis zum Kind Gottes in der Welt sich steigert, zunehmend an Kontur gewinnt, ist die Vorstellung des Gerichts. Dies drückt eine Tagebuchaufzeichnung vom 20. Dezember 1910 aus: „Womit entschuldige ich, daß ich heute noch nichts geschrieben habe? Mit nichts. Zumal meine Verfassung nicht die schlechteste ist. Ich habe immerfort eine Anrufung im Ohr: ‚Kämest Du, unsichtbares Gericht!'" (*T I*, 135) Gerichtstag und Auserwählung: Es sind zwei einander widersprechende Vorstellungen, in deren Licht Kafka sein Schreiben ansiedelt. Sie führen zum Bild des Menschen, der vom Blick Gottes fixiert wird, strafend und überwachend; und dies doch um seiner Auserwählung zum Schriftsteller willen. In einem Brief vom 3.6.1920 an Milena Jesenská schreibt Kafka:

> Sehen Sie Milena, ich liege auf dem Liegestuhl vormittag, nackt, halb in Sonne halb im Schatten, nach einer fast schlaflosen Nacht; wie hätte ich schlafen können, da ich, zu leicht für Schlaf [...] entsetzt war über das ‚was mir in den Schoß gefallen war', so entsetzt im gleichen Sinne wie man von den Propheten erzählt, die schwache Kinder waren [...] und hörten, wie die Stimme sie rief und sie waren entsetzt und wollten nicht und stemmten die Füße in den Boden und hatten eine gehirnzerreißende Angst und hatten ja auch früher schon Stimmen gehört und wußten nicht, woher der fürchterliche Klang gerade in diese Stimme kam [...] und wußten auch nicht [...] daß die Stimme schon gesiegt hatte [...] womit aber noch nichts für ihr Prophetentum ausgesagt war, denn die Stimme hören viele, aber ob sie ihrer wert sind, ist auch objektiv noch sehr fraglich und der Sicherheit halber von vornherein lieber streng zu verneinen [...]. (*M* 39)

Gerichtstag und Auserwählung: eine Verschärfung erfährt diese Situation dadurch, daß die Vorstellung von der Auserwählung zum Seher und Propheten bei Kafka immer wieder überlagert wird durch Phantasien von Besessenheit und Teufelsaustreibung, durch das Trauma der Einwirkung fremder, anonymer Gewalt auf Seele und Körper, die zu selbstzerstörerischen Konflikten zwischen solcher fremden Einwirkung, selbstbehauptender Kraft und der Beziehung zu anderen Menschen – Kafka nennt es im *Urteil* den „Menschenverkehr" – führt. Ein Bekannter Felice Bauers in Berlin hatte ihr aus der Schrift Kafka dessen literarische Begabung diagnostiziert. Empört schreibt Kafka am 14. August 1913 an seine Briefpartnerin in Berlin:

> Der Mann in Euerer Pension soll die Graphologie lassen [...] Ich habe kein literarisches Interesse, sondern bestehe aus Literatur, ich bin nichts anderes und kann nichts anderes sein. Ich habe letzthin in einer *Geschichte des Teufelsglaubens* folgende Geschichte gelesen: ‚Ein Kleriker hatte eine so schöne süße Stimme, daß sie zu hören die größte Lust gewährte. Als ein Geistlicher diese Lieblichkeit eines Tages auch gehört hatte, sagte er: das ist nicht die Stimme eines Menschen, sondern des Teufels. In Gegenwart aller Bewunderer beschwor er den Dämon, der auch ausfuhr, worauf der Leichnam (denn hier war eben ein menschlicher Leib anstatt von der Seele vom Teufel belebt gewesen) zusammensank und stank.' Ähnlich, ganz ähnlich ist das Verhältnis

zwischen mir und der Literatur, nur daß meine Literatur nicht so süß ist wie die Stimme jenes Mönches. –(F 444 f.)

Die Folge dieser fordernden, dieser mit Macht auf den Menschen einwirkenden Kraft ist die ständig wachsende Isolation; das Getrenntwerden von den anderen Menschen, das immer beherrschender Werdende wahnhafter und zwanghafter Erfahrungen. Das Tagebuch umkreist diese Einsicht in wechselnden, vielfältigen Abwandlungen. So notiert sich Kafka am 3. 1. 1912:

> In mir kann ganz gut eine Konzentration auf das Schreiben hin erkannt werden. Als es in meinem Organismus klar geworden war, daß das Schreiben die ergiebigste Richtung meines Wesens sei, drängte sich alles hin und ließ alle Fähigkeit leer stehn, die sich auf die Freuden des Geschlechtes, des Essens, des Trinkens, des philosophischen Nachdenkens der Musik zu allererst richteten. Ich magerte nach allen diesen Richtungen ab. (*T I*, 341)

Kafka wird diese Vorstellung in seinen letzten Lebensjahren dann dichterisch in der Figur des Hungerkünstlers zur Anschauung bringen. In ihm wird der Körper selbst zum Zeichen, das, vertrieben aus dem „Menschenverkehr" der irdischen Welt, sich aufzuzehren beginnt, seine eigene Wahrheit durch Selbstauslöschung beglaubigt.

> Einmal schriebst Du", heißt es in einem Brief an Felice Bauer vom 14. zum 15. 1. 1913, „Du wolltest bei mir sitzen, während ich schreibe; denke nur, da könnte ich nicht schreiben [...]. Schreiben heißt ja sich öffnen bis zum Übermaß; die äußerste Offenherzigkeit und Hingabe, in der sich ein Mensch im menschlichen Verkehr schon zu verlieren glaubt und vor der er also, solange er bei Sinnen ist, immer zurückscheuen wird – denn leben will jeder, solange er lebt – diese Offenherzigkeit und Hingabe genügt zum Schreiben bei weitem nicht. (*F* 250)

Es sind Phantasien gänzlicher Abgeschlossenheit, die von Kafka Besitz nehmen, des Lebens und Schreibens in einem für immer verriegelten Gefängnis. „Ich brauche zu meinem Schreiben Abgeschiedenheit, nicht ‚wie ein Einsiedler' das wäre nicht genug, sondern wie ein Toter. Schreiben in diesem Sinne ist ein tieferer Schlaf, also Tod, und so wie man einen Toten nicht aus seinem Grabe ziehen wird und kann, so auch mich nicht vom Schreibtisch in der Nacht." (*F* 412) Im Schreiben konzentrieren sich jene guten Kräfte, die Leben überhaupt möglich machen – „daß nämlich das Schreiben mein eigentliches gutes Wesen ist!" (*F* 407), heißt es einmal in einem Brief –; versagen diese Kräfte, so stellt sich die Vision des Tieres aus der *Verwandlung* ein, das ohne Mitleid aus der menschlichen Gemeinschaft entfernt wird:

> Mein Leben besteht und bestand im Grunde von jeher aus Versuchen zu schreiben und meist aus mißlungenen. Schrieb ich aber nicht, dann lag ich auch schon auf dem Boden, wert hinausgekehrt zu werden. (*F* 65)

Jene alten Vorstellungen, die den Dichter als einen Besessenen denken und das von ihm Hervorgebrachte wie in einer unwillkürlichen Geburt aus ihm hervortreten lassen, werden von Kafka radikalisiert und wörtlich genommen; man könnte auch sagen, daß er sein Schreiben im Zeichen jener Besessenheit wahrnimmt, die noch Züge des antikischen Pathos trägt, eines zwischen Mythos und Psychologie angesiedelten „göttlichen Wahnsinns". An Robert Klopstock schreibt Kafka in seinem letzten Lebensjahr, Ende März 1923:

> Ich habe inzwischen, nachdem ich durch Wahnsinnszeiten gepeitscht worden bin, zu schreiben angefangen und dieses Schreiben ist mir in einer für jeden Menschen um mich grausamsten (unerhört grausamen, davon rede ich gar nicht) Weise das Wichtigste auf Erden, wie etwa einem Irrsinnigen sein Wahn (wenn er ihn verlieren würde, würde er ‚irrsinnig' werden) oder wie einer Frau ihre Schwangerschaft. Das hat mit dem Wert des Schreibens, wie ich auch hier wiederhole, gar nichts zu tun, den Wert erkenne ich ja übergenau, aber ebenso auch den Wert, den es für mich hat... (*Br* 431)

Diese Einsicht in die zerreißenden und zerstörerischen Selbstzweifel ist es eigentlich, die das Besondere des Kafkaschen Künstlerbildes – seines Bildes von sich selbst und seinem Ort in der menschlichen Gesellschaft – ausmacht. Während seit dem Ende des achtzehnten Jahrhunderts der Künstler – als Gegenstand dichterischer, malerischer oder plastischer Darstellung – zum Inbegriff menschlichen Daseins stilisiert wird, von Goethes *Torquato Tasso* über Novalis und Hölderlin bis hin zu den, zwar ironisch gebrochenen, aber ästhetisch rehabilitierten Figuren Thomas Manns, zu Gustav Aschenbach oder Adrian Leverkühn, gibt es im Werk Kafkas keine einzige Künstlergestalt, die menschliche Dignität besitzt; es sind Scharlatane und Komödianten, listige, dubiose und betrügerische Figuren, vom Affen Rotpeter, der sich in die Welt der Menschen schmuggelt, weil er einen „Ausweg", nicht die „Freiheit" sucht, über den Maler Titorelli aus dem *Proceß*, der schmeichelhafte Richterporträts und triviale Heidelandschaften anfertigt, bis zu den Trapezkünstlern und chinesischen Gauklern, den singenden und fliegenden Hunden, zuletzt zu Josephine der Sängerin, einer Maus, deren Gesang sich nur dadurch von dem Pfeifen anderer Mäuse unterscheidet, daß er leiser und ausdrucksschwächer ist, und der daher in seinem Kunstcharakter im Grunde gar nicht wahrnehmbar ist. Hierfür ist schon eine frühe Aufzeichnung aus dem Tagebuch charakteristisch. Dort ist von jenen „japanischen Gauklern" die Rede, die auf einer Leiter klettern, die nicht auf dem Boden aufliegt, sondern auf den emporgehaltenen Sohlen eines halb Liegenden und die nicht an der Wand lehnt sondern nur in die Luft hinaufgeht. Ich kann es nicht, abgesehen davon daß meiner Leiter nicht einmal jene Sohlen zur Verfügung stehen. (*T I*, 14)

So bedeutet Kunst für Kafka eine doppelte Unmöglichkeit: die Unmöglichkeit, eigene Standfestigkeit in der Welt zu gewinnen, und die zweite Unmöglichkeit, eine Beziehung zum anderen Menschen aufzubauen. Die Briefe, die er an Felice Bauer und später an Milena Jesenská sandte, dienten ihm dazu, die Unmöglichkeit solcher Existenz zu sichern und fortzuschreiben: die Frau an sich heranzulocken, um aus der Beziehung zu ihr die Literatur herauszureizen; und sie von sich fernzuhalten, um den einsamen Schreibakt nicht zu gefährden. Am 5.11.1911 schreibt Kafka ins Tagebuch:

> Ich hatte gehofft, durch den Blumenstrauß meine Liebe zu ihr ein wenig zu befriedigen, es war ganz nutzlos. Es ist nur durch Literatur oder durch den Beischlaf möglich. (*T I*, 231)

Und sehr viel später heißt es in einem Brief an Felice Bauer:

> Mein Leben besteht aus zwei Teilen, der eine Teil nährt sich mit vollen Backen von Deinem Leben und wäre an sich glücklich und ein großer Mann, der andere Teil aber ist wie ein losgemachtes Spinngewebe, Freisein von Rüttelung, Freisein von Kopfschmerzen ist seine höchste, nicht allzu häufige Seligkeit. Was fangen wir mit diesem zweiten Teile an? Jetzt wird es zwei Jahre, daß er zum letzten Mal gearbeitet hat und ist doch nichts anderes als Fähigkeit und Lust zu dieser Arbeit. (*F* 736 f.)

Die Form der Beziehung, die aus solcher Unmöglichkeit erwächst, die aber solche Unmöglichkeit zugleich immer erneut auch hervorbringt, ist die der Doppelbindung, Verkettung mit dem andern und Zurückstoßung des andern als ein und derselbe Vorgang:

> Wie könnte ich aber auch, selbst bei noch so fester Hand, alles im Schreiben an Dich erreichen, was ich erreichen will: Dich gleichzeitig von dem Ernst der zwei Bitten überzeugen: ‚Behalte mich lieb' und ‚Hasse mich!' (*F* 341)

Das Bild, das Kafka von sich selbst – dem Autor, der in dieser Welt zu schreiben hat – entwirft, geistert immer wieder durch die verzweifelten Äußerungen, die in Briefen und Tagebüchern niedergelegt werden; seine eigentliche Ausdruckskraft, seine wahre Gestalt gewinnt es aber erst in jenen Parabeln, die Kafka bei seinen nächtlichen Schreibversuchen in den verschiedensten Kontexten, Konstellationen und Abwandlungen entwarf. „Parabel und Paradox" hat man einmal zu recht diese Grundfigur von

Kafkas Selbstdarstellung und Selbstdeutung genannt.[4] Kafkas Parabeln kreisen um die Frage nach dem Selbstbild des Autors: Sie fragen nach dem schöpferischen Kern des Subjekts, der Bedingung seiner Möglichkeit in der Kultur, seiner Entfaltung und seiner Beschädigung in einer sozialen Welt der technischen Medien und Bürokratien, in der der Dichter seinen Platz zu finden hat. In der europäischen Kultur der letzten Jahrhunderte stand diese Idee des Schöpferischen im Zeichen dreier Grundkonzepte: der Vorstellung von der Authentizität der Autorschaft, von der Werkvollendung und von der kommunikativen Kraft der Texte, ihrer Fähigkeit, Ordnungen der Welt zu entwerfen, zu stiften und zu beglaubigen. Das Bild, das Kafka von sich selbst zeichnet, subvertiert diese Vorstellungen. Seine Parabeln handeln vom Schwinden des Subjekts und seiner schöpferischen Fähigkeit, vom Zerbröckeln und Zerfallen des Werkcharakters der Texte und dem Verlöschen ihrer Wirksamkeit, dem Versickern ihrer Botschaften; sie handeln vom Versagen der Kommunikation zwischen Mann und Frau, vom Versagen aber auch des „Menschenverkehrs" im Bereich der Öffentlichkeit, zwischen „Herr" und „Knecht", um das Begriffspaar Hegels aufzugreifen: einer Öffentlichkeit ohne Individualität, die durch Institutionen und Kommunikationsapparate geregelt erscheint.

Es sind fünf von Kafkas „Parabeln", die diese Zusammenhänge – als miteinander verflochtene Problemkonstellationen – lakonisch verdichten: der kleine Text *Prometheus*, in dem Kafka den kulturgeschichtlich so bedeutsamen Mythos des Schöpfertums und der Autorschaft sich allmählich zersetzen läßt, bis Vergessen und Müdigkeit die Oberhand gewinnen und das Subjekt (‚Prometheus') in seinem Schmerz im Urgestein des Unerklärlichen verschwindet; die Parabel vom *Neuen Advokaten* sodann, eine Geschichte, die nicht mehr von Alexander, dem Helden der Tat handelt, sondern von seinem in der modernen Welt zum Advokaten gewordenen Schlachtroß Bucephalus, das nicht mehr Protagonist des Mythos, des Schöpfertums und der strategischen Erfindung ist, sondern nur noch ein Lesender in einer Welt der Diskurse, jener juristischen und bürokratischen Ordnungen, die eine zunehmend apersonale Welt überformen und entstellen; ferner *Das Schweigen der Sirenen*, eine kleine Geschichte, die im Bild von Odysseus und den verführerischen Sirenen das Scheitern der Beziehung zwischen Mann und Frau, die Bedrohung ihrer Kommunikation durch die unauflösliche Verflechtung von Anziehung und Gewalt erzählt; und die *Kaiserliche Botschaft* des weiteren, die von dem Kaiser berichtet, der einem Boten eine Nachricht für den „in die fernste Ferne

---

[4] Heinz Politzer, *Parable and Paradox*, Cornell University Press 1962.

geflüchteten" Untertanen zuflüstert und diesen auf seinen unendlichen Weg schickt; es ist die Parabel von der Botschaft des „Herrn" an die „Knechte", die ihren Weg zwischen den Menschen sucht und zuletzt in den Kanälen der Übermittlungsmaschinerien verlorengeht, zur Unentzifferbarkeit und Unhörbarkeit verkommt.

Vielleicht gibt es für Kafka zuletzt nur eine einzige Form des Auswegs, um diesen Zwängen und Zerstörungen zu entgehen; dasjenige nämlich, was Canetti einmal die Kunst und die Stärke des Sichkleinmachens genannt hat: nicht die Freiheit des prometheischen Helden, sondern der Entzug des Selbst in die Unerkennbarkeit, in das Spiel der Sprache, das zum Schild gegen die Macht, zum letzten Schutz der Freiheit im Ghetto der Innerlichkeit wird. „Vielleicht hat er", – so heißt es von Odysseus angesichts der Verführung durch die Sirenen – „obwohl das mit Menschenverstand nicht mehr zu begreifen ist, wirklich gemerkt, daß die Sirenen schwiegen, und hat ihnen und den Göttern den obigen Scheinvorgang nur gewissermaßen als Schild entgegengehalten." (*H* 79 f.) Kafkas kleines Textstück *Die Sorge des Hausvaters* macht deutlich, wie ein solcher „Ausweg" sich öffnen könnte. Das der Macht des Hausvaters ausgelieferte „Sorgenkind" Odradek entzieht sich dieser durch Verweigerung von Sprache und Antwort. Es verbirgt sich hinter dem Schutzschild seines unverständlichen Namens. Durch diese Verweigerung verwandelt sich der ödipale Zwangsapparat der Familie in das antisymbolische, antimimetische Sprachspiel der Kunst. Einer Kunst freilich, die die Möglichkeit ihres Daseins mit dem Preis hermetischer Verschlossenheit bezahlt.

Der Zauber des Anfangs und das „Zögern vor der Geburt"

Kafkas Poetologie des „riskantesten Augenblicks"

> Je m'apelle Erik Satie
> comme tout le monde.
> *Erik Satie*

I

Die Grundspannung von Kafkas Poetologie entspringt aus dem Konflikt von Leben und Literatur: dem Leben, das nur um der Literatur willen gelebt wird, und der Literatur, die eine unüberbrückbare Distanz zum Leben setzt: Kafkas unermüdliches Briefeschreiben hier, sein Kampf um das Schreiben von Literatur dort sind nur Kehrseiten ein und derselben Medaille. Kafka hat diesen Doppelblick, der ihn zerriß und mit sich einig machte zugleich, nie aufgegeben: Es ist gleichsam der „böse Blick" auf die Lebensgeschichte des modernen Subjekts, die sich als ‚Literatur', die das ‚Leben' widerruft, inszeniert – der Blick auf die Ausgeliefertheit dieses Subjekts an die Normen einer funktionalisierten Welt der Gesetze und, ineins damit, seine verzweifelte Rebellion gegen diese, ein Kampf, der von Kafka bis zuletzt mit allen Mitteln seines Körpers und seiner Wünsche geführt wird.

Dabei gibt es keinen kein Zweifel, daß Kafka mit seinen Romanexperimenten noch in der Tradition des sogenannten Bildungsromans steht; aber er bearbeitet dessen Muster in charakteristischer Weise. Man könnte sagen, daß diejenigen Konstellationen, die im traditionellen (Bildungs-) Roman der Beglaubigung der Wahrheit und dem Sinnverstehen in der Welt dienen, nämlich die Bezüglichkeit des erzählten Helden auf Räume, die er durchschreitet, und die Einschleusung in soziale Rituale, denen er ausgeliefert erscheint, in Kafkas Romanwelt sich seltsam verfremden; zwar zeigen auch seine Romane noch den Versuch, ein anthropologisches Konzept zu realisieren, und die Bewahrheitung des Subjekts dem Ineinanderspiel von Ich, Raum und Sozialritual zu entwinden; zwar werden auch bei Kafka noch Experimentanordnungen in Gang gebracht und durchgespielt, die bald die Verstoßung des Kindes in die Welt, als eines exilierten Ichs, zeigen (*Der Verschollene*), bald das Erwachen des Selbst auf der Grenze zwischen Traum und Realität in einem sich öffnenden Raum vergegenwärtigen (*Der Prozeß*), und auf jene Legitimierungsakte zusteuern, die, in der Anerkennung des Namens und des Handelns, auf Situierung in der Gesellschaft, auf „Ernennung" im Gefüge der Sozietät hinauslaufen (*Das Schloß*); so sind es noch immer „Stadien auf dem Lebensweg", die erprobt werden: das verführte Kind, der verhaftete Junggeselle und der exilierte Ehemann, in die Weite eines Kontinents, in das Labyrinth der Gesetze und in das antagonistisch strukturierte Feld eines Herrschaftsgefüges, einer Topographie der Macht versetzt; mündend in drei Formen romanhafter Lebensgestaltung: in das abenteuerliche Verlassen der Heimat; in die Ansiedlung in der Fremde des scheinbar Vertrauten zwischen Traum und Realität, zwischen Gesetzeswelt und Lebenswelt; zuletzt in die Vermessung und Aneignung der Fremde im Sinne beruflicher Sozialisation. Wesentlich bei all diesem aber – und das herkömmliche Konzept des Bildungsromans unterlaufend – bleibt das Faktum durchgängiger Widersprüche in diesen Lebensmustern, die in Kafkas Romanwelt zu Desorientierung und Dissoziation verkommen.

Kafkas Romane proben Anfänge: Sie zeigen das Subjekt in seinen Versuchen, sich der Welt in ihrer räumlichen wie ihrer sozialen Dimension zu vergewissern; und alle drei Romane zeigen das Stocken solcher Anfänge, das Zerbröckeln der Ortung und der Zeitigung des Selbst: „Mein Leben ist das Zögern vor der Geburt". (T 24.1.1922) Es ist das Kind, das in der Welt verloren geht; es ist der Junggeselle, der durch die Instanz eines undurchschauten Gesetzes verurteilt und der Hinrichtung zugeführt wird; es ist der Ehemann, der den Weg zum Du nicht findet. Kafkas Romanexperimente sind auf dunkle, nicht schlüssig rekonstruierbare Weise an seine Lebensgeschichte gebunden – an den fünfjährigen Kampf um die Beziehung zu Felice Bauer, der ihn zu den aporetischen Verhör- und Verurteilungsphantasien des *Prozesses* geleitet hat (Elias Canetti nennt Kafka sehr zutreffend „den größten Experten der Macht"), und dies gilt, auf apokryphe Weise, für den Bereich des Erotischen so gut wie für den des Juristischen; an den Kampf der letzten Lebensjahre aber auch um Milena Jesenská, der – im *Schloß*-Roman – um die Funktion des Dritten im Identifikationsspiel von Macht und Erotik geführt wird.[1]

---

[1] Vergleiche hierzu meinen Aufsatz: Franz Kafkas „Schloß"-Roman. Das parasitäre Spiel der Zeichen. in: Franz Kafka, Schriftverkehr. Hg. von Wolf Kittler und Gerhard Neumann. – Freiburg i. Br. 1990.

Dem Begriff der „Geburt", als einer Kafkas Identitätsexperimente prägenden Vorstellung, ist größtes Gewicht beizumessen – nicht nur für die Romane, sondern auch schon für die in seinen Erzählungen sich abzeichnenden Darstellungsversuche: Vom „Urteil" heißt es, es sei „wie eine Geburt mit Schmutz und Schleim bedeckt" (T 11.12.1913) aus dem schreibenden Autor hervorgetreten, und die „Verwandlung" setzt das „Erwachen" des Helden im Tiersein als eine Art negativer Geburt in Szene. In voller Tragweite werden diese Vorstellungen allerdings erst in den drei Romanen erkennbar.

Im *Verschollenen* erscheint die Idee der „Geburt" metaphorisch aufgefaßt: als Form des Erwerbs einer neuen Welt. „Die ersten Tage eines Europäers in Amerika seien ja einer Geburt vergleichbar" (KKAV I, 56), sagt der Onkel und deutet damit gleichzeitig auf das Doppelgesicht eines solchen Vorgangs: „Geburt" als ein Sich-Behaupten in einer fremden Welt; „Geburt" aber auch als Verlorengehen in der Weite eines unübersehbaren Territoriums, als das Verschwinden des „verschollenen" Subjekts. Freilich bezeugt der *Verschollene* trotz allem noch die traditionelle Rahmenform des Familien- und Abenteuer-Romans: des Weges der Kindheit ins Erwachsensein, des Schrittes aus der alten in die neue Welt.

Im *Prozeß*-Roman wird die Vorstellung der Geburt zum Zeichen für die Ambivalenz der Lebenswelt selbst, in der sich der Weg des Helden als ein „Geborenwerden" in die soziale Welt hinein verstehen läßt. Auch hier zeigt dieser Vorgang ein doppeltes Gesicht: Geburt als „Reifwerden", das zu Selbstbehauptung und zuverlässiger Situierung gerät, Geburt aber auch als „Verurteiltwerden", das zur Auslöschung des Subjekts führt. Die Geburt des Helden, die der *Prozeß*-Roman beschreibt, bleibt im ambivalenten Spannungsfeld zwischen Intimität und Öffentlichkeit, wie sie als Prägung der bürgerlichen Welt erkennbar wird. Es ist das Zwielicht, das zwischen Traum und Wachsein aufbricht, in dem die erste Szene des Romans erscheint; es weckt die bange Frage, ob der Held des Romans aus einem Traum in die Realität einer Gesetzeswelt geboren wird, oder umgekehrt, aus der Welt des Wachseins in den Bereich böser Alpträume hinübertritt; eine Frage, die bis zum Schluß des Romanfragments unentschieden bleibt. Damit erweist sich Kafkas *Prozeß*-Roman als die Probe aufs Exempel des traditionellen psychologischen Romans und seiner Doppelgesichtigkeit in einer Welt, deren Instanzen ihre Realität organisierende Kraft verloren haben.

Wenn Kafka im *Verschollenen* die Geburt eines Subjekts aus der Kindheitswelt ins Offene des sozialen Bereichs erprobt, wenn er im *Prozeß* eine sekundäre Sozialisation durch Berufsleben und Heiratspläne in Szene setzt, so scheint der *Schloß*-Roman beinahe eine Art „dritter" Geburt in Gang zu bringen: Der Held hat Kindheit, Ehe und Beruf hinter sich gelassen und sucht sich in einem „Abenteuer der Fremde" zu bewähren, das in der doppelten sozialen Topographie von Dorf- und Schloß-Geschichte angesiedelt ist; in einer zwielichtigen Lebenswelt zwischen Erotik und Bürokratie, die aus der Ambivalenz jenes „kritischen Anfangsaugenblicks" erwächst, der den trügerischen Schein der Sinnstiftung mit sich führt: als Ernennung in der Welt des Wachseins auf der einen Seite, als das Einschlafen im Kampf mit Bürgel im lebensentscheidenden Augenblick der Nacht auf der anderen Seite, der zum Rückfall in die Welt des Traums wird.

Die Romane Kafkas sind notwendig unvollendet; sie lassen sich nicht als Romankonzepte im traditionellen Sinn – gewissermaßen samt deren erwartbarer Endform – rekonstruieren. Vielmehr ist ihre Gestaltung, in ihren Brüchen und Verwerfungen, als Symptom für jene aporetischen Konstellationen anzusehen, die sich beim Erzählen der Lebensgeschichte des modernen Subjekts einstellen. Kafkas Romane arbeiten zwar noch mit den Grundannahmen traditionellen Roman-Schreibens, indem sie auf die „Rollenfindung des Subjekts in der Lebenswelt" abzielen, und zwar dadurch, daß sie ihren „Helden" zwischen Figuration, sozialem Vollzug im Ritual und Lebensraum zu situieren, ihm seinen Platz in der Welt anzuweisen suchen. Aber sie gestalten diese Zusammenhänge nicht mehr als „erzählbare Lebensgeschichte", sondern richten ihre Aufmerksamkeit auf prägnante Momente des Lebensvollzugs, die im Doppellicht von Anfang und Ende zugleich erscheinen.

Auf der einen Seite richtet sich die Aufmerksamkeit in Kafkas Romanen immer wieder auf den Augenblick der sozialen Geburt selbst: jenen prekären Moment des Anfangs, der den Anschein einer Ursprungsphantasie hat, und sich in verschiedenen Filiationen der von Anfang an gegebenen Motive verzweigt und verästelt, deren Sinn- und Zusammenhang stiftende Kraft allmählich erlahmt und sich schließlich zersetzt; im Grunde läßt sich diese von Kafka in Anspruch genommene Urszene immer wieder im Lichte des Übertritts vom Schlaf ins Wachen, vom Wachen in den Schlaf sehen, einer stets neu sich gestaltenden Reproduktion eines Anfangs, der zuletzt nichts ist, als das „Zögern vor der Geburt" (T 24.1.1922).

Auf der anderen Seite aber ist es die Aufmerksamkeit auf den Augenblick des Endes, die in solchen Anfängen schon mitgesetzt ist: die Deutung jenes Umschlagens von Wachen in Schlaf als Verlöschen des Subjekts. Anfangs- und Endphantasien, einander allmählich überlagernd, bilden die Spannungspole eines Feldes, in dem der erzählte Roman selbst dem Prinzip der „ausgesparten Mitte" gehorcht. Dies gilt für den *Ver-*

schollenen so gut wie für den *Prozeß* und *Das Schloß*. Im *Verschollenen* ist die Anfangsszene des aus der Heimat und der Familie vertriebenen Knaben unmittelbar auf jene Schlußszene im *Theater von Oklahama* bezogen, in der der Held seinen Namen verliert, sich hinter dem Pseudonym „Negro" verbirgt und im unendlichen Raum des Wilden Westens verschwindet. Im *Prozeß* ist es das Spiegelspiel von Verhaftung des Anfangs und Hinrichtung des Endes, innerhalb dessen sich der „stehende Sturmlauf" (T 20.11.1911) des Romans entfaltet. Und im *Schloß* sind es die einander gegenübergestellten Augenblicke der Ernennung des Helden zum Schloßbeamten, mit deren Möglichkeit der Roman einsetzt, und des Verfallens des Helden in Schlaf im entscheidenden Augenblick, als Bürgel dem Todmüden den Zugang zum Schloß endgültig zu eröffnen scheint.

Diese Verflechtung und Überlagerung von Geburts- und Verlöschungs-Phantasien ist die dominierende Erzählstruktur von Kafkas Texten.

Kafkas Geschichten beginnen dort, wo – in unserer Kultur zumindest – der Anfang allen Menschenlebens gedacht wird: in der Familie, bei der Liebe, die sie lehrt; bei dem Haß, den sie erzeugt. Der Anfang, den die Familie bedeutet, ist für Kafkas Identitätsphantasien belastet durch die zweifache Gewalt von Liebe und Haß, deren doppelbindende Kräfte ununterscheidber ineinander geflochten erscheinen.

„Kafka" ist ein tschechisches Wort und bedeutet „Dohle". Franz Kafkas Vater, ein Kaufmann und sozialer Aufsteiger, gab seinem Namen den Körper des Tiers, das er bedeutet, zurück, und machte aus ihm das Markenzeichen seiner Firma: Er setzte die Dohle als Emblem auf den Briefkopf seines Geschäftspapiers. Kafka, der Sohn, spielte dieses Spiel der Verwandlung nach: und zwar dort, wo er sein eigenstes, eigentümlichstes Feld der Selbstfindung vermutete, in der Literatur. Damit aber widerrief der Sohn zugleich das väterliche Spiel: Er beschwor den Vaternamen nicht als Garanten geschäftlichen Erfolges, wie dies Hermann Kafka getan hatte; sondern er verwandelte ihn in die Maske, die das Autorspiel der Literatur regiert: ein Buchstabenspiel also, aus der ökonomischen Welt des Besitzes und des Tausches herausgenommen – autonom und befremdlich zugleich. Die beiden kurzen Geschichten *Vor dem Gesetz* und *Ein Traum*, als gleichsam emblematische Intarsien für den *Prozeß*-Roman gedacht, bezeugen exemplarisch dieses – halb verborgene, halb offenbare – Erzähl-Spiel mit dem eigenen Namen, seiner Identität stiftenden wie seiner Körper verzehrenden Kraft. Es durchzieht Kafkas ganzes Werk, und zwar als ein Spiel, in dem die Fremdheit des lebensweltlichen Ich, wie es die Familie erzeugt, und seine Neuerschaffung aus der Kunst sich seltsam überlagern und einander subvertieren: Zwänge der Ökonomie und Freiheitsspiel der

Kunst, die einander spiegelbildlich gegenüberstehen, aufeinander einwirkend, einander zersetzend.

Es ist bekannt, daß Kafkas ganzes Werk mit Namensexperimenten dieser Art (dem Spiel zwischen Name und Körper) durchsetzt ist, Experimenten, die sich auf den Klang des Namens Kafka (Dohle – Rabe – Raban – Kafka; Gracchus – graculus – gracchio) und Strukturen seiner Elemente (Kafka – Bende – Samsa) beziehen. Diese Experimente zielen auf den Kern von Kafkas Poetologie; und sie können gleichzeitig nicht ohne den Blick auf das Verhältnis zwischen Vater und Sohn gelesen werden.

Das Spiel, das Vater und Sohn Kafka spielen, ist alt. Es ist das Spiel mit dem Namen, der der Name beider und jedes einzelnen zugleich ist; ein Spiel, das den Ort bezeichnet, wo väterliche Prägung und kindlicher Selbstbegründungswunsch aufeinanderstoßen, das Andere und das Eigene sich gewaltsam überlagern, im Namen, der den eigenen Körper und den des Vaters zugleich bezeichnet, beides unauflöslich verschmolzen und unversöhnlich gespalten zugleich, der tödliche Riß, der durch das von der bürgerlichen Kleinfamilie geprägte Subjekt geht. Die Scharfsicht für diese Zusammenhänge ist es, die Kafkas Werk auszeichnet und ihm seine unabsehbare Geltung – für die Literatur des 20. Jahrhunderts wie für das Verständnis von dessen sozialpsychologischen Voraussetzungen – verschafft hat. Kafkas Texte spielen auf unvergleichliche Weise das Spiel von Herkunft und Neubegründung, von Zwang und Freiheit, von genealogischer Prägung und autonomem Schöpfertum, das die Welt der Moderne prägt; oder, wie Kafka selbst – in den beiden Titeln seiner ersten Erzählungen – es ausdrückt: das Spiel von „Urteil" und „Verwandlung", von „Gesetz" und „Metamorphose". Es ist das Spiel, in dem Subjektivität der Einsatz ist, und, als Gewinn oder Verlust, die doppelte Möglichkeit von Prägung durch die anderen oder autonomer Selbstbestimmung „auf dem Spiel stehen". Denn nicht zufällig heißen ja jene beiden Erzählungen *Das Urteil* und *Die Verwandlung*, die beiden Erzählungen, die Kafkas (von ihm selbst so verstandenen) „Durchbruch" bezeichnen: Die erste, *Das Urteil*, erzählt von dem Verdikt des Vaters, das das Leben des Sohnes auslöscht: „Ich verurteile dich zum Tode des Ertrinkens" (E 67); die zweite, *Die Verwandlung*, zeigt den Versuch des Sohnes, sich durch Selbstverwandlung aus der Welt des väterlichen Gesetzes zu lösen, sich gleichsam aus ihr herauszustehlen: aus den Zwängen der Ökonomie in die Freiheit der Kunst. Kafkas Erzählungen sind Geschichten, die den Anfang als Ende, das Ende als Anfang erzählen: und zwar im Blick auf die Ambivalenz der Sprache, die – zwischen Familiendisziplin und Kunstwelt – Instrument der Unterdrückung und Organ der Freiheit zugleich zu sein vermag.

In solchen Erzählphantasien verdichtet sich, was Kafkas Schreiben zu leisten vermag: die Verwandlung jener doppelt bestimmten Erblast, die die Familie unermüdlich erneuert und dem Kind aufbürdet, in ein sprachliches Spiel, das den Namen des Sohnes in den Namen des Autors verwandelt und in der Freiheit der Schrift, der poetischen Schöpfung überleben läßt.

II

Kafkas *Prozeß*-Roman muß von diesen Grundvoraussetzungen her verstanden werden. Es sind namentlich drei Momente, die hierbei von Bedeutung sind.

Der Roman in seiner überlieferten Form – seinem Fragmentcharakter und der nicht definitiv entscheidbaren Anordnung der Kapitel – bietet kein „erzähltes Leben", sondern, in seinem Erzählduktus, das dialektische Spiel von Lebensprozeß und Schreibakt, von Erwachen aus dem einen und Sich-Hineinträumen in den anderen Lebenszustand. Als Schaltstelle zwischen beiden Bereichen läßt sich die Chiffre „K." begreifen, die zwischen Perspektivfigur und Autorfunktion, zwischen sujet de l'énoncé und sujet de l'énonciation (wie sich Todorov ausdrückt) oszilliert; das Zwielicht, in das Kafka den „Namen" der Schrift versetzt, läßt diesen bald auf den „erzählten Helden", bald auf den „erzählenden Autor" bezogen sein, auf zwieschlächtige Weise vermittelt durch das Verhältnis von Traum und Wachsein, wie es, als ein fortgesetzter Schwebezustand, alle Situationen des Romans prägt. Dieses Verfahren der Kontrafaktur von Perspektivfigur und Autorfunktion spiegelt sich auch in dem Befund, den Kafkas Handschriften bieten. Der Held von Kafkas *Heizer*-Erzählung, die dann zum ersten Kapitel des *Verschollenen* werden sollte, trägt den Namen Karl; in der Handschrift erscheint dieser unter der Chiffre „K."; als Kafka das *Urteil* zu schreiben beginnt, zeigt das Manuskript gelegentlich Verschreibungen, die an die Stelle des Helden Georg die Chiffre „K." oder den Namen „Karl" setzen; das gleiche Spiel wiederholt sich bei der Niederschrift der *Verwandlung*, deren Held „Gregor" bald unter der Verschreibung „Karl" bald im Zeichen einer skripturalen Fehlleistung als „Georg" figuriert; der *Prozeß* zeigt dann Josef „K." als Helden und im „Schloß" wird zuletzt der Landvermesser „K." zum Protagonisten des Identifikationsspiels, in das erzählender Autor und erzählter Held sich verwickeln.

Ein Zweites kommt hinzu: Kafkas Schreiben, seine Handlungsphantasien dienen nicht der einlinigen Darstellung eines Romangeschehens, sie gehorchen vielmehr dem „doppelten Blick" auf die Ausgeliefertheit an die

Norm einer funktionalisierten Welt einerseits, an das Befreiungsspiel, das in den Zeichen der Kunst beschlossen liegt, andererseits.

Und ein Drittes zuletzt: Kafkas Roman setzt an die Stelle des Fadens der Erzählung, aus dessen Entwirrung sich Lebensgeschichte ablesen läßt, eine Folge von Probeläufen, die aus der Dialektik von Anfang und Ende entwickelt werden. Es wäre verfehlt, wenn man diesen Roman, der nicht dem Erzählen einer Geschichte, sondern den inszenierten Aporien des Verstehens von Zeichen dient, zu einem den überlieferten literarischen Gesetzen gehorchenden Romankorpus zusammenschweißen wollte – wie dies Max Brod in seiner Edition wie in seiner Deutung versucht hat; dieser Roman kann nur als eine Sequenz von Experimentanordnungen gelesen werden, die, als eine Kette von Geburtsaugenblicken, ihr Beziehungsspiel entfalten; ein Spiel, das den Keim des Zerfalls von Beginn an in sich trägt.

Im Rahmen eines Konzepts, das dem Augenblick des Entstehens größere Bedeutung zuweist als einem kontinuierlich sich entfaltenden Lebens- und Sinnstiftungsprozeß, kommt der ersten Szene allemal exemplarische Bedeutung zu; der Einsatz von Kafkas Roman *Der Prozeß* exponiert bereits jene Grundstruktur, aus der dann die frei sich verzweigenden Experimente des weiteren Schreibens erwachsen; zugleich findet dieser Beginn seine Replik in der Schlußszene des Romans, dessen Gesamtstruktur selbst man als ein fortwährendes Umschreiben der Anfangsszene auf ihre schlimmstmögliche Wendung hin begreifen könnte. In diesem Zusammenhang ist von Bedeutung, daß Kafka den Roman am dreißigsten Geburtstag des Protagonisten – mit jenem Augenblick also, in dem Christus sein öffentliches Wirken begann – einsetzen läßt, und daß die letzte Szene, in einer Art Wiederholungsstruktur, am Vorabend des einunddreißigsten Geburtstages sich abspielt. Der Geburtstag zählt zu den entscheidenden Identitätsritualen der abendländischen Gesellschaft, die sich – mit der Konstituierung des neuzeitlichen Subjekts in der zweiten Hälfte des 18. Jahrhunderts – auf neue Weise formieren. Der Geburtstag beglaubigt – im Gegensatz zum Namenstag, mit dem er, seit den Religionskriegen, in Auseinandersetzung steht, und dessen Legitimationsstruktur den für viele Individuen gemeinsamen Namenspatron und damit die Allgemeinheit der Sprachordnung beruft – die genealogische Identität des Körpers, die Einmaligkeit seiner organischen Besonderheit. Aus dem Spiel der Zuordnung von Körper und Name entwickelt sich das neuzeitliche Paradigma der Identitätsgewinnung, auf das auch Kafka Bezug nimmt. Es ist dabei von entscheidender Bedeutung, daß er den Geburtstag mit dem konkurrierenden Ritual des Verhörs, im Laufe dessen die Identität aus dem Befragten durch Disziplinarmaßnahmen herausgepreßt wird, verkoppelt.

Zugleich regelt sich aber die erste Szene des *Prozeß*-Romans nach dem Grundmodell der sozialen Geburt, des Erwachens des Menschen zu sich selbst in jenem Zwielicht, das offen läßt, ob es sich um eine Geburt ins Wachsein oder eine solche in die Welt der Alpträume handelt. Kafka hatte (etwa ein Jahr zuvor) eine analoge Konstellation in seiner Erzählung *Die Verwandlung* erprobt, wo das Erwachen des „Geburtstagskinds" zum Tier im gleichen Zwielicht von Realitätserfahrung und Traumwelt steht. Er greift damit ein altes Paradigma menschlicher Identitätsphantasien auf, das sich in Cervantes' *Gespräch der Hunde* ebenso abzeichnet wie in Calderóns *La vida es sueño* und Corneilles Komödie *L'illusion comique*. Kafka war sich dieser literarischen Genealogie bewußt und eine im Manuskript gestrichene Stelle bezeugt dies auch unmißverständlich:

> Jemand sagte mir, ich kann mich nicht mehr erinnern, wer es gewesen ist, dass es doch sonderbar sei, dass man, wenn man früh aufwacht, wenigstens im allgemeinen alles unverrückt an der gleichen Stelle findet, wie es am Abend gewesen ist. Man ist doch im Schlaf und im Traum wenigstens scheinbar in einem vom Wachen wesentlich verschiedenen Zustand gewesen und es gehört, [wie jener Mann ganz richtig sagte] eine unendliche Geistesgegenwart oder besser Schlagfertigkeit dazu, um mit dem Augenöffnen alles, was da ist, gewissermaßen an der gleichen Stelle zu fassen, an der man es am Abend losgelassen hat. Darum sei auch der Augenblick des Erwachens der riskanteste Augenblick im Tag, sei er einmal überstanden, ohne dass man irgendwohin von seinem Platze fortgezogen wurde, so könne man den ganzen Tag über getrost sein. (KKAP II, 168)

Wenn Kafka diesen „riskantesten Augenblick" im menschlichen Dasein einem Sozialritual zuordnet, das den ganzen Roman strukturell beherrscht, dem Geburtstag nämlich, so wird gleichzeitig, poetologisch gesehen, der Roman selbst als jener „Augenblick" in Szene gesetzt, der, als „längeres Gedankenspiel" (Arno Schmidt), Körper und Name aufeinander bezieht: und zwar im Zeichen jener Krise, die, jährlich wiederkehrend, das durch den Lebensprozeß gewandelte Selbstgefühl mit jenem anderen, fortdauernden in Beziehung setzt, dessen Einheit der lebendige Körper verbürgt.

Der Anfang, der mit dieser Verknüpfung von Geburtstag und Verhör gesetzt wird, deutet so zugleich auf zwei Zieltexte, die dem Gesamt des Romans zuzuordnen sind und als verdichtete Strukturformeln seiner selbst aufgefaßt werden können: auf die ‚Parabel' *Vor dem Gesetz* einerseits, die den Körper zeigt, der, vor der Pforte des Gesetzes, auf seine Benennung durch den Namen harrt; auf die Erzählung *Ein Traum* sodann, in der der Name, seines Körpers beraubt, in der Schrift des Ruhms in goldenen Lettern überlebt.

Urteils-Sprache des Gesetzes auf der einen, schöpferische Sprache der Kunst auf der anderen Seite stecken das Feld ab, innerhalb dessen Kafka seine Identitätsexperimente ansiedelt. Es ist kein Zweifel, daß Kafka eine abendländische Formel der Ich-Findung dem Geschehen seines Romans zugrunde legt: jenes Modell vom Übertritt Christi ins öffentliche Leben mit seinem dreißigsten Jahr; gebunden an jenes andere, vergegenwärtigt durch die Stimme der Transzendenz, die Christi Zeugung und Sohnschaft zugleich beglaubigt und ineins damit die (eschatologische) Ordnung der Welt und ihres Geschehens stiftet. Es ist diese Stimme (Gottvaters), die im Zusammenhang von Kafkas Roman gänzlich fehlt – wo sie erklingen müßte, nistet die Stummheit, deren Organ die zwiespältige, zwischen Perspektivfigur und Autorfunktion schwebende Chiffre „K." ist – (das arabische Wort sifr bedeutet „leer" oder „Null"); zwar wird das Ritual der Identitässtiftung noch in Szene gesetzt, aber es steht im Lichte der Delegitimation.

Es ist von entscheidender Bedeutung für die Urszene von Kafkas Roman, daß Geburtsvorgang und Geburtstag – das Körperereignis des Subjekts – durch das Kursieren der Sprache an die Gesellschaft vermittelt scheinen: durch das Gerücht, die Fama, aus der heraus erst das Selbst seinen – von den anderen zugesprochenen – Eigenwert erlangt: „Jemand mußte Josef K. verleumdet haben, denn ohne daß er etwas Böses getan hätte, wurde er eines Morgens verhaftet." (KKAP I, 7) Erst diese in der Gesellschaft zirkulierende Rede erzwingt das identifizierende Gegenritual der Disziplinierung, das dem Geburtstagsaugenblick in Kafkas Vorstellung zugeordnet erscheint: das Verhör, das seinerseits in der Frage nach dem Namen gipfelt; ein Doppelspiel im Dialog zwischen dem Ich und den anderen, den in ein Spiegel-Verhältnis gestellten Sätze „Wer sind Sie?" und „Wer bin ich?". Auch dies eine modellhafte Szene, die im Werk Kafkas immer wiederkehrt: so als Frage des Onkels, die dieser im *Verschollenen* an Karl richtet: „Wie heißen Sie eigentlich?" (KKAV I, 35) –; so in jenem Augenblick im *Schloß*, der, wiederum zu Beginn des Romans, die Geständnis- und Verleugnungs-Spiele K's am Telefon im Gasthof zeigt; so in jener dritten Stelle schließlich in der *Sorge des Hausvaters*, wo dieser seinem Sorgenkind durch verhörende Fragen seine Identität – „Wie heißt du denn?" – abzulocken sucht.

Diese für den Vorgang der Selbstfindung so bedeutsame (und ominöse) Frage nach dem Namen erscheint in der Anfangsszene des *Prozeß*-Romans auf doppelte Weise ausgesprochen. Sie gestaltet sich zum einen als Verhör, dem Josef K. sich unterwirft, als einem Legitimationszwang, der ihm nahelegt, sich durch seinen Paß auszuweisen, oder die „Radfahrlegitimation" (KKAP I, 12), gleichsam ersatzweise, oder sich gar durch Vorlage der Geburtsurkunde kenntlich zu machen. Zum anderen dann, und dies ist nicht weniger bedeutsam, wird diese „Frage nach dem Namen" zugleich, und in einer Art Verdoppelung, als Komödienspiel inszeniert. Auf eben diese Verdoppelung scheint es Kafka anzukommen: Die Frage nach dem Namen, die dem stummen Körper sein Erkennungszeichen ablauscht, wird nicht nur im zwanghaften Kontext des Verhörs einer anonymen Behörde, sondern auch im freien Spiel der Mimikry (als eines Simulakrums der Identität sozusagen) noch einmal gestellt: In seinem nachträglichen Bericht inszeniert Josef K. das Zwangsritual seiner vorangegangenen Vernehmung als Komödienspiel für Fräulein Bürstner. Er erscheint selbst in der Rolle des Vernehmenden, er ruft seinen eigenen Namen, er simuliert das Verhör am Nachttischchen im Zimmer seiner Nachbarin – wobei die Frau, wiederum in ironischer Kontrafaktur, geradezu als potentielle Muse des freien Spiels der Komödie erscheint: „[...] war es eine Komödie, so wollte er mitspielen" (KKAP I, 12) – „er spielte mit diesen Leuten" (KKAP 23). Josef K., der im Verhör, das den Beginn des Romans bildet, als Objekt des Vernehmungsspiels erschien, wird nun zum Subjekt solcher identifizierenden Sprache, zum Herrn der Rede, der in einem freien Spiel sein eigenes Selbst auf die Bühne bringt: Geständniserpressung und Selbstverantwortung erscheinen nur als zwei Seiten ein und desselben Vorgangs. Auch schon in Kafkas *Urteil* (zwei Jahre zuvor entstanden) läßt sich ein vergleichbares Doppelspiel beobachten: der Vater, als Untersuchungsrichter, auf der einen Seite, dem es schließlich gelingt, seinen Sohn zum Tode des Ertrinkens zu verurteilen, wobei dieser sich dem väterlichen Diktum unterwirft; der Sohn als Angeklagter, auf der anderen Seite, der unvermittelt das Argument des „Theaterspielens" in die Debatte wirft, mit dessen Hilfe der Verhörte sich – als Regisseur seiner eigenen Inszenierung – gegen seinen Vater („Komödiant!" (E 65)) – zur Wehr setzt.

Es sind beide Auffassungen der das Subjekt der Moderne legitimierenden Sprache, die hier von Kafka zur Geltung gebracht werden: das Gesetz zum einen, das im Zwangsapparat des Verhörs das Geständnis der Identität des Angeklagten erpreßt, wie dies nicht anders in der *Strafkolonie* noch einmal sich wiederholt; die Komödie zum anderen, als ein freies Sprachspiel verstanden, das dem Subjekt die Selbstbezeichnung, gleichsam in einem Kunstakt, ermöglicht; ein Vorgang, der sich in der *Sorge des Hausvaters* und im *Bericht für eine Akademie* in durchaus vergleichbarer Weise wiederholt. Kafka greift mit diesem Motiv der „Inszenierung des Selbst" im Spiel des Theaters ein metaphorisches Feld auf, das seit jeher mit dem Bildungsroman verknüpft war; schon Karl Philipp Moritz' *Anton*

Reiser, dann Goethes Roman seit der *Theatralischen Sendung*, Mörike im *Maler Nolten* nicht weniger als Andersen in seinem wichtigen Roman *Der Improvisator* (von 1835) zeigen die Welt der Bühne und des Theaters als den Ort, an dem das Subjekt des bürgerlichen Zeitalters den Zwangswelten seines Standes zu entkommen sucht; auch Kafkas *Verschollener* greift diese Thematik wieder auf – „Herr Direktor, ein neuer Schauspieler ist gekommen" […] „Ich will Schauspieler werden" sagte [Karl] [halblaut] für sich […]" (KKAV II, 49) – heißt es in einer dem *Theater von Oklahoma* zugeordneten Szene – und auch die Schlußsituation des *Prozeß*-Romans greift noch einmal auf diese Thematik zurück: Die beiden Henker, die den Helden zur Hinrichtung führen, gleichen Schauspielern und theaterspielenden Tenören.

Indem Kafka das Ritual der Feier des Geburtstages zunächst mit demjenigen des Verhörs, dann jenem anderen der Komödienaufführung verkoppelt – und zwar, weil es keine Instanz gibt, die die eine oder die andere Entscheidung beglaubigen könnte –, also freie Selbstinszenierung und Geständniserpressung ineinander komponiert, gelingt es ihm, das Moment der Schuld (im Zwielicht von Verdikt und Tribunal) in den Verwirklichungsraum einzuführen, in dem der Held des Romans sich zu bewähren hat. Das so gewonnene Bedeutungsfeld der Sprache organisiert sich in zwei Richtungen: in die Dimension des Raumes und in die Dimension der Zeit; des Gerichts als Labyrinth und der Rechtsfindung als Prozeß. Auf der einen Seite wird durch die Befragungssituation das Feld zwischen Angeklagtem und Gericht als ein im Zeichen der Schuld stehendes eröffnet: die „Behörde […] wird […] von der Schuld angezogen" (KKAP I, 14) und „Das Gericht hat eine eigentümliche Anziehungskraft" (KKAP I, 42); das Schuldmoment beginnt den Raum als ein dialektisch organisiertes Ensemble zwischen Innen und Außen, zwischen Intimität des Privaten und Überwachtwerden durch die anderen zu organisieren: Sichtbares Zeichen solcher Überwachung ist das Greisenpaar am Fenster des Hauses gegenüber, das Josef K. durch die Fenster beobachtet. Aber die Frage nach Schuld und Gericht regelt auch die Zeiterfahrung des Romans: Die Verhörstruktur, in deren Gestalt der Geburtstag erscheint, bezeichnet diesen als einen Grenzaugenblick, in dem das Vorfeld der Urschuld im Sündenfall – „Er warf sich auf sein Bett und nahm vom Nachttisch einen schönen Apfel […]" heißt es im Text (KKAP I, 16) – mit dem beginnenden Prozeß, der zu K.'s Tod führt, zusammenschmilzt. Indem Kafka die Geburtstagssituation mit dem Verhör und dem „Theater"-Modell verknüpft, inszeniert er zugleich die Schuld als die den Roman organisierende Vorstellung in ihrer räumlichen wie zeitlichen Dimension: als Überwachungsstruktur und Prozeß der Geständniserpressung zugleich – dieser Prozeß als Vorgang der Kulpabilisierung verstanden, der das Verhör allmählich in die Verurteilung überleitet.

So gesehen bildet die Anfangsszene des Romans gleichzeitig jene Keimzelle, aus der das Bedeutungsfeld des Romans sich allmählich entfaltet, der Raum sich als Labyrinth, die Zeit sich als Prozeß zu artikulieren beginnt: das Theater der Schuldzuschreibung, das nun seinerseits dialektisch auf das Problem der Deutung der Zeichen bezogen wird. Es ist die vielleicht bedeutsamste Leistung dieses Romans, daß es ihm gelingt, durch das Inszenierungsfeld der Anfangssituation den das ganze Romangeschehen dominierenden Begriff der Schuld in eine Komödie der Hermeneutik, in ein Kommunikationsspiel der Schuldzuschreibungen zwischen Freiheit und Abhängigkeit zu verwandeln – zuletzt begründet im Fehlen einer das Spiel legitimierenden Instanz.

Das Feld, das dieser Roman (geradezu im Widerruf des Erzählens einer Lebensgeschichte) eröffnet, erweist sich als ein Bezirk der Produktion von Zeichen, der versuchten – in ständigen Metamorphosen begriffenen – Sinnfindung und Sinnstiftung. Auch hierfür finden sich Indizien bereits in der ersten Szene des Romans. Aus dem Spiel von Geburtstagsfeier und Geständniserpressung erwächst jenes identifikatorische Namensspiel, das der Mittelpunktsfigur des Romans ihren schillernden Status zwischen „erzähltem Helden" und „erzählendem Autor" einräumt: Josef K. zunächst, der eine Wächter sodann, der auf den Namen „Franz" hört, die Bankangestellten Kaminer und Kullich des weiteren – mit der gleichen Anfangschiffre wie der Protagonist –, der hinzutretende Rabensteiner zuletzt, der an Kafkas Namensspiele mit dem Doppelbild von Dohle und Rabe, entwickelt aus dem Geschäftsemblem des Vaters, anknüpft; Josef K. gegenüber Fräulein Bürstner, die im Manuskript Kafkas wiederholt unter der Doppelchiffre F.B. erscheint und damit die Initialen Felice Bauers, der Verlobten Kafkas, simuliert – namentlich in jenem von Kafka verworfenen Text (KKAP II, 146 f.), der im Zeichen einer Theateraufführung steht. Dieses schon durch die erste Szene des Romans in Gang gesetzte Namensspiel wird in ein Feld weiterer hermeneutischer Akte hinübergeleitet: Da ist der Wächter, der, während er auf K. wartet, ein Buch liest; da ist Fräulein Bürstner, die den Beruf einer Schreibmaschinistin ausübt. Und da sind Bildzeichen, die sich zu den Schriftzeichen hinzugesellen: so jene Photographien, die der Beamte Kaminer auf Fräulein Bürstners Tisch durcheinanderbringt.

Hierbei verdient die Überlagerung zweier Bedeutungsfelder, die den ganzen Roman organisieren, erneut Beachtung: Es ist das Bedeutungsfeld der Justiz auf der einen Seite, jener Urteilsprache, die für die Vorstellungen von Zwang und Schuld, von Verhör, Geständnis und Verurteilung Bedeutung gewinnt, das Bedeutungsfeld der Erotik auf der anderen Seite, das, in einer anarchisch-subversiven Sprache, die Vorstellungen von Triebhaftigkeit, Normdurchbrechung, Subversivität und Liebesspiel evoziert. Denn jene Suche nach dem Sinn, die der Roman durch ständige Anspielungen auf Schrift- und Bildzeichen evoziert, entfaltet sich im Raum eben dieser beiden Bedeutungsfelder, die sich überlagern und die miteinander konkurrieren. Als Schaltstelle zwischen beiden Bereichen bewährt sich jenes „Komödienspiel", das K. im Zimmer Fräulein Bürstners in Szene setzt: Die Verhörsituation, die ihm durch die Rede der anderen zuvor aufgezwungen wurde, und Gerichtscharakter hat, wird nun von ihm selbst in eine Verführungs- und Liebesszene umgewendet und komödiantisch zur Aufführung gebracht.

Worauf es Kafka anzukommen scheint ist die Frage, wie sich aus dem Spiel der Sprache, die im Grunde Verurteilung ist, ein Ausagieren freien Selbstgefühls zu entwickeln vermag; wie sich aus dem zum Verhör umcodierten Geburtstag jene schöpferischen Kräfte des frei sich bildenden Subjekts entbinden lassen, die in die Sprache der Kunst zu münden vermöchten.

Indem Kafka die Sprache seines Romans zwischen Justiz und Erotik, zwischen Gesetz und Anarchie oszillieren läßt, wird, zwischen den Zeilen, das Thema der Kunst sichtbar. Sie nistet, auf gleichsam apokryphe Weise, in der Lücke zwischen den Argumentationsfeldern von Justiz und Erotik.

Mit dem ersten Kapitel des Romans ist gleichsam der Grundriß des folgenden Geschehens entworfen, das keine „Lebensgeschichte" mehr abbildet, sondern, nach Kafkas eigenen Worten, ein „stehender Sturmlauf" ist. Zwei Bedeutungsfelder, die einander diametral entgegengesetzt erscheinen, beginnen aufeinander einzuwirken: das der Justiz zum einen, das als ein fortwährendes Urteilen, als ein System der sich verästelnden Zwänge und Überwachungen sichtbar wird; und das der Sexualität sodann, das sich als anarchisch-wuchernde Triebproduktion, als ein Spiel von Durchbrechungen und Dissoziationen, von Ausweichmanövern und Dislozierungen zu erkennen gibt. Dazwischen aber, gleichsam dysfunktional aus ihren Verwerfungen entspringend, ein Deutungsspiel, das bald gnoseologische, bald komödiantische Züge annimmt, bald sich als Prozeß der Wahrheitsfindung geriert, bald in das Spiel einer Komödie sich verflüchtigt.

Nimmt man das erste Kapitel des Romans als die Grundlegung des Gesamtgeschehens, die sich in verschiedenen Filiationen der Romanhandlung fortsetzt und verzweigt, in Motiven und Konstellationen wiederkehrt, so kann man diese Verzweigungen als ein Doppelspiel von Strukturierung und Destruktion, von Sinnstiftung und Sinnverlust begreifen, von Deutung und Versagen dieser Deutung in wechselnden Situationen und Konstellationen. Dies ist es, was Kafkas Roman, der ja mit traditionellen Motiven und Leitkategorien operiert, dem Feld der Moderne im eigentlichen Sinne zuschlägt: Kafkas *Prozeß*, aus dem Grundkonzept hermeneutischer Erfahrungen entwickelt, wie sie Justiz und Erotik als diametral entgegengesetzte Bedeutungsfelder bedingen, gibt sich zuletzt als ein semiologischer Roman zu erkennen, dessen Zeichenfelder zwischen Zwangsapparat und freier Generierung sich entfalten.

Es sind zwei Zeichenbereiche, die sich unter diesem Blickwinkel gegeneinander abgrenzen lassen, die sich freilich aber auch auf kaum durchschaubare Weise überlagern und an ihren Grenzen Friktionen verschiedener Art in Gang setzen: auf der einen Seite das Feld der Schrift, jener Gesetzesbücher und Schulhefte, jener pornographischen Broschüren, als deren zweifelhafter Garant und Verwalter sich der Advokat Huld erweist; auf der anderen Seite die Welt der Bilder, der Photographien, der Deutung von Physiognomien und Gebärden, in deren Zusammenhang die Bilder von Richtern eine große Rolle spielen; und als deren nicht minder dubioser Garant sich der Maler Titorelli erweist, dessen „Kunst" zwischen Erotik und Justiz, zwischen Richterbild und weiblicher Figur, der Göttin der Jagd, des Sieges und der Gerechtigkeit (und der durch sie repräsentierten Legenden) hin und her schwankt und dessen zahllose Heidebilder das singuläre Kunstprodukt zur Serie entwerten. Beide Motivfelder, die sich in feinen Verästelungen über alle Szenen des Romans verteilen, fließen im Kapitel *Im Dom* ineinander; das dort stattfindende Gespräch Josef K.'s mit dem Gefängnisgeistlichen ist die Schlüsselszene, in der die Themen des Semiotischen und des Hermeneutischen, die den Roman regieren, sich ineinander schieben. Sucht man dieses Kapitel als Ganzes in den Blick zu fassen, so zeigt sich, daß der Held des Romans hier den folgenschweren Schritt aus der Intimität des Zimmers in die soziale Lebenswelt „erprobt" und zugleich reflektiert: Die Szene setzt mit jenem Zwangsgefühl ein, das den Protagonisten zusammen mit der Vorstellung beschleicht, sich im Büro bewähren zu müssen; nun erhält er den Auftrag, eine Aufgabe außerhalb des Büros zu bewältigen, sich in der Lebenswelt zu orientieren und zu behaupten. In diesem Sinne erscheint dieses Kapitel (*Im Dom*) als die Probe aufs Exempel jener Identifikationssituation der Anfangsszene, in der es um die angemessene Vermittlung von Territorium und Sprache, von Körper und Name geht. Mit dem Eintritt des Italieners in die Szenerie wird die hermeneutische Frage virulent: als das Problem einer Orientierung in einer fremden Sprache, die sich im Bereich der Kunst wie der Lebenswelt zu bewähren hat: Josef K. soll den Italiener „unterhalten" und ihm gleichzeitig die Kunstschätze der Stadt erläutern. So klingt auch das Thema des Sprach- und Zeichenerwerbs wieder an, wenn Josef K. sich der Verfügungsgewalt über die fremde Sprache durch das Studium einer italienischen Grammatik und des Wörterbuchs zu versichern sucht. Die reale Begegnung mit dem Italiener, in einen Augenblick der Müdigkeit und mangelnden Aufmerksamkeit (wie im nächtlichen Gespräch K.'s mit Bürgel im *Schloß*) des Helden einbrechend, führt zu einer Verstehensaporie: Das Süditalienisch des Italieners wird als ein unverständlicher Dialekt wahrgenommen, und auch sein Französisch kommt ihm zum größtem Teil unverständlich von den „bedeckten Lippen" (KKAP I, 274)[2].

In einem neuen Einsatz wiederholt sich (in erweitertem Rahmen) die hermeneutische Aporie, die schon den Beginn des Kapitels gekennzeichnet hatte, als Josef K. im Inneren des Doms im Dunkeln sitzt, beschwert von der Müdigkeit, die ihn zum Erfassen der Zeichen unfähig macht, die ihm aus dem Dunkel entgegentreten: die Schrift in dem Album auf der einen Seite, über das er sich blätternd beugt, das beleuchtete Bild auf der anderen Seite, das ihm im Kirchenraum entgegenschimmert. In dieser Situation versagender Deutung tritt der Kirchendiener auf, fixiert K. und zeigt in eine „unbestimmte Richtung". Er wird, durch sein Zeigen ohne Ziel, gleichsam zum „Verwaiser" (um ein Wortspiel Becketts aufzunehmen), er repräsentiert, semiotisch ausgedrückt, eine Zeichenstruktur ohne Signifikat. Da erreicht K. von einer Nebenkanzel, die sich wie eine Nische für eine Heiligenstatue auftut, der Ruf seines Namens. Damit knüpft die Szene im Dom an das Anfangskapitel des Romans an: die Nennung des Namens, die zwischen Geburtstagszeichen und Verhör angesiedelt erscheint, im Spannungsfeld zwischen Freiheit und zwanghafter Abhängigkeit: „Vorläufig war er noch frei [...] Falls er sich aber umdrehte [...] hatte er das Geständnis gemacht" (KKAP I, 287). Josef K. legt sein Album aus der Hand und beginnt ein Gespräch mit dem Geistlichen, das Fragen der Deutung von Texten zum Gegenstand hat, jener Legenden des Gesetzes, durch die die Lebenswelt des *Prozeß*-Romans geregelt erscheint. Der Geistliche

---

[2] Vgl. hierzu meinen Aufsatz „Nachrichten vom ‚Pontus'" in: Franz Kafka, Schriftverkehr. a.a.O. Siehe S. 537–577 im vorliegenden Band. Für das dort angesprochene Problem der Verwandlung von Sprache ins Unverständliche, in „Rauschen und Gesang" ist die Variante 274 21–22 besonders signifikant: „– sogar des Italieners Französisch schien nur unverständlicher Gesang –". (KKAP II, 300).

thematisiert denn auch jene beiden Grunderfahrungen, die sich in den semiotischen Feldern der Justiz und der Erotik niederschlagen: „Du suchst zuviel fremde Hilfe [...] und besonders bei Frauen [...]" heißt es da: „Besonders bei diesem Gericht, das fast nur aus Frauenjägern besteht [...]" (KKAP I, 289 f.). Von dieser Grunderfahrung ausgehend, entspinnt sich nun ein Gespräch über den „Wortlaut der Schrift", wie ihn die Legende präsentiert, und die in Deutungsakten alternierende Konstitution und Destruktion von Bedeutung. Dabei erweist sich auch die Legende selbst, die der Geistliche erzählt, als ein ritualisierter Verstehensakt, der letzlich nur noch dem Gesetz der Legitimation gehorcht; was in der ersten Szene des Romans in der Überlagerung des Geburtstagsfestes durch das Verhör sich ereignet, wird hier auf die Ebene der Verstehensakte verschoben und in analoger Weise dissoziiert. Dies gilt übrigens auch für das Zeichenfeld der Bilder, nicht nur der Schrift; denn was der Geistliche am „Wortlaut der Schrift" demonstriert, zeigt der Maler Titorelli im Hinblick auf seine „Gemälde", deren Deutung im Ambivalenten erstickt: in jener Göttin der Gerechtigkeit, die sich unmerklich in eine Göttin erst des Sieges und dann der Jagd verwandelt, ohne sich einem definitiven „allegorischen" Sinnkonzept einzufügen. Wie das Leben ohne schlüssigen Sinn erscheint, so die erzählte und gemalte Legende ohne bewahrheitende Kraft: „Die Schrift ist unveränderlich und die Meinungen sind oft nur ein Ausdruck der Verzweiflung darüber." (KKAP I, 298)

Sucht man jenes Feld genauer zu bestimmen, das sich – im Fortgang des Romans – zwischen der Anfangsszene als aporetischer Exposition der Lebenswahrheit und der Domszene als aporetischer Inszenierung von Sinnstiftung öffnet, so kann man Kafkas *Prozeß*-Roman mit einigem Recht (und in sehr viel schlüssigerer Weise, als dies mit dem *Verschollenen* und dem *Schloß* geschehen könnte) als semiologischen Roman lesen. Er zeigt zwei einander gegenseitig paralysierende Verfahren der Sinnfindung: das Subsumptionsverfahren des Verhörs einerseits, wie es sich in der juristischen Welt durchzusetzen scheint, das Delegitimationsverfahren der Erotik andererseits, wie es sich in der Welt der sexuellen Bezüge manifestiert. Zwischen beiden auf dubiose wie apokryphe Weise angesiedelt, bald der juristischen Ordnung verfallend, bald sie von der Sexualitätserfahrung her unterlaufend, wird die Welt der Kunst als ein oszillierendes, der Artikulation und sozialen Bewertung sich letzlich verweigerndes Feld sichtbar. Als Indizien dieses schillernden Status der Sinn stiftenden und Werte begründenden Ordnungen fungieren die Frauen in ihren unidentifizierten Rollen als Fürsprecherinnen des Angeklagten, als Helferinnen des Gerichts, schließlich als Perversionen der Musenfunktion, die den traditionellen

Roman von Goethe bis Keller bestimmt. Hier befindet sich jene dunkle Stelle des Romans, die noch einer präziseren Aufhellung harrt: der Bestimmung der Frau in den Texten Kafkas nämlich zwischen Gericht, Erotik und Kunstakt. Wesentlich bleibt, daß Kafka dieses Spiel der wechselnden Bedeutungen aus dem Strukturmodell des Umschlags von Schlaf in Erwachen entwickelt, jenem „riskantesten Augenblick", der zuletzt über Identität und Zerfall des Subjekts entscheidet. In seinen drei Romanen hat Kafka diesen Augenblick immer wieder zum Ausgangspunkt des Geschehens gemacht, als Geburt in die neue Welt im *Verschollenen*, als Geburt in die Welt sozialer Verantwortung im *Prozeß*, als Geburt in die Welt interpersoneller Beglaubigung – durch Beruf und Liebe markiert – im *Schloß*-Roman. Alle drei Ansätze münden in aporetische Konstellationen: in die letzliche Unbestimmbarkeit des Verhältnisses von Wachsein und Traum. Am Ende seines Lebens hat Kafka diesem – in seinen Texten immer wieder durchgespielten – Modell eine neue und überraschende Wendung gegeben. Er konstruiert das Verhältnis von Traum und Wachsein nicht mehr als ein lebensweltliches, sondern als ein kommunikationsästhetisches, als ein Verhältnis von Leser und Autor: und zwar in Umkehrung des traditionellen Bildes vom schönen Traum des Dichters, der sich in seiner Kunst realisiert. Vielmehr postuliert Kafka nun das „böse Wachsein" des Dichters, seinen bösen Blick auf die Welt, dem der gute Traum des Lesers, als eines Freundes, entgegenträumt. Damit wird der „riskanteste Augenblick" aus dem Selbst-Vergewisserungs-Spiel des Subjekts in die interpersonelle Dimension verlagert.

Der kürzlich aufgefundene Brief Kafkas an den Verlagslektor Mardersteig macht dieses neue Paradigma deutlich. In diesem Brief heißt es:

> Die Frage meines Schreibens erscheint mir äußerlich sehr einfach: wenn sich meine Verhältnisse und meine Gesundheit (Lungen- und Schlafkraft.) so weit bessert, daß ich frei die Nächte durchschreiben, frei die Tage durchschlafen kann, werde ich vielleicht – innerhalb der Schicksalsgrenzen – erträglich Gutes schreiben. Da dies in den letzten fünf Jahren nicht möglich war, habe ich fast nichts geschrieben und auch was ich in allerletzter Zeit bei zarter Gesundheitsbesserung zu schreiben versucht habe, ist mangels der vollständigen Vorbedingungen und vielleicht auch aus sonstigen unkontrollierbaren Gründen jämmerliches Zeug, öde Strickstrumpfarbeit, mechanisch gestückelte, kleinliche Bastelei. Max hat einiges davon gehört; wenn vielleicht in München die Rede darauf kam, hat er dieses mein Urteil gewiß bestätigt, allerdings nur verhältnismäßig, denn alles was ich ihm vorlese, erzähle ich in den schönen Traum hinein, den er von mir träumt und es wird gleich traumhaft erhöht. Man kann eben zweierlei zugleich sein: eines Freundes guter Traum und das eigene böse Wachsein.

Abschließend läßt sich vielleicht sagen: Kafkas *Prozeß*-Roman ist auf der Folie des traditionellen Bildungsromans zu lesen, der Subjekt, Lebensraum und identitätstiftende Sozialrituale im Hinblick auf eine Sinnfindung organisiert: Bildung und Liebe als jene beiden Kräfte bestimmend, in deren Spannungsfeld sich das bürgerliche Subjekt zu finden und zu artikulieren vermag. Kafkas Roman rekapituliert die Form solcher Sinnstiftung, freilich ohne eine definitive Instanz sichtbar zu machen, die sie legitimiert. Kafka zeigt vielmehr die doppelte Bedingung, unter der menschliches Sprechen, als Prozeß solcher Sinnfindung und Sinnstiftung in einer modernen Welt, funktioniert: als Zwangsapparat auf der einen Seite, der von der Sprache des Gesetzes und des Verhörs bestimmt wird; als schöpferisches Spiel auf der anderen Seite, das den Formen der Komödie und ihrer theatralischen Inszenierung gehorcht. Kafka deutet auf die Zeichenfelder hin, innerhalb deren sich ein solcher Prozeß der Sinnstiftung und Sinndestruktion abspielt: die Sprache als Zeichenfeld, wie sie im zweifelhaften Wirkungsbereich des Advokaten Huld sich entfaltet; die Bilder als Zeichenfeld, wie sie in den Experimenten beliebiger Reproduzierbarkeit des Malers Titorelli sichtbar werden. Kafka zeigt gleichzeitig das Fehlen der Legitimationsinstanzen für die Bedeutungsstiftung in diesen beiden Zeichenfeldern, indem er in das Gewebe seines Romans – gleichsam als Strukturformeln des Problems – die Gesetzesparabel, die Gemälde Titorellis und die Parabel *Ein Traum* einflicht: den ersten Text, der auf eine Sinnstiftung ohne Garanten anspielt; das Bildmotiv, in dem Mimesis zur Serie verkommt; den dritten Text, der Schrift ohne Körper in Szene setzt. Kafka zeigt das Versagen der Legitimationsinstanzen zuletzt auch im Zerfallen der traditionellen Romanform, die keine Lebensgeschichte mehr gewährt, die sich erzählen ließe, sondern nur noch eine Urszene der „verzögerten Geburt" zeigt, die sich fortgesetzt und verzweigt reproduziert, um schließlich in der Hinrichtung des Helden ihr letztes Simulakrum hervorzutreiben.

Es ist die Geschichte vom bösen Blick auf die Zeichen, die Kafkas Roman erzählt: als einen verschleppten Prozeß, in dem das Subjekt der Moderne sich verliert.

III

Kafkas Romanschreiben entspringt der „Nennung des Namens"; es ist in seinem Wesen eine Anfangs-, eine „Geburts"-Phantasie. Das Ziel dieses Schreibens ist: „Klarheit über seine Lage zu bekommen." (KKAP I, 11) Kafkas eigentümliche Version dieses für das 19. Jahrhundert kennzeichnenden Identitäts-Mythos (des Traums von der Geburt des schöpferischen Ich) ist die Verkoppelung der Entstehungs- mit einer Verlöschens-Phantasie. Das Schluß-Kapitel macht das Prekäre dieser Struktur noch einmal namhaft: „Soll man mir nachsagen dürfen, daß ich am Anfang des Processes ihn beenden und jetzt an seinem Ende ihn wieder beginnen will. Ich will nicht, daß man das sagt. Ich bin dankbar dafür, daß man mir auf diesem Weg diese halbstummen verständnislosen Herren mitgegeben hat, und daß man es mir überlassen hat, mir selbst das Notwendige zu sagen." (KKAP I, 308 f.)

Der Stelle, an der die Anfangs- in eine Endphantasie umzuschlagen droht, gilt Kafkas ganze Aufmerksamkeit: Es ist der Augenblick der Begehung von K.'s Geburtstag. Dieser Punkt des Übergangs – es ist ein Augenblick der fehlenden „Geistesgegenwart", der „Überrumpelung" (KKAP I, 34), „man ist aber so wenig vorbereitet" – wird von Kafka in zweierlei Weise (alternativ) wahrgenommen und gestaltet: als Umschlagen ins *Verhör* und als Wendung in die *Komödie*. Kafkas Roman zeigt, daß beide Codierungen des „Geburtstags" als Projektionen der erzählten Figur zu begreifen sind; denn eine Instanz, die das eine oder das andere zu legitimieren vermöchte, stellt sich nicht ein, bis zuletzt.[3] Vergeblich versucht der Protagonist, eine solche Instanzierung zu erzwingen, indem er beide „Versionen" des Geburtstagserlebnisses Frauen zur „Be-Urteilung" vorlegt: das Verhör-Modell Frau Grubach (KKAP I, 34), das Komödien-Modell Fräulein Bürstner (KKAP I, 42). Was zuletzt allein beobachtbar bleibt, ist aber nur das Sprachspiel in seiner disziplinierenden wie in seiner Komödienfreiheit stiftenden Funktion: Verurteilung und Hinrichtung hier, Maske und Verwandlung („Teater"; „Schaustellung" KKAP I, 15) dort.

Die beiden Anfangsszenen sind den beiden Schlußkapiteln in genauer Symmetrie zugeordnet: *Verhaftung* und *Im Dom* setzen den Namen-Anruf in Szene, kreisen um das Problem der Legitimation und enden in eine Deutungsaporie; *Gespräch mit Frau Grubach/Dann Fräulein Bürstner* und *Ende* sind durch die Vorstellung von Theater-Spiel, Schaustellung und Inszenierung bestimmt.[4] Anfang und Ende sind Vergegenwärtigungen der

---

[3] Vgl. Variante 309 25: „Der Staat bietet mir seine Hilfe an [sagte K., flüsternd am Ohr des einen Herrn]. Wie wenn ich den Process auf das Gebiet der Staatsgesetze hinüberspielte (Es könnte noch dazu kommen, daß ich die Herren gegen den Staat verteidigen müßte)".

[4] Das gleiche Personal erscheint hier leicht verfremdet wieder: Fräulein Bürstner, die in der ersten Szene aus dem Theater kam, wird hier „wiedererkannt": „Es war nicht ganz sicher, ob sie es war, die Ähnlichkeit war freilich groß" (KKAP I, 307); die „Wächter" der ersten Szene sind in den „Herren" der Schlußszene wieder aufer-

gleichen Strukturformel, einander zugeordnet wie Wieder-Holung oder Frage und Antwort. Geburtstag (*Verhaftung*) und Hinrichtung (*Ende*) erscheinen wie „überblendet", Theater-Spiel (*Gespräch mit Frau Grubach/ Dann Fräulein Bürstner*) und Infragestellung der Zeichen und ihrer Inszenierung (*Im Dom*) vermitteln zwischen beidem.

Der ‚Prozeß' des Romans besteht in der Schärfung der Aufmerksamkeit für diesen „riskantesten Augenblick" des Übergangs vom einen zum anderen; als Übergang vom Traum zum Wachen, vom Verhör zur Komödie, von der äußeren zur inneren Instanz, vom Gesetz zur Projektion: als Übergang vom „Geburtstag" zur „Hinrichtung".[5]

Für die Wahrnehmung dieses Grundmusters von Kafkas Schreibakt und seiner poetologischen Konsequenzen bietet die nun an die Öffentlichkeit gebrachte kritische Ausgabe des *Prozeß*-Romans Verdeutlichung und Präzisierung; namentlich in drei Punkten.

1. Kafka tilgt konsequent die in der ersten Niederschrift einfließenden „Leseanweisungen", die Meta-Reflexionen über die im Romangeschehen sich verdichtenden Realitätsstrukturen; deutlichstes Beispiel ist die gestrichene Variante (KKAP II, 168) über den „riskantesten Augenblick" zwischen Schlaf und Wachen; Kafkas Ziel ist die (mit einer Formel Hofmannsthals ausgedrückt) „Erledigung des Problems in der Gestalt", nicht durch das Romangeschehen begleitende Reflexionen.

2. Kafka tilgt alle expliziten Hinweise, die das Problem der Perspektivierung (etwa durch den Blick[6]) und der Instanzierung des Geschehens (etwa durch eine Autorität[7]) thematisieren. Hierzu gehört auch das (psychologische) Schlüsselproblem der möglichen „Projektion"[8] des Prozeß-Geschehens durch den Protagonisten selbst.

3. Aber nicht nur der Variantenbefund, auch die Entstehungsgeschichte schärft den Blick für das poetologische Problemfeld; Malcolm Pasley hebt hervor, „daß man aus dem Verlauf der Romanhandlung keine Schlüsse auf den Zeitraum der Entstehung der einzelnen Textpartien ziehen

---

standen; vgl. hierzu die Verschreibung in den Varianten 308,7; von den „Herren" heißt es: „Alte untergeordnete Schauspieler schickt man um mich", sagte sich K. und sah sich um, um sich nochmal davon zu überzeugen ... „An welchem Teater spielen Sie"..." (KKAP I, 306).

[5] Vgl. den Brief vom 31.12.1912/1.1.1913 an Felice Bauer, in dem Kafka seinen Neujahrswunsch im Bild des gemeinsamen Ganges zur Guillotine formuliert.

[6] Vgl. Variante 20 3–14 „Das Verhör scheint sich auf Blicke zu beschränken".

[7] Vgl. Variante 309 25

[8] Vgl. Variante 38 4 „K. legte sich die Frage vor, ob er {auch nur flüchtig} geglaubt habe, dass der Wachtposten für ihn bestimmt sei ..."

kann" (KKAP II, 78) und nennt diese Alinearität des Schaffensaktes ein für Kafkas Schreiben „uncharakteristisches" (für den *Prozeß*-Roman aber wesentliches) Verfahren; *Verhaftung, Gespräch mit Frau Grubach/Dann Fräulein Bürstner* und *Ende* werden fast gleichzeitig (bis 11. August) geschrieben, *Im Dom* folgt noch in der gleichen Schaffensphase (zweite Septemberhälfte); ich sehe in dieser Verkoppelung freilich weniger einen schreibtechnischen Trick der Selbstdisziplinierung (die Schaffung eines „festen Rahmens, der das Schreiben erleichtert"[9]), als ein poetologisches Prinzip: Kafka erprobt die Umschrift des einmal gesetzten Paradigmas, eine „Überschreibung" des Anfangs durch das Ende, und sucht damit die ihm eigene Identitätsformel des „Zögerns vor der Geburt" poetisch zu realisieren. Kafkas Gestaltungsabsicht zielt damit in der Tat nicht auf einen linearen Ablauf, sondern auf eine Reihe fortgesetzter Metamorphosen einer als Anfang gesetzten Grundsituation – aber aus inneren, nicht aus äußeren Gründen seines Schreibens: so als könnte jede Szene in jedem Augenblick in gleicher Konfiguration wieder „fortgespielt" werden, wie dies das *Prügler*-Kapitel vorführt[10]; ein sich fortzeugender „Prozeß" der „riskantesten Augenblicke".

---

[9] KKAP II, 122.
[10] KKAP I, 117: „Alles war unverändert, so wie er es am Abend vorher beim Öffnen der Tür gefunden hatte. Die Drucksorten und Tintenflaschen gleich hinter der Schwelle, der Prügler mit der Rute, die noch vollständig angezogenen Wächter, die Kerze auf dem Regal und die Wächter begannen zu klagen und riefen: „Herr!" Sofort warf K. die Tür zu und schlug noch mit den Fäusten gegen sie, als sei sie dann fester verschlossen.

Traum und Gesetz

Franz Kafkas Arbeit am Mythos

In seinen *Vorlesungen über die Ästhetik*, die Hegel zwischen 1817 und 1829 mehrfach hielt, hat dieser das Besondere als jene Erscheinungsweise des Realen charakterisiert, die das Einzelne und das Allgemeine miteinander vermittelt, das Besondere mithin als die spezifische Erscheinungsweise von Kunst zu erweisen gesucht.[1] Die Kunst ist es denn auch, die im Sinne Hegels – durch den Akt der Repräsentation – im Einzelnen das Allgemeine für einen Augenblick ins Sichtbare und Wahrnehmbare hebt; die es, mit anderen Worten, zur momentanen Evidenz bringt. Die Aufhellung dieses Vorgangs der ästhetischen Realisierung im Besonderen, das die Differenz zwischen Einzelnem und Allgemeinem markiert und dieses in jenem erscheinen läßt, ist eine der wichtigsten Aufgaben der Literaturwissenschaft. Mit Recht stellt daher das Klosterneuburger Symposion[1a] diese Frage nach dem ‚Besonderen' in Kafkas Kunst vor dem Hintergrund von verschiedenen, für den gesellschaftlichen Prozeß bedeutsamen Diskursen in den Mittelpunkt: namentlich den Redeordnungen des Mythos, der Politik und der Kultur. Denn die Kunst – und vielleicht sogar in besonderer Weise die Literatur als Sprachkunst – gewinnt gerade in diesen Feldern ihre entscheidende soziale Rolle. Sie bearbeitet Mythen und formuliert sie neu; sie deutet, verändert oder subvertiert die in den Mythen enthaltenen Aussagen, jene Form- und Bedeutungskerne, die soziales Leben überhaupt erst ermöglichen. Mythen – so hat Claude Lévi-Strauss einmal gesagt – sind

---

[1] Georg Wilhelm Friedrich Hegel, *Vorlesungen über die Ästhetik I–III*. Werke in zwanzig Bänden. Hg.: Eva Moldenhauer und Karl Markus Michel, Bd. 13–15. Frankfurt/Main 1970. Zu dem hier in Frage stehenden Problem vgl. Georg Lukács, *Über die Besonderheit als Kategorie der Ästhetik*. Neuwied/Berlin 1967.

[1a] Bei dem vorliegenden Text handelt es sich um einen Vortrag bei dem Symposion der Österreichischen Franz Kafka-Gesellschaft in Klosterneuburg im Jahre 1995, publiziert in: Wolfgang Kraus, Norbert Winkler (Hrsg.): Das Phänomen Franz Kafka. Vorträge des Symposions der Österreichischen Franz Kafka-Gesellschaft in Klosterneuburg im Jahr 1995, Prag 1997, S. 15–31. (Schriftenreihe der Franz Kafka-Gesellschaft 7)

Organisationsformeln, Organisationsmodelle sozialer Aporien.[2] Sie erzählen als ‚Geschichte', was sich als soziales Dilemma im Beziehungsgeschehen der Menschen nicht dauernd gemeinschaftsrelevant und institutionell auflösen läßt. In den so erzählten Mythen kristallisieren also die ‚Unruhe-Herde' sozialen Verkehrs zu narrativen Mustern. Die Geschichte der Kultur ist denn auch der Prozeß des Umgangs mit diesen Mythen: ein Vorgang von deren Bearbeitung, Umerzählung und Neuformulierung. Hans Blumenberg hat dieses metamorphische Geschehen in einem seiner Bücher die „Arbeit am Mythos" genannt; und zwar im Sinne eines Prozesses der Umbesetzung überlieferter mythischer Modelle, in denen eine Gesellschaft ihre unerledigten Probleme rekapituliert und weiterträgt.[3] Mitgedacht ist dabei die These, daß alle wichtigen Probleme sozialen Zusammenlebens – wie sie in Ursprungsmythen und Beziehungsmythen festgehalten sind – letztlich aporetischer Natur sind; daß sie alle den Zauber wie das Stigma des Unerledigten tragen. Dies gilt, wie gesagt, für ätiologische Mythen, die vom Beginn der Kultur sprechen, und dies gilt des weiteren auch für jene anderen Mythen, die Beziehungen zwischen Menschen zu organisieren suchen, die als Organisationsformeln des „Menschenverkehrs", wie Kafka einmal sagt, verstanden werden können. Literaturwissenschaft, die diese Vorgänge sichtbar zu machen sucht, kann sich so gesehen mit Recht auch als eine Form der Kulturwissenschaft begreifen, als ein für den Fortgang der Zvilisation bedeutsames Medium verstehender und deutender Auseinandersetzung mit Ordnungsmustern der Kultur und ihrer Prozesse.

Mein hier vorgelegter ‚Versuch über das Besondere' im Werk Franz Kafkas stellt zwei Begriffe in den Mittelpunkt, die den von dem Prager Autor immer wieder bearbeiteten Mythos des „Prozesses" behandeln; jenen Mythos, der das Thema des *Proceß*-Romans (und zahlreicher anderer Rechtsfragen behandelnder Texte Kafkas) ist. Ich meine damit das ‚mythische' (ungelöste) Strukturmuster des Verhältnisses von „Traum" und „Gesetz", das sämtliche ‚Prozeß'-Phantasien Kafkas prägt. Kafka selbst hat ja – gleichsam durch eine literarische Strategie der Intertextualisierung – das Doppelthema von Traum und Gesetz durch zwei lakonische Formeln seinem unvollendeten *Proceß*-Roman zugeordnet und eingeschrieben: in Gestalt jener beiden Parabeln nämlich, die er auch gesondert publizierte und denen er die Titel „Ein Traum" und „Vor dem Gesetz" gegeben hat.

---

[2] Vgl. das Kapitel „Die Struktur der Mythen" in Claude Lévi-Strauss, *Strukturale Anthropologie*. Suhrkamp TB Nr. 15. Frankfurt/Main 1967, S. 226–254.
[3] Hans Blumenberg, *Arbeit am Mythos*. Frankfurt/Main 1979.

Die besondere Art dieser Texte, namentlich aber der Geschichte „Vor dem Gesetz", hat die Literaturwissenschaft lange beschäftigt.[4] Man hat sie als Bildformeln, als Parabeln und Gleichnisse, als Legenden und narrative Embleme, ja man hat sie als Prosagedichte gekennzeichnet; es wäre möglich, sie – im Sinne Lyotards – auch als „kleine Mythen" zu beschreiben[5], die auf strategisch komplizierte Weise dem nicht mehr möglichen Konzept eines Romans über jenen Prozeß entgegengesetzt werden, der die Kultur selbst als Gebilde gesetzhaften Fortschreitens ausweist: große und kleine Mythe, ‚Roman' und ‚Parabel' als ‚Organe des Weltverstehens', erschienen dann in Kafkas Romanschaffen (und seiner impliziten Poetologie) in unaufhebbare Spannung versetzt.

Auf diese Dialektik von Roman und Parabel, von in den Roman inserierter und aus ihm extrapolierter Parabel als Deutungsmuster und als blinde Maske des Verstehens zugleich, kommt es mir in meinen hier angestellten Überlegungen an. Das Modell, um das es mir geht, ist die nicht auflösbare und nicht vermeidbare Gegenüberstellung von Traum und Gesetz in einem Feld hermeneutischer Aporien: ein Modell eigentümlich Kafkascher Prägung, das man auch als eine (das Widersprüchliche verbindende) Formel für das Funktionieren von Kultur auffassen könnte, als Schlüssel für deren Verständnis und als Verriegelung ihrer Verstehbarkeit zugleich. ‚Traum' und ‚Gesetz' in Konfrontation: Das ist zugleich auch die Gegenüberstellung von Phantasie und Norm, von Freiheit und Disziplin, von Schöpfertum und Bürokratie. Beide von Kafka erzählten kleinen Geschichten vergegenwärtigen – in sich selbst wie in ihrer Gegenüberstellung – einen liminalen Augenblick (wie Victor Turner sich einmal ausgedrückt hat[6]); sie deuten auf eine Grenze und deren mögliche oder unmögliche Überschreitung hin; eine Kluft, die sich zwischen Wunsch und Traum einerseits, zwischen Gesetz und Ordnung andererseits auftut.

---

[4] Es gibt inzwischen – nach über sechzig Einzeltiteln zu Kafkas Parabel „Vor dem Gesetz" – eine Reihe von Sammelbänden, die die Forschung zu bündeln und zu resümieren versuchen: Eis Andringa, *Wandel der Interpretation. Kafkas „Vor dem Gesetz" im Spiegel der Literaturwissenschaft*. Opladen 1994. Hartmut Binder, *„Vor dem Gesetz". Einführung in Kafkas Welt*. Stuttgart 1993. Klaus-Michael Bogdahl (Hg.), *Neue Literaturtheorien in der Praxis. Textanalysen von Kafkas „Vor dem Gesetz"*. Opladen 1993. Manfred Voigts (Hg.), *Franz Kafka „Vor dem Gesetz". Aufsätze und Materialien*. Würzburg 1994.

[5] Jean-François Lyotard, *La condition postmoderne. Rapport sur le savoir*. Paris 1979.

[6] Victor Turner, *Das Ritual. Struktur und Anti-Struktur*. Frankfurt/Main/New York 1989.

So gesehen könnte man die beiden Kafkaschen Parabeln in der Tat als „kleine Mythen" im Sinne Lyotards lesen, die der nicht mehr möglichen großen Menschheitsgeschichte, wie sie etwa das traditionelle Muster des Bildungsromans erzählt, entgegengestellt werden. Ein vergleichender Blick auf die beiden Parabeltexte macht diese liminale Struktur, die das Gesetz ihres Geschehens und ihrer Darstellung ist, unmittelbar deutlich.

Die eine Erzählung, „Vor dem Gesetz", zeigt einen Mann, der vor dem Eingang des Gesetzes auf Einlaß wartet. Er altert allmählich und seine Wünsche verblassen. Immer noch berührt und beschäftigt ihn der Gedanke, daß vielleicht dort, hinter dem Einlaßtor des Gesetzes, sein Platz in der Ordnung, vielleicht der Name, der ihm zukommt, zu finden wäre; daß dort der Einzelne vom Allgemeinen, das ja das Gesetz ist, angenommen würde. Der Mann vom Lande fühlt sein Ende nahen. Im Augenblick seines Todes aber wird der Eingang des Gesetzes, von dem es heißt, daß er nur für ihn bestimmt war, geschlossen.

Die andere Geschichte dann, die den Titel „Ein Traum" trägt, erzählt von Josef K., der einen Spaziergang auf den Friedhof macht und dort einen frisch aufgeworfenen Grabhügel gewahrt. Er gleitet wie von einem Sog angezogen in dessen Nähe, ein Künstler tritt aus dem Gebüsch, setzt einen Bleistift an und beginnt, die Grabschrift auf den Stein zu setzen. Er stockt, als er bei dem Namen des zu Begrabenden anlangt, und blickt Josef K. an. Nun heißt es im Text:

> Endlich verstand ihn K.; ihn abzubitten war keine Zeit mehr; mit allen Fingern grub er in die Erde, die fast keinen Widerstand leistete; alles schien vorbereitet; nur zum Schein war eine dünne Erdkruste aufgerichtet; gleich hinter ihr öffnete sich mit abschüssigen Wänden ein großes Loch, in das K., von einer sanften Strömung auf den Rücken gedreht, versank. Während er aber unten, den Kopf im Genick noch aufgerichtet, schon von der undurchdringlichen Tiefe aufgenommen wurde, jagte oben sein Name mit mächtigen Zieraten über den Stein. Entzückt von diesem Anblick erwachte er.[7]

Beide Geschichten, „Ein Traum" und „Vor dem Gesetz", erzählen vom Ende. In beiden geht es um das Verlöschen des menschlichen Körpers im Tod – wie ja die Anfänge von Kafkas Geschichten so oft von der Geburt der Eigentümlichkeit eben dieses Körpers sprechen. Beide Geschichten lenken die Aufmerksamkeit auf jenen Punkt, wo das ‚Andere' des Körpers beginnt: nämlich die Sprache. In „Vor dem Gesetz" ist es die Sprache des Gesetzes

---

[7] Franz Kafka, *Schriften. Tagebücher. Briefe.* Kritische Ausgabe. Hg. Jürgen Born, Gerhard Neumann u. a *Drucke zu Lebzeiten.* Hg. Wolf Kittler, Hans-Gerd Koch, Gerhard Neumann. Frankfurt/Main 1996, S. 298.

selbst, ihre Allgemeinheit. Von ihr zeugt der Schein, der aus der Türe des Gesetzes dringt. In „Ein Traum" dagegen ist es die Sprache des Ruhms und der Eigentümlichkeit des Namens, die in den Goldbuchstaben auf dem Grabstein das Überleben des Einzelnen im Gedächtnis der Kultur zu sichern verspricht. So sind es zwei Formen der Entkörperlichung, die hier kontrastiv in Szene gesetzt werden. Es ist beidemale die Sprache, die über den Körper triumphiert: die Sprache des Gesetzes auf der einen Seite, die Zwang und Disziplin bedeutet; die Sprache der Kunst auf der anderen Seite, in der sich Freiheit und Traum verdichten; zwei Möglichkeiten der Sprache mithin, die, jede auf ihre Art, den lebendigen Körper auslöschen und vielleicht eben dadurch in verwandelter Form überleben lassen. Der Tod des Mannes vom Lande wie der Tod Josef K.s scheinen geradezu die ‚Bedingung der Möglichkeit' solchen Überdauerns der Schrift zu sein.

Beide Geschichten Kafkas sind Mythen, die eine kulturelle Aporie – und solche Aporien sind, so könnte man vermuten, die Grundmuster aller Kulturen – narrativ in Szene setzen, ein Konfliktmuster errichten, das zweierlei einander gegenüberstellt: das Modell des Traums, der „Vor dem Gesetz" ist, auf der einen Seite; das Gesetz, das die Schwelle zum Traum öffnet, den Einlaß offenhaltend und verschließend zugleich, auf der anderen Seite. Ein solches Verständnis der Kafkaschen Parabel als kleiner Mythe, die eine soziale, eine kulturelle Aporie organisiert, ist selbst Produkt und Symptom eines kulturellen Deutungs- und Umbesetzungsprozesses – der Geschichte der Literaturwissenschaft selbst nämlich als einer nicht abgeschlossenen Geschichte des Verstehens; der Literaturwissenschaft als einer der wesentlichen Formen der Selbstverständigung einer Kultur. Vielleicht steht die Hermeneutik – als Grundform und „Disziplin" solcher kulturellen Selbstverständigung – selbst im Zeichen dieser Aporie von Traum und Gesetz; vielleicht ist es die Aufgabe unserer Wissenschaft, dies zu erkennen? Dieser Frage möchte ich in meinen Überlegungen noch ein Stück weiter nachgehen.

Ich beschränke mich dabei im folgenden auf die Parabel „Vor dem Gesetz" und ihre Verstehensgeschichte. Eine solche Vorgehensweise entbehrt nicht einer gewissen Berechtigung. Denn im Grunde ist das Lektüreschicksal dieses kleinen Kafkaschen Textes allein schon eine Kulturgeschichte en miniature. Zur Verdeutlichung dieses Umstands vergegenwärtige man sich zunächst, welche Position diese kleine Geschichte im Textkonzept des *Proceß*-Romans einnimmt. Sie findet sich im Kapitel „Im Dom", in dem Josef K. nahezu am Ende seines Weges (der von Geburtstag zu Geburtstag, vom Augenblick des Erwachens zur Hinrichtung führt) gezeigt wird. Es ist der Augenblick einer Selbstvergewisserung des Helden und einer versuchten Deutung von dessen eigener Situation zugleich. Diese Szene „Im Dom" ist nach dem klassischen Muster hermeneutischer Augenblicke, wie sie die europäische Kultur bestimmen, komponiert. Da gibt es zunächst einen kanonischen Text, nämlich die vom Geistlichen dem Dombesucher Josef K. erzählte „Parabel"; sodann gibt es eine Autorität, die über das Verständnis dieses Textes entscheidet, der Gefängnisgeistliche selbst, der damit die Verbindung zum Gesetz herstellt; ferner gibt es einen Fragenden, der sich des Sinnes dieser Parabel zu vergewissern sucht; und schließlich gibt es einen Deutungsraum, der sich im Gespräch und durch das Gespräch der beiden öffnet; und zwar einen klassischen Raum abendländischer Sinnstiftung, das ikonographisch gegliederte Ensemble und Interieur einer Kirche – ein Schlüsselritual kultureller Selbst- und Weltvergewisserung. Dieses von Kafka beschworene hermeneutische Ensemble ist, wie gesagt, zum Gegenstand zahlloser literaturwissenschaftlicher Verstehensakte geworden. Da zeigen sich, am Anfang der Deutungsgeschichte, existentialistische Verstehensversuche, die (methodisch gesehen) im Zeichen der Textimmanenz stehen. Ihr Hintergrund ist jene europäische Schicksalssemantik, die das konfligierende Ordnungsmuster von Providenz und Kontingenz entwirft und in deren Kontext der Mann vom Lande ausgerechnet jenen „Zufall" verflucht, der ihn an diese Stelle versetzt hat.[8] So verstanden ist Kafkas Text „Vor dem Gesetz" eine Parabel menschlichen Daseins schlechthin, ein Gleichnis menschlicher ‚Geworfenheit' in die Welt, der Vor-Läufigkeit der Existenz. Ein wenig später in der Verstehensgeschichte finden wir jene zahllosen psychoanalytischen Deutungen, die sich des ödipalen Modells bedienen, um die Instanz des Vaters, des Über-Ichs und der Selbstzensur in ihrer familial geprägten Konfiguration zu zeigen. Da sind des weiteren biographische Verstehensversuche, die nach dem Muster des alten Prinzips „l'homme et l'œuvre" verfahren und Kafkas Existenz, seine Lebens- und Bildungsumstände im Milieu Prags zu beschreiben suchen: sein Dasein zwischen Deutschen, Tschechen und Juden, seine Behauptungsversuche in einer Welt jener Türhüter, die vor Klubs und Kabaretts postiert sind – Kafkas Texte: mithin als Milieustudien, durch die eine minoritäre Literatur das Leben einer sozialen Minderheit einzufangen sucht. Da stellen sich ferner sozialhistorische Interpretationen ein, die den Text in eine schich-

---

[8] Die Geschichte dieses Modells von Schicksalssemantik verfolgt Werner Frick in: „Providenz und Kontingenz. Untersuchungen zur Schicksalssemantik im deutschen und europäischen Roman des 17. und 18. Jahrhunderts" I und II. *Hermaea*, Germanistische Forschungen, Neue Folge, Bd. 55. Tübingen 1988.

tenspezifisch gegliederte Welt des österreichischen Bürgertums einbinden, jene dumpfe Welt aus Untertanengeist und Institutionengläubigkeit, die gleichzeitig im Zeichen ökonomischer Ausbeutung steht und den magistralen Gesetzen der Bürokratie der k.u.k.-Monarchie gehorcht – der literarische Text als Modell institutionalisierter, entpersönlichter Gewalt. Nicht zuletzt gibt es aber auch religionspsychologisch orientierte Zugänge zu Kafkas rätselhaftem Text, die sich auf dessen Umschrift religiöser Muster konzentrieren und auf diese Weise des Autors Arbeit am Mythos zu rekonstruieren suchen: so etwa im Sinne einer Umschrift jiddischer Legenden, wie sie Ulf Abraham rekonstruiert hat.[9] Er liest Kafkas Text als Kontrafaktur einer chassidischen Midrasch-Legende, in der Moses auf dem Weg zu den Gesetzestafeln gezeigt wird, die er von Gott zu erlangen versucht. Ein Engel, als erster einer ganzen Reihe solcher Gesetzes-Hüter, verwehrt ihm den Zugang. Moses aber erschlägt den Engel und tritt in das Gesetz ein.

Alle genannten Versuche (und viele andere) kreisen aber zuletzt um jene Frage, die sich paradigmatisch in Kafkas „Vor dem Gesetz", gleichsam dem ‚Text aller Texte', zu verdichten scheint, die Frage aller Fragen nämlich: ‚Was bedeutet Bedeuten?' – eine Frage, die, so betrachtet, in der Tat nur „Vor dem Gesetz" gestellt werden kann. Eine Wende in diesem Prozeß kultureller Vergewisserung, den die Deutungsversuche der Parabel „Vor dem Gesetz" bilden, wird durch jenen Augenblick bezeichnet, in dem ein ‚Deuter' der rätselvollen Geschichte Kafkas eben diese Frage nach der ‚Bedeutung des Bedeutens' energisch außer Kraft setzt. Es ist Jacques Derrida in seinem Aufsatz „Préjugés" („Devant la loi"), den er erstmals 1983 in der Festschrift für Jacob Taubes und dann wiederholt in verschiedenen Fassungen und Sprachen publizierte, und der sich seinerseits mit Kafkas kleiner Geschichte „Vor dem Gesetz" auseinandersetzt.[10] Der-

---

[9] Ulf Abraham, *Mose, „Vor dem Gesetz"*. Eine unbekannte Vorlage zu Kafkas „Türhüterlegende". Dvjs. 57, 1983, S. 636–650.

[10] Jacques Derrida, „Préjugés". In: *Spiegel und Gleichnis*. Festschrift für Jacob Taubes. Hg. Norbert W. Bolz, Wolfgang Hübener. Würzburg 1983, S. 343–366. „Devant la loi" In: *Philosophy and Literature*. Hg. A. Phillip. Cambridge 1984, S. 173–188. „Before the Law". In: Jacques Derrida, *Acts of Literature*. Hg. Derek Attridge. New York/London 1992, S. 181–220. Jacques Derrida, *Préjugés. Vor dem Gesetz*. Aus dem Französ. von Detlef Otto und Axel Witte. Edition Passagen 34, Wien 1992. Dazu: Rolf-Peter Janz, „Franz Kafka ‚Vor dem Gesetz'" und Jacques Derrida, „Préjugés". In: *Jahrbuch* Nr. 37 d. dt. Schiller-Gesellschaft, 1993, S. 328–340; David Roberts „The Law of the Text of the Law. Derrida before Kafka". In: Dvjs. 69, 1995, S. 344–367.

ridas Betrachtung des Textes richtet sich nunmehr aber auf den Status der kleinen Geschichte selbst: Derrida konzentriert sich auf die Frage nach der ‚Autorisation' eines Textes, nach seinem Rechtsstatus also – und nach den in ihm wirksamen legitimierenden und delegitimierenden Instanzen. Damit situiert Derrida Kafkas Geschichte im Prozeß der Kultur selbst: und zwar in ihrer Konfrontation mit der Struktur des Gesetzes; nicht mehr als einen Prozeß wechselnder Fiktionalisierung und Bedeutungsstiftung, sondern als einen Entwicklungsgang fortgesetzter Subversion des hermeneutischen Aktes angesichts dessen, was dessen Legitimität zu sein beansprucht. Das Erzählen findet sich an jenem ‚Spielort' ein, der die Bezeichnung „Vor dem Gesetz" trägt; als ein ‚narrativer' Akt, der in zwei Richtungen orientiert erscheint: auf Subsumption und auf Symbolisation zugleich, jene beiden Formen europäischer Hermeneutik, die durch die juristische und die ästhetische Tradition geprägt worden sind. Jacques Derridas Aufsatz gewahrt Kafkas Text als eine Urszene abendländischer Schrifterfahrung zwischen ‚Wahrheit' und ‚Fiktionalität', zwischen Gesetz und Traum. Was hierbei zum Vorschein kommt, ist ein Akt der Dekonstruktion. Diese wird für Derrida in der Begriffskonstellation von Korporalität, Oralität und Literarizität und deren argumentativer Nutzung für die Struktur des kulturellen Prozesses wirksam. In seiner Rousseau-Studie *De la grammatologie* von 1967 hat Derrida die Rolle der Schrift in der abendländischen Geistesgeschichte zu seinem Thema gemacht; und zwar in der Aufdeckung ihrer Auseinandersetzung mit der geltenden Idee von der Koppelung der Wahrheit an die Stimme, wie sie seit der griechischen Philosophie wirksam sei. Vor dem Hintergrund dieses Zusammenhangs befragt Derrida nun auch Kafkas Text „Vor dem Gesetz" und setzt mit seiner Art der Lektüre die drei bislang für die traditionelle Literaturwissenschaft grundlegenden Begriffe außer Kraft: denjenigen der Autorschaft zum einen, der von der Beglaubigung der Textinstanz durch das schöpferische Subjekt spricht; den der Werkeinheit sodann, der die traditionelle Wesensbestimmung des Kunstwerks ausmacht; und den der Literatur als kultureller Institution selbst, als eines durch Gestaltungseinheit bestimmten Produktionsprogramms von Texten zuletzt.

Nimmt man diesen Derridaschen Gedanken von der Subvertierung der Literarizität selbst durch Kafkas Erzähltext auf, so läßt sich zeigen, daß Kafka dieses Problem – gleichsam strategisch – durch Infragestellung des klassischen Parabelmodells in Szene setzt, in welchem bekanntlich Stimme und Schrift durch einen einzigen Legitimationsgestus zusammengehalten, ja verschmolzen werden.[11] Es ist jener singuläre Gestus, der die biblischen Parabeln auszeichnet, welche von Christus im Neuen Testament erzählt werden. Deren Wahrheitsgarantie ist durch die göttliche Stimme selbst gegeben, die Sprache des Gottessohns („ipsissima vox"), deren authentischer Klang den Wahrheitsgehalt des Erzählten beglaubigt: „In parabolis et in aenigmatibus locutus est Deus".[12] Dieser ‚klassischen' Parabel (und ihrem eng begrenzten Wirkungsfeld) läßt sich die ‚moderne' Parabel gegenüberstellen, die diesen Status authentischer Beglaubigung durch die Stimme nicht mehr zu nutzen vermag und der damit die transzendente Wahrheitsinstanz fehlt. Sie ist es, die jenen Delegitimierungsvorgang in Szene setzt, der das Grundmuster von Kafkas *Proceß*-Roman ist: kein Vorgang der Rechts- und Wahrheitsfindung mehr, sondern ein solcher von deren Delegitimation, scheiternd an der Unangreifbarkeit und Unlegitimierbarkeit der Schrift – nicht zu Unrecht sagt der Geistliche in der Dom-Szene über den Text der Parabel: „Die Schrift ist unveränderlich".[13]

Die Inszenierung der Situation „Vor dem Gesetz" gewinnt also im eigentlichen Sinne (und vor dem Hintergrund der Derridaschen Erwägungen) folgende Kontur: Der Versuch des Mannes vom Lande, durch Interpretation eines Textes eine Geschichte für sich selbst zu finden, eine Lebensgeschichte als Wahrnehmungsereignis eines Lebenssinns zu erzählen, steht buchstäblich „Vor dem Gesetz". Der Mann verläßt seinen Platz vor dem Gesetz nicht, er träumt von Glanz und Sinn, der ihn jenseits der offenen Tür erwartet. Damit aber das Erzählen überhaupt beginnen kann, muß schon, gleichsam vorgängig, eine Grundlegung seiner Möglichkeit erfolgt sein; und zwar als die Bedingung der Möglichkeit des Erzählens selbst; mithin als ein autoritativer Akt; mithin als das Gesetz schlechthin. Diese Konstellation verdeutlicht am schlagendsten schon der Beginn des *Proceß*-Romans: „Jemand mußte Josef K. verleumdet haben, denn ohne daß er etwas Böses getan hätte, wurde er eines Morgens verhaftet." (P 7) Was sich hier ereignet, ist die gleiche ‚mise en abyme', die auch in der Parabel „Vor dem Gesetz" am Werk ist. Vor Josef K.s Geschichte muß bereits das Gesetz stehen, sonst hätte ja bei seinem Erwachen die Verhaftung nicht schon in die Wege geleitet sein können; vor seiner

---

[11] Zur literarischen Konturierung der Parabel als Gattung vgl. Renate von Heydebrand, „Parabel". In: Joachim Ritter, Kartfried Gründer (Hg.), *Historisches Wörterbuch der Philosophie*, Bd. 17, 1989, Spalte 65–74; und Renate von Heydebrand, „Parabel" in: Karlfried Gründer, Gunter Scholz (Hg.), *Archiv für Begriffsgeschichte*, Bd. 34, 1991, S. 27–122.

[12] s. Anm. 11, *Archiv*, S. 74 und 69.

[13] Malcolm Pasley (Hg.), *Franz Kafka. Kritische Ausgabe. Der Proceß*. Frankfurt/Main 1990, S. 198.

Verhaftung aber mußte bereits eine ‚Geschichte' in Szene gesetzt sein, die Geschichte seiner Verleumdung als eines ‚Erzählens' nämlich, das ihn dem Gesetz zutreibt.

Die Aporie, der Kafka hier Gestalt gibt, erweist sich denn auch als durch ein Doppeltes bestimmt. Einerseits ist das Gesetz schon da, wenn das Erzählen beginnt; das Gesetz als die Sprache des Zwanges, der Disziplin und der erpreßten Legitimation. Andererseits aber muß das Erzählen seine Begründung, seine Grundlegung durch das Gesetz seinerseits erzählen. Das heißt aber: Das Erzählen muß schon da sein, bevor das Gesetz als Norm in Geltung tritt; das Erzählen nämlich als die Sprache der Erfindung des Traums und der schöpferischen Inszenierung. Durch diese aporetische Konstellation des Gesetzes, das vor dem Erzählen, des Erzählens aber, das vor dem Gesetz steht, hat Kafka zugleich den Mythos von der Entstehung, von der Ermöglichung von Kultur und ihres ‚Prozesses' in Szene gesetzt. Es gibt keinen Anfang der Ordnung – so heißt dieses Gesetz –, der nicht sein Anderes (nämlich das Erzählen) schon als Voraussetzung hätte. Dieses Muster der Komplementarität bestimmt das Verhältnis von Imagination und Begriff, von Mythos und Aufklärung, von Phantasie und System – zu guter Letzt aber dasjenige von Traum und Gesetz.

Vielleicht gibt es keinen Autor der Moderne, der diese Aporie genauer erkannt und präziser gestaltet hätte als Franz Kafka: die Aporie, daß vor dem Erzählen das Gesetz steht; daß aber zugleich vor dem Gesetz das Erzählen „sich einfindet" (Derrida sagt „comparaître devant la loi": so als handle es sich um das Sich-Einfinden der Zeugen vor dem Gericht). Kafkas delegitimierte Parabel ist der Inbegriff dieses Vorgangs, dieses wechselseitigen Sich-Einfindens von Traum und Gesetz ‚voreinander'. Sie erweist sich als jene literarische Form, in der Wahrheitsinstanz und Erzählakt in unauflöslicher Differenz zusammengezwungen erscheinen; eine Parabel, die den Sinn erschließt und verriegelt zugleich, weil Erzählen und Gesetz, Traum und Legitimität, Phantasie und Norm einander ihre Vorgängigkeit streitig machen. Ich möchte – im Hinblick auf Kafkas Um-, Wendung' des Bildungsmusters der parabolischen Gattung und ihres Wahrheitsanspruchs – geradezu von einer ‚blinden Parabel' sprechen. Sie subvertiert zugleich, was sie konstruiert, sie situiert das Gesetz vor dem Erzählen, das Erzählen aber vor dem Gesetz.

Das hier beschriebene Inszenierungsmuster ist für das Lektüreschicksal von Kafkas Parabel – wollte man dies als Element im Prozeß der Selbstverständigung einer Kultur auffassen – von zentraler Bedeutung. Kafkas Parabel aus dem Dom-Kapitel seines Romans setzt, so verstanden, in der Tat alle jene Paradigmen außer Kraft, die bisher für einen literarischen Text selbstverständliche Geltung hatte. Sie ist Delegitimierung der Stimme des

Autors als Wahrheitsinstanz; sie ist Delegitimierung der Vorstellung von der Werkeinhert – denn Romanform und Parabelform zersetzen sich im Rahmen ihres Darstellungsstatus wechselseitig; sie ist zuletzt Delegitimierung der Vorstellung von der Literatur als einem in sich geschlossenen Sprachsystem und Gestaltungsmuster, denn sie zeigt das ‚Erscheinen' der Literatur vor dem Gesetz, des Gesetzes aber vor der Literatur als komplementäre Inszenierungsakte von ‚Dekonstruktion'. Man könnte auch sagen, daß mit einem solchen Verständnis von der ‚Blindheit' der Parabel die Subvertierung des Romans durch die Parabel, der Parabel aber durch den Roman in Szene gesetzt wird: als die zuletzt unaufhebbare Differenz, die zwischen Referentialität und Figuralität des Geäußerten, zwischen Wahrheit und ‚Fiktion' aufbricht.

Dieser Vorgang der wechselseitigen Zersetzung von Traum und Gesetz läßt sich im übrigen auch mit einer sozialpsychologisch orientierten Formel fassen, die Alice Miller als Titel eines ihrer Bücher gewählt hat: mit der Formel vom *Drama des begabten Kindes*[14]. Alice Millers prägnante Formel bezeichnet den unauflöslichen Konflikt des phantasievollen und schöpferischen Kindes, in dem einerseits der Wunsch lebt, seine Eigentümlichkeit zu entwickeln, aus der selbst verantworteten Kraft zur Symbolisation sich zu bilden und zu erneuern; eines Kindes aber andererseits, das sich zugleich und zunehmend als Opfer der disziplinierenden Macht des Gesetzes und seiner Subsumptionsgewalt erfährt und deren Normierungszwang zuletzt erliegt. Dieser ‚dramatische' Vorgang wird situativ vergegenwärtigt und als Konflikt in einer ‚hermeneutischen' Situation erfahren: als Lähmung des „Mannes vom Lande" und als Selbstwahrnehmungsaporie Josef K.s. Derridas Deutung dieser Konstellation als miteinander konfrontierter ‚préjugés, läßt im Hintergrund dieses Verhaltensmusters eine aporetische Kulturformel sichtbar werden.

Damit komme ich auf meine anfänglich formulierte These zurück, daß Kafkas Parabeln „Ein Traum" und „Vor dem Gesetz" sich in ausgezeichneter Weise als Formen der Arbeit am Mythos erweisen; das heißt aber zugleich: als Arbeit am und im kulturellen Prozeß des Verstehens. Der Text „Vor dem Gesetz" entfaltet seine ganze Bedeutung erst aus dem Blickwinkel einer kulturgeschichtlich orientierten Perspektive. Es käme also nun darauf an, eine solche kulturtheoretische Deutung vor dem Hintergrund des Verständnisses dieser Parabel in Vorschlag zu bringen. Dies sei abschließend versucht.

---

[14] Alice Miller, *Das Drama des begabten Kindes und die Suche nach dem wahren Selbst.* Frankfurt/Main 1981.

Der Text Kafkas stellt nichts Geringeres zur Diskussion als ein Paradigma der europäischen Kulturgeschichte: das Grundmuster einer Auslegung von Welt nämlich, als dessen Inbegriff sich das abendländische Verstehensmodell des hermeneutischen Zirkels erweist, ein Muster, das von Schleiermacher bis zu Gadamer wiederholt emphatisch formuliert worden ist. Dieses situative Muster ist durch drei Momente charakterisiert. Da ist zum einen das beobachtete Verhalten oder Geschehen selbst, wie es im Text (mimetisch) seine Darstellung findet. Da ist sodann die Verständigung zwischen Beobachter und Deuter über dieses Geschehen als Errichtung, als Öffnung eines Verstehenshorizontes, der ‚Deutung‘ überhaupt erst ermöglicht. Und da ist schließlich der Versuch einer Simulation und Reduplikation dieses Verständigungsversuchs in der Erzählsituation selbst, seiner Problematisierung und Zur-Diskussion-Stellung durch den (von der Autorinstanz verantworteten) Erzählakt. Eben diese vielschichtige Situation als ein kulturelles Verhaltensmuster stellt Kafkas Dom-Kapitel, wie es der unvollendete *Proceß*-Roman präsentiert, in Frage. Das Erscheinen von Traum und Fiktion ‚vor dem Gesetz‘ setzt also zugleich eine Problematisierung der Institution der Hermeneutik in der abendländischen Geschichte in Szene, deren Inbegriff ja die Wahrnehmung der Welt durch Auslegung ist – seien dies nun christliche Muster, wie sie seit eh und je in der Problemgeschichte der Parabel beschlossen liegen, seien es philosophische Muster, wie sie die Deutungsgeschichte des Gleichnisses im Rahmen der Hermeneutik immer wieder rekapitulieren, seien es zuletzt auch die aus der jüdischen Religion vertrauten Muster des Verstehens, wie sie in den Formen des ‚Pilpul‘ oder des ‚Maschal‘ (dem hebräischen Analogon der Parabel) ihre Wirkung entfalten.

Das heißt aber: Kafkas Parabel stellt auf dubiose Weise den Verstehensakt selbst, wie er als Kulturformel der europäischen Geschichte bislang als unanfechtbar sich erwiesen hatte, zur Disposition, und zwar durch Aufdeckung eben jenes unaufhebbaren Konflikts zwischen Subsumption und Symbolisation als den zwei abendländischen Kulturmustern der Bedeutungsstiftung, wie sie sich an das Schema der Vermittlung von Einzelnem und Allgemeinem knüpfen. Subsumption wäre – so verstanden – das Grundmuster ‚juristischer‘ Hermeneutik, das im Zeichen des Gesetzes steht und das Einzelne zum Allgemeinen in Beziehung setzt[15]; Symbolisation dagegen wäre das Grundmuster ‚literarischer‘ Hermeneutik, das im

---

[15] Emilio Betti, „Zur Grundlegung einer allgemeinen Auslegungslehre". In: W. Kunkel, H. J. Wolff (Hg.), *Geschichte der Antiken Rechte und Allgemeine Rechtslehre. Festschrift für E. Rabel*. Bd. 2. Tübingen 1954, S. 79–168.

Zeichen des Traums und der schöpferischen Phantasie sich präsentiert und (nach der Hegelschen Terminologie) im ‚Besonderen' sein Vermittlungsglied findet.

Mithin ist Kafkas Parabel „Vor dem Gesetz" die Darstellung und Inszenierung jener Aporie in all ihren Konsequenzen, die sich aus dem Versuch ergibt, das Einzelne im Allgemeinen aufzuheben: und zwar alternativ – durch den Urteilsakt der juristischen Ordnung oder durch den Repräsentationsakt der Kunst, als dessen Inbegriff das Symbol gilt. Was hier zum Ausdruck kommt, ist die Einsicht in die Aporie der Hermeneutik schlechthin; in die Unmöglichkeit der Auslegung eines erzählenden Textes mit dem Ziel der Erkenntis von Welt und der Einsicht in die Ordnung ihres Gesetzes; es ist, in der Vorstellungswelt Kafkas, des Juristen und literarischen Autors, der er gleichzeitig war, die Einsicht in die Unmöglichkeit, Traum und Gesetz gleichsam ‚hermeneutisch' zu vermitteln; vielmehr macht eben diese sich fortzeugende Differenz in ihrer Unüberwindlichkeit selbst den Prozeß der Kultur aus.

Kafkas Werk insgesamt kann so als ein Textkorpus gelesen werden, das sich der Arbeit am Mythos verschreibt: dem Mythos von der Vermittlung des Einzelnen ans Allgemeine durch das Besondere, als dem leitenden abendländischen Mythos vom Wahrheitscharakater der Kunst. Indem Kafkas Parabel „Vor dem Gesetz" die eine Geschichte vom Traum, der vor dem Gesetz sich einfindet, und deren Doppel vom Gesetz, das das Tor zum Traum öffnet oder schließt, erzählt, gibt sie sich als ein Text zu erkennen, der über die Literatur selbst als Arbeit am Mythos spricht, und damit zugleich verdeutlicht, daß diese Arbeit an dem Konflikt zwischen Traum und Gesetz, zwischen Einzelnem und Allgemeinem, zwischen Symbolisation und Subsumption nicht zu einem ‚Urteil' (dies ist der Titel von Kafkas erster großer Erzählung) zu gelangen vermag, sondern nur als Prozeß der Verschleppung gezeigt werden kann; daß dieser Prozeß selbst nur als Differenz, als sich fortschreibende Verschiebung (als „verschleppter Prozeß" (P 216), wie eine Formel Kafkas lautet) erfahrbar ist. Kafkas Text setzt das Schreiben des Schreibens, das Lesen des Lesens, die Mythologie eines Mythos in Szene; Kafkas Text – so könnte man mit einer abschließenden Formel sagen – ist selbst jene Form, die der „Traum vor dem Gesetz" annimmt.

Kafka und die Musik

Musik, als Argument poetischer Einbildungskraft, kann auf zweierlei Weise Gestalt gewinnen: als tönende Mathematik im Sinne eines kosmischen Prinzips einerseits, als irrationale Empfindungssprache andererseits. Sie kann zum Zeichen universeller appollinischer Ordnung der Welt werden, sie kann als Signatur dionysischer Rauschhaftigkeit erscheinen: Musikalität also als Organ der Welterschließung. Aber Unmusikalität? Kann auch sie zu einem poetischen Prinzip werden? Man muß, wenn man von Kafka und der Musik sprechen möchte, wohl davon ausgehen. Max Brod, selbst gelegentlich komponierend, hat eine Äußerung seines Freundes überliefert, wonach dieser die „Lustige Witwe" nicht vom „Tristan" habe unterscheiden können. Kafka selbst, im Tagebuch, notiert sich schon sehr früh:

> In mir kann gut eine Konzentration auf das Schreiben hin erkannt werden. Als es in meinem Organismus klar geworden war, daß das Schreiben die ergiebigste Richtung meines Wesens sei, drängte sich alles hin und ließ alle Fähigkeiten leer stehen, die sich auf die Freuden des Geschlechtes, des Essens, des Trinkens, des philosophischen Nachdenkens, der Musik zuallererst, richteten. Ich magerte nach allen diesen Richtungen ab. (T 229)*

---

* Chiffren und Zitatbelege im Text beziehen sich auf folgende Bücher:

    T   Franz Kafka: Tagebücher 1910–1923. – New York/Frankfurt 1954 (= Gesammelte Werke, Hg. Max Brod).

    M   Franz Kafka: Briefe an Milena. Erweiterte und neu geordnete Ausgabe. Hg. Jürgen Born und Michael Müller. – New York/Frankfurt 1983.

    KKA   Franz Kafka: Das Schloß. Hg. Malcolm Pasley. – Frankfurt 1982 (Franz Kafka: Schriften. Tagebücher. Briefe. Kritische Ausgabe. Hg. von Jürgen Born, Gerhard Neumann, Malcolm Pasley und Jost Schillemeit).

    E   Franz Kafka: Erzählungen. – New York/Frankfurt 1967 (= Gesammelte Werke, Hg. Max Brod).

    F   Franz Kafka: Briefe an Felice und andere Korrespondenz aus der Verlobungszeit. Hg. Erich Heller und Jürgen Born. New York/Frankfurt 1967.

    AS   Franz Grillparzer: Der arme Spielmann. In: Franz Grillparzer: Sämtliche Werke. Hg. von Peter Frank und Karl Pörnbacher. Dritter Band. München 1964.

    KJ   Carl Dahlhaus: Kleists Wort über den Generalbaß. In: Kleist-Jahrbuch 1984. Hg. von Hans Joachim Kreutzer. Berlin 1984, S. 13–24.

Die Seitenzahlen der Chiffren verweisen auf folgenden Band: Erzählungen.

Und Milena Jesenská, der Geliebten seiner letzten Lebensjahre, gesteht er:

> ... weißt Du eigentlich, daß ich vollständig, in einer meiner Erfahrung nach überhaupt sonst nicht vorkommenden Vollständigkeit unmusikalisch bin? (M 65)

Man könnte nun meinen, daß bei so dezidierter Selbsteinschätzung Musik im Werk dieses Autors keine Rolle spielt. Das Gegenteil ist der Fall.

Es gibt nämlich mindestens drei für Kafkas Schreiben entscheidende Bereiche, in denen das Motiv der Musik zentrale Bedeutung gewinnt:

Zunächst im Zusammenhang jener Kommunikationsmedien wie Telephon, Telegraph, Grammophon und Parlograph, die in Kafkas Denken – als Verkehrsformen zeitgenössischer Kultur – eine wichtige Rolle spielten.

Ferner im Bereich tierischer Existenz, in der „Verwandlung", in der fragmentarischen Erzählung „Forschungen eines Hundes" und in der spätesten Erzählung „Josefine, die Sängerin oder das Volk der Mäuse".

Schließlich im Kontext seiner Liebesbriefe an Milena Jesenská, in denen Musikalität – im Rückgriff auf Grillparzers Novelle vom „Armen Spielmann" – Züge einer sexuellen Metaphorik annimmt.

Jene Stellen, in denen Kafka die Musik mit den technischen Kommunikationsmedien seiner Zeit konfrontiert, sind besonders merkwürdig. Sie geben deutlich Aufschluß über den Stellenwert, den Kafka der Musik im kulturellen Gefüge zumißt. So heißt es im „Schloß"-Roman:

> Und was das Telephon betrifft ... In Wirtsstuben u. dgl. da mag es gute Dienste leisten, so etwa wie ein Musikautomat, mehr ist es auch nicht ... Im Schloß funktioniert das Telephon offenbar ausgezeichnet, wie man mir erzählt hat, wird dort ununterbrochen telephoniert, was natürlich das Arbeiten sehr beschleunigt. Dieses ununterbrochene Telephonieren hören wir in den hiesigen Telephonen als Rauschen und Gesang ... Nun ist aber dieses Rauschen und dieser Gesang das einzige Richtige und Vertrauenswerte, was uns die hiesigen Telephone übermitteln, alles andere ist trügerisch. (KKA S 116)

Und schon bei K.'s erstem Kontakt mit dem Schloß im zweiten Kapitel des Romans heißt es:

> Aus der Hörmuschel kam ein Summen, wie K. es sonst beim Telephonieren nie gehört hatte. Es war, wie wenn sich aus dem Summen zahlloser kindlicher Stimmen – aber auch dieses Summen war keines, sondern war Gesang fernster, allerfernster Stimmen – wie wenn sich aus diesem Summen in einer geradezu unmöglichen Weise eine einzige hohe aber starke Stimme bilde, die an das Ohr schlug so wie wenn sie forderte, tiefer einzudringen als nur in das armselige Gehör. (KKA S 36)

Und ein Brief an Felice Bauer aus dem Jahr 1913 berichtet von einem Traum:

Wo ich – schreibt Kafka – ... zu einer Brücke oder einem Quaigeländer hinlief, zwei Telephonhörmuscheln, die dort zufällig auf der Brüstung lagen, ergriff und an die Ohren hielt und nun immerfort nichts anderes verlangte, als Nachrichten vom „Pontus" zu hören, aber aus dem Telephon nichts und nichts zu hören bekam, als einen traurigen, mächtigen, wortlosen Gesang und das Rauschen des Meeres. Ich begriff wohl, daß es für Menschenstimmen nicht möglich war, sich durch diese Töne zu drängen, aber ich ließ nicht ab und ging nicht weg. (F 264)

In all diesen Stellen wird Musik, als ein naturhaftes, mächtiges oder fernes wortloses Klingen, das noch keine zeichenhafte Qualität besitzt, der kulturellen Errungenschaft des reibungslosen und funktionalen Zeichentransports in den Medien und ihrer abstrakten technischen Vollkommenheit entgegengestellt.

Diese Entgegensetzung von „Naturhaftigkeit" der Musik (wie sie der musikalisch Ungebildete erfährt) und kultureller Funktionalität der in den Medien zirkulierenden sprachlichen Zeichen findet sich dann auch im zweiten Bereich von Kafkas Musikdarstellung: in seinen Tiergeschichten, zum Beispiel in der „Verwandlung": Gregor Samsa, der in ein Insekt verwandelte Angestellte, nähert sich vorsichtig seiner Geige spielenden Schwester und wird hierbei auf eigentümliche Weise von der Musik ergriffen: „War er ein Tier" – heißt es im Text – „da ihn Musik so ergriff? Ihm war, als zeige sich ihm der Weg zu der ersehnten unbekannten Nahrung". (E 130) Das der Kultur angehörige Geigenspiel und das aus dem Innersten des Körpers dringende Wünschen erscheinen merkwürdig aufeinander bezogen und unvereinbar zugleich.

Der tiergewordene Mensch, auf seiner Flucht aus der Lebenswelt der Kultur, meint in der Musik einen noch unartikulierten, ihm wesentlichen Lebenskern zu gewahren. Es scheint, als sei Musik ein Medium, das jenseits aller kulturellen Zeichen ein innig Naturhaftes und Körperwahres, eine „unbekannte und ersehnte Nahrung", repräsentiert.

Dieser Grundgedanke, in der frühen Erzählung „Die Verwandlung" nur für einen Augenblick angespielt, wird in den beiden späten Erzählungen „Forschungen eines Hundes" und „Josefine, die Sängerin" experimentell auf die Probe gestellt: und zwar in komplementären Spielanordnungen.

Die „Forschungen eines Hundes" denken eine Tiergesellschaft, in der, wie es im Text heißt, „Musik, seit der Säuglingszeit, als selbstverständliches und unentbehrliches Lebenselement" (182) gilt: geprägt von der „nur dem Hundegeschlecht verliehenen schöpferischen Musikalität" (182); die Mäusegesellschaft dagegen in „Josefine, die Sängerin" gilt Kafka als Inbegriff der Unmusikalität, „wir sind ganz unmusikalisch" (201), erklärt die den Lebensweg Josefines kommentierende Maus: „Unser Geschlecht im Ganzen liebt die Musik nicht" (200). „Wir haben keine Jugend", heißt es weiter. „Damit hängt wohl auch unsere Unmusikalität zusammen, wir sind zu alt für Musik, ihre Erregung ihr Aufschwung paßt nicht für unsere Schwere." (209)

Auf dem Hintergrund dieses Gegensatzes von musikalischer Hundegesellschaft hier, von der Unmusikalität der Mäuse dort, entwickelt dann Kafka seine beiden Geschichten. Prägendes Erlebnis des forschenden Hundes ist die Begegnung mit der unvermittelt auftauchenden Gruppe der Musikerhunde, die, alle Gesetze der Hundekommunikation mißachtend, eine alles überwältigende mitreißende Musik (183) hervorbringen, paradoxerweise dadurch, daß sie – wie es heißt – „schwiegen", aber aus dem leeren Raum die Musik emporzauberten (183), eine Musik, die – so der Text – „das Gesetz vergessen macht". (185)

Dieses Erlebnis bestimmt das künftige Verhalten des Forscherhundes, seinen nie mehr erlöschenden Wissensdrang, die Körperwahrheit der Hundegesellschaft zu finden: den Zusammenhang zwischen der Nahrung, die das Leben der Hunde ermöglicht, und der Musik, die zeichenloser Ausdruck des Wesens der Hundeschaft zu sein scheint. Das Fragment endet mit dem Versuch des Forscherhundes, sich in der Verbindung des Musik- und des Nahrungs-Verstehens ein Grenzgebiet des Erkennens zu erschließen: „die Lehre von dem die Nahrung herabrufenden Gesang." (214)

Umgekehrt verläuft Kafkas Experiment mit Josefine der Sängerin: Hier nicht ein von Musikalität gesättigtes Volk, dessen Wesen durch einen Forscherhund ergründet werden soll, sondern ein durch und durch unmusikalisches Volk, in dem einzig und allein Josefine die Sängerin Musik zu sein beansprucht: Erzeugerin einer Musik, die zwar, wie es im Text heißt, alle „mit sich fortreißt", aber letztlich von niemand als solche erkannt wird.

> Ist es überhaupt Gesang? Ist es nicht vielleicht doch nur ein Pfeifen? Und Pfeifen allerdings können wir alle, es ist die eigentliche Kunstfertigkeit unseres Volkes, oder vielmehr gar keine Fertigkeit, sondern eine charakteristische Lebensäußerung. (201)

Wie die Musikhunde in den „Forschungen eines Hundes" steht auch Josefine „außerhalb des Gesetzes" (211) ihres Volkes, das heißt aber: außerhalb der Kommunikationsgemeinschaft und ihrer Regeln. Musik kann zwar von Josefine selbst als „Kunst" beansprucht, in ihrem Zeichenwert aber von den anderen Mäusen nicht entziffert werden.

Forscherhund und Josefine vergegenwärtigen zwei Seiten des Problems: Der einzelne Forscher, der vergeblich die Musikalität eines Volkskörpers zu ergründen unternimmt – und der einzelne Künstler, der vergeblich seine Musik einem unmusikalischen Volkskörper begreiflich zu machen sucht: Beide Experimente führen zu dem selben Ergebnis, der momentanen, rauschhaften Erfahrung einer alles überwältigenden Kraft der Musik und der Unmöglichkeit ihrer Überführung in soziale Zeichen, in die Musik- und Nahrungswissenschaft des forschenden Hundes, in die Kunsterfahrung der Mäuse. Musik kann letztlich nur als Erlebnis der Stille beschrieben werden, als Abwesenheit von Musik. Denn es heißt über Josefine:

> Ist es ihr Gesang, der uns entzückt oder nicht vielmehr die feierliche Stille, von der das schwache Stimmchen umgeben ist? (203)

Und von den Musikerhunden heißt es:

> Sie redeten nicht, sie schwiegen ... aber aus dem leeren Raum zauberten sie die Musik empor. (183)

Beide Experimente Kafkas enden denn auch mit dem Verzicht auf soziale Verzeichnung der Musik – diese verwandelt sich zurück in naturhafte Empfindung, als Versinken des die Musik erforschenden, des die Musik hervorbringenden „Subjekts" im Volkskörper. Letztes Ziel des Forscherhundes ist – wie es wörtlich heißt – „die Sehnsucht nach dem größten Glück, dessen wir fähig sind, dem warmen Beisammensein" (181), die Hoffnung, daß „die ersehnte Wärme versammelter Hundeleiber" ihn „umströmen" werden. (208) Und von Josefine wird am Schluß der Erzählung gesagt:

> Selbst entzieht sie sich dem Gesang, selbst zerstört sie die Macht, die sie über die Gemüter erworben hat ... Josefine ... erlöst von der irdischen Plage ... wird fröhlich sich verlieren in die zahllose Menge der Helden unseres Volkes und bald, da wir keine Geschichte treiben, in gesteigerter Erlösung vergessen sein wie alle ihre Brüder. (216)

In beiden Texten erscheint die Musik als eine natürliche und zugleich rätselhafte Kraft, die sich dem in der Kultur etablierten Zeichensystem entzieht: dem Wissensdrang des Forschenden wie dem Darstellungsdrang des Künstlers. Sie ist „Bedeutung", Sinn, Versprechen von Wahrheit im Zustand der Natur, *vor* allem Zeichenwert, damit aber jeder definitiven Bestimmung und Nutzung entzogen. Wie im Bereich menschlicher Kultur das Funktionieren der Medien, des Telephons und des Telegraphen, das Eindringen der Musik als Form natürlichen und zeichenlosen Bedeutens in die soziale Welt verhindert, so vermag auch tierische Natur die Stimme des Körpers nicht zu sozialisieren. Weder der Mensch, der sich in ein Tier verwandelt – Gregor Samsa in der „Verwandlung" – noch das Tier, das zum Menschen wird – der Affe Rotpeter im „Bericht für eine Akademie" – vermögen den Naturlaut des Körpers, als ursprüngliche Musik, in ein System der Wahrheit, sei es als Wissenschaft, sei es als Kunst, zu überführen.

Der dritte Versuch Kafkas, das Motiv der Unmusikalität zwischen Lebenswahrheit und Kunstwahrheit, zwischen Natur und Kultur argumentativ zu entfalten, knüpft an einen Text des 19. Jahrhunderts an: Grillparzers Novelle vom „Armen Spielmann", die Kafka bewunderte und haßte zugleich, weil sei – gewissermaßen vorwegnehmend – seine eigenen Unmöglichkeiten entfaltete. An Milena Jesenská schreibt er darüber:

> Was Du über den armen Spielmann sagst, ist alles richtig. Sagte ich, daß er mir nichts bedeutet, so war es nur aus Vorsicht, weil ich nicht wußte, wie Du damit auskommen würdest, dann auch deshalb weil ich mich der Geschichte schäme, so wie wenn ich sie selbst geschrieben hätte und tatsächlich setzt sie falsch ein und hat eine Menge Unrichtigkeiten, Lächerlichkeiten, Dilettantisches, zum Sterben geziertes ... Und besonders diese Art Musikausübung ist doch eine kläglich lächerliche Erfindung, geeignet das Mädchen aufzureizen alles was sie im Laden hat im höchsten Zorn, an dem die ganze Welt teilnehmen wird, ich vor allem, der Geschichte nachzuwerfen, bis so die Geschichte, die nichts besseres verdient, an ihren eigenen Elementen zugrunde geht. Allerdings gibt es kein schöneres Schicksal für eine Geschichte als zu verschwinden und auf diese Weise. Auch der Erzähler, dieser komische Psychologe, wird damit sehr einverstanden sein, denn wahrscheinlich ist er der eigentliche arme Spielmann, der diese Geschichte auf möglichst unmusikalische Weise vormusiziert, übertrieben herrlich bedankt durch die Tränen aus Deinen Augen. (M 108 f.)

Soweit Kafka. Die Novelle Grillparzers enthält wesentliche Motive und Konfigurationen von Kafkas eigener Geschichte, wie sie seine frühen Texte, wie sie seine Briefe immer wieder nachspielen: die Verstoßung und Verurteilung eines Sohnes durch den Vater; die Erweckung des Mannes durch eine weibliche Stimme, das gesungene Lied der Greislerstochter; der Versuch, diese – als Natur erfahrene – „Musik" des Körpers in Schrift zu überführen: die Aufzeichnung des Klangs in der Notenschrift; die Trennung von der Frau (in einem Kuß auf die Glasscheibe symbolhaft verkürzt) und das vergebliche Bemühen, die überwältigend erfahrene Musik in kulturelle Zeichen, in Kunstübung zu übertragen; die bis zum Tod reichende unbedingte Suche nach dieser Musik als Form einer ersehnten unbekannten Nahrung:

> Da hatte er sich wohl verkältet – heißt es im Text über den Tod des alten Spielmanns – und wie im ersten Augenblicke denn keine Hilfe zu haben war, griff er in die Phantasie ... Denn er musizierte in einem fort, mit der Stimme nämlich und schlug den Takt ... (Da) richtete er sich plötzlich im Bette auf, wendete Kopf und Ohr seitwärts, als ob er in der Entfernung etwas gar schönes höre, lächelte, sank zurück und war tot. (AS 185)

Unmusikalität, in den „Forschungen eines Hundes" wie in „Josefine, die Sängerin" als eine Unmöglichkeit erfahren, Empfindungen des Körpers in das Zeichensystem der Kultur zu übertragen, wird in der Geschichte des armen Spielmanns und seiner stümperhaften Musik zum Paradigma der doppelten Unmöglichkeit von Liebe und Kunst; eben dies ist die Funktion, die das Motiv der Unmusikalität dann auch im Briefwechsel Kafkas mit Milena Jesenská gewinnt: als das hilflose Versagen vor der Gewalt jener Musik, die die Gegenwart der Geliebten entbindet, als die Unmöglichkeit, Zeichen der Liebe als Zeichen der Kunst zu begreifen, Leben und Schreiben, Wünsche und deren sozialen Ausdruck kulturell miteinander zu versöhnen.

Kafkas Begriff der Musik, als einer Naturkraft, die sich kultureller Verzeichnung verweigert, ist von jenem Musikbegriff, den die Poetologie des 19. Jahrhunderts beansprucht, weit entfernt. Der Musikhistoriker Carl Dahlhaus erinnert daran,

> daß die absolute Musik als Sprache, die nicht durch ein Alltags- oder Umgangsidiom korrumpiert wurde, von dessen Trivialität und Verschlissenheit sich die Dichtung in fast hoffnungsloser Anstrengung abheben muß, einen Gegenstand poetologischen Neides darstellt. (KJ 14)

Kafkas Position ist dieser Auffassung diametral entgegengesetzt. Musik ist ihm nicht Kunstform und reines, von Natur- und Alltagsschlacken freies Zeichen, sondern ungestalte, unverzeichenbare geheimnisvolle Naturkraft. Seine Texte arbeiten mit dem Material eben jenes Alltags- und Umgangsidioms, das ohne jeden Kunstcharakter ist, sie reproduzieren auf komplizierte und unauflösliche Weise die Mechanismen der Familiensprache und der bürokratischen Rituale, der Protokolle und Verhöre. Musik bricht in diese schmutzige und befleckte Alltagswelt ein, unbewältigt und semantisch leer. Wenn Kafka einmal sagt, es sei sein höchstes schriftstellerisches Ziel, die „Welt ins Wahre, Reine, Unveränderliche zu heben", so ist diese Verwandlung in seinen Texten im Punkt ihres Umschlags steckengeblieben. Zur Bezeichnung eben dieses Punktes setzt Kafka das Motiv der Musik ein. Es hält jenen Augenblick fest, wo Alltagsrede in Kunstsprache, Leben in Literatur umschlagen könnte, wenn – ja wenn die Wahrheit des Körpers in ein von ihm unablösbares Zeichen umschlagen könnte: als Stimme, als Gesang, als Musik. Wie Grillparzers „Armer Spielmann" die Reinheit des Empfindens, seiner „Natur", vergeblich in Zeichen der Kultur zu übertragen sucht, die Sprache der Liebe zur Frau in eine Liebesformel, die Sprache der Töne ins Werk der Kunst, so scheitern Kafkas Tiere bei der Verwandlung ihrer Natur in soziale Zeichen, so scheitert Kafka selbst bei der Verwandlung der Musik, als die er die Erfahrung von Liebe begreift, in die lebensweltliche Erfüllung oder in die Erzählwelt der Kunst. In Kafkas Werk gibt es keine Liebesgeschichten.

Kafkas Poetologie argumentiert in der Tat mit der Vorstellung der Unmusikalität: als der Einsicht in die Unmöglichkeit, den Zauber der Stimme, als natürliche noch unverzeichnete Musik, in einen sozialen Kode zu transformieren. Kunst, wie er sie schuf, konnte ihm nicht als reiner und himmlischer Gesang, sie mußte ihm als dessen Verkehrung, als abgefolterter Schrei erscheinen. Das kulturelle Ritual, das ihn erpreßt, ist der Exorzismus:

> Ich habe kein literarisches Interesse – schreibt Kafka an Felice Bauer – sondern bestehe aus Literatur, ich bin nichts anderes und kann nichts anderes sein. Ich habe letzthin in einer „Geschichte des Teufelsglaubens" folgende Geschichte gelesen: „Ein Kleriker hatte eine so schöne süße Stimme, daß sie zu hören die größte Lust gewährte. Als ein Geistlicher diese Lieblichkeit eines Tages auch gehört hatte, sagte er: Das ist nicht die Stimme eines Menschen, sondern des Teufels. In Gegenwart aller Bewunderer beschwor er den Dämon, der auch ausfuhr, worauf der Leichnam (denn hier war eben ein menschlicher Leib anstatt von der Seele vom Teufel belebt gewesen) zusammensank und stank." Ähnlich, ganz ähnlich ist das Verhältnis zwischen mir und der Literatur, nur daß meine Literatur nicht so süß ist wie die Stimme jenes Mönches. (F 444)

Musik, im Sinne Kafkas, ist eine Unmöglichkeit von Kultur: Nur der Unmusikalische, der sich gewissermaßen „weigert", ihren sozialen Zeichenwert anzuerkennen und sie – eben weil er unmusikalisch ist – als unbegriffene „Natur" erfährt, erfährt in ihr zugleich eine Form zeichenloser Wahrheit, wie der Körper sie gewährt: nur darin spürbar, daß sie sich entzieht.

Ein Text aus dem Jahre 1917, „Das Schweigen der Sirenen", enthält alle Grundelemente dieses Gedankenzusammenhangs und faßt sie wie in einem Brennspiegel zusammen:

> Beweis dessen, daß auch unzulängliche, ja kindische Mittel zur Rettung dienen können:
> Um sich vor den Sirenen zu bewahren, stopfte sich Odysseus Wachs in die Ohren und ließ sich am Mast festschmieden. Ähnliches hätten natürlich seit jeher alle Reisenden tun können, außer denen, welche die Sirenen schon aus der Ferne verlockten, aber es war in der ganzen Welt bekannt, daß dies un-

möglich helfen konnte. Der Sang der Sirenen durchdrang alles, und die Leidenschaft der Verführten hätte mehr als Ketten und Mast gesprengt. Daran aber dachte Odysseus nicht, obwohl er davon vielleicht gehört hatte. Er vertraute vollständig der Handvoll Wachs und dem Gebinde Ketten, und in unschuldiger Freude über seine Mittelchen fuhr er den Sirenen entgegen.

Nun haben aber die Sirenen eine noch schrecklichere Waffe als den Gesang, nämlich ihr Schweigen. Es ist zwar nicht geschehen, aber vielleicht denkbar, daß sich jemand vor ihrem Gesang gerettet hätte, vor ihrem Schweigen gewiß nicht. Dem Gefühl, aus eigener Kraft sie besiegt zu haben, der daraus folgenden alles fortreißenden Überhebung kann nichts Irdisches widerstehen.

Und tatsächlich sangen, als Odysseus kam, die gewaltigen Sängerinnen nicht, sei es, daß sie glaubten, diesem Gegner könne nur noch das Schweigen beikommen, sei es, daß der Anblick der Glückseligkeit im Gesicht des Odysseus, der an nichts anderes als an Wachs und Ketten dachte, sie allen Gesang vergessen ließ.

Odysseus aber, um es so auszudrücken, hörte ihr Schweigen nicht, er glaubte, sie sängen, und nur er sei behütet, es zu hören. Flüchtig sah er zuerst die Wendungen ihrer Hälse, das tiefe Atmen, die tränenvollen Augen, den halb geöffneten Mund, glaubte aber, dies gehöre zu den Arien, die ungehört um ihn verklangen. Bald aber glitt alles an seinen in die Ferne gerichteten Blicken ab, die Sirenen verschwanden förmlich vor seiner Entschlossenheit, und gerade als er ihnen am nächsten war, wußte er nichts mehr von ihnen.

Sie aber – schöner als jemals – streckten und drehten sich, ließen das schaurige Haar offen im Winde wehen und spannten die Krallen frei auf den Felsen. Sie wollten nicht mehr verführen, nur noch den Abglanz vom großen Augenpaar des Odysseus wollten sie so lange als möglich erhaschen.

Hätten die Sirenen Bewußtsein, sie wären damals vernichtet worden. So aber blieben sie, nur Odysseus ist ihnen entgangen.

Es wird übrigens noch ein Anhang hierzu überliefert. Odysseus, sagt man, war so listenreich, war ein solcher Fuchs, daß selbst die Schicksalsgöttin nicht in sein Innerstes dringen konnte. Vielleicht hat er, obwohl das mit Menschenverstand nicht mehr zu begreifen ist, wirklich gemerkt, daß die Sirenen schwiegen, und hat ihnen und den Göttern den obigen Scheinvorgang nur gewissermaßen als Schild entgegengehalten.

Was dieser Text zeigt, ist die Verweigerung gegenüber dem Zauber der Stimme als einziger Möglichkeit menschlichen Überlebens. Odysseus, der sich die Ohren mit Wachs verstopft und sich zugleich am Mast festschmieden läßt, macht sich im doppelten Sinne bewegungsunfähig: Körper und Zeichen finden den Weg zum anderen nicht mehr, Liebe und Kunst werden in gleicher Weise als Unmöglichkeiten erfahren. Die Kommunikation zwischen Mann und Frau ist nur noch im Paradox ihrer Verweigerung denkbar, das Wahrnehmen des Körperzeichens eines Gegenüber, seiner natürlichen Präsenz, ist nur noch im Paradox der Verweigerung dieser Zeichen erfahrbar. Musik zeugt von der Wahrheit des

Körpers nur noch, indem sie als Schweigen erfahren wird. Das Mittel, um ungeschoren an der Natur und ihrer Verführungskraft vorbeizukommen, ist die Errichtung eines Scheinvorgangs, einer künstlichen Zeichenkette, hinter der das Leben sich verbirgt: Musik als Unmusikalität, Kunst, als fingierte Abwesenheit von Kunst.

Unmusikalität als letzte verzweifelte Form des Überlebens angesichts der Liebe und angesichts der Kunst, Unmusikalität als Unbegriffenheit oder als Verweigerung von Natur: Es ist die ambivalente Grundformel von Kafkas Poetologie.

Anonymität und Heroentum

Zur Inszenierung des modernen Helden bei Franz Kafka

> „Where is this sight?"
> *Fortinbras in* Hamlet *(1072a)*[1]

> „[...] let them be well used; for they are
> the abstract and brief chronicles
> of the time"
> *Hamlet über die Schauspieler (1045b)*

I

Die Schwermut Hamlets kommt, wie man weiß, nicht aus seinem Liebeskummer; sie hat ihren Grund in seiner Unfähigkeit zu handeln. Die Familienkatastrophe des Brudermords und die dynastische Katastrophe der Usurpation des Throns zu beheben, und zwar durch eine rächende Tat: Dies ist das Problem, an dem Hamlet, als der „Apparat", aus dem eine Individualität sich speist, sich zu bewähren hat und an dem er zuletzt zerbricht – Hamlet, als der zum Handeln Aufgeforderte, hält nur stand, „*whilst this machine is to him*" (1041a), wie der Text sagt. Zur Lösung dieses Problems der Vermittlung von melancholischem Wort und heldischer Tat, das die „Hamletmaschine" zu zerstören droht, sucht sich der dänische Königssohn der zufällig vorbeikommenden Schauspielertruppe zu bedienen, die er im Stück nicht weniger als dreimal emphatisch willkommen heißt. Die Schauspieler sollen, mit ihrem Theaterspiel, die Vermittlung zwischen der tatenlosen Trauer und dem energischen Handeln Hamlets in der Familiengeschichte und im Feld des Politischen zuwege bringen. Sie sind, wie es Polonius in den Mund gelegt wird, „die besten Schauspieler in der Welt", und zwar weil sie „alles können", das Aufgeschriebene nachspielen und neue Geschichten improvisieren: „*For the law of writ and the liberty, these are the only men*" (1044a). Hamlets Ziel ist es, sich die Schauspieler als Joker in diesem Spiel der Selbstbehauptung als handelnder

---

[1] Shakespeares Stück wird künftig mit Seitenzahl im Text zitiert nach: William Shakespeare. The Complete Works. A new edition, edited by Peter Alexander, London and Glasgow (Harper Collins Publishers) 1992.

Held zunutze zu machen. Dies geschieht, indem er auf das Reservoir gründender Szenen der Weltgeschichte zurückgreift, die in der Erinnerung der Menschengemeinschaft aufbewahrt sind, und die für ihn passende den Schauspielern in den Mund legt. Hamlet erinnert sich der *Aeneis* und der dort erzählten Situation, wie der aus Troja zurückkehrende Aeneas Dido die Geschichte des Trojanischen Krieges erzählt. Es ist das weltgeschichtlich-paradigmatische Szenario schlechthin, das hier berichtet wird; ein Szenario, das die Urszene des Ehebruchs mit der Urszene der Gewalt – und der Trauer um den getöteten Vater, den getöteten Gatten – verbindet. Hamlet erinnert sich von früher her der Rezitation eines der Schauspieler, in der von Pyrrhus (Neoptolemos), dem Sohn Achills erzählt wird, der, im Bauch des Pferdes versteckt, in die Stadt Troja eindringt und seinen getöteten Vater durch die Tötung des Königs Priamos rächt. In dieser von Hamlet erinnerten Geschichte sind jene drei Momente enthalten, die, in ihrer Verknotung, zugleich sein eigenes Problem sind: der getötete Vater und König, in der Figur des Priamus; der Rache nehmende Sohn, repräsentiert durch den Achillessohn Pyrrhus; die trauernde Mutter, in Gestalt der Gattin des Priamus, Hekuba (Hekabe). Namentlich scheint es Hamlet aber auf die szenische Konstruktion der Rachetat des blutbesudelten Pyrrhus, der Tötung des Priamos, anzukommen. Sie ist es, die sich ihm eingeprägt hat, und die er zitierend wieder heraufzurufen sucht, als ein komplexes Szenario von Rhetorik und Pragmatik: das Stocken des Pyrrhus vor der Tat; die drohende Stille, ehe die Gewalt losbricht, als die Ruhe vor einem Gewittersturm; die blutige Gewalttat als blitzhafte Entladung. Hamlet beginnt denn auch den Text aus dem Gedächtnis zu rezitieren, aber die Erzählung dieser blutigen Rachetat selbst bringt er nicht über die Lippen. Es ist der Schauspieler, der hier seinen Part übernimmt und das Ineinander von Zögern und Entladung in der Szene des Handelns vorträgt:

> *So, as a painted tyrant, Pyrrhus stood*
> *And, like a neutral to his will and matter,*
> *Did nothing.*
> *But as we often see, against some storm,*
> *A silence in the heavens, the rack stand still,*
> *The hold winds speechless, and the orb below*
> *As hush as death, anon the dreadful thunder*
> *Doth rend the region; so, after Pyrrhus' pause,*
> *A roused vengeance sets him new a-work;*
> *And never did the Cyclop's hammers fall*
> *On Mars's armour, forg'd for proof eterne,*
> *With less remorse than Pyrrhus' bleeding sword*
> *Now falls on Priam.* (1045a)

Das Stück, das der Schauspieler vorträgt, ist nach Hamlets Verständnis nicht „Kaviar fürs Volk" (1044b), also folgenlose Zerstreuung, sondern ein Relais zwischen *„show"* und *„action"*, zwischen Repräsentation und realem Handeln. Dabei fällt Hamlet noch ein weiteres Theaterstück ein, das Züge der menschheitlichen Urszene zwischen Eros und Gewalt aufgreift: die „Ermordung Gonzagas". Durch dessen Aufführung, mit einigen eingeschobenen Zeilen Hamlets, kann eine Szene errichtet werden, die als Relais zwischen Schwermut und heldischer Tat dient und es Hamlet möglich machen soll, die Zeit, die aus den Fugen ist, wieder einzurenken. Die Schauspieler sollen, so Hamlet, „was wie die Ermordung meines Vaters" spielen (1046a). Wie es möglich ist, daß der Funke aus dem Text, der auf der Szene gesprochen wird, in die Pathologie und in das Handeln des Sprechenden überspringt, geht Hamlet in jenem Augenblick auf, da der Schauspieler von der Trauer Hekubas um Priamos zu sprechen beginnt:

> O, what a rough and peasant slave am I!
> Is it not monstrous that this player here,
> But in a fiction, in a dream of passion,
> Could force his soul so to his own conceit
> [...] and his whole function suiting
> With forms to his conceit? And all for nothing!
> For Hecuba!
> What's Hecuba to him or he to Hecuba,
> That he should weep for her? [...] (1045b)

Der Schauspieler spielt das Ereignis, auf das es Hamlet ankommt, vor und setzt es zwischen Bühne und Lebenswelt in Szene: dadurch nämlich, daß er sich an der Geschichte, die er spricht, so zu entzünden vermag, daß für einen Augenblick *words* und *show* eins werden; als Inszenierung des handelnden Helden auf der Bühne. Das, was hier inszeniert erscheint, ist nichts Geringeres als das Problem der Herstellung des Heiden in der modernen Welt, der am Auseinanderbrechen von Spielen und Handeln, von Repräsentation und Performanz, von literarischer und politischer „Geschichte" zerbricht. Schon Wilhelm Meister, Goethes Held der *Lehrjahre*, ist in seinem Hamlet-Spielen dessen gewahr geworden; und Heiner Müllers *Hamletmaschine* wird noch einmal darauf zurückgreifen. Aber es ist sicher kein Zufall, daß auch Franz Kafka, der schwermütigste und –

---

2   Ophelia: „Belike this show imports the argument of the play" [...] Ophelia: „Will 'a tell us what this show meant?" Hamlet: „Ay, or any show that you will show him. Be not you asham'd to show, he'll not shame to tell you what it means." Ophelia: „You are naught, you are naught. I'll mark the play." (1050a).
3   Hamlet: „Words, words, words." (1042a).

wenn man so will – passivste Autor des 20. Jahrhunderts, bei seinem Nachdenken über ein in der Moderne noch mögliches „Heldentum" auf diese Hamletsche Urszene zurückgegriffen hat – als das vollkommenste Paradigma des Theatralen als Diskurs- und als Performanzelement in der Kultur.

II

Über die Geschichte *Das Urteil*, die 1912 erschienen war und die von der Forschung gern als Kafkas „Durchbruch" zur Literatur bezeichnet worden ist, notierte der Autor am 2.6.1913: „Als ich mich zum Schreiben niedersetzte, wollte ich [...] einen Krieg beschreiben, ein junger Mann sollte aus einem Fenster eine Menschenmenge über die Brücke herankommen sehn, dann aber drehte sich mir alles unter den Händen"[4] – und Kafka schrieb schließlich, entgegen der ursprünglichen Absicht, einen Text nieder, der nicht von der Weltgeschichte, sondern von einem tödlichen Konkurrenzkampf mitten in der Familie, zwischen Vater und Sohn, handelt.

Mit dieser „Wende", mit diesem „Dreh", den hier das Schreiben einer Geschichte nimmt, ist auf das Problem hingedeutet, das ich im Feld von Kafkas poetologischer Frage nach dem noch möglichen „Heldentum" beleuchten möchte. Es ist der Gegensatz zwischen Weltgeschichte und Familiengezänk, zwischen *grand récit* und *petite histoire*. „Geschichte" ist im übrigen eines von Kafkas Lieblingswörtern. Er benutzt es in doppeltem Sinne. Zum einen bezeichnet er damit Alltagsgeschichten, nicht zuletzt seine eigenen, erlebte und erfundene: Er spricht – in Briefen und in den Tagebüchern – von „meiner kleinen Geschichte", der „schmutzigen" oder „selbstquälerischen" oder „widerlichen kleinen Geschichte", oder auch von einer „Wohnungs-" und einer „Kriegsgeschichte", von einer „psychiatrischen" und einer „Mordgeschichte", von der „Pneumothorax-", „Spionage-", „Jugendtagebuch-" und „Briefgeschichte", ja von seiner „Schloßgeschichte". Zum anderen gilt Kafkas Aufmerksamkeit aber dem Geschichts-Begriff im Hinblick auf die Darstellung der großen Geschehensformationen in der Überlieferung der Kultur. Da ist einmal von der „Geschichte der Erfindungen" die Rede, von der „Geschichte der Polarfahrten" oder der

---

[4] Franz Kafka, Briefe an Felice und andere Korrespondenz aus der Verlobungszeit. Hg. von Erich Heller und Jürgen Born, Frankfurt am Main 1967, S. 394. Zitatnachweise künftig im Text mit der Chiffre F.

„Volkswirtschaft", sogar ausdrücklich von der „Kulturgeschichte"; da geht es um die „Geschichte des Judentums", des „Teufelsglaubens", der „Litteratur"; es geht um die „biblische" wie um die „chassidische Geschichte", um die „Indiandergeschichte", die „Schöpfungsgeschichte" und gar um die „Geschichte der Jahrtausende". Im übrigen ist wohlbekannt, daß große historische Figuren zu den Lieblingen und Identifikationsgestalten Kafkas gehörten: Alexander, Napoleon, Kolumbus, aber auch Achill oder Abraham, die beiden Leitheroen der hellenischen wie der jüdischen Welt.

Worum es bei all dem im Grunde geht, ist eine der poetologischen Schlüsselfragen Kafkas; die Frage nämlich nach der Möglichkeit des Erzählens von Geschichten in dem genannten zweifachen Sinn von privater Individualgeschichte und welthistorischer Kriegsgeschichte. Seit dem Historiker Prokopios von Kaisareia, der um 500 n. Chr. seine Texte verfaßte, gibt es ja diesen doppelten Strang historischer Schreibweise: Prokops Werk *Hyper tōn polemōn* (Über die Kriege) und sein zweites Werk *Anekdota* (das „Unveröffentlichte") bieten nebeneinander, also parallel gelesen, sowohl die offizielle, also die „politische", als auch die private, die „intime" Geschichte des byzantinischen Kaisers Justinian I.[5] Franz Kafkas ganze Aufmerksamkeit gilt nun aber der Frage, welche Rolle die Dichtung, die „Fiktion" im Blick auf diese beiden „Erzählungsformen" von Geschichte spielt. Es ist die alte Frage nach dem Verhältnis von Dichtung und Geschichtsschreibung, die schon Aristoteles in der *Poetik* beschäftigt hatte und die im New Historicism unserer Tage neue Bedeutung gewann. Für Kafkas Schreiben ist maßgebend, daß diese Unterscheidung zwischen individuell-intimem Erleben einerseits und großer, Volk oder Nation betreffender Historie andererseits sich auch in der Topographie seiner dichterischen Welt niederschlägt: in der Differenz und Schwellenüberschreitung zwischen Familienzimmer und Weltgeschichte. Am 5.3.1922 konstatiert Kafka genau dies in seinem Tagebuch: „Drei Tage im Bett. Kleine Gesellschaft vor dem Bett. Umschwung. Flucht. Vollständige Niederlage. Immer die in Zimmern eingesperrte Weltgeschichte."[6] (T 909)

---

[5] Vgl. hierzu Joel Fineman, The History of the Anecdote: Fiction and Fiction. In: A. H. Veeser (Hg.), The New Historicism, New York 1989, S. 49–76.
[6] Franz Kafka, Tagebücher. Hg. von Hans-Gerd Koch, Michael Müller und Malcolm Pasley, Frankfurt am Main 1990, S. 909. (Franz Kafka, Schriften Tagebücher Briefe. Kritische Ausgabe. Hg. von Jürgen Born, Gerhard Neumann, Malcolm Pasley und Jost Schillemeit) Seitennachweise nach dieser Ausgabe künftig im Text mit der Chiffre T.

III

Franz Kafka hat sich selbst über diesen Umstand der doppelten Auffassung von Geschichte, als privater wie als offiziöser, ja welthistorischer, immer wieder Rechenschaft abgelegt. Und er hat sich gefragt, wie derartige Geschichten, die zwischen Familienzimmer und Kriegsschauplatz angesiedelt sind, zum Stoff für die von ihm geschriebene Literatur werden könnten. Zwei Briefe aus dem Jahr 1921 machen dies, gewissermaßen im Rückblick auf Kafkas Schaffen, besonders deutlich.[7] Die beiden genannten Auffassungen von einer intimen und einer offiziellen Geschichte werden in jedem der beiden Briefe gegeneinander ausgespielt und zugleich auf Kafkas eigenes Konzept von literarischer Autorschaft und Schreiben der Literatur bezogen.

Es handelt sich bei den beiden Texten, die ich jetzt genauer beleuchten möchte, um einen Brief Kafkas an Max Brod von Mitte April 1921, in dem es um die Homerischen Heroen Achill und Hektor geht; und um einen Brief an Robert Klopstock vom Juni 1921, der von dem biblischen Heiden Abraham handelt.

Der Brief an Max Brod setzt mit einer Bemerkung Kafkas über das Novellenschreiben des Freundes und Schriftstellerkollegen ein. „Liebster Max, wie könnte Dir jetzt die Novelle [es handelt sich um den gerade entstehenden Roman *Franzi oder Eine Liebe zweiten Ranges*] nicht gelingen, da Du die Ruhe hast um die Spannung zu ertragen und die Novelle geboren werden muß als ein gutes Kind des Lebens selbst." (B 313) Brod schreibe und lebe ja, so Kafka, „überzeugt durch die Kraft der Wirklichkeit." Er, Kafka, nun aber selbst: Wie stehe es um ihn? „Wenn […] ich mich damit vergleiche, so scheint es mir, daß ich umherirre wie ein Kind in den Wäldern des Mannesalters." (B 313) Aus diesem Gefühl der Orientierungslosigkeit in einer chaotischen Welt entwickelt dann Kafka eine Schreibphantasie, besser noch: eine „Geschichte", die den Konflikt von Anonymität und Heroentum in der Weltgeschichte thematisiert:

> Manchmal stelle ich mir zum Spiel einen anonymen Griechen vor, der nach Troia kommt, ohne daß er jemals dorthin wollte. Er hat sich dort noch nicht umgesehn, [da] ist er schon im Getümmel, die Götter selbst wissen noch gar nicht, um was es geht, er aber hängt schon an einem trojanischen Streitwagen und wird um die Stadt geschleift, Homer hat noch lange nicht zu singen angefangen, er aber liegt schon mit glasigen Augen da, wenn nicht im troja-

---

[7] Franz Kafka, Briefe 1902–1924, Frankfurt am Main 1966, an Brod S. 313–315, an Klopstock S. 332–334. Zitatnachweise künftig mit der Chiffre B im Text.

nischen Staub so in den Polstern des Liegestuhles. Und warum? Hekuba ist ihm natürlich nichts, aber auch Helena ist nicht entscheidend; so wie die andern Griechen, von Göttern gerufen, ausgefahren sind und, von Göttern beschützt, gekämpft haben, [so] ist er infolge eines väterlichen Fußtritts ausgefahren und unter väterlichem Fluch hat er gekämpft; ein Glück, daß es noch andere Griechen gegeben hat, die Weltgeschichte wäre [sonst] eingeschränkt geblieben auf zwei Zimmer der elterlichen Wohnung und die Türschwelle zwischen ihnen. (B 313 f.)

Worum es in diesem Brief geht, ist die Frage, wie sich in dieser Welt, sei es im Familiären, sei es im Weltgeschichtlichen, überhaupt noch Geschichten erzählen lassen. Denn es gibt keine Vermittlung zwischen anonymer Privatgeschichte und welthistorischem „trojanischem" Ereignis. Der anonyme Grieche wird gleich – wie Hektor von Achill – um die Stadt zu Tode geschleift, bevor er überhaupt kämpfen konnte; die beiden großen Instanzen für die Authentizität des Erzählten, die Götter und der Dichter und blinde Seher, Homer, sind außer Kraft gesetzt. Der anonyme Grieche, der noch gar nicht gehandelt hat, besitzt kein Schicksal und keinen Lebenssinn. Er liegt „mit glasigen Augen" im trojanischen Staub – oder in den Polstern des Liegestuhls, wie Kafka, der nicht Schreibende, auf dem Sofa liegt. Tatenloser Heros und tatenloser Dichter sind hier beinahe ein und derselbe. Wenn in diesem Augenblick die Schauspielerszene aus *Hamlet* (II, 2) zitiert wird – „Was ist ihm Hekuba, was ist er ihr, Daß er um sie soll weinen?" –, so verweist dies genau auf die heikle Verbindung von Lebenswirklichkeit und Kunst, in der der Schauspieler seine täuschende Rolle übernimmt, nämlich anonymer Spieler und weltgeschichtlicher Held zu sein, den Weg vom einen zum anderen zu bahnen. Es ist das vom Schauspieler inszenierte Theater der Dichtung, dem die Vermittlung zwischen Wirklichkeit und Fiktion zukommt. „[...] *let them be well used*", sagt Hamlet über die Schauspieler, „*for they are the abstract and brief chronicles of the time*" – „laßt sie gut behandeln, denn sie sind der Spiegel und die abgekürzte Chronik des Zeitalters", wie A.W. Schlegel übersetzt. Werden die Helden der Weltgeschichte von den Göttern beschützt, so ist der anonyme Kämpfer – unbeachtet von den Göttern und unbesungen vom Dichter – „infolge eines väterlichen Fußtritts ausgefahren". Schicksalhafte Weltgeschichte wird gegen obskure, sinnlose Familiengeschichte ausgespielt; der Schauplatz des Kampfes ist gespalten zwischen Intimität und Öffentlichkeit – zwischen der elterlichen Wohnung und dem Kriegsschauplatz Troja.[8] Mitten zwi-

---

[8] Es ist darauf hinzuweisen, daß Kafka hier Motive und Argumente der Eingangspassagen von Franz Grillparzers Novelle ‚Der arme Spielmann' aufgreift: die Anspielung auf den Historiker Plutarch, die Theatermetaphorik und den Bezug

schen beide tritt aber die Kunst des Schauspielers, in dessen Gestik und Rede ja der anonyme Darsteller und der namhafte Heros konkurrieren; des Schauspielers Spiel oszilliert zwischen schäbigem Familienstreit und heroischem Tun, es setzt einen Akt der Minorisierung in Szene. „Der Typus schlechthin des Kunstwerks", schreibt Lévi-Strauss in seinem Buch *La pensée sauvage*, „ist das verkleinerte Modell", ein Produkt minoritärer Bastelei[9] - übrigens sagt auch Hamlet über seinen Onkel und Usurpator des Throns, er bringe, umgekehrt wie die Schauspieler, die „wachsen", sein „Porträt in Miniatur" unters Volk, „*his picture in little*" (1043b).

Der zweite nun zu betrachtende Brief Kafkas, in dem es um den biblischen Helden Abraham geht, knüpft an die Konzeption der Abrahamfigur in Kierkegaards Buch *Furcht und Zittern* (1843) an, widerspricht dieser aber. Während es bei Kierkegaard um das unlösbare Dilemma zwischen Ethos und Theologie geht, also um die Frage, ob Abraham der Liebe zu seinem Sohn oder dem Befehl Gottes, diesen Sohn zu opfern, folgen soll, wobei aus diesem Dilemma die Angst herauswächst, konzentriert sich Kafka auf einen „anderen Abraham", der – genau wie der anonyme Grieche des Briefs an Max Brod – zwischen Familienmisere und weit- und heilsgeschichtlichem Heroismus eingeklemmt ist. Kafka schreibt an Klopstock:

> Ich könnte mir einen andern Abraham denken, der – freilich würde er es nicht bis zum Erzvater bringen, nicht einmal bis zum Altkleiderhändler – der die Forderung des Opfers sofort, bereitwillig wie ein Kellner zu erfüllen bereit wäre, der das Opfer aber doch nicht zustandebrächte, weil er von zuhause nicht fortkann, er ist unentbehrlich [...]. (B 333)

Es geht Kafka also nicht um den „wirklichen Abraham", sondern um die anderen, „möglichen" Abrahame, die er sich vorstellt:

> [...] die stehn auf ihrem Bauplatz und sollen nun plötzlich auf den Berg Morija; womöglich haben sie noch nicht einmal einen Sohn und sollen ihn schon opfern. Das sind Unmöglichkeiten und Sarah hat Recht, wenn sie lacht

---

der „Familienmitglieder" auf die göttlichen Heroenfiguren: „[...] man kann die Berühmten nicht verstehen, wenn man die Obskuren nicht durchgefühlt hat. Von dem Wortwechsel weinerhitzter Karrenschieber spinnt sich ein unsichtbarer, aber ununterbrochener Faden bis zum Zwist der Göttersöhne, und in der jungen Magd, die, halb wider Willen, dem drängenden Liebhaber seitab vom Gewühl der Tanzenden folgt, liegen als Embryo die Julien, die Didos und die Medeen." Franz Grillparzer, Sämtliche Werke. Ausgewählte Briefe, Gespräche, Berichte. Dritter Band. Satiren – Fabeln und Parabeln – Erzählungen und Prosafragmente – Studien und Aufsätze. Hg. von Peter Frank und Karl Pörnbacher, München 1963, S. 148.

[9] Claude Lévi-Strauss, Das wilde Denken, Frankfurt am Main 1968, S. 36.

[...] Einer, der durchaus richtig opfern will und überhaupt die richtige Witterung für die Sache hat, aber nicht glauben kann, daß er gemeint ist, er, der widerliche alte Mann und sein Kind, der schmutzige Junge [...] Er fürchtet, er werde zwar als Abraham mit dem Sohne ausreiten, aber auf dem Weg sich in Don Quixote verwandeln. Über Abraham wäre die Welt damals entsetzt gewesen, wenn sie zugesehen hätte, dieser aber fürchtet, die Welt werde sich bei dem Anblick totlachen [...] Ein Abraham, der ungerufen kommt! (B 333 f.)

Wieder, wie in dem Brief über den anonymen Griechen, kommt es auf den Gegensatz zwischen widerlicher Familienszenerie und welthistorischem Schauplatz an, aus dem heraus die Heilsgeschichte der europäischen Kultur ihren Gang nehmen soll. Und wieder ist es eine dubiose Schauspielerfigur, nämlich der Phantast Don Quixote, der die Verbindung zwischen *petite* und *grande historie* eher unterläuft als bewerkstelligt. Abraham verwandelt sich in den Ritter von der traurigen Gestalt. Eine Vermittlung zwischen dem Großen und dem Kleinen, zwischen Entsetzen und Lächerlichkeit, zwischen dem Erhabenen und dem Trivialen kommt nicht zustande. Zwischen dem Wissen um das Ganze und dem Volk in seiner Niedrigkeit fehlt es an der „Elasticität für Ausnahmen und Einzelfälle"[10], wie Kafka in einer glücklichen Formulierung einmal sagt.

IV

Der Kampf um die Erzählbarkeit einer Geschichte des Lebens, der intimen und kläglichen, wie sie sich in der Familie abspielt, und der großen und erhabenen, wie sie sich in der Weltgeschichte ereignet, hebt aber bereits in Kafkas Tagebuch an, das im Jahre 1910 begonnen wird. Das Tagebuch ist der Schauplatz für eine Sequenz von Experimenten über die Verwandlung des Erlebten in „Geschichte". Diese Experimente richten sich auf die Medien der Wahrnehmung wie der Darstellung von Wirklichem. Die erste Tagebuchaufzeichnung überhaupt lautet: „Die Zuschauer erstarren, wenn der Zug vorbeifährt" (T 9). Dieser Satz ist offenbar die Reaktion Kafkas auf einen der ersten Filme, den die Brüder Lumière 1895 drehten: *L'arrivée*

---

[10] Franz Kafka, Nachgelassene Schriften und Fragmente II. Hg. von Jost Schillemeit, Frankfurt am Main 1992, S. 467. (Franz Kafka, Schriften Tagebücher Briefe. Kritische Ausgabe. Hg. von Jürgen Born, Gerhard Neumann, Malcolm Pasley und Jost Schillemeit) Seitennachweise nach dieser Ausgabe künftig im Text mit der Chiffre Fr II.

d'un train à la gare de La Ciotat[11]. Auch die folgenden Aufzeichnungen kreisen um das Problem der Mimesis, also um das Erzählen der Geschichten der Welt: So experimentiert Kafka mit seiner Wahrnehmung der Körperbilder und Bewegungsfiguren der *Ballets russes*, die in Prag gastieren, aber auch von Equilibristen im Varieté; er spielt mit den Zeichnungen, die er in seinen Text einfügt, mit der Berührungserfahrung in bezug auf den eigenen Körper, mit der Konzeption einer Autobiographie – „Der kleine Ruinenbewohner" (T 17 ff.). Klimax dieser Experimentenreihe zum Problem der Mimesis ist dann aber die Begegnung mit einer Truppe jiddischer Schauspieler aus Lemberg, die, vom September 1911 bis zum Januar 1912, in *Hermanns Café Savoy* gastieren.[12] Es ist für Kafka die Erfahrung eines „wilden Theaters", eines unbekannten Sprach- und Bewegungscodes, der allem, was die europäische Hochkultur ausmacht, widerspricht: in Gestik, Mimik, Jargon, Gesang, Szene. In diesem „wilden Theater" meint Kafka so etwas wie eine mögliche Vermittlung zwischen Familiengeschichte und Weltgeschichte zu gewahren. Kafka freundet sich mit dem Schauspieler Jizchak Löwy an; er sucht ihn zur Niederschrift seiner Selbstbiographie zu überreden. Der zutiefst faszinierte Kafka arbeitet sich in den kulturhistorischen Hintergrund ein, er studiert die *Volkstümliche Geschichte der Juden* von Heinrich Graetz und die *Histoire de la littérature judéo-allemande* von Meyer Isses Pinès. Und er entwickelt zwei einander ergänzende Konzepte zu diesem kulturgeschichtlichen Phänomen: Er entwirft eine Theorie der „kleinen Literaturen" und er verfaßt einen Vortrag *Über Jargon*, den er zur Einleitung einer Lesung Löwys hält, als dieser jiddische Texte rezitiert. Das Schema zum Problem der „kleinen Literaturen" bietet eine völlig neue Auffassung von der Funktion minoritärer Literaturen in einer herrschenden Hochkultur. Das jiddische Theater, so Kafka, sei eine halb gestische, halb sprachliche Kunst; eine Literatur, die weder vom Alltag, noch von der Politik getrennt, gleichwohl aber auch nicht mit beidem bruchlos verknüpft ist. Minoritäre Literatur sei intim und politisch zugleich, zwischen anonymem Heldentum und weltgeschichtlichem Heroismus. Sie sei das „Tagebuchführen einer Nation, das etwas ganz anderes ist als Geschichtsschreibung"; also eine Kunst, die weder nur private, noch nur

---

[11] Hanns Zischler, Kafka geht ins Kino, Reinbek bei Hamburg 1996.
[12] Vgl. hierzu Gerhard Neumann, „Eine höhere Art der Beobachtung". Wahrnehmung und Medialität in Kafkas Tagebüchern. In: Beatrice Sandberg/Jakob Lothe (Hg.), Franz Kafka: Zur ethischen und ästhetischen Rechtfertigung, Freiburg im Breisgau 2002, S. 33–58. (Rombach Wissenschaften – Reihe Litterae Bd. 85). Siehe S. 511–539 des vorliegenden Bandes.

öffentliche Geschichten erzähle, sondern etwas, das zwischen beidem steht und über beides hinausgeht. Man könne es als das Erzählen der Geschichte des „Geschlechtes" in vierfachem Sinne verstehen, wobei „Geschlecht" beinahe zu einem Synonym von „Geschichte" wird: sexuell, familial, religiös und politisch; also als Liebesgeschichte, als Genealogie, als Geschichte des Judentums, als Geschichte des ganzen Volkes verstanden.

Komplementär zu dieser Literaturtheorie entwirft aber Kafka eine Theorie der Sprache, die auf der Erfahrung des Jiddischen als „Jargon" beruht. (Fr I 188–193) Der Jargon, so Kafka, entwickle eine subversive Kraft gegenüber der majoritären Sprache einer Nation. So verstanden ist der Jargon ein Organ der „Verwirrung" der etablierten „Ordnung der Dinge" – denn er folgt der herrschenden Grammatik nicht. Der Jargon ist eine die herrschende Kultur unterlaufende „Szene". Er ist nicht homogen, sondern bietet sich in Form einer „Bastelei" dar – Lévi-Strauss gebrauchte, im Blick auf den Mythos, diesen Begriff, *bricolage*. Der Jargon besteht aus „Fremdwörtern", die die majoritäre Sprache „durchqueren", und zwar „mit Neugier und Leichtsinn", wie Kafka sagt. Der Jargon ist weder Muttersprache noch Weltsprache, sondern steht im Konflikt zwischen Familie und Weltgeschichte. Er ist ein „Gemurmel", ein „Gemauschel", wie der jiddische Begriff lautet.[13] Kafka drückt diesen komplexen Sachverhalt von Familiarität und Globalität einmal unvergleichlich aus: „[…] seht Ihr, alle Sprachen kenn ich, aber auf jiddisch"! (T 350), läßt er eine der jiddischen Schauspielerinnen sagen.

Was Kafka faszinierte, war offenbar diese Konzeption der Möglichkeit einer neuen Poetologie und einer neuen Sprache im Zeichen des Theaters, die es ermöglicht, „andere Geschichten" vom Leben, das gelebt wird, zu erzählen; Geschichten, in denen das Familiale und das Weltgeschichtliche ineinander inszeniert werden können. Es scheint, als habe Kafka dieses neue Prinzip der Narration in einer Reihe von Texten erprobt: in dem Text

---

[13] „[…] das Mauscheln im weitesten Sinne genommen, in dem allein es genommen werden muß, nämlich als die laute oder stillschweigende oder auch selbstquälerische Anmaßung eines fremden Besitzes, den man nicht erworben, sondern durch einen (verhältnismäßig) flüchtigen Griff gestohlen hat und der fremder Besitz bleibt, auch wenn nicht der einzigste Sprachfehler nachgewiesen werden könnte […] Ich sage nichts gegen das Mauscheln, das Mauscheln an sich ist sogar schön, es ist eine organische Verbindung von Papierdeutsch und Gebärdensprache (wie plastisch ist dieses […]) und ein Ergebnis zarten Sprachgefühls, welches erkannt hat, daß im Deutschen nur die Dialekte und außer ihnen nur das allerpersönlichste Hochdeutsch wirklich lebt, während das übrige, der sprachliche Mittelstand, nichts als Asche ist […]." (B 336 f.).

Der neue Advokat zum Beispiel, wo das Streitroß Alexanders des Großen als Advokat in der modernen Welt der Justiz agiert; in *Ein altes Blatt*, wo ein „unzivilisiertes" Nomadenvolk in das Reich des Kaisers einbricht; in dem Fragment *Beim Bau der chinesischen Mauer*, wo eine „Sage", nämlich der Text *Eine kaiserliche Botschaft*, auf sperrige Weise zwischen individuelle und große Geschichte tritt.

Gleichwohl sieht es so aus, als hätten Kafka zunehmend Zweifel an der Utopie dieser neuen Poetologie erfaßt, die er aus der Begegnung mit dem jiddischen Theater und der „Neugier" und dem „Leichtsinn" des Jargons gewonnen zu haben glaubte. So schreibt er am 29.7.1920 an Milena Pollak:

> Mit den [jüdischen] Geschichten ist es merkwürdig.[14] Nicht deshalb bedrücken sie mich etwa, weil sie jüdisch sind und weil, wenn einmal diese Schüssel auf den Tisch gestellt ist, jeder Jude sich seinen Teil zu nehmen hat aus der gemeinsamen, abscheulichen, giftigen, aber auch alten und im Grunde ewigen Speise, deshalb also bedrücken sie mich nicht.[15]

Diese ambivalente Äußerung verschärft sich noch, wenn Kafka, eine Frage an sich selbst richtend, am 18.1.1922 im Tagebuch schreibt:

> Was hast Du mit dem Geschenk des Geschlechtes getan? Es ist mißlungen, wird man schließlich sagen, das wird alles sein. Aber es hätte leicht gelingen können. Freilich eine Kleinigkeit und nicht einmal erkennbar, so klein ist sie, hat entschieden. Was findest Du daran? Bei den größten Schlachten der Weltgeschichte ist es so gewesen. Die Kleinigkeiten entscheiden über die Kleinigkeiten. (T 879)

Ähnliche Zweifel äußern sich in einer kleinen Notiz aus dem Oktavheft D von 1917: „Die geschriebene und überlieferte Weltgeschichte versagt oft vollständig, das menschliche Ahnungsvermögen führt zwar oft irre, führt aber, verläßt einen nicht."[16] Und noch 1922 zeichnet sich Kafka auf: „Fern, fern geht die Weltgeschichte vor sich, die Weltgeschichte Deiner Seele." (Fr II, 516)

---

[14] Es geht aus dem Brief nicht hervor, um welche Geschichten es sich dabei handelt. Offenbar war im vorangehenden Brief Milena Pollaks davon die Rede.

[15] Franz Kafka, Briefe an Milena. Erweiterte und neu geordnete Ausgabe. Hg. von Jürgen Born und Michael Müller, Frankfurt am Main 1983, S. 155. Zitatnachweise künftig im Text unter der Chiffre M.

[16] Franz Kafka, Nachgelassene Schriften und Fragmente I. Hg. von Malcolm Pasley, Frankfurt am Main 1993, S. 374. (Franz Kafka, Schriften Tagebücher Briefe. Kritische Ausgabe. Hg. von Jürgen Born, Gerhard Neumann, Malcolm Pasley und Jost Schillemeit) Zitate künftig mit der Chiffre Fr I im Text.

V

In dem Maße, wie sich Kafkas Vertrauen in die Darstellung der Vermittlungsversuche zwischen Privatgeschichte und Weltgeschichte abschwächt,[17] werden zwei andere Muster des Erzählens von „Geschichten" in Erwägung gezogen: Es ist das Modell vom Verschwinden des Helden (des Autors) aus der Geschichte einerseits,[18] das Modell vom Verschwinden der Geschichte selbst andererseits. Man könnte auch sagen, es sei das Modell vom „Rückgängigmachen" der Schöpfungsgeschichte.[19] Anläßlich von Milena Pollaks Übersetzung der Geschichte *Der Heizer* schreibt Kafka:

> „Das ist ja das eigentlich Schöne bei Ihrer Übersetzung, daß sie treu ist […] und daß ich das Gefühl habe, als führte ich Sie an der Hand hinter mir durch die unterirdischen, finstern, niedrigen, häßlichen Gänge der Geschichte, fast endlos […] fast endlos […] um dann beim Ausgang im hellen Tag hoffentlich den Verstand zu haben, zu verschwinden." (M 27)

Und dann, parallel zum hier inszenierten Verschwinden des „Autorhelden", entwirft Kafka, wiederum gegenüber Milena Pollak und anläßlich der Novelle *Der arme Spielmann* von Grillparzer, das korrespondierende Modell vom Verschwinden der Geschichte selbst. Er schäme sich der Geschichte Grillparzers, schreibt Kafka, „so wie wenn ich sie selbst geschrieben hatte". Tatsächlich setze sie ja auch falsch ein und habe „eine Menge Unrichtigkeiten, Lächerlichkeiten, Dilettantisches", so daß dem geliebten Mädchen des Spielmanns (und zugleich Kafka, dem Leser, selbst) nichts anderes übrig bleibe, als dem Autor „die Geschichte nachzuwerfen, bis so die Geschichte, die nichts besseres verdient, an ihren eigenen Ele-

---

[17] Schon am 25.9.1916, gegenüber Felice Bauer, argumentiert Kafka in diesem skeptischen Sinne: „Die üblichen Versuche, die Geschichte als das Beweismaterial des Satzes: Die Weltgeschichte ist das Weltgericht hinzustellen, sind verfehlt und gefährlich. Man sollte vielmehr unter Verzicht auf die an sich unmögliche historische Beweisführung sich nur auf die psychologische Darstellung der Verwüstung beschränken, welche die Gewalt in der Seele des Täters und des Vergewaltigten anrichtet. Nur auf diese Weise kann man den blendenden Schein des historischen Geschehens machtlos machen." (F 707).

[18] „Vor einer Mauer lag ich am Boden, wand mich vor Schmerz, wollte mich einwühlen in die feuchte Erde. Der Jäger stand neben mir und drückte mir einen Fuß leicht ins Kreuz […]" (Fr I, 427); „Nimm mich mit Geflecht aus Narrheit und Schmerz" (T 794).

[19] „Es ist die Unruhe, die Wellenunruhe, die nicht aufhören wird, solange die Schöpfungsgeschichte nicht rückgängig gemacht wird." An Brod 18./19.12.1917 (B 212).

menten zugrundegeht." (M 108)[20] „Allerdings", fügt Kafka hinzu, „gibt es kein schöneres Schicksal für eine Geschichte als zu verschwinden und auf diese Weise."

Es gibt eine ganze Reihe von Geschichten Kafkas, in denen dieses Spiel vom Verschwinden des Helden, des Autors oder der Geschichte selbst in immer neuen Varianten gespielt wird. Man könnte an *Die Verwandlung* denken, wo es das Prinzip der Metamorphose ist, durch das der Protagonist zum Verschwinden gebracht wird. Man könnte sich des Textes *Die Sorge des Hausvaters* erinnern, in dem sich das Sorgenkind Odradek hinter dem Rascheln seiner Sprache und der Hermetik seines Namens selbst zum Verschwinden bringt. Auch die Helden der Kafkaschen Romane verbergen sich hinter der Chiffre K, die zwischen Autor- und Protagonistenname, gewissermaßen als verlöschende, in der Schwebe bleibt. Der Affe Rotpeter im *Bericht für eine Akademie*, der sich als Mensch inszeniert, um seine Affennatur dahinter verschwinden zu lassen, gehört gleichfalls in diesen Zusammenhang. Josefine die Sängerin wird vom Körper ihres Mäusevolkes ganz sanft in das Verschwinden und Vergessen eingebettet. Der Hungerkünstler verzehrt seinen Körper und wird aus dem Käfig gefegt – sein Verschwinden ist der Beweis für die Fehlerlosigkeit seiner Kunst, die das Hungern ist. Und es gibt schließlich einen Text, der das Verschwinden der individuellen wie der mythisch-welthistorischen Geschichte zeigt, der das mit dem Boden Einswerden und das Vergessenwerden des Autors, des Helden und der Geschichte selbst unvergleichlich in Szene setzt: ein sich selbst verantwortendes Theater des Verlöschens. Es ist die Geschichte mit dem (von Max Brod stammenden) Titel *Prometheus*, in der die – sich selbst verschwinden machende – „Sage" an die Stelle des Erzählens von Individualgeschichten wie von Weltgeschichten tritt. Was Kafka – in seinen anfangs betrachteten beiden Briefe – mit seinen beiden abendländischen Heroen Achill und Abraham 1921 (und mit seinem Zitat der Schauspielerszene aus dem *Hamlet*) rückblickend diagnostiziert, wird schon hier, im Jahre 1917, poetisch auf unvergleichliche Weise verwirklicht:

> Die Sage versucht das Unerklärliche zu erklären; da sie aus einem Wahrheitsgrund kommt, muß sie wieder im Unerklärlichen enden.
> Von Prometheus berichten vier Sagen. Nach der ersten wurde er weil er die Götter an die Menschen verraten hatte am Kaukasus festgeschmiedet und die Götter schickten Adler, die von seiner immer nachwachsenden Leber fraßen.

---

[20] Kafka war ein sehr großer Bewunderer dieser Geschichte Grillparzers; er wirft ihr nicht ihr Schlechtsein vor, sondern ihr Dasein.

Nach der zweiten drückte sich Prometheus im Schmerz vor den zuhackenden Schnäbeln immer tiefer in den Felsen bis er mit ihm eins wurde.

Nach der dritten wurde in den Jahrtausenden sein Verrat vergessen, die Götter vergaßen, die Adler, er selbst.

Nach der vierten wurde man des grundlos Gewordenen müde. Die Götter wurden müde, die Adler. Die Wunde schloß sich müde.

Blieb das unerklärliche Felsgebirge.

Chinesische Mauer und Schacht von Babel

Franz Kafkas Architekturen

> Der beurteilende Gedanke quälte sich durch die Schmerzen, die Qual erhöhend und nichts helfend empor. Wie wenn im endgiltig verbrennenden Hause die architektonische Grundfrage zum erstenmal aufgeworfen würde.[1]
>
> *Franz Kafka*

> [...] es ist nicht das Haus eines Architekten [...] sondern der Architekt wird zum Haus; es ist nicht das Haus eines Lebens, sondern das Leben ist zum Haus geworden.[2]
>
> *Tomaso Buzzi*

I

Wenn man einmal darauf aufmerksam geworden ist, dann gehen einem die Augen auf: Franz Kafkas ganzes Werk ist durchzogen von Vorstellungen und Argumenten der Architektur. Das gilt für die Romane, für die Erzählungen, für die Tagebücher, ja sogar für die Briefe. Das Leben, dem Kafka auf der Spur ist, spielt sich in Zimmern, Wohnhäusern, öffentlichen Gebäuden, Wolkenkratzern mit eingebauten Liften, Ruinen, Schlössern, Dörfern und Städten ab – kaum je in der freien Natur, kaum je in der

---

[1] Franz Kafka, *Schriften Tagebücher Briefe. Kritische Ausgabe*, hrsg. Jürgen Born, Gerhard Neumann, Malcolm Pasley, Jost Schillemeit. *Nachgelassene Schriften und Fragmente II*, hrsg. Jost Schillemeit, Frankfurt a.M. 1992, 13. Zitatnachweise nach dieser Ausgabe künftig mit jeweiliger Chiffre und Seitenzahl im laufenden Text; hier *KKA* NII, 13.

[2] Zitiert nach Citta ideale, 1957–1981. Tomaso Buzzi, in: *Architektur wie sie im Buche steht. Fiktive Bauten und Städte in der Literatur*, hrsg. Winfried Nerdinger u. a., Architekturmuseum der Technischen Universität München, Salzburg 2006, 511–514, hier: 513.

offenen Landschaft.³ Es scheint so, als sei ‚Architektur' für Kafka eine Strategie, um das ungeordnete Leben zu strukturieren und dem Subjekt, als Organismus, eine Stelle in diesem Strukturensemble, das kulturelle Konstruktion ist, zu verschaffen. Architektur – oder ‚Baukunst', wie er sich gelegentlich ausdrückt – scheint für Kafka ein Verfahren zu sein, um Natur in Kultur zu verwandeln; und zwar etwa in dem Sinne, den Sigmund Freud dem Begriff der Kultur gegeben hat. Das Wort Kultur bezeichne, so Freud, „die ganze Summe der Leistungen und Einrichtungen [...], in denen sich unser Leben von dem unserer tierischen Ahnen entfernt" habe. Die Kultur diene, so schreibt Freud in seiner Abhandlung *Das Unbehagen in der Kultur* von 1929 weiter, zwei konstruktiven Zwecken: dem Schutz des Menschen gegen die Unbilden der Natur; und „der Regelung der Beziehungen der Menschen untereinander".⁴ Gleichwohl und unbeschadet dieses aufklärerischen Ziels, so fügt Freud hinzu, bleibe aber das „Unbehagen" in der Kultur bestehen. Denn die Verwirklichung von Kultur – als doppeltes Organon von Schutz und Beziehungsstiftung – biete noch kein Glücksversprechen. Die Absicht, „daß der Mensch ‚glücklich' sei", so Freud, sei „im Plan der ‚Schöpfung' nicht enthalten." (IX, 208)

Franz Kafka hat einen Text verfasst, in dem er dieses Dilemma vom Menschen als Konstrukteur von Lebensarchitektur und seinem endlichen Scheitern bei der Kulturwerdung zur Darstellung gebracht hat: der Mensch selbst also als Inbild von Architektur; der Mensch als Brücke, die zuguterletzt zum Absturz gebracht wird. Im sogenannten Oktavheft B notiert sich Kafka die folgenden Sätze⁵:

> Ich war steif und kalt, ich war eine Brücke, über einem Abgrund lag ich, diesseits waren die Fußspitzen, jenseits die Hände eingebohrt, in bröckelndem Lehm hatte ich mich festgebissen. Die Schöße meines Rockes wehten zu meinen Seiten. In der Tiefe lärmte der eisige Forellenbach. Kein Tourist verirrte sich zu dieser unwegsamen Höhe, die Brücke war in den Karten noch

---

3   Eine der wenigen Ausnahmen bildet die *Beschreibung eines Kampfes*. Kafka, *Schriften Tagebücher Briefe* (Anm. 1), 54–171. (= *KKA* NI).
4   Sigmund Freud, *Studienausgabe*, hrsg. Alexander Mitscherlich u. a., *Fragen der Gesellschaft und Ursprünge der Religion*, Frankfurt a. M. 1974, IX, 220. Zitatbelege künftig nach dieser Ausgabe mit römischer Band- und arabischer Seitenzahl im laufenden Text.
5   Es war Gabriele Brandstetter, die auf diese Stelle als zentralen poetologischen Text Kafkas aufmerksam gemacht hat. Gabriele Brandstetter: „Brücken Schlagen. Zu einem Bild aus metapherntheoretischer Sicht – Kafkas ‚Die Brücke' und ‚Von den Gleichnissen „, in: *Logik der Bilder. Präsenz – Repräsentation – Erkenntnis*, hrsg. Richard Hoppe-Sailer, Claus Volkenandt, Gundolf Winter, Berlin 2005, 271–283.

nicht eingezeichnet. So lag ich und wartete; ich mußt warten; ohne abzustürzen kann keine einmal errichtete Brücke aufhören Brücke zu sein. (*KKA* NI, 304)

Der Mensch, der zur Brücke wird: Darin verdichten sich beide (von Freud aufgerufenen) Merkmale kultureller Konstruktion, der Schutz vor den Unbilden der Natur und die Bahnung der Wege für den Menschenverkehr; dabei ist es der Menschenkörper als Medium, der beides, indem er selbst zur Brücke wird, ins Wirkliche bringt. Denn die Brücke, als vielleicht wichtigstes Element der Baukunst neben der Erfindung des Fensters, leistet hier dreierlei: Sie überspannt Grenzen; sie stiftet Verbindungen; sie überwindet Abgründe. Der Mensch, der zur Brücke wird, ist kulturgewordene Natur; er ist unverhoffte Eintragung in die Karte der Zivilisation. Er ist der Architekt von Ich und Welt, ineins damit also Architekt seiner selbst im Verhältnis beider. Dass ihm diese Architektur-Leistung zuletzt versagt bleibt, ist einer schmerzhaften ‚Wendung' des Brückenkörpers am Ende der Überbrückungsstrategie zuzuschreiben:

> Brücke dreht sich um! Ich war noch nicht umgedreht, da stürzte ich schon, ich stürzte und schon war ich zerrissen und aufgespießt von den zugespitzten Kieseln, die mich so friedlich immer angestarrt hatten aus dem rasenden Wasser. (*KKA* NI, 305)

Es ist die hier zum Ausdruck kommende enge Verbindung zwischen Individualitätserfahrung und Architektur in Kafkas Werk, auf die es mir in meinen Überlegungen ankommen soll.

Auf den ersten Blick sind es zwei verschiedene Szenarien dieser Situation, die sich im Werk Kafkas auffinden lassen: einerseits Architektur, durch welche Gemeinschaft erfahren und dadurch zugleich organisiert wird; andererseits Architektur, durch die das Subjekt in seiner Eigentümlichkeit konstruiert werden soll. Ich möchte für jede dieser Möglichkeiten ein Beispiel geben. *Ein altes Blatt* (*KKA* D, 263–267) soll mir als Exempel für den ersten Sachverhalt dienen, die Erzählung *Das Urteil* (*KKA* D, 41–61), geschrieben im September 1912, für den zweiten.

Da ist also zunächst, als ein Szenario der Gemeinschaft, der Text *Ein altes Blatt*, den Kafka 1919 im *Landarzt*-Band publizierte. Dieser schmale Text gibt einen Augenblicks-Eindruck wieder: den Eindruck von der Invasion einer Stadt durch eine Horde Nomaden; also von der Außerkraftsetzung von ‚Kultur' durch Anarchie. Dabei ist es einer der Bürger der Stadt, der berichtet, wie die Nomaden aus dem Norden die Stadt überschwemmen und sich – zum Schrecken der in ihre Häuser verkrochenen Stadtbürger – von rohem Ochsenfleisch nähren. „Ihrer Natur entsprechend", sagt der das Geschehen beobachtende Stadtbewohner, "lagern sie unter freiem Himmel, denn Wohnhäuser verabscheuen sie […] Aus diesem stillen, immer ängstlich rein gehaltenen Platz haben sie einen wahren Stall gemacht". (*KKA D*, 264) Und er fügt hinzu: "Sprechen kann man mit den Nomaden nicht." (*KKA D*, 264) Die Situation, die hier gezeigt wird, setzt Kultur, als das durch Architektur Geordnete, einer Horde von Barbaren entgegen, die, ihrer ,Natur' entsprechend, Wohnhäuser verabscheuen, unter freiem Himmel kampieren und keine menschliche Sprache haben. Zwischen beidem – Architektur und Anarchie – ist aber ein Drittes, das durch den Kaiser repräsentiert wird, der, von einem Fenster des Palastes aus, den Konflikt zwischen Nomadismus unter freiem Himmel auf dem Marktplatz und architekturaler Kultur in den Wohnhäusern der Bürger – von einer zweiten Ebene, einem höheren Stockwerk aus – beobachtet. Niemals sonst, heißt es da vom Kaiser,

> kommt er in diese äußeren Gemächer, immer nur lebt er in dem innersten Garten; diesmal aber stand er, so schien es mir wenigstens, an einem der Fenster und blickte mit gesenktem Kopf auf das Treiben vor seinem Schloß. (*KKA D*, 266)

Weiter heißt es: "Der kaiserliche Palast hat die Nomaden angelockt, versteht es aber nicht, sie wieder zu vertreiben." (*KKA D*, 266) Die Kluft zwischen beiden Welten ist unüberbrückbar.

Damit aber, mit diesen wenigen Andeutungen über den kurzen, unerschöpflichen Text[6], sind wesentliche Elemente von Kafkas architektonischem Kulturkonzept sichtbar gemacht: Da sind die Wohnhäuser, die Schutz vor den Unbilden der Natur gewähren; da ist der Marktplatz, auf dem die Gemeinschaft im Gespräch sich ihrer selbst bewusst werden könnte; da ist die Anarchie der nomadisierenden Horde, die sich stattdessen auf dem Markt breitmacht; da ist das Fenster, von dem aus der Kaiser die konfliktuelle Situation sinnierend wie distanziert betrachtet; und da sind zuletzt die einzelnen Subjekte, die Stadtbürger, die ihren Platz im Spannungsfeld von Ordnung und Anarchie suchen. Es sind diese genannten Elemente, die in Kafkas Architektur-Phantasien von kulturellen Szenarien immer wiederkehren werden.

So auch in meinem zweiten Beispiel-Text, der Erzählung *Das Urteil*, in der es nun nicht um die Diagnose von Gemeinschaft, sondern um die

---

[6] Vgl. die minuziös argumentierende Studie von Rainer Nagele über *Ein altes Blatt*: "Es ist als wäre. Zur Seinsweise eines alten Blattes", in: *Franz Kafka, Ein Landarzt. Interpretationen*, hrsg. Elmar Locher, Isolde Schiffermüller, Bozen 2004, 61–72.

architekturale Herstellung von Individualität geht. Der Anfang dieses Textes lautet:

> Es war an einem Sonntagvormittag im schönsten Frühjahr. Georg Bendemann, ein junger Kaufmann, saß in seinem Privatzimmer im ersten Stock eines der niedrigen, leichtgebauten Häuser, die entlang des Flusses in einer langen Reihe, fast nur in der Höhe und Färbung unterschieden, sich hinzogen. Er hatte gerade einen Brief an einen sich im Ausland befindenden Jugendfreund beendet, verschloß ihn in spielerischer Langsamkeit und sah dann, den Ellbogen auf den Schreibtisch gestützt, aus dem Fenster auf den Fluß, die Brücke und die Anhöhen am anderen Ufer mit ihrem schwachen Grün. (*KKA D*, 43)

Hier ist es nicht der Raum der Gemeinschaft, mit ihrem beobachtenden Souverän am Palast-Fenster, der als Architektur-Ensemble den Gang der Erzählung vorgibt, sondern es ist der Einzelne am Fenster seines Privatzimmers, der, sich orientierend, in die Öffentlichkeit der Stadtlandschaft blickt; der, mit dem Ellbogen auf den Schreibtisch gestützt, einen Brief in der Hand hält, in dem er über sich selbst und seine Stellung in der Welt nachgedacht hatte: über seinen Bildungsgang, seine familiale, seine ökonomische und seine sexuelle Karriere – den Brief will er gleich seinem Vater im Hinterzimmer zur Beurteilung vorlegen.

Georgs Blick ist, aus dem Schutz des Privathauses heraus, auf die Brücke gerichtet: auf dasjenige Architektur-Element also, das vor allen anderen Kommunikation und ‚Menschenverkehr', wie Kafka gern sagt, ermöglicht. Kafka gesteht in einem Brief an Felice Bauer, der er *Das Urteil* widmen wird, dass er ursprünglich in seiner Erzählung „einen Krieg" habe „beschreiben" wollen und vorhatte, über diese Brücke eine „Menschenmenge" „herankommen" zu lassen – dann aber habe sich ihm die Geschichte „unter den Händen" gedreht und sei aus der Vision eines öffentlichen, militärischen Konflikts mit dem Feind in den privaten Konflikt mit dem Vater eingemündet.[7] Medium dieser Selbstreflexion Georgs über den Menschenverkehr, die aus der Architektur-Szenerie, aus der Situation am Fenster, vom Schreibtisch aus, herausgeschrieben und erst so zu erzählbarem Leben wird, ist nun aber der Brief – ‚sermo absentis ad absentem', wie eine antike Formel lautet.[8] Es heißt im Text:

---

[7] „[...] ein junger Mann sollte aus seinem Fenster eine Menschenmenge über die Brücke herankommen sehn [...]". Franz Kafka, *Briefe an Felice und andere Korrespondenz aus der Verlobungszeit*, hrsg. Erich Heller, Jürgen Born, mit einer Einleitung von Erich Heller, Frankfurt a. M. 1967, 394. Künftig im laufenden Text zitiert mit der Chiffre F und Seitenzahl.

[8] Zur Funktion von Brief und Briefpost in der modernen Kultur (und auch bei Kafka) vgl. Bernhard Siegert, *Relais. Geschicke der Literatur als Epoche der*

Mit diesem Brief in der Hand war Georg lange, das Gesicht dem Fenster zugekehrt, an seinem Schreibtisch gesessen [...] Endlich steckte er den Brief in die Tasche und ging aus seinem Zimmer quer durch einen kleinen Gang in das Zimmer seines Vaters, in dem er schon seit Monaten nicht gewesen war. (*KKA D*, 49)

An der architektonischen Struktur der Wohnung und ihrer Möglichkeiten – „Du sitzt hier im Dunkel, und im Wohnzimmer hättest Du schönes Licht" (*KKA D*, 52 f.), sagt Georg vorwurfsvoll dem Vater – entzündet sich dann Schritt um Schritt das Rededuell zwischen Vater und Sohn, das zu einem Kampf auf Leben und Tod wird und zur Verurteilung des Sohnes „zum Tode des Ertrinkens" (*KKA D*, 60) führt, einem Urteil, dem dieser sich am Ende widerstandslos unterwirft. Georg stürzt über die Treppe, „über deren Stufen er wie über eine schiefe Fläche eilte" (*KKA D*, 60), nach unten, springt aus dem Tor, schwingt sich, „als der ausgezeichnete Turner, der er in seinen Jugendjahren zum Stolz seiner Eltern gewesen war" (*KKA D*, 61), über das Geländer und wirft sich hinab in den Fluss; der Brief in seiner Tasche geht – eine Flaschenpost gewissermaßen – mit ihm unter. Der letzte Satz der Erzählung gilt der Brücke, die diesmal nicht, als ein Weg und Transfer gewordener Mensch, selbst in die Tiefe stürzt, sondern, als Architektur, den Sturz des menschlichen Körpers kaschiert, den Blick vom Individuum, das gerade im Fluss verlischt, auf die Gemeinschaft umlenkt. „In diesem Augenblick", heißt es nämlich im Text, „ging über die Brücke ein geradezu unendlicher Verkehr." (*KKA D*, 61)

So erweist sich die Erzählung *Das Urteil* als die Geschichte eines Ich und seiner Entwicklung – seiner Karriere in der Kultur –, die aus der Architektur heraus, der Konstruktion im Raum, gestaltet und gelenkt erscheint. Die Suche nach einer Lebensordnung, nach einem kulturellen Bildungs- und Sozialisierungskonzept, formiert sich als Bewegung durch ein architektonisches Gebilde, wobei bis zuletzt die Frage offen bleibt, ob es Georg ist, der sich durch die Architektur bewegt; oder ob es die Architektur ist, die Georgs Leben ‚lenkt' und in Bewegung bringt? Dabei steht – am Anfang wie am Ende des Textes – die Öffentlichkeit der Brücke im Blickpunkt: aus dem Privatzimmer heraus fixiert. Sie ist das Ziel dieser architektur-gesteuerten, dieser bio-graphischen Bewegung, aus dem Wunsch des Helden Georg Bendemann geboren, in den Menschenverkehr einzutreten – und zwar aus dem sicheren (aber sich als trügerisch erweisenden) Gefühl heraus, ein Privathaus zu bewohnen und den Weg nach

---

Post. 1751–1931, Berlin 1993. Die genannte Formel stammt von dem Sophisten Flavius Philostratus II.

draußen auch finden zu können. Diese Suche, förmlich ein Bildungsroman *en miniature*, endet nun aber im Absturz. Das ‚individuelle Scheitern' wird, wie es im Text heißt, „übertönt" vom ‚unendlichen Verkehr': „Noch hielt er sich mit schwächer werdenden Händen fest, erspähte zwischen den Geländerstangen einen Autoomnibus, der mit Leichtigkeit seinen Fall übertönen würde [...] und ließ sich hinabfallen." (KKA D, 61) Was das architektonische Szenario, das Kafka hier entwirft, offenbart, ist der unversöhnbare Riss zwischen beidem, dem Individuum in der Familienkrise und dem von ihm erstrebten ‚äußeren' Menschenverkehr.

Erzählen von Leben, sei es nun als Form der Gemeinschaft oder der Individualität aufgefasst, entwickelt sich also bei Kafka aus der architektonischen Struktur, die den Raum dieses Erzählens bildet. Dabei gewinnt für Kafka die Position des Beobachtenden und Sinnierenden am Fenster – vom Schreibtisch aus und mit dem geschriebenen Brief in der Hand – entscheidende Bedeutung. Die architekturale Position des Menschen auf der Schwelle zwischen Innen und Außen, zwischen Privatheit und Öffentlichkeit, ist der Ausgangspunkt für die Konstruktion von Lebenssinn; der Ausgangspunkt für das ordnende Erzählen von Leben. ‚Architektur ist die Mutter der Künste' – so hat man seit alters gesagt –, weil sie Regeln gibt, nach denen Leben modelliert und verstanden werden kann. Und ihr bedeutendster konstruktiver Akt war wohl die Erfindung des Fensters: die Schaffung der Bedingung der Möglichkeit des gerahmten Blickes nach außen; mit dem Ziel der sinnvollen Organisation des Verhältnisses zwischen Subjekt und Objekt. Mit anderen Worten: Der schwellenüberschreitende und rahmende Blick aus dem Fenster erweist sich als Dispositiv für die Herstellung von Individualität in der Kultur. Es ist, so könnte man paradoxerweise behaupten, die Erfindung von Innerlichkeit, die sich allererst im Blick hinaus durch das gerahmte Fenster einstellt. Der Fensterblick verwandelt Natur in Kultur. Das Haus, dessen Wände von Fenstern durchbrochen sind, inszeniert, so gesehen, ein Paradox der Raumerfahrung. Es bietet Schutz vor den ‚Un-Bildern' der Natur und gestattet doch, ihnen zugleich ins Angesicht zu sehen, sich den ‚Bildern', die von außen kommen, zu stellen. Literarische Realisierungen dieses Modells der Fenster-Schau reichen von der Bekehrungsszene des Augustinus im Gespräch mit seiner Mutter Monica am Fenster in Ostia, wie er sie im neunten Buch seiner *Konfessionen* beschreibt[9], über die berühmte Klopstock-Szene Wer-

---

[9] Augustinus, *Bekenntnisse. Lateinisch und deutsch*, eingel., übers, und erläutert von Joseph Bernhart, Frankfurt a.M. 1987, 462–466.

thers und Lottes in Goethes Jugendroman bis zu E.T.A. Hoffmanns Novelle *Des Vetters Eckfenster* und E.A. Poes *The Man of the Crowd*.¹⁰

Was aber seit der Antike gegolten hatte, dass nämlich der Blick aus dem Fenster ‚Theorie', das heißt strukturierte Welt' schafft, tritt nun außer Kraft.¹¹ In vollem Bewusstsein dieser zur Aporie gewordenen Orientierungs-Situation am Fenster schreibt Kafka am 12. Mai 1914 an Grete Bloch:

> Übrigens ein alter unerfüllbarer Wunsch: Vor dem Tisch bei einem großen Fenster sitzen, eine weite Gegend vor dem Fenster haben und bei Sonnenuntergang ruhig schlafen ohne die Last des Lichtes, des Ausblicks zu fühlen, unbeirrt ruhig zu atmen. Was für Wünsche! (F 574)

‚Aus dem Fenster sehen, ohne die Last des Ausblicks zu fühlen' – das ist die Formel, die nun, nach dem Theorie-Sturz der Moderne, gilt. In Kafkas Werk gibt es zahlreiche Fensterszenen, die diesen paradoxen, desorientierenden Blick des Augenschließens nach Draußen, wenn man es so ausdrücken darf, in Szene setzen. Es sei nur an den Anfang des *Prozeß*-Romans erinnert; an den Anfang der *Verwandlung*; an den Blick Karl Roßmanns im *Verschollenen* aus dem Haus des Onkels auf die Straßen von New York.¹²

---

10 Die wichtigsten Einsichten in dieses Raummodell verdanken wir den großen Studien Heinz Brüggemanns zu diesem Thema, die sich freilich mehr um den Einblick von außen als den Fensterblick von innen kümmern. Heinz Brüggemann, *Das andere Fenster: Einblicke in Häuser und Menschen. Zur Literaturgeschichte einer urbanen Wahrnehmungsform*, Frankfurt a.M. 1989; Heinz Brüggemann, *Architekturen des Augenblicks. Raum-Bilder und Bild-Räume einer urbanen Moderne in Literatur, Kunst und Architektur des 20. Jahrhunderts*, Hannover 2002. (= Kultur und Gesellschaft, hrsg. Heinz Brüggemann, Wolfgang Lenk, Bd. 4).

11 Zur Ikonisierung dieser Situation in der Literatur seit Augustinus vgl. meinen Aufsatz: „Landschaft im Fenster. Liebeskonzept und Identität in Robert Musils Novelle ‚Die Vollendung der Liebe'", in: *Neue Beiträge zur Germanistik* Band 3/ Heft 1 (2004), 15–31. (= Internationale Ausgabe von *Doitsu Bungaku*, Zeitschrift der Japanischen Gesellschaft für Germanistik).

12 Franz Kafka, *Der Verschollene*, hrsg. Jost Schillemeit, in: ders., *Schriften Tagebücher Briefe* (Anm. 1), Frankfurt a.M. 1983. (= *KKA* V) Der Onkel warnt Karl Roßmann vor dem ungerahmten Blick von seinem Balkon – „Er selbst habe Neuankömmlinge gekannt, die z.B. statt nach diesen guten Grundsätzen sich zu verhalten, tagelang auf ihrem Balkon gestanden und wie verlorene Schafe auf die Straße heruntergesehen hätten" (*KKA* V, 56) – und Karl versucht mit seiner Klaviermusik den Blick nach draußen zu ersetzen: „Karl erhoffte in der ersten Zeit viel von seinem Klavierspiel und schämte sich nicht wenigstens vor dem Einschlafen an die Möglichkeit einer unmittelbaren Beeinflussung der amerikanischen Verhältnisse durch dieses Klavierspiel zu denken. Es klang ja allerdings sonderbar,

Bei Kafka steht die Fensterszene – als architektonischer Ort – ganz zweifellos im Zentrum des Erzählsystems. Aber sie ist, im Gegensatz zur langen Tradition seit Augustinus, durch zwei moderne Komplikationen in der Weltwahrnehmung geprägt: zum einen durch die Kafkasche Theorie vom riskantesten Augenblick des Erwachens des Subjekts zur Welt; zum anderen durch die Kafkasche Auffassung vom – wie er sich in seinem Tagebucheintrag vom 27. Januar 1922 ausdrückt – „Hinausspringen aus der Totschlägerreihe Tat – Beobachtung, Tat – Beobachtung"[13], also von der unheilbaren Gebrochenheit in der Lebens-Performanz.

Zunächst einige Bemerkungen zum Problem des ‚riskantesten Augenblicks'. Kafkas Fensterszenen sind, in ihren wichtigsten Ausformungen, wie zum Beispiel in der *Verwandlung*, Aufwach-Szenen. Der Anfang des *Prozeß*-Romans ist hierbei exemplarisch.[14] Es heißt da:

> Jemand mußte Josef K. verleumdet haben, denn ohne daß er etwas Böses getan hätte, wurde er eines Morgens verhaftet [...] [*er*] sah von seinem Kopfkissen aus [*durch das Fenster*] die alte Frau die ihm gegenüber wohnte und die ihn mit einer an ihr ganz ungewöhnlichen Neugierde beobachtete [...] (*KKA* P, 7)

Das Aufwachen, mit dem Kafka seine Fensterszenen ausstattet, hat aber nichts von einem Orientierungsakt, sondern vielmehr den Charakter eines Schocks. In einer Variante zum *Prozeß*-Roman[15] charakterisiert Kafka, beziehungsweise Josef K., diesen Augenblick des Erwachens-Schocks folgendermaßen:

> Jemand sagte mir, ich kann mich nicht mehr erinnern, wer es gewesen ist, dass es doch sonderbar sei, dass man, wenn man früh aufwacht, wenigstens im allgemeinen, alle(n>s) unverrückt an der gleichen Stelle findet, wie es am Abend gewesen ist. Man ist doch im Schlaf und im Traum wenigstens scheinbar in einem vom Wachen wesentlich verschiedenen Zustand gewesen und es gehört ‚wie jener Mann ganz richtig sagte' eine unendliche Geistesgegenwart oder besser Schlagfertigkeit dazu, um mit dem Augenöffnen alles, was d(as>a) ist, gewissermassen an der gleichen Stelle zu fassen, an der man es am Abend losgelassen hat. Darum sei auch der Augenblick des Erwachens der riskanteste Augenblick im Tag, sei er einmal überstanden, ohne dass man

---

wenn er vor den in die lärmerfüllte Luft geöffneten Fenstern ein altes Soldatenlied seiner Heimat spielte [...]". (*KKA* V, 60).

[13] Franz Kafka, *Tagebücher*, hrsg. Hans-Gerd Koch, Michael Müller, Malcolm Pasley, in: ders., *Schriften Tagebücher Briefe* (Anm. 1), Frankfurt a. M. 1990, 892. (= *KKA* T, 892).

[14] Franz Kafka, *Der Proceß*, hrsg. Malcolm Pasley, in: ders., *Schriften Tagebücher Briefe* (Anm. 1), Frankfurt a. M. 1990. (= *KKA* P).

[15] Franz Kafka, *Der Prozeß. Apparatband*, hrsg. Malcolm Pasley, in: ders., *Schriften Tagebücher Briefe* (Anm. 1), Frankfurt a.M. 1990. (= *KKA* P App).

irgendwohin von seinem Platze fortgezogen wurde, so könne man den ganzen Tag über getrost sein. (*KKA* P App, 168)

Diese Erfahrung des Erwachens-Schocks ist für die Ordnungsfindung in der Welt durch Architektur für die Helden Kafkas – die menschlichen wie die tierischen – von entscheidender Bedeutung. Der Schock kann die menschliche Brücke, die Orientierung zu schaffen verspricht, jeden Augenblick zum Einsturz bringen. Und noch ein zweites Moment tritt hinzu, das in Kafkas Welt die Lebensordnung durch Architektur – vom Blick durch das Fenster hinaus gewonnen – in Gefahr bringt: der sprunghafte Wechsel des Protagonisten beim Wahrnehmungsvorgang von Welt zwischen performativer Teilnahme am Leben und distanzierter Beobachtung von diesem. In architektonischer Perspektive ausgedrückt: der Wechsel zwischen Wohnen im Haus-Inneren und nomadischer Beobachtung dieses Wohnens von außen. Oder abermals anders gesagt: die tödliche Dialektik von Handeln und Beobachten, von Implikation ins Leben und Distanz zu diesem. Es ist eine Erfahrung, die für Kafka aus dem Schreiben erwächst: beispielsweise aus der Erfahrung Georg Bendemanns im *Urteil*, aus dem Schreiben des Briefs, auf dem Schreibtisch am Fenster, an den Petersburger Freund – mit dem Blick auf die Brücke über den Fluss. Im Tagebuch notiert sich Kafka zu dieser gleitenden Dialektik von Handeln und Beobachten, deren Problem ihn von Anfang an begleitet hatte, am 27. Januar 1922:

> Merkwürdiger, geheimnisvoller, vielleicht gefährlicher, vielleicht erlösender Trost des Schreibens: das Hinausspringen aus der Totschlägerreihe Tat – Beobachtung, Tat – Beobachtung, indem eine höhere Art der Beobachtung geschaffen wird, eine höhere, keine schärfere, und je höher sie ist, je unerreichbarer von der „Reihe" aus, desto unabhängiger wird sie, desto mehr eigenen Gesetzen der Bewegung folgend, desto unberechenbarer, freudiger, steigender der Weg. (*KKA* T, 892)

Diese Aufzeichnung spricht von der Gespaltenheit des Lebensvollzugs – dem fortwährenden Oszillieren und Alternieren zwischen Handeln und Beobachten, zwischen performativen und konstativen Akten, zwischen Lebensteilnahme und Lebensdistanz. Und es ist das Schreiben, das dichterische Schreiben zumal, das, auf einer höheren Ebene, eine merkwürdig zwiespältige Art dieses Zusammenspiels von Handeln und Beobachten darstellt. Die ‚Freudigkeit' des steigenden Wegs zu finden war zeitlebens das Bestreben Kafkas. Entscheidend blieb aber, dass durch dieses Hinausspringen aus der Totschlägerreihe der ruhige Blick auf das Leben und das Wahrnehmungsspiel zwischen Subjekt und Objekt zunehmend unmöglich gemacht wird: also gleichsam das Fenster, das den Blick auf die

Welt gestattet, sich öffnet und gleichzeitig schließt. Es ist, so gesehen, der Zwang, fortgesetzt zu wechseln: zwischen dem Blick von Innen, durch das Fenster, auf die Welt einerseits; der Beobachtung dieses Blicks und seiner Individualität stiftenden Kraft von Außen andererseits.

Eine Tagebuchaufzeichnung Kafkas aus der gleichen Zeit, nämlich vom 9. März 1922, geht sogar so weit, die Öffnung des Blicks auf die Welt überhaupt in Frage zu stellen, weil es ausgerechnet die Selbstbeobachtung ist, die sie unmöglich macht. Das Hinausspringen aus der Totschlägerreihe Tat – Beobachtung führt, so betrachtet, zu gänzlichem Weltverlust. Was passiert, fragt Kafka sich in dieser Aufzeichnung, wenn „durch drängende Selbstbeobachtung die Öffnung, durch die man sich in die Welt ergießt, zu klein oder ganz geschlossen würde?" Und er gibt sich die Antwort: „Weit bin ich zu Zeiten davon nicht. Ein rücklaufender Fluß." (*KKA* T, 910)

II

Wenn Marcel Proust die Komposition seiner *Recherche* mit dem Aufbau einer mittelalterlichen Kathedrale vergleicht, so könnte man es vielleicht die Illustration eines Schreibaktes durch ein Architekturgleichnis nennen. Bei Kafka liegen die Dinge anders. Es geht ihm nicht um eine Allegorie des Schreibaktes. Vielmehr bewegen sich seine Protagonisten selbst durch komplexe ambige Architekturen; aber freilich sind es umgekehrt auch die Architekturen, aus denen das Handeln und Verhalten der Protagonisten sich entwickelt. Es geht, so könnte man sagen, bei Kafka um ein bauliches Ordnungs- oder Unordnungsprinzip, das narrative Konstruktionsimpulse gibt: von den geschilderten Bauten hin zu den erzählten Akteuren und Geschichten – und in umgekehrter Richtung wieder zurück. Wie kann man sich das vorstellen?

In Kafkas Fragmenten findet sich ein Text, der das Leben in einer Karawanserei zum Thema hat. Er zeigt das Problem solcher ‚alltäglichen Verwirrung' in wünschenswerter Deutlichkeit. Da heißt es:

> Es war nur ein kleiner Ort, eine winzige Oase, aber sie war ganz von der Karawanserei ausgefüllt und die war nun allerdings riesenhaft. Es war für einen Fremden, so schien es mir wenigstens, unmöglich sich dort zurechtzufinden. Die Bauart verschuldete das auch. Man kam z. B. in den ersten Hof, aus dem führten etwa zehn Meter von einander entfernt zwei Rundbögen in einen zweiten Hof, man gieng durch den einen Bogen und kam nun statt in einen neuen großen Hof, wie man erwartet hatte, auf einen kleinen finsteren Platz zwischen himmelhohen Mauern, erst weit in der Höhe sah man beleuchtete

Loggien. Nun glaubte man sich also geirrt zu haben und wollte in den ersten Hof zurückgehn, man ging aber zufällig nicht durch den Bogen zurück durch den man gekommen war, sondern durch den zweiten nebenan. Aber nun war man doch nicht auf dem ersten Platz, sondern in einem andern viel größeren Hof voll Lärm, Musik und Viehgebrüll. Man hatte sich also geirrt, ging wieder auf den dunklen Platz zurück und durch den ersten Türbogen. Es half nichts, wieder war man auf dem zweiten Platz und man mußte durch einige Höfe sich durchfragen ehe man wieder in den ersten Hof kam, den man doch eigentlich mit paar Schritten verlassen hatte. (*KKA* NII, 355 f.)

Auf den ersten Blick würde man diese Topographie – und die Bewegung des Fremden, der sie durchmisst – als eine solche des Labyrinthischen bezeichnen, als ein Spiel mit einem Architekturrätsel. Aber sie ist nicht nur das. Bei genauerem Zusehen ist es eher ein irritierendes Auseinanderklaffen von Bewegungsplan des Subjekts und ‚Bauart' des architektonischen Ensembles, auf das es hier ankommt. Subjektive Absicht und vorgegebene Raumarchitektur lassen sich nicht aufeinander abstimmen: Dies ist es eigentlich, was die Fremdheit ausmacht, von der im Text die Rede ist. Daraus ergeben sich auch die Widersprüche in der Erfahrung dieser architektonisch artikulierten Welt: Da ist eine winzige Oase – in der eine riesenhafte Karawanserei errichtet ist; da sind zwei Rundbögen an einem Platz – die doch nicht als Eingang und Ausgang in dieselbe Lokalität fungieren; da ist die Erwartung, auf einen großen Hof zu treffen – und dieser erweist sich dann als kleiner, finsterer Platz; da ist Helligkeit – die ins Dunkel führt; da ist Stille – die in Lärm und Viehgebrüll umschlägt. Und dann aber, als ubiquitäre und unauflösbare Widersprüchlichkeit: Die Wohnungen scheinen von ständigen Gästen besetzt. Andererseits aber sind es nur Karawanen und Nomaden, die hier momentlang Station machen, bald draußen, bald drinnen kampierend. (*KKA* NII, 356 f.)

Die Situation, die Kafka in diesem Text über die riesige Karawanserei in der kleinen Oase schildert, ist gewissermaßen die Urszene schlechthin der Fremderfahrung des Subjekts in Kafkas Schriften, die sich als Erzählen am Leitfaden der Architektur präsentiert: im Alternieren von Weg-Findung und Abirren vom Weg zugleich. Und so richtet sich die ganze Aufmerksamkeit der Protagonisten von Kafkas Texten denn auch darauf, zur Auflösung dieses Auseinanderklaffens von Wegplan und Baulichkeit architekturale Strategien zu entwickeln, die gegen alle Wahrscheinlichkeit kulturelle Ordnung stiften und es vermöchten, dem planenden Subjekt seinen Platz in der Welt zu schaffen. Diese Strategien gehen in drei Richtungen. Sie werden zum einen auf transgressiv orientierte Architekturelemente ausgerichtet. Exemplarisch hierfür ist der Mensch, dessen

Körper zur Brücke wird. Zum anderen richten sie sich auf horizontal orientierte Bauwerke, wie zum Beispiel die große chinesische Mauer, die ein unabsehbar sich dehnendes Kaiserreich umschließt und gegen Nomaden schützt, wie in den Nachlassfragmenten mit dem Titel *Beim Bau der chinesischen Mauer*. Innerhalb solcher Bauwerke sind es Labyrinthe, die den architekturalen Kern von Mauern, Höfen, Palästen, Ein- und Ausgängen sowie Freitreppen bilden, wie in der Sage von der *Kaiserlichen Botschaft*[16], die Kafka zunächst inmitten des Fragments *Beim Bau der chinesischen Mauer* ansiedelte und dann separat im *Landarzt*-Band veröffentlichte. (*KKA D*, 280–282) Drittens aber und zuletzt richten sich die Einräumungs-Strategien der Kafkaschen Protagonisten auf vertikal orientierte Baulichkeiten, also Türme, die in den Himmel gebaut, und Schächte, die in die Tiefe des Bodens gegraben werden. Von dieser in ihrer Ausrichtung indefiniten Bewegung im Raum nach oben und nach unten ist vor allem in jenen Texten Kafkas die Rede, die vom Turmbau zu Babel handeln[17], wie zum Beispiel die kleine Nachlass-Erzählung *Das Stadtwappen* (*KKA* NII, 318 f. und 323); oder in jenen anderen Texten, die von der Grabung in die Tiefe berichten, wie zum Beispiel das späte Fragment einer Erzählung mit dem Titel *Der Bau* (*KKA* NII, 576–632). Paradoxe Sätze Kafkas wie die folgenden aus verschiedenen Epochen seines Lebens suchen diese doppelte Bewegung nach oben und nach unten zu fassen. So heißt es in einem Brief an Max Brod aus dem Jahre 1913[18]: „[...] das was ich gestern zeigte [...] ist natürlich nur der Vorgang in einem Stockwerk des innern babylonischen Turmes, und was oben und unten ist, weiß man in Babel gar nicht." (Br 119) Ein Tagebucheintrag lautet dann: „ich versinke [...] lotrecht [...] durch einen Schacht, der genau den Durchmesser meines Körpers aber eine endlose Tiefe hat. Diese Endlosigkeit verlockt zu keinen besonderen Leistungen, alles was ich täte wäre kleinlich, ich falle sinnlos und es ist das Beste." (*KKA* T, 528) Und die berühmteste Äußerung Kafkas zu dieser Umkehrung im vertikalen Sinne richtet sich auf die Lebenstopographie seiner eigenen Generation, jenes ‚Wir' der Anfangsjahrzehnte des 20. Jahrhunderts: „Wir graben den Schacht von Babel" (*KKA* NII, 484) –

---

[16] Franz Kafka, *Drucke zu Lebzeiten*, hrsg. Wolf Kittler, Hans-Gerd Koch, Gerhard Neumann, in: ders., *Schriften Tagebücher Briefe* (Anm. 1), Frankfurt a. M. 1994, 280–282. (= *KKA D*).

[17] Es war Friedrich Beißner, der zuerst auf diese architekturalen Strukturen aufmerksam gemacht hat. Friedrich Beißner, *Der Schacht von Babel. Zu Kafkas Tagebüchern*, Stuttgart 1963.

[18] Franz Kafka, *Gesammelte Werke*, hrsg. Max Brod. *Briefe 1902–1924*, Frankfurt a.M. 1966. (= Br).

verstanden als Widerruf der Sünde der Kinder Noahs, die sich mit dem babylonischen Turmbau, wie es im Alten Testament heißt, „einen Namen machen wollten" (1. Mos. 11,4).

Im Hinblick auf diese Versuche der Kafkaschen Protagonisten, Architekturkonzepte zu entwickeln, die kulturelle Ordnung stiften, um dem in der Welt fremden Subjekt einen Platz in der Lebensordnung einzuräumen, möchte ich noch einmal zwei architekturale Szenarien Kafkas einander gegenüberstellen, zwei entgegengesetzte Raumordnungs-Paradigmen, wenn man so will: nämlich das horizontale Modell, wie es im Fragment *Beim Bau der chinesischen Mauer* entwickelt wird; und das vertikale Modell, das die späte Erzählung *Der Bau* entwirft.

Zunächst also zu dem Text *Beim Bau der chinesischen Mauer,* der im März 1917 entstanden ist. Was hier erzählt wird, ist die Baugeschichte eines Jahrhundertwerks der Architektur, des Weltwunders der großen chinesischen Mauer. Berichterstatter ist ein Ethnologe, ein Kenner der „vergleichenden Völkergeschichte" (*KKA* NI, 348), wie er selbst sich nennt[19], der sich als Spezialist für Baugeschichte ausgibt. Die Mauer, so seine Diagnose, diene zum Schutz der Bewohner des chinesischen Reichs und der Kaiserstadt vor den Nomaden aus dem Norden. Während des Baus der Mauer sei, so berichtet er, die Baukunst die wichtigste Wissenschaft im Reich gewesen. (*KKA* NI, 339) Die wichtigste Strategie des Baus aber wiederum sei die des „Systems des Teilbaus" (*KKA* NI, 341) gewesen: also der Fragmentierung der Arbeitsschritte, mit der Folge, dass die Mauer als Umgrenzung des Reiches nicht konsequent geschlossen werden konnte. Hier ruht das eigentliche Paradox des Kafkaschen Architekturkonzepts: das große, auf Vollkommenheit orientierte Meisterwerk auf der einen Seite[20]; das Stückwerk und die Bastelei (*KKA* NII, 586 f.), die Fragmentierung im Einzelnen, die das Ganze zuletzt scheitern lässt, auf der anderen Seite.

An dieser prekären Stelle der Argumentation führt der Berichterstatter – zur Erläuterung dieses Grunddilemmas – den Vergleich der großen chinesischen Mauer mit dem Turmbau zu Babel ins Feld. Ein Gelehrter, so heißt es, habe ein Buch über diesen Vergleich geschrieben und gezeigt, dass der Bau des Turms „an der Schwäche des Fundaments scheiterte und

---

[19] „Ich habe mich schon teilweise während des Mauerbaues und nachher bis heute fast ausschließlich mit vergleichender Völkergeschichte beschäftigt – es gibt bestimmte Fragen denen man nur mit diesem Mittel gewissermaßen an den Nerv kommt –" (*KKA* NI, 348).
[20] „die Ungeduld den Bau in seiner Vollkommenheit endlich erstehn zu sehn" (*KKA* NI, 340).

scheitern mußte" (*KKA* NI, 343); daraus aber zugleich die Folgerung gezogen, dass „erst die große Mauer [...] zum erstenmal in der Menschenzeit ein sicheres Fundament für einen neuen Babelturm" geschaffen habe, also zuerst die Mauer und dann der Turm gebaut werden müsse, damit das Bauwerk gelinge.

Auf diese Unmöglichkeit in der Theorie des Mauerbaus – nämlich dass die chinesische Mauer erst das Fundament für den glückenden Babelturm abgeben könne – wird nun aber noch eine zweite Unmöglichkeit getürmt: nämlich die Auffassung von der Zwiespältigkeit der den Bau verwaltenden Institutionen im chinesischen Reich. Diese seien nämlich klar und unklar zugleich. So erklärt der Experte für vergleichende Völkergeschichte denn auch, er habe herausgefunden, „daß wir Chinesen gewisse volkliche und staatliche Einrichtungen in einzigartiger Klarheit, andere wieder in einzigartiger Unklarheit besitzen". (*KKA* NI, 348) Und er fährt fort:

> Den Gründen insbesondere der letztern Erscheinung – *also der Unklarheit der Institutionen* – nachzuspüren, hat mich immer gereizt, reizt mich noch immer und auch der Mauerbau ist von diesen Fragen wesentlich betroffen. (*KKA* NI, 348)

Und der Völkergeschichtler wird bei seiner Suche fündig. Das Resultat seiner Überlegungen lautet: „Nun gehört zu unsern allerundeutlichsten Einrichtungen jedenfalls das Kaisertum" (*KKA* NI, 349) – also die höchste Spitze aller Institutionen. An dieser Stelle fügt der Erzähler eine Sage ein (*KKA* NI, 351), die diese undeutliche Einrichtung des Kaisertums, als einer sozialen Kommunikationsfigur, beleuchtet. Diese Sage, die zugleich eine Kulturdiagnose gibt, bietet die wohl eindrucksvollste Architekturphantasie Kafkas; eine Kommunikationsaporie, wenn man so sagen will, architektonisch verdeutlicht.[21] Es handelt sich um den Text mit dem Titel *Eine kaiserliche Botschaft*, den Kafka zu Lebzeiten in seinem *Landarzt*-Band veröffentlichte. Der Text beginnt so:

> Der Kaiser – so heißt es – hat Dir, dem Einzelnen, dem jämmerlichen Untertanen, dem winzig vor der kaiserlichen Sonne in die fernste Ferne geflüchteten Schatten, gerade Dir hat der Kaiser von seinem Sterbebett aus eine Botschaft gesendet. Den Boten hat er beim Bett niederknieen lassen und ihm die Botschaft ins Ohr zugeflüstert; so sehr war ihm an ihr gelegen, daß er sich sie noch ins Ohr wiedersagen ließ. Durch Kopfnicken hat er die Richtigkeit des Gesagten bestätigt. Und vor der ganzen Zuschauerschaft seines Todes – alle

---

[21] Dieser Kommunikationsaporie zwischen ‚Herr und Knecht' wird in dem Text *Das Schweigen der Sirenen* die Kommunikationsaporie zwischen ‚Mann und Frau' zugeordnet. (*KKA* NII, 40–42).

hindernden Wände werden niedergebrochen und auf den weit und hoch sich schwingenden Freitreppen stehen im Ring die Großen des Reichs – vor allen diesen hat er den Boten abgefertigt. Der Bote hat sich gleich auf den Weg gemacht [...] (*KKA D*, 280 f.)

Und Kafkas Text berichtet weiter, wie der Bote sich den Weg durch die Menge bahnt, auf das Zeichen der Sonne auf seiner Brust deutend; wie er sich nutzlos abmüht; sich durch die Gemächer des inneren Palastes zwängt; die Treppe hinab; die Höfe wären zu durchmessen; und nach den Höfen der zweite umschließende Palast; und so weiter durch Jahrtausende …
Hierauf aber heißt es weiter:

[...] und stürzte er endlich aus dem äußersten Tor – aber niemals, niemals kann es geschehen – liegt erst die Residenzstadt vor ihm, die Mitte der Welt, hochgeschüttet voll ihres Bodensatzes. Niemand dringt hier durch und gar mit der Botschaft eines Toten. – Du aber sitzt an Deinem Fenster und erträumst sie Dir, wenn der Abend kommt. (*KKA D*, 282)

Dieser einzigartige Text kombiniert die vertikale mit der horizontalen Architektur-Struktur. Er setzt die Hierarchie des Babelturms auf das Fundament des von der chinesischen Mauer umschlossenen Reichs und zeigt die aporetische Struktur dieser Konstruktion. Er verknüpft Schutzfunktion – gegen die Nomaden – mit der Kommunikationsfunktion, der kulturellen Errungenschaft des Dialogs, personifiziert im Boten, der die Paläste, die Höfe und die Residenzstadt durcheilt. Beide Funktionen werden aber zuletzt ad absurdum geführt: weil das Fundament, wegen des ‚Systems des Teilbaus', nicht trägt[22], und weil der Weg, in seiner hierarchischen Struktur, unendlich ist, vom sterbenden Kaiser zum „in die fernste Ferne" geflüchteten Untertan. Am Ende dieser Flucht einer keinen Schutz gewährenden und keine Kommunikation stiftenden Architektur steht aber dann der jämmerliche Untertan, das Subjekt, das *sub-iectum*, und erträumt sich, am Fenster sitzend, beides, den Schutz und das letzte erlösende Wort des sterbenden Souveräns – in Kafkas architekturaler Schlüsselposition, dem Fensterblick. Es ist nun die Traumarchitektur, die an die Stelle der institutionellen Architektur tritt: ihrer unauflöslich miteinander verwobenen „einzigartigen Klarheit" und ihrer „einzigartigen Unklarheit" zugleich.
Ich möchte nun noch etwas zu dem zweiten Architektur-Szenario Kafkas sagen, das sich in der späten Erzählung *Der Bau* und ihrem ver-

---

22 Die „Nomaden", die „wie Heuschrecken ihre Wohnsitze wechselten", hätten, so der Völkergeschichtler, „deshalb vielleicht einen bessern Überblick über die Baufortschritte [...] als selbst wir die Erbauer." (*KKA* NI, 338 f.).

tikalen Baukonzept auffinden lässt. Während es im *Bau der chinesischen Mauer* um die Architektur-Geschichte einer Gemeinschaft geht, handelt es sich hier, im Text *Der Bau*, um die Konstruktion – oder Rekonstruktion – einer extremen Individualgeschichte; um die Geschichte eines Tiers, das selbst erzählt, wie es für sich zum Schutz einen Bau in den Erdboden gräbt – und diesen gegen potentielle Feinde befestigt. Der Bau, heißt es im Text, „ist so gesichert, wie eben überhaupt auf der Welt etwas gesichert werden kann [...]" (*KKA* NII, 576) Gleichzeitig aber, während das Tier „im innersten seines Baues in Frieden lebt" – und das ist das Heikle an der Situation –, „bohrt sich langsam und still der Gegner von irgendwoher an mich heran [...]", wie es heißt. (*KKA* NII, 577) Das Tier sieht sich in der Position des Hausbewohners, ja „Hausbesitzers" (*KKA* NII, 580), der sich gegen nomadisierende Feinde zur Wehr setzt. Man könnte fast von einer Art Bildungsroman – oder gar autobiographischer Erinnerung eines in radikaler Einsamkeit aufwachsenden Wesens[23] – sprechen. So bezeichnet sich das Tier als „alter Baumeister" (*KKA* NII, 628), der sich auf dem Höhepunkt seines Lebens befindet (*KKA* NII, 577) und auf seine unreifen Lehrlings-, Jünglings- und Mannesjahre zurückblickt (*KKA* NII, 610 und 628)[24]. Der Bau ist nun, in den Augen des Tiers, gesichert und wohlbefestigt, komponiert um die Keimzelle eines Labyrinths. Das Tier sagt von sich:

> [...] und so tobte sich dort die erste Arbeitsfreude in einem Labyrinthbau aus, der mir damals [*als ich Lehrling war*] die Krone aller Bauten schien, den ich aber heute wahrscheinlich richtiger als allzu kleinliche, des Gesamtbaues nicht würdige Bastelei beurteile [...] (*KKA* NII, 586 f.)

Aus diesem Labyrinth ist dann die Architektur des ganzen späteren Baus hervorgegangen: fünfzig gesicherte Ruheplätze; ein großer Burgplatz mit Essvorräten in der Mitte; von diesem ausgehend zehn Gänge; zwei Ausgänge ins Freie – Kafka liebt Auf-Zählungen, die sein Er-Zählen steuern! Die Konstruktion dieses Baus ist für das Tier aber nicht nur „Lebenssi-

---

[23] Vgl. die Sequenz autobiographischer Anfänge im Tagebuch unter dem Titel „Der kleine Ruinenbewohner" (*KKA* T, 17–28), in denen Kafka, ganz zu Beginn seiner schriftstellerischen Laufbahn, einen Sozialisationsprozess außerhalb der Familie imaginiert – und zwar an einem exterritorialen Ort zwischen Natur und Kultur, „in einer Ruine in den Bergen" (*KKA* T, 17); auch hier findet sich die Fenstersituation: „[...] noch bin ich selbst ich der jetzt die Feder weggelegt hat, um das Fenster zu öffnen, vielleicht die beste Hilfskraft meiner Angreifer." (*KKA* T, 25 f.).
[24] Ein kaum überhörbarer Anklang an Goethes Spiel mit dem Namen ‚Wilhelm Meister', ‚Wilhelm Schüler'.

cherung" (*KKA* NII, 600), sondern zugleich die Konstruktion seiner selbst, seiner Lebensordnung, seines Daseinsplans. Es heißt im Text:

> Zuviel beschäftigt mich der Bau. Schnell bin ich vom Eingang fortgelaufen, bald aber komme ich zurück. Ich suche mir ein gutes Versteck und belauere den Eingang meines Hauses – diesmal von außen – tage- und nächtelang. [...] Mir ist dann, als stehe ich nicht vor meinem Haus, sondern vor mir selbst, während ich schlafe, und hätte das Glück gleichzeitig tief zu schlafen und dabei mich scharf bewachen zu können. (*KKA* NII, 590 f.)

Es ist dieser Punkt, an dem Kafka die Instabilität der Lebensarchitektur seines Protagonisten in einem Augenblick offenbart: als den Versuch eines „Hinausspringens aus der Totschlägerreihe Tat – Beobachtung, Tat – Beobachtung" (*KKA* T, 892). Das eben noch grabende Tier schlüpft in seinen Bau, verschmilzt mit ihm, und ist gleichzeitig scharfer Beobachter dieses Vorgangs, dieser performativen Vereinigung. Das Tier entwickelt in diesem prekären Augenblick folgenden Gedankengang:

> Ich hätte den ersten Gang so anlegen müssen, daß er, in gehörigem Abstand voneinander zwei Eingänge gehabt hätte, so daß ich durch den einen Eingang [...] hinabgestiegen wäre, rasch den Anfangsgang bis zum zweiten Eingang durchlaufen, die Moosdecke dort, die zu dem Zwecke entsprechend hätte eingerichtet sein müssen, ein wenig gelüftet und von dort aus die Lage einige Tage und Nächte zu überblicken versucht hätte. (*KKA* NII, 598)

Es geht offenbar, bei diesem Hinausspringen, um die Erzielung einer vollkommenen Lebensarchitektur. So heißt es im Text weiter:

> Und damit verliere ich mich in technischen Überlegungen, ich fange wieder einmal meinen Traum eines ganz vollkommenen Baus zu träumen an, das beruhigt mich ein wenig, entzückt sehe ich mit geschlossenen Augen klare und weniger klare Baumöglichkeiten, um unbemerkt aus- und einschlüpfen zu können. (*KKA* NII, 599)

Dieser Vollkommenheitstraum geht denn auch so weit, dass der Bau selbst zur Person, zum Alter Ego des Tieres wird. Das Tier beginnt den Bau als ein ‚Du' zu apostrophieren:

> Euretwegen Ihr Gänge und Plätze, und Du vor allem, Burgplatz, bin ich ja gekommen [...] Was kümmert mich die Gefahr jetzt, da ich bei Euch bin. Ihr gehört zu mir, ich zu Euch, verbunden sind wir, was kann uns geschehn. [...] Und mit seiner Stummheit und Leere begrüßt nun auch mich der Bau und bekräftigt was ich sage. (*KKA* NII, 605)

Diese Konstruktion des Selber-Lebens durch die Architektur, nach einem Modell der Selbstbezüglichkeit, wird aber dann gefährdet, als „das Rauschen der Stille auf dem Burgplatz" (*KKA* NII, 612) durch das Sich-

Heranbohren des Feindes, durch ein zischendes Geräusch bedroht wird (*KKA* NII, 606). Dieses fremde Geräusch oder Geräusch der Fremdheit weckt nun in dem Tier die selbstzerstörerische Phantasie, dass es nicht, wie bisher geglaubt, im *eigenen* architektonischen System lebt, sondern, ohne es zu wissen, „in einem fremden Bau" (*KKA* NII, 627): „und der Besitzer gräbt sich jetzt an mich heran". Nicht mehr der eigene Lebensplan des Tiers, im Bau verkörpert, gilt fortan, sondern der Bauplan des anderen, fremden Angreifers.[25] (*KKA* NII, 630) Damit aber bricht alle Selbstbehauptungskraft des Tieres in sich zusammen:

> In meinem Erdhaufen kann ich natürlich von allem träumen, auch von Verständigung, trotzdem ich genau weiß, daß es etwas derartiges nicht gibt, und daß wir in dem Augenblick, wenn wir einander sehn, ja wenn wir einander nur in der Nähe ahnen, gleich besinnungslos, keiner früher keiner später, mit einem neuen andern Hunger, auch wenn wir sonst völlig satt sind, Krallen und Zähne gegeneinander auftun werden. (*KKA* NII, 630 f.)

III

Kafkas Versuche, Leben zu erzählen, sind Akte der Architektur, der räumlichen Konstruktion, der ‚Baukunst'. Er experimentiert dabei mit der baulichen Gestaltung von Gemeinschaft, wie in den Texten *Ein altes Blatt* und *Beim Bau der chinesischen Mauer*. Er experimentiert mit der Herstellung von Individualität durch Zuordnung von Räumen, wie in den Texten *Das Urteil* und *Der Bau*. Dass diese Baumaßnahmen zu Ruinen oder Gefängnissen führen, wie etwa im *Bericht für eine Akademie*, oder aber zum Einsturz kommen, wie der Text *Die Brücke* zeigt: diesen Gedanken hat Kafka immer wieder mit seinen Entwürfen umkreist. Die Protagonisten seiner Texte sind bestenfalls „kleine Ruinenbewohner" – wie der sprechende Titel eines frühen autobiographischen Entwurfs lautet.[26] Das Bild- und Strukturen-Repertoire der Architektur erweist sich so als ein Schlüs-

---

[25] „Im übrigen suche ich den Plan des Tiers zu enträtseln. Ist es auf Wanderschaft oder arbeitet es in seinem eigenen Bau?" (*KKA* NII, 630).

[26] Siehe die Sequenz der Anfänge des Textes „Der kleine Ruinenbewohner" am Beginn von Kafkas Tagebuch. (*KKA* T, 17–28) Vgl. hierzu Gerhard Neumann, ,„Wie eine regelrechte Geburt mit Schmutz und Schleim bedeckt'. Die Vorstellung von der Entbindung des Textes aus dem Körper in Kafkas Poetologie", in: Christian Begemann, David E. Wellbery (Hrsg.), *Kunst – Zeugung – Geburt. Theorien und Metaphern ästhetischer Produktion in der Neuzeit*, Freiburg im Breisgau 2002, 293–324. Siehe S. 124–155 des vorliegenden Bandes.

selmoment von Kafkas Konzeption der Lebensordnung. Hiermit verbinden sich mehrere Argumente zum Verständnis von Kafkas Poetologie.

Ein erstes Argument lautet: Die Vorstellung der ‚Architektur' scheint Kafka im Sinne einer ‚Kunst der Künste' aufzufassen, deren Merkmal es ist, Träger des Geheimnisses der Konstruktion in der Kultur zu sein. Immer wieder thematisiert Kafka in seinen Texten den problematischen kulturellen Doppelakt von Konstruktion und Destruktion – der Herstellung und der Zerstörung von Raumordnung und Sinnordnung. Ein zweites Argument kommt hinzu: Architektur offenbart für Kafka das Risiko der Innerlichkeit und ihrer Konstruktion als eigentliches poetologisches Problem der Moderne. Was geschieht, so lautet die Frage, bei der Erfindung des Subjekts zwischen Innen und Außen: auf dem Platz am Schreibtisch vor dem Fenster, als dem Rahmen, der den Blick auf Fluss und Brücke freigibt? Auf ein drittes Argument ist des Weiteren hinzuweisen: Architektur befördert das Spiel des ‚Hinausspringens aus der Totschlägerreihe Tat – Beobachtung, Tat – Beobachtung', als das eigentliche, gefährliche Spiel der Kunst. Mithin als das Spiel, sich dem Haus, das man gebaut hat, anzuvertrauen und doch zugleich von außen, als der Exilierte, darauf zu blicken – und scharf zu beobachten, wie man hineinschlüpft, wie man es verlässt, wie man daraus vertrieben wird. Ein viertes Argument dann aber: Lebens-Architektur ist für Kafka stets das Beobachtungsfeld eines Ethnologen der eigenen Kultur, einer teilnehmenden Beobachtung' also, wie sie der Experte für vergleichende Völkergeschichte im Text *Beim Bau der chinesischen Mauer* praktiziert, oder der Forschungsreisende in der Erzählung *In der Strafkolonie.*[27] Der ethnographische Blick offenbart die Spannung zwischen Hausbesitzer und Nomaden, zwischen gerahmtem Fensterblick und freiem Himmel als schwelender Dichotomie in der Kultur. Und ein fünftes Argument zuletzt: Das ganz Besondere an Kafkas Vorstellung und Konzept von Architektur scheint mir darin zu bestehen, dass er ‚Baukunst' nicht als (naheliegende) Allegorie des literarischen Verfahrens begreift, sondern als Dispositiv im narrativen Raum vor Augen stellt, als Organon und Dilemma zugleich der Konstruktion von Welt. Die genaue Einsicht Kafkas, die er sich selbst nur gelegentlich und contre cœur eingesteht, liegt darin, dass sich ihm zwar der Prozess der Kultur als ein Prozess architekturaler

---

[27] Verwandte Figuren sind der Forscherhund in *Forschungen eines Hundes* oder der Volksschullehrer im *Riesenmaulwurf* – aber auch auf die Impresarios könnte verwiesen werden, die, im *Hungerkünstler* oder im *Bericht für eine Akademie*, aber auch in der späten Erzählung *Erstes Leid,* (vergeblich) als Manager kultureller Integration agieren.

Ordnungsstiftung zeigt, zielend auf Ganzheit und Abgeschlossenheit hervorzubringender Werke – um „die Welt ins Reine, Wahre, Unveränderliche zu heben" (*KKA* T, 838), wie er einmal gesteht; dass dieser Prozess aber zuletzt auf Fragmentarisches geht, auf Bastelarbeit, um mit dem Tier im Bau zu sprechen[28], also auf ein „System des Teilbaus" hinausläuft, wie es beim Bau der chinesischen Mauer Anwendung findet. Kultur, so Kafkas Voraussetzung, konstituiert sich nicht mehr in vollendeten ‚Werken', sondern in Hybridisierungen oder Korrosionen von Ordnungen, als Auslaufen in wuchernde Offenheit oder als Zerfallen in ein formloses Chaos aus Bruchstücken. Kafka war sich vollkommen im klaren darüber, dass sein Konzept der Lebensarchitektur im Zeichen des Werkgedankens in der Moderne, die er mit seinen Texten mittrug, poetisch nicht realisiert werden konnte; und zwar, da das architekturale Konzept des Lebensplans eines Subjekts mit dem Ort, dem Raum für die Errichtung dieses Baus nicht übereinzubringen war. In einer gestrichenen Variante zu der Erzählung *Der Bau* wird diese Einsicht aufs Genaueste formuliert.[29] Es spricht das mit der Architektur seines Baus beschäftigte Tier:

> Etwas Baumeistermässiges muss aber immer in meinem Blut gewesen sein, schon als Kind zeichnete ich Zick-zack- und Labyrinthpläne in den Sand und eilte im Geiste auf weichen Pfoten über die [schönen stillen Wege] ‚vielen Striche' hin. Und überall suchte ich einen passenden Ort für den Bau und nirgends konnte ich ihn finden, nirgends passte der Ort zum Plan, kein Ort schien würdig, den Plan aufzunehmen und kein Plan schien stark genug, sich einem Ort einzudrücken. (*KKA* NII App, 430)

Der Plan ist nicht stark genug, sich einem Ort einzudrücken, kein Ort scheint würdig, den Plan aufzunehmen: Dies ist die Kafkasche aporetische Formel der Lebenskonstruktion. Das Subjekt, das die Brücke zwischen

---

[28] (*KKA* NII, 586 f.). Vgl. auch den Brief an Hans Mardersteig vom 6. Mai 1922: „[…] auch was ich in allerletzter Zeit bei zarter Gesundheitsbesserung zu schreiben versucht habe, ist mangels der vollständigen Vorbedingungen und vielleicht auch aus sonstigen unkontrollierbaren Gründen jämmerliches Zeug, öde Strickstrumpfarbeit, mechanisch gestückelte, kleinliche Bastelei. Max hat einiges davon gehört; wenn vielleicht in München die Rede darauf kam, hat er dieses mein Urteil gewiß bestätigt, allerdings nur verhältnismäßig, denn alles was ich ihm vorlese, erzähle ich in den schönen Traum hinein, den er von mir träumt und es wird gleich traumhaft erhöht. Man kann eben zweierlei zugleich sein: eines Freundes guter Traum und das eigene böse Wachsein." (Archiv der *Kritischen Kafka Ausgabe* Wuppertal).

[29] Franz Kafka, *Nachgelassene Schriften und Fragmente II. Apparatband*, hrsg. Jost Schillemeit, in: ders., *Schriften Tagebücher Briefe* (Anm. 1), Frankfurt a. M. 1992. (= *KKA* NII App).

beidem, Plan und Ort, als Lebensarchitektur schlagen könnte, stürzt in sich zusammen und endet – bestenfalls – als „Ruinenbewohner". In einem Brief an Max Brod vom 5.7.1922 aus Planá diagnostiziert Kafka seine Situation folgendermaßen:

> Ich sitze hier in der bequemen Haltung des Schriftstellers, bereit zu allem Schönen, und muß untätig zusehn – denn was kann ich anderes als schreiben –, wie mein wirkliches Ich, dieses arme, wehrlose (das Dasein des Schriftstellers ist ein Argument gegen die Seele, denn die Seele hat doch offenbar das wirkliche Ich verlassen, ist aber nur Schriftsteller geworden, hat es nicht weiter gebracht; sollte die Trennung vom Ich die Seele so sehr schwächen können?) aus einem beliebigen Anlaß [...] vom Teufel gezwickt, geprügelt und fast zermahlen wird. Mit welchem Recht erschrecke ich, der ich nicht zuhause war, daß das Haus plötzlich zusammenbricht; weiß ich denn, was dem Zusammenbruch vorhergegangen ist, bin ich nicht ausgewandert und habe das Haus allen bösen Mächten überlassen? (Br 386)

Medialität

Franz Kafka an Hans Mardersteig

Beleuchtung eines Brieftextes

Sehr geehrter Herr Mardersteig

ich schicke die kleine Geschichte in der Beilage. Eine armselige Sache, die aber, da nun Brod sie erwähnt hat, zu schicken doch vielleicht gut ist, da Sie aus ihr sehen werden, dass meine Zurückhaltung bisher weder Trotz noch Laune oder gar die Begierde war, so tröstlich-herzliche Briefe hervorzulocken, wie es die Ihren waren und jene Herrn Wolffs (trotzdem es sich freilich noch am ehesten um diese Begierde gehandelt hat). Fühlen Sie sich bitte nicht gezwungen, die Kleinigkeit anzunehmen; wenn es Sie nur eine kleine Überwindung kosten würde, es zu drucken, zerreißen Sie ruhig das Manuskript, ich brauche es nicht. Gut ist ja an dem Ganzen nur der Titel, nur weil er für sich nicht genug Schwerkraft hat, habe ich die Geschichte an ihn gehängt.

Mit Ihren Briefen aber und jenen Herrn Wolffs – vor paar Tagen fand ich im Bureau, in dem ich drei Monate lang nicht gewesen war, einen ungemein lieben Brief Herrn Wolffs vom 1. März, ich wage ihm gar nicht mehr zu schreiben und bitte Sie sehr, meine Sache bei ihm zu führen dass er nämlich mein Nichtantworten entschuldigt – mit diesen Briefen verhält es sich so, dass sie mich immer glücklich und unglücklich machen, glücklich, weil mich diese Teilnahme unmässig freut und alle meine Eitelkeit kitzelt, unglücklich, weil ich dagegen nichts entsprechendes geben kann; in solchem Widerstreit ist es doch am besten zu schweigen. Die Frage meines Schreibens erscheint nur äusserlich sehr einfach: wenn sich meine Verhältnisse und meine Gesundheit (Lungen- und Schlafkraft) soweit bessert, dass ich frei die Nächte durchschreiben, frei die Tage durchschlafen kann, werde ich vielleicht – innerhalb der Schicksalsgrenzen – erträglich Gutes schreiben. Da dies in den letzten fünf Jahren nicht möglich war, habe ich fast nichts geschrieben und auch was ich in allerletzter Zeit bei zarter Gesundheitsbesserung zu schreiben versucht habe, ist mangels der vollständigen Vorbedingungen und vielleicht auch aus sonstigen unkontrollierbaren Gründen jämmerliches Zeug, öde Strickstrumpfarbeit, mechanisch gestückelte, kleinliche Bastelei. Max hat einiges davon gehört; wenn vielleicht in München die Rede darauf kam, hat er dieses mein Urteil gewiss bestätigt, allerdings nur verhältnismässig, denn alles was ich ihm vorlese, erzähle ich in den schönen Traum hinein, den er von mir träumt und es wird gleich traumhaft erhöht. Man kann eben zweierlei zugleich sein: eines Freundes guter Traum und das eigene böse Wachsein.

Mit herzlichen Grüssen für Sie und Herrn Wolff
Ihr Kafka

Falls Sie das Stück annehmen sollten, hätte ich gern den Bürstenabzug, wenn es ohne Schwierigkeiten möglich wäre.

„Niemand wird lesen, was ich hier schreibe." Diesen Satz lässt Kafka mitten in einem Nachlassmanuskript, das die gespenstische Geschichte vom Jäger Gracchus erzählt, plötzlich und unvermittelt auftauchen. Nichts bezeichnet genauer, wie Kafka den Ort seines eigenen Schreibens in der Welt erfuhr und bezeichnete: als ein Erzählen, das in ein Verschwinden, in ein Verlöschen der Schrift umschlägt und doch nicht aufhört, den Weg der Sprache zu denen, die lauschen, zu suchen. Kafkas Schreiben ist, so hat er selbst es immer gesehen, eine Form des Lebens und zugleich das Unmöglichste von der Welt. An Ernst Rowohlt schrieb Kafka einmal, schon ganz zu Beginn seiner Laufbahn als Schriftsteller, in einem Brief, dass er, während er das kleine Buch, das er für diesen Verlag gerade vorbereite, zusammenstelle, „manchmal" nur „die Wahl" habe „zwischen der Beruhigung meines Verantwortungsgefühls und der Gier, unter Ihren schönen Büchern auch ein Buch zu haben." Und man weiß, dass Kafka eine ganze Reihe testamentarischer Botschaften in seinen Papieren verteilte, in denen er Max Brod, den Freund, bat, alle seine nachgelassenen Texte zu vernichten und das schon Gedruckte nicht wieder auflegen zu lassen. Man weiß aber auch, dass dieser Freund, der Kafka zeitlebens den „guten Traum" seines Andersseins entgegenträumte, sich für die Rolle des Johannes, anstelle des Judas, entschied, also Kafkas Manuskripte nicht vernichtete, sondern in einer abenteuerlichen Flucht über die Dardanellen nach Palästina rettete und den Freund, beinahe wie der Impresario des Hungerkünstlers, durch Veröffentlichung des Nachgelassenen zu einem Autor der Weltliteratur machte.

Der Brief, den Kafka zwei Jahre vor seinem Tod an Hans Mardersteig, den Meister der Officina Bodoni und Herausgeber der Zeitschrift *Genius* verfasst, entspricht dessen Bitte um ein Manuskript für diese Zeitschrift, geäußert in einem Brief vom 18.11.1921. „Es ist kein leeres Gerede", schreibt Mardersteig an Kafka, „wenn ich Ihnen sage, daß kein Autor mir so wichtig gewesen wäre wie Sie." Kafka hatte, nach dem Ausbruch der Tuberkulose 1917, fünf Jahre lang geschwiegen; hatte nichts zur Publikation freigegeben. Auch den Brief Mardersteigs lässt er zunächst ein halbes Jahr liegen, ehe er antwortet: mit einer Art Doppelbindung, könnte man sagen; dem Vorschlag nämlich und der gleichzeitigen Zurückziehung eines Textes, der noch unpubliziert ist, „Erstes Leid". Diese kurze Geschichte, die Kafka in seinem Brief „eine armselige Sache" nennt und die er Mardersteig gewissermaßen zur „Publikation" als „Vernichtung" überlassen wird – diese Geschichte wird dann im „Hungerkünstler"-Band, dessen Korrekturen Kafka noch auf dem Sterbebett lesen kann, in Buchform erscheinen. Man könnte beinahe sagen, dass Kafka das, was in dieser Geschichte passiert, im Brief an Mardersteig nach- oder gar vorinszeniert: „Erstes Leid" erzählt von einem Trapezkünstler und seinem Schmerz darüber, dass es ihm versagt ist, ein zweites Trapez, außer demjenigen, auf dem er sein Leben verbringt, zu besitzen; es ist der Schmerz über die Unmöglichkeit, von diesem Einen zu einem Zweiten zu gelangen, von einem Buchstaben zum anderen, von einem Wort zum anderen, von einem Ich, das auf dem Trapez sitzt, zu einem Du, das ihm entgegenschweben könnte.

Die Arbeit des Künstlers, die darin besteht, diese Differenz zwischen dem Einen und dem Anderen auszumessen, nennt Kafka in seinem Brief – auf eine sehr zwiespältige Weise – „gestückelte, kleinliche Bastelei". Denn natürlich ist eine solche „bricolage", wie Lévi-Strauss das Prinzip der Bastelei genannt hatte, im Sinne der bürgerlichen Bildungskultur, in der Kafka lebt, etwas Negatives. Andererseits aber hat Kafka in einem entscheidenden Augenblick seines Lebens das Konzept einer Kunst entwickelt, die nicht aus der herrschenden Kultur ihre Kraft bezieht, sondern aus einer Subkultur, dem jiddischen Theater, das 1917 in Prag gastiert. Kafka hält, anlässlich einer Rezitation eines der Schauspieler, eine Rede über die jiddische Sprache, den „Jargon", dessen Worte sich nicht in die Grammatik der herrschenden Kultur fügen, sondern diese „mit Leichtsinn und Neugier" durchqueren, als eine „andere Sprache", die aus Fragmenten und „Fremdwörtern" besteht, lauter Fremdwörtern, die der Sprechende den Grammatikern „nicht läßt", wie Kafka sich ausdrückt: Was hier in den Blick kommt, ist eine „Leichtigkeit", die zugleich „Schwere" ist, ein Schweben zwischen Niederschreiben und sich in die Stimme Erheben. Noch 1922, im Jahr, in dem der Brief an Mardersteig geschrieben wird, spricht Kafka in einem Brief an den Freund Max Brod von einer solchen Sprache der Leichtigkeit und Schwere, die das herrschende Idiom durchquert, vom „Gemauschel", das ihm das einzig lebendige „Deutsch" zu sein scheine. Und er fügt hinzu, dass es wohl eigentlich darauf ankäme, eine andere Literatur zu erfinden, „eine von allen Seiten unmögliche Literatur, eine Zigeunerliteratur, die das deutsche Kind aus der Wiege gestohlen und in großer Eile irgendwie zugerichtet hatte, weil doch irgendjemand auf dem Seil tanzen muß". Um diese Sprache einer anderen, einer unerhörten Literatur geht es, wenn Kafka von einem Schreiben solcher Leichtigkeit in der Schwere sich zuträumen lässt, das weder Schreiben noch Lesen, sondern lebendige Stimme ist, eigene Stimme des Erzählens, die vom Anderen „traumhaft überhöht" wiederkehrt und das „eigene böse Wachsein" unverhofft berührt.

In Kafkas wichtigster Erzählung, dem „Urteil", hatte der Sohn den Brief, der ihm den Weg aus dem Gefängnis der Familie öffnen sollte, dem Vater vorgelegt und dieser hatte Georg, den Sohn, „zum Tode des Ertrinkens" verurteilt; ein Urteil, dem der Sohn – „Liebe Eltern, ich habe euch doch immer geliebt" ausrufend – sich unterwirft. Das Urteil, das der Freund, nicht mehr der Vater, über Kafka im Brief an Mardersteig fällt, gilt nicht mehr als Vollstreckung, sondern „nur verhältnismäßig"; das Ich, das spricht, tut dies nicht schreibend, sondern „vorlesend"; das Du, das ihm zuhört, gibt kein Verdikt, sondern jenen Traum, der es traumhaft erhöht. Es ist die seltsamste Utopie, die je geträumt wurde. Denn dies ist keine Philosophie des Ich und keine Philosophie des Du – und es ist auch keine Philosophie des parasitären Mediums, das „geschriebene Küsse" auf dem Weg vom Ich zum Du austrinkt, keine Philosophie von der Auslöschung des Subjekts, dessen Spuren sich am vom Meer überspülten Strand verlieren. Es ist vielmehr ein wundersamer Mythos, der als „Vergessenwerden" noch ein „Erzählen" ist, das im schönen Traum des anderen unverhofft als ein Erwachen erscheint, nicht mehr die Geburt in die Vaterwelt, die die schöpferische Kraft des Kindes erstickt, sondern das gegen alle Vernunft sich behauptende Vertrauen, daß das andere, das brüderliche Du als das eigene, verlorene Ich zu erfinden vermöchte – gegen allen Unwert und alles Versagen. Es ist der Traum vom Anfang, der das Andere des Selbst ist: die Geburt – nicht aus der Genealogie, sondern aus der Phantasie eines brüderlichen Du gewonnen; ein Traum, wie er auch Heinrich von Kleist erschienen war; ein Traum, *nach* dem zweiten Essen vom Baum der Erkenntnis geträumt. Vielleicht ist es dieser Punkt, der Kafkas Werk, das von ihm nie anders als im Verschwinden gedacht wird, das weder Schreiben noch Lesen, weder Schreiben noch Leben sein konnte, für unsere Moderne so rätselhaft, so faszinierend und so unwiderstehlich gemacht hat. „Man kann zweierlei zugleich sein: eines Freundes guter Traum und das eigene böse Wachsein."

„Eine höhere Art der Beobachtung"

Wahrnehmung und Medialität in Kafkas Tagebüchern

> Was hast du mit dem Geschenk des
> Geschlechtes getan
> *Kafka am 18. 1. 1922 in seinem Tagebuch*

I

Franz Kafkas Tagebücher sind, wie Aufzeichnungen vieler anderer Autoren auch, zivilisationshistorische Dokumente von hohem Rang: In Kafkas Fall geben sie Aufschluß über die kulturgeschichtlich bedeutsame Szene der sogenannten ‚pragerdeutschen' Literatur; sie zeugen vom kulturellen Leben in Prag insgesamt, an dem Kafka teilnahm, den Vorträgen, den Theateraufführungen und Rezitationen, denen er beiwohnte; sie eröffnen – namentlich seit die neue *Kritische Ausgabe* vollständig vorliegt[1] – Einblicke in die Subkultur Prags, in die Kabaretts, Nachtklubs, Zirkusveranstaltungen, Variétés und Kinos, ja in die Bordelle, denen Kafka mit seinem Freund Max Brod einen Besuch abstattete; sie erweisen sich als ein Reservoir sensibel verzeichneter Materialien einer Semiotik des Alltags und bilden damit einen besonders prägnanten Fall in der langen Tradition diaristisch-moralistischer Menschen- und Weltbeobachtung; sie bieten Chroniken der Reisen, die Kafka z. B. nach Paris, Italien und in die Schweiz, aber auch nach Deutschland, etwa nach Weimar in die Welt Goethes, unternahm; und es gibt sogar das Fragment eines gemeinsam mit dem Freund Max Brod begonnenen ‚Diariums' mit dem Titel „Richard

---

[1] Franz Kafka: *Schriften. Tagebücher. Briefe. Kritische Ausgabe*, hg. von Jürgen Born, Gerhard Neumann, Malcolm Pasley und Jost Schillemeit. *Tagebücher*, hg. von Hans-Gerd Koch, Michael Müller und Malcolm Pasley, Frankfurt a. M. 1990; der Einfachheit halber wird im folgenden nach der Taschenbuchausgabe dieser Kritischen Ausgabe zitiert: Franz Kafka, *Gesammelte Werke in zwölf Bänden*. Nach der Kritischen Ausgabe hg. von Hans-Gerd Koch, Frankfurt a. M. 1994. Nachweise nach dieser Taschenbuchausgabe FKF mit arabischer Seitenzahl künftig im Text. Weitere Angaben vgl. Siglenverzeichnis S. 247.

und Samuel" (FKFI 362–42), ganz zu schweigen von der Tatsache, daß Kafka sein Tagebuch mit einer Fülle metareflexiver Überlegungen ausstattete, wie beispielsweise Vergleichen mit Tagebüchern anderer Personen, von Goethe über Hebbel bis zu dem Schlachtenmaler Heinrich Lang, die er las, oder Gedanken über die Funktion des Tagebuchs im allgemeinen und des von ihm selbst geführten als autobiographischem Dokument im besonderen. Und vor allem und nicht zuletzt enthalten Kafkas Tagebücher dann zahlreiche Entwürfe und Niederschriften jener literarischen Texte, die er zum Teil später publizierte, wie „Das Urteil" oder „Der Heizer", zum Teil aber auch dem Schreibstrom seines Diariums vorbehielt und, wie sein testamentarisches Verdikt lautete, für die Vernichtung bestimmte – ein Legat, dessen Befolgung der Freund Max Brod, wie man weiß, verweigerte.

Meine hier angestellten Erwägungen gehen – im Rahmen dieses sehr weiten Feldes – der Frage nach, in welcher Weise Kafka sein Tagebuch zum Szenario einer hartnäckigen Arbeit an seinen Wahrnehmungsakten gemacht hat und wie es, ineins damit, zum Schauplatz seiner nachhaltigen Bemühungen um die medialen Möglichkeiten künstlerischer Darstellung wird: ein Schlüsselproblem der europäischen Moderne insgesamt. Als das unter ständiger Beobachtung stehende Organ dieser Bemühungen erweist sich für Kafka der eigene, unermüdlich im Tagebuch thematisierte Körper: seine Sinnlichkeit und seine Nähe zum nächtlich vollzogenen Schreibakt, zu der über das Papier gleitenden Hand. Die Leitvorstellung, die ich als Ausgangspunkt für meine Überlegungen gewählt habe, entstammt Kafkas Tagebuch vom 21. Juni 1913. Es heißt dort:

> Die ungeheuere Welt, die ich im Kopfe habe. Aber wie mich befreien und sie befreien ohne zu zerreißen. Und tausendmal lieber zerreißen, als sie in mir zurückhalten oder begraben. Dazu bin ich ja hier, das ist mir ganz klar. (FKFX 179)[2]

Hier ist vom Konflikt einer inneren und einer äußeren Welt der Rede, und von der schmalen Öffnung, die zwischen beiden Welten sich findet; eine quälende Enge, die zu reißen droht und von deren ‚Hypothek' sich zu lösen das wahrnehmende Subjekt doch nicht bereit zu sein scheint. Hat es doch das Ansehen, als sei das Durchschreiten dieser Enge die eine und einzige Aufgabe – als das Sich-entäußern des eigentümlichen Subjekts zum einen;

---

[2] Vgl. hierzu die späte Aufzeichnung vom 9. März 1922, eine resignative Replik: „Wie wäre es wenn man an sich selbst erstickte? Wenn durch drängende Selbstbeobachtung die Öffnung durch die man sich in die Welt ergießt, zu klein oder ganz geschlossen würde? Weit bin ich zu Zeiten davon nicht. Ein rücklaufender Fluß. Das geschieht zum großen Teil schon seit langem" (FKFIX 223).

als die Verinnerlichung jenes Äußeren, dem dessen geschärfte Wahrnehmung gilt, zum anderen. Ein Satz wie der zitierte läßt sich unschwer mit einer Bemerkung Nietzsches, kurz vor Beginn des 20. Jahrhunderts niedergeschrieben, in Verbindung bringen; einer Äußerung, die so etwas wie eine leitende Gedankenfigur des künftigen Säkulums zum Ausdruck bringt; einer Äußerung, die in ähnlicher Weise die Situation des Individuums in seiner Unverwechselbarkeit zu charakterisieren sucht: „Ein Jeder", schreibt Nietzsche, „trägt eine productive Einzigkeit in sich, als den Kern seines Wesens; und wenn er sich dieser Einzigkeit bewusst wird, erscheint um ihn ein fremdartiger Glanz."[3]

Um diesen fremdartigen Glanz, der zwischen Erleuchtung und Selbstentfremdung unvermittelt aufbricht, und im Blick auf welchen Kafkas fortwährender Kampf im Feld seiner Schreibakte und Schreiberfahrungen geführt wird, geht es mir in meinen folgenden Überlegungen. Kafka selbst hat das Magische dieser skripturalen Situierung des Individuums auf der prekären Grenzzone zwischen Innen und Außen, zwischen Intimität und Öffentlichkeit selbst noch ein andermal in seinem Tagebuch kommentiert; und zwar in einer späten Aufzeichnung, ungefähr drei Jahre vor seinem Tod, am 18. Oktober 1921:

> Es ist sehr gut denkbar, daß die Herrlichkeit des Lebens um jeden und immer in ihrer ganzen Fülle bereit liegt, aber verhängt, in der Tiefe, unsichtbar, sehr weit. Aber sie liegt dort, nicht feindselig, nicht widerwillig, nicht taub. Ruft man sie mit dem richtigen Wort, beim richtigen Namen, dann kommt sie. Das ist das Wesen der Zauberei, die nicht schafft, sondern ruft. (FKFIX 189 f.)

Die Herrlichkeit des Lebens und die fremde Tiefe im Inneren des Selbst: Es ist dieses Spannungsfeld, innerhalb dessen sich das Individuum seit der deutschen Romantik zu situieren gewöhnt hat; als das sich bildende ‚Ich' auf der Suche nach dem Zauberwort, auf der Grenze zwischen Bewußtsein und Unbewußtem, zwischen dem Weg in die Welt und jener andern Reise, die nach Innen geht, in „unser wahres, inneres Afrika" führt, wie Jean Paul einmal gesagt hat[4]; in den dunklen Kontinent unserer Seele: ein Weg, der über jene Grenze, jene Schwelle führt, auf der sich das oszillierende Spiel

---

[3] Friedrich Nietzsche: „Unzeitgemässe Betrachtungen. Drittes Stück: Schopenhauer als Erzieher", in: Friedrich Nietzsche: *Sämtliche Werke*. Kritische Studienausgabe in 15 Einzelbänden, Bd. 1, „Die Geburt der Tragödie. Unzeitgemässe Betrachtungen I–IV". *Nachgelassene Schriften 1870–1873*, hg. von Giorgio Colli und Mazzino Montinari, München/Berlin/New York 1988, S. 359.

[4] Jean Paul: „Selina", in: Jean Paul, *Werke*. Sechster Bd., hg. von Norbert Miller, München 1963, S. 1182.

der Träume entfaltet. Und es ist der Ort, der, in Abwandlung eines Wortes von Sigmund Freud, zugleich den ‚anderen Schauplatz', den Schauplatz der Schrift bildet. Für Kafka hat dieser Akt der Niederschrift den Charakter eines Prozesses, einer disziplinierenden, den Häftling nicht mehr loslassenden zerstörerischen Gewalt – die gleichwohl als die einzige Art von Kontinuitätsbildung und Stabilisierung dieses schreibenden Individuums erfahren werden kann: „Ich werde das Tagebuch nicht mehr verlassen. Hier muß ich mich festhalten", schreibt Kafka am 16. Dezember 1910, „denn nur hier kann ich es"(FKFIX 103).

Es war einer der Geistesverwandten Kafkas aus unseren Jahrzehnten, Elias Canetti, der diesen zerstörerischen wie konstruktiven Prozeß der Selbst-Erarbeitung im Tagebuch als einen „Dialog mit dem grausamen Partner" bezeichnet hat.[5] Canetti schreibt:

> Es gibt Zeiten der Exaltation und unbezweifelten persönlichen Glückes. Im Leben eines Menschen, dem ein Hang nach Erkenntnis zur zweiten Natur geworden ist, können sie nicht sehr häufig sein. Um so kostbarer werden sie ihm erscheinen. Er wird sich scheuen, sie anzutasten. Da sie ihn, wie jeden anderen, über den viel größeren Rest seines Daseins tragen, *braucht* er sie und berührt sie darum nicht, er beläßt ihnen ihre Aura unbegriffener Wunder. Erst ihr Zusammenbruch wird ihn zur Besinnung zwingen. Wie hat er sie verloren? Wer hat sie ihm zerstört? In diesem Augenblick beginnt sein Selbstgespräch [im Tagebuch] wieder.[6]

Es ist genau dieser unauflösbare Konflikt zwischen dem Ingefühl des Körpers und der ihm entgegengesetzten Welt der Geschichte, aus dem Kafka die Bildung seines Selbstgefühls wie die Gesetze seiner Poetologie herauszutreiben sucht; und zwar als eine „höhere Art der Beobachtung" (FKFXI 210), aus der der poetische Text hervortreten kann. Dies wird unmittelbar deutlich, wenn man sich einer berühmt gewordenen Aufzeichnung aus Kafkas Tagebuch erinnert. Es ist die lakonische Niederschrift am Tag des Ausbruchs des Ersten Weltkriegs. Da heißt es: „2. ‚August 1914' Deutschland hat Rußland den Krieg erklärt. – Nachmittag Schwimmschule" (FKFX 165). Es ist genau diese unscheinbar-spannungsvolle Disproportion, von der bei Kafka auszugehen ist: das welthistorische Ereignis des Krieges, das ein kulturelles Paradigma unerhörten Ausmaßes in Geltung setzt, auf der einen Seite; der intime Blick auf das Naturhafte des eigenen Körpers, seine organische Verfassung und seine

---

[5] Elias Canetti: „Dialog mit dem grausamen Partner, in: ders., *Das Gewissen der Worte*. Essays, München 1978, S. 50–71.

[6] Ebd., S. 55.

Dynamik, auf der anderen Seite. Genauer gesagt: Es ist das Zusammenspiel zwischen historischem Ereignis, organischem Körper, und der Hand, die schreibend über das Papier gleitet, die Grenze zwischen Ingefühl und Weltwahrnehmung umspielend. So zeichnet Kafka sich gelegentlich auf:

> Die Zeit, die jetzt verlaufen ist und in der ich kein Wort geschrieben habe, ist für mich deshalb wichtig gewesen, weil ich auf den Schwimmschulen in Prag, Königssaal und Czernowitz aufgehört habe, für meinen Körper mich zu schämen. (FKFIX 32)

Die Scham, die auf der Grenze zwischen Innen und Außen nistet – es ist die Bewegung des Körpers im flüssigen Element und das Gleiten der schreibenden Hand über das Blatt, in denen die Körper-Scham gelöscht erscheint und in denen sie immer von neuem aufbricht. Es ist diese Scham, von der die Rede ist, als K., am Ende des „Prozesses", von einem der ihn begleitenden Herren, die Operntenören gleichen, ein Messer in den Körper gestoßen wird; K. gewahrt das Gesicht des anderen nahe vor seinem und scheint „mit brechenden Augen" eine Stimme – ist es die eigene? – zu vernehmen, die sagt: „[...] es war, als sollte die Scham ihn überleben" (FKFIII 241). Aber schon anläßlich der Niederschrift des „Urteils", in einer begleitenden Tagebuchaufzeichnung, treten diese ambivalenten Vorstellungskomplexe von Schöpfung und Tod zutage: des Körpers des Schreibenden, der sich im flüssigen Element fortbewegt, aber auch des Todes des Protagonisten im Wasser – „als der ausgezeichnete Turner, der er in seinen Jugendjahren zum Stolz seiner Eltern gewesen war" (FKFI 52):

> Die fürchterliche Anstrengung und Freude, wie sich die Geschichte vor mir entwickelte wie ich in einem Gewässer vorwärtskam. Mehrmals in dieser Nacht trug ich mein Gewicht auf dem Rücken. Wie alles gewagt werden kann, wie für alle, für die fremdesten Einfälle ein großes Feuer bereitet ist, in dem sie vergehn und auferstehn. [...] Nur so kann geschrieben werden, nur in einem solchen Zusammenhang, mit solcher vollständigen Öffnung des Leibes und der Seele. (FKFX 101)

Und im sogenanntem „Brief an den Vater", in dem er eine Bilanz seines Weges zum Schriftsteller vor dem Hintergrund der Familienkonstellation zieht, entwickelt Kafka diesen schmerzlichen Prozeß des Versagens seines Körpers angesichts der übermächtigen organischen Gegenwart seines Vaters abermals im Zusammenhang mit dem Erlernen des Schwimmens einerseits, der Emanzipation aus der Familie zum Schriftsteller andererseits, und der Scham, die sich in diesem dilemmatischen Augenblick einstellt:

> Damals und damals überall hätte ich die Aufmunterung gebraucht. Ich war ja schon niedergedrückt durch Deine bloße Körperlichkeit. Ich erinnere mich z. B. daran, wie wir uns öfters zusammen in einer Kabine auszogen. Ich mager, schwach, schmal, Du stark, groß, breit. Schon in der Kabine kam ich mir jämmerlich vor undzwar nicht nur vor Dir, sondern vor der ganzen Welt, denn Du warst für mich das Maß aller Dinge. Traten wir dann aber aus der Kabine vor die Leute hinaus, ich an Deiner Hand, ein kleines Gerippe, unsicher bloßfüßig auf den Planken, in Angst vor dem Wasser, unfähig Deine Schwimmbewegungen nachzumachen, die Du mir in guter Absicht, aber tatsächlich zu meiner tiefen Beschämung immer fort vormachtest, dann war ich sehr verzweifelt [...]. (FKFVII 16)

Das doppelte Szenario, das hier von Kafka entworfen wird, ist der Kampf um die Wahrnehmung (und Beherrschung) der Welt, als dessen Organ der Körper fungiert, und um das Medium, mit dem es gelingen kann, diese wahrgenommene Welt zur Erscheinung zu bringen: das Medium der Schrift. Man könnte es geradezu das Drama der Selbstgeburt des Subjekts aus der Schrift nennen, das hier gespielt wird. Kafka hat auf diese – auf Leben und Tod geführte – Auseinandersetzung im Drama seiner Selbstfindung bis zuletzt nicht verzichtet. Es ist ein Drama, dessen Schauplatz im Zeichen zweier Größen steht: des Körpers des Kindes, des *infans*, der aus der Stummheit kommt und in die Welt der Sprechenden zu treten sich anschickt; der Sprache dann aber, die diesem Körper den Weg in die Familie, in die Gesellschaft und – wenn alle günstigen Bedingungen sich einstellen – in die Kunst zu öffnen vermöchte; und zwar tatsächlich öffnen *könnte*, wenn diese Sprache für den sich Entwickelnden nicht eine doppelte Gestalt hätte: nämlich *zugleich* Instrument der *Disziplin* und Organ der *Freiheit* zu sein. Es gibt eine Stelle in Kafkas Aufzeichnungen, die diese Tragödie der Geburt der Sprache aus dem Körper festhält. In seinem frühen Tagebuch, in einer Niederschrift vom 3. Oktober 1911, notiert Kafka sich die folgende Beschreibung einer (alltäglichen) Situation im Büro:

> Beim Diktieren einer größern Anzeige an eine Bezirkshauptmannschaft im Bureau. Im Schluß, der sich aufschwingen sollte, blieb ich stecken und konnte nichts als das Maschinenfräulein Kaiser ansehn, die nach ihrer Gewohnheit besonders lebhaft wurde, ihren Sessel rückte hustete, auf dem Tisch herumtipte und so das ganze Zimmer auf mein Unglück aufmerksam machte. Der gesuchte Einfall bekommt jetzt auch den Wert, daß er sie ruhig machen wird, und läßt sich je wertvoller er wird desto schwerer finden. Endlich habe ich das Wort „brandmarken" und den dazu gehörigen Satz, halte alles aber noch im Mund mit einem Ekel und Schamgefühl wie wenn es rohes Fleisch, aus mir geschnittenes Fleisch wäre (solche Mühe hat es mich gekostet). Endlich sage ich es, behalte aber den großen Schrecken, daß zu einer dichterischen Arbeit alles in mir bereit ist und eine solche Arbeit eine himmlische Auflösung und

ein wirkliches Lebendigwerden für mich wäre, während ich hier im Bureau um eines so elenden Aktenstückes willen einen solchen Glückes fähigen Körper um ein Stück seines Fleisches berauben muß (FKFIX 45)

Kafka beleuchtet das Entstehen der Rede, die sich dem Körper über die Stimme entringt und sich in ‚Schrift' verwandelt: zunächst als das Diktat eines juristischen Schriftsatzes, aus der Redeordnung der Bürokratie geboren. Aber dieser Vorgang, eine über ein durchlässiges Medium – das „Maschinenfräulein Kaiser" – abgewickelte Scheinkommunikation, allein über die Ungeduld des Partners und über die Schreibmaschine vermittelt, beginnt alsbald zu stocken. Der Kampf zwischen bereitgestelltem Normenrepertoire der Sprache und Spontaneität des Spracheinfalls führt zu einem Konflikt, der die Grenzzone zwischen Körper und Sprachlaut affiziert – das Organ des ‚sprechenden', des diktierenden Mundes nämlich. Es ist gewiß kein Zufall, daß das vom Sprecher gesuchte Wort ausgerechnet ‚brandmarken' lautet – also die Vorstellung von einem strafweisen ‚Brennen' und ‚mit Zeichen Markieren' des Körpers beruft! Es ist zugleich die Grenze, an der das doppelte Gefühl von Scham und Ekel aufbricht: Scham über das Mißlingen der Artikulation in der Sprache, Ekel über das ‚Sich-Erbrechen' des Körpers in den Aufschwung der ‚vorgeschriebenen' Rede, die Schrift werden soll. Es ist aber überdies der Punkt, wo – aus der Verzweiflung über das Scheitern der Äußerung – etwas Schöpferisches sich eindrängt und unter Schmerzen und Abwehr zutage kommt: die ‚weiße Mythologie'[7] der Poesie sozusagen, als eine versuchte Wahrheitsrede Kafkas von dem Herausgeschnittenwerden der Sprache aus dem rohen Fleisch des Körpers; eine Metapher, in der die Grenze zwischen Eigentlichkeit und Uneigentlichem, zwischen dem Naturhaften des Körpers, aus dem, in der Stimme, die kulturellen Zeichen der Sprache herausdringen, und dem Kulturereignis der Sprache zu kollabieren beginnt. Im Aufblitzen dieser metaphorischen Schöpfung, die doch im kulturgründenden Ereignis der Geburt der Sprache ‚real' ist[8], öffnet sich für einen Augenblick (mitten aus dem disziplinarischen Akt des ‚Diktierens' heraus) die Utopie der Kunst, eine „himmlische Auflösung", als die der literarische, der poetische Text

---

[7] Vgl. Jacques Derrida: „La mythologie blanche. La métaphore dans le texte philosophique", in: Jacques Derrida: *Marges de la philosophie*, Paris 1972, S. 247–324. Derrida entwickelt in seinem Aufsatz im Anschluß an einen Dialog von Anatole France das europäische Grundproblem der verblassenden, aber ihren materialen Eigentlichkeitswert doch nie preisgebenden Metapher.

[8] Zur Begründung der Geburt der Sprache und der Kultur aus dem Fleischverzehr bei der Verteilung der Beute und dem hieraus erwachsenden Opfer vgl. Walter Burkert: *Wilder Ursprung. Opferritual und Mythos bei den Griechen*, Berlin 1990.

erscheinen könnte; und dann, zuletzt, die Rückkehr in die Fron des Sprach-Zitats, des Diktats im Büro, aus einem normierten Sprach-Reservoir geschöpft, in der ‚Findung' eben jenes Begriffs der Brandmarkung, der vom justiziär gezeichneten Körper zeugt und damit dann doch wieder ganz und gar in den bürokratischen Diskurs sich einbequemt. – Es springt in die Augen, daß diese Szene über die schmerzhafte Geburt der Sprache aus dem Körper als Urszene für die Erzählung „In der Strafkolonie" gelesen werden kann, die 1914 entstand und 1917, also im vorletzten Kriegsjahr, publiziert wurde!

Worauf es hierbei allerdings vor allem ankommt, kann dann eine Äußerung aus dem späteren Tagebuch verdeutlichen, die das Poetische, die „himmlische Auflösung", wie hier gesagt wird, als eine „höhere Art der Beobachtung" auffaßt: als einen Vorgang, in dem Wahrnehmung und Medialität in Gestalt eines emergenten Aktes der ‚Beobachtung' sich plötzlich vereinigen, ja genau genommen die Beobachtung der Lebenswelt buchstäblich zur ‚Schrift' *wird!* Am 27. Januar 1922 zeichnet sich Kafka auf:

> Merkwürdiger, geheimnisvoller, vielleicht gefährlicher, vielleicht erlösender Trost des Schreibens: das Hinausspringen aus der Totschlägerreihe Tat – Beobachtung, Tat – Beobachtung, indem eine höhere Art der Beobachtung geschaffen wird, eine höhere, keine schärfere, und je höher sie ist, je unerreichbarer von der „Reihe" aus, desto unabhängiger wird sie, desto mehr eigenen Gesetzen der Bewegung folgend, desto unberechenbarer, freudiger, steigender ihr Weg. (FKFXI 210)

Das Tagebuch ist für Kafka der Ort, an dem die Frage der Produktivmachung des Körpers für die Schrift erörtert und auf die Probe gestellt wird, ja als Prozeß in Szene gesetzt erscheint. Es ist die Frage nach der ‚Zeugung' der Schrift und in der Schrift; also die Frage nach der Entstehung der Literatur. Wie fügen sich, so lautet diese Frage, Wahrnehmung und Medium zusammen, und wie tritt aus dieser Verbindung die Utopie der Kunst hervor? Es gibt eine Aufzeichnung Kafkas, die, nur wenige Tage vor der soeben zitierten, nämlich am 18. Januar 1922, im Rückblick auf das gescheiterte Drama von Geburt, Zeugung und Kunst, die Konturen dieses Scheiterns scharfsinnig festhält. Sie lautet:

> Ein Augenblick Denken: Gib Dich zufrieden, lerne (lerne 40jähriger) im Augenblick zu ruhn (doch, einmal konntest Du es). Ja im Augenblick, dem schrecklichen. Er ist nicht schrecklich, nur die Furcht vor der Zukunft macht ihn schrecklich. Und der Rückblick freilich auch. Was hast du mit dem Geschenk des Geschlechtes getan? Es ist mißlungen, wird man schließlich sagen, das wird alles sein. Aber es hätte leicht gelingen können. Freilich eine Klei-

nigkeit und nicht einmal erkennbar, so klein ist sie, hat es entschieden. Was findest Du daran? Bei den größten Schlachten der Weltgeschichte ist es so gewesen. Die Kleinigkeiten entscheiden über die Kleinigkeiten (FKFXI 200 f.)

Der Satz, auf den es in diesem Zusammenhang vor allem anderen ankommt, lautet: „Was hast du mit dem Geschenk des Geschlechtes getan?" Im Grunde sind es wohl drei Dinge, die dieser späte Text aus dem Tagebuch – etwa zwei Jahre vor Kafkas Tod niedergeschrieben – zu bedenken gibt. Zum einen spricht er vom Augenblick der Wahrnehmung, der ein Augenblick der Selbstvergewisserung und der produktiven Gestaltung sein könnte; freilich nur dann, wenn er auch, in einem Moment glücklicher Wendung, poetologisch ergriffen wird – als der ‚zukunftsschwangere', der *prägnante Augenblick*, welcher, seit Lessings „Laokoon"-Aufsatz und Goethes Briefen an Schiller von seiner dritten Schweizer Reise, dem Vorstellungsfeld der Geburt und der Zeugung sich zuordnet. Zum anderen spricht der zitierte Tagebuch-Text Kafkas von der Erfahrung von Zeit, von Lebenszeit als Spielraum der Gestaltung von Lebenssinn; und zwar im Zeichen von Gewinn oder Verlust. Und drittens spricht die zitierte Passage von solchem Verlust, der nicht wieder gut zu machen ist und der dem Schreibenden in seinem Verlorensein unwillkürlich ins Bewußtsein dringt: „Was hast du mit dem Geschenk des Geschlechtes getan?" Dieser Satz seinerseits, in dem die Doppelung von subjektivem und objektivem Genitiv von entscheidender Bedeutung ist, fragt, aus dem Bewußtsein der Lebens-Erinnerung, des zusammenschließenden Lebens-Rückblicks, nach dem Geschenk der Sexualität, nach der ‚Gabe' des Lebens; er fragt sodann, in einem tieferen Sinn, nach dem Geschenk, das die Geschlechterkette gewährt: der Vater und Vatersvater in der Folge der Generationen der Familie; aber auch nach der Jahrtausende dauernden *Translatio* in der Geschichte des Judentums; und er fragt zuletzt und am dringendsten nach der Geburt der Kunst aus dem auf diese Weise doppelt markierten Körper des Geschlechts – des Gezeugtseins und des Zeugens, das Neues hervorbringt; damit aber zuletzt nach den medialen Bedingungen, aus denen die Literatur überhaupt erst hervortreten kann.

II

Der Schauplatz, auf dem Kafka diese Lebensfrage – „Was hast Du mit dem Geschenk des Geschlechtes getan?" – in Szene setzt, ist nun aber sein Tagebuch. Es ist der Schauplatz der autobiographischen Schrift, auf dem

Kafka das Drama von Wahrnehmung, Geburt, Zeugung und Kunst immer wieder zu spielen versucht: das Tagebuch als Geburtsort der Lebens-Rede wie der Kunst-Rede zugleich. Das Tagebuch gibt – von seinem ersten Eintrag irgendwann gegen Ende Mai 1909 an – die ‚Serie' von Augenblicken wieder, die, im Sinne Kafkas, durch ‚Auf-die-Probe-Stellung' für das Leben und für die Kunst fruchtbar gemacht werden könnten; als ‚prägnante' Augenblicke, in denen Wahrnehmung und Medium solcher Wahrnehmung konvergieren.[9] Wenn man diese Sequenz der ersten Tagebuchaufzeichnungen genauer betrachtet, dann zeigt sich, daß sie von Anfang an aus der Augenblickserfahrung (und ihrer möglichen Fruchtbarkeit) heraus eine Vermittlung von Körperempfinden und Sprache anstreben, also gewissermaßen die ‚Geburt' der Sprache aus dem Körper proben; dem Körper des Schreibenden zum einen; dem Körper aber auch, der als Gegenüber wahrgenommen wird; an dem der Schreibende des ‚Realitätsprinzips' gewahr wird, das ihn bestimmt – und zwar, ganz unbezweifelt, von der ersten Aufzeichnung an im Hinblick auf die Produktion von Literatur. Die erste Niederschrift im Tagebuch überhaupt lautet: „Die Zuschauer erstarren, wenn der Zug vorbeifährt" (FKFIX 11). Wenn man in Rechnung stellt, daß Kafka ein leidenschaftlicher Kinobesucher war[10], ist es sehr plausibel, daß es hier um den Augenblick der Wahrnehmung als Medien-Augenblick geht; als den Augenblick der Reaktion der Zuschauer bei der Vorführung eines Films! Man könnte auch sagen: Wovon Kafka hier spricht, ist jener ‚Schauer' bei der Wahrnehmung des Wirklichen[11], der,

---

[9] Vgl. hierzu das wichtige Buch von Georg Guntermann: *Vom Fremdwerden der Dinge beim Schreiben*. Kafkas Tagebücher als literarische Physiognomie des Autors, Tübingen 1991 (= Studien zur deutschen Literatur, Bd. 111).

[10] Hanns Zischler: *Kafka geht ins Kino*, Reinbek bei Hamburg 1996.

[11] Hegel hat an einer zentralen Stelle in seinen „Vorlesungen über die Philosophie der Geschichte" von diesem ‚Schauer' gesprochen. Schlüsselmomente in diesem Wahrnehmungsvorgang und der Erweckung des (poetischen) Sinns aus ihm sind nach Hegel das *Lauschen* auf die Naturgegenstände und ihre Geräusche, das *Ahnen* ihrer Bedeutung und der *Schauer*, der den Wahrnehmenden, eine Bedeutung Erfahrenden oder Erfindenden überläuft. Georg Wilhelm Friedrich Hegel: *Werke 12. Vorlesungen über die Philosophie der Geschichte*, Frankfurt a. M. 1970, S. 287–289 (= Theorie Werkausgabe). Roland Barthes hat dann diese wichtige Hegelstelle wieder in Erinnerung gebracht: „Au dire de Hegel, l'ancien Grec s'étonnait du *naturel* de la nature; il lui prêtait sans cesse l'oreille, interrogeait le sens des sources, des montagnes, des forêts, des orages; sans savoir ce que tous ces objets lui disaient nommément, il percevait dans l'ordre végétal ou cosmique un immense *frisson* du sens, auquel il donna le nom d'un dieu: Pan." Roland Barthes: *Œuvres complètes*. Edition établie et présentée par Eric Marty, *Tome I 1942–1965, Tome II 1966–1973, Tome III 1974–1980*, Paris 1993–95. Hier I, 1332.

Abb. 1: *L'arrivée d'un train à la gare de La Ciotat*

als Inzitament ‚medialer' Inszenierung, zugleich die Bedeutung, den ‚mythischen' Wert des Wahrgenommenen allererst hervorbringt. Es ist die dem Medium immanente Zeigekraft, die solchem Augenblick ‚Prägnanz' verleiht: gerade aus dem Akt der Virtualisierung des Realen. Einer der ersten Filme der Gebrüder Lumière ist, wie man weiß, ein kurzer Streifen mit dem Titel „L'arrivée d'un train à la gare de La Ciotat", der 1895 zum ersten Mal zu sehen war. (Abb. 1) Der Gedanke ist nur schwer abzuweisen, daß es dieser Film war, der Kafkas ersten Tagebucheintrag ausgelöst hat.[12]

Die folgenden Aufzeichnungen Kafkas in diesem ersten Tagebuchheft setzen diese Experimente mit der Körperempfindung und deren kultureller Umsetzung fort – gewissermaßen als die Erfahrung ‚neuer' Pathosformeln in der Kultur, die aus der Zeigekraft des Mediums erwachsen. Da ist ein Erlebnis – gebunden an einen Traumbericht als mediale Instanz –, das aus einer Begegnung mit der Tänzerin Jewgenja Eduardowa beim Gastspiel der *Ballets russes*, dem Petersburger Ballett, in Prag erwächst (FKFIX 11 ff.); da ist sodann die Beobachtung von Equilibristen und Trapezkünstlern – „japanischen Gauklern" – im Variété (FKFIX 15); da ist des weiteren die

---

[12] Zischler, a.a.O., S. 12 f..

Wahrnehmung des eigenen Körpers des Schreibenden: „Meine Ohrmuschel fühlte sich frisch rauh kühl saftig an wie ein Blatt" (FKFIX 13), heißt es hier. Und Kafka kommentiert: „Ich schreibe das ganz bestimmt aus Verzweiflung über meinen Körper und über die Zukunft mit diesem Körper" (FKFIX 13) – dies ist 1909 gesagt. 1922 wird dann die Replik hierauf lauten: „Was hast Du mit dem Geschenk des Geschlechtes getan?" – Da ist schließlich dann in der Sequenz solcher Wahrnehmungsaugenblicke aber der Versuch, die Erfahrung der eigenen Körperempfindung, des ‚auf dem Rücken getragenen Körpergewichts', in einen literarischen Text umzusetzen – zunächst als eine Art Kontrafaktur eines ehrwürdigen literarischen Gestus, der Huldigung an die Geliebte in der mittelalterlichen Minnelyrik: „Ich gieng an dem Bordell vorüber, wie an dem Haus einer Geliebten" (FKFIX 14); dann aber in dem rabiat gegen das ‚literarische Selbst' gerichteten Satz: „Schriftsteller reden Gestank" (FKFIX 14).[13]

Was sich hier entwickelt, ist die parallel geschaltete Inszenierung von Selbstgeburt und Schreibgeburt aus der Wahrnehmung, Gestaltung und Sinn-Belehnung des Körpers, des fremden wahrgenommenen – in der Tänzerin, in den Equilibristen, in den Prostituierten – und des eigenen wahrnehmenden; es ist der Körper, der zum Medium der Kunst werden soll. An diese ersten Selbst- und Welterkundungen, die das Kafkasche Tagebuch einleiten schließt sich dann, in sechs immer neu sich formierenden Ansätzen, seit dem 19. Juni 1910, die Konstruktion eines poetischen Textes an: des Textes über den „kleinen Ruinenbewohner", der die Kontamination von autobiographischer Diagnose und literarischer Fiktion in Szene setzt:

> Wenn ich es bedenke, so muß ich sagen, daß mir meine Erziehung in mancher Richtung sehr geschadet hat. Ich bin ja nicht irgendwo abseits, vielleicht in einer Ruine in den Bergen erzogen worden, dagegen könnte ich ja kein Wort des Vorwurfes herausbringen. Auf die Gefahr hin, daß die ganze Reihe meiner vergangenen Lehrer dies nicht begreifen kann, gerne und am liebsten wäre ich jener kleine Ruinenbewohner gewesen, abgebrannt von der Sonne, die da zwischen den Trümmern von allen Seiten auf den lauen Epheu mir geschienen hätte, wenn ich auch im Anfang schwach gewesen wäre unter dem Druck meiner guten Eigenschaften, die mit der Macht des Unkrauts in mir emporgewachsen wären. (FKFIX 17)

Das Bemerkenswerte an diesem – vielleicht ersten im Tagebuch unternommenen – ‚literarischen' Versuch Kafkas, ein Wesen, halb Tier und halb

---

[13] Daß diese Äußerung möglicherweise gegen den drittrangigen Schriftsteller W. Fred gerichtet ist, tut dem Selbstbezug keinen Abbruch. Vgl. FKFIX 104 und EX 307.

Mensch, auf der Grenze zwischen ‚Natur' und ‚Kultur', als in sich gespaltene Verkörperung seiner Selbsterfahrung zu zeigen[14], ist wohl der Umstand, daß hier die Sozialisationserfahrung des in der Stadt Prag aufgewachsenen Kindes und die literarische Phantasie einer utopisch-rousseauistischen Evasion aus diesem Milieu in einer Ruinenlandschaft in der Wildnis in Engführung ineinander gearbeitet werden. Kafka wird die eine Seite dieses Versuchs einer Selbstanalyse aus der Körperlichkeit später in seinem kurzen autobiographischen Fragment „Jeder Mensch ist eigentümlich […]" (FKFVI 143) aufgreifen und in der Novelle „Das Urteil" in seiner tödlichen Konsequenz zu Ende denken; andererseits aber das Evasions-Modell, das die Geschichte vom „kleinen Ruinenbewohner" *auch* enthält, in dem 1916 entstandenen Text „Ein Bericht für ein Akademie" ausarbeiten, in dem ein in der afrikanischen Wildnis von der Firma Hagenbeck eingefangener Affe den Versuch macht, durch Mimikry in der menschlichen Gesellschaft seine Natur und ‚Affenfreiheit' hinter der Maske eines Menschen zu bewahren – als Paradiesesrest der verlorenen Wildnis gewissermaßen, als ‚Natur-Körper' hinter der Maske des zivilisierten ‚Wortes'.

Die nächste Schlüsselszene in diesem Vergewisserungsprozeß, den das Tagebuch im Blick auf die Konstellation von Wahrnehmung, wahrnehmendem Körper und schreibender Hand zu bearbeiten sucht, ist eine Niederschrift aus der Weihnachtsnacht vom 24. auf den 25. Dezember 1910. Hier ergibt sich eine zusätzliche mythische Besetzung dieser Reflexion über die kulturelle Bildung, die kulturelle ‚Geburt' des schreibenden Selbst: nämlich der Bezug auf das christliche Weihnachtsfest und die in diesem gefeierte ‚Geburt des Helden' als des Heilands und Erlösers, aber auch des Schöpfers der Welt.[15] Dieser Tagebuchtext lautet folgendermaßen:

---

[14] Es ist merkwürdig, daß Freud seine eigene Methode der „anamnestischen Erhebung" mit einem sehr vergleichbaren Szenario zu beschreiben sucht, wie es hier Kafka zur ‚Erhebung' seiner beschädigten und zu sanierenden Identitätsgeschichte aufruft. „Nehmen Sie an, ein reisender Forscher käme in eine wenig bekannte Gegend, in welcher ein Trümmerfeld mit Mauerresten, Bruchstücken von Säulen, von Tafeln mit verwischten und unlesbaren Schriftzeichen sein Interesse erweckte. Er kann sich damit begnügen zu beschauen, was frei zutage liegt, dann die in der Nähe hausenden, etwa halbbarbarischen Einwohner ausfragen […] Er kann aber auch anders vorgehen; er kann Hacken, Schaufeln und Spaten mitgebracht haben […] mit ihnen das Trümmerfeld in Angriff nehmen, den Schutt wegschaffen […] *Saxa loquuntur!*" Sigmund Freud: *Studienausgabe*, hg. von Alexander Mitscherlich u. a., Bd. VI, *Hysterie und Angst*, Frankfurt a. M. 1971, S. 54.

[15] Eine ähnliche Argumentation – mit dem Bezug auf eine Weihnachts-Krippe auf dem Prager Christmarkt – findet sich in Kafkas Amerika-Roman *Der Verschollene*

24 ‚*Dezember 1910*' Jetzt habe ich meinen Schreibtisch genauer angeschaut und eingesehn, daß auf ihm nichts Gutes gemacht werden kann. Es liegt hier so vieles herum und bildet eine Unordnung ohne Gleichmäßigkeit und ohne jede Verträglichkeit der ungeordneten Dinge, die sonst jede Unordnung erträglich macht. Sei auf dem grünen Tuch eine Unordnung wie sie will, das durfte auch im Parterre der alten Teater sein. Daß aber aus den Stehplätzen

25 ‚*Dezember 1910*' aus dem offenen Fach unter dem Tischaufsatz hervor Broschüren, alte Zeitungen, Kataloge Ansichtskarten, Briefe, alle zum Teil zerrissen, zum Teil geöffnet in Form einer Freitreppe hervorkommen, dieser unwürdige Zustand verdirbt alles. Einzelne verhältnismäßig riesige Dinge des Parterres treten in möglichster Aktivität auf, als wäre im Teater alles erlaubt, daß im Zuschauerraum der Kaufmann seine Geschäftsbücher ordnet, der Zimmermann hämmert, der Officier den Säbel schwenkt, der Geistliche dem Herzen zuredet, der Gelehrte dem Verstand, der Politiker dem Bürgersinn, daß die Liebenden sich nicht zurückhalten u.s.w. Nur auf meinem Schreibtisch steht der Rasierspiegel aufrecht, wie man ihn zum Rasieren braucht, die Kleiderbürste liegt mit ihrer Borstenfläche auf dem Tuch, das Portemonnaie liegt offen für den Fall daß ich zahlen will, aus dem Schlüsselbund ragt ein Schlüssel fertig zur Arbeit vor und die Kravatte schlingt sich noch teilweise um den ausgezogenen Kragen. Das nächst höhere, durch die kleinen geschlossenen Seitenschubladen schon eingeengte offene Fach des Aufsatzes ist nichts als eine Rumpelkammer, so als würde der niedrige Balkon des Zuschauerraums, im Grunde die sichtbarste Stelle des Teaters für die gemeinsten Leute reserviert für alte Lebemänner, bei denen der Schmutz allmählich von innen nach außen kommt, rohe Kerle, welche die Füße über das Balkongeländer herunterhängen lassen, Familien mit soviel Kindern, daß man nur kurz hinschaut, ohne sie zählen zu können richten hier den Schmutz armer Kinderstuben ein (es rinnt ja schon im Parterre) im dunklen Hintergrund sitzen unheilbare Kranke, man sieht sie glücklicherweise nur wenn man hineinleuchtet u.s.w. In diesem Fach liegen alte Papiere die ich längst weggeworfen hätte wenn ich einen Papierkorb hätte, Bleistifte mit abgebrochenen Spitzen, eine leere Zündholzschachtel, ein Briefbeschwerer aus Karlsbad, ein Lineal mit einer Kante, deren Holprigkeit für eine Landstraße zu arg wäre, viele Kragenknöpfe, stumpfe Rasiermessereinlagen (für die ist kein Platz auf der Welt), Kravattenzwicker und noch ein schwerer eiserner Briefbeschwerer. In dem Fach darüber – Elend, elend und doch gut gemeint. Es ist ja Mitternacht, aber das ist, da ich sehr gut ausgeschlafen bin, nur insoferne Entschuldigung als ich bei Tag überhaupt nichts geschrieben hätte. Die angezündete Glühlampe, die stille Wohnung, das Dunkel draußen, die letzten Augenblicke des Wachseins sie geben mir das Recht zu schreiben und sei es auch das Elendste. Und dieses Recht benütze ich eilig. Das bin ich also. (FKFIX 108 f.)

Was sich hier in Kafkas Tagebuch auf der mitternächtlichen, durch den Datumswechsel markierten Grenze ereignet, ist die Inszenierung eines

---

in der Szene mit dem „amerikanischen Schreibtisch", den der Onkel seinem Neffen Karl Roßmann zum Geschenk macht (FKFII 47 ff.).

Schreib-Theaters als Geburtsort der Autorschaft. Es ist der Blick nicht auf die Objekte der Welt, sondern auf das grüne Tuch des Schreibtischs. Dieser Schreibtisch ist es, der sich in ein Theater, einen offenen Schauraum mit Rängen, Parkett und Logen verwandelt, auf dessen Bühne sich, als einziger Schauspieler, das schreibende Ich findet: als fixiertes Objekt im Blickfeld der Kaufleute, Gelehrten, Offiziere, Politiker, Liebespaare und kinderreichen Familien, die über die Brüstungen und aus den Fächern ins Parkett drängen; in ihrer schäbigen Körperlichkeit, in Schmutz, Müll und Abfall das Papier und das Schreibmaterial verderben; ‚verworfene' Dinge auf der Bühne des Schreibtischs, das ‚objet' als ‚abject', um ein Wortspiel Julia Kristevas aufzugreifen. Mitten in dieser Hybridisierungsphantasie des Realen aber bricht der Text ab – so als würde das an dem Tisch schreibende Ich sich bewußt, daß nicht es selbst, sondern die auf es eindringenden Objekte und Projektionen ‚verworfener Körperlichkeit' die ‚Herren der Schrift und des Schreibens' sind. „Das bin ich also": Dieser topische Satz aus der langen „Selberlebensbeschreibung" des Ich[16] in der europäischen Geschichte ist bei Kafka zuletzt nichts weiter als der Ausdruck der Verzweiflung über diese Auslöschung des sich behaupten wollenden Ich und dessen diaristisches Versagen. Es ist das vom Schreibenden inszenierte Theater der Geburt des Helden in der Weihnachtsnacht und dessen klägliches Scheitern in diesem „riskantesten Augenblick des Tages"[17] zwischen Wachsein und Schlaf, zwischen Bewußtsein und Unbewußtem: nicht die Befreiung des Körpers durch die Schrift, sondern deren Erlöschen und Verstummen in Bergen schmutzigen Unrats. Bei dem Versuch, die Geburt des Selbst und die Geburt der Literatur auf der Bühne des Schreibtischs zu erspielen, ist es zuletzt das Schauspielhaus kruder Kör-

---

[16] Jean Paul: „Selberlebensbeschreibung", in: Jean Paul: *Werke*. Sechster Bd., hg. von Norbert Miller, München 1963, S. 1037–1103. Dort die Szene aus der „Kulturgeschichte des Helden", wo diesem das „innere Gesicht ‚ich bin ein ich' wie ein Blitzstrahl vom Himmel' fährt; hier S. 1061.

[17] „Jemand sagte mir, ich kann mich nicht mehr erinnern, wer es gewesen ist, dass es doch sonderbar sei, dass man, wenn man früh aufwacht, wenigstens im allgemeinen alles unverrückt an der gleichen Stelle findet, wie es am Abend gewesen ist. Man ist doch im Schlaf und im Traum wenigstens scheinbar in einem vom Wachen wesentlich verschiedenen Zustand gewesen und es gehört ,wie jener Mann ganz richtig sagte' eine unendliche Geistesgegenwart oder besser Schlagfertigkeit dazu, um mit dem Augenöffnen alles, was da ist, gewissermassen an der gleichen Stelle zu fassen, an der man es am Abend losgelassen hat. Darum sei auch der Augenblick des Erwachens der riskanteste Augenblick im Tag; sei er einmal überstanden, ohne dass man irgendwohin von seinem Platze fortgezogen wurde, so könne man den ganzen Tag über getrost sein" (KKAPA, 168).

perlichkeit, das die Regie über das ihm ausgelieferte Subjekt, als den ‚Schauspieler' und ‚Zuschauer' in diesem Theater, übernimmt. Es ist der Verlust der Zentralperspektive, die Übermächtung, die ‚Verwirrung' durch ein polyfokales Szenario. Kafka selbst diagnostiziert dies wenig später, nämlich am 9. November 1911, im Tagebuch selbst: „Lauter Teater, ich einmal oben auf der Gallerie, einmal auf der Bühne"[18] (FKFIX 186). Die Geburt des Selbst wie des Textes scheitert am Zerbrechen der ‚Perspektivierung': eine Fehlgeburt. Auch diese Struktur versuchter Selbst- und Text-Inszenierung findet sich in Kafkas poetischen Texten immer wieder nachgespielt: Man denke an den Beginn des Prozeß-Romans, wo Josef K. sich nach seinem Erwachen „verhaftet", also in seiner Selbstwahrnehmung durch die Perspektive der anderen ‚fixiert' findet und, von diesem Trauma gejagt, in einer nächtlichen Szene mit Fräulein Bürstner versucht, durch improvisierende Nachstellung dieser Verhaftungsszene im Schlafzimmer des Fräuleins einen Akt der Befreiung, der spielerisch und autonom in Szene gesetzten „Komödie" zu provozieren (FKFIII 36 f.); auch hier übrigens ein zum Scheitern verurteiltes Vorhaben, wie das Ende des Romans zeigt.

Weniger als ein Jahr nach dem Schreibtisch-Theater aus der Weihnachtsnacht 1910, nämlich im September 1911, zeichnet sich in Kafkas Tagebuch eine neue Phase der Auseinandersetzung mit der Möglichkeit von Kunst im auto-biographischen Prozeß – als einer unermüdlich fortgesetzten Serie von ‚Selber-Lebens-Beschreibungen' – ab. Es ist die Begegnung mit einer Truppe jiddischer Schauspieler aus Lemberg, die in einem Prager Café gastieren, in „Hermans Café Savoy", das auch über eine kleine Bühne verfügte.[19] Die Truppe gastierte vom 24. September 1911 bis zum 21. Januar 1912 in Prag. Auch bei dieser Begegnung mit einer Möglichkeit der ‚Inszenierung von Leben' handelt es sich für Kafka um die Erfahrung eines neuen Mediums, eines ‚wilden Theater' gewissermaßen, das nach dem Film, dem Ballett, nach den Akrobaten, Gauklern und Zirkuskünstlern und nach dem „grünen Tuch" des Schreibtischs als Inszenierungsmedium des Selbst-Textes nun seine ganze Aufmerksamkeit auf sich zieht – und zwar in einer Weise wie kein anderes kulturelles Medium

---

[18] Es handelt sich um einen Theater-Traum Kafkas, der die Grenze zwischen ‚privatestem' Selbst-Theater und Welttheater rahmensprengend überspielt.

[19] Eine minuziöse faktische Rekonstruktion dieser Episode aus Kafkas Leben gibt Hartmut Binder: *Kafka-Kommentar* zu den Romanen, Rezensionen, Aphorismen und zum Brief an den Vater, München 1976, S. 387–404. Vgl. auch Hartmut Binder (Hg.): *Kafka-Handbuch* in zwei Bänden. Bd. 1: *Der Mensch und seine Zeit*, Stuttgart 1979, S. 390–395.

zuvor. Kafka besucht zahlreiche Aufführungen, er verkehrt mit den Schauspielern, er befreundet sich mit Jizchak Löwy, einem der Schauspieler: Eine unvergeßliche Pathosformel, von Löwy ‚kreiert', ist photographisch überliefert. (Abb. 2) Kafka versucht, Löwy dazu zu bewegen, seine Biographie – anhand von autobiographischen Aufzeichnungen – zu verfassen. Parallel dazu, und ohne Zweifel angeregt durch die Lebens- und Künstlergeschichte Löwys, erwacht in Kafka selbst das „Verlangen, eine Selbstbiographie zu schreiben" (FKFIX 231). Man übertreibt wohl nicht, wenn man behauptet, daß Kafka nie wieder durch ein Kunstphänomen so stark affiziert wurde wie durch das ‚arme' Medium des jiddischen Theaters. Er beginnt, sich intensiv über den kulturellen Hintergrund dieses Phänomens zu informieren. Er liest die dreibändige „Volkstümliche Geschichte der Juden" von Heinrich Graetz, die 1888 in Leipzig publiziert wurde, und beschäftigt sich nachhaltig mit der „Histoire de la littérature judéo-allemande" von Meyer Isses Pinès, die soeben, nämlich 1911, in Paris erschienen war. Was Kafka an der jiddischen Theatertruppe aus Lemberg faszinierte, war die fremde Ausdruckswelt eines in Westeuropa kulturell nicht existenten Körper- und Darstellungs-Codes. Es waren fremde Pathos-Formeln einer Körperkunst, für die es in der westlich orientierten Kultur keine Bühne, keinen Schau- und keinen Schreibraum gab. Kafka las auch diesen Code als eine Auseinandersetzung mit der ‚Gabe' des Lebens. Der Satz „Was hast du mit dem Geschenk des Geschlechtes getan" erhielt nun eine neue Dimension. War es bisher für Kafka das ‚Geschlecht' der Sexualität, dessen er sich in seiner Kunst zu vergewissern meinte, das ‚Geschlecht' der Familie sodann, wie er es in der Geschichte vom „kleinen Ruinenbewohner" zu fassen versuchte, das ‚Geschlecht' der westeuropäischen Literatur zuletzt, in das er sich mit seinen Texten hineinfinden wollte, so eröffnete sich ihm hier eine neue, ‚körpernähere' Dimension: nämlich das ‚Geschlecht' der jüdischen Überlieferung, des Judentums und des jüdischen Volkskörpers als Träger einer bisher unerhörten Körper-Kultur und ihrer Ausdrucksmittel und Pathosformeln: „Löwy", schreibt Kafka, „den ich im Staub bewundern möchte" (FKFI 66). Es überrascht nicht, daß Kafkas Vater Hermann sogleich einen unstillbaren Haß auf dieses Geschlecht der illegitimen ostjüdischen ‚Väter' und ‚Söhne' entwickelte: „Wer sich mit Hunden zu Bett legt", gab er seinem Sohn zu bedenken, „steht mit Wanzen auf" (FKFI 174).

Abb. 2: Jizchak Löwy in der Rolle des „wilden Menschen" von Jakob Gordin

III

Kafka hat auf diese wohl stärkste und suggestivste Kunsterfahrung in seinem Leben mit zwei Äußerungen reagiert, die nachhaltige Bedeutung für seine Poetologie besitzen. Es handelt sich dabei um die Artikulation einer Literaturtheorie, die sich in ein Kulturkonzept einbettet, einerseits; um den Entwurf einer Sprachtheorie, aus der Kafka im Lauf seiner literarischen Produktionen auch poetologische Konsequenzen zieht, andererseits.[20] Das erste Konzept findet sich in Kafkas Überlegungen zum Problem der „kleinen Literaturen" ausgearbeitet, das unmittelbar aus der Erfahrung des jiddischen Theaters abgeleitet und in einem „Schema zur Charakteristik kleiner Litteraturen" samt zugehörigen Erläuterungen in Kafkas Tagebuch niedergelegt ist (FKFI 253). Das zweite Konzept hat seinen Niederschlag in einer Rede über die jiddische Sprache, dem „Einleitungsvortrag über Jargon" gefunden, den Kafka anläßlich eines Rezitationsabends des Schauspielers Jizchak Löwy am 18. Februar 1912 hielt und der von Max Brods Frau Elsa stenographisch festgehalten wurde (FKFV 149–153). Es handelt sich dabei um den kühnen Entwurf einer neuen Sprache zwischen Lebenswelt und Poesie; einer Sprache, die die Differenz zwischen Alltag und Kunst, zwischen Körper und Wort, zwischen Privatheit und Öffentlichkeit, zwischen Familie und Politik anders und gewissermaßen ‚durchlässiger' zu fassen sucht als dies die konventionelle Literatursprache der westlichen Kultur tut.

Zunächst zum ersten Punkt: Anhand der Vorstellung von den „kleinen Literaturen", die den großen ästhetischen Konstrukten westeuropäischer Höhenkamm-Literatur entgegengesetzt ist, versucht Kafka in seinen Aufzeichnungen, die ganz offensichtlich aus der Beschäftigung mit der jiddischen Literatur und ihrer Geschichte erwachsen, eine Auffassung von der Kultur und der Rolle der Kunst in ihr zu entwickeln, die von der offiziösen Poetik des beginnenden 20 Jahrhunderts fundamental verschieden ist. Das jiddische Theater erscheint Kafka als eine Körper-Kunst, die Gestisches und Verbales ineinanderschmilzt und die, eben dadurch, weder von der Alltäglichkeit noch von der Politik getrennt sich erweist. Literatur in diesem Sinne wäre eine solche, die mitten im Leben ‚steht', ja dieses Leben selbst *ist* – ganz so, wie Kafka sein eigenes Schreiben im Tagebuch

---

[20] Vgl. zu diesem Zusammenhang Bernhard Siegert: „Jargon und die Schrift der jüdischen Tradierungsbewegung bei Kafka", in: Wolf Kittler / Gerhard Neumann (Hg.): *Franz Kafka. Schriftverkehr*, Freiburg i.Br. 1990, S. 222–247, (= Rombach Wissenschaft. Reihe Litterae).

aus dem Medium der Körpererfahrung zu konstruieren und zu ‚inszenieren' versuchte. Kafka faßt diese Erkenntnis, die er aus der jiddischen Literatur gewonnen hat, zuletzt in der Formel zusammen, die „kleinen Literaturen" seien das „Tagebuchführen einer Nation, das etwas ganz anderes ist als Geschichtsschreibung" (FKFIX 243). Eine solche ‚minoritäre' Literatur[21], so Kafka, leiste für eine Nation eben das, was er mit seinem Tagebuch für sich selber und seine Karriere als Schriftsteller zu erreichen versuche: nämlich unmittelbare Lebenspräsenz, in welcher der Körper zum Medium der Schrift werde, die Schrift aber im Gestischen dieses Körpers aufgehoben bleibe. Eine der wichtigsten Aufgaben eines solchen neuen literarischen Gestus sei die Lösung der – in den westeuropäischen Literaturen nicht zureichend beantworteten – Frage nach dem ‚Geschlecht', und zwar in seiner vierfachen Bestimmung als einem sexuellen, als einem familialen, als einem religiösen (jüdischen), als einem politischen Dispositiv.[22] So gehe es, im Licht dieser Facettierung, um eine neue Form der „Veredlung und Besprechungsmöglichkeit des Gegensatzes zwischen Vätern und Söhnen" (FKFIX 243).

Und nun zum zweiten Aspekt der von Kafka entwickelten Poetologie: dem Konzept nämlich, das er in seiner Rede über die jiddische Sprache, den „Jargon", wie er sich nach dem zeitgenössischen Sprachgebrauch ausdrückt, zu fassen und produktiv zu machen sucht:

> Unsere westeuropäischen Verhältnisse sind, wenn wir sie mit vorsichtig flüchtigem Blick ansehn, so geordnet: alles nimmt seinen ruhigen Lauf. Wir leben in einer geradezu fröhlichen Eintracht; verstehen einander, wenn es notwendig ist, kommen ohne einander aus, wenn es uns paßt und verstehen einander selbst dann; wer könnte aus einer solchen Ordnung der Dinge heraus den verwirrten Jargon verstehen oder wer hätte auch nur Lust dazu? (FKFV 149)

Mit dieser Diagnose situiert Kafka zugleich seine eigenen kulturpoetischen Überlegungen. Aus diesen lassen sich – in seiner von ihm sorgfältig vorbereiteten Rede über den Jargon – fünf verschiedene Thesen ableiten und hervorheben. Da ist als erstes der Gedanke, daß der Jargon eine subversive Kraft gegenüber der herrschenden, der majoritären Sprache aus sich heraustreibe; daß also der Sprach-,Körper', wie ihn die jiddische Rede besitze,

---

[21] Gilles Deleuze / Felix Guattari: *Kafka. Pour wie littérature mineure*, Paris 1975.
[22] Hier greife ich die These Foucaults auf, daß die Rede über das ‚Geschlecht' zum wesentlichen Dispositiv moderner Gesellschaften, zum ‚Format' für die immer neu gestellte Frage nach dem ‚Ich' wird. Michel Foucault: *Histoire de la sexualité 3. Le souci de soi*, Paris 1984.

sich gegen den streng codierten ‚Diskurs' der kulturell geltenden Sprache stelle. Daraus folgt – und dies ist die zweite von Kafka genannte Voraussetzung –, daß der Jargon der „Ordnung der Dinge", welche die westeuropäischen Verhältnisse regelt, als ‚Verwirrung' gegenübertritt; daß er, linguistisch gesprochen, keine „Grammatik" besitzt; daß das Volk also die Regeln der Sprache den Grammatikern nicht „läßt" (FKFV 149). Zur Beschreibung der so gestifteten Verwirrung – und dies ist das dritte Argument – bedient sich Kafka zweier komplementärer Vorstellungen, derjenigen der Anarchie und jener anderen der Bastelei: „In diesem Treiben der Sprache herrschen [...] Bruchstücke bekannter Sprachgesetze" (FKFV 150), schreibt Kafka; und er fügt hinzu, in ihr walte „Willkür und Gesetz" in unaufhebbarer Verklammerung (FKFV 150). Als Viertes führt Kafka ins Feld, daß der so verstandene Jargon genau genommen „nur aus Fremdwörtern" bestehe (FKFV 150); diese seien aber in ihm nicht befestigt und gewissermaßen rechtmäßig installiert, sondern durchliefen ihn, durchquerten ihn mit „Neugier und Leichtsinn", und es gehöre „schon Kraft dazu, die Sprachen in diesem Zustand zusammenzuhalten". (FKFV 150). Aus diesem Gedankenfeld wird Theodor W. Adorno später seine für die Theorie der Moderne bedeutsame These von den ‚Fremdwörtern als den Juden der Sprache' und ihrer utopisch-aufklärenden Funktion entwickeln.[23] Daraus folgt aber zuletzt, daß der Jargon weder Muttersprache noch „Weltsprache" ist (FKFV 150), sondern ein exterritoriales ‚Gemurmel' darstellt; ein „Gemauschel", wie es in einem späten Brief an Max Brod aus dem Jahr 1921 auch genannt wird:

> [...] das Mauscheln im weitesten Sinne genommen, in dem allein es genommen werden muß, nämlich als die laute oder stillschweigende oder auch selbstquälerische Anmaßung eines fremden Besitzes, den man nicht erworben, sondern durch einen (verhältnismäßig) flüchtigen Griff gestohlen hat und der fremder Besitz bleibt, auch wenn nicht der einzigste Sprachfehler nachgewiesen werden könnte [...] Ich sage damit nichts gegen das Mauscheln, das Mauscheln an sich ist sogar schön, es ist eine organische Verbindung von Papierdeutsch und Gebärdensprache [...] und ein Ergebnis zarten Sprachgefühls, welches erkannt hat, daß im Deutschen nur die Dialekte und außer ihnen nur das allerpersönlichste Hochdeutsch wirklich lebt, während das übrige, der sprachliche Mittelstand, nichts als Asche ist [...].[24]

---

[23] Theodor W. Adorno: „Wörter aus der Fremde", in: Theodor W. Adorno: *Gesammelte Schriften*, Bd 11, hg. von Rolf Tiedemann. Noten zur Literatur, Frankfurt a. M. 1974, S. 216–232.

[24] Franz Kafka: *Briefe 1902–1924*, hg. von Max Brod, Frankfurt a. M. 1966, hier Br 336 f.

Das Mauscheln, als „Ergebnis zartesten Sprachgefühls", ist das ‚Zwitschern' oder ‚Pfeifen' der Mäuse also, wie es im Text über Josefine die Sängerin zu beobachten ist, welches sich auf der Grenze zwischen Körperlaut und Sprache, zwischen „Papierdeutsch" und „Gebärde" – und diese Grenze fortgesetzt überquerend – bewegt. Diese Paradoxien des Jargons als einer Form subversiven Sprechens, seines Fremdwortcharakters und seiner rauhen ‚Wildheit' zwischen Körperlaut und Sprache, zwischen Geräusch und Gesang, erweisen sich als wesentlich für Kafkas Konzept einer neuen, erst zu erfindenden poetischen Sprache. Es scheint, als habe er erst durch die Begegnung mit den jiddischen Schauspielern ‚sein Medium' gefunden. Eine Notiz vom 6. Januar 1912 aus dem Tagebuch, die sich auf den Vortrag der jiddischen Schauspielerin Klug und dessen Habitus bezieht, drückt diesen Sachverhalt aus: „seht Ihr, alle Sprachen kenn ich, aber auf jiddisch"! (FKFX 14) Es ist eine Art ‚Ydioma universal', wie Goya sich ausgedrückt hat[25], das für eine neue Kunst in Anspruch genommen werden könnte, die Intimität und Öffentlichkeit, Sexualität und Politik zu übergreifen vermag: und zwar in ihrem Impuls gegen die Alltagssprache, gegen die Öffentlichkeitssprache der bürgerlichen Diskurse, gegen die Kunstsprache einer Nation. Und es ist das ‚Geschlecht' des jüdischen Volkes, der „Volkskörper", wie Kafka sagt, der über den Familien-Körper hinausgeht, aus dem die Sprache der Kunst geboren werden kann.[26] Aus dieser ‚Umbesetzung' des fremden Körpers, wie ihn das jiddische Theater zeigt, sucht Kafka – in einem Jargon außerhalb der ‚großen' Codes der National-Sprachen – eine neue, bisher unerhörte Poetologie zu entwickeln. In dem genannten Brief an Max Brod vom Juni 1921 (Br. 335 ff.) wird dieser Zusammenhang zuletzt – im Sinne einer ‚illegitimen' Genealogie – noch einmal ausgesprochen:

> [...] also war es eine von allen Seiten unmögliche Literatur, eine Zigeunerliteratur, die das deutsche Kind aus der Wiege gestohlen und in großer Eile irgendwie zugerichtet hatte, weil doch irgendjemand auf dem Seil tanzen muß. (Br. 338)

---

[25] Einschreibung in den zweiten Entwurf (1797) für das Frontispiz zu einer Folge von „Sueños" (später Blatt 49 der „Caprichos"). Abbildung in: Alfonso E. Pérez Sánchez/Eleanor A. Sayre (Hg.): *Goya and the Spirit of Enlightenment*, Boston 1989, S. 113.

[26] „Besser als die Psychoanalyse", schreibt Kafka in dem genannten Brief vom Juni 1921 an Max Brod, „gefällt mir in diesem Fall die Erkenntnis, daß dieser Vaterkomplex, von dem sich mancher geistig nährt, nicht den unschuldigen Vater, sondern das Judentum des Vaters betrifft" (Br. 337).

„Eine höhere Art der Beobachtung"   533

Das Bedeutsame an dieser Kafkaschen Konzeption, die als ein Prozeß der Poetologie-Gewinnung aufzufassen ist, muß wohl darin gesehen werden, daß er die ehrwürdige, bis in die Antike zurückreichende Metapher von der ‚Geburt' des Kunstwerks aus dem Künstler in einem ersten Schritt auf das Spiel zwischen realer Korporalität und Sprachproduktion bezieht; in einem zweiten Schritt sodann aus der Erfahrung mit zeitgenössischen Repräsentationsmedien – nämlich den Körpersprachen des Films, des Sports, des Tanzes, der Akrobaten und Gaukler, der Schreibtisch-Szenerie, des jiddischen Theaters, des Mischidioms des Jargons – den Vorgang kultureller Zeichenproduktion selbst in den Blick nimmt; und daß er zuletzt diesen Akt der Zeichenbildung als ‚künstlich', als ‚Bastelei', als ‚Durchquerung' gegebener Sprachbestände, als ‚subversives' Grenzphänomen zwischen Körperlaut und Diskurs aufzufassen sucht. So könnte man sagen, daß die Vorstellung von der Geburt und Sozialisation des Kindes in der Familie, als einem maßgeblichen Dispositiv des biologischen ‚Geschlechts', in diejenige vom Wechselbalg-Charakter der Literatur und der literarischen Sprache umspringt; in die Vorstellung vom Kind also, das von den Zigeunern aus der Wiege gestohlen wurde und auf dem Seil tanzt; als Vorstellung von der Sprache, die aus lauter Fremdwörtern besteht, die tiefe Verwirrung in der ‚Ordnung der Dinge' stiften; als ein anarchisches und ‚rauhes' Gemurmel zwischen jenen Sprechordnungen, welche von den großen Kulturen errichtet und gepflegt werden.

„Was hast du mit dem Geschenk des Geschlechtes getan?" – Dieser an das Lebenskonzept Kafkas rührende Satz enthält nichts Geringeres als die Frage nach der merkwürdigen Struktur der von ihm aufgebotenen Metaphorologie des Schöpfungsaktes: jenes Aktes also, wo Wahrnehmung und Darstellung bei der Konstruktion von Welt konvergieren! Kafkas poetologische Erwägungen gehen dabei von dem alten Bild der Geburt der Kunst aus dem Körper des Schöpfers aus, von der Verwandlung des Körpers in die Zeichen der Sprache. Und noch Kafkas späteste poetologische Zeugnisse werden sich auf dieses Konzept berufen. So heißt es in einem Brief an Robert Klopstock aus dem März 1923, dem vorletzten Lebensjahr Kafkas:

> Ich habe inzwischen, nachdem ich durch Wahnsinnszeiten gepeitscht worden bin, zu schreiben angefangen und dieses Schreiben ist mir in einer für jeden Menschen um mich grausamsten (unerhört grausamen, davon rede ich nicht) Weise das Wichtigste auf Erden, wie etwa einem Irrsinnigen sein Wahn (wenn er ihn verlieren würde, würde er „irrsinnig" werden) oder wie einer Frau ihre Schwangerschaft. (Br. 431)

Diesem Lebensmuster – in welchem ja zuletzt die Geburt der Kunst immer noch als biologischer Akt gedacht werden soll – wohnt nun aber für Kafka seit dem Beginn seiner Karriere als Autor ein unüberwindliches, sein poetologisches Konzept immer wieder bedrohendes Hemmnis inne: der Umstand nämlich, daß dieses Lebensmuster – das nach dem biologischen Paradigma von Zeugung und Geburt gebildet ist – zugleich und notwendig mit dem für ihn so unsagbar belasteten Verhältnis zwischen Vater und Sohn zusammenhängt. Diese Aporie ist, so scheint es, für Kafka nur durch einen Registerwechsel zu lösen; nämlich durch die Überschreibung der Geburt-Zeugungs-Vorstellung mit dem alle Biologie verleugnenden Schaffensmodell von Bricolage und Anagramm, von Künstlichkeit, von gebasteltem Körper, verstellter Schrift und verwirbelten Buchstaben. Der Impuls, der dieses doppelte, das Biologische außer Kraft setzende Spiel von Dissimulation in Gang bringt, gewinnt seine Dynamik weder durch Inspiration, also durch das antik-heidnische Vorbild der Eingebung durch die Muse, noch durch ‚Berufung', also das antik-biblische Beispiel der Vokation zum Propheten eines auserwählten Volkes[27], sondern durch das, was Roland Barthes in seiner „Leçon" von 1977 einmal „tricherie" genannt hat[28] – in Kafkas eigener Formulierung ein „Betrügen ohne Betrug"[29]; also ein ‚Stehlen des deutschen Kindes aus der Wiege', weil doch irgendjemand auf

---

[27] In einem Brief aus Meran vom 3.6.1920 schreibt Kafka an Milena Jesenská: „Sehen Sie Milena, ich liege auf dem Liegestuhl vormittag, nackt, halb in Sonne halb im Schatten, nach einer fast schlaflosen Nacht; wie hätte ich schlafen können, da ich, zu leicht für Schlaf, Sie immerfort umflogen habe und da ich wirklich genau so wie Sie es heute schreiben, entsetzt war über das ‚was mir in den Schoß gefallen war', so entsetzt im gleichen Sinn, wie man von den Propheten erzählt, die schwache Kinder waren (schon oder noch, das ist ja gleichgültig) und hörten wie die Stimme sie rief und sie waren entsetzt und wollten nicht und stemmten die Füße in den Boden und hatten eine gehirnzerreißende Angst und hatten ja auch früher schon Summen gehört und wußten nicht, woher der fürchterliche Klang gerade in diese Stimme kam – war es die Schwäche ihres Ohrs oder die Kraft der Stimme – und wußten auch nicht, denn es waren Kinder, daß die Stimme schon gesiegt hatte und einquartiert war gerade durch diese vorausgeschickte ahnungsvolle Angst, die sie vor ihr hatten, womit aber noch nichts für ihr Prophetentum ausgesagt war, denn die Stimme hören viele, aber ob sie ihrer wert sind, ist auch objektiv noch sehr fraglich und der Sicherheit halber von vornherein lieber streng zu verneinen –" (M 39).

[28] „[...] il ne reste, si je puis dire, qu'à tricher avec la langue, qu'à tricher la langue. Cette tricherie salutaire, cette esquive, ce leurre magnifique, qui permet d'entendre la langue hors-pouvoir, dans la splendeur d'une révolution permanente du langage, je l'appelle pour ma part: *littérature*." Barthes (III 1993–95), 804.

[29] Hierzu Horst Turk: „betrügen... ohne Betrug". Das Problem der literarischen Legitimation am Beispiel Kafkas, in: Friedrich A. Kittler/ Horst Turk (Hg.): *Urszenen. Literaturwissenschaft als Diskursanalyse und Diskurskritik*, Frankfurt a. M. 1977, S. 381–407.

dem Seil tanzen muß'. Es ist ein Sprachspiel, das nur durch den Jargon, als ein in der Kultur und ihren Sprechordnungen quer laufendes Idiom, bewerkstelligt werden kann; durch die Wortmaske, die unkenntlich macht, den Namen des Sohnes – als des sich freischreibenden Autors – dem Namen des Vaters überstülpt. Kafkas Poetologie beruht auf der Hartnäckigkeit, mit der er an der Spannung zwischen Körper und dissimulierendem Zeichen festhält. Er hat, im buchstäblichen Sinne, die Metapher von der Geburt der Kunst ins Literale umgeschrieben.

Vielleicht ist es vor allem dies, was Kafka mit der Generation des expressionistischen Jahrzehnts verbindet: das Beharren auf der Wörtlichkeit der Geburt der Literatur aus dem Körper des Lebens und die gleichzeitige Unvereinbarkeit dieser Vorstellung mit dem hartnäckigen Festhalten an dem biologischen Konnex zwischen Vater und Sohn; an der Weigerung oder Unfähigkeit des Sohnes zuletzt, die Vaterstelle – gewissermaßen „als Künstler" (FKFI 243) – selbst zu besetzen. Es ist die paradoxe Verquickung einer Verdrängung der Frage, wie Söhne zu Vätern werden, mit der lettristischen Konstruktion künstlicher Subjekt-Keime, die – noch immer – ins Zeichen der „Sorge des Hausvaters" gestellt wird.

Das Besondere des Tagebuchs der Moderne, wie es in Gestalt des Kafkaschen Text-Corpus vorliegt, scheint darin zu liegen, daß es nicht mehr nur ein Organ der Erinnerung ist, in dem das Subjekt sich seine eigene Geschichte erzählt; sondern daß dieses Tagebuch auf der Grenze zwischen Innenwelt und Außenwelt durch den nie endenden, verzweifelten Akt der Schrift das Individuum ‚herzustellen' sich anschickt: als Konstruktion eines Mediums, das allererst die Wahrnehmung von Welt möglich macht. Es ist ein Akt, der, als ein Spiel zwischen Körper und Welt, an die Schrift und die mit ihr konkurrierenden Medien der Repräsentation gebunden ist: im Dienste jenes „Glanzes der Einzigkeit", von dem Nietzsche, im endenden 19. Jahrhundert, gesprochen hatte. Dabei ist es die Schrift des Textes, die das Unvergleichliche des Subjekts verbirgt und zugleich das einzige Organ zu sein scheint, um dieses Subjekt – und sei es als ein unwiederbringlich entstelltes – zu offenbaren: Schrift, die das Faktische festhält und Fiktion ist. So erweist sich das Tagebuch nicht nur als der Ort der Herstellung von Individualität; es ist – in der Moderne, und dabei in entscheidender Weise durch Kafka – auch der Ort der Literatur. Am 9. März 1922 macht Kafka sich eine Notiz im Tagebuch, die wie eine alle Anstrengung widerrufende Replik auf seine große, schon 1911 gestellte Lebensfrage anmutet – auf die Unvereinbarkeit des bürokratischen Worts als „rohes, [...] aus mir geschnittenes Fleisch" mit dem „wirklichen Lebendigwerden" des „eines solchen Glückes fähigen Körper" durch die literarische Arbeit (FKFIX 45):

> Wie wäre es – *schreibt Kafka* – wenn man an sich selbst erstickte? Wenn durch drängende Selbstbeobachtung die Öffnung durch die man sich in die Welt ergießt, zu klein oder ganz geschlossen würde? Weit bin ich zu Zeiten davon nicht. Ein rücklaufender Fluß. Das geschieht zum großen Teil schon seit langem. (FKFIX 223)

Und der letzte Eintrag in Kafkas Tagebuch lautet dann:

> Immer ängstlicher im Niederschreiben. Es ist begreiflich. Jedes Wort, gewendet in der Hand der Geister – dieser Schwung der Hand ist ihre charakteristische Bewegung – wird zum Spieß, gekehrt gegen den Sprecher. Eine Bemerkung wie diese ganz besonders. Und so ins Unendliche. Der Trost wäre nur: es geschieht ob Du willst oder nicht. Und was Du willst, hilft nur unmerklich wenig. Mehr als Trost ist: Auch Du hast Waffen. (FKFIX 236)

„Nachrichten vom ‚Pontus'"

Das Problem der Kunst im Werk Franz Kafkas

> pro duce Neritio docti mala nostra
> poetae scribite: Neritio nam mala plura tuli.
> *Ovid* (Tristia I, 5, 57–58)

> Wurde mir der Liebespfeil in die Schläfen
> geschossen, statt ins Herz?
> *M 234*

I

Die Liebe und die Kunst sind die beiden großen, vielleicht sogar die einzigen Themen der neueren Literatur. In Kafkas Werk – und über diese Merkwürdigkeit möchte ich sprechen – kommen beide Themen so gut wie nie vor. Es gibt in diesem Werk keine Liebesgeschichten: nur gelegentlich atemlose Augenblicke der Begegnung von Mann und Frau; nur abgebrochene, gekappte und verstümmelte Empfindungen, Trübungen der Selbsterfahrung zwischen Angst und Begehren.[1]

---

[1] Kafka an Milena Jesenská am 8. und 9. August 1920. Der Nachweis der Kafka-Zitate erfolgt künftig im Text nach Band-Chiffre und Seitenzahl. Es werden folgende Chiffren verwendet:

B   Franz Kafka: Briefe 1902–1924. – New York/Frankfurt 1966 (= Gesammelte Werke, Hg. Max Brod).

BK   Franz Kafka: Beschreibung eines Kampfes. Novellen, Skizzen, Aphorismen aus dem Nachlaß. – New York/Frankfurt 1946 (= Gesammelte Werke, Hg. Max Brod).

E   Franz Kafka: Erzählungen. – New York/Frankfurt 1967 (= Gesammelte Werke, Hg. Max Brod).

F   Franz Kafka: Briefe an Felice und andere Korrespondenz aus der Verlobungszeit. Hg. Erich Heller und Jürgen Born. – New York/Frankfurt 1967.

H   Franz Kafka: Hochzeitsvorbereitungen auf dem Lande und andere Prosa aus dem Nachlaß. – New York/Frankfurt 1966 (= Gesammelte Werke, Hg. Max Brod).

Aber es ist auch von der Kunst nicht eigentlich die Rede – obwohl dies ein Ausweg aus der Lieblosigkeit wäre, wie etwa die Dichtung Mallarmés ihn findet und bezeugt. Wenn aber einmal wirklich Künstlerfiguren in Kafkas Geschichten sich einstellen, so sind sie von höchst bedenklicher, zwiespältiger Natur: Affen, die im Varieté den Menschen spielen, Trapezkünstler, die ihr Turngerät lebenslang nicht verlassen; singende – oder besser: pfeifende – Mäuse, deren Kunstübung sich nur durch ihre Schwäche von dem Alltagspfeifen der anderen Mäuse unterscheidet; Hungerkünstler, die vergeblich die Speise suchen, die ihnen schmeckt; Maler, die unentwegt dieselbe Heidelandschaft reproduzieren und schmeichelhafte Portraits der Herrschenden anfertigen.

Wovon aber handeln dann die Geschichten Kafkas, wenn sie von der Liebe und von der Kunst nicht sprechen? Man möchte beinahe antworten: vom Schmerz, den die Familienrede zufügt – so im „Urteil" und in der „Verwandlung"; und von der Gewalt, die die Institutionen der Gesellschaft auf den einzelnen ausüben, Rechtsordnungen und bürokratische Apparate – so in den unvollendeten Romanen „Der Prozeß" und „Das Schloß".

Aber die Briefe, die Kafka schrieb: *Die* freilich handeln von der Liebe, – und sie handeln in gewisser Weise auch von der Kunst; von Kafkas Schreiben zumindest, das in diesen Briefen Praxis und Theorie zugleich ist, Vollzug der Schrift *und* Reflexion über sie.

Es sind die Briefe an die Schwestern Elli und Ottla in Prag; die Briefe an die Verlobte Felice Bauer in Berlin; die Briefe an die Geliebte Milena Pollak in Wien; Briefe an Frauen, die, als Abwesende, Kafka den Weg aus den Zwängen der Familienkonstellation eröffnen sollten, jenen Zwängen, wie

---

    M   Franz Kafka: Briefe an Milena. Erweiterte und neu geordnete Ausgabe. Hg. Jürgen Born und Michael Müller. – New York/Frankfurt 1983.
    T   Franz Kafka: Tagebücher 1910–1923. – New York/Frankfurt 1954 (= Gesammelte Werke, Hg. Max Brod).
„Das Schloß" wird nach der Kritischen Kafka-Ausgabe mit folgender Chiffre zitiert: KKA S = Franz Kafka: Das Schloß. Hg. von Malcolm Pasley. – Frankfurt 1982 (Franz Kafka: Schriften. Tagebücher. Briefe. Kritische Ausgabe. Hg. von Jürgen Born, Gerhard Neumann, Malcolm Pasley und Jost Schillemeit).
Die „Beschreibung eines Kampfes" wird nach folgender Chiffre zitiert: BK Dietz = Franz Kafka: Beschreibung eines Kampfes. Die zwei Fassungen. Parallelausgabe nach den Handschriften. Hg. und mit einem Nachwort versehen von Max Brod. Textedition von Ludwig Dietz. – Frankfurt 1969.
Das Begriffspaar „Angst" und „Begehren" (strach – touha) stammt von Milena Pollak. (M 196).

sie der „Brief an den Vater" im Rückblick von 1919 so erschütternd rekapituliert.

Daher scheinen mir eigentlich Kafkas Briefe jenen Ort zu bezeichnen, von dem aus der Zugang zu seinen Vorstellungen von der Kunst, unmittelbarer als aus dem Werk, zu gewinnen sein mag – Zugang zu seinen Vorstellungen vom Schreiben: daß nämlich in diesem Schreiben Liebe und Literatur untrennbar verflochten sind; aber zugleich auf lebensbedrohliche Weise unvereinbar erscheinen.

Ich wähle aus den 750 eng bedruckten Seiten von Kafkas Briefen an Felice Bauer – er schrieb sie zwischen 1912 und 1917 – den mir merkwürdigsten aus. Er spricht – wie die vielen hundert anderen Briefe auch – von der Liebe und von der Literatur, freilich – und das hebt ihn aus dem übrigen Briefkorpus heraus – mit einer einzigartigen, fast unbegreiflichen Luzidität über deren problematischen Zusammenhang. Es ist der Brief aus der Nacht vom 22. zum 23. Januar 1913, ein „Liebesbrief", der wohl nicht seinesgleichen in der Weltliteratur hat. Der Brief beginnt mit der Erzählung eines Traums:

> Sehr spät, Liebste, und doch werde ich schlafen gehn, ohne es zu verdienen. Nun, ich werde ja auch nicht schlafen, sondern nur träumen. Wie gestern z. B., wo ich im Traum zu einer Brücke oder einem Quaigeländer hinlief, zwei Telephonhörmuscheln, die dort zufällig auf der Brüstung lagen, ergriff und an die Ohren hielt und nun immerfort nichts anderes verlangte, als Nachrichten vom „Pontus" zu hören, aber aus dem Telephon nichts und nichts zu hören bekam, als einen traurigen, mächtigen, wortlosen Gesang und das Rauschen des Meeres. Ich begriff wohl, daß es für Menschenstimmen nicht möglich war, sich durch diese Töne zu drängen, aber ich ließ nicht ab und ging nicht weg. (F 264)

Worauf deutet Kafkas Rede vom Traum? Seine vielleicht berühmteste Äußerung über das Schreiben ist jene Tagebuchstelle vom 6.8.1914, die das Traumhafte seines Schaffensprozesses beruft:

> Der Sinn für die Darstellung meines traumhaften inneren Lebens hat alles andere ins Nebensächliche gerückt ... (T 420)

Will man diese Stelle ernst nehmen, so spricht der eben zitierte Briefanfang nicht von der Liebe, sondern von der Kunst, von eben jenem – dem Schläfer unverdient zufallenden – „traumhaften inneren Leben", aus dem die Schrift der Literatur hervortritt. Man könnte sogar sagen: Der Briefanfang entwirft mit dieser Traumerzählung einen poetologischen Mythos, die „Urszene" von Kafkas Produktivität. Dieser Begründungsmythos von Kafkas literarischem Schaffen hat, wie mir scheint, verschiedene Aspekte:

1. Die erzählte Traumphantasie spielt den Gestus der Inspiration durch die Muse nach, wie er aus der Antike überliefert ist: „Nenne mir, Muse, den Zorn des Peliden ...".[2] Auch der Autor in Kafkas Traum, der zum Fluß hinabläuft, hofft eine Botschaft zu empfangen, von der er Zeugnis ablegen kann. Aber das Gehörte bleibt „trauriger, mächtiger, wortloser Gesang", „das Rauschen des Meeres". Offenbar sind es nur „halb geborene" Zeichen, die an das Ohr des Lauschenden fluten, zwischen Kultur und Natur schwebend, Signifikanten, aber ohne Bedeutung (wortloser Gesang)[3], Signifikate, aber ohne Zeichenwert (Rauschen des Meeres). Hier spricht nicht mehr der Mund der Muse, sondern die Membran eines Telefons, die Bedeutung des Mitgeteilten bleibt unentzifferbar, vielleicht schuldhaft begründet in der „Unverdientheit" des Schlafs.

2. *Welche* Botschaft hier erhofft wird, steht freilich außer Zweifel, wenn man die Situation bedenkt, in der hier geschrieben wird: Es ist die „Rede von der Liebe", die als „Nachricht vom ‚Pontus'" erwartet wird. Der Autor, der sie verantworten soll, ist der „Liebesdichter" der europäischen Literatur schlechthin: Es ist Publius Ovidius Naso, der mit

---

[2] So der Beginn von Homers „Ilias". Zum Musenanruf als poetischem Gestus vgl. Theodor W. Adorno: Noten zur Literatur. – Frankfurt 1958, S. 93 ff.

[3] Die Frage nach der Bestimmung von Kafkas „Musik"-Vorstellung ist noch ungeklärt. Er verknüpft mit der Musik – auf dem Hintergrund seiner eigenen „Unmusikalität" (M 65) – eine Art „indefiniten Zeichencharakter". Dieser ist für die Poetologie Kafkas grundlegend. Er enthält Elemente einer „Semiotik des Körpers". In ihr entsprechen einander die Suche nach einer „unverstandenen Musik" (– in der „Verwandlung" heißt es: „War er ein Tier, da ihn Musik so ergriff? Ihm war, als zeige sich ihm der Weg zu der ersehnten unbekannten Nahrung." E 130 –) und die Suche nach einer „unbekannten Nahrung", wie sie die Geschichte vom „Hungerkünstler" erzählt. Diese merkwürdige Verknüpfung von Essen und Musik bezeugt auch eine Stelle aus Kafkas Briefen an Milena Pollak: „So zweifellos ist es nicht, daß Unmusikalität ein Unglück ist; zunächst ist es für mich keines, sondern ein Erbstück der Vorfahren (mein väterlicher Großvater war Fleischhauer in einem Dorf bei Strakonitz, ich muß soviel Fleisch nicht essen, als er geschlachtet hat) und gibt mir einigen Halt, ja Verwandtschaft bedeutet für mich viel, dann aber ist es doch ein menschliches Unglück, ähnlich oder gleich dem Nicht-Weinen-, dem Nicht-Schlafen-können. Und musikalische Menschen verstehn bedeutet ja schon fast Unmusikalität." (M 79) Vgl. hierzu „Hungerkünstler und Menschenfresser. Zum Problem der Kunst im Werk Franz Kafkas". Archiv für Kulturgeschichte 66,2 (1984). Siehe S. 248–286 des vorliegenden Bandes. Zur Frage der „Zeichenlosigkeit" von Musik vgl. Roland Barthes: Was singt mir, der ich höre, in meinem Körper das Lied. – Berlin 1979; und Emile Benveniste: Problèmes de linguistique générale, tome II. – Paris (Gallimard) 1974, p. 43–66 (= Sémiologie de la langue).

seinen „Amores", mit seiner „Ars amatoria", den „Heroides", aber auch mit den „Remedia amoris" die „Liebe *als* Literatur" zu höchster, spielerischer Vollendung geführt hat: der souveräne Beherrscher der Liebessprache und des Liebesspiels.
Aber nicht dieser in der Weltstadt Rom schreibende Ovid scheint es eigentlich zu sein, dessen Stimme hier erklingen soll: sondern der *andere* Ovid, der um seiner Literatur, um seines Liebeswissens willen von Augustus an den Pontus verbannte Autor. Es ist Ovid im Exil in Tomi am Schwarzen Meer, der die „Tristia" schrieb und die „Epistulae ex Ponto": Literatur als Schmerz über das entrückte Leben, die unerreichbare Liebeswelt Roms.[4]
Dabei sind es wesentlich drei Merkmale, die diese historische Situation des in den Pontus verbannten Ovid kennzeichnen:
Zum einen ist die von Ovid geführte Rede von der Liebe bestimmt durch Distanz, durch die unwiderrufliche Trennung von dem, was man liebt; *zum anderen* ist sie zugleich geprägt von der Distanz zwischen der akulturellen Barbarei der Geten und Sarmaten am Schwarzen Meer und der Lebenswelt Roms, dem kulturellen Zentum der Welt; *und schließlich* wird gerade die Entfernung vom Ort der Liebe dem Exilierten zur letzten, einzigen Bedingung von Literatur überhaupt. Ovid muß diese Sprache, als autonomen Gestus der Identifikation, seiner Einsamkeit immer von neuem abzwingen, in einem verzweifelten Kampf gegen die Sprachlosigkeit der barbarischen Umwelt, in frenetischen, um Identität ringenden Selbstgesprächen.
Mit diesem Traumzitat, den erwarteten „Nachrichten vom ‚Pontus'", indiziert Kafka den „Mythos Ovid" als Organisationsmodell seines eigenen Schreibens, als Stimme des „Dichters im Exil", der dem Schmerz der Distanz seine Sprache abpreßt: Verwandlung der Stimme der Liebe in eine Stimme der Literatur, statt der Stimme der Geliebten die *eigene* (verfremdete) Stimme, statt der Stimme der Frau die männliche des Autors selbst.
Damit zeichnet sich Kafka zugleich in einen alten Mythos ein, wie vor ihm und gleichzeitig mit ihm andere Autoren, die sich auf diese Ovidische Konstellation berufen: Seneca, Camões, Marx, Puschkin, Grillparzer, Brecht, der Rumäne Vintila Horia.

---

4   Vgl. hierzu den Aufsatz von Eberhard Lämmert: Die Metamorphose des Ovid. Betrachtungen über das Verhältnis von Liebe und Literatur. In: Liebe als Literatur. Aufsätze zur erotischen Dichtung in Deutschland. Hg. von Rüdiger Krohn. – München 1983, S. 143–162.

3. Hinzu kommt nun aber ein Drittes, die Situation des Musenanrufs und den Mythos des exilierten Dichters in einer für Kafka charakteristischen Weise Umprägendes: Das Medium, das solche Botschaften zu befördern vermöchte, ist ein anderes geworden; nicht mehr die Stimme der Muse, nicht mehr die Schrift des großen Vorbildes, nicht mehr „Epistulae ex Ponto", die von der verzehrenden Liebe nach dem Unerreichten sprechen, sondern das Telefon, das nur das „weiße Rauschen" des Mediums vermittelt: keine Inhalte, keine unterscheidbaren Zeichen mehr, sondern nur jener limbische Bereich zwischen Rauschen und Gesang, zwischen Natur und Kultur, dem die Sprache der Kunst abgewonnen werden soll, als Widerruf jenes anonymen Rauschens des Mediums. Ihm stellt sich die Stimme des Schmerzes entgegen, die im Namen des Autors sprechen will, und die immer wieder erstickt zu werden droht. Ihr, dem Organ des „eigentlichen Körpers" des Subjekts, gelingt es nicht mehr, sich „durch diese Töne zu drängen", sie verstummt.

Was in dieser Umschmelzung des Mythos von der Inspiration des exilierten Dichters sich artikuliert, ist der für modernes Schreiben fundamentale Gegensatz von autonom verantwortetem Selbstausdruck und langage automatique; von Inhalt der Botschaft und deren Medium, das nichts mehr anderes ist als „Botschaft seiner selbst".[5]

Es ist dabei von nicht zu unterschätzender Bedeutung, daß Kafka immer wieder die Vorstellungen der Musik und diejenigen der technischen Medien miteinander verknüpft, am auffallendsten vielleicht an zwei Stellen des „Schloß"-Romans. Dort heißt es im fünften Kapitel:

> Und was das Telephon betrifft … In Wirtsstuben u. dgl. da mag es gute Dienste leisten, so etwa wie ein Musikautomat, mehr ist es auch nicht … Im Schloß funktioniert das Telephon offenbar ausgezeichnet; wie man mir erzählt hat wird dort ununterbrochen telephoniert, was natürlich das Arbeiten sehr beschleunigt. Dieses ununterbrochene Telephonieren hören wir in den hiesigen Telephonen als Rauschen und Gesang … Nun ist aber dieses Rauschen und dieser Gesang das einzige Richtige und Vertrauenswerte, was uns die hiesigen Telephone übermitteln, alles andere ist trügerisch. (KKAS 116)

Und schon bei K.'s erstem Kontakt mit dem Schloß im zweiten Kapitel heißt es:

> Aus der Hörmuschel kam ein Summen, wie K. es sonst beim Telephonieren nie gehört hatte. Es war wie wenn sich aus dem Summen zahlloser kindlicher

---

[5] Marshall McLuhan: Die magischen Kanäle. „Understanding Media". – Düsseldorf/Wien 1968.

Stimmen – aber auch dieses Summen war keines, sondern war Gesang fernster, allerfernster Stimmen – wie wenn sich aus diesem Summen in einer geradezu unmöglichen Weise eine einzige hohe aber starke Stimme bilde, die an das Ohr schlug so wie wenn sie fordere tiefer einzudringen als nur in das armselige Gehör. (KKA S 36)

Welche Rolle die Vorstellung der Musik – so merkwürdig verbunden mit technischen Medien der Kommunikation – im Kontext von Kafkas Poetologie spielt, ist wohl noch weitgehend ungeklärt. Es scheint aber, als bezeichne sie ihm, der sich selbst stets als „unmusikalisch" erfuhr, jenen geschlossenen Raum akultureller Insistenz des Körpers, gewissermaßen die „Naturhaftigkeit" des Körpers, der sich der Zirkulation sozialer Zeichen bis zur Selbstaufgabe verweigert.

Im Tagebuch (vom 17.3.1912) heißt es:

Maxens Konzert am Sonntag. Mein fast bewußtloses Zuhören. Ich kann mich von jetzt an bei Musik nicht mehr langweilen. Diesen undurchdringlichen Kreis, der sich mit der Musik um mich bald bildet, versuche ich nicht mehr zu durchdringen, wie ich es früher nutzlos tat, hüte mich auch, ihn zu überspringen, was ich wohl imstande wäre, sondern bleibe ruhig bei meinen Gedanken, die in der Verengung sich entwickeln und ablaufen, ohne daß störende Selbstbeobachtung in dieses langsame Gedränge eintreten könnte. (T 271)

„Musik" und „technische Medien" scheinen einander in Kafkas Vorstellung umgekehrt proportional zugeordnet zu sein. Während die Musik dem „Unmusikalischen"[6], der ihren kulturellen Zeichencharakter nicht aufzufassen vermag, „Natur" im Stadium der „Bedeutung" repräsentiert (ohne daß diese Bedeutung zeichenhaft verfestigt würde), erscheint das technische Medium als perfekter Zeichenträger ohne „Bedeutungs"-Charakter, als „Kultur" im Zustand reiner Funktionalität.[7] „Musik" ist jener Aspekt

---

[6] Kafka hat diesen Umstand seiner „Unmusikalität" immer wieder hervorgehoben (z.B. M 65, 122). Deren Bewertung bleibt ambivalent: Bald erscheint sie als Indiz seiner Unfähigkeit zur Kommunikation, bald als Fähigkeit zu ursprünglicher, akultureller Erfahrung von Stimme und Tönen. Eine Bindung des Musik-Motivs an die Sexualität kompliziert den Sachverhalt noch, zumal dieser dann anhand eines literarischen Textes, Grillparzers „Der arme Spielmann", argumentativ entfaltet wird. (M 108 ff., 124) Die Bindung der Musik an die Sexualität erscheint namentlich an folgenden Stellen der Briefe: M 123, 149, 167, 235, 238.

[7] Kafkas letzte Erzählung „Josefine, die Sängerin" scheint für diesen Zusammenhang von fundamentaler Bedeutung zu sein, und zwar als der Versuch, den „Zeichencharakter" der Kunst zwischen Stimme und Technik, zwischen Natur („Pfeifen") und Kultur („Koloraturen"), zwischen Alltagsordnung und Kunstordnung, zwischen Namen und Anonymität, zwischen Tierheit und Sozietät, zwischen „Sub-

des „Zeichens", der körpernahe Insistenz impliziert, das „technische Medium" der ihm entgegengesetzte, der freie, vom Signifikat unabhängige Zirkulation der Signifikanten ermöglicht. Kafkas Kunstwollen, die oft bemerkte Ambivalenz seiner Poetologie, entfaltet sich in verschiedenen Akzentuierungen innerhalb dieses Spannungsfeldes: als Wunsch nach der Rückkehr des Zeichens in den Körper als Natur (als das Finden einer „unbekannten" Musik und einer nie geschmeckten Nahrung[8]) einerseits, als „Gier"[9] nach der Distribution der Zeichen in der Welt der Kultur, wie Bücher, wie Druck und Schrift sie ermöglichen, andererseits.

Der Anfang des „Pontus"-Briefs benennt dieses ambivalente Feld künstlerischer Zeichenproduktion auf exemplarische Weise: als denjenigen Ort, in dem der Augenblick menschlicher Produktivität, die Entscheidung zwischen Rückverwandlung in die Natur und Fortschreiten in die Kultur, zwischen Regression und Emanzipation sich kritisch zuspitzt. Kafkas Selbstwerdungsphantasien haben diese Entscheidung nie vollzogen, sie oszillieren bis zuletzt zwischen Verstummen und Sprachwerdung[10], Verwandlung ins Tier oder Verwandlung in den Menschen[11], anonymem Versinken im Volkskörper und emphatischer Artikulation von Subjekt und Namen.[12]

4. Zu diesem Doppelmotiv von „Musik" und „Technik", von „Rauschen der Natur" und dem „sprachlichen Gesang" des Mediums, dem nicht

---

jekt" und „Volkskörper", zwischen Kunstschöpfung und Kunstwirkung neu zu bestimmen. Eigentlicher Fluchtpunkt des Erzählten ist die Frage, ob überhaupt noch eine Indizierung der durch Kunst gesetzten Zeichen, im Gegensatz zu den Zeichen der Lebenswelt, möglich erscheint, ob „Prätention von Kunst" die einzig mögliche Form ihrer sozialen Kenntlichmachung ist, oder ob dem Kunstakt (im Sinn der ästhetischen Tradition) eine eigene Form der Wahrheit zukommt.

[8] „Die Verwandlung" (E 130); „Ein Hungerkünstler" (E 267).
[9] Kafka schreibt in einem Brief an Ernst Rowohlt: „Hier lege ich Ihnen die kleine Prosa vor ... Sie ergibt wohl schon ein kleines Buch. Während ich sie für diesen Zweck zusammenstellte, hatte ich manchmal die Wahl zwischen der Beruhigung meines Verantwortungsgefühls und der Gier, unter Ihren schönen Büchern auch ein Buch zu haben." (B 103).
[10] Odradek, in der „Sorge des Hausvaters", bewahrt sein „Selbst" durch Sprachverweigerung, Rotpeter. im „Bericht für eine Akademie", rettet seine „Person" durch Spracherwerb.
[11] Gregor Samsa, in der „Verwandlung", sucht sein Selbst durch Verwandlung ins Tier zu schützen, Rotpeter, im „Bericht für eine Akademie", durch Aufsetzen der Maske des Menschen.
[12] Josefine die Sängerin verschwindet im Körper des Volkes und ihr Name wird vergessen, in „Ein Traum" dagegen wird das Verschwinden des Körpers umgekehrt zur Bedingung des ruhmvollen Überlebens im Namen.

eindeutig identifizierbaren „Zeichen" zwischen Natur und Kultur, tritt nun noch ein viertes: der Ort, an dem dieser Mythos moderner Autorschaft inszeniert wird, gibt sich als ein ganz und gar privater „Topos" (im Wortverstand) zu erkennen: Er bezeichnet Kafkas „eigenen Ort" der Autorschaft. Es ist der Ort, wo Georg Bendemann, der Held von Kafkas erstem großen „Werk", dem „Urteil", den Tod findet, Fluß, Quai und Brückengeländer, über das er sich schwingt, um im Strom zu versinken; es ist der Ort, wo Kafkas „Durchbruch" zur Literatur erfolgte, das Verstummen des Protagonisten vor dem Urteils-Spruch des übermächtigen Vaters – das aber zugleich, im Augenblick des Sprungs vom Geländer in den Fluß, jenen „unendlichen Verkehr" entbindet, ein „wortloses Rauschen" der anonymen Kommunikation, welches das Verlöschen des Ich übertönt.[13]

Was Kafkas Briefanfang exponiert, ist somit nicht weniger als der „Mythos" seiner Autorschaft: als vergeblich versuchte Einschreibung in die kulturelle Tradition europäischer „Liebesdichtung", wie sie im Namen Ovids sich vollendete; als die Erfahrung des Verstummens dieser Tradition, ihres Übertönt-Werdens durch die Medien einer Welt, deren Techniken der Kommunikation die menschliche Stimme auslöschen, sich zwischen die Körper und die von ihnen produzierten Zeichen drängen; und schließlich als Errichtung eines „privaten" Gegenmythos der Autorschaft, der die Zwänge der Familienrede und ihren Widerruf zum Ausgangspunkt der Sprache der Kunst nimmt.

Der nächste, auf die „Erzählung" dieses Mythos folgende Passus des Briefs lautet:

> An meinem Roman schreibe ich seit 3 Tagen ganz wenig, und das wenige mit Fähigkeiten, die vielleicht gerade zum Holzhacken genügen würden, aber nicht einmal zum Holzhacken, höchstens zum Kartenspielen. Nun, ich habe mich eben in letzter Zeit (das ist kein Selbstvorwurf, sondern nur Selbsttrost) an den Füßen aus dem Schreiben herausgezogen und muß mich nun wieder mit dem Kopf einbohren. (F 264)

War zuvor, am Anfang des Briefes, von der poetologischen Situation die Rede, aus der Kafkas Schreiben entbunden wird, so geht es *nun* um die Praxis dieses Schreibens selbst. Diese, als Erzeugung kultureller Zeichen (als „Literatur"), in ihrer momentanen Vergeblichkeit aus der lebensweltlichen Gegebenheit heraus, erscheint Kafka in einem Spannungsfeld

---

[13] Vgl. hierzu Gerhard Neumann: Franz Kafka. Das Urteil. Text, Materialien, Kommentar. – München 1981 (Hanser Literatur-Kommentare Bd. 16), S. 155 f.

doppelter „Unmöglichkeit", zweier gegensätzlicher Tätigkeiten, dem Holzhacken auf der einen, dem Kartenspielen auf der anderen Seite: dem Holzhacken, als einem Spiel der Kräfte, als der Vitalität des sich selbst beglaubigenden Körpers; dem Kartenspielen, als der Zirkulation autonomer, vom Körper gelöster Zeichen, die sich allein durch Setzung vereinbarter Werte und Tauschregeln beglaubigen. Was Kafka hier beruft, ist die Selbsterfahrung des Subjekts im Spiel in zweierlei Form, in zwei gegensätzlichen Weisen der „Zeichensetzung": als das gewissermaßen „asoziale" (natürliche) Spiel der Kräfte im Körper selbst, als Form der Erfahrung seiner Unveräußerlichkeit einerseits; als das „sozial" kodifizierte Spiel messender und bemeßbarer Zeichen andererseits.

Beides erscheint Kafka dubios und bedrohlich im Hinblick auf sein Schreiben: das Spiel des „kulturlosen Körpers" mit sich selbst als ein Spiel blinder, vitaler Kräfte; das Spiel „körperloser Zeichen" als ein Spiel bloßer Abstraktion.

Aus dieser Aporie des schöpferischen Ich zwischen blindem Körper und purem Zeichen, aus dieser Ausweglosigkeit springt nun Kafkas Brief – so scheint es wenigstens – in sein eigentliches Thema: die Liebe zu der fernen Braut.

> Liebste, Du weinst? Weißt Du, was das bedeutet? Das bedeutet, daß Du an mir verzweifelst. Tust Du das wirklich? Nein, Liebste, tu das nicht. Du hast doch schon die Erfahrung gemacht, daß es mit mir im Kreise geht. An einer bestimmten immer wiederkehrenden Stelle stolpere ich und schreie. Spring nicht hinzu, (kannst du eigentlich meine Schrift lesen? Eine etwas verspätete Frage) bring Dich nicht in Verwirrung, ich stehe schon wieder so aufrecht, als es mir gegeben ist. Nicht weinen, Liebste! Ich hätte es ja gewußt, daß Du geweint hast, auch wenn Du es nicht geschrieben hättest, ich plagte Dich ja, wie ein Indianer seinen Feind, vielleicht auch noch mit meinem gestrigen Brief. Gnade, Liebste, Gnade! Du meinst vielleicht im geheimen, Liebste, ich hätte mich in meinen Launen Dir gegenüber, aus Liebe zu Dir, beherrschen können. Ja, aber weißt Du denn, Liebste, ob ich es nicht doch vielleicht getan habe und mit aller, freilich lächerlichen, Kraft? (F 264)

Wenn Kafka nun, aus der Schwierigkeit, die Bedingungen seines Schaffens zu verstehen, in die Rede von der Liebe verfällt, so ist dies nur ein scheinbarer Themenwechsel: Es ist die Beleuchtung der Kehrseite desselben Problems. Es ist der Versuch, die Liebe als die „andere Seite" des Schreibens zu begreifen.

Denn die einzige Handlungsregel, die sich aus dieser Bestimmung ergibt, ist die des „einzuhaltenden Abstandes": der bedingungslosen Distanz der Körper, die durch die Schrift gewährleistet wird und die zugleich die Schrift erst ermöglicht. Das „Schreien" des einen Partners hier; das

„Verzweifeln" und die „Trauer" des anderen dort – das Gesetz ihres Bezuges kann nur lauten: „Spring nicht hinzu", „ich stehe schon wieder aufrecht".

Der „Liebesbrief" – für Kafka immer wieder nur ein Brief von der Möglichkeit der Kunst – wird somit definiert als Sprachform des Schmerzes, der Qual und der Folter, des grausamen „Indianerspielens", als eine Sprachform, deren einziges Ziel die Aufrechterhaltung der Trennung zwischen den Körpern ist: Exil als Bedingung der Möglichkeit der Schrift, „Selbstbeherrschung" als deren einzige Ermöglichung.

Nach Aufstellung dieser Regel der unbedingten Distanz – die „Liebe" als Kehrseite von „Literatur" begreift – kommt denn auch Kafka in seinem Brief zum Thema der Sprache und ihrer Produktion zurück. Er geht zur Darstellung der technischen Bedingungen solcher Distanzierung über: Denn es ist die Sprache als ein „Zeichen" transportierendes System, die sie erschafft. Nicht als Zauber der lebendigen Stimme, sondern in der Gestalt technischer Medien moderner Kommunikation: als Telefon, Telegraph, Funktelegraphie, Telegramm, Parlograph und Phonograph.

Die Legitimation für diese Rückwendung des Briefes von der „Liebe" zur „Literatur" ist der Beruf der Geliebten. Sie ist ausgebildete Schreibmaschinistin und wirkt mit dem Recht auf Prokura in der damals wichtigsten europäischen Firma für Medien der Kommunikation, der Carl Lindström AG, die nicht nur Parlographen und Diktiergeräte herstellte, sondern auch am Film- und Grammophon-Geschäft beteiligt war.[14]

Ich möchte sogar behaupten, daß diese *Funktion* Felice Bauers, Verwalterin von technischen Apparaten der Kommunikation zu sein, die Bedingung und geradezu die Ermöglichung von Kafkas Liebe zu ihr darstellt. Nur diese Funktion erlaubt es ihm, Liebe als Bedingung des Schreibens, Schreiben aber als Mittel der Distanzierung der Körper zu begreifen.

Die zweite Hälfte des Briefs ist denn auch den Phantasien der technischen Realisierung solcher Distanz als „Bedingung der Möglichkeit von Literatur" gewidmet. Kafka entwirft ein in seiner Perfektion nicht mehr zu überbietendes Verbundsystem medialer Techniken:

In Musik-, Automaten- und Mutoscop-Salons, in Hotels, sogar in Verkehrsmitteln wie Eisenbahnen, Schiffen, Zeppelinen und Elektrischen

---

14   Diese Zusammenhänge hat erstmals Friedrich A. Kittler in seiner bislang nur im Typoskript vorliegenden Habilitationsschrift „Aufschreibesysteme 1800/1900" entwickelt. Der entsprechenden Passage dieses Buchs verdanke ich wesentliche Anregungen. Vgl. jetzt Friedrich A. Kittler, Aufschreibesysteme 1800/1900, München 1985.

sollen Parlographen aufgestellt werden, in die jederzeit diktiert werden kann; als übergreifende öffentliche Institution wird das Reichspostamt gewonnen, das in allen Postämtern Parlographen aufstellt; an diese „Sprechstellen" werden direkt oder durch Automobildienste Schreibbüros gekoppelt, in denen das Diktierte in Schrift verwandelt und der Post übergeben wird; dieses Diktier- und Schreibsystem wird mit dem schon bestehenden Telefonnetz verknüpft.

Mit diesem Gedanken einer umfassenden Fern-Sprech-Struktur ist Kafka wieder dort angelangt, wohin schon der „poetologische" Anfang des Briefes zu zielen schien: bei der definitiven Loslösung der Sprache und ihrer Zeichen vom lebendigen Körper; bei der Autonomie der Schrift schlechthin als Bedingung von Literatur.

Der Brief hält die Phantasie einer Inspirations-Situation als Bedingung von Literatur fest, in der nicht mehr die Muse die Sprache der Liebe schenkt, sondern die technischen Medien durch ihr Rauschen dem Autor die Liebe vom Leibe halten: als einzige Ermöglichung seines Schreibens.

Genau dies ist nämlich das Ziel des von Kafka ersonnenen Medienverbunds: Eine Maschine, die diktiert – das Grammophon – und eine Maschine, die das Diktierte aufnimmt – der Parlograph – werden durch eine Maschine, die Zeichen transportiert – das Telefon – miteinander verknüpft.

Der Brief resümiert:

> Es wird eine Verbindung zwischen dem Telephon und dem Parlographen erfunden, was doch wirklich nicht so schwer sein kann. Gewiß meldest Du mir schon übermorgen, daß es gelungen ist. Das hätte natürlich ungeheure Bedeutung für Redaktionen, Korrespondenzbureaus u.s.w.. Schwerer, aber wohl auch möglich, wäre eine Verbindung zwischen Grammophon und Telephon. Schwerer deshalb, weil man ja das Grammophon überhaupt nicht versteht, und ein Parlograph nicht um deutliche Aussprache bitten kann. Eine Verbindung zwischen Grammoph. und Telephon hätte ja auch keine so große allgemeine Bedeutung, nur für Leute, die, wie ich, vor dem Telephon Angst haben, wäre es eine Erleichterung. Allerdings haben Leute wie ich auch vor dem Grammophon Angst, und es ist ihnen überhaupt nicht zu helfen. Übrigens ist die Vorstellung ganz hübsch, daß in Berlin ein Parlograph zum Telephon geht und in Prag ein Grammophon, und diese zwei eine kleine Unterhaltung miteinander führen. Aber Liebste, die Verbindung zwischen Parlograph und Telephon muß unbedingt erfunden werden. (F 266)

Mit diesen Sätzen hat sich die apokryphe Poetologie, die dieser Brief enthält, vollendet. Es ist nicht mehr die Muse, die dem Dichter die Rede von der Liebe ins Ohr sagt; es ist der „wortlose Gesang" der Medien, der die liebenden Körper auseinanderhält, und das freie, autonome Zirkulieren der

Sprache ermöglicht. An die Stelle der Rede von der Liebe – durch die lebendige Stimme zwischen Körpern vermittelt – tritt das Rauschen der Membran des Telefons, das das Grammophon in Prag mit dem Parlographen in Berlin verbindet: ein Mann, der die Wörter produziert und verteilt; eine Maschine, die sie transportiert; eine Frau, die sie empfängt und verzeichnet. Es ist ein Apparat, der auf vollkommene Weise eine doppelte Funktion erfüllt: Er dient der strikten Trennung der Körper; und er dient der reibungslosen Verteilung der Zeichen; nicht als vertrautes Zwiegespräch, sondern als einsinniger Strom der vom Autor erzeugten Worte in das durch die Medien distanzierte Ohr der Frau: Kafkas „Urteil" – das erste in seinem Sinne geglückte literarische Werk – ist denn auch konsequenterweise der fernen und ferngehaltenen Braut Felice Bauer gewidmet.[15]

Was Kafkas Brief in beispielloser Klarheit entwirft, ist die Bedingung der Möglichkeit einer Poetologie in einer Kultur, die den „natürlichen Menschenverkehr" (M 302) – die Bewegung der Körper zueinander und den natürlichen Zauber der Stimme – durch atemberaubend perfekte Techniken der Kommunikation ersetzt hat. Die Geschichte der Erfindungen bezeugt eine solche „Dialektik der Aufklärung" auf das genaueste. Ein später Brief Kafkas an Milena Pollak (vom März 1922) hält diesen Gedanken fest. Die Menschheit habe – heißt es dort –

> ... um möglichst das Gespenstische zwischen den Menschen auszuschalten, und den natürlichen Verkehr, den Frieden der Seelen zu erreichen, die Eisenbahn, das Auto, den Aeroplan erfunden, aber es hilft nichts mehr, es sind offenbar Erfindungen, die schon im Absturz gemacht werden, die Gegenseite ist soviel ruhiger und stärker, sie hat nach der Post den Telegraphen erfunden, das Telephon, die Funkentelegraphie. Die Geister werden nicht verhungern, aber wir werden zugrundegehn. (M 302)

Die Veranstaltungen, die Kafkas Poetologie zugrundeliegen, dienen also nur diesem einen als Paradox gefaßten Ziel: der Ersetzung der Liebe durch die Schrift; umgekehrt aber auch der Beglaubigung der Schrift aus einer Liebe, deren Handlungsregel die unbedingt eingehaltene Distanz ist.

---

[15] Die Tatsache, daß Kafkas erstes „Werk" sich der Trennung von „Liebe" und „Literatur" verdankt, daß der Beginn des Liebesbrief-Wechsels mit Felice Bauer zugleich der Beginn von Kafkas literarischem Schaffen ist, wird in der noch ungedruckten Studie von Wolf Kittler „Handschrift, Schreibmaschine, Telephon und Parlograph. Kafka und die technischen Medien" zum erstenmal einleuchtend gemacht. Vgl. jetzt Franz Kafka, Schriftverkehr, hrsg. von Wolf Kittler/Gerhard Neumann, Freiburg im Breisgau 1990.

> Über den Parlographen selbst kann ich nichts Empfehlendes sagen – schreibt Kafka an Felice Bauer etwa zehn Tage nach dem „Pontus „-Brief – wenn es aber auf eine Zeugenschaft dafür ankommt, daß Du das beste und liebste Mädchen bist, und daß daher auch eine unpraktische Maschine, wenn Du sie verkauft hast, darin, daß Du, Du sie verkauft hast, ihren Wert hat – dann sollen sie mich nur fragen kommen. (F 285)

Kafkas Zeugenschaft für die Sprechmaschine ist eine der „Bezeugung" von Schrift und ihrer Autonomie, wie sie aus der Entfernung des geliebten Körpers gewonnen und legitimiert wird. Literatur – so lautet der Kernsatz von Kafkas Poetologie – ist Abwesenheit von Liebe. Sie wird möglich durch Trennung der Zeichen von den Körpern. Schmerzhaftes Mittel ihrer Ermöglichung ist die Perfektion des Zeichentransports als eine Perfektionierung der Distanz, wie sie die modernen Medien der Kommunikation bewirken. Kafkas brennendes, immer wieder bekundetes Interesse für deren technische Möglichkeiten ist ein wesentliches Moment seiner Poetologie.

II

Die Liebe, die sich nicht mehr erzählen läßt, ist also der Ausgangspunkt von Kafkas Kunst. Der paradoxe Grundgedanke seiner Poetologie besagt, daß zwar Leben und Schreiben quälend und untrennbar verknüpft sind; daß sie aber zugleich in dieser Kultur für immer unvereinbar bleiben. Es gibt keine beglaubigten „Zeichen" ihrer Versöhnung mehr. In Kafkas „Pontus"-Brief kommt diese Erfahrung zum ersten Mal zu Bewußtsein und gewinnt die Gestalt eines „poetologischen Mythos". Kafkas künftiges Schaffen ist ohne diese Erfahrung nicht mehr denkbar. Der schmerzhafte Prozeß der Herausbildung dieses Bewußtseins von der Literatur als dem „anderen" der Liebe läßt sich denn auch an den Stadien von Kafkas literarischer Entwicklung deutlich ablesen.

Ich möchte versuchen, die wesentlichen Stationen dieses Prozesses sichtbar zu machen.

1. Kafkas frühestes überliefertes Werk ist die „Beschreibung eines Kampfes" (1904 oder 1905 entstanden). Der im Titel genannte „Kampf" besteht in dem Versuch zweier Männer, einander im Gespräch die Rede von der Liebe zu entreißen: die Liebe zu jenem Mädchen, dessen Gestalt schemenhaft durch die Dialoge geistert, vielleicht auch die (nicht eingestandene) Liebe zu dem anderen männlichen Du.

So redete ich – heißt es im Text – und suchte krampfhaft hinter den Worten Liebesgeschichten mit merkwürdigen Lagen zu erfinden; auch ein wenig Rohheit und feste Nothzucht brauchte nicht zu fehlen. (BK Dietz 26)

Die „Beschreibung eines Kampfes" ist der in vielem noch hilflose Versuch Kafkas, im Sinne der abendländischen Literatur jene „Rede von der Liebe" zu finden, die den bewunderten Vorbildern des jungen Kafka so fraglos zu Gebote stand: Dostojewskij, Flaubert, Grillparzer, Kleist. (F 460)

2. Kafkas „Durchbruch" zur Literatur erfolgte mit der Niederschrift des „Urteils" im Tagebuch in der Nacht vom 22. zum 23. 9. 1912. Er selbst hat diesen Augenblick als Urszene seiner schöpferischen Selbsterfahrung empfunden und sich immer wieder auf ihn wie auf einen Gründungsmythos berufen. Es ist eben der Augenblick, an dem er den Briefwechsel mit Felice Bauer beginnt: Am 20. 9. (zwei Tage zuvor) hatte der erste Brief Kafkas seine Reise nach Berlin angetreten.[16]
Indem Kafka die „Rede von der Liebe" durch die Briefe an die auf Distanz gehaltene Geliebte aus dem Schreiben des literarischen Werkes herausverlagert, gelingt ihm das erste Stück einer von ihm selbst akzeptierten und für möglich gehaltenen „Literatur": der Text der Erzählung „Das Urteil".
Dieses Werk entspringt nicht aus dem Erzählen einer Liebesgeschichte, sondern aus dem Widerruf der vom Vater aufgezwungenen Familienrede. Der Ort, an dem Georg Bendemann den Tod sucht und verstummt, ist zugleich der Ort, wo die Sprache der Literatur beginnt. Es ist das Geländer am Fluß, an dem der Autor vergeblich auf „Nachrichten vom ‚Pontus'", auf die Rede von der Liebe harrt. Es ist jene Quai-Mauer, auf der ihm die Muscheln der Telefonhörer die Nachricht von der Einsamkeit der Rede der Literatur ins Ohr rauschen. Der versuchte Widerruf der Familienrede als Literatur: Er wird möglich, weil die Briefe, die die Liebe aus der Schreibsituation der Literatur ausschließen, zugleich den Weg aus den Zwängen der Familienrede öffnen. Eben diese Befreiung der Sprache aus den Zwängen der vom Vater geregelten Redeordnung ist die eigentliche Leistung des „Urteils", der bald darauf geschriebenen „Verwandlung", aber auch des umgekehrten „Bildungsromans" „Der Verschollene", dessen erstes Kapitel Kafka unter dem Titel „Der Heizer" veröffentlichte.
Alle diese Texte entstanden noch 1912, parallel zu dem eben begon-

---

16 Vgl. für diesen Zusammenhang die genannte Arbeit von Wolf Kittler.

nen, die Schreibbahn der Literatur öffnenden Briefwechsel mit Felice Bauer.

Es sind Umschriften der Zwänge der Familiensituation in die freie Rede der Literatur, ermöglicht durch die in den Brief als Mittel der Distanzierung verlagerte Liebesrede. Sie bezeugen die Bedingung der Möglichkeit von Literatur, wie sie dem frühen Kafka zu Gebote stand: das Nachspielen der Familienrede in ihrer tödlichen Konsequenz als Mittel zur Befreiung von ihr.

3. Unmittelbar nach diesem Schaffensschub, im Januar 1913, schreibt Kafka jenen „Pontus"-Brief, das poetologische Dokument, von dem die hier angestellten Überlegungen ausgegangen sind. Dieser Brief führt beinahe unvermerkt einen wesentlichen poetologischen Begriff ein, der die nächste Epoche in Kafkas Schaffen einleitet: die Periode des „Landarzt"-Bandes. Dieser neue poetologische Begriff ist der des Spiels als Lebensform der Literatur. Aus der Einsicht in die Unmöglichkeit der Literatur als Rede von der Liebe erwächst der Versuch, Literatur als Rede-Spiel zu begreifen. Während der sogenannte „Durchbruch" von 1912 im Zeichen des tödlichen Ernstes – als der erstickenden Gewalt der Vater-Sprache – steht, ist die „Landarzt"-Zeit (1916 und 1917) durch ein neues Erfahrungsmodell geprägt: die Phantasie des Rollenspiels als einer Form des Auswegs, wenn schon nicht der Freiheit; Sprache wird zum Instrument eines fingierenden Spiels der Mimikry.

Eine Kernfunktion in dieser neuen Schaffensphase gewinnt die Erzählung „Ein Bericht für eine Akademie". Es ist die Geschichte eines Affen, der, indem er einen Menschen „spielt" – und zwar durch den virtuosen Erwerb der Sprache – seinen Tierkörper in die relative Freiheit der Menschenwelt rettet. Es ist die Phantasie eines Auswegs, der darin besteht, die Zeichen der Sprache spielerisch vom Körper zu trennen und den Körper hinter solcher Rede-Mimik wie hinter einem Schutzschild zu verbergen. Das Spiel, das der Affe spielt, und das ihm einen Ausweg öffnet, ist Rollenspiel, ist Mimikry, ist Virtuosität der Maske.

Dieses Spiel bezeichnet die endgültige Ablösung der poetischen Sprache von der Familiensituation. Während Kafka in einem Brief an Felice Bauer vom Dezember 1912 beim Anblick eigener Kindheitsfotos noch schreibt: „Gleich im nächsten Bild trete ich schon als Affe meiner Eltern auf" (F 138) und damit sein Sprach-Spiel zwanghaft-mimetisch in die Familiensituation eingebunden sein läßt, phantasiert der „Bericht für eine Akademie" einen Affen, der aus sich selbst die Sprache erzeugt, ohne Familie, ohne geliebtes menschliches Du und gewissermaßen asozial; einen

Affen, der in souveräner Künstlerschaft (E 193) sich eine Sprachmaske erredet, die ihn „als Mensch" – wenn auch nur im Ghetto der Varieté-Welt – unangreifbar macht: „ich, freier Affe, fügte mich diesem Joch" (E 184).

Der Affe inszeniert als Spiel, was dem Träumenden im „Pontus"-Brief vorschwebt: die Trennung des Körpers (seiner „Affenwahrheit", wie es heißt) von der gleichsam für sich selbst und unabhängig gewordenen Zirkulation der Sprache als dem „Rauschen des Diskurses" – hier ist es die Rede der Wissenschaft vor der Akademie –, das die verletzliche Stummheit seines Körpers schützt, sie also gerade nicht auslöscht, wie dies noch die Redegewalt des Vaters Bendemann mit dem Körper des Sohnes getan hatte: durch die unwidersprechliche „Verurteilung zum Tode des Ertrinkens".

Dieser Begriff vom „Spiel der Kunst" als Form der Lebensrettung, nicht als „Freiheit" zwar, aber doch als „Ausweg", ist für die Poetologie Kafkas in der Zeit des „Landarzt"-Bandes zentral. Ich möchte daher an dieser Stelle meiner Überlegungen einen präzisierten Spiel-Begriff einführen, den ich dem wichtigen Buch von Roger Caillois, „Les jeux et les hommes, le masque et le vertige", verdanke.[17] Caillois unterscheidet vier Grundformen des Spiels, die sich in zwei Gruppen aufteilen lassen. Die erste Gruppe umfaßt compétition und hasard, also Wettkampf und Glücksspiel; die zweite simulacre und vertige, also Rollenspiel und Rauscherfahrung. Bei den ersten beiden Formen geht es um Verrechenbarkeit und Meßbarkeit der Spielhandlungen, um Spielarten des Tausches, wie sie durch sozial vereinbarte Zeichen möglich werden; um Leistungsvergleich im agonalen Spiel, compétition, wie sie den Sport kennzeichnet, um Gewinn und Verlust im Spiel des Zufalls, hasard, wie etwa im Lotteriespiel.

Simulacre und vertige dagegen kennen solche Formen der Verrechenbarkeit nicht. Sie richten sich nicht auf die Zeichen und das durch sie gesetzte soziale Wertsystem, sondern auf den Körper. Rollenspiel (simulacre) ist das Sich-Ausliefern an den Körper des andern, als Wiederholen wahrgenommener Rollen, so wie Wilhelm Meister sich die Rolle Hamlets aneignet, so wie der Affe Rotpeter den Menschen spielt. Vertige (Rauscherfahrung des Körpers) ist das Sich-Ausliefern an das eigene Körpergefühl, so wie dies Effi Briest auf der Schaukel in Fontanes Roman tut, so wie dies Kafkas Hungerkünstler tut, der sich regungslos in den Selbstverzehr seines eigenen Körpers versenkt, so wie dies schließlich

---

17 Roger Caillois: Les Jeux et les Hommes. Le masque et le vertige. Édition revue et augmentée. – Paris 1967. Die Gedanken Caillois' habe ich auch meiner Studie zum „Hungerkünstler" zugrundegelegt. Vgl. hierzu S. 248–286 des vorliegenden Bandes.

Kafkas Trapezkünstler – in „Erstes Leid" – tut, der sich der Selbsterfahrung im freien, schwebenden, durch die Luft bewegten Körper aussetzt.

Zentral für meine künftige Argumentation ist, daß Wettkampf und Glücksspiel von Caillois den sogenannten zivilisierten Gesellschaften zugeordnet werden, wo wissenschaftliche Ordnung, Systemzwang und das Gesetz von Schrift und Zahl herrschen; daß simulacre und vertige dagegen eher den sogenannten primitiven, ursprünglichen Gesellschaften zukommen, wo System, Schrift und Zahl keine disziplinierende Kraft besitzen. Die beiden ersten Spielformen verfahren abstrahierend systemorientiert, indem sie die Zirkulation konventionell gesetzter Zeichen in Anspruch nehmen; die beiden anderen Spielformen verfahren körperorientiert, indem der Körper selbst zum Einsatz des Spiels wird, eine Ablösung sozial konvertierbarer Zeichen von ihm nicht erfolgt.

Meine These lautet nun, daß Kafkas Poetologie die beiden zeichenorientierten, unserer Kultur zugeordneten Spielformen zur Zeit des „Landarzt"-Bandes experimentell nutzt, und zwar in Auseinandersetzung mit den ihnen entgegengesetzten körper-orientierten, sie danach aber weitgehend vernachlässigt; und daß er, von diesem Zeitpunkt an, den beiden körperorientierten, den primitiven Gesellschaften adäquaten Spielformen des „simulacre" und des „vertige" zunehmend größere poetologische Bedeutung zumißt.

Ich habe zu zeigen versucht, daß Kafkas „Pontus"-Brief noch beide Gruppen von Spielformen kennt und unterscheidet, freilich noch als „Unmöglichkeiten" von Kunst: als „vertige" im Spiel des Körpers mit sich selbst – im Beispiel des Holzhackens; als „Glücksspiel" im Beispiel der auf dem Tisch zirkulierenden Karten.

In der Epoche des „Landarzt"-Bandes wird die Auseinandersetzung mit diesen Spielformen als Medien kulturellen Selbst-Erwerbs dann zum wesentlichen Merkmal von Kafkas Schaffen: Die Verwandlung des Affen Rotpeter in einen „Menschen" orientiert sich eindeutig am Spielprinzip des simulacre. Rotpeter stellt das Rollenspiel (die Nachahmung der *anderen* Körper) in den Dienst des Überlebens; er assimiliert die menschlichen Zeichen, um in deren Schutz das Mit-sich-eins-Sein seines Tierkörpers in die Menschenwelt (in die Kultur) zu retten.

Aus diesem „Grundmodell", Kunst als Ausweg, nicht als Freiheit zu etablieren, indem sich Körper und Zeichen trennen, entbindet Kafka dann jene andere Spielform abstrahierter „körperloser" Zeichen: das autonome Spiel der Sprache nämlich in dem von ihr selbst konstituierten Feld der Kunst. So etwa in der Erzählung „Elf Söhne" als Sprachspiel mit elf Erzählungen, an denen Kafka gerade schreibt; so in jenem rätselhaften Wesen

„Odradek" in der „Sorge des Hausvaters" als einer aus der Sprache selbst und ihren Bildungsgesetzen geborenen Kunstfigur; so in einem gewissermaßen metasprachlichen Spiel der „Jäger Gracchus"-Fragmente mit diesem Kunstgebilde „Odradek" selbst; so schließlich in der Erzählung „Ein Besuch im Bergwerk" als dem Spiel mit den Autoren-Namen und Textproben, wie sie Kafka in einem Katalog des Kurt Wolff Verlags vorfand. Malcolm Pasley hat in einem wichtigen Aufsatz diese Sprachspiele als „semi-private games" rekonstruiert.[18]

Während Kafka also in der Zeit des „Landarzt"-Bandes auf sehr vielfältige Weise mit den Möglichkeiten der Kunst „als Spiel" experimentiert, zeichen-orientiertes und körper-orientiertes „Spiel" in einer Form von Mimikry des Überlebens zusammenwirken läßt, scheint sich im letzten von Kafka zum Druck gebrachten Band – der den Titel „Ein Hungerkünstler" trägt – eine neuerliche Wende zu vollziehen. Die hier wirksame Poetologie scheint mir allein noch auf den gegenkulturellen, rein körper-bestimmten Spielbegriff des „vertige" zu rekurrieren. Während nämlich die Texte aus der Zeit des „Landarzt"-Bandes noch aus Konzepten des fingierenden „Rollenspiels" entwickelt werden – hierher gehören auch die verschiedenen „Verkleidungen" der Erzählerfigur als „vergleichender Völkerkundler" in dem Text „Beim Bau der Chinesischen Mauer", als Dorfschullehrer im „Riesenmaulwurf" und als Reisender in „Schakale und Araber" – scheint sich in den Erzählungen des „Hungerkünstler"-Bandes jenes *andere* Spielprinzip des „vertige" durchzusetzen, das von Caillois den primitiven Gesellschaftsformen zugesprochene Spiel mit der Rauscherfahrung des an sich selbst ausgelieferten Körpers. Der „Trapezkünstler" (in „Erstes Leid") vertraut sich bedingungslos der Bewegung des eigenen Körpers an, er weigert sich, diesen Schwebezustand autonomer Erfahrung mit dem Berühren des festen Bodens zu vertauschen; der „Hungerkünstler" in der gleichnamigen Erzählung versenkt sich in den Selbstverzehr des eigenen Körpers bis zur Selbstauslöschung als letzter, unwiderruflicher Form der Beglaubigung der Wahrheit seines Tuns; „Josefine, die Sängerin" erfährt ihre Stimme als mit dem Körper identisches, unveräußerliches Organ – zuletzt nicht anders dem Publikum „mitteilbar" als durch Versenken des eigenen Körpers in die namenlose Körpermasse des Volkes.

Alle drei Figuren widerrufen somit das vom Affen Rotpeter erprobte Verfahren des „Überlebens": nicht Trennung der Zeichen vom Körper, um

---

[18] Malcolm Pasley: Kafka's Semi-private Games. Oxford German Studies 6 (1971) S. 112–131. Pasley ist, soweit ich sehe, der erste, der in die Analyse von Kafkas Werken der „Landarzt"-Zeit den Spielbegriff eingeführt hat.

diesen dadurch notdürftig und kompromißhaft zu bewahren, sondern Rückverwandlung aller Zeichenelemente in den autonomen Körper, Setzung des Körpers selbst als Zeichen, Wiederherstellung seiner Authentizität – auf die Gefahr hin, jegliche Form kommunikativer Verwirklichung einzubüßen: Der Trapezkünstler hat keine Berührung mit dem Publikum mehr; der Hungerkünstler verliert sein Publikum und erlischt schließlich als soziales Zeichen, sobald er versucht, die Fehlerlosigkeit seines Hungerns bis zuletzt, das heißt bis in den Tod hinein, zu bewahrheiten; Josefine schließlich – es ist die mildeste Form der Versenkung des Körpers in sich selbst – wird vom Körper ihres Volkes behutsam aufgenommen und schließlich vergessen.

Nur die vierte Erzählung des „Hungerkünstler"-Bandes, „Eine kleine Frau", scheint auf den ersten Blick nicht in diesen Rahmen zu gehören: genaugenommen aber dann doch. Denn es werden in dieser Geschichte eben jene beiden Instanzen isoliert, denen sich das vom Hungerkünstler, vom Trapezkünstler und von Josefine inszenierte „Rausch"-Spiel (vertige) bedingungslos zu verweigern sucht, die Instanz des Erotischen und die Instanz der zeichen-verwaltenden Öffentlichkeit.

Grundhaltung des „Ich"-Erzählers in der Geschichte „Eine kleine Frau" ist die hartnäckigster Gegenwehr und Verweigerung in zweierlei Richtung: zum einen gegenüber dem Eindringen von Sexualität in die Sphäre seiner Selbsterfahrung – dies ist die Welt jener „Liebesgeschichten", deren Auslagerung schon der frühe Kafka als Bedingung seiner Kunst erkannt hatte; zum anderen aber gegenüber dem Eindringen der Öffentlichkeit und ihrer Redeordnungen in die Sphäre der Selbsterfahrung – solche Abwehr hatte Kafka in der Figur Rotpeters und dem von ihm vertretenen Spielprinzips des „simulacre", des fingierten Rollenspiels als Bedingung des Überlebens, vergegenwärtigt.

So rekapituliert „Eine kleine Frau" noch einmal jene beiden „Gegenwelten", gegen die Kafkas Kunstwille sich zeitlebens und in immer stärkerem Maße zu behaupten suchte; gegen die er schließlich in seinem Spätwerk das Spiel des in sich selbst versunkenen Körpers, seiner bedingungslosen Insistenz inszenierte: als eine „Poetologie des Körpers", die in unserer Welt, deren Spielregel gerade die Trennung von Körper und Zeichen ist, kein Lebensrecht zu beanspruchen vermag.

III

Auf dem Hintergrund solcher Beobachtungen zur Entwicklung von Kafkas Darstellungsabsichten lassen sich einige Überlegungen zum Problem der Kunst im Werk Kafkas anstellen.

1. Die hier skizzierte „Entwicklung" Kafkas verläuft gewiß nicht geradlinig. Aber es bleibt unbestreitbar, daß das eigentliche Problem seines Kunstwollens seit dem „Pontus"-Brief die Frage nach der Herstellbarkeit künstlerischer Zeichen auf dem Hintergrund der Trennung von Körper und Schrift in unserer Kultur ist. Phantasien, die das wechselnde Verhältnis von Körper und Schrift – als ein Problem kultureller „Verzeichnung" – betreffen, begleiten denn auch seitdem Kafkas Schaffen: so vielleicht am eindringlichsten in den beiden dem „Prozeß"-Komplex zugehörigen Texten „Vor dem Gesetz" und „Ein Traum".
Der erste erzählt die Geschichte des namenlosen Mannes vom Land, der Einlaß ins Gesetz begehrt, um sein „Urteil" zu erlangen, das seinem Körper die Zeichen seiner Wahrheit und seines Namens bescheren könnte; und der im Sterben erfährt, daß der ihm verweigerte Eingang zum Gesetz nur für ihn bestimmt war und nun geschlossen wird.
Der zweite Text – „Ein Traum" – erzählt die Geschichte des Mannes, der auf einen Friedhof kommt, einen Grabstein aufgerichtet findet, und, im Augenblick, da sein Körper im geöffneten Grab versinkt, seinen Namen in goldenen Lettern über den Grabstein jagen sieht.
Aber auch der Text der Erzählung „In der Strafkolonie" gehört in diesen Zusammenhang: Es ist jene dritte Phantasie über das Verhältnis von Körper und Schrift, wo dem Delinquenten sein Urteil, die Wahrheit seiner Existenz, von einer Maschine in einer Schrift, die nur ihm selbst verständlich und entzifferbar sein soll, in den Körper geschrieben wird – und diese Zeichnung und Vereigentümlichung seines Körpers zugleich seinen Tod herbeiführt.
Verlöschen des Körpers und Verlöschen der Schrift: Zwischen diesen Extremen öffnet sich jenes Feld der Zeichen, mit deren identifikatorischer Kraft sich Kafkas Phantasie beschäftigt. Sie führen zu immer neuen, verschiedenen, aber auf eine einzige Frage gerichteten Akzentuierungen des Verhältnisses von Körper und Schrift, ihrer Trennung und möglichen Vereinigung; auf die Frage nämlich, welche Distanz zwischen Körper und Schrift die Rede von der Wahrheit ermöglicht; auf die Frage, woraus die vom Menschen gesetzten Zeichen ihre be-

wahrheitende Kraft empfangen: aus der Stummheit und Insistenz des Körpers, oder aus dem im contrat social gesetzten Sinn der Schrift. Es ist die Kernfrage von Kafkas Poetologie.

2. Zur Bewältigung dieser Frage scheint Kafka in der Zeit des „Landarzt"-Bandes dann einen doppelten Spiel-Begriff zu entwickeln: *Eine* Form des Spiels, die dem Prinzip des „simulacre" gehorcht, also im Nach-Spielen, im Fingieren familialer und sozialer Rituale einen Ausweg der Kunst, eine reduzierte Form der Freiheit zu gewinnen sucht; eine *andere* Form sodann, die sich als autonomes Sprach-Spiel bestimmen läßt, als Sich-Verselbständigen der Sprache der Kunst, als Sprechen über Sprache und Sprachproduktion, als Verwandlung des „simulacre" in pure „körperlose" Fiktion.

Die Figur des Affen Rotpeter steht auf der Grenze zwischen beiden Formen: Er benutzt das körperlose Sprachspiel der Maske, die das Überleben des anonymen stummen Körpers ermöglicht. Rotpeter arrangiert sich mit der bestehenden abendländischen Kultur, er nutzt virtuos die Grundregel ihrer Ermöglichung, die Trennung von Körper und Zeichen, um in ihrem Schutz zu überleben.

3. Kafkas späte Texte widerrufen dieses Verfahren. Sie bekennen sich zu einer Insistenz des Körpers, die in der bestehenden Kultur keine Zeichenfunktion mehr gewinnen kann.

Die Figuren von Kafkas späten Texten verweigern die Lösung der Zeichen vom stummen Körper; sie betreiben vielmehr deren Rückverwandlung in diesen: die Etablierung des Körpers selbst als autonomes, von sozialen Bestimmungen unabhängiges Zeichen. Das Spiel, das sie einzuleiten suchen, gehorcht dem Prinzip des „vertige", der bedingungslosen, rauschhaften Auslieferung des Körpers an sich selbst. Es ist eine – zeichentheoretisch nicht mehr legitimierbare – „Poetologie des Körpers", die sich hier ankündigt und auf paradoxe Weise (im Zeichensystem der Sprache) vollendet.

4. Die Geschichten, die Kafka auf den verschiedenen Stationen seines schöpferischen Prozesses erfindet, sind – entsprechend den poetologischen Neuorientierungen seiner Kunst – von wechselnden Figurenkonstellationen bestimmt: Am Anfang von Kafkas Schaffen steht der versuchte Widerruf jener Zweierkonstellation, die in der Tradition der Kunst im Namen der Liebe Gestalt gewinnt. Aus ihr entwickeln sich jene Darstellungen des familialen Dreiecks, wie sie die Werke bis zur Zeit des „Landarzt"-Bandes bestimmen. Eine Wende leitet dann die Figur des Affen Rotpeter ein: Er entsteht als Unikat, gleichsam ohne Familie, sein Ursprung ist stumme Natur. In ihm erscheint –

durch seine Mimikry noch spielerisch verstellt – die Autonomie des *einen*, mit sich einigen Körpers. An die Stelle des Dreiecks tritt die Einzelfigur, wie sie dann die Konstellationen des Spätwerks bestimmt. Einzelfiguren dieser Art sind: der Trapezkünstler, der Hungerkünstler, Josefine, aber auch das einsame Tier im Bau. Sie alle leben aus der Insistenz des Körpers, seiner Weigerung, die Zeichen, die er zu setzen sucht, von sich abzulösen und dem Zeichenspiel der Gesellschaft auszuliefern.

Das heißt aber, daß diese Figuren, die als einzelne sich selbst setzen, die keine Familien- und keine Liebesgeschichte haben, die sich der Öffentlichkeit verweigern oder von ihr ausgeschlossen werden, in einer Kultur wie der unsern, die um des sozialen Tausches willen Körper und Zeichen trennt, nicht zeichenfähig, nicht sozialisierbar, und das heißt: nicht lebensfähig sind.

5. Kafka war sich dessen sehr genau bewußt. Er hat immer wieder versucht, sein Kunstwollen (und dessen vermeintliches Versagen) in kulturkritische Erwägungen einzubetten. Er hat sich als denjenigen begriffen, der – wie es in einem Brief an Milena Pollak heißt – „irgendwo in Centralafrika" lebt und sein „ganzes Leben lang dort gelebt" hat (M 215) und von dort her seine „unerschütterliche Meinung" über Europa formuliert. Es ist der Blick des „Fremden", der sein unbestechliches kulturkritisches Urteil fällt, und zwar in eine doppelte Richtung:

Auf der einen Seite hat Kafka immer wieder versucht, sich die Unmöglichkeit einer Fortsetzung der abendländischen Kunsttradition, die durch Trennung von Körper und Zeichen und den vermittelnden Prozeß der Transsubstantiation gekennzeichnet ist, zu verdeutlichen. Auf der andern Seite drängte sich ihm immer wieder die Phantasie einer fremden, exotischen Kultur auf, die eine Trennung von Körper und Zeichen nicht kennt: eine andere Welt, in der Kunst als stummes In-sich-Ruhen der Körper begriffen werden könnte.

Für jeden der beiden Zusammenhänge möchte ich einen Textbeleg zitieren.

Zunächst die Kritik an der abendländischen Kunstübung der „Transsubstantiation", der Verwandlung von Körper in Zeichen, wie sie den klassischen Kunstwillen bestimmt:

> Ich habe kein literarisches Interesse, sondern bestehe aus Literatur, ich bin nichts anderes und kann nichts anderes sein. Ich habe letzthin in einer „Geschichte des Teufelsglaubens" folgende Geschichte gelesen: „Ein Kleriker hatte

eine so schöne süße Stimme, daß sie zu hören die größte Lust gewährte. Als ein Geistlicher diese Lieblichkeit eines Tages auch gehört hatte, sagte er: das ist nicht die Stimme eines Menschen, sondern des Teufels. In Gegenwart aller Bewunderer beschwor er den Dämon, der auch ausfuhr, worauf der Leichnam (denn hier war eben ein menschlicher Leib anstatt von der Seele vom Teufel belebt gewesen) zusammensank und stank." Ähnlich, ganz ähnlich ist das Verhältnis zwischen mir und der Literatur, nur daß meine Literatur nicht so süß ist wie die Stimme jenes Mönches. (F 444)

Kunst erscheint Kafka hier – geformt nach dem Modell der christlichen Heilslehre – als Exorzismus, als Austreibung des Zeichens aus dem Körper, als gewaltsame Trennung in eine „süße Stimme" und einen „stinkenden Körper". Es ist das Modell, nach dem der klassische (und auch noch der psychoanalytische) Kunstbegriff sich formuliert: als Läuterung der Sinnlichkeit zum reinen, unanfechtbaren Zeichen der Kunst. Dessen „Süße" vermochte Kafka sich selbst nicht mehr zuzusprechen.

Diesem Modell, an dem Kafka immer von neuem verzweifelte – noch an Milena Pollak schreibt er: „Schmutzig bin ich Milena, endlos schmutzig, darum mache ich ein solches Geschrei mit der Reinheit. Niemand singt so rein, als die welche in der tiefsten Hölle sind; was wir für den Gesang der Engel halten, ist ihr Gesang." (M 228) – diesem Modell also stellte Kafka ein anderes, archaisch-akulturelles gegenüber. Dieses kennt keine Verklärung des Körpers, keine Transsubstantiation, keine auratische Verwandlung in kulturelle Zeichen. „Jenen Wilden" – heißt es da –

von denen erzählt wird, daß sie kein anderes Verlangen haben als zu sterben oder vielmehr sie haben nicht einmal mehr dieses Verlangen, sondern der Tod hat nach ihnen Verlangen und sie geben sich hin oder vielmehr sie geben sich nicht einmal hin, sondern sie fallen in den Ufersand und stehn niemals mehr auf – jenen Wilden gleiche ich sehr und habe auch Stammesbrüder ringsherum, aber die Verwirrung in diesen Ländern ist so groß, das Gedränge wogt auf und ab bei Tag und Nacht und die Brüder lassen sich von ihm tragen. Das nennt man hierzulande ‚einem unter den Arm greifen', solche Hilfe ist hier immer bereit; einen, der ohne Grund umsinken könnte und liegenbliebe, fürchtet man wie den Teufel, es ist wegen des Beispiels, es ist wegen des Gestankes der Wahrheit, der aus ihm steigen würde. Gewiß, es würde nichts geschehen, einer, zehn, ein ganzes Volk könnte liegenbleiben und es würde nichts geschehen, weiter ginge das mächtige Leben, noch übervoll sind die Dachböden von Fahnen, die niemals aufgerollt gewesen sind, dieser Leierkasten hat nur eine Walze, aber die Ewigkeit in eigener Person dreht die Kurbel. Und doch die Angst! Wie tragen doch die Leute ihren eigenen Feind, so ohnmächtig er ist, immer in sich. (H 249)

Wenn Kafka sagt, daß er „jenen Wilden sehr gleiche", so erkennt er in ihnen ein Prinzip der Welterfahrung, das mit dem der abendländischen

Kunst nichts mehr zu tun hat. Es ist das Prinzip des wortlosen, wunschlosen Versinkens im eigenen Körper, die Zurücknahme aller Zeichenqualität in dessen stumme Insistenz. Es ist jenes Prinzip, das Kafka selbst als Ausgangspunkt einer neuen, der kanonisch-abendländischen widersprechenden „Poetik des Körpers" vorzuschweben schien. Diese hätte sich den Zeichen, die im Zeughaus der Geschichte lagern, den Fahnen auf den Dachböden, wie auch den mechanischen Distributionen von Zeichen, wie sie in den Spielwalzen der Leierkästen verfügbar sind, zu verweigern. Denn diese führen zur Trennung von Körper und Zeichen, der „Transsubstantiation", dem „Gestank der Wahrheit".

Aus dem Gesagten wird deutlich: Kafkas Kunstbegriff ist in höchstem Grade zwiespältig. Eine immer wieder aufbrechende Neigung, sich dem überlieferten Vorstellungs- und Begriffs-Repertoire der abendländischen Kunsttheorie anzubequemen, ist gewiß nicht zu übersehen. Der Satz über die „Landarzt"-Erzählung, sie sei der Versuch, „die Welt ins Wahre, Reine, Unveränderliche zu heben" (T 534), ist eine der am häufigsten wiederholten Aussagen Kafkas, die seiner literargeschichtlichen Einpassung als „Klassiker" der Literatur immer wieder Vorschub zu leisten scheint. Andererseits aber zeigen sich Elemente einer ganz anderen Auffassung von Kunst, die Züge einer subversiven, die abendländische Tradition unterlaufenden Ästhetik verraten. Es sind die Phantasien einer Kunst, die vor den Gründungsmythos der christlich-abendländischen Kultur, den im biblischen Text überlieferten „Sündenfall", zurückgreifen: auf das Mit-sich-eins-Sein des stummen, bewußtlosen Körpers im Paradies vor der Inthronisierung des göttlichen Gebots. Wenn durch den Sündenfall der Tod in die Welt kommt, damit aber zugleich das Wissen und die Sexualität, so ist dies zugleich der Augenblick der Geburt des Zeichens, das sich vom Körper trennt, der Augenblick der Geburt der Sprache, die Lizenz und Tabu etabliert.

Kafka hat den Sündenfall immer in diesem Sinne verstanden, als das von Gott erlassene „unbegründete Verbot, die Bestrafung aller ..." (T 502), als das „Wüten Gottes gegen die Menschenfamilie" (T 502), als die Zeichnung des Menschen mit Angst und Begehren.

Ein Brief an Milena Pollak (M 196 ff.) entwickelt beide Begriffe – „strach" und „touha", Angst und Begehren – als anthropologische Kategorien aus der Konstellation von Mann und Frau, also aus eben jener Beziehung der Liebe, deren Ausschaltung für Kafka die Bedingung der Kunst und der Herstellung ihrer Zeichen war.

Kafkas Poetologie sucht den Weg vor diese Situation zurück in jene Luft – so Kafka wörtlich – „die man im Paradies vor dem Sündenfall geatmet hat" (M 199), das heißt aber: vor der Erfindung der Liebe zwischen Mann und Frau.

Es ist der Wille, eine *andere* Kultur zu denken als die bestehende, anstelle der „Wahrheit der zirkulierenden Zeichen" die „Wahrheit des stummen Körpers", der weder Lizenz noch Tabu kennt, zur Grundlage der Kunst zu machen.

In der Sprache *der* Kultur freilich, in der Kafka lebte, war dieses Bemühen nichts anderes als der Rückfall aus dem auratischen Bereich der Kunst in die Gestalt- und Formlosigkeit des „Lebens" und seiner trivialen Körperlichkeit.

Wenn Milena Pollak Kafka schrieb, zwei Stunden Leben wögen mehr als zwei Seiten Schrift (M 47), so brach alle Verzweiflung und Auswegslosigkeit seines in sich gespaltenen Kunstbemühens über ihn herein: das Versagen der Schrift vor dem Zauber von Blick und Stimme; und die Unersetzlichkeit der Schrift als Medium des Selbstausdrucks. Es war die Einsicht in die Hoffnungslosigkeit seines Versuchs, die Differenz zwischen Leben und Literatur, zwischen Körper und Schrift, die der Kern und die Bedingung der abendländischen Poetologie ist, durch eine Poetik des Körpers zu widerrufen.

Erst im letzten Jahr seines Lebens gewinnt Kafka diesem verzweifelten Gedanken eine definitive Wendung ab: Nicht die Kunst kann die Form der Wahrheit sein, die sich dem Körper abringen läßt. Es ist der Schmerz (an die Stelle der unmöglichen Liebe tretend), der Wahrheit verbürgt, weil er aller sozialen, aller kulturellen Verzeichnung für immer sich widersetzt. „Mit primitivem Blick gesehen" – schreibt Kafka im Februar 1922 in sein Tagebuch (es ist der *fremde* Blick, der Blick des Exoten auf eine unbegreifliche europäische Welt) –

> Mit primitivem Blick gesehen, ist die eigentliche, unwidersprechliche, durch nichts außerhalb ... gestörte Wahrheit nur der körperliche Schmerz. Merkwürdig, daß nicht der Gott des Schmerzes der Hauptgott der ersten Religionen war ... Wie kann man sein Herankommen ertragen, wenn man nicht an ihm Anteil hat noch vor der schrecklichen Vereinigung? (T 569)

Vielleicht war es dieses letzte, allein standhaltende Wissen, aus dem heraus Kafka den Freund Max Brod bat, alle Schriften aus seinem Nachlaß zu verbrennen.

IV

> Allerdings ist diese Angst vielleicht
> nicht nur Angst, sondern auch Sehnsucht
> nach etwas was mehr ist als alles
> Angsterregende.
> (M 296)

Kafkas Briefe an Felice Bauer sind das Dokument eines Kampfes, dessen Ziel die Ausschließung der Liebe aus der Zeichenwelt der Kunst ist, die Herausdrängung der menschlichen Stimme aus der poetischen Rede. Der Sieg, den Kafka schließlich erringt, nimmt die Form einer Niederlage an. Er verstummt.

Mit den Briefen an Milena Pollak setzt dieser Kampf ein zweites Mal ein: aber nun unter verändertem Vorzeichen, als ein Versuch, die Sprache der Liebe an die Stelle der Literatur zu setzen.

Der Beginn dieses zweiten großen Briefwechsels mit einer Frau steht im Zeichen jener Übersetzungen ins Tschechische, die Milena Pollak von Kafkas Texten, so auch dem ersten Kapitel des „Verschollenen", anfertigte. Kafka schreibt hierzu:

> Als ich das Heft aus dem großen Kouvert zog, war ich fast enttäuscht. Ich wollte von Ihnen hören und nicht die allzu gut bekannte Stimme aus dem alten Grabe. Warum mischte sie sich zwischen uns? Bis mir dann einfiel, daß sie auch zwischen uns vermittelt hatte. (M 9)

Hier ist es nicht mehr die Menschenstimme als die Stimme der Liebe, die sich vergeblich zwischen das Rauschen der Medien zu drängen sucht, wie im „Pontus"-Brief an Felice, hier ist es die Schrift der Literatur, die sich in die Stimmen der Liebenden mischt und sie zu trennen droht.

Milena Pollak ist nicht, wie Felice Bauer, jene Frau, in deren Ohr der Autor spricht, und deren Hand das Diktierte aufzeichnet; sie verfügt über eine eigene Stimme, über eine eigene Schrift, und bedient sich jener „anderen" Sprache, die für Kafkas Ohr die Sprache des Körpers geblieben ist, durchpulst vom Leben und seiner Unmittelbarkeit:

> Deutsch ist meine Muttersprache und deshalb mir natürlich, aber das tschechische ist mir viel herzlicher, deshalb zerreißt Ihr Brief manche Unsicherheiten, ich sehe Sie deutlicher, die Bewegungen des Körpers, der Hände, so schnell, so entschlossen, es ist fast eine Begegnung, allerdings wenn ich dann die Augen bis zu Ihrem Gesicht heben will, bricht dann im Verlauf des Briefes – was für eine Geschichte! – Feuer aus und ich sehe nichts als Feuer. (M 17)

Die Frau, die hier mit Kafka zu sprechen beginnt, ist ein ebenbürtiger Partner bei seinem Kampf um die Sprache und ihre Distanz vom Körper. In diesem Kampf, den sie „von der andern Seite" (M 371) führt, scheint Kafka noch einmal den Versuch zu wagen, der Sprache eine „Geschichte der Liebe" abzugewinnen, aus der Stimme der Frau jenes Feuer zu entfachen, das nicht „umschließt" und bindet, sondern den Blick öffnet und ins Freie führt:

> Meine Geliebte ist eine Feuersäule, die über die Erde zieht. Jetzt hält sie mich umschlossen. Aber nicht die Umschlossenen führt sie, sondern die Sehenden. (M 67)[19]

Milena Pollak hat mit aller ihr zu Gebote stehenden Kraft um diesen merkwürdigen Mann gekämpft, sie hat alle Kräfte – „stark wie das Meer" (M 37), sagt Kafka – aufgeboten, um zu verhindern, daß die Schrift der Literatur sich zwischen die Stimmen der Liebe drängt. Und sie hat eine Formel für diesen übermenschlichen[20] Kampf um die bedrohte Zeichenkraft der Körper gefunden: Dieser spiele sich zwischen „strach" und „touha" ab, sagt sie einmal, zwischen den Kräften der Angst und den Kräften der Wünsche, die einander gegenseitig zu zerstören drohten. (M 196 ff.) Dabei schien es einen Augenblick lang, als würde sie diesen Kampf gewinnen: gegen Kafka und gegen die Angst, gegen die Einsamkeit und gegen die Literatur:

> Ich habe seine Angst eher gekannt, als ich ihn gekannt habe ... Wenn er diese Angst spürte, hat er mir in die Augen gesehen, wir haben eine Weile gewartet, so als ob wir keinen Atem bekommen könnten ... und nach einer Weile ist es vergangen. (M 370)

Die Geschichte, die diese in der Tradition der Liebessprache vielleicht einzigartigen Briefe erzählen, ist noch einmal, wie schon Kafkas literarischer Anfang, die „Beschreibung eines Kampfes": beinahe hoffnungsvoll beginnend, aber schließlich doch endend als die Geschichte vom Sieg der Schrift über den Körper, vom Sieg der Angst über die Wünsche.

---

[19] Bei wem mag Kafka dieses Bild gefunden haben? Ob diese Anspielung auf das 2. Buch Mose, 13, 21 f. und 14, 24 ein Selbstzitat Kafkas sein könnte?

[20] Kafkas „Menschenfresser"-Fragment, von Malcolm Pasley veröffentlicht, benutzt diese doppelte Bestimmung des „Übermenschlichen" aus den Extremen der alle Tabus überspringenden Anthropophagie und der bedingungslosen Askese. Dort ist von den „übermenschlichen Gelüsten" des Menschenfressers und der „übermenschlichen Leistung" des Verzichts im Hinblick auf den Hungerkünstler die Rede. J. M. S. Pasley: Asceticism and Cannibalism: Notes on an Unpublished Kafka Text, Oxford German Studies 1 (1966) S. 102–113.

Wesentlich geprägt ist dieser Kampf durch die unermüdlichen Versuche Kafkas, die Distanz der Schrift vom Körper immer von neuem zu vermessen, mit einer Unerbittlichkeit und Unbestechlichkeit wie nie zuvor in seinem Leben.

> Sagen Sie nicht – antwortet Kafka der entschiedenen Formulierung seiner Gegnerin im Kampf – daß zwei Stunden Leben ohne weiters mehr sind als zwei Seiten Schrift, die Schrift ist ärmer aber klarer. (M 47)

Um die Bestimmung solcher Klarheit und ihres Wertes ringen Kafkas Briefe bis zuletzt, um die Abgrenzung der „Zeichen" des Körpers, *Stimme* und *Blick*, von denen der Schrift, wie sie die Literatur gewährt.

Die *Stimme*, als unanfechtbares Zeichen des geliebten Anderen, gewinnt für Kafka im Brief vom 3. Juni 1920 geradezu elementare *und* heilsgeschichtliche Dimensionen, als Medium der „Berufung" des Propheten im Augenblick seiner Blöße und tiefsten Erniedrigung:

> Sehen Sie Milena, ich liege auf dem Liegestuhl vormittag, nackt, halb in Sonne halb im Schatten, nach einer fast schlaflosen Nacht; wie hätte ich schlafen können, da ich, zu leicht für Schlaf, Sie immerfort umflogen habe und da ich wirklich genau so wie Sie es heute schreiben, entsetzt war über das „was mir in den Schoß gefallen war", so entsetzt im gleichen Sinn, wie man von den Propheten erzählt, die schwache Kinder waren (schon oder noch, das ist ja gleichgültig) und hörten wie die Stimme sie rief und sie waren entsetzt und wollten nicht und stemmten die Füße in den Boden und hatten eine gehirnzerreißende Angst und hatten ja auch früher schon Stimmen gehört und wußten nicht, woher der füchterliche Klang gerade in diese Stimme kam – war es die Schwäche ihres Ohrs oder die Kraft dieser Stimme – und wußten auch nicht, denn es waren Kinder, daß die Stimme schon gesiegt hatte und einquartiert war gerade durch diese vorausgeschickte ahnungsvolle Angst, die sie vor ihr hatten, womit aber noch nichts für ihr Prophetentum ausgesagt war, denn die Stimme hören viele, aber ob sie ihrer wert sind, ist auch objektiv noch sehr fraglich und der Sicherheit halber von vornherein lieber streng zu verneinen – also so lag ich da als Ihre zwei Briefe kamen. (M 39)

Neben die Stimme und ihre fraglose, alle Bedingtheiten überspringende Kraft tritt noch jenes andere Körperzeichen, der *Blick* der Geliebten, seine alles überwältigende Kraft:

> Sie stehn fest bei einem Baum, jung, schön, Ihre Augen strahlen das Leid der Welt nieder. (M 41)

Und noch genauer, das Unlösbare von Glück und Angst solcher aus dem Körper geborenen Zeichen unwiderruflich machend:

> Wenn aber diese andern Briefe kommen Milena und seien sie ihrem Wesen nach glückbringender als die ersten (ich kann aber infolge meiner Schwäche

erst nach Tagen zu ihrem Glück durchdringen) ... dann Milena fange ich tatsächlich zu zittern an wie unter der Sturmglocke ... ich kann doch einen Sturm nicht in meinem Zimmer halten. Du mußt in solchen Briefen den großartigen Kopf der Medusa haben ... (M 60)

Kafkas fortgesetzte Versuche, den Ausgang dieses Kampfes – zwischen Blick und Stimme als Zeichen des Körpers auf der einen Seite, den vom Körper sich lösenden Zeichen der Schrift auf der anderen – abzuschätzen und schließlich zu entscheiden, sind an seinen Bemühungen ablesbar, Definitionen dessen zu geben, was ein „Brief" zu sein vermag: als Organon jener Zeichen, die zwischen den Körpern zirkulieren und ihre Distanz vermessen.

Die erste Hälfte der Briefe, die Kafka an Milena schrieb, etwa bis zum August 1920, dokumentiert sehr genau die Versuche des Schreibenden, den Brief und die in ihm hervorgebrachten Zeichen als vom Körper unablösbar zu bewahrheiten. Die Briefe seien „nicht zum Lesen da, sondern um ausgebreitet zu werden, das Gesicht in sie zu legen und den Verstand zu verlieren" (M 35), heißt es da; sie seien da, „um sie auszutrinken" (M 49) oder so zu leben, wie der Spatz „die Krumen ... aufklaubt" (M 53); von einem andern Brief wird gesagt, er habe seinen Stachel und schneide sich seinen Weg durch den Leib (M 54); wieder ein anderer wird „viermal hintereinander hinuntergestürzt" (M 56); „Ich kann das nicht lesen" – schreibt Kafka am 13.6.1920 – „und lese es natürlich doch, so wie ein verdurstendes Tier trinkt" (M 60), und schließlich: „So habe ich nur eine halbe Seite geschrieben und bin wieder bei Dir, liege über dem Brief, wie ich neben Dir lag damals im Walde." (M 119)

Im August 1920 bahnt sich im Denken Kafkas eine Wende in der Einschätzung der Briefe und ihrer Zeichenfunktion an. Diese Wende wird durch seinen Brief vom 1. August 1920 (M 170) eingeleitet, der, eine Traum-Erzählung wie der „Pontus"-Brief im Briefwechsel mit Felice Bauer, zugleich ein poetologisches Dokument ist und, auf diesen früheren Brief bezogen, gewissermaßen sein „antwortendes Gegenbild" darstellt.

Nach diesem Brief und seiner poetologischen Vergewisserung, als einer Wiedergewinnung und erneuten Befestigung des Abstandes zwischen Leben und Literatur, werden die Briefe und ihre Zeichen von Kafka als vom Körper definitiv gelöste bestimmt:

Die täglichen Briefe schwächen statt zu stärken; früher trank man den Brief aus und war gleichzeitig ... zehnmal stärker und zehnmal durstiger geworden. Jetzt aber ist es so ernst, jetzt beißt man sich in die Lippen, wenn man den Brief liest und nichts ist so sicher, als der kleine Schmerz in den Schläfen. (M 231)

„… ich glaube Briefen überhaupt nicht mehr" (M 252) heißt es dann, und später: „… entscheidend ist meine an den Briefen sich steigernde Ohnmacht über die Briefe hinauszukommen" (M 299), ein Gedanke, den der berühmte Brief von Ende März 1922 dann weiter entfaltet: Briefe schreiben sei ein „Verkehr mit Gespenstern" – „Geschriebene Küsse kommen nicht an ihren Ort, sondern werden von den Gespenstern auf dem Wege ausgetrunken." (M 302) Alle technischen Mittel – so Kafkas „Dialektik der Aufklärung" in diesem Brief – um die *Körper* einander zuzuführen, „die Eisenbahn, das Auto, der Aeroplan" (M 302), werden entkräftet durch jene rascheren, schneller wirksamen Mittel des Transports von *Zeichen:* Post, Telegraph, Telephon, Funktelegraphie. Das Rauschen der Medien, von dem der „Pontus"-Brief gesprochen hatte, trägt über die Bewegung der Körper zueinander den Sieg davon, die menschliche Stimme, als die Stimme der Liebe, vermag sich nicht mehr zwischen ihr Rauschen zu drängen, Briefe schreiben wird zum „bösen Zauber" (M 317), zur Produktion von Zeichen, die die „Luftgeister gierig in ihre unersättlichen Gurgeln eintrinken". (M 320)

Organisiert, und im eigentlichen Sinne interpungiert, wird dieser im Briefwechsel ablaufende Prozeß der sich wandelnden Einschätzung von Schrift-Zeichen durch Kafkas Traumerzählungen, die er immer wieder in seine Briefe einstreut. Es sind zwei solche Erzählungen während der ersten Phase, die die Körpernähe der Briefzeichen zu beglaubigen suchen, zwei andere, welche die zweite Phase, das „Gespenstisch"-Werden der Briefzeichen, einleiten. Es scheint mir wichtig, diese vier Gelenkstellen des Briefwechsels sichtbar zu machen.

Die beiden ersten Zeugnisse beleuchten das Problem von entgegengesetzten Seiten. Im Brief vom 11. Juni 1920 wird ein Traum erzählt, in dem Kafka Milena Pollak in Wien zu besuchen vorgibt, aber ihre Adresse, Gasse und auch Stadt, vergessen hat, „nur der Name Schreiber tauchte mir noch irgendwie auf" (M 55). Das gespenstische Unterfangen, die Schreibfunktion der Geliebten zu isolieren und ihre Körperlichkeit auszulöschen, ist deutlich genug und wird vom Träumer selbst als bedrohlich empfunden: „Lassen Sie sich dadurch nicht gegen mich einnehmen. Nur im Traum bin ich so unheimlich." (M 55)

Eine zweite Traumerzählung sucht denn auch diesen Sieg der Schrift über den Körper und sogar über den Namen außer Kraft zu setzen. Am 14. Juni 1920 heißt es: „Ich war plötzlich nach Wien gekommen, hatte eigene Briefe überholt, die noch auf dem Weg zu Dir waren …" (M 63). Was hier phantasiert wird, ist der Widerruf jener Triumphe der Schrift über den Körper, wie sie Kafkas literarische Geschichten immer wieder in Szene setzen: seien es die dem Helden vorauseilenden Telegramme und Briefe in den „Hochzeitsvorbereitungen auf dem Lande"[21], sei es dann das Spiel mit dem Brief an den Petersburger Freund im „Urteil", seien es schließlich die Briefe und Empfehlungsschreiben, die im „Verschollenen" dem Körper des Helden auf vertrackte Weise immer wieder zuvorkommen.[22]

Die zweite Phase von Kafkas „Brief"-Definitionen wird dann durch einen Traum eingeleitet, der alle Versuche der „Verkörperlichungen" von Schrift-Zeichen, wie sie dem Insistieren Milena Pollaks, ihrer Kraft und Innigkeit des Widerspruchs zu verdanken waren, auf komplizierte und „advokatorische" (M 85) Weise in Frage stellt. Auf die Argumentationsstruktur dieses Briefes – der ein „Gegenstück" zu dem früheren „Pontus"-Brief darzustellen scheint – möchte ich etwas genauer eingehen.

> Heute habe ich zum ersten Mal, glaube ich, seitdem ich in Prag bin, von Dir geträumt. Ein Traum gegen morgen, kurz und schwer, noch etwas vom Schlaf erwischt nach böser Nacht. Ich weiß wenig davon. Du warst in Prag, wir gingen durch die Ferdinandstraße, etwa gegenüber Vilimek, in der Richtung zum Quai, irgendwelche Bekannte von Dir giengen auf der andern Seite vorüber, wir wendeten uns nach ihnen um, Du sprachst von ihnen, vielleicht war auch von Krasa die Rede ... Du sprachst wie sonst, aber etwas nicht zu fassendes, nicht aufzuzeigendes von Abweisung war darin, ich erwähnte nichts davon, aber verfluchte mich, sprach damit nur den Fluch aus, der auf mir lag. Dann waren wir im Kaffeehaus, im Kaffee Union wahrscheinlich (es lag ja auf dem Weg, auch war es das Kaffeehaus von Reiners letztem Abend), ein Mann und ein Mädchen saßen an unserem Tisch, an die kann ich mich aber gar nicht erinnern, dann ein Mann, der Dostojewski sehr ähnlich sah, aber jung, tiefschwarz Bart und Haar, alles z. B. die Augenbrauen, die Wülste über den Augen ungemein stark. Dann warst Du da und ich. Wieder verriet nichts Deine abweisende Art, aber die Abweisung war da. Dein Gesicht war – ich konnte von der quälenden Merkwürdigkeit nicht wegschauen – gepudert, und zwar überdeutlich, ungeschickt, schlecht, es war wahrscheinlich auch heiß und so hatten sich ganze Puderzeichnungen auf Deinen Wangen gebildet, ich sehe sie noch vor mir. Immer wieder beugte ich mich vor um zu fragen, warum Du gepudert bist; wenn Du merktest, daß ich fragen wollte, fragtest Du entgegenkommend – die Abweisung war ja eben nicht zu merken – „Was willst Du?" Aber ich konnte nicht fragen, ich wagte es nicht und dabei ahnte ich irgendwie daß dieses Gepudertsein eine Probe für mich war, eine ganz entscheidende Erprobung, daß ich eben fragen sollte und ich wollte es auch, aber wagte es nicht. So wälzte sich der traurige Traum über mich hin. Dabei quälte mich auch der Dostojewski-Mann. Er war in seinem Benehmen mir gegenüber

---

[21] Vgl. hierzu den Aufsatz von Wolf Kittler: Brief oder Blick. Die Schreibsituation der frühen Texte von Franz Kafka. In: Der junge Kafka. Hg. von Gerhard Kurz (st 2035), Frankfurt/Main 1984.

[22] Gerhard Neumann: Franz Kafka. Das Urteil. a.a.O., S. 93 ff.

ähnlich wie Du, aber doch ein wenig anders. Wenn ich ihn etwas fragte, war er sehr freundlich, teilnehmend, herübergebeugt, offenherzig, wußte ich aber nichts mehr zu fragen oder zu sagen – das geschah jeden Augenblick – zog er sich mit einem Ruck zurück, versank in ein Buch, wußte nichts mehr von der Welt und besonders von mir nicht, verschwand in seinem Bart und Haar. Ich weiß nicht, warum mir das unerträglich war, immer wieder – ich konnte nichts anders – mußte ich ihn mit einer Frage zu mir herüberziehn und immer wieder verlor ich ihn durch meine Schuld.

Einen kleinen Trost habe ich, Du darfst mir ihn heute nicht verbieten, die Tribuna liegt vor mir, ich habe sie nicht einmal gegen das Verbot kaufen müssen, ich habe sie mir vom Schwager ausgeborgt, nein, der Schwager hat sie mir geborgt. Bitte, laß mir dieses Glück. Es kümmert mich ja zunächst nicht was darin steht, aber ich höre die Stimme, meine Stimme! im Lärm der Welt, laß mir das Glück. Und auch das Ganze ist so schön! Ich weiß nicht wie es geschieht, ich lese es doch nur mit den Augen, wie hat es gleich auch mein Blut erfahren und trägt es schon heiß in sich? Und lustig ist es. Ich gehöre natürlich zu der zweiten Gruppe; dieses Gewicht an den Füßen ist geradezu mein Eigentum und ich bin gar nicht damit einverstanden, daß meine rein persönliche Angelegenheit veröffentlicht wird; jemand hat einmal gesagt, daß ich wie ein Schwan schwimme, aber das war kein Kompliment. Aber auch aufregend ist es. Ich komme mir vor wie ein Riese, der mit ausgestreckten Armen das Publikum von Dir abhält – er hat es schwer, er soll das Publikum abhalten und will doch auch kein Wort und keine Sekunde Deines Anblicks verlieren – dieses wahrscheinlich doch verbohrte, urdumme, überdies frauenhafte Publikum, das vielleicht ruft: „Wo ist die Mode? Also wo ist endlich die Mode? Was wir bisher gesehen haben, ist „nur" Milena." Nur, und von diesem Nur lebe ich. Und habe eigentlich den sonstigen Rest der Welt genommen wie Münchhausen die Lafetten von Gibraltar und sie ins große Meer geworfen. Wie? Den ganzen Rest? Und lügen? Lügen kannst Du im Bureau nicht? Nun ja, ich sitze da, es ist genau so trüb wie früher und morgen kommt kein Brief und der Traum ist die letzte Nachricht, die ich von Dir habe. (M 170–173)

1. Während der Traum in Kafkas „Pontus"-Brief von dem Faktum der abwesenden Geliebten seinen Ausgang nimmt, beginnt dieser Brief mit dem Zauber der Stimme und der Körpernähe, dem Gang der Liebenden zum Fluß hinab, jenem Quaigeländer, über das Georg im „Urteil" sich geschwungen hatte, auf dem dann die Hörmuscheln lagen, durch die „Nachrichten vom ‚Pontus'" zu erhoffen waren. „Du sprachst wie sonst" (M 171), heißt es von der Geliebten; aber die Botschaft der Liebe wird sogleich von ihrem Empfänger selbst in Zweifel gezogen: „etwas nicht zu fassendes, nicht aufzuzeigendes von Abweisung war darin, ich erwähnte nichts davon, aber verfluchte mich, sprach damit nur den Fluch aus, der auf mir lag." (M 171)
Wieder ist es Kafkas „Urszene" aus dem „Urteil", aus der sich die Argumentation über das Verhältnis von „Lieben" und „Schreiben"

entwickelt. Denn Milena Pollak übersetzte gerade das „Urteil" ins Tschechische[23], „jene Geschichte", wie Kafka ihr am 28. August 1920 schrieb, in der „jeder Satz, jedes Wort, jede – wenn's erlaubt ist – Musik mit der ‚Angst'" zusammenhängt (M 235): Wünsche und Schrift, Wünsche und Angst in ihrer problematischsten Verknüpfung.

2. An diese Kernphantasie über den Zusammenhang von „Lieben" und „Schreiben", über die Nähe oder Distanz von „Körper" und „Schrift", schließt sich in Kafkas Traum eine Konfiguration an, die Argumentationsbezüge zu früheren Stadien des Briefwechsels herstellt: zu der Figur des Redakteurs Reiner, der mit Milena Pollaks Freundin Jarmila Ambrožová verheiratet war (M 58) und sich um ihretwillen tötete, einerseits, zu der Figur Dostojewskis andererseits, die bei Beginn des Briefwechsels eine wichtige Rolle gespielt hatte. (M 11 ff.)

Reiner, so wie sich seine Geschichte in einem Briefzitat Max Brods darstellte, war Kafka der Typus des durch die Frau und aus der Angst vor der Beziehung zu ihr zerstörten Mannes; nur aus diesem Grund zitiert Kafka Brods Brief so ausführlich, nur darum will er sich vor dieser „Liebesgeschichte" wie ein Maulwurf im Boden verstecken (M 58), nur in diesem Sinne der Unberührbarkeit der Frau deutet er ihn der Geliebten gegenüber:

Milena, es handelt sich ja nicht darum, Du bist für mich keine Frau, bist ein Mädchen, wie ich kein Mädchenhafteres gesehen habe, ich werde Dir ja die Hand nicht zu reichen wagen, Mädchen, die schmutzige, zuckende, krallige, fahrige, unsichere, heiß-kalte Hand. (M 59)

Genau diesem Motiv des durch die Frau bedrohten Mannes entgegengesetzt erscheint die einzelgängerische Gestalt Dostojewskis, wie Kafka sie in einer Anekdote Milena in einem der ersten Briefe ihrer Beziehung vorstellt: als die Figur des einsamen, nächtlich arbeitenden Schriftstellers, dem unverdient, zu vernichtender eigener Beschämung und im Bewußtsein seines Unwerts, der Ruhm des Autor-Namens zufällt. Nicht mehr die zerstörende Angst vor dem Körper der Frau, sondern Angst und Lust zugleich angesichts des aus der nächtlichen Schrift entbundenen Ruhms des Autor-Namens. (M 13)

Es ist von entscheidender Bedeutung, daß Kafkas Traum beide Figuren, die der geliebten Frau und die des in Dostojewski verkörperten schriftstellerischen Ruhms, als „abweisende" phantasiert. Lust und Angst des Körpers wie der Schrift sind aus der Abwehr geboren, der

---

[23] Vgl. hierzu den Brief Kafkas vom 28.8.1920. (M 235).

erzwungenen Einsamkeit, die Abwesenheit der Liebe in Literatur verwandelt.

3. Auf die Entscheidung dieser Frage nach dem identifikatorischen Wert der Liebe oder der Literatur scheint die dritte Situation zu deuten, die Kafkas Traumphantasie vergegenwärtigt: der Blick des Autors in das maskenhafte („gepuderte" M 172) Gesicht der Geliebten, der als „Probe" (M 172) verstanden wird – als Probe nämlich auf die Fähigkeit des Mannes, sich der Stimme der Liebe, die sich ihm zuspricht, zu öffnen. Wieder ist diese Stimme reines Entgegenkommen, die „Abwehr" bleibt bloße Projektion des Hörenden – „die Abweisung war ja eben nicht zu merken" (M 171) –; aber die Gegenfrage des Mannes, die einen Dialog lebendiger Stimmen eröffnen könnte, bleibt aus. An ihre Stelle tritt die Zuwendung zur Welt der Literatur, im „Dostojewski-Mann" (M 172) repräsentiert, die Sprache der Liebe wird überschrieben durch die Zeichen der Literatur, das „Versinken in ein Buch" (M 172); das Ich des Traums vermag sich nicht als Geliebter der Frau zu definieren, sondern nur als Leser ihrer Schrift. Dies ist der „kleine Trost", von dem die vierte Konstellation des Briefs, nunmehr die Traumwelt hinter sich lassend, Zeugnis ablegt.

4. Kafka als Leser von Milena Jesenskás Essays (so ihr Mädchen- und Autorname) in der „Tribuna": Nicht ihre körperliche Gegenwart, sondern ihre Schrift wird zum Gegenstand der Phantasie des Autors – „ich bin dein bester Leser", sagt er einmal (M 227) –; was ihm nun entgegenkommt, ist nicht mehr die Stimme des Anderen als lebendiges Zeichen seiner Körperlichkeit, sondern Milenas, der „Übersetzerin", Tschechisch als die *eigene* Stimme, als Medium der *eigenen* Literatur:

> Es kümmert mich ja zunächst nicht was darin steht, aber ich höre die Stimme, meine Stimme! im Lärm der Welt, laß mir das Glück. Und auch das Ganze ist so schön! Ich weiß nicht wie es geschieht, ich lese es doch nur mit den Augen, wie hat es gleich auch mein Blut erfahren und trägt es schon heiß in sich? Und lustig ist es. (M 172)

Die Angst vor der fremden, authentischen Schrift schwindet, wenn es gelingt, sie in die eigene Stimme, den eigenen Blick, das eigene Blut einzuverwandeln. Und wenn es nicht mehr möglich ist, die eigene Schrift (wie im Fall Felice Bauer) als Diktat der Geliebten ins Ohr zu leiten, so kann doch die „Übersetzung" der fremden Schrift in die eigene noch gelingen,

unter Ausschließung der Stimme und des Blicks der Geliebten. Die eigene Stimme erklingt im „Lärm der Welt" (M 172): als Stimme der Literatur.[24]
Wenn Milena Pollak in ihrem Essay über „Badeanzüge" von dem Wesen „seiner" Körperlichkeit schreibt – dabei ist es unbezweifelt, daß Kafka sich gerade als „Schwimmer" immer wieder in dieser Bedrohtheit seiner Körperlichkeit erfuhr, von den frühen Schwimmschulerfahrungen mit dem Vater[25] bis zu jener verzweifelten Aufzeichnung

> Ich kann schwimmen wie die andern, nur habe ich ein besseres Gedächtnis als die andern, ich habe das einstige Nichtschwimmen-können nicht vergessen. Da ich es aber nicht vergessen habe, hilft mir das Schwimmenkönnen nichts und ich kann doch nicht schwimmen. (H 332) –

so ängstigt ihn die Vereinnahmung seines Körpers durch die fremde Schrift:

> … dieses Gewicht an den Füßen ist geradezu mein Eigentum und ich bin gar nicht damit einverstanden, daß meine rein persönliche Angelegenheit veröffentlicht wird … (M 172)

Eben diese Verwandlung von Kafkas „Eigentümlichkeit" in die Schrift des Anderen droht ihn sich selbst zu entfremden, das Unveräußerliche seines Selbst den „anderen" und ihrer normalisierenden Kraft auszuliefern. Er stellt sich „wie ein Riese" (es ist das notorische Epitheton des übermächtigen Vaters[26]) zwischen die schreibende Frau und ihr Publikum und „fängt" damit ihre Schrift „ab" – wie Münchhausen sich selbst aus der Sprache (und sei es die Sprache der Lüge) wieder herstellend. Die „letzte Nachricht" (M 173), die Kafka von der Geliebten empfängt, ist die von ihrem Verstummen, es ist zugleich die Botschaft von der eigenen Literatur.

---

[24] Diese Angst Kafkas, in die Schrift der Geliebten verwandelt zu werden, ist an verschiedenen Stellen des Briefwechsels nicht zu überhören. Und seine „Lustigkeit" daher nur eine künstliche, aus der Bedrohung erwachsene: „Aber das alles wäre nicht viel, wenn nicht die Tribuna wäre, diese Möglichkeit jeden Tag etwas von Dir zu finden und dann das tatsächliche Finden hie und da. Ist es Dir unangenehm wenn ich davon spreche? Aber ich lese es so gern. Und wer soll davon sprechen, wenn nicht ich, Dein bester Leser? Schon früher, ehe Du sagtest, daß Du manchmal beim Schreiben an mich denkst, habe ich es mit mir in Beziehung gefühlt d. h. an mich gedrückt, jetzt seitdem Du es ausdrücklich gesagt hast, bin ich darin fast ängstlicher und wenn ich z. B. von einem Hasen im Schnee lese, sehe ich fast mich selbst dort laufen." (M 227).
[25] Kafkas „Brief an den Vater" nimmt darauf Bezug: H 168 f.
[26] In Kafkas „Urteil" heißt es „Mein Vater ist immer noch ein Riese" (E 59) und auch der „Brief an den Vater" spielt auf dessen „Riesenhaftigkeit" an. (H 179).

„Nachrichten vom ‚Pontus'" 573

Diese Erfahrung von der Verwandlung der fremden in die eigene Stimme wird von einem letzten Traum – es ist der zweite in jener zweiten Phase von Kafkas Einschätzung seines Briefe-Schreibens innerhalb der Korrespondenz mit Milena Pollak – in erschütternder Weise noch einmal bestätigt: erschütternd, weil die Affirmation sich – hilflos genug – in die Gestalt eines Widerrufs kleidet.

> Gestern habe ich von Dir geträumt. Was im einzelnen geschehen ist, weiß ich kaum mehr, nur das weiß ich noch, daß wir immerfort ineinander übergingen, ich war Du, Du warst ich. Schließlich fingst Du irgendwie Feuer, ich erinnerte mich, daß man mit Tüchern das Feuer erstickt, nahm einen alten Rock und schlug Dich damit. Aber wieder fingen die Verwandlungen an und es ging so weit, daß Du gar nicht mehr da warst, sondern ich war es, der brannte und ich war es auch, der mit dem Rock schlug. Aber das Schlagen half nichts und es bestätigte sich nur meine alte Befürchtung, daß solche Dinge gegen das Feuer nichts ausrichten können. Inzwischen aber war die Feuerwehr gekommen und Du wurdest doch noch irgendwie gerettet. Aber anders warst Du als früher, geisterhaft, mit ... Kreide ins Dunkel gezeichnet und fielst mir, leblos oder vielleicht nur ohnmächtig aus Freude über die Rettung in die Arme. Aber auch hier wirkte die Unsicherheit der Verwandelbarkeit mit, vielleicht war ich es, der in irgendjemandes Arme fiel. (M 275)

Es ist, als versuchte Kafka ein letztes Mal, jene schon einmal vollzogene Trennung von Körper und Schrift, wie sie der Brief vom 1. August 1920 träumte, wieder außer Kraft zu setzen: in jener Verschmelzungs-Formel, wie sie zum topischen Repertoire zahlloser Liebesbriefe gehört, „ich war Du, Du warst ich." (M 274) Verknüpft wird diese Formel der Vereinigung mit dem Bild des Feuers, das von Anfang an in die Vorstellungswelt des Briefwechsels eindringt: im Mai 1920 (M 17) als aus der Schrift aufflackerndes Feuer, im Juni als ein Feuer, aus dem die Geliebte gerettet wird (M 59), als „Feuersäule" im Juni 1920 (M 67) und noch einmal am 29. Juli (M 158). Aber diese „Verwandlungen", zunächst als „Vereinigungen" begriffen, werden im Argumentationsgang des Briefes zusehends umgedeutet: als ein Verschwinden zunächst („es ging so weit, daß Du gar nicht mehr da warst" M 272), dann als Sich-Entfremden der Geliebten („anders warst Du als früher, geisterhaft" M 275), als Reduktion ihres Körpers auf ein bloßes Zeichen („mit ... Kreide ins Dunkel gezeichnet" M 275); was – als Gerettetes – zurückbleibt, ist schließlich nur das allein noch sichtbare eigene „Ich" des Autors:

> Aber auch hier wirkte die Unsicherheit der Verwandelbarkeit mit, vielleicht war ich es, der in irgendjemandes Arme fiel. (M 275)

Damit hat sich vollendet, was Milena Pollak in verzweifelter Anstrengung mit ihren Briefen immer wieder außer Kraft zu setzen suchte: die Verwandlung von „Leben" in „Buchseiten" (M 47), von „Liebe" in „Literatur". Kafka hatte diesen Kampf von seiner Seite (M 371) freilich auch geführt: als einen Kampf um die „Nacht", die der Ort der Schrift ist. Es ist der Kampf um Erkenntnis als Form der Ewigkeit, wie sie die Sprache der Literatur gewährt: Liebe nicht als Augenblick des nächtlichen Liebes-Aktes, sondern als Licht der Sprache, das die Welt erhellt.

> In einer Nacht das durch Zauberei erwischen wollen, – heißt es in einem Brief vom 9.8.1920 – eilig, schweratmend, hilflos, besessen, das durch Zauberei erwischen wollen, was jeder Tag den offenen Augen gibt! (M 203)

An die Stelle solchen lügenhaften „Hokuspokus" (M 202) der Liebes-Nacht sucht Kafka die Schreib-Nacht zu setzen – nicht den „bösen Zauber des Briefeschreibens", jener körpernahen Zeichen, die ihm „die Nächte zerstören" (M 317) – sondern das, was er sein „,Manöver'leben" (M 229) nennt, die Arbeit an der Schrift der Literatur:

> Und die eigentliche Beute steckt doch erst in der Tiefe der Nacht in der zweiten, dritten, vierten Stunde ... (M 229)

Es ist ein Kampf, den Milena Pollak im September 1920 verloren hat:

> Gewiß Milena Du hast hier in Prag einen Besitz, es macht Dir ihn auch niemand streitig, es wäre denn die Nacht, die kämpft um ihn, aber die kämpft um alles. (M 271)

Und Kafka legt die Zeichnung einer Folterszene bei: Die Darstellung des gequälten Körpers, dem das Geständnis der Literatur abgepreßt wird, ein Exorzismus:

> Ja, das Foltern ist mir äußerst wichtig, ich beschäftigte mich mit nichts anderem als mit Gefoltert-werden und Foltern. Warum? ... nämlich um aus dem verdammten Mund das verdammte Wort zu erfahren. (M 290)

Die Qual, die der Körper selbst sich abpreßt, erzwingt schließlich seine Abspaltung von der Sprache.[27] Diese Spaltung ist in zweierlei Weise denkbar. Als bewußtloses Versinken des Körpers in die Stummheit seiner selbst zunächst: Dies ist ein Gedanke, der den Anfang des Briefwechsels mit Milena Pollak bestimmt. Er verdichtet sich in Kafkas Versuchen, seinen

---

[27] „Anders ist nur, daß ich schon Erfahrung habe, daß ich mit dem Schreien nicht erst warte, bis man die Schrauben zur Erzwingung des Geständnisses ansetzt, sondern schon zu schreien anfange, wenn man sie heranbringt, ja schon schreie, wenn sich in der Ferne etwas rührt ..." (M 268).

Namen allmählich zu löschen, und in diesem Verlöschen die Insistenz des Körpers zu erfahren:

> Dein
> (nun verliere ich auch noch den Namen, immerfort ist er kürzer geworden und jetzt heißt er: Dein) (M 67)
> [Franz] falsch, [F] falsch, [Dein] falsch nichts mehr, Stille, tiefer Wald (M 158)[28]

Allmählich freilich verwandelt sich dieser Gedanke dann in sein Gegenteil: Lösung der Schrift vom Körper nicht als Löschung des Namens und Versinken des Körpers in sich selbst, sondern als Verlöschen des Körpers, der der aus ihm hervorgebrachten Schrift die Freiheit gibt, als Name, der im Ruhm überlebt, als Werk, das nach dem Tod des Autors seinen eigenen Herzschlag besitzt:

> Es ist das durch meine Teorie zu erklären, daß lebende Schriftsteller mit ihren Büchern einen lebendigen Zusammenhang haben. Sie kämpfen durch ihr bloßes Dasein für oder gegen sie. Das wirkliche selbständige Leben des Buches beginnt erst nach dem Tod des Mannes oder richtiger eine Zeitlang nach dem Tode, denn diese eifrigen Männer kämpfen noch ein Weilchen über ihren Tod hinaus für ihr Buch. Dann aber ist es vereinsamt und kann nur auf die Stärke des eigenen Herzschlags sich verlassen. (M 315)

Diese „Teorie" von der Vertreibung der Liebe aus der Schrift der Literatur verdichtet sich für Kafka in einem „Mythos", der, wie so oft in seinen Aufzeichnungen, durch Umformung und wechselnde Konfiguration überlieferter Mythen gebildet wird. Es ist ein Mythos, der auf Milena Pollaks Formel von „strach" und „touha", von „Angst" und „Sehnsucht" zu antworten, ihr eine konfigurative Organisation zu geben sucht, und der im Brief vom 5. September 1920 entwickelt wird:

> Sieh Robinson mußte sich anwerben lassen, die gefährliche Reise machen, Schiffbruch leiden und vielerlei, ich müßte nur Dich verlieren und wäre schon Robinson. Aber ich wäre mehr Robinson als er. Er hatte noch die Insel und Freitag und vielerlei und schließlich das Schiff, das ihn holte und fast alles wieder zum Traume machte, ich hätte gar nichts, nicht einmal den Namen, auch ihn habe ich Dir gegeben.
> Und darum bin ich ja gewissermaßen unabhängig Dir gegenüber eben weil die Abhängigkeit so über alle Grenzen geht. Das Entweder-Oder ist zu groß. Entweder bist Du mein und dann ist es gut, oder aber Du gehst mir verloren, dann ist es nicht etwa schlecht sondern dann ist gar nichts, dann

---

28 Die Chiffre des „Waldes" als ein Zeichen bedingungsloser Nähe, Wunsch und Erinnerung verschmelzend, durchzieht den ganzen Briefwechsel, vgl. z. B. M 40, 116, 117, 119, 131, 192, 202, 262.

> bleibt keine Eifersucht, kein Leiden, keine Bangigkeit, gar nichts. Und das ist ja gewiß etwas Lästerliches, so auf einen Menschen zu bauen und darum schleicht ja auch dort die Angst um die Fundamente, aber es ist nicht die Angst um Dich, sondern die Angst, daß überhaupt so zu bauen gewagt wird. Und darum mischt sich zur Gegenwehr (aber es war wohl auch ursprünglich) soviel Göttliches in Dein liebes irdisches Gesicht.
>   So jetzt hat Simson Dalila sein Geheimnis erzählt und sie kann ihm die Haare, in die sie ihm ja zur Vorbereitung schon immer gefahren ist, auch abschneiden, aber mag sie; hat sie nicht auch ein ähnliches Geheimnis, ist ja alles gleichgültig. (M 252 f.)

Der *eine*, der verloren geht und doch gefunden wird, die *zwei*, deren Liebe zwischen Angst und Macht nur den Tod findet: Was sich hierbei bildhaft verdichtet, ist der Kern von Kafkas Zeichentheorie auf dem Hintergrund der Spannung zwischen Körper und Zeichen. Robinson, als der bedingungslos Einzelne, in dem die Zurücknahme aller Zeichen in den Körper zum Verzicht auf das Soziale (bis hin zum „Körperzeichen" des Namens) führt (so wie dies dann der „Hungerkünstler" als Spiel des „absoluten Zeichens" inszeniert); Samson und Dalila, als das Liebes-Paar, in dem das Spiel der Zeichen zwischen Sich-Öffnen und Sich-Verhehlen als ein Spiel der Macht und der wechselseitigen Zerstörung sich offenbart. Jenseits von beidem, „Robinson", als dem Insistieren des Körpers auf seiner Asozialität einerseits, „Samson und Dalila", als der Auslieferung an den Machtkampf zwischen den Geschlechtern andererseits, ist nur das autonome Zirkulieren der Zeichen denkbar, ihr reibungsloser Austausch im gespenstischen Spiel der Medien. In dieser Konfiguration ist kein Platz mehr für die menschliche Stimme als Sprache der Liebe, ihre Botschaft kann nicht mehr empfangen werden, „geschriebene Küsse", von den Gespenstern unterwegs ausgetrunken. Zwischen der Einsamkeit und der Angst vor der Macht des anderen gibt es keinen Lebensraum mehr für die Wünsche der Menschen.

Indem Kafka den Mythos von der Einsamkeit Robinsons in den Mythos von der Angst verwandelt, die zwischen Mann und Frau als Form der Liebe herrscht, definiert er die Sehnsucht nach dem „Gefundenwerden" (BK 297) des Einsamen in die Vereinigung mit dem Du unter der Form des Todes um. „Nur im Tod ist der Sehnsucht nach das Lebendige vereinbar." (M 209) Es ist der dritte, abschließende Mythos, in dem sich die beiden vorangehenden vollenden: der Mythos von der Taube, die, ohne Land gefunden zu haben, in die dunkle Arche zurückschlüpft:

> Den Tod wollen, die Schmerzen aber nicht, das ist ein schlechtes Zeichen. Sonst aber kann man den Tod wagen. Man ist eben als biblische Taube ausgeschickt worden, hat nichts Grünes gefunden und schlüpft nun wieder in die dunkle Arche. (M 277)

Milena Jesenskás Briefe an Kafka, wenn sie erhalten wären, könnten nichts gegen diese „Auswege" seiner Kunst „beweisen", das Versinken der Zeichen im stummen Körper, das Sich-Lösen und Überleben der Schrift im „Namen" des Werks; aber sie haben auf eine merkwürdig formlose und unerbittliche Weise zu widerrufen gesucht, was Kafka in allem zerreißenden Schmerz und aus einer unüberwindlichen Angst heraus nicht preiszugeben vermochte, jene kalte Formel, aus der er seine Poetologie entwickelt: „So spiele ich mit einem lebendigen Menschen." (M 33)

Verzeichnis der Erstveröffentlichungen

Allen Verlagen, die die Genehmigung für den Druck der Aufsätze gegeben haben, sei sehr herzlich gedankt.

Leben

Franz Kafka. In: Gunter E. Grimm/Frank Rainer Max (Hg.), Deutsche Dichter. Leben und Werk deutschsprachiger Autoren. Bd. 7: Vom Beginn bis zur Mitte des 20. Jahrhunderts. Stuttgart 1989, S. 227–258.
Inszenierung des Anfangs. Zum Problem der sozialen Karriere in Franz Kafkas „Prozess"-Roman. In: Kazuhiko Tamura (Hg.), Schauplatz der Verwandlungen. Variationen über Inszenierung und Hybridität. München 2011, S. 67–79.
Die Pawlatsche. Kafkas Trauma. In: Merkur 748/749. Deutsche Zeitschrift für europäisches Denken, 65. Jg., Heft 9/10, September/Oktober 2011, S. 848–859.

Schreiben

Schreibschrein und Strafapparat. Erwägungen zur Topographie des Schreibens. In: Günther Schnitzler (Hg.) in Verbindung mit Gerhard Neumann und Jürgen Schröder, Bild und Gedanke. Festschrift für Gerhart Baumann zum 60. Geburtstag. München 1980, S. 385–401.
Der verschleppte Prozeß. Literarisches Schaffen zwischen Schreibstrom und Werkidol. In: Poetica 14 (1982), Heft 1–2, S. 92–112.
Schrift und Druck. Erwägungen zur Edition von Kafkas *Landarzt*-Band. In: Zeitschrift für deutsche Philologie 101 (1982), S. 15–139. (= Sonderheft „Probleme neugermanistischer Edition").
„Wie eine regelrechte Geburt mit Schmutz und Schleim bedeckt". Die Vorstellung von der Entbindung des Textes aus dem Körper in Kafkas Poetologie. In: Christian Begemann/David E. Wellbery (Hg.), Kunst – Zeugung – Geburt. Theorien und Metaphern ästhetischer Produktion in der Neuzeit. Freiburg im Breisgau 2002, S. 293–324. (Rombach Wissenschaften – Reihe Litterae 82)

Anthropologie

Ritual und Theater. Franz Kafkas Bildungsroman „Der Verschollene". In: Philippe Wellnitz (Hg.), Franz Kafka. Der Verschollene. Le Disparu/L'Amérique – Écritures d'un nouveau monde? Strasbourg 1997, S. 51–78. (Presses Universitaires de Strasbourg)

„Der Blutkreislauf der Familie". Genealogie und Geschichte bei Franz Kafka,. In: Anja Lauper (Hg.), Transfusionen. Blutbilder und Biopolitik in der Neuzeit. Zürich/Berlin 2005, S. 179–196.

Fetischisierung. Zur Ambivalenz semiotischer und narrativer Strukturen. In: Frauke Berndt/Stephan Kammer (Hg.), Amphibolie – Ambiguität – Ambivalenz. Würzburg 2009, S. 61–76.

Kafkas Verwandlungen. In: Aleida Assmann/Jan Assmann (Hg.), Verwandlungen. Archäologie der literarischen Kommunikation IX. München 2006, S. 245–266.

Hungerkünstler und Menschenfresser. Zum Verhältnis von Kunst und kulturellem Ritual im Werk Franz Kafkas. In: Archiv für Kulturgeschichte 66 (1984), Heft 2, S. 347–388.

Der Blick des Anderen. Zum Motiv des Hundes und des Affen in der Literatur. In: Jahrbuch der deutschen Schillergesellschaft XL (1996), S. 87–112.

Schmerz – Erinnerung – Löschung. Die Aporien kultureller Memoria in Kafkas Texten. In: Roland Borgards (Hg.), Schmerz und Erinnerung. München 2005, S. 173–193.

Kunst

Umkehrung und Ablenkung: Franz Kafkas „gleitendes Paradox". In: Deutsche Vierteljahrsschrift für Literaturwissenschaft und Geistesgeschichte 42 (1968), S. 702–744.

Hungerkünstler und singende Maus. Franz Kafkas Konzept der „kleinen Literaturen". In: Gunter E. Grimm (Hg.), Metamorphosen des Dichters. Das Selbstverständnis deutscher Schriftsteller von der Aufklärung bis zur Gegenwart. Frankfurt am Main 1992, S. 228–247. (Fischer Taschenbuch 2480)

Der Zauber des Anfangs und das „Zögern vor der Geburt". Kafkas Poetologie des „riskanten Augenblicks". In: Hans Dieter Zimmermann (Hg.), Nach erneuter Lektüre: Franz Kafkas *Der Proceß*. Würzburg 1992, S. 121–142.

Traum und Gesetz. Franz Kafkas Arbeit am Mythos. In Wolfgang Kraus/Norbert Winkler (Hg.), Das Phänomen Franz Kafka. Vorträge des Symposions der Österreichischen Franz Kafka-Gesellschaft in Klosterneuburg im Jahr 1995. Prag 1997, S. 15–31. (Schriftenreihe der Franz Kafka-Gesellschaft 7)

Kafka und die Musik. In: Freiburger Universitätsblätter, Heft 98 (Dezember 1987), 26. Jg. S. 29–36.

Anonymität und Heroentum. Zur Inszenierung des modernen Helden bei Franz Kafka. In: Christel Weiler/Hans-Thies Lehmann (Hg.), Szenarien von Theater und Wissenschaft. Festschrift für Erika Fischer-Lichte. Berlin 2003, S. 137–150. (Theater der Zeit Recherchen 15)

Chinesische Mauer und Schacht von Babel. Franz Kafkas Architekturen. In: Deutsche Vierteljahrsschrift für Literaturwissenschaft und Geistesgeschichte 83 (2009), S. 452–471.

Medialität

Franz Kafka an Hans Mardersteig (1922). In: Andreas Bernard/Ulrich Raulff (Hg.), Briefe aus dem 20. Jahrhundert. Frankfurt am Main 2005, S. 63–68.
„Eine höhere Art der Beobachtung". Wahrnehmung und Medialität in Kafkas Tagebüchern. In: Beatrice Sandberg/Jakob Lothe (Hg.), Franz Kafka: Zur ethischen und ästhetischen Rechtfertigung. Freiburg im Breisgau 2002, S. 33–58. (Rombach Wissenschaften – Reihe Litterae 85)
„Nachrichten vom ‚Pontus'". Das Problem der Kunst im Werk Franz Kafkas. In: Wilhelm Emrich/Bernd Goldmann (Hg.), Franz Kafka Symposium 1983. Akademie der Wissenschaften und der Literatur zu Mainz. Mainz 1985, S. 101–157. (Die Mainzer Reihe 62)

www.ingramcontent.com/pod-product-compliance
Lightning Source LLC
Chambersburg PA
CBHW070746230426
43665CB00017B/2261